Coordinador:

Juan de la Cruz Vázquez Pérez

30 AÑOS DE DEPORTE EN ANDALUCÍA (1982-2012)

Título:	**30 AÑOS DE DEPORTE EN ANDALUCÍA, 1982-2012**
Coordinador:	Juan de la Cruz Vázquez Pérez
Autores:	Jose Aquesolo, Pedro Aragón, Paqui Bazalo, Javier Bermejo, Juan Correal, Pepe Díaz, Antonio Merino, Pedro Montiel, Jesús Roca, José Manuel Rodríguez, Pablo Torres y Juan de la Cruz Vázquez
Revisión ortotipográfica:	Carmen García López
Foto de cubierta:	Xilografía realizada por *Clotilde Ventoso* que representa a unos atletas desnudos corriendo a través de los cinco continentes, reflejados en esos cinco aros camuflados en pequeños charcos de color que nos ponen en contacto con la idea de los orígenes del deporte en Grecia
Promotor:	Asociación Andaluza de Gestores del Deporte (Agesport) Facultad de Ciencias del Deporte. Carretera de Alfacar s/n 18011 Granada Tlf. 958249429 www.agesport.org agesport@agesport.org
Editorial:	WANCEULEN EDITORIAL DEPORTIVA, S.L. www.wanceulen.com infoeditorial@wanceulen.com
ISBN:	978-84-9993-346-7
Depósito legal:	
Copyright:	Agesport y los autores de los textos
Primera edición:	2013
Impreso en España:	Publidisa

Reservados todos los derechos. Queda prohibido reproducir, almacenar en sistemas de recuperación de la información y transmitir parte alguna de esta publicación, cualquiera que sea el medio empleado (electrónico, mecánico, fotocopia, impresión, grabación, etc), sin el permiso de los titulares de los derechos de propiedad intelectual. Cualquier forma de reproducción, distribución, comunicación pública o transformación de esta obra solo puede ser realizada con la autorización de sus titulares, salvo excepción prevista por la ley. Diríjase a CEDRO (Centro Español de Derechos Reprográficos, www.cedro.org) si necesita fotocopiar o escanear algún fragmento de esta obra.

Nuestro agradecimiento a las personas, instituciones y entidades que posibilitan la mejora continua del deporte andaluz

Agesport

ÍNDICE

Prólogo 9
    Salvador Jiménez

Presentación 13
    Juan Carlos Maestro

Capítulo 1. 30 Años de Política Deportiva 19
    Juan de la Cruz Vázquez

Capítulo 2. 30 Años de Planificación Deportiva 103
    Jesús Roca

Capítulo 3. 30 Años de Deporte Municipal 155
    Juan Correal

Capítulo 4. 30 Años de Deporte Provincial 205
    Antonio Merino

Capítulo 5. 30 Años de Deporte en Edad Escolar 253
    Juan de la Cruz Vázquez

Capítulo 6. 30 Años de Deporte Universitario 299
    Pedro Montiel

Capítulo 7. 30 Años de Deporte Federado 341
    Pepe Díaz

Capítulo 8. 30 Años de Deporte Adaptado 385
    Paqui Bazalo, José Manuel Rodríguez y Pedro Aragón

Capítulo 9. 30 Años de Instalaciones Deportivas 437
    Pablo Torres

Capítulo 10. 30 Años de Información Deportiva 489
    Javier Bermejo

Capítulo 11. 30 Años de Deporte vistos por (algunos de)
sus protagonistas. 555
    Jose Aquesolo

Epílogo. 609
    Aurelio Ureña

Los autores 615

PRÓLOGO

El 23 de mayo de 1982 se celebraron las primeras elecciones andaluzas. Pues bien, el 23 de mayo de 2012 -30 años después- fue el día elegido por el coordinador de este libro para celebrar la primera reunión que iniciaba el *proceso de gestión* de la publicación que tiene usted en sus manos: *30 años de deporte en Andalucía, 1982-2012*.

La obra se centra en la reflexión y el análisis de la política deportiva realizada en Andalucía para la creación, puesta en funcionamiento y desarrollo de *actuaciones* que posibilitaran la *mejora continua* de las competencias transferidas por el Estado en 1982 gestionadas durante las ocho legislaturas que han transcurrido hasta este momento: 1982-1986, 1986-1990, 1990-1994, 1994-1996, 1996-2000, 2000-2004, 2004-2008 y 2008-2012, en las áreas de planificación deportiva, deporte municipal, deporte provincial, deporte en edad escolar, deporte universitario, deporte federado, deporte adaptado, instalaciones deportivas e información deportiva. Además, conoceremos las percepciones y opiniones de algunas de las personas que, dirigiendo, gestionando, viendo o colaborando, protagonizaron la evolución de estos 30 años y han querido dar su testimonio.

La misión de esta publicación no es otra que ayudar a los que están y a los que vienen detrás, dando a conocer las reflexiones, análisis, percepciones y opiniones de los autores; de las personas que han tenido la amabilidad de dar su testimonio; de Juan Carlos Maestro, que ha realizado la presentación; de Aurelio Ureña, que ha elaborado el epílogo y a mí, como presidente de los gestores deportivos de Andalucía -Agesport-, me han concedido el honor de prologar este interesante libro, que espero sea de su interés.

Actuaciones como la creación y puesta en funcionamiento del INEF de Granada y de UNISPORT, hoy Facultad de Ciencias del Deporte e Instituto Andaluz del Deporte, respectivamente. La creación y el desarrollo de las federaciones deportivas autonómicas, de los Juegos Deportivos de Andalucía y del Plan de Deporte en Edad Escolar de nuestra comunidad autónoma. El "ascenso" del deporte andaluz a Consejería de la Junta de Andalucía, la aprobación de la Ley del Deporte y la elaboración del Plan Director de Instalaciones Deportivas (PDIDA). La organización de acontecimientos deportivos como Mundo Vela 1992, el Campeonato del Mundo de Esquí, Sierra Nevada 1996 y los Juegos Mediterráneos Almería

2005. La tasa de práctica deportiva, el impacto económico del deporte andaluz en el PIB, así como los presupuestos empleados por la Junta de Andalucía, son algunos de los muchos aspectos que se pueden "estudiar" en este libro.

Utilizando la metodología DAFO, los autores han analizado las debilidades y fortalezas de cada una de las áreas estudiadas para ayudar a los que tienen y tengan en el futuro responsabilidades en la *mejora continua* del deporte andaluz, para que no cometan los errores que obviamente se han cometido durante estos 30 años. Además, podrán conocer las amenazas y oportunidades que nos puede deparar el entorno en un futuro cercano.

Una de las cuestiones que debemos tener muy en cuenta para la *mejora continua* de la política y la gestión deportivas a partir de ahora es que "el deporte en sentido amplio -además de para todas las personas- debe ser *para siempre*", como sostiene mi buen amigo Juan de la Cruz Vázquez. Es decir, la necesidad de práctica deportiva permanente se ha convertido en una "obligación voluntaria", ya que el sedentarismo se manifiesta para siempre también. Esto hace que *el deporte tenga que ser más que deporte*: "una alianza estratégica *inteligente* para conseguir un *estilo de vida activo y saludable*". Por tanto, la política deportiva no compete exclusivamente a la Administración deportiva, sino también a la educativa, sanitaria, económica, turística, cultural, etc.

Desde mi punto de vista, la evolución del deporte andaluz en estos 30 años ha sido muy positiva, como podremos comprobar, con datos, a lo largo de este libro necesario y oportuno. Y ha sido positiva porque el propio *sistema deportivo andaluz*, conforme se ha ido creando, poniendo en funcionamiento y desarrollando, ha hecho de verdadera *locomotora*. Es decir, el sistema deportivo andaluz cuenta con elementos muy potentes (ayuntamientos, diputaciones, federaciones, clubes -profesionales y aficionados-, asociaciones, deportistas, técnicos, instalaciones, equipamientos, etc.), y con un desarrollo normativo bastante completo, que han posibilitado una evolución casi exponencial respecto a lo que nos transfirió el Estado el 1 de enero de 1983 a través del Real Decreto 4096/1982, de 29 de diciembre.

El deporte andaluz se ha conformado como un sistema deportivo amplio, abierto y contemporáneo al que se ha incorporado, con bastante fuerza, la iniciativa privada desde hace unos años. Así, se ha hecho efectivo el *principio de colaboración público-privada*, fundamental para la política y la gestión deportiva actuales. Las Administraciones públicas han creado la necesidad, y la empresa privada ha decidido que es el momento de aportar calidad, eficacia, eficiencia, empleo y desarrollo económico al sistema deportivo andaluz. Pero es fundamental que las Administraciones públicas no se *retiren* del sistema deportivo. Si lo hacen, se resentirá el *principio de igualdad de oportunidades* para la práctica deportiva.

Como hemos dicho anteriormente, los autores de este libro analizan el pasado y el presente, pero también hacen propuestas de futuro y establecen objetivos para dentro de unos años. Además, *nuestro* decano de la Facultad de Ciencias del Deporte de la Universidad de Granada, Aurelio Ureña, realiza el Epílogo a modo de resumen y conclusión de la obra, pero también a modo de *tendencias de futuro*.

Este *magnífico* libro tiene un elenco de *magníficos* autores de reconocido prestigio en nuestra comunidad autónoma: Juan de la Cruz Vázquez, inquieto, creativo, innovador y sobre todo maestro de muchos gestores del deporte -entre ellos el que suscribe este prólogo- afronta, además de la coordinación, dos capítulos: política deportiva y deporte en edad escolar. Jesús Roca, que une a su juventud su creatividad, claridad de ideas y visión de futuro, se ha hecho cargo de la planificación deportiva. Juan Correal, con su permanente actitud vitalista, motivadora y reivindicativa, es un gran defensor del deporte municipal; él es el responsable del capítulo sobre esta área; y Antonio Merino, incansable trabajador y acérrimo defensor del papel de las diputaciones en el deporte, con una intensa y extensa trayectoria en la gestión deportiva, ha escrito el capítulo de deporte provincial. De los 30 años de deporte universitario se ha encargado Pedro Montiel, gestor y profesor de gran experiencia e inquietud, y con un conocimiento profundo del deporte en la Universidad. Del análisis y las reflexiones sobre el deporte federado en este periodo se ha encargado Pepe Díaz, maestro, profesor, entrenador, gestor, analista e investigador del deporte andaluz en todas estas facetas, que ha entregado todos sus sentidos al deporte, y que en la actualidad lo sigue haciendo como si tuviera *30 años*. El denominado *deporte adaptado* lo han analizado Pedro Aragón, Paqui Bazalo y José Manuel Rodríguez, personas incondicionales y entregadas a la organización y práctica del deporte que necesita una *especial atención;* su trayectoria y dedicación en Andalucía está más que demostrada. Pablo Torres, arquitecto enamorado del deporte, ha dedicado gran parte de su vida profesional a intervenir de manera decisiva en el diseño y ejecución del parque de equipamientos deportivos de nuestra comunidad autónoma; él, con su visión privilegiada, se ha encargado de las instalaciones deportivas. Los 30 años de información deportiva los ha analizado Javier Bermejo, periodista deportivo profundo conocedor del deporte andaluz, luchador incansable y defensor incondicional en la transmisión de los valores del deporte más allá de los resultados de éxito de trascendencia puramente comercial y popular, además de presidente de los periodistas deportivos de Andalucía. Y de los testimonios de las personas que dirigiendo, gestionando, viendo o colaborando en el deporte han intervenido en estos 30 años, se ha encargado Jose Aquesolo, persona que desde su extensa formación en esta materia ha tenido y tiene una profunda dedicación y una gran experiencia en el tratamiento y análisis documental del deporte en Andalucía.

No me cabe la menor duda de que este libro va a ser una herramienta útil y utilizable que va a contribuir al conocimiento del deporte en nuestra comunidad autónoma y que se va a convertir en un documento de consulta imprescindible para todas aquellas personas que necesiten afrontar cualquier función de responsabilidad, técnica, administrativa o política en el deporte andaluz. Enhorabuena, amigo y maestro Juan de la Cruz Vázquez, por haber tenido la brillante idea de *gestionar* esta obra y de haber seleccionado a este equipo de redactores de primerísima categoría que, de la mano de un gran *coach,* conseguiremos el éxito pretendido.

Estoy totalmente convencido de que si no hubiera surgido la idea de *gestionar* este libro con un carácter totalmente profesional y privado, habría que haber hecho el oportuno *encargo* institucional para que se hiciese.

Salvador Jiménez Rodríguez
Presidente de AGESPORT

PRESENTACIÓN

Cada cierto tiempo nace un ser especial. Los seres especiales son personas que nos hacen vibrar, que nos alumbran en el camino y que tienen un "don" que termina siendo un faro por el cual los demás nos guiamos. La historia nos ha dado, afortunadamente, multitud de seres extraordinarios en diferentes campos, como las artes plásticas, la arquitectura, la investigación... En Andalucía, y concretamente en el campo de la gestión y planificación deportivas, también hemos tenido ese lucero, alguien con una visión, a veces adelantada a su tiempo, capaz de aglutinar voluntades y de generar sinergia allá por donde va. Sé que saben a quién me refiero: sí, efectivamente, es él. Posiblemente no haya habido una persona con más conciencia del deporte andaluz ni nadie que haya trabajado más y luchado más por el deporte andaluz que él, y para completar la faena, además es "buena gente". Imagínense a alguien con ese espíritu, brillante en sus ideas, comunicador nato, motivador de voluntades humanas y, sobre todo, con un corazón que lo dignifica como persona.

Este gran soñador ha sido capaz, casi al final de su vida laboral, aunque no de su vida útil, de aglutinar a todo un elenco de grandes profesionales para implicarlos en escribir un capítulo sobre diferentes campos del deporte en Andalucía. Una vez más, este visualizador ha sido capaz de coordinar con maestría las inquietudes y voluntades de profesionales del deporte en diferentes campos, se ha convertido en el alma de este proyecto y su espíritu de liderazgo ha quedado constatado. Me imagino que todos los que han formado parte de esta iniciativa han pensado en algún momento en renunciar, pero en el fondo sabían que no podían defraudar a esta persona y por eso, durante el verano de 2012, han renunciado a ir a la playa, a horas de sueño e incluso a alguna que otra hora de práctica deportiva para poder cumplir con el compromiso adquirido. A todos los que habéis formado parte de este proyecto, quiero daros las gracias en nombre de todos los andaluces amantes del deporte por vuestro esfuerzo desinteresado a la hora de plasmar en este libro lo que ha sido nuestra historia deportiva y exponer con claridad lo mucho que hemos hecho en todos estos años.

Soy consciente de que no están aquí todos los que han ayudado y contribuido a construir el deporte andaluz, pero sí se puede decir con total rotundidad que todos los autores son personas tremendamente cualificadas en sus respectivas áreas y que, una vez más, han demostrado su gran nivel de profesionalidad al ofrecernos este documento que ya forma parte de nuestra historia.

Una presentación no es una síntesis de lo que van a leer. Sobre todo viene a ser como el pase de toreo que da uno de los de la cuadrilla para que el torero haga la verdadera faena, y ese es mi cometido: crear ese ambiente adecuado para que usted, como lector o investigador, se aventure animadamente a beber dentro del pozo del conocimiento y de la sabiduría de lo que han sido estos 30 años del deporte en Andalucía.

Considero que este documento puede compararse con ese caminante que realiza una parada en su recorrido. Si bien el tramo en el que se encuentra en estos momentos es empinado y resbaladizo, es consciente de que tiene que hacer un gran esfuerzo para seguir avanzando, pero al sentarse para descansar siente que necesita refrescarse un poco los pies y recuperar el aliento, a la vez que dirige su mirada hacia atrás y observa que ha avanzado significativamente en su largo recorrido: percibe con cierta satisfacción cómo en Andalucía se ha aumentado el nivel de práctica deportiva en estos 30 años en 20 puntos, situándose actualmente en el 36% de la población andaluza, que se cuenta con más de 14 000 instalaciones deportivas de diferente magnitud, que casi la inmensa mayoría de los municipios y universidades tienen un presupuesto propio específico para deporte y además poseen en sus filas un equipo técnico para afrontar y gestionar el deporte, a la vez que la población se ha concienciado de que el deporte es bueno y necesario para su salud física y emocional y que goza de una buena imagen, a diferencia de aquellos tiempos en los que el que salía a correr era tachado de loco. Por otro lado, ese caminante ve cómo se han realizado en el último año más de 500 000 fichas federativas, mientras recuerda con añoranza cómo se han organizado eventos de gran relevancia a nivel nacional e internacional, tales como campeonatos del mundo o los Juegos Mediterráneos, los cuales demuestran el nivel de preparación en gestión que se ha alcanzado; por otra parte, también ve con cariño el nivel de formación que han adquirido los técnicos y profesionales de este campo, a lo que han contribuido, sin lugar a dudas, la Facultad de Ciencias del Deporte de la Universidad de Granada y el IAD de Málaga.

Sin embargo, este caminante, que ahora tiene un poco de tiempo para observar con perspectiva, ve que no siempre ha caminado en línea recta y que alguna que otra vez se ha perdido por los bosques que se ha ido encontrando a lo largo del sendero, lo que le ha hecho perder jornadas enteras en aras de conseguir su meta. Del mismo modo, ahora que se encuentra en un pequeño cerro, también percibe que en más de una ocasión se ha equivocado de senda, pero no se ha rendido: su ilusión y su compromiso por avanzar no han mermado su ánimo ni sus fuerzas, y su deseo es seguir evolucionando, con la convicción de que a partir de ahora su esfuerzo será más eficaz. Gracias a todo lo que ha ido aprendiendo a lo largo del camino, ahora sabe curar sus ampollas y sus rozaduras, y la experiencia acumulada le genera ilusión para continuar con ímpetu y entusiasmo.

También tiene tiempo de mirar hacia adelante: se da cuenta de que aún le quedan muchos retos y desafíos que afrontar, sabe que no ha ganado todas las batallas, ve que el deporte aún tiene un nivel de autofinanciación demasiado bajo, y que depende en exceso de la Administración, lo que hace peligrar muchos programas, proyectos e inversiones. Observa que a lo largo del camino se encontrará algunos enemigos que antes no estaban, como la "inactividad infantil", que suele favorecer la preocupante e inquietante obesidad infantil y que avanza a pasos agigantados; además percibe con tristeza que el número de horas lectivas en los centros escolares ha disminuido, de tal manera que las horas reales son casi residuales. Todo ello le lleva a preguntarse: "¿Cómo se ha perdido esta batalla? ¿Pensaba que ya se había conquistado el torreón de la educación integral? ¿Me he confiado?". Un poco cabizbajo, como el guerrero que se encuentra ligeramente abatido, saca fuerzas de su interior, recupera el aliento y el ánimo y, a la vez, se dice con energía: "¡Tengo que volver a retomar este tema y situar a la Educación Física donde le corresponde!". Paralelamente, ese caminante piensa que cuenta con algunos aliados importantes para realizar este menester, como son el Colegio Oficial de Licenciados en Educación Física (COLEF-A) o las Facultades de Ciencias del Deporte. Al reflexionar con más determinación, nuestro caminante también se da cuenta de que en las batallas a veces hay que recuperar el terreno perdido, y ese debe ser de nuevo uno de los grandes retos: volver a colocar ese bastión allí donde estaba. Paralelamente observa que el deporte ha florecido más y mejor cuando ha habido coordinación e involucración por parte de organizaciones y personas, y todo ello le lleva a la conclusión de que es bueno tener aliados que faciliten el camino para generar alianzas y coordinar esfuerzos, de forma que se puedan planificar los retos que se desea alcanzar.

Cuando el lector profundice en los diferentes capítulos observará que la mayoría de lo expuesto no son opiniones, sino hechos y acontecimientos acaecidos. Eso no impide que en algunos apartados ciertos detalles sean relatados bajo la visión de aquellos que los describen, dándoles a su vez una ligera interpretación a dichos acontecimientos, lo que puede enriquecer aún más la lectura del documento. Por otra parte, la lectura se ve ennoblecida con testimonios de personas conocidas que aportan la visión de lo que ha sido y de cómo han vivido el deporte durante todos estos años; personas que también se aventuran a pronosticar cómo será el deporte en los próximos años. Esta parte del documento va asociada a una carga emocional que está llena de vivencias y recuerdos y con la que estoy seguro de que los lectores se sentirán identificados por las variadas opiniones y visiones que se aportan.

Mientras escribo estas páginas soy consciente de que este documento será un texto de referencia para cientos de profesionales e investigadores del deporte; posiblemente marcará un antes y un después en nuestra historia. A Napoleón Bonaparte se le atribuye la frase "Aquel que no recuerda su historia está condenado a repetirla". Pues bien, este documento pretende dar a conocer con pelos y señales, con fundamento y con documentación, lo que ha sido nuestra realidad, para no repetir los mismos errores y ser más certeros en nuestras decisiones. También es un documento para los que afrontamos el futuro con optimismo, pues los autores han abordado el reto de crear un análisis DAFO al final de sus respectivos capítulos, aportando soluciones y recomendaciones a partir de la realidad que vivimos.

Saben que Cervantes, en su famosa frase del Quijote "En un lugar de la Mancha de cuyo nombre no quiero acordarme..." no desveló el nombre de dicho lugar. Pues hace unos años algunos catedráticos comenzaron una investigación con la intención de averiguar ese paraje, ya que llegaron a la conclusión de que el nombre del lugar se desvelaría al adentrarse minuciosamente en la lectura del libro, pues consideraron que ese comienzo estaba destinado a cautivar la intriga del lector y que ese dilema sería una especie de enigma o crucigrama por resolver; finalmente este grupo de investigadores ha sido capaz de descubrir el nombre de ese afamado lugar, que circunstancialmente es mi pueblo natal. Siguiendo este modelo, sé que aún no he revelado el nombre de esa persona tan especial a la cual me refería al principio de la presentación, pero dada mi sangre manchega, deseo seguir el mismo espíritu que Cervantes. Por eso, si aún no han adivinado a quién me refiero, cuando se adentren en estas páginas lo descubrirán por sí mismos. No obstante, con el ánimo de ponerlo un poco más fácil que Cervantes, les puedo dar algunas pistas relevantes: esta persona ha sido la inspiradora de la idea de crear el INEF de Granada, ha impulsado los orígenes de Unisport (el actual IAD), ocupando a su vez la Dirección del centro en dos periodos concretos, ha liderado la Dirección General de Actividades y Promoción Deportiva de la Consejería de Turismo, Comercio y Deporte de la Junta de Andalucía y, en la actualidad, es presidente honorífico de la Asociación Andaluza de Gestores del Deporte (Agesport) y presidente nacional de la Federación de Asociaciones de Gestores del Deporte de España (FAGDE). ¿Quieren más pistas...? Ha escrito un libro titulado *Deporte para siempre*...

Hay culturas que reconocen el esfuerzo de sus gentes una vez que han fallecido, y hay culturas que reconocen los esfuerzos en vida. A mí particularmente me gusta más esta última opción. Creo que Andalucía le debe un reconocimiento a esta persona tan especial a la que me refiero y que ustedes ya habrán adivinado, y creo que ese ánimo ya está instalado en el corazón de cientos o quizás miles de andaluces vinculados al deporte. Este libro, este homenaje al deporte andaluz, es buena prueba del espíritu inquieto y altruista que tiene esta persona por el deporte de Andalucía. Es mi deseo que este sueño se haga realidad.

Dicen que "Si somos capaces de soñarlo, visualizarlo y plasmarlo sobre papel, significa que ya está hecho". Espero que este dicho se haga realidad y que mientras tanto, ustedes, queridos lectores, disfruten de los contenidos tan ilustrativos que nos han facilitado todos los componentes de este documento.

Juan Carlos Maestro Arcos
Director Técnico del
Patronato Deportivo Municipal de Benalmádena

CAPÍTULO 1
30 AÑOS DE POLÍTICA DEPORTIVA

Juan de la Cruz Vázquez Pérez

> *"No he de callar por*
> *más que con el dedo,*
> *ya tocando los labios*
> *ya la frente, silencio*
> *avises y amenaces miedo".*
> Francisco de Quevedo

En este capítulo, de alguna manera *introductorio,* vamos a realizar un recorrido por el *itinerario profesional* del que suscribe y por el de algunas de las personas que han tenido la responsabilidad de gestionar la política deportiva andaluza de 1982 a 2012.

Mi *itinerario profesional* en la comunidad autónoma de Andalucía se desarrolla desde la I Legislatura hasta la actualidad. Durante estos 30 años he trabajado en Deportes y en Deporte –veremos que no es exactamente lo mismo- de la Junta de Andalucía, como funcionario y como alto cargo en tres ocasiones.

La *columna vertebral* del itinerario profesional del que suscribe ha sido el *Instituto Andaluz del Deporte* (IAD), en el que he trabajado 20 años en distintas etapas: 1984-1991; 1995-1998; 2001-2004 y de 2009 a 2013. Obviamente, el IAD es para mí el hilo conductor de la política deportiva de la Junta de Andalucía.

Comprobaremos que los proyectos se crean en una legislatura, entran en funcionamiento en la misma o en otra y se desarrollan en varias o en todas. Pues bien, el itinerario de la política deportiva de estos *30 años* ha transcurrido por ocho legislaturas.

PRIMERA PARTE: LEGISLATURAS ANDALUZAS

I Legislatura, 1982-1986: "Preparando el futuro"

La I Legislatura de la Junta de Andalucía tuvo dos Presidentes: Rafael Escuredo y José Rodríguez de la Borbolla; dos Consejeros de Cultura, responsables de Deportes: Rafael Román y Javier Torres Vela, y cuatro Directores Generales de Juventud y Deportes: Daniel Romero, Antonio Merino, Constantino Navarro y Luis García Garrido. Daniel Romero estuvo solo varios meses debido a que lo nombraron Director General de Cultura Física y Deportes del Consejo Superior de Deportes.

El Presidente Escuredo dimitió el 17 de febrero de 1984, y Rafael Román y Antonio Merino dimitieron también. José Rodríguez de la Borbolla es designado Presidente de la Junta de Andalucía, y como Consejero de Cultura y Director General de Juventud y Deportes, Javier Torres Vela y Constantino Navarro, respectivamente. A Constantino Navarro lo releva Luis García Garrido en 1985.

Mi *itinerario profesional* trascurre en esta legislatura como Titulado Superior de la Delegación Provincial de Cultura de Málaga, Jefe del Servicio de Deportes de la Dirección General de Juventud y Deportes en Sevilla y Jefe de la Sección de Deportes de la Delegación Provincial de Cultura de Málaga.

En la I Legislatura Andalucía tenía una tasa de práctica deportiva del 16%[1] y 6 584[2] instalaciones deportivas, lo que significaba estar en la "cola del pelotón". Sin embargo, organizamos en Málaga y en Sevilla parte del Campeonato Mundial de Fútbol que se celebró en España en 1982. Pero una cosa es la *política deportiva* y otra el fútbol.

El Real Decreto 4096, de 29 de diciembre, que entra en vigor el 1 de enero de 1983, transfiere del Estado a la Junta de Andalucía los siguientes servicios y funciones en materia de deportes:

---

[1] GARCÍA FERRANDO, M. *Los españoles y el deporte, 1980-1995.* CSD-Tirant Lo Blanch. Valencia, 1997.
[2] *Censo Nacional de Instalaciones Deportivas* (CENID), 1985.

Tabla I. Servicios y funciones transferidos del Estado a la Junta de Andalucía

La promoción y difusión de la cultura física y el deporte
La gestión del Instituto Nacional de Educación Física (INEF) de Granada
La coordinación de las Administraciones locales (diputaciones, ayuntamientos y entidades locales menores), en la promoción y difusión de la cultura física y el deporte
El deporte de tiempo libre y el deporte para todos
La tutela y promoción de las asociaciones deportivas (federaciones y clubes - incluyendo la Federación de Deporte Universitario-)
La elaboración y ejecución de los planes de construcción de instalaciones deportivas públicas, y la gestión de las instalaciones deportivas propias
La actividad deportiva escolar
Los centros de iniciación técnico-deportiva (CITD) de Granada y Sevilla
Los centros de medicina deportiva de Almería, Cádiz, Granada y Sevilla

Fuente: Real Decreto 4096/1982, de 29 de diciembre

La primera gestión que realizo, en 1978, como asesor técnico de la Delegación Provincial del Consejo Superior de Deportes de Granada, fue conocer en profundidad el Polideportivo de la Cartuja, infraestructura que se había construido hacía varios años y que aún no estaba abierta al público. Era una instalación con varios espacios deportivos –pabellón, piscina cubierta y al aire libre, campo de fútbol y pista de atletismo, etc.-.

Pero lo que más le preocupaba al Delegado Provincial del CSD, al que acompañaba, era la "Torre" que se había construido como sede de las federaciones deportivas granadinas, ya que no se querían trasladar a la misma porque, decían, estaba muy lejos del centro y el entorno no era el más adecuado... El Delegado Provincial me preguntó: "Entonces, ¿qué hacemos con esto, Juan?" "¡Un INEF para Granada!" le contesté.

Este fue el punto de partida del proyecto "Un INEF para Granada". A partir de este momento en la Delegación Provincial del CSD, liderada por Jesús Garrido Cara como Delegado Provincial, compatibilizamos la gestión del día a día con alianzas estratégicas para la creación del INEF y su puesta en funcionamiento. No hubo nadie, ni de Granada ni de fuera, a quien se le pidiera colaboración y no la prestara.

Para la creación del INEF de Granada intervinieron las siguientes personas: el Delegado Provincial y el Asesor Técnico –posteriormente Secretario General- de la Delegación Provincial del Consejo Superior de Deportes de Granada, Jesús Garrido Cara y Juan de la Cruz Vázquez, respectivamente; el Rector Magnífico y el Director del Servicio de Deportes de la Universidad de Granada, Profesor Gallego Morel y Joaquín Gutiérrez, respectivamente; el Presidente del Simposio Nacional sobre Educación Física, Deportes y Recreación celebrado en 1981 en Granada, José Luis Hernández Vázquez; el Director del INEF de Madrid, Fernando Vizcaíno Nadal; el Director General del CSD, Jesús Hermida; los Ministros de Cultura, Ricardo de la Cierva y Soledad Becerril, y el Ministro de Educación y Ciencia, Federico Mayor Zaragoza[3], entre otros.

La magnífica relación que Jesús Garrido Cara mantenía con el Ministro de Cultura, Ricardo de la Cierva y con el Director General del CSD, Jesús Hermida –posteriormente Secretario de Estado para el Deporte-; las alianzas estratégicas con la Universidad, Ayuntamiento y Diputación de Granada, ayuntamientos de la provincia, asociaciones, clubes, federaciones, Colegio Oficial de Profesores de Educación Física, medios de comunicación, etc., y la reunión que se celebró en el Hotel Alhambra Palace el lunes 17 de mayo de 1982, al día siguiente de la entrega de los premios del Día del Deporte, integrado en Juventud'82, a la que asistimos la ministra de Cultura, Soledad Becerril; el ministro de Educación y Ciencia, Federico Mayor Zaragoza; el delegado provincial del CSD, Jesús Garrido Cara; el director de Juventud'82, Joaquín Gutiérrez y el que suscribe, entre otros, hace que el proyecto "Un INEF para Granada" se convierta en realidad en poco tiempo.

Después de varios intercambios de opiniones sobre el excesivo tiempo transcurrido desde que se inició el proyecto, el ministro de Educación y Ciencia se levantó, habló en privado con la ministra de Cultura y se dirigió a la recepción del hotel para llamar al subsecretario del Ministerio de Educación y Ciencia y confirmar si la creación del INEF se hacía por Ley o por Decreto. Cuando volvió nos dijo "¡Tenemos INEF en Granada!".

Esta reunión, que coincidió (¿estratégicamente?) con la campaña electoral de las primeras elecciones andaluzas que se celebraban el domingo siguiente, día 23 de mayo de 1982, fue determinante para que el proyecto, que se inició con aquella otra reunión en el Polideportivo de la Cartuja cuatro años antes, hiciera posible que aquella "Torre", y las aulas que se construyeron después, se convirtieran en docencia, investigación y conocimiento. La creación del INEF de Granada se realiza por Real Decreto 1906/1982, de 30 de julio, como desarrollo reglamentario de la Ley 30/1980, de 21 de marzo, general de la Cultura Física y del Deporte.

---

[3] El Profesor Mayor Zaragoza había sido Rector Magnífico de la Universidad de Granada.

"La gran demanda de puestos escolares, así como la tradición universitaria y deportiva y la idoneidad de las instalaciones existentes hace aconsejable la creación en Granada de un Instituto Nacional de Educación Física para la formación, especialización y perfeccionamiento del profesorado de Educación Física, al amparo de lo previsto en el Real Decreto 790/1981, de 24 de abril.

En su virtud, previo informe del Consejo Superior de Deportes, a propuesta del Ministro de Educación y Ciencia y previa deliberación del Consejo de Ministros en su reunión del día 30 de julio de 1982, dispongo:

Artículo primero.- Se crea el Instituto Nacional de Educación Física de Granada.

Artículo segundo.- Por el Ministerio de Educación y Ciencia se dictarán las disposiciones precisas para el desarrollo de lo dispuesto en el presente Real Decreto.

Dado en Palma de Mallorca a treinta de julio de mil novecientos ochenta y dos.- Juan Carlos R.- El ministro de Educación y Ciencia, Federico Mayor Zaragoza.

En el curso 1982-1983 -concretamente en marzo de 1983- se puso en funcionamiento. Podemos comprobar que fue en tiempo récord, ya que se crea el 30 de julio de 1982 y comienza la primera promoción en el curso académico 1982-83[4]. Aunque la Junta de Andalucía no había intervenido en la creación, sí lo hizo en la puesta en funcionamiento y en el desarrollo.

Para la puesta en funcionamiento intervinieron las siguientes personas: el primer director del INEF de Granada, Miguel Ángel Delgado Noguera; el director general de Juventud y Deportes de la Junta de Andalucía, Antonio Merino; el delegado provincial del CSD, Jesús Garrido Cara; el secretario general, como tal, y en funciones de delegado provincial del CSD de Granada, Salvador Jiménez; los funcionarios de la Delegación Provincial del CSD de Granada, Gerardo Guerrero y Mari Nati Rodríguez; el presidente de la Agrupación de federaciones deportivas granadinas que gestionaba el Polideportivo de La Cartuja, Daniel Linares; y el director del Polideportivo de La Cartuja, Ramón Izuel, entre otros.

Posteriormente, el INEF se integra en la Universidad de Granada como Facultad de Ciencias de la Actividad Física y del Deporte, y desde el

---

[4] Siempre recordaremos a Toño Santos y a Quini Martínez, compañeros del INEF-Facultad de Granada.

curso 2011-2012, se denomina Facultad de Ciencias del Deporte[5]. Miguel Ángel Delgado Noguera, José Miguel Fernández, Antonio Oña, Paulino Padial y Aurelio Ureña han sido los máximos responsables de su gestión hasta el momento. La Facultad de Ciencias del Deporte de la Universidad de Granada, es podio permanente en el ranking de investigación en Ciencias del Deporte de nuestro país.

En Andalucía existen otras seis universidades que imparten el Grado en Ciencias de la Actividad Física y del Deporte en estos momentos: Sevilla, Pablo de Olavide, Huelva, Cádiz, la privada EADE, en Málaga, y Almería, que lo ha iniciado en el curso 2012-2013.

En otro orden de cosas, el 1 de junio de 1982 me incorporé, mediante el correspondiente concurso de traslados, a la todavía Delegación Provincial del Consejo Superior de Deportes de Málaga. Pedro Aragón y Pedro Rodado estuvieron, en varias ocasiones, en la Universidad de Graz (Austria) realizando cursos de actualización y perfeccionamiento en materia de Educación Física y Deporte. Cuando volvían contaban maravillas de Graz y un día les pregunté: "¿Lo hacemos en Málaga?".

Lo hablamos con José Antonio Aquesolo Ortiz, delegado provincial del Consejo Superior de Deportes en Málaga, y nos dijo que había pensado algo parecido y que incluso lo había comentado con Juan Antonio Samaranch hacía tiempo. Se creó una Comisión presidida por el delegado provincial e integrada por Pedro Aragón, Ángel Bayo, Manuel Blanco, José Luis Carretero, Emilio Cuenca[6], Agustín Gallardo, Antonio Guadamuro, Enrique Martínez, Pedro Rodado y el autor de este capítulo. Después de varios meses de trabajo un día nos preguntó el delegado provincial: "¿Qué os parece Universidad Internacional Deportiva de Verano?".

En 1983 presentamos el proyecto a la Junta de Andalucía para que se creara un órgano directivo en la Consejería competente en materia de deporte que se dedicara a planificar, gestionar y organizar actividades formativas en Andalucía, a las que asistieran personalidades de las ciencias del deporte para impartir sus conocimientos e intercambiar información y experiencias con las personas implicadas directa o

---

[5] En 1998 tuve la ilusión de impartir la conferencia del día del Patrón de la Facultad. Entre otras cosas, dije que Facultad de Ciencias de la Actividad Física y del Deporte, además de ser muy largo, es una redundancia si nos atenemos a la definición de *deporte* de la Carta Europea del Deporte de 1992: "*Cualquier tipo de actividad física*, organizada o no, que tenga por finalidad la expresión, la mejora de la condición física y psíquica, el desarrollo de las relaciones sociales y conseguir resultados en competición de cualquier nivel". Evidentemente hay otros tipos de actividad física, además de la deportiva: laboral, doméstica, de ocio y transporte, etc.
[6] Siempre recordaremos a Emilio Cuenca, amigo de la Fundación Deportiva del Ayuntamiento de Málaga.

indirectamente en el "hecho deportivo". Tanto al Consejero de Cultura como al Director General de Juventud y Deportes les pareció una idea magnífica, pero, como hemos dicho anteriormente, dimitieron a principios de 1984.

Por tanto, hay que volver a empezar. Nuevamente tenemos que presentar el proyecto al nuevo consejero de Cultura, Javier Torres Vela, y al nuevo director general de Juventud y Deportes, Constantino Navarro. Pero esta vez contamos con cierta ventaja, ya que soy nombrado jefe del Servicio de Deportes de la Dirección General de Juventud y Deportes y, lógicamente, el proceso se agiliza bastante. Para ponerlo en funcionamiento lo antes posible, decidimos que empezara como *actividad* de la Consejería de Cultura, sin esperar a que se creara el correspondiente órgano directivo. Así, durante los veranos de 1984 y 1985, Unisport se desarrolla como *actividad* de la Consejería de Cultura de la Junta de Andalucía.

En 1984 visitamos al delegado provincial de Cultura de Málaga, Rafael Puertas[7], para presentarle nuestro proyecto. Le comentamos que estábamos buscando un acrónimo para "Universidad Internacional Deportiva de Verano de Andalucía"... Inmediatamente dijo "¿Qué os parece Unisport?".

El Programa de Unisport'84 es, lógicamente, reflejo del pensamiento que existía en aquel momento. Así, se desarrolla del 1 de julio al 16 de septiembre y se divide en dos bloques: Información y Formación. En "Información" se celebraron las I y II Jornadas de la Investigación y la Metodología a la Alta Competición; I Jornadas sobre Educación Física Especial; I Encuentro sobre Medios de Comunicación; I Jornadas sobre Programación de la Educación Física Escolar; I Jornadas sobre Gimnasia Rítmica; I Jornadas sobre Arquitectura Deportiva; I Jornadas sobre Derecho Deportivo; I Jornadas sobre Animadores Deportivos y I Jornadas sobre Experiencias del Deporte Andaluz.

En "Formación" se celebraron las I Jornadas de Iniciación Técnica sobre Atletismo; I Jornadas de Iniciación Técnica sobre Baloncesto; I Jornadas de Iniciación Técnica sobre Balonmano y I Jornadas de Iniciación Técnica sobre Voleibol (de alguna manera se pone en funcionamiento la tecnificación deportiva en Andalucía, competencia que habíamos recibido del Estado el año anterior). Es decir, la Información era para postgraduados -se entendía que ya estaban formados, especializados y perfeccionados- y la Formación para deportistas en edad escolar. La

---

[7] Siempre recordaremos a Rafael Puertas, compañero de la Delegación Provincial de Cultura.

gestión de Unisport –de 1984 a 1986- la realizamos los funcionarios de la Sección de Deportes de la Delegación Provincial de Cultura de Málaga, además de la del "día a día"[8].

Mediante el Decreto 86/1986, de 7 de mayo, se crea el Centro de Investigación, Estudio, Documentación y Difusión del Deporte denominado Unisport (Universidad Internacional Deportiva de Andalucía), con sede en Málaga.

Preámbulo del Decreto 86/1986:

"Iniciada la andadura, en 1984, del centro de investigación, estudio, documentación y difusión del deporte (Unisport) como actividad de la Consejería de Cultura en el área de deportes con características análogas a los movimientos que inspiraron las Universidades de Verano y las Universidades Populares que proporciona, entre otras muchas ventajas, la actualización de nuestros técnicos, dirigentes y deportistas, trayendo a sus aulas a las personalidades nacionales y extranjeras más relevantes de las distintas disciplinas deportivas, resultando su actuación como foro de encuentro e intercambio de experiencias con nuestro entorno socio-cultural y deportivo que, asimismo, contribuye a evitar la diáspora de nuestros conciudadanos por las diversas localidades de los países vecinos, ávidos de las últimas enseñanzas, pero con la contraprestación de unos gastos considerables. En este sentido, es patente la necesidad de la consolidación de Unisport como un órgano y no ya como una mera actividad, significando, al tiempo, un medio fundamental para la difusión del deporte en la Autonomía andaluza".

Curiosamente, el citado Decreto 86/1986 crea en el Artículo 1º el Centro de Investigación, Estudio, Documentación y Difusión denominado Universidad Internacional Deportiva de Andalucía (Unisport) y en el Artículo 5º el Servicio Público sin personalidad jurídica para la Administración y Gestión de Unisport. El Centro de Investigación, Estudio, Documentación y Difusión del deporte denominado Universidad Internacional Deportiva de Andalucía (Unisport) contará con un Consejo Asesor y con un Director, y el Servicio Público para la Administración y Gestión de Unisport, con un Gerente. El Director será designado de entre personas de reconocido prestigio del mundo del deporte por el Consejo de Gobierno de la Junta de Andalucía, a propuesta del Consejero de Cultura, y tendrá rango de Delegado Provincial. El Gerente del Servicio Público sin personalidad jurídica, Administración y Gestión de Unisport dependerá

---

[8] Siempre recordaremos a Juan Rodríguez Soto, Juan José Fernández Toledo y Carlos Rodríguez Boronato, compañeros de la Sección de Deportes.

orgánicamente de la Dirección General de Juventud y Deportes (¿y del Director?) y estará asimilado administrativamente a Jefe de Servicio.

En 1994, mediante el Decreto 259/1994, de 13 de septiembre, cambia su denominación por la de Instituto Andaluz del Deporte (IAD).

Cuando el mencionado decreto cambia la denominación pasa algo parecido a lo ocurrido en 1984: Instituto Andaluz del Deporte era muy largo si lo comparábamos con Unisport, por lo que propusimos "IAD" como nuevo acrónimo... que tuvo bastante aceptación, sobre todo entre los nuevos participantes. La transición Unisport-IAD, que me tocó gestionar como Director, no fue fácil, ya que habían transcurrido diez años y Unisport era bastante conocida, sobre todo fuera de Andalucía. No obstante, IAD penetró con bastante facilidad en el sistema deportivo.

La Ley 6/1998, de 14 de diciembre, consolida el IAD como órgano de la Consejería competente en materia de deporte, mediante el Artículo 11 del Capítulo II, Órganos y entidades en materia de deporte, que textualmente dice:

"El Instituto Andaluz del Deporte es el órgano que ejerce las competencias de la Consejería sobre formación deportiva, y de investigación, estudio, documentación y difusión de las ciencias de la actividad física y el deporte que reglamentariamente se determinen. 2. La organización y régimen de funcionamiento del Instituto Andaluz del Deporte se regirán por las correspondientes normas reglamentarias".

El Instituto Andaluz del Deporte ha prestado un importante servicio al sistema deportivo andaluz, con más aciertos que errores, y ha sido, de alguna manera, el *laboratorio* de la Dirección General a la que ha estado adscrito. La formación continua que ha gestionado desde 1984 hasta la actualidad ha repercutido muy positivamente en el deporte andaluz en el sentido más amplio. Nuestros licenciados en A+D, maestros en Educación Física, TAFAD, entrenadores, técnicos, médicos, abogados, arquitectos, ingenieros, gestores, economistas, monitores y, en definitiva, todas las personas relacionadas directa o indirectamente con el "hecho deportivo" han tenido una herramienta, *normalmente bien engrasada*, para posibilitar su formación deportiva permanente. A partir de julio de 2006, se inicia la *formación reglada* mediante la implantación del Bloque Común del Período Transitorio de las enseñanzas deportivas de régimen especial, a través de la teleformación.

Los directores hemos sido los siguientes: Pedro Rodado, Juan de la Cruz Vázquez en dos ocasiones, José Luis Carretero, Carlos Bautista, José Sanchís, Andrés Mérida, Pedro Merino, Aurora Cosano y Jesús Roca.

El Decreto 86/1986, de 7 de mayo, -que contemplaba que el Director, como hemos dicho anteriormente, sería alto cargo nombrado por Consejo de Gobierno de la Junta de Andalucía a propuesta del Consejero competente en materia de deporte- es modificado a través del Decreto 311/2009, de 28 de julio, en los siguientes términos: "El puesto de Director será de adscripción funcionarial y se proveerá mediante el procedimiento de libre designación". Hasta el momento no se ha nombrado[9] a ningún Director de adscripción funcionarial, según establece el citado Decreto, que dispone, a su vez, que la dirección será asumida por la persona titular de la Dirección General de Planificación y Promoción del Deporte hasta que el citado procedimiento se haga efectivo.

También en esta legislatura, desde febrero de 1983, el trabajo prioritario del segundo Director General de Juventud y Deportes de la Junta de Andalucía se centra, sobre todo, en identificar y recibir las competencias transferidas –comprobando que llegaban acompañadas de la correspondiente dotación presupuestaria- analizarlas, planificar su adaptación a la política deportiva de la Junta de Andalucía y desarrollarlas, en su caso.

Además, tenía que convencer al Consejero de Cultura del valor del Deporte y del déficit en instalaciones deportivas, tasa de práctica, asociaciones deportivas, presupuesto, etc., que teníamos en Andalucía en aquel momento. Siempre que venía a Málaga se pasaba por el Pabellón de Ciudad Jardín, sede de la Sección de Deportes de la Delegación Provincial de Cultura, para hacer "una tormenta de ideas deportivas".

Un día me dijo que necesitaba un proyecto para iniciar el proceso de remodelación de la Ciudad Deportiva de Carranque -una instalación deportiva con cerca de 60 000 metros cuadrados situada prácticamente en el centro de Málaga y donde se encuentra la sede del Instituto Andaluz del Deporte desde el 3 de julio de 1990-. La Ciudad Deportiva de Carranque, conocida también como "Polideportivo de Carranque" y como "Campo de la Juventud", había comenzado su andadura en 1960 y es la clásica instalación deportiva que han utilizado la mayoría de las personas que han practicado deporte en la provincia[10] de Málaga. Pero no fue remodelada en su momento[11] y estaba bastante deteriorada cuando fue transferida a la Junta de Andalucía[12].

---

[9] Jesús Roca, que había cesado como Director en julio de 2009, continúa realizando las funciones de dirección hasta marzo de 2012.
[10] Estadio de la Juventud de Almería y Granada, Ciudad Deportiva de Huelva, Chapina en Sevilla, etc.
[11] Se optó por construir Ciudad Jardín en lugar de remodelar Carranque o hacer ambas cosas.
[12] A pesar de la experiencia y el compromiso de Miguel Ángel del Pozo.

A los pocos días le presenté –obviamente con el visto bueno del jefe de la Sección de Deportes- el proyecto "Campaña Popular de Juventud y Deportes, Carranque a tope": "Una vez recibidas por la Dirección General de Juventud y Deportes de la Junta de Andalucía las transferencias del Estado en materia de Juventud y Deportes, es necesario ofertar al ciudadano malagueño la utilización de los espacios deportivos de la Ciudad Deportiva de Carranque de una forma reglada, posibilitando la participación de todos los ciudadanos que lo deseen. A tal efecto, la Dirección General de Juventud y Deportes de la Junta de Andalucía convoca la I Campaña Popular de Juventud y Deportes "Carranque a tope" para los meses de julio, agosto y la primera quincena de septiembre de 1983. Esta campaña consistirá en posibilitar al ciudadano malagueño la realización de una serie de actividades deportivas, recreativas, culturales y convivenciales que se formulan, a grandes rasgos, en el Plan de Actuación.

La campaña se fundamentaba, como idea general, en que todos los malagueños encontraran un abanico amplio de actividades para toda la familia, de tal manera que les fuera rentable, en todos los aspectos, pasarse por la Ciudad Deportiva y disfrutar de una serie de actividades que cubrieran su tiempo libre de manera activa, divertida y saludable.

De alguna manera quería ser como una *fiesta* educativa, participativa y económica donde el niño, el joven, el adulto y el mayor lo pasaran bien, realizaran multitud de actividades y convivieran con otras personas.

El proyecto, que no se hizo realidad, ayudó a convocar un Concurso de ideas para la remodelación de la Ciudad Deportiva de Carranque -incluyendo la sede del IAD- que ganaron los arquitectos Isabel Cámara y Rafael Martín Delgado. En 1984 se invirtieron cien millones de las antiguas pesetas en la remodelación de Carranque.

El Director General de Juventud y Deportes convoca a las Comisiones Provinciales de Deporte Escolar a una "inmersión de fin de semana" en el Albergue Juvenil de Aznalcázar, para analizar la competencia "Actividad Deportiva Escolar" que acababa de ser transferida, adaptarla a la política deportiva de la Junta de Andalucía e iniciar el proceso de innovación y desarrollo, en su caso. Los participantes en la mencionada reunión aprobamos el proyecto de la Comisión Provincial de Málaga, defendido por el que suscribe, con algunas modificaciones consensuadas. Aquella reunión quedó para los que estuvimos allí como "El Espíritu de Aznalcázar"[13]

La I Conferencia de Deporte para Todos se celebró en el Rectorado de la Universidad de Sevilla del 21 al 23 de diciembre de 1983 y tenía como misión promocionar la segunda vía del deporte práctica (el deporte para todos, recreativo o de ocio saludable). Estaba anunciada la presencia de José María Cagigal, pero falleció el día 7 del mismo mes en Barajas, cuando viajaba a Roma en calidad de Presidente de la Asociación Internacional de las Escuelas Superiores de Educación Física, para dirigir un congreso internacional y presentar una ponencia sobre el valor del juego. Presentó la conferencia del *Maestro* Ángel Luis López de la Fuente, del IMD de Madrid, y la leyó, con gran emoción, Antonio Merino, segundo Director General de Juventud y Deportes. La Orden de 15 de junio de 1983 había convocado la I Campaña de Deporte para Todos.

Lo sustituye Constantino Navarro, que era Profesor de Educación Física y Entrenador de Atletismo del IB José de Mora de Baza (Granada). Me propuso que me hiciera cargo de la gestión del Servicio de Deportes de la Dirección General de Juventud y Deportes. Lo consulté con mi familia y acepté. Nuestro trabajo consistió en "continuar construyendo humildemente los cimientos del deporte andaluz" para preparar el futuro.

Así, modificamos la Campaña de Deporte para Todos mediante Resolución de 15 de noviembre de 1984, ya que habíamos recibido las competencias del deporte local -municipal y provincial-. Por este motivo adaptamos, mediante la citada Resolución, la Orden de 15 de junio de 1983 y convocamos la Campaña Municipal de Deporte para Todos para indicarles a los ayuntamientos cuáles iban a ser sus competencias en materia de deporte municipal, ayudarles a gestionarlas y crear la *Comisión Mixta* Junta de Andalucía-Diputación Provincial en cada provincia, para trabajar de manera coordinada. En 1984 estaba prácticamente empezando el deporte municipal y provincial en Andalucía, en unos territorios más que en otros.

Preámbulo de la Resolución:

"La anterior experiencia de la Campaña de Deporte para Todos nos ha servido para elaborar unas nuevas directrices con la denominación de Campaña Municipal de Deporte para Todos, donde la Junta de Andalucía, a través de su Dirección General de Juventud y Deportes, en coordinación con las Diputaciones Provinciales, pretende lograr, tanto en aspectos técnicos como económicos, un gran apoyo a las gestiones municipales en

---

[13] Lo analizaremos en el capítulo 5.

materia de deporte. Este apoyo irá centrado en los objetivos y áreas que son delimitados en este programa".

Incluir el término *municipal* no era una simple modificación de la denominación de la Campaña de Deporte para Todos, sino una estrategia innovadora para el diseño de contenidos del deporte municipal de Andalucía. Así, mediante el programa *"Campaña Municipal de Deporte para Todos"* se querían conseguir tres objetivos: 1. Indicar a los ayuntamientos que debían gestionar el deporte para todos. 2. Coordinar las competencias de los ayuntamientos y las diputaciones en materia de deporte local. 3. Establecer una alianza estratégica Junta de Andalucía-Diputaciones Provinciales para el desarrollo del deporte municipal en la Comunidad Autónoma.

A continuación exponemos algunas de las normas establecidas en la mencionada Resolución de 15 de noviembre de 1984:

"1.- Los proyectos a subvencionar deben referirse, obligatoriamente, a actividades integradas dentro de la Campaña Municipal de Deporte para Todos, promovida por la Junta de Andalucía:

Tabla II. Actividades de la Campaña Municipal de Deporte para Todos

Los Juegos Deportivos Municipales (integrando el deporte escolar de promoción)
Las actividades populares
Las escuelas municipales de promoción deportiva
Las escuelas municipales de especialización deportiva
Las actividades para adultos
Las actividades para la tercera edad
Las actividades para minusválidos
La información ciudadana y la documentación
Actuación sobre Educación Física escolar (los ayuntamientos financiaban la Educación Física en la EGB –ahora Primaria-)
Actividades de clubes, asociaciones y agrupaciones deportivas que son de un especial interés, canalizadas a través de los ayuntamientos
Cursos para animadores deportivos

Fuente: Resolución de 15 de noviembre de 1984.

2.- Quedan excluidos, a efectos de subvención, aquellos proyectos que se refieran: a) Competiciones que no correspondan a la Campaña Municipal de Deporte para Todos. b) Actividades propias de las federaciones deportivas.

3.- Las subvenciones se entenderán encaminadas a cubrir parte de los gastos de ejecución de los proyectos hasta una cuantía máxima del 50%.

4.- En todas las provincias se constituirá una Comisión Mixta, Delegación Provincial de la Consejería de Cultura – Diputación Provincial. En esta Comisión Mixta se creará la figura de un Director Técnico cuya misión será desarrollar funciones en materia de asesoramiento técnico. La resolución contenía doce normas y una disposición transitoria que establecía el plazo de presentación de la solicitud para la Campaña Municipal de Deporte para Todos de 1985.

Como ha podido observar, apreciado lector, una de las actividades de la Campaña Municipal de Deporte para Todos que se proponía a los ayuntamientos era la actuación sobre Educación Física escolar. 1984 fue un año difícil y reivindicativo para la Educación Física en general y para su profesorado en particular. A principios de este año nos movilizamos todos los profesionales para dar a conocer la importancia de la Educación Física. Así, además de realizar otras acciones, remito un artículo que es publicado por varios periódicos en Granada y Málaga:

La Educación es mucho más que la Educación Física, pero muy poco sin ella.

"Esta frase, expresada por Hammelsbek, explica en catorce palabras lo que algunos han tardado un siglo en comprender en nuestro país: la educación del individuo no es integral, si le falta la Educación Física. El acertado aforismo de Juvenal 'Mens sana in corpore sano' ha terminado en la vía muerta de los lugares comunes. Esta sentencia mutilada ha acabado por adquirir un sentido deteriorado, el de mantener como distintas y separadas las actividades psíquicas y físicas, como si se pudiesen escindir y catalogar por un lado las actividades del cuerpo y por otro las de la mente".

"La psicología moderna enseña que, además de imposible, es metodológicamente incorrecto romper el círculo que expresa la unidad psicofísica del individuo. Por otra parte, la psicosomática, al constatar cómo el equilibrio psíquico depende en gran parte de la salud física, ha dado la vuelta, paradójicamente, al viejo aforismo de Juvenal en los términos de 'Corpus sanum in mens sana'. Resulta igualmente evidente que sólo una actividad psicofísica en armonía con motivaciones de la personalidad, puede demostrarse como un factor de equilibrio psicosomático. Estabilidad cada vez más amenazada por una visión tecnológica del hombre que, en función del mito de la productividad, tiende a separar las actividades psicoideativas de las psicomotrices.

Motricidad, inteligencia y afectividad no son entidades distintas, sino aspectos diversos, estrechamente unidos, de la personalidad".

"Educar por separado inteligencia y motricidad o, lo que es mucho peor y todavía ocurre en España, educar sólo la inteligencia, ha sido el error de cuantos, partiendo de una visión del dualismo cartesiano del hombre y en nombre de una falsa concepción de la primacía del intelecto, lo han opuesto tenazmente a la vivencia corpórea y, con ello, a todas las implicaciones emotivas, intelectuales y sociales que tal vivencia conlleva. La Educación Física trata de educar, a través del movimiento humano, todos los aspectos de la personalidad del individuo".

"Por todo lo expuesto y por muchos argumentos más que podríamos citar, podemos decir que la educación no es total sin la Educación Física. Es increíble que en 1984 no se le haya reconocido a la Educación Física la importancia que tiene para la Educación Integral de la persona y continúe siendo contemplada por la Administración educativa como una asignatura marginada. Obviamente, si la asignatura es marginada, lo es igualmente el profesorado que la imparte".

"Es aberrante que en 1984 las asociaciones de padres de alumnos de los colegios públicos de EGB (que sí se han dado cuenta de la importancia de la Educación Física para la educación de sus hijos), tengan que pagar para que esta asignatura pueda ser impartida en sus centros. Es una verdadera incongruencia que en 1984 los estudiantes de Magisterio no reciban conocimientos suficientes (12 horas de clases de Educación Física en tres años de carrera) en la Escuelas Universitarias de Formación del profesorado de EGB, cuando son ellos, los profesores de EGB, los que, por ley, tienen que impartir la Educación Física en este nivel educativo".

Continuando con otras acciones, también creamos las *Comisiones Gestoras* de las federaciones deportivas andaluzas -ya que el Estado nos había transferido federaciones provinciales- como punto de partida para, a través del Decreto 146/1985, de 26 de junio, constituirlas definitivamente como federaciones deportivas andaluzas. Las primeras elecciones como tales se celebran en 1986 y, desde 1988, se adaptan a los ciclos olímpicos.

Igualmente, le dimos el visto bueno al proyecto Unisport y adelantamos su puesta en funcionamiento al verano de 1984 como *actividad* de la Consejería de Cultura, como hemos visto anteriormente. El

Decreto 86/1986, de 7 de mayo, hace realidad el mencionado proyecto, muy potenciado por Javier Torres Vela y Luis García Garrido[14].

Por último, en materia de deporte escolar, decidimos iniciar el proceso de puesta en funcionamiento del "Espíritu de Aznalcázar", lo que suponía, de alguna manera, hablar de deporte en edad escolar: 1. Para implicar a la Consejería de Educación en la gestión y cofinanciación del deporte escolar de participación. 2. Para implicar a los ayuntamientos y diputaciones en la gestión y cofinanciación del deporte escolar de promoción. 3. Para que las federaciones deportivas gestionaran y cofinanciaran el deporte escolar de competición, imbricado con el deporte federado, para que pudieran participar escolares y no escolarizados, de las mismas edades. 4. Para compartir la financiación de la práctica deportiva en estas edades entre la Junta de Andalucía, los ayuntamientos, las diputaciones, las entidades deportivas (federaciones y clubes deportivos) y las familias.

En el mandato de Luis García Garrido como Director General de Juventud y Deportes se convoca un concurso público para realizar el Plan Guía de Instalaciones Deportivas[15]. Andalucía era una de las comunidades autónomas con mayor déficit de espacios deportivos de España. El primer Censo Nacional de Instalaciones Deportivas (1985) lo demostraría, como hemos visto al principio de este capítulo. En el BOJA nº 66, de 28 de junio de 1985, se publica el anuncio sobre la convocatoria de concurso para la contratación directa de los trabajos, al objeto de realizar un Plan Guía de Instalaciones Deportivas para Andalucía. El presupuesto para este estudio fue de 8 829 000 pesetas, con un plazo de ejecución de seis meses. El Plan Guía aplicaba el sistema de aproximación sucesiva mediante el procedimiento de "Métodos integrados" para su cálculo. Recuerdo que asistí a la presentación del Plan Guía en el Hotel Alfonso XIII de Sevilla, por el Director General de Juventud y Deportes.

Como se trataba de acercarnos a las comunidades autónomas mejor dotadas de infraestructuras deportivas, había que conocer la diferencia existente entre las instalaciones deportivas censadas en cada municipio y la dotación de espacios deportivos necesarios para cubrir el objetivo propuesto. Así, para cubrir el déficit se crea el PAS (Plan de Aproximación Sucesiva). El objetivo establecido por la Junta de Andalucía era:

---

[14] Asistí a la presentación del Decreto en los Reales Alcázares de Sevilla. Torres Vela y García Garrido me indicaron con satisfacción, y con la copia del Decreto en la mano, que Unisport tenía la sede en Málaga.
[15] Siempre recordaremos a Juan Miranda, compañero de la Dirección General y a Ricardo Cobelo, amigo del IMD de Sevilla.

"Indicar y facilitar el logro de las instalaciones necesarias para que en 1992 -1ª fase- los escolares y ciudadanos andaluces interesados en la práctica físico-deportiva en el tiempo libre pudieran disponer de dos horas semanales de equipamiento deportivo comunitario, y en 1999 -2ª fase- de tres horas semanales".

El 8 de diciembre de 1985 se inaugura el Circuito de Jerez -4 218 metros, 16 curvas y 600 metros de recta a meta- con una Prueba del Campeonato de España de Automovilismo. Desde 1987 se especializa en motociclismo, organizando el I Gran Premio de Motociclismo, que después se convertirá en Gran Premio de España, organizado como prueba oficial del Campeonato del Mundo. Pedro Pacheco fue el promotor de la infraestructura.

Se programa el I Plan Andaluz de Piscinas Cubiertas y se crean y ponen en funcionamiento los Juegos Deportivos de Andalucía, celebrándose las primeras ocho fases provinciales en la temporada 1985-86 y la primeras finales andaluzas, infantiles y cadetes, en 1986[16].

Los Juegos Deportivos de Andalucía, que fueron el resultado de imbricar los Juegos Escolares de Andalucía (competición) y la competición federada infantil y cadete para que pudieran participar conjuntamente escolares y no escolarizados, y para no planificar, gestionar y organizar competiciones paralelas, se desarrollaron hasta el curso 1997-1998, en que pasaron a denominarse Campeonatos de Andalucía de infantiles y de cadetes.

II Legislatura, 1986-1990: "Dirección General de Deportes"

Continúan el presidente José Rodríguez de la Borbolla y el consejero Javier Torres Vela. Luis García Garrido es nombrado viceconsejero y lo sustituye como director general de Deportes[17] Manuel Garzón, que es relevado, en 1987, por Jesús de la Lama.

Mi *itinerario profesional* transcurre en esta legislatura como jefe de la Sección de Deportes de la Delegación Provincial de Cultura de Málaga y como director de la Universidad Internacional Deportiva de Andalucía, Unisport.

---

[16] Lo ampliamos en el Capítulo 5.
[17] La Dirección General de Juventud y Deportes se divide en dos: Dirección General de Juventud y Dirección General de Deportes.

En 1986 se celebra en España el Campeonato del Mundo de Baloncesto (Mundobasket'86)[18] que tiene sede en Málaga, concretamente en el Pabellón de Ciudad Jardín.

La estructura orgánica de la Consejería de Cultura contempla la separación de la Dirección de General de Juventud y Deportes. Así, se crea la Dirección General de Deportes y se nombra a Manuel Garzón como primer director general de Deportes de la Junta de Andalucía. Entiendo que, en materia de política deportiva, esta decisión del consejero Torres Vela es de lo más importante de esta legislatura.

En 1986 (méritos de 1985) se realiza la primera edición de los "Trofeos El Corte Inglés a los Mejores Deportistas de Andalucía": Leyenda del deporte, Luis Del Sol; Promesa del deporte, Miguel A. Gómez; Mejor labor por el deporte, José Antonio Murado; Mejor deportista andaluz fuera de Andalucía, Andrés Jiménez; Mención especial, La General de Granada; Mejor Club, Maristas de Málaga; Mejor técnico, Pepe Díaz; Mejor deportista andaluza, Teresa Zabel; Mejor deportista andaluza fuera de Andalucía, Margarita Wonny; Mejor deportista andaluz, Francisco. A partir de 1987 la Junta de Andalucía, a través de la Dirección General de Deportes, colabora con El Corte Inglés hasta que se hace cargo de su gestión y organización a partir de 1995 (méritos de 1994) con la denominación de "Premios Andalucía de los Deportes".

En esta legislatura se plantean cuatro objetivos: 1. Consolidar los Juegos Deportivos de Andalucía. 2. Que Unisport organice las actividades formativas en todas las provincias y durante todo el año. 3. Continuar con el Plan Guía de Instalaciones Deportivas y construir 12 piscinas cubiertas. 4. Iniciar el proceso para aprobar la Ley del Deporte de Andalucía.

En marzo de 1987 se organiza en Sevilla el I *Seminario Andaluz sobre Deporte Municipal*. La conferencia inaugural la imparte Luis García Garrido, vicecosejero de Cultura; Manuel Garzón, director general de Deportes, imparte la primera ponencia sobre política deportiva en las Administraciones autonómica y local; Antonio Rodríguez Leal y Rafael Alonso Zarazaga imparten la segunda ponencia sobre el marketing en los programas deportivos de ámbito local; la tercera, sobre bases para el establecimiento de una planificación deportiva en las Administraciones locales, diputaciones y ayuntamientos, la imparten José Luis Sordo y José Roldán; la cuarta, Luis Miguel Alonso sobre el asociacionismo deportivo en el ámbito municipal; la quinta, Jesús de la Lama sobre gestión, estructura y financiación de los programas deportivos, y la sexta

---

[18] Tuvimos la ilusión de colaborar en este evento.

ponencia, sobre el deporte de alta competición en el ámbito local, la defiende Pedro Rodríguez de la Borbolla, que era teniente-alcalde y delegado de Juventud y Deportes del Ayuntamiento de Sevilla.

La organización de este Seminario por la Junta de Andalucía pretendía que se visualizara la importancia del deporte municipal para el desarrollo del deporte andaluz. Mi función fue compartir la Secretaría de la quinta ponencia con Felipe del Valle[19]. Por cierto que la citada ponencia definió el deporte municipal como "Todo el deporte que realizan los ciudadanos del municipio".

El coordinador general del Comité Organizador fue Salvador Jiménez, jefe del Servicio de Deportes de la Dirección General de Deportes de la Junta de Andalucía. Secretaría Técnica y Publicaciones Antonio Chaves, Jesús Mora, Demetrio Pérez, Francisco Barranco, Marcial de Miguel, Mercedes Vacas, Mari Carmen Martínez, María del Mar Saavedra, Olivia Montero y Manuela Elorza.

El 15 de mayo de 1987 se presenta el programa de la Universidad Internacional Deportiva de Andalucía, Unisport'87:

"Ayer tarde, y con algún retraso sobre el horario previsto por motivos del tráfico, tuvo lugar en el Casino de Torrequebrada la presentación del programa de Unisport 87, acto que presidieron el secretario de Estado para el Deporte, Javier Gómez Navarro, y el consejero de Cultura de la Junta, Javier Torres Vela. Tras una breve salutación por parte de Manuel Garzón, director general de Deportes de la Junta, y la proyección de un audiovisual sobre Unisport Andalucía, el consejero Torres Vela hizo uso de la palabra para referirse a la Universidad andaluza como centro de vanguardia de la información y el desarrollo deportivo, y la difusión de sus conocimientos y estudios a todos los niveles. En otro momento dijo: 'Unisport tiene prestigio dentro y fuera de nuestra comunidad y esperamos con la apertura de nuevos campos, como publicaciones, cuadernos técnicos, audiovisuales didácticos, un futuro muy consolidado como centro de investigación deportiva en toda España".

"Tuvo también palabras de agradecimiento para el director saliente, Pedro Rodado, y su excelente gestión en los difíciles comienzos, y para el entrante, Juan de la Cruz Vázquez, en quien expresó su confianza en la apertura de nuevos caminos en un futuro brillante de una Unisport que tendrá pronto su sede física en la Ciudad Deportiva de Carranque, finalizando con una exposición sobre el tema de inversiones en

---

[19] Siempre recordaremos a Felipe del Valle, amigo de la Diputación de Sevilla.

instalaciones deportivas y la confianza en una mayor participación ciudadana en el deporte a todos los niveles".

"Javier Gómez Navarro fue breve en su intervención y comenzó por 'expresar el apoyo de la Administración y el Consejo Superior de Deportes hacia Unisport en su labor de investigación para el mundo del deporte'. Igualmente manifestó la intención de su departamento de nivelar las diferencias regionales en cuanto a instalaciones y equipamientos, haciendo hincapié sobre la figura del animador deportivo, tan necesaria para el funcionamiento normal. Como último punto se abrió un interesante turno de preguntas a las que ambas autoridades fueron contestando, brindándose al término por la nueva campaña de la Universidad Internacional Deportiva de Andalucía"[20].

En 1987 se crea la estructura orgánica de Unisport, que de 1984 a 1986 había estado integrada en la estructura de la Sección de Deportes de la Delegación Provincial de Cultura de Málaga: Dirección, Gerencia, Departamento de Investigación y Estudios, y Departamento de Documentación y Publicaciones. José Antonio Aquesolo Ortiz, Juan Alda Blázquez[21] y José Antonio Aquesolo Vegas comparten conmigo la dirección y gestión del mencionado órgano directivo. El Programa de Unisport'87 contempla la realización de actividades formativas durante todo el año y en todas las provincias andaluzas (de 1984 a 1986 se habían realizado solo en verano y en Málaga).

UNISPORT: desde Andalucía al mundo.

"El prestigio mundial y el creciente banco de datos, principales orgullos de la Universidad Internacional Deportiva de Andalucía. La construcción inminente de su sede propia, espaldarazo imprescindible para su definitivo lanzamiento. Veintiséis certámenes polideportivos componen su programa para este año"[22].

El 3 de agosto de 1988 se coloca la primera piedra de la nueva sede de Unisport, junto al Pabellón cubierto de la Ciudad Deportiva de Carranque.

"Asistieron al acto el delegado de Gobernación de la Junta de Andalucía, Manuel Melero; el director general de Deportes, Jesús de la Lama; Marcos Barros, diputado provincial, y Juan de la Cruz Vázquez, director de Unisport. Se procedió, como es costumbre, a la introducción en un cilindro taladrado en la piedra de toda la documentación referente a este hecho,

---

[20] Gabriel García. Diario *SUR*. 16 de mayo de 1987.
[21] Siempre recordaremos a Juan Alda, compañero del IAD.
[22] Pablo Méndez. Diario *AS*. 8 de mayo de 1988.

así como una serie de folletos de los distintos cursos realizados, sepultándose luego con arena con la ayuda de cada una de las autoridades. Tras este acto, presenciado por un gran número de personas, asistentes todas ellas al curso de preparación física adaptada que se celebra actualmente, se pasó a presenciar la maqueta del futuro edificio que contará con tres plantas y casi tres mil metros cuadrados en los que irán ubicados las oficinas, salones, seminarios, la hemeroteca, el centro de procesamiento de datos y, en general, una compleja instalación que estará a la altura del prestigio que Unisport tiene en España y fuera de nuestras fronteras. El edificio es de diseño moderno y funcional y estará situado en uno de los extremos del complejo de Carranque. Un paso más por parte de la Junta de Andalucía en potenciar la Universidad Internacional Deportiva que ha adquirido una gran aceptación. Cada año se superan los índices de inscripciones a los cursos y cada vez son más los acuerdos establecidos con otras instituciones, como el Consejo Internacional de las Ciencias del Deporte o la Asociación Internacional de Información Deportiva, con el fin de intercambiar publicaciones"[23].

Desde febrero de 1989, Unisport organiza un Seminario, coordinado por José Luis Carretero, para elaborar el anteproyecto de la Ley del Deporte de Andalucía, que estaba integrado por Jesús de la Lama, Luis Miguel Alonso, Gabriel Bermejo, Juan Carlos Fernández Truan, Antonio Merino, José Antonio Aquesolo Vegas, Pedro Luis González Vázquez, Francisco Amador[24] y Juan de la Cruz Vázquez.

El primer anteproyecto de la Ley del Deporte de Andalucía

"entendía que el deporte se presenta como espectáculo y práctica, incluye formas de juego, ejercicio físico y competición, incide –activa o pasivamente- en la cobertura del ocio, induce a comportamientos sociales, influye en el estado de salud y desarrollo del individuo, afecta a la educación permanente del ciudadano y puede constituir un medio para la superación del ser humano. Considerará el modelo deportivo de nuestra comunidad autónoma como social y participativo, estimando necesaria la conjugación de los intereses públicos con el respeto a la iniciativa privada. Se articula a través de la coordinación institucional entre Administraciones y posibilita la concurrencia entre entidades públicas y privadas, supeditando ambas su actuación a la consideración del deporte como bien de interés social y configurándose como Servicio Público en aquellos aspectos que lo requieran, desde la perspectiva de actuación de la Administración pública. Declarará obligatoria la Educación Física

---

[23] Manuel A. Castillo. Diario *SUR*. 4 de agosto de 1988.
[24] Siempre recordaremos a Francisco Amador, compañero del IAD.

como parte fundamental del sistema educativo. Garantizará los criterios democráticos y representativos en las estructuras deportivas. Fomentará el deporte de participación y aficionado, posibilitando la práctica de todos los ciudadanos".

"Clasificará y ordenará las competencias de las Administraciones públicas (Junta de Andalucía, diputaciones provinciales y ayuntamientos). Garantizará el equipamiento deportivo a través de actuaciones financieras, urbanísticas y de planeamiento. Asegurará el reconocimiento de los deportistas de alto nivel desde el punto de vista público y con una perspectiva social. Se fomentará el asociacionismo deportivo de base, respetando la iniciativa privada y posibilitando la colaboración de estas entidades con la Administración deportiva andaluza. Las federaciones deportivas andaluzas podrán ejercer, por delegación, funciones públicas de carácter administrativo y regularán su funcionamiento interno en base a los principios democráticos, participativos y representativos. Se redactará el Plan General de Instalaciones Deportivas de Andalucía. Se regulará la homologación de los centros deportivos de carácter privado con fines de lucro. Se considerará de interés básico y preferente actualizar y elevar el nivel de formación de los docentes de Educación Física y Deporte en edad escolar. Se potenciará la especialización en Educación Física en las Escuelas Universitarias de Formación del Profesorado de EGB y el tercer ciclo universitario. Se ordenará la formación de los Técnicos Deportivos, llevándose a cabo en centros reconocidos por la Junta de Andalucía. Unisport se convertirá en el Instituto Andaluz de Ciencias del Deporte impulsando la investigación deportiva de especial utilidad para nuestra comunidad autónoma".

El Decreto 139/1989, de 13 de junio, crea el CADD (Comité Andaluz de Disciplina Deportiva).

Viajamos a Lausana (Suiza) para entrevistarnos con el presidente del CIO, Juan Antonio Samaranch y pedirle que intermediara ante el Consejo Internacional de Ciencias del Deporte y la Educación Física (ICSSPE), para que el Congreso Científico-Olímpico de 1992 se celebrara en Málaga, organizado por la Universidad Internacional Deportiva de Andalucía, Unisport.

Durante la visita, que fue inolvidable, el presidente del CIO hablaba y nos escuchaba, pero no apuntaba... Es decir, no tenía en la mesa una libreta o folios para escribir. Sin embargo, en un momento de la conversación le debió de interesar algo que dijimos alguno de nosotros o se debió de acordar de algo que estaba pensando él. El tema es que sacó del bolsillo de la chaqueta una libreta negra pequeña, apuntó algo y se la volvió a guardar.

De izquierda a derecha: José Antonio Aquesolo, Jesús de la Lama, Juan Antonio Samarach, Juan de la Cruz Vázquez y Jose Aquesolo.

Al salir de la reunión nos preguntábamos qué tema le habría interesado. Entendíamos que apuntó en el momento que hablamos del *deporte en la escuela* como primer eslabón del deporte en edad escolar andaluz, ya que nos había preguntado expresamente cómo teníamos organizado este subsector en Andalucía. Le respondimos que ofertábamos tres posibilidades de práctica para la edad escolar: el deporte en la escuela (para lo que estábamos buscando la implicación de Educación y Ciencia); los Juegos Deportivos Municipales (con la implicación de los ayuntamientos) y los Juegos Deportivos de Andalucía (con la implicación de las federaciones). Desde entonces utilizo este tipo de libretas.

En esta legislatura se solicita también la celebración del Campeonato del Mundo de Vela -Mundo Vela'92- en la Bahía de Cádiz.

El 30 de noviembre de 1989 se entregaron los Premios El Corte Inglés a los mejores deportistas de Andalucía, 1989. El acto, presidido por el presidente de la Junta de Andalucía, José Rodríguez de la Borbolla, se celebró en Sevilla. Unisport recibió el Premio a la Mejor Labor por el Deporte (Iniciativa Pública).

Unisport fue premiada también en esta legislatura por Sport Quality, una empresa que en materia de deporte fue muy innovadora en temas de calidad, dirigida por Xavier Lasunción que, por cierto, en 2012 ha dirigido un Taller IAD titulado "El Factor Humano Positivo (FH+) y la ISO Empatía como norma de excelencia en servicios deportivos".

Pero, sobre todo, Unisport fue premiada en 1989 con la Copa Stadium del Consejo Superior de Deportes. El premio lo recogió el consejero Suárez Japón en 1990 de manos de SM el Rey.

De izquierda a derecha sentadas: Mae Cantone, Yolanda Biedma, Loli Guerra y Carmen Moreno. De pie: Mónica Montosa, Carmen García, Carmen Molero, Juan de la Cruz Vázquez, Lourdes Medina, Patricia Arjona y Carmen Herrero. En el centro, la Copa Stadium.

III Legislatura, 1990-1994: "El reto del 92"

Manuel Chaves sustituye a José Rodríguez de la Borbolla como Presidente de la Junta de Andalucía, y Juan Manuel Suárez Japón a Javier Torres Vela como Consejero. Luis García Garrido y Jesús de la Lama continúan como Viceconsejero y Director General de Deportes, respectivamente. La Consejería pasa a denominarse de Cultura y Medio Ambiente.

Mi *itinerario profesional* transcurre en esta legislatura como Director de Unisport y como Secretario General de la Delegación Provincial de Cultura y Medio Ambiente, que incluía la Sección de Deportes[25].

Del 30 de mayo al 2 de junio de 1990, organiza Unisport el I Congreso Mundial de Deporte para Todos con la colaboración del Ayuntamiento de Málaga[26] y de la Federación Internacional de Deporte para Todos, FISPT, con la idea de que el deporte para todos sea entendido de la misma manera en todo el mundo. Así, se estudian y debaten la situación del deporte para todos en el mundo, la formación de los técnicos y el *turismo deportivo activo*[27].

El 30 de junio de 1990 se publica en el Diario *SUR* de Málaga el siguiente titular: *UNISPORT, galardonada con la Copa Stadium por su labor en 1989.*

"Un trabajo oscuro pero eficaz: desde hace siete años, la Universidad Internacional Deportiva (UNISPORT), de la Junta de Andalucía, se ha venido mostrando como una iniciativa única en el Estado español. La labor desarrollada ha sido encomiable, porque a la eficacia siempre le ha acompañado la oscuridad del trabajo silencioso y poco espectacular. En la UNISPORT no hay goles, encestes de tres puntos ni grandes saltos con una pértiga. Allí lo que se encuentran los miles de interesados a lo largo de estos años es la forma de profundizar en sus conocimientos, las impresiones de verdaderas estrellas mundiales en todos los aspectos que rodean al deporte. Es una verdadera universidad del perfeccionamiento deportivo. El esfuerzo de los responsables de esta iniciativa, apoyada de forma inestimable por el Gobierno autónomo, no siempre ha sido reconocido. Sus estadísticas no son de goles marcados ni de rebotes capturados, por eso su lucha incansable por dar a conocer sus actividades se han encontrado a veces con la competencia de los fichajes veraniegos y de la actividad deportiva de élite, la que más atrae a los aficionados. La concesión de la Copa Stadium viene a recompensarles esas "batallas perdidas" y a demostrarles que se han hecho un hueco importante en

---

[25] El delegado provincial, Fernando Arcas, me propone la gestión de la Secretaría General de la Delegación Provincial, que incluía las competencias de Cultura, Deportes y Medio Ambiente... fueron cuatro años fascinantes y de aprendizaje permanente.
[26] Siempre recordaremos a Adela Capón y a Paco Muñoz, amigos de la Fundación Deportiva del Ayuntamiento de Málaga.
[27] Diferenciamos entre *turismo deportivo activo* (con el objeto de practicar deporte) y *turismo deportivo pasivo* (con el objeto de ver deporte).

deporte, no sólo a nivel de autonomía, sino acaparando el interés del resto de España. Como perfeccionistas y laboriosos que son, los responsables de UNISPORT van a recoger este importantísimo galardón –el número uno en premios a nivel nacional- como un acicate más para ofrecer cada año los cursos y las actividades más interesantes para los profesionales del deporte"[28].

En 1990, también, la Estación de Esquí de Sierra Nevada (Granada) consigue la organización del Campeonato del Mundo de 1995.

En 1992, el Consejo de Gobierno de la Junta de Andalucía autoriza la constitución de la Sociedad de Gestión y Financiación de Infraestructuras, Sierra Nevada 1995 SA, SOGEFINSA.

En 1992 se organizan, entre otros, tres grandes acontecimientos deportivos: el Congreso Científico Olímpico de los Juegos Olímpicos de Barcelona, en Benalmádena; el Campeonato del Mundo de Vela (Mundo Vela'92), en la Bahía de Cádiz y el Campeonato del Mundo de Kárate, en Granada.

Pedro Aragón[29]:

"Con ocasión de los Juegos Olímpicos de Verano de Barcelona 1992, se celebró en Benalmádena (Málaga), organizado por Unisport, el tradicional Congreso Científico Olímpico sobre el tema 'Deporte y Calidad de Vida'. Esta actividad académica y científica precede, desde el año 1956, en unas semanas al inicio de los correspondientes Juegos Olímpicos de verano. En el caso del CCO'92, fue la única actividad relacionada con los Juegos que salió de Cataluña, en este caso para desarrollarse en Andalucía".

"El Congreso Científico Olímpico de 1992 persiguió como objetivos principales ofrecer un foro en el que científicos, investigadores, practicantes y responsables del deporte estudiaran e intercambiaran sus experiencias y trabajos de investigación relacionados con la calidad de vida; definir y discutir aspectos educativos relacionados con la práctica del deporte y el ejercicio físico; y, por fin, aplicar los resultados de la investigación científica y desarrollar estrategias en los programas o servicios destinados a grupos y colectivos específicos como los niños y adolescentes, las mujeres, las personas de edad y los disminuidos. Desde Andalucía y para todo el mundo, un equipo de amigos y profesionales tuvimos el orgullo de crear un foro para un debate que afecta a la gran mayoría de la sociedad y de ofrecer un lugar de encuentro para debatir y

---

[28] No consta el autor del artículo.
[29] Manager General del CCO'92.

discutir, con el objetivo de acercar a los pueblos y a los hombres en favor del progreso y de la paz a través del deporte".

"El Consejo Internacional de Ciencias del Deporte y la Educación Física (ICSSPE) tuvo la confianza y la certeza de que desde Andalucía podíamos llevar a cabo esta importante acción formativa y así fue, concretamente del 15 al 19 de julio de 1992 en el Hotel Torrequebrada, asumiendo el gran esfuerzo organizativo y de inversión que ello supuso. Inauguramos el congreso con la presencia de Manuel Chaves, presidente de la Junta de Andalucía, Juan Antonio Samaranch, presidente del CIO, Federico Mayor Zaragoza, director general de la UNESCO, y otras personalidades nacionales e internacionales del mundo científico y deportivo".

"En pocas líneas, algunos datos pueden dar una visión global muy significativa de lo que fue aquel gran evento organizado por la Universidad Internacional Deportiva de Andalucía, Unisport: personal de Unisport, 12; audiovisuales, 15; traductores, 10; voluntarios, 8; coordinadores nacionales de áreas, 17; coordinadores internacionales, 17; conferenciantes principales, 10; conferenciantes invitados, 36; áreas temáticas, 20; congresistas, 883; preinscritos que no participaron, 245".

"Procedencia: Asia 89, 10%; África 13, 1,4%; Norteamérica 52, 5,8%; Hispanoamérica 65, 7,3%; Oceanía 8, 0,9%; Europa 261, 29,5%; España 395, 44,7%. abstracts presentados, 660; abstracts aceptados, 499; presentaciones orales, 204; presentaciones póster, 191; Libro de Abstracts, 2 volúmenes en español e inglés; Libro de Actas, 5 volúmenes en español e inglés de 2352 páginas".

José Roldán:[30]

"La Junta de Andalucía diseña los eventos del programa 'Andalucía 92' con la finalidad de que todas las provincias tuviesen un evento de gran nivel y no sólo la EXPO en Sevilla. Por iniciativa de Luis García Garrido, Alfonso Perales, Javier Torres Vela y alcaldes de la Bahía de Cádiz, se traslada la propuesta a la Junta de Andalucía para que la Bahía albergase un evento náutico sin precedentes en nuestro país, que reuniese en las aguas gaditanas a todas las clases olímpicas de vela del mayor número de países posible. Para la promoción de la candidatura se crea el Consorcio Mundo Vela'92, que estuvo compuesto por los municipios de Chipiona, Rota, Puerto de Santa María, Puerto Real, Cádiz y Chiclana como posibles bases náuticas o de apoyo, y la Diputación de Cádiz y la Junta de Andalucía como promotores y coordinadores".

---

[30] Gerente de Mundo Vela'92.

"Los aspectos técnicos y de organización fueron de la competencia del jefe de Servicio de Deportes de la Diputación, la Federación Andaluza y Española de Vela, y el CSD. Durante cuatro años, tanto los técnicos como los políticos y representantes de las instituciones asumieron la responsabilidad de presentar la candidatura ante las distintas clases olímpicas en Reino Unido, Holanda, Alemania, Italia, Suecia, Brasil, Francia, Hungría.... hasta conseguir que todas las clases olímpicas se dieran cita en la Bahía de Cádiz. Para albergar estos campeonatos mundiales y algunos europeos se hacía preciso disponer de las distintas bases náuticas, equipamientos en tierra y personal técnico, a la vez que coordinar a los ayuntamientos que requerían la construcción de los puertos deportivos con el apoyo de las autoridades portuarias y la Empresa Pública de Puertos de Andalucía. Fue necesario diseñar y construir los puertos deportivos de Chipiona, Rota, Cádiz y Chiclana, adecuándose la infraestructura en tierra de la base náutica de Puerto Sherry y de la Federación Española y Andaluza de Vela".

"Tanto por el número de clases olímpicas como por el número de embarcaciones participantes -en los JJOO solo participa un barco por clase y en los campeonatos del mundo el número de participantes es abierto, con inscripción a criterio del país participante- Mundo Vela supuso el mayor evento náutico jamás organizado en nuestro país, existiendo un solo precedente en Kiel, Alemania, pero con menor participación. El éxito de organización fue tal que a criterio de entrenadores y responsables de las Clases Olímpicas se acuñó una frase: 'En Vela existen dos criterios organizativos, técnico y de gestión: antes del Mundo Vela y después del Mundo Vela de Andalucía 92'.

"Gracias al esfuerzo de todos, la Bahía de Cádiz dispone hoy día de más de dos mil puntos de atraque de titularidad pública que han cambiado significativamente la dimensión turística y náutica de las aguas gaditanas y de las ciudades de Rota, Chipiona, Puerto de Santa María, Cádiz y Chiclana, así como la dotación de medios técnicos e infraestructurales y la formación del personal técnico de la Federación Andaluza de Vela. Es importante destacar que gracias a la celebración de Mundo Vela 92, y con el pretexto de construir los puertos deportivos, se tuvieron en cuenta las necesidades de la flota de pesca artesanal de los municipios de Chipiona, Rota y Chiclana, y de pesca deportiva en Cádiz, contando en la actualidad con unas instalaciones portuarias, tanto en agua como en tierra, que hacen posible que estos profesionales de la pesca puedan ejercer su trabajo con dignidad y medios adecuados a las necesidades de su profesión y medios para la comercialización de la pesca de la Bahía de Cádiz".

"No podemos, por último, dejar de hacer mención al decidido apoyo que SSMM los Reyes, SAR la infanta Doña Cristina y SAR el príncipe D. Felipe nos prestaron con su presencia y participación en los distintos actos promocionales celebrados en España, y con motivo de la promoción de nuestra candidatura en las distintas asambleas celebradas en otros países de Europa y en Canadá. Una vez que se alcanzaron los objetivos deportivos y de infraestructuras deportivas y portuarias, la Junta de Andalucía entrega el Consorcio Mundo Vela a la Diputación Provincial de Cádiz, que a los pocos años decide disolverlo, desapareciendo con ello la posibilidad de continuar y rentabilizar las inversiones cuantiosas que se habían hecho a nivel de infraestructuras deportivas y no deportivas, medios y personal técnico para la organización del evento".

En junio de 1993 se celebra en la provincia de Málaga el primer Campeonato de España Cadete del Consejo Superior de Deportes, con la participación de unas 2500 personas entre deportistas, técnicos, voluntarios, organización, etc., cuyo coordinador general fue el que suscribe. Por cierto que destacaba un chico que jugaba al fútbol con el Atlético de Madrid, de nombre Raúl…

Continúan los Juegos Deportivos de Andalucía y el Plan Guía de Instalaciones Deportivas de Andalucía.

IV Legislatura, 1994-1996: "De Unisport a IAD"

Manuel Chaves continúa de Presidente. José María Martín Delgado sustituye a Juan Manuel Suárez Japón como Consejero de Cultura (Medio Ambiente se convierte en Consejería de nueva creación). Bartolomé Ruiz sustituye a Luis García Garrido como Vicecrconsejero y Jesús García Fernández a Jesús de la Lama como Director General de Deportes.

El *itinerario profesional* del autor de este capítulo transcurre durante esta legislatura como Secretario General de la Delegación Provincial de Cultura de Málaga y como Director del Instituto Andaluz del Deporte.

El Decreto 259/1994, de 13 de septiembre, de la Consejería de Cultura de la Junta de Andalucía, modifica la denominación de Universidad Internacional Deportiva de Andalucía por la de Instituto Andaluz del Deporte. Había comentarios para todos los gustos: Unisport nunca había sido Universidad, ya que fue creada por Decreto y las Universidades se crean por Ley. No era lógico que el INEF de Granada fuera Instituto y Unisport Universidad. Unisport era una *marca* de la Junta de Andalucía que no se debería haber cambiado nunca. Para otros, la nueva denominación era más acertada al llevar implícito el término andaluz, por lo que se entendía que era un organismo de Andalucía, y sin embargo, Unisport podía ser de cualquier lugar del mundo. Además del cambio de denominación, también cambiaron algunas de las funciones, al centrarse totalmente en Andalucía y abandonar la internacionalidad.

El IAD, por deseo expreso del consejero Martín Delgado[31], organiza un Seminario para elaborar el anteproyecto (segundo) de la Ley del Deporte de Andalucía. Desde mi punto de vista, si las elecciones andaluzas no se hubieran adelantado, la Ley del Deporte se habría aprobado en la IV Legislatura. Este Seminario estaba integrado por el Consejero, el Viceconsejero, el Secretario General Técnico, el Director General de Deportes y el Director del Instituto Andaluz del Deporte. Trabajábamos los viernes tarde-noche en la sede del IAD.

La disposición final primera del Decreto 154/1995, de 13 de junio, faculta al Consejero de Cultura para ordenar los Premios de la mencionada Consejería. Así, la Orden de 15 de noviembre de 1995 convoca los primeros Premios Andalucía de los Deportes (méritos de 1994) gestionados y organizados por la Junta de Andalucía. La Orden de 21 de diciembre de 1995 da a conocer el jurado, presidido por el que esto escribe, como Director del Instituto Andaluz del Deporte, los vocales Juan García Martínez, Lorenzo Morillas Cuevas, Francisco Pérez Gamero, Alfonso Otero Jiménez, Juan Francisco Gutiérrez Vilchez, Severiano Bajo Aguilar, Javier Imbroda Ortiz y Francisco Baena Bocanegra, y el secretario, Pepe Díaz.

En junio de 1995 se celebra en la provincia de Málaga el segundo Campeonato de España Cadete del Consejo Superior de Deportes, con la participación de unas 2500 personas entre deportistas, técnicos, voluntarios, organización, etc., más los familiares de los deportistas.

Jesús García Fernández, director general de Deportes, presenta a los medios de comunicación –acompañado por el Director del IAD- el nuevo anteproyecto de la Ley del Deporte de Andalucía:

"En siete capítulos se trazan las líneas de actuación para lo referente a la administración y organización, las entidades deportivas, la práctica deportiva, las instalaciones, el régimen disciplinario e incluso la conciliación extrajudicial. La intención de los encargados de la redacción del anteproyecto no es hacer unas normas rígidas, sino elaborar una ley 'flexible, poco reglamentaria y mínima para que no ate las manos a nadie

---

[31] El consejero Martín Delgado decía que el IAD era la "inteligencia" de la Dirección General de Deportes de la Consejería.

y cualquier Gobierno pueda interpretar las normas para no quedarnos encorsetados', según las palabras del propio director general de Deportes, Jesús García. En cuanto a las novedades de este anteproyecto, en comparación con otras comunidades autónomas que ya cuentan con su Ley, es la prestación de una atención especial a los colectivos más desfavorecidos, como pueden ser los disminuidos físicos, psíquicos y sensoriales, así como el acceso de la mujer a la actividad deportiva. También es destacable lo relativo a las instalaciones deportivas o la creación de una Junta Arbitral del Deporte, que se encargue de solucionar los posibles conflictos sin necesidad de acudir a la justicia ordinaria"[32].

En esta legislatura se formula por primera vez el Plan General del Deporte (PGDA) a través del Decreto 299/1995, de 26 de diciembre. Como director del PGDA iba a ser designado el director del IAD y la Oficina del Plan se iba a instalar en Málaga. Pero como consecuencia del adelanto electoral no se llegó a realizar.

A propuesta de un servidor de ustedes, el IAD organiza un Seminario para estudiar la posibilidad de implantar una línea de ayudas a los deportistas y clubes andaluces de alto nivel y alto rendimiento para crear algo parecido a un ADO andaluz. El resultado del Seminario, coordinado por Pepe Díaz, se convierte en el Programa Heracles y es, desde mi punto de vista, el "punto de partida" de los importantes programas de ayuda a deportistas, técnicos y clubes que se crean y ponen en funcionamiento en la V Legislatura y en las siguientes, incluyendo la Fundación Andalucía Olímpica en 1997.

Sin duda el Campeonato del Mundo de Esquí Alpino de 1995, que finalmente se celebra en 1996 por ausencia de nieve, marca un antes y un después en la estación de invierno, en Andalucía y en España. Las inversiones realizadas en Sierra Nevada y su entorno, 1 021 millones de euros (501 845 millones de la Administración central y 519 253 millones de la Junta de Andalucía) significaron la consolidación de la estación como una de las mejores de Europa.

Ignacio Valenzuela[33]:

"En el Congreso celebrado en mayo de 1990 en la ciudad suiza de Montreux por la Federación Internacional de Esquí, la Estación de Esquí de Sierra Nevada obtuvo la designación para la celebración de los Campeonatos del Mundo de Esquí Alpino de 1995. Dicha nominación supuso el reconocimiento al más alto nivel internacional de la Estación de

---

[32] Manuel Fadón. Diario *SUR*. 4 de diciembre de 1995.
[33] Director de Marketing de Cetursa en aquel momento.

Esquí de Sierra Nevada y de su capacidad organizativa como centro turístico deportivo, siendo la única estación española que lo ha celebrado hasta el momento. Este evento, al que presentaron su candidatura otras prestigiosas estaciones de esquí de diversos países del mundo, es el acontecimiento deportivo más importante dentro del calendario internacional, tras los Juegos Olímpicos de Invierno. Con la misión de organizar este magno acontecimiento se constituyó en mayo de 1991 la sociedad 'Sierra Nevada 95 SA', contando en su accionariado con la participación de instituciones públicas como la Junta de Andalucía, la Administración central, el Ayuntamiento de Granada, la Diputación Provincial de Granada, y los Ayuntamientos de Monachil, Güejar y Dílar; y la empresa pública Cetursa. En mayo de 1992 el Consejo de Gobierno de la Junta de Andalucía autorizaba la constitución de la Sociedad de Gestión y Financiación de Infraestructuras, Sierra Nevada 1995 SA, Sogefinsa. Veía así la luz un instrumento destinado a posibilitar la inversión de la comunidad autónoma en infraestructuras de nieve y complementarias de cara a la celebración de los Campeonatos del Mundo de Esquí Alpino en Sierra Nevada, al tiempo que servía para dotar a Granada de una base estructural que potenciara el desarrollo de la zona en el umbral del siglo XXI".

"Los objetivos perseguidos eran claros; desarrollar un catálogo de inversiones en un corto espacio de tiempo difiriendo su pago en un periodo de diez años. Así, con dichas sociedades, Sierra Nevada 95 y Sogefinsa, junto con el concurso de Cetursa Sierra Nevada SA, gestora de la Estación de Esquí, y Promonevada SA, gestora del desarrollo inmobiliario de la Estación, se garantizaba la correcta preparación y organización de los Campeonatos del Mundo, ya que ello exigía un amplio programa de actividades y la realización de importantes inversiones en la infraestructura de Sierra Nevada, quedando por tanto la Estación definitivamente consolidada para su posterior explotación turístico-deportiva".

"Consecuentemente se entendía que los Campeonatos del Mundo de Esquí Alpino suponían no sólo una buena razón para fomentar y mejorar la estación de esquí, sino también un excelente impulso para el desarrollo de toda el área de influencia correspondiente, sobre todo en el campo de las infraestructuras de comunicación y servicios, contribuyendo a acelerar el desarrollo económico de toda esta zona".

A primeros de diciembre de 1995 se presenta en el Instituto Andaluz del Deporte el Rally Granada-Dakar: verificaciones en Granada el viernes día 29 de diciembre después del recorrido desde París. "Parque de

Trabajo" en Loja el sábado 30. Salida hacia Nador por el Puerto de Málaga el mismo día 30 de diciembre, con podio de control en la Plaza de la Marina desde las 13 a las 20 horas. ¡Todo un espectáculo deportivo! Jesús García, director general de Deportes, presidió el acto, al que no pudo llegar a tiempo el consejero Martín Delgado, por un pinchazo en el coche oficial que lo trasladaba a Málaga...

En 1996 se celebra en Granada, durante todo el año, el I Centenario de los Juegos Olímpicos Modernos (1896-1996) a iniciativa de la Diputación Provincial de Granada y con la colaboración de la Facultad de Ciencias del Deporte de la UGR y del Instituto Andaluz del Deporte, coordinado por el diputado de Deportes, Julio Perea; el decano de la Facultad de Ciencias del Deporte, Antonio Oña y el director del IAD, Juan de la Cruz Vázquez.

V Legislatura, 1996-2000: "De Dirección General a Consejería"

Manuel Chaves forma gobierno de coalición con el Partido Andalucista. José Núñez es nombrado consejero de Turismo y Deporte (consejería de nueva creación) en sustitución de José María Martín Delgado. Se nombran tres altos cargos en materia de deporte: Secretario General para el Deporte; Director General de Actividades y Promoción Deportiva, y Director General de Tecnología e Infraestructuras Deportivas: José Luis Calvo, Baltasar Quintero y Javier Sánchez Palencia, respectivamente. A José Luís Calvo lo sustituye Javier Sánchez Palencia y a éste Enrique Naz, que es sustituido, a su vez, por Luis Miguel Pons.

Mi *itinerario profesional* transcurre como Director del Instituto Andaluz del Deporte, Jefe de la Sección de Deporte de la Delegación Provincial de Turismo y Deporte de Granada y Jefe del Servicio de Deporte, en funciones, de la citada Delegación Provincial.

En la V Legislatura, la Dirección General de Deportes "asciende" a Consejería de Turismo *y Deportes*. Sí, en plural. El consejero Núñez Castaín viajó al día siguiente de su nombramiento a Málaga para tener una reunión con los operadores de Turismo, y para conocer el Instituto Andaluz del Deporte (IAD), del que era director el que esto escribe.

El Consejero, arquitecto de profesión, se quedó muy sorprendido de la magnífica sede del IAD y de lo bien conservada que estaba. Comentó que según el estado de conservación que tenía se debía de utilizar muy poco. Lógicamente intenté convencerle de lo contrario, con tanta vehemencia que en un momento de la conversación me dijo: "¡Si quieres, me pongo firmes y me callo!". Imagínese, amigo lector, lo que pensé que me quedaba en el cargo...

Pues bien, en otro momento de la conversación le pregunté por qué habían denominado a la Consejería de Turismo y Deportes, en plural, ya que debía ser Deporte, en singular. Es decir, como "Hecho cultural y social" y no como suma de modalidades deportivas. Lo entendió perfectamente y, utilizando la "técnica de corrección de errores del BOJA", se cambió por Consejería de Turismo y Deporte[34] -en singular y en mayúsculas, como debe ser-. Por eso comentaba en la introducción de este capítulo que he trabajado en Deportes y en Deporte de la Junta de Andalucía...

El *ascenso* de Dirección General a Consejería significó un "antes y un después" para el deporte andaluz en estructura, infraestructura, política deportiva y pesetas[35]. La estructura orgánica de la Consejería en materia de deporte era magnífica para lo que estábamos acostumbrados... Es decir, al Director General de Deportes de la IV Legislatura lo sustituyen tres altos cargos en la V. Además, la estructura orgánica, que contaba desde la I Legislatura con el Instituto Andaluz del Deporte, es ampliada con la Empresa Pública Deporte Andaluz SA (EPDASA)[36] y el Centro Andaluz de Medicina del Deporte (CAMD), en 1999.

Del 21 al 27 de junio de 1996 se celebró el tercer y último Campeonato de España Cadete del Consejo Superior de Deportes en la provincia de Málaga, con este formato. Podría contar muchas anécdotas -tuve la ilusión de ser el coordinador general de los tres- pero a lo que me voy a referir es a los cambios políticos (y por tanto de personas) que se produjeron durante la realización de estos tres campeonatos, además de los buenos retornos económicos que se produjeron en la Costa del Sol.

En 1993 (III Legislatura) el secretario de Estado para el Deporte era Rafael Cortés Elvira; el alcalde de Málaga, Pedro Aparicio; el consejero de Cultura y Medio Ambiente, Juan Manuel Suárez Japón y el director general de Deportes de la Junta de Andalucía, Jesús de la Lama (los cuatro del PSOE).

En 1995 (IV Legislatura) continuaba de secretario de Estado para el Deporte Rafael Cortés Elvira (que por cierto dijo que Málaga debería ser la sede permanente de los campeonatos); como alcaldesa de Málaga, Celia

---

[34] Muchas personas dicen todavía deportes (en plural). Sobre todo políticos y periodistas.
[35] El incremento presupuestario de 1996 a 1997 (primer presupuesto de la nueva Consejería) fue superior a cinco mil millones de pesetas.
[36] Los directores han sido Carlos Orozco, Manuel Mesa, Luis de la Iglesia, María José Pedrosa, Francisco López, Luis Miguel Jiménez y Francisco Pérez.

Villalobos; como consejero de Cultura, José María Martín Delgado, y como director general de Deportes de la Junta de Andalucía, Jesús García Fernández (tres del PSOE y la alcaldesa del PP -de los cuatro altos cargos de 1993, tres nuevos-).

En 1996 (V Legislatura) el secretario de Estado para el Deporte era Pedro Antonio Martín Marín; de alcaldesa de Málaga continuaba Celia Villalobos; el consejero de Turismo y Deporte, José Núñez y el director general de Actividades y Promoción Deportiva, Baltasar Quintero (dos del PP y dos del PA -de los cuatro altos cargos de 1995, tres nuevos otra vez-).

De 1993 a 1996 se celebraron dos elecciones generales (1993 y 1996); dos elecciones andaluzas (1994 y 1996) y unas elecciones municipales (1995). Los tres campeonatos se celebraron sin ninguna incidencia por razones políticas y los tres tuvieron un denominador común, como casi siempre en aquellos tiempos: el coordinador general tuvo que anticipar "dinero de su bolsillo" por problemas de gestión... que después recuperó religiosamente.

Colaboraron los Ayuntamientos de Antequera, Archidona, Benalmádena, Estepona, Fuengirola, Málaga, Marbella y Torremolinos, la Diputación Provincial y la Universidad de Málaga; el Instituto Andaluz del Deporte en 1995 y 1996. Ajedrez y atletismo, masculino y femenino; bádminton mixto; fútbol masculino; baloncesto, balonmano, natación, tenis de mesa y voleibol, masculino y femenino. Dieciséis instalaciones y dieciséis hoteles. Servicios médicos en todas las instalaciones y en todos los hoteles. Los equipos representaban a los mejores clubes españoles: Real Madrid, FC Barcelona, Málaga CF, Valencia CF, CD Tenerife, Real Racing Club; Estudiantes, Joventud de Badalona, Forum de Valladolid, Pamesa Valencia, Unicaja Málaga; Teka Salesianos, Maristas, CB Granollers, CB Málaga; CV Huelva, CV Jovellanos, AD Recuerdo, etc.

El Comité Ejecutivo del Campeonato de 1996, que no difirió mucho de los anteriores, fue el siguiente: director técnico del CSD, José Luis Aguado; director técnico de la Junta de Andalucía, Pepe Díaz; coordinador general, Juan de la Cruz Vázquez; secretario general, Manuel Ortega; coordinador del Comité de Competición, Jaime Suárez; medios de comunicación, Antonio Guadamuro; protocolo y programa cultural, Concha Berzal; transportes internos, María del Mar Garrido; alojamientos y alimentación, Emilio Fernández; medicina y seguridad, José Ramón Alvero; instalaciones y coordinación deportiva, Juan Luis Moreno; medios materiales y gestión económica, Marisol Inglés; adjunto a secretaría general, Cristóbal Barco; coordinador de ajedrez, José Ángel García Tello;

coordinador de atletismo, Juan Ortega; coordinador de bádminton, Antonio López del Pozo; coordinador de baloncesto femenino, Antonio Fortes; coordinador de baloncesto masculino, José María Martín Urbano y Jesús Bonilla; coordinador de balonmano femenino, José María Jiménez; coordinador de balonmano masculino, Teodoro García; coordinador de fútbol en Torremolinos, Francisco Torrente; coordinador de fútbol en La Rosaleda, Juan Manuel Marín; coordinador de natación, Miguel Ángel del Pozo; coordinador de tenis de mesa, Antonio García Herencia; coordinador de voleibol femenino, Javier Lorenzo; coordinador de voleibol masculino, Francisco Amores. Participaron unas 2500 personas entre deportistas, técnicos, delegados, árbitros, médicos, voluntarios y organización.

El Decreto 494/1996, de 19 de noviembre, formula por segunda vez el Plan General del Deporte (PGDA). A la primera reunión asistimos Baltasar Quintero, director general de Actividades y Promoción Deportiva; María José Escudero, jefa del Servicio de Gestión Deportiva; Pepe Díaz, jefe del Servicio de Programas y Actividades Deportivas y el que suscribe, como director del Instituto Andaluz del Deporte. A partir de varias reuniones, participaban también el secretario general para el Deporte, José Luis Calvo, el secretario general técnico, Rafael Rodríguez de León y Javier Sánchez Palencia, director general de Tecnología e Infraestructuras Deportivas. La metodología que utilizamos fue la de exposición de ponencias por un experto cada vez, y debate sobre el tema. El Plan General del Deporte no se aprueba en esta legislatura y se formula nuevamente en la siguiente.

En 1997 se celebró en el Campo de Golf de Valderrama (Cádiz) la Ryder Cup, el evento de golf más importante que se ha celebrado en Andalucía hasta el momento.

La Fundación Andalucía Olímpica se constituye el 29 de julio de 1997 por la Junta de Andalucía y el Comité Olímpico Español. Según sus estatutos tiene por objeto desarrollar e impulsar el Movimiento Olímpico en Andalucía, bajo los principios de la Carta Olímpica, uniendo la cultura, la educación y el deporte para el desarrollo integral de la sociedad y contribuir así a un mundo mejor y más pacífico, sin discriminaciones de ninguna clase y mediante la divulgación del espíritu y la filosofía del Olimpismo. En 1998 se crea el Plan Andalucía Olímpica, y en 1999 el Plan Paralímpicos Andaluces (en 2012 se unifican ambos planes) para ayudar a los deportistas andaluces a "elevar el listón" del deporte andaluz. Entre otras actuaciones, la FAO ha organizado la Conferencia Internacional de Deporte Adaptado (CIDA) 2003, 2007 y 2011 en Málaga[37].

En 1997 se crea el Programa Andaluz de Tecnificación Deportiva (PATD), mediante convenio con 12 federaciones deportivas andaluzas: atletismo, ciclismo, deportes de invierno, gimnasia, golf, halterofilia, hípica, natación, piragüismo, remo, tenis de mesa y vela; y el Centro Andaluz de Tecnificación Deportiva (CATD) en la Ciudad Deportiva de Carranque, homologado por el Consejo Superior de Deportes en 1998. En 2001 se amplía el PATD a 7 federaciones más: montañismo, espeleología, lucha, judo, esgrima, tenis y bádminton. Esta iniciativa ha sido fundamental para la identificación de talentos deportivos y su entrenamiento (ITD) y posterior rendimiento y éxitos de nuestro deporte en edad escolar (rendimiento de base, en este caso individual). El profesor Juan José González Badillo ha sido el asesor técnico de este programa hasta 2009, con un brillante rendimiento.

En 1998 se crea el *Programa Salto* para ayudar a deportistas, entrenadores o técnicos de modalidades y/o especialidades no olímpicas y no paralímpicas (ya que de las olímpicas y paralímpicas se encargaba la Fundación Andalucía Olímpica). En esta legislatura se conceden 18 y 41 becas en 1998 y 1999, respectivamente.

A principios de 1998 informo al consejero Núñez Castaín de que no existe la especialidad en Actividad Física y Deporte en el Cuerpo Superior Facultativo de la Junta de Andalucía y le propongo su creación. En 1999 se convocan las primeras oposiciones, que se celebran en el año 2000, ingresando tres licenciados en Ciencias de la Actividad Física y del Deporte –Jesús Roca, Antonio Hernández y Arturo Azorit-, que conforman la primera promoción del mencionado Cuerpo Superior, pionero en España.

Pero lo más importante de esta legislatura, además de la creación de la Consejería de Turismo y Deporte con el correspondiente incremento presupuestario y estructural, es la aprobación de la Ley del Deporte por el Parlamento de Andalucía, Ley 6/1998, de 14 de diciembre; y parte de su desarrollo reglamentario.

A pesar de que Andalucía ha sido pionera en Derecho Deportivo desde que en 1984 la Universidad Internacional Deportiva de Andalucía (Unisport) –actual Instituto Andaluz del Deporte (IAD)- organizara las correspondientes Jornadas y a pesar, también, de los Seminarios que

---

[37] Tuvimos la ilusión de colaborar en esta iniciativa.

sobre el anteproyecto de la Ley del Deporte se organizan en 1989 y 1995, ha sido una de las últimas comunidades autónomas en aprobar su Ley del Deporte, tan solo superada por Navarra y Cantabria. La ley del Deporte de Andalucía, como no podía ser de otra manera, comienza su Exposición de Motivos haciendo alusión a la definición del deporte de la Carta Europea del Deporte de 1992, a propuesta del que esto escribe.

El refrán dice que *nunca es tarde si la dicha es buena*. Efectivamente, nuestra Ley se aprueba en 1998 pero, por ser una de las últimas, tiene la ventaja de haber podido analizar las otras y de ser una ley que ha pasado varios filtros: el anteproyecto de 1989, el anteproyecto de 1995 y el anteproyecto de 1997.

Desde mi punto de vista el primer anteproyecto no se convierte en proyecto, y por tanto en ley, en su caso, porque las elecciones de 1990 conllevan el cambio en la presidencia de la Junta de Andalucía (Manuel Chaves sustituye a José Rodríguez de la Borbolla), y del titular de la Consejería (Juan Manuel Suárez Japón sustituye a Javier Torres Vela). También cambia la denominación de la Consejería, convirtiéndose en Cultura y Medio Ambiente, con lo que Deportes pierde peso.

El segundo anteproyecto, ya lo hemos dicho, no pasa a proyecto, desde mi punto de vista, porque la IV Legislatura dura únicamente dos años por el adelanto electoral. Estoy convencido de que el equipo liderado por José María Martín Delgado hubiera conseguido que la Ley del Deporte de Andalucía se aprobara en aquella legislatura.

Entonces, pues eso, lo que ustedes están pensando: ¡A la tercera va la vencida! Gobierno de coalición, buena estructura organizativa, buen análisis y diagnóstico de lo anterior, magnífico presupuesto para conseguir un buen equipo redactor y un buen desarrollo reglamentario, posibilitan la aprobación de la Ley, el 14 de diciembre de 1998. Una ley, por cierto, que no adolece de ninguna circunstancia que haga *imprescindible* su sustitución inmediata.

> *"El espectacular desarrollo reglamentario que ha experimentado la comunidad autónoma andaluza en materia deportiva, culminando casi por completo las previsiones contenidas en la Ley 6/1998, de 14 de diciembre, del Deporte, debe buscarse, en efecto, en la ingente labor de un peculiar y específico órgano administrativo, el Consejo Asesor en materia de deporte de la Junta de Andalucía"*[38].

---

[38] PRADOS PRADOS, S. El Derecho Deportivo en Andalucía. En *El Derecho Deportivo en España 1975-2005*. Sevilla. Junta de Andalucía. Consejería de Turismo, Comercio y Deporte, 2005, p. 849.

Efectivamente, el Decreto 94/1998, de 28 de abril, crea el Consejo Asesor en materia de deporte (ocho meses antes de la aprobación de la Ley), para el estudio y elaboración de normas legales y disposiciones de carácter general.

En el Boletín de Información Deporte Andaluz (BIDA) del IAD número 38, de enero de 1999, aparece un artículo de opinión del autor de este capítulo titulado *Presente y Futuro del Deporte en Andalucía:*

"Después de manifestar un acuerdo total con la definición de deporte de la Carta Europea del Deporte de 1992, de establecer el Real Decreto 4096/1982, de 29 de diciembre, como el comienzo del presente del deporte en Andalucía y un diagnóstico de lo realizado de 1982 a 1998, dividiendo los 16 años transcurridos en dos aspectos principales: Aspectos menos positivos: baja tasa de práctica deportiva, débil asociacionismo deportivo, excesiva dependencia de lo público, bajo impacto económico repercutido por la práctica deportiva en la economía andaluza, y déficit de instalaciones deportivas a pesar de la inversión realizada durante los citados dieciséis años transcurridos. Aspectos más positivos: la creación, puesta en funcionamiento y desarrollo del INEF-Facultad de Granada y Unisport-IAD en Málaga; creación, puesta en funcionamiento y desarrollo de los Juegos Deportivos de Andalucía; integración de la Educación Física y las titulaciones de los Técnicos Deportivos y Técnicos Deportivos Superiores en el Sistema Educativo; la implicación de la Administración local –ayuntamientos y diputaciones- en el Sistema Deportivo; la imprescindible aportación de las federaciones deportivas; la creación y puesta en funcionamiento del Programa Andaluz de Tecnificación Deportiva (PATD), la Fundación Andalucía Olímpica (FAO), el Programa Salto, la Consejería de Turismo y Deporte y la aprobación de la Ley del Deporte".

"Para el futuro del deporte andaluz, esperábamos que ocurriera lo siguiente: el desarrollo reglamentario de la Ley del Deporte, la aprobación del Plan Director de Instalaciones Deportivas (PDIDA) y del Plan General del Deporte de Andalucía (PGDA); el aumento de la práctica deportiva; la autodelimitación competencial o aplicación del principio de subsidiaridad y programas prioritarios; la autofinanciación de las prácticas deportivas en cuanto a que la tendencia de futuro se basaría en la intervención de las Administraciones públicas para la dotación de infraestructuras básicas y complementarias y en la remodelación, adecuación y adaptación de las ya existentes (más de 10000 en aquel momento); los gastos corrientes y de mantenimiento (Capítulo II) serían soportados por los usuarios para lo que las Administraciones públicas tendrían que aplicar, en cualquier caso,

el principio de 'precios políticos' para las personas o colectivos desfavorecidos; que la gestión de las infraestructuras deportivas se gestionarían a través de clubes, federaciones, entes de promoción deportiva o empresas deportivas sin ánimo de lucro; que el deporte de rendimiento sería cada vez más selectivo y por tanto menos practicado; y que aumentaría el interés por la dimensión espectacular del deporte, sobre todo si tenían éxito los equipos andaluces y españoles, por lo que habría que adaptar los espacios de deporte espectáculo a la televisión".

Mediante la Orden de 14 de enero de 1999, con buen criterio, se reestructuran los Juegos Deportivos de Andalucía -iniciación al rendimiento deportivo- que habían comenzado en la I Legislatura.

Mediante el Decreto 224/1999, de 9 de noviembre, como desarrollo normativo de la Ley del Deporte, se crea el Centro Andaluz de Medicina del Deporte (CAMD). Los directores han sido Fermín Galiano, Carmen Adamuz, Laura Pascual y Leocricia Jiménez.

El Decreto 236/1999, de 13 de diciembre, del Régimen Sancionador y Disciplinario Deportivo -que deroga el 139/1989, de 13 de junio- y la Orden de 6 de marzo de 2000 que publica el Reglamento de Régimen interior, rigen hoy el Comité Andaluz de Disciplina Deportiva (CADD). Los presidentes han sido: Francisco Baena Bocanegra, José Manuel Vázquez Sanz, Ángel Prados, Carlos Cano y Eduardo Gamero.

Del 20 al 29 de agosto de 1999 se celebró en Sevilla el VII Campeonato Mundial de Atletismo organizado por la IAFF y por la RFEA, con la participación de 1821 atletas. España obtuvo 4 medallas: Abel Antón, oro en maratón. Niurka Montalvo, oro en longitud. Yago Lamela, plata en longitud y Reyes Estévez, bronce en 1500. Y Sevilla demostró que en Andalucía se podían organizar grandes eventos... El coordinador general del Mundial de Atletismo'99 fue Vicente Añó.

El Decreto 7/2000, de 24 de enero, de Entidades Deportivas Andaluzas, regula el Registro Andaluz de Entidades Deportivas (RAED): federaciones deportivas, clubes deportivos y entes de promoción deportiva. Este Decreto constituye el hilo conductor de la política deportiva, en lo que se refiere al deporte federado.

Especialmente quiero resaltar el Artículo 61, *Auditorías,* del Capítulo VI, Régimen económico de las federaciones deportivas andaluzas:

"1. Sin perjuicio de lo dispuesto en el Título VIII de la Ley 5/1993, de 19 de julio, de Hacienda pública de la Comunidad Autónoma, para recibir subvenciones y ayudas de la Administración autonómica de Andalucía, las federaciones deportivas andaluzas deberán someterse, cada dos años

como mínimo o cuando la Dirección General de Actividades y Promoción Deportiva lo estime necesario, a auditorías financieras y de gestión sobre la totalidad de sus gastos o, en su caso, a verificaciones de contabilidad. 2. Las federaciones deportivas andaluzas tienen el deber de remitir los informes de dichas auditorías a la citada Dirección General".

En esta legislatura se crea, y se pone en funcionamiento, el Plan del Deporte Federado (PDF) en coordinación con el Consejo Superior de Deportes.

Tabla III. Presupuestos de la V Legislatura

1997	1998	1999	2000	TOTAL
53 187 160 €	49 646 983 €	59 676 247 €	67 189 000 €	229 699 289 €
Incremento presupuestario interno (1997-2000): 26,32% (14 001 840 €)				

Fuente: Presupuestos Junta de Andalucía.

Al adquirir Deporte rango de Consejería, podemos conocer por primera vez los presupuestos anuales publicados en la correspondiente Ley de Presupuestos de la Junta de Andalucía. En las anteriores legislaturas el presupuesto de Deportes estaba integrado en el de la Consejería de Cultura o en la de Cultura y Medio Ambiente, y es prácticamente imposible reflejarlos en este capítulo. De todas formas, los presupuestos anuales de la Dirección General de Juventud y Deportes (I Legislatura) y de la Dirección General de Deportes (II, III y IV Legislaturas) no superarían los 12 millones de euros de media.

Los que trabajamos en Deportes antes y, en Deporte en esta legislatura, no nos podíamos creer el incremento presupuestario y estructural que había supuesto la conversión de nuestra *querida* Dirección General de Deportes en Consejería.

Como podemos comprobar en la Tabla III, en esta legislatura se produce un incremento presupuestario interno (de 1997 a 2000) del 26,32% (14 001840 €). El incremento presupuestario externo (respecto a la legislatura anterior) no lo sabemos oficialmente, pero podemos afirmar que sería cercano al 300%.

VI Legislatura, 2000-2004: "Organización de eventos deportivos y desarrollo reglamentario de la Ley del Deporte"

El presidente Manuel Chaves continúa en el cargo. A José Núñez lo sustituye José Antonio Hurtado, que es sustituido por Antonio Ortega como consejero de Turismo y Deporte. A Javier Sánchez Palencia lo sustituye Marcelino Méndez, y a éste Manuel Prados como secretario general para el Deporte. A Baltasar Quintero lo releva como director general de Actividades y Promoción Deportiva José Sanchís, que era director del Instituto Andaluz del Deporte. Luis Miguel Pons continúa como director general de Tecnología e Infraestructuras Deportivas toda la legislatura.

Mi *itinerario profesional* transcurre en esta legislatura como jefe de la Sección de Deporte de la Delegación Provincial de Turismo y Deporte de Granada; jefe del Departamento de Formación del IAD; inspector de Deporte de la Delegación Provincial de Turismo y Deporte de Málaga y jefe del Departamento de Documentación y Publicaciones del IAD.

El 20 de noviembre de 2000 se aprueba el Decreto 434/2000, que regula el Deporte de Alto Rendimiento en Andalucía. Esta norma posibilitará el desarrollo de deportistas, entrenadores o técnicos y jueces o árbitros en el futuro del deporte andaluz.

En esta legislatura es donde se organizan más *grandes* eventos deportivos en 4 años. Sevilla quiso ser candidata a los Juegos Olímpicos de 2004 y a los de 2008, y necesitaba organizar eventos test y construir espacios deportivos para darse a conocer ante el Comité Internacional Olímpico (CIO). No obstante, no pudimos superar el Examen de Candidatura[39]. También en esta legislatura continúa el desarrollo reglamentario de la Ley 6/1998, de 14 de diciembre, del Deporte de Andalucía.

En 1999, legislatura anterior, se organizaron los Campeonatos del Mundo de Atletismo en el que hubiera sido el *Estadio Olímpico*[40] de los Juegos Olímpicos de 2004 o de 2008 y se consigue -en aquella legislatura y en las anteriores- la organización de otros grandes eventos deportivos importantes para la VI. Obviamente, en la misma legislatura es imposible solicitar, defender, conseguir y organizar eventos deportivos *oficiales* de nivel europeo o mundial si no se ha planificado, por lo menos, en la anterior.

Como quiera que esta legislatura la hemos denominado "Organización de eventos deportivos", además de desarrollo

---

[39] Tuvimos la ilusión de pertenecer al equipo de expertos que asistió al 'Examen de Candidatura' celebrado en el Hotel Alfonso XIII de Sevilla y realizado por miembros del CIO.
[40] Al Estadio de la Cartuja lo llaman algunas personas "Estadio Olímpico" sin haberse celebrado los preceptivos Juegos Olímpicos para poderse denominar así. Entiendo que se debería denominar "Estadio de Andalucía en Sevilla".

reglamentario, me va a permitir, amigo lector, que reflexione un momento sobre el tema[41].

Los eventos deportivos se pueden dividir en: 1. Eventos de deporte espectáculo y eventos de deporte práctica. 2. Eventos oficiales y eventos no oficiales. 3. Eventos cíclicos y eventos esporádicos o puntuales. 4. En función del objeto: eventos "exclusivamente" deportivos y eventos compartidos (deportivo-turísticos).

Ejemplos: 1. Eventos en los que practiquen muy pocas personas y los vean muchas (tenis, etc.); eventos en los que practiquen muchas personas y los vean más bien pocas (maratones, medias maratones, etc.). 2. Eventos cuya titularidad sea de una federación deportiva internacional o nacional (Campeonato del Mundo de Atletismo, 1999, en Sevilla, etc.), y eventos que no sean de titularidad federativa (Máster de tenis que organizaba la Asociación de Jugadores en competencia con la Real Federación Española de Tenis). 3. Eventos que se realizan todos los años (la Maratón de Sevilla, la Media Maratón de Álora, etc.), y eventos que se organizan de manera puntual (Campeonato del Mundo de Natación en Aguas Abiertas 2008 en Sevilla, Juegos Mediterráneos 2005 en Almería, Campeonato del Mundo de Cross 2011, en Punta Umbría, etc.). 4. Eventos "exclusivamente" deportivos (Fase de ascenso a la máxima categoría del voleibol español, etc.) y eventos compartidos -deportivo-turísticos- (Campeonato de Europa de Waterpolo que se organizó con objeto de construir el Centro Acuático de Málaga)[42].

¿Cuáles son mejores? Sin ninguna duda, los eventos oficiales, pero teniendo muy claro el objeto y el equilibrio entre la inversión que tenemos que realizar y lo que devuelve a nivel deportivo, promocional y económico al lugar donde se realiza y a su entorno. Es decir, siempre tenemos que hacer un Plan de Viabilidad para saber lo que nos cuesta, lo que nos devuelve y quién, cómo y cuándo aporta la parte alícuota que nos corresponde, antes de tomar la decisión de organizarlo.

El objeto puede ser "exclusivamente" deportivo o compartido (deportivo-turístico). Como ejemplo del primero podemos citar una Fase de Ascenso para ayudar al equipo de casa. El objeto compartido (deportivo-turístico) puede ser: 1. Para promocionar un destino turístico (ejemplo: Andalucía Master de Golf en Valderrama, etc.). 2. Para incentivar la economía de una ciudad, provincia, comunidad o país (ejemplo: Gran

---

[41] De 1998 a 2004 tuve la ilusión de impartir la asignatura "Organización de eventos deportivos" en la Facultad de Ciencias del Deporte de la Universidad de Granada y en varios Másteres universitarios.
[42] Siempre recordaremos a Tomás García Zamudio, amigo de la natación malagueña y andaluza.

Premio de España del Campeonato del Mundo de Motociclismo en Jerez, etc.). 3. Para crear infraestructuras nuevas y modernizar infraestructuras existentes (ejemplo: Mundo Vela'92, etc.). 4. Para promoción turística, incentivar la economía, crear infraestructuras nuevas y modernizar infraestructuras existentes (ejemplo: Campeonato del Mundo de Esquí Alpino, Sierra Nevada 1996; Juegos Olímpicos, etc. 5. Promoción deportiva (todos los eventos deportivos promocionan el deporte).

"1% deportivo": propongo, como ya hice en el I Congreso de los Gestores Deportivos de España celebrado en Madrid en septiembre de 2011, que los eventos deportivos que tienen "objeto compartido" (deportivo-turístico) aporten el 1% del presupuesto del mismo al deporte en edad escolar federado (rendimiento de base), para lo que se deberán articular los mecanismos necesarios para su puesta en funcionamiento lo antes posible.

Concretamente, en la legislatura 2000-2004 se celebraron cinco Campeonatos del Mundo y dos Juegos Mundiales: eventos de deporte espectáculo oficiales, esporádicos y deportivos -el objeto era organizar los Juegos Olímpicos de 2004 o 2008 en Sevilla-.

Tabla IV. Eventos deportivos más importantes de la VI Legislatura

DENOMINACIÓN	DEPORTE	AÑO	LUGAR
Campeonato del Mundo	Bádminton	2001	Sevilla
Campeonato del Mundo	Cross	2001	Sevilla
Juegos Mundiales	Aeronáutico	2001	Andalucía
Juegos Mundiales	Ecuestre	2002	Jerez
Campeonato del Mundo	Piragüismo	2002	Sevilla
Campeonato del Mundo	Remo	2002	Sevilla
Campeonato del Mundo	Vela	2003	Cádiz

Fuente: Elaboración propia.

El Decreto 284/2000, de 6 de junio, regula el inventario andaluz de instalaciones deportivas. En 2001 se crea el Programa Elite para los deportistas andaluces de alto nivel que no recibían ayudas ADO-ADOP, y el Programa Estrella[43] para ayudar a los clubes andaluces de alto rendimiento que participan en la máxima categoría o en la siguiente (submáxima) de deportes colectivos. En este año participan 57 clubes:

---

[43] Verdaderamente este programa es una *estrella* para los clubes que acceden al mismo. Si no, que se lo pregunten a los clubes andaluces de atletismo y bádminton que entraron en la temporada 2004-2005 (VII Legislatura), a propuesta de la Dirección General de Actividades y Promoción Deportiva.

baloncesto (6); balonmano (10); fútbol (9); fútbol sala (8); hockey hierba (6); hockey patines (1); waterpolo (2); rugby (3); y voleibol[44] (12).

Se publican la Orden de 19 de junio de 2001, por la que se crea y regula el Registro de Diplomas de Formación Deportiva y la Orden de 16 de mayo de 2002, por la que se delegan en el Director del IAD competencias en materia de motonáutica y se convocan exámenes para la obtención de las titulaciones de Patrón de Moto Náutica tipos A y B.

La Orden de 12 de julio de 2001, conjunta de la Consejería de Turismo y Deporte y de Educación y Ciencia, por la que se regula el Programa Deporte Escolar de Andalucía y se procede a la convocatoria correspondiente al año 2001, para la presentación de solicitudes de inclusión en el mismo.

Se aprueba el Decreto 144/2001, de 19 de junio, sobre planes de instalaciones deportivas. Tanto el Plan Director como los Planes locales de instalaciones deportivas.

La Orden de 20 de mayo de 2002 regula la constitución y puesta en funcionamiento de la Confederación Andaluza de Federaciones Deportivas (CAFD), que no celebra las correspondientes elecciones y empieza a funcionar como tal hasta la VII Legislatura.

En 2002 se formula por tercera vez el Plan General del Deporte Andaluz (PGDA) mediante el Decreto 227/2002, de 10 de septiembre, con las aportaciones relevantes de uno de los Grupos de Trabajo coordinado por Aurelio Sánchez Vinuesa, profesor de la Facultad de Ciencias del Deporte de la Universidad de Granada, y dirigido por Rafael Rodríguez de León, secretario general técnico de la Consejería de Turismo y Deporte, que, por cierto, también había dirigido los Grupos de Trabajo para la elaboración de la Ley del Deporte de Andalucía, y para su desarrollo reglamentario.

En 2003 se publica el Decreto 143/2003, de 3 de junio, por el que se regula la organización y funcionamiento del Consejo Andaluz del Deporte, que se constituye y pone en funcionamiento en la VII Legislatura.

"El Consejo Andaluz del Deporte es, pues, un órgano consultivo, pero también, por su representatividad, un válido punto de encuentro y cualificado foro de debate de la Administración, con representantes de los diversos sectores implicados en el fenómeno deportivo. De estos sectores, la Ley se refiere a las entidades locales, a las entidades deportivas, a los usuarios y a las universidades andaluzas, si bien permite la participación

---

[44] Siempre recordaremos a Moisés Ruiz, Diego Lobato, Eloy Fonseca y José Herdugo, amigos del voleibol andaluz.

de otros organismos, entidades y expertos en deporte. La determinación de la composición del Consejo Andaluz del Deporte, su organización y el régimen de funcionamiento se establecerán, concluye la Ley, por vía reglamentaria".

Para dar cumplimiento a este mandato se regula el Consejo Andaluz del Deporte, estableciendo su régimen de organización y funcionamiento mediante el citado Decreto.

En 2003 se publica también el Decreto 216/2003, de 22 de julio, que regula el buceo deportivo-recreativo, que todavía no se ha puesto en funcionamiento.

De izquierda a derecha sentados, Juan Correal y Jesús Roca. De pie, el autor de este capítulo y Salvador Jiménez, autor de la idea de la creación de la Asociación Andaluza de Gestores Deportivos. En 2001 me encargó la *gestión* de su creación y puesta en funcionamiento. [45]

En marzo de 2003 se celebra en Estepona (Málaga) el I Congreso de la Asociación Andaluza de Gestores del Deporte, Agesport, en el que se elige a su primer presidente. Impartió la Conferencia Inaugural del

---

[45] Su *orden* fue cumplida y en 2003 celebramos el Congreso Constituyente en Estepona. Salvador Jiménez es el único andaluz -que yo conozca- que ha trabajado en el CSD (Granada); en la Junta de Andalucía (Granada y Sevilla); en el Ayuntamiento y la Diputación de Granada y en la Facultad de Ciencias del Deporte de la UGR. Desde 1980 ha sido el *apoyo* interno y externo más importante para tomar decisiones durante mi *itinerario profesional*. Sirva esta foto de su despedida laboral como pequeño homenaje al buen amigo y mejor persona que ha situado a Agesport en un nivel difícil de superar. Lo mismo que hizo en las cinco Administraciones en las que ha realizado *gestión deportiva* de calidad, eficacia y eficiencia...

Congreso el director general de Actividades y Promoción Deportiva, José Sanchís.

Tuve la ilusión de ser fundador (conjuntamente con Salvador Jiménez, Antonio Merino, Pedro Montiel y Aurelio Sánchez Vinuesa), primer presidente ejecutivo (2003-2004) y primer presidente de honor (2009 y continúo) de Agesport. Por cierto que el acrónimo Agesport de la Asociación Andaluza de Gestores Deportivos quisimos que recordara, de alguna manera, a Unisport...

Pero sobre todo tuve la ilusión de ser sustituido por mi buen amigo Salvador Jiménez, verdadero artífice del desarrollo de la Asociación de los Gestores Deportivos de Andalucía. Una Asociación de todos y para todos.

El Acuerdo de 27 de enero de 2004 del Consejo de Gobierno de la Junta de Andalucía aprueba el I Plan General del Deporte de Andalucía (PGDA) 2004-2007.

Tabla V. Presupuestos de la VI Legislatura

2001	2002	2003	2004	TOTAL
73 484 000 €	87 997 256 €	97 411 531 €	107 066 876 €	365 959 663 €
Incremento presupuestario interno (2001-2004): 45,70% (33 582 876 €)				

Fuente: Presupuestos de la Junta de Andalucía.

Como podemos comprobar en la Tabla V, en la VI Legislatura se produce un incremento presupuestario *interno* del 45,70% (33 582 876 €). Por cierto que en esta legislatura se produce el mayor incremento presupuestario *interno* –diferencia porcentual entre el último y el primer presupuesto de la legislatura-.

VII Legislatura, 2004-2008: "Universalización de la práctica deportiva"

Continúa el presidente Chaves. A Antonio Ortega lo sustituye Paulino Plata como consejero de Turismo, Comercio y Deporte, que en mayo de 2007[46] es sustituido por Sergio Moreno. Manuel Jiménez Barrios sustituye a Manuel Prados como secretario general para el Deporte. El que suscribe, a José Sanchís como director general de Actividades y Promoción Deportiva y Leonardo Chaves a Luis Miguel Pons como director general de Tecnología e Infraestructuras Deportivas.

---

[46] Dimite para presentarse a la Alcaldía de Marbella.

Mi *itinerario profesional* transcurre como director general de Actividades y Promoción Deportiva de la Consejería de Turismo, Comercio y Deporte, durante toda la legislatura.

Cuando el consejero Paulino Plata me propone gestionar la Dirección General de Actividades y Promoción Deportiva pienso en la responsabilidad que voy a asumir y en los kilómetros que voy a tener que recorrer, pero también en la posibilidad que se me brinda de contribuir a la mejora continua del deporte andaluz.

La Consejería de Turismo, Comercio y Deporte de la Junta de Andalucía centra su política deportiva en la *universalización progresiva de la práctica deportiva de la población andaluza*. Así, se empieza a hablar en la mayoría de los foros de la tasa de práctica deportiva como uno de los *indicadores* importantes. Obviamente, el aumento de la práctica deportiva es proporcional a las instalaciones deportivas existentes y al hábito deportivo de la población, sin olvidar el deporte de competición para los deportistas con competencias para el rendimiento y el efecto *espejo* que ejercen en los demás, sobre todo en los jóvenes.

Por este motivo, en esta legislatura la política deportiva de la Junta de Andalucía establece cuatro objetivos para posibilitar, poco a poco, la extensión de la práctica deportiva: 1. *Aumentar las instalaciones deportivas existentes.* 2. *Regular el deporte en edad escolar* (más conocido en Andalucía y en España como deporte de base) para iniciar lo antes posible el hábito hacia la práctica de *deporte para siempre y de deporte para todos.* 3. *La promoción deportiva* a través, entre otras acciones, de la organización de eventos deportivos *oficiales,* sobre todo de deporte práctica, en colaboración con las entidades locales y las entidades deportivas. 4. *Modificar* el Decreto 434/2000, de 20 de noviembre, de Alto Rendimiento.

Lo primero que teníamos que hacer era conocer el número de andaluces que practicaban deporte. Según el CIS-CSD, en 2005 éramos el 33%. Es decir, un tercio de la población andaluza practicaba deporte y dos tercios no. No obstante, había aumentado 17 puntos porcentuales respecto a 1980. Obviamente, hicimos un análisis del deporte andaluz para *saber dónde estábamos y qué teníamos que hacer para llegar a donde queríamos,* lo que nos deparó el siguiente diagnóstico en 2005:

1. Teníamos 12 831 instalaciones deportivas según el CNID 2005; es decir, había aumentado el 195% respecto a 1985, pero no eran suficientes.

2. El deporte en edad escolar no estaba regulado, por lo que faltaban cuatro escalones deportivos para los escolares andaluces:
    - No había programa de ayuda a la participación de los clubes andaluces en competiciones nacionales en edad escolar (rendimiento de base).
    - No había programa de escuelas deportivas en los centros públicos fuera del horario lectivo.
    - Los programas locales y provinciales de promoción deportiva en edad escolar no tenían final andaluza, es decir, finalizaba cada uno en su provincia.
    - Los centros educativos no participaban con equipos integrados por escolares del mismo centro en los Juegos Deportivos Municipales, sino como clubes/equipos con escolares seleccionados de varios centros educativos.
3. No había Plan para la organización de eventos deportivos en Andalucía[47].
4. El Decreto 434/2000, de 20 de noviembre, solo regulaba un nivel del deporte de rendimiento, obviamente el alto rendimiento, y nosotros entendíamos que eran tres.

Para llegar a donde queríamos realizamos, entre otras, las siguientes actuaciones:

1. Aprobar y poner en funcionamiento el Plan Director de Instalaciones Deportivas de Andalucía (PDIDA).
2. Regular el deporte en edad escolar de Andalucía y ponerlo en funcionamiento.
    - Crear y poner en funcionamiento el Programa Estrella Base de Andalucía (PROEBA) para superar el primer escalón.
    - Crear y poner en funcionamiento el programa El Deporte en la Escuela, de la Consejería de Educación, que ahora se denomina Escuelas Deportivas, para el segundo escalón.
    - Crear y poner en funcionamiento el programa Encuentro Deportivo Escolar de Andalucía (EDEA), para el tercer escalón.
    - Pero los clubes/equipos deportivos continúan participando en los Juegos Deportivos Municipales con deportistas seleccionados de varios centros educativos... Habría que

---

[47] Había que crear un Plan que iniciara el procedimiento en las delegaciones provinciales de la Consejería competente en materia de deporte.

esperar a la siguiente legislatura, o incluso a la IX, para superar este escalón.
3. Crear y poner en funcionamiento el Plan de Organización de Eventos Deportivos de Andalucía (POEDA).
4. Elaborar el anteproyecto del Decreto de Deporte de Rendimiento, con tres niveles de rendimiento: rendimiento de base, alto rendimiento y alto nivel. La Red andaluza de centros deportivos de rendimiento, el Plan andaluz del deporte de rendimiento y el acceso a la Universidad.

Desde el punto de vista institucional debemos destacar en esta legislatura la efectiva constitución del Consejo Andaluz del Deporte, como órgano de participación, representación y asesoramiento. Constitución de las diferentes Comisiones del CAD: la Comisión contra la Violencia, la Comisión de Deporte en Edad Escolar y Universitario, la Comisión de Análisis Normativo y la Comisión de Catalogación y Acreditación de Centros Deportivos.

Culminación y cierre del sistema federativo con la consolidación de la Confederación de Federaciones Deportivas como órgano representativo de las federaciones, en su relación con las Administraciones públicas.

Creación del Andalucía Sports Bureau, para posibilitar la captación de eventos deportivos, la comercialización de nuestras instalaciones deportivas y promocionar Andalucía como destino de turismo deportivo.

El deporte federado cuenta con un total de 470 497 licencias, lo que supone el 22,6%, aproximadamente de la tasa de práctica deportiva que se realiza en Andalucía, habiéndose producido un incremento muy significativo en el número de licencias femeninas, con un aumento del 20%.

El número de federaciones se ha visto aumentado de 59 a 61, con un incremento presupuestario para el Plan de Deporte Federado (PDF) del 31,63% en los cuatro años de legislatura, en la que se ha producido la integración de la Federación Andaluza de Fútbol Sala en la Federación Andaluza de Fútbol "por imperativo legal".

Por primera vez desde que existen las federaciones deportivas andaluzas, las subvenciones destinadas a las mismas no se reparten de manera lineal, sino por objetivos, aplicando un programa consensuado con la Confederación de Federaciones Deportivas (CAFD). De alguna manera empezábamos a visualizar la necesidad de una profunda reestructuración del deporte federado.

Desde la temporada 2004/2005 el Programa Estrella ha tenido importantes cambios en su configuración para el apoyo a los clubes deportivos. En primer lugar se diseñaron dos programas diferentes: el programa Estrella Elite de Andalucía y el Programa Estrella Base de Andalucía (PROEBA), para "escenificar" de manera patente que queríamos potenciar la elite y la base del deporte andaluz de la misma manera.

La ayudas al Programa Estrella Elite se han triplicado en esta legislatura y el Programa Estrella Base ha ido mejorándose hasta el momento actual (temporada 2007-2008), en el que hemos ayudado a los clubes que han participado en deportes colectivos y/o individuales en Campeonatos de España de 12 a 18 años, teniendo en cuenta el rendimiento deportivo y el rendimiento académico, tanto para participar como por la consecución de resultados específicos.

Además, también se ayuda a los clubes deportivos andaluces para participar en las fases provinciales de los Campeonatos de Andalucía de Deporte Base (CADEBA) y en otras competiciones oficiales, con un aumento presupuestario del 90% en esta legislatura. Igualmente, se ayuda también a todos los clubes deportivos (16 por deporte y género) por igual para participar en las finales andaluzas de los CADEBA.

Por tanto, la Junta de Andalucía ayuda a los clubes andaluces para participar en las fases provinciales, en las finales andaluzas y en las finales nacionales de los campeonatos de deporte en edad escolar (ámbito de rendimiento de base), premiando además a los clubes que consiguen oro en campeonatos de España; cubriendo, por tanto, todo el espectro participativo de nuestros clubes.

El número de deportistas, entrenadores y árbitros incluidos en la relación anual de alto rendimiento de la comunidad autónoma ha pasado de 380 al inicio de la legislatura a 530 en 2007. El número de mujeres deportistas de alto rendimiento se ha duplicado, pasando de 72 en 2004 a 131 en 2007, existiendo una tasa de aumento progresivo de la práctica femenina anual del 20%.

Andalucía se ha convertido en una potencia nacional en resultados y en organización de Campeonatos de España de selecciones autonómicas de deporte en edad escolar federado (rendimiento de base) en categorías infantil y cadete, culminando con un primer puesto en resultados de Campeonatos de España convocados por el Consejo Superior de Deportes, superando en las citadas competiciones a comunidades con una gran tradición y recorrido deportivo, como Cataluña o Madrid.

El apoyo al alto rendimiento andaluz ha fructificado con la inclusión de 29 deportistas andaluces en el programa ADO 2008, lo que supone un aumento del 53% con respecto al programa del ciclo olímpico 2004. El apoyo a los deportistas de máximo rendimiento andaluz ha posibilitado multiplicar por cinco el número de becas otorgadas a deportistas y técnicos incluidos en los programas Salto y Elite, pasando de 131 en 2004 a 576 en 2007.

Nos reunimos varias veces Francisco Martos y Antonio Ponce, director general y jefe de Servicio de la Consejería de Educación, respectivamente; y Jesús Roca y el que suscribe, jefe de Servicio y director general de la Consejería de Deporte, respectivamente también.

Les expliqué el llamado *Espíritu de Aznalcázar* y que desde la I Legislatura al deporte en edad escolar le faltaban varios *escalones* y que la Consejería de Educación debería implicarse, al menos, en dos:

1. Que los programas locales y provinciales del ámbito de promoción deportiva en edad escolar tuvieran final andaluza.
2. Que en los colegios públicos existieran escuelas deportivas fuera del horario lectivo, igual que en los concertados y privados.

Del 17 al 19 de junio de 2005 en Almería, con motivo de la organización de los Juegos Mediterráneos, se pone en funcionamiento con carácter experimental el primer Encuentro Deportivo Escolar de Andalucía (EDEA), organizado conjuntamente por las Consejerías de Educación y de Deporte, y con la colaboración de las diputaciones provinciales y las federaciones deportivas andaluzas.

En 2006 se crea, por la Consejería de Educación en solitario, el programa El Deporte en la Escuela, en la actualidad Escuelas Deportivas.

La aprobación del Decreto 6/2008, de 15 de enero, que regula el deporte en edad escolar de Andalucía, posibilitará la puesta en marcha del Plan del Deporte en Edad Escolar de Andalucía, que va a facilitar el acceso de más de un millón de escolares a la práctica deportiva, de manera organizada. El citado Decreto fue elaborado por el equipo de la Dirección General de Actividades y Promoción Deportiva, "entrenado" por el que suscribe.

La característica más importante del citado Decreto -desde mi punto de vista- es la alianza estratégica que impone entre las consejerías de Educación, Salud y Deporte de la Junta de Andalucía, y la colaboración de la Administración local -ayuntamientos y diputaciones- y las entidades deportivas.

Otra de las acciones innovadoras en el deporte en edad escolar federado (rendimiento de base) ha sido la puesta en funcionamiento de la Gala del Deporte Base de Andalucía en esta legislatura que, conjuntamente con la Gala de Premios Andalucía de los Deportes, constituyen los dos actos de exaltación, reconocimiento y felicitación a nuestros mejores deportistas, clubes y selecciones andaluzas. Representa la primera el reflejo de los excelentes resultados obtenidos por nuestro deporte en edad escolar federado (rendimiento de base) con 140 deportistas, 20 clubes y 36 selecciones autonómicas, todos ellos campeones de España en categoría infantil, cadete o juvenil, masculino y femenino, en la misma temporada.

El fomento a la práctica deportiva en las Universidades andaluzas representa un planteamiento singular de nuestras políticas respecto a las del resto de comunidades autónomas; el apoyo a los Campeonatos de Andalucía y a los programas y servicios deportivos realizados en sus instalaciones representa el núcleo de nuestras actuaciones, favoreciendo la toma de decisiones mediante el consenso con el Grupo Andaluz de Universidades. Estas actuaciones quedan reflejadas en el Plan del deporte universitario, que ha experimentado un aumento presupuestario del 20,29% en esta legislatura.

Las políticas de fomento de deporte local han sido fundamentales en esta legislatura, con un aumento presupuestario del 456,20%. El enfoque de las citadas políticas se ha centrado en favorecer los programas que las entidades locales realizan hacia el deporte social y el deporte en edad escolar municipal, concretamente en materia de discapacitados, personas mayores e inmigrantes, así como en aquellos encuentros/juegos que las citadas entidades dirigen a la edad escolar, valorando en todos ellos de forma significativa la participación de la mujer. La capacidad instrumental del deporte para posibilitar el desarrollo de políticas compensatorias ha sido el elemento nuclear que ha dirigido nuestras políticas en fomento del deporte local.

Recogiendo una necesidad fundamental en la sociedad actual, la Comisión Antiviolencia del Consejo Andaluz del Deporte encargó el desarrollo de un programa que fomentara la adquisición de los valores positivos que posee la práctica deportiva; con esta finalidad nace el Programa Andalucía Juega Limpio para extender las buenas prácticas que exalten la deportividad, la lucha contra la violencia, la xenofobia y la igualdad de sexos. Se centra en estrategias de comunicación y promoción sobre los deportistas, técnicos, dirigentes, padres y madres y profesores, una vez realizada una investigación cualitativa que permitiera buscar los vehículos de comunicación más efectivos para estos públicos objetivos.

Con el objetivo de garantizar que los deportistas y exdeportistas andaluces encuentren un puesto de trabajo adecuado a su perfil profesional y personal, se puso en marcha en el año 2006 el programa Carrera hacia el Empleo, con el objetivo de dotarles de un perfil de empleabilidad que les permita su inserción efectiva en el mercado laboral.

El avance en los éxitos deportivos y el aumento progresivo de la calidad de la práctica deportiva de rendimiento a través de nuestros programas andaluces de entrenamiento (PAE), han posibilitado que en Andalucía se clasificaran[48] cuatro centros especializados en tecnificación deportiva por el CSD, en las modalidades de deportes de invierno, gimnasia rítmica, tenis y tenis de mesa. Esta circunstancia ha potenciado la creación de una red andaluza de centros deportivos de rendimiento que regulará el próximo Decreto de deporte de rendimiento, con la creación de tres centros de entrenamiento de marcha, voley playa y hockey hierba y el comienzo constructivo de los centros deportivos de tecnificación de atletismo en pista cubierta y de vela, que junto a los cuatro anteriores CETD, y los CEAR de remo y piragüismo y tiro olímpico, el CAR de Sierra Nevada y los que se puedan conseguir en el futuro, conformarán la mencionada Red.

De izquierda a derecha: Rafael Blanco, Jaime Lissavetzky, Manuel Jiménez Barrios y Juan de la Cruz Vázquez.

---

[48] A cambio de que se *desclasificara* el Centro Andaluz de Tecnificación Deportiva en Carranque.

El apoyo a la celebración de grandes eventos deportivos oficiales a través del Plan de Organización de Eventos Deportivos de Andalucía (POEDA) sigue favoreciendo las posibilidades de patrocinio de más de 400 eventos oficiales anuales de ámbito nacional e internacional en Andalucía durante 2007, de los 72 que se patrocinaron en 2004, consolidándose como una estrategia fundamental de confluencia turística y deportiva.

Constituyéndose como un importante motor económico y turístico para nuestra comunidad, se han patrocinado eventos de gran repercusión, tales como: Campeonatos Iberoamericanos de Atletismo 2004 en Huelva, Copa Davis 2004 en Sevilla, Juegos Mediterráneos Almería 2005 (por cierto, los JJMM son el único evento del Movimiento Olímpico que se ha celebrado en Andalucía hasta el momento), Eurobasket 2007 en Granada y Sevilla, y Campeonato del Mundo de Natación 2008 en aguas abiertas en Sevilla, etc.

En este sentido, se puso en marcha el Programa Activa Jaén, conjunto de iniciativas del Gobierno de España, la Junta de Andalucía y la Diputación Provincial de Jaén y que engloba acciones público-privadas. Con esta finalidad se están realizando una serie de eventos deportivos oficiales de ámbito nacional e internacional que posibiliten el desarrollo económico, turístico y deportivo de esta provincia.

Juan Luis Navarro[49]:

"A menudo oímos decir en los medios de comunicación en relación con las grandes manifestaciones deportivas: este evento ha sido un éxito o, por el contrario, un fracaso. Para conformar estas opiniones positivas o negativas influyen multitud de factores, a menudo bastante subjetivos, que tienen que ver en gran medida con el conjunto de informaciones y percepciones que reciben el público, los medios de comunicación y las organizaciones implicadas".

"Sin embargo, si hacemos el ejercicio de preguntarnos cuáles son esos factores, creo que la mayoría de las personas que hemos trabajado en comités organizadores coincidiríamos en cinco criterios a la hora de considerar un evento deportivo como un caso de éxito. Cuatro tienen que ver con la preparación y en el devenir de las competiciones, a saber: el nivel de los deportistas, la asistencia de público, la calidad de las instalaciones deportivas y el impacto en los medios de comunicación".

"El quinto criterio sólo puede evaluarse un tiempo después y está relacionado con el legado del evento sobre la ciudad, en términos de

---

[49] Juan Luis Navarro Imberlón fue Director Adjunto de Deportes de los Juegos Mediterráneos y miembro del Comité Técnico del COJMA 2005.

utilización de las infraestructuras deportivas e incremento del nivel de práctica deportiva de los ciudadanos".

"La XV edición de los Juegos Mediterráneos celebrada en Almería en junio de 2005 ¿fue un éxito? Procede decir que sí, atendiendo a lo que se pudo vivir durante los 10 días de celebración del evento, pero cabe preguntarse si como acontecimiento deportivo Almería 2005 ha superado también los objetivos que se exigen a una gran competición. Veamoslo":

"En relación con el nivel de los deportistas, pongamos algunos ejemplos. En deportes individuales: 10 récords de Juegos Mediterráneos batidos en Atletismo, 37 récords en Natación o 39 en Halterofilia. En cuanto a deportes de equipo sirva como referencia la final de Balonmano, en la que España ganó a Croacia, repitiendo la final y el resultado del Campeonato del Mundo de Balonmano del año 2005. La masiva afluencia de público a las competiciones de Almería 2005 fue un hecho constatable a todos los niveles, la venta de entradas alcanzó la cifra 135 594, ello a pesar de que estamos hablando de la ciudad más pequeña de entre las que han organizado los JJMM. Además, en las ceremonias de inauguración y clausura y en cuatro deportes (Natación, Gimnasia, Waterpolo y Balonmano) los aforos previstos fueron insuficientes y la demanda de entradas no se pudo atender".

"En los Juegos se utilizaron 40 instalaciones deportivas de las más diversas tipologías (estadios, pabellones, piscinas, pistas de atletismo, canal, centro de tiro, etc.), de entre ellas 25 eran instalaciones de competición y 15 de entrenamiento. Las 25 instalaciones de competición fueron en su mayoría nuevas o remodeladas, 12 se construyeron para los JJMM y 5 tuvieron importantes obras de mejora, de suerte que la inversión final en infraestructura deportiva superó los 130 millones de euros".

"El impacto en los medios de comunicación fue muy destacado, ningún evento deportivo, social o cultural, celebrado en la provincia almeriense había tenido una repercusión semejante en los medios de comunicación local, nacional e internacional. Sirva como ejemplo la TV, en ella la duración de las noticias aparecidas sobre Almería 2005, sólo en los 10 días de los JJMM, fue de 39 horas y 42 minutos y la audiencia acumulada ascendió a 259 154 000 espectadores. A esto hay que añadir más de 230 horas de retransmisiones deportivas entre La 2 y Tele Deporte y la cobertura realizada por las televisiones internacionales (Al Jazeera, ASBU, ARD-ZDF, ITV, Eurosport...). Las empresas especializadas han traducido el impacto económico en los medios escritos y en TV, en más de 20 millones de euros".

"Han pasado siete años y toca analizar, por último, el quinto criterio: ¿qué ha pasado en las infraestructuras deportivas de Almería 2005? Y ¿ha incidido la celebración de los JJMM en el incremento de la práctica deportiva de los almerienses? A la primera pregunta puede responderse con solvencia: todas las instalaciones de competición han sido integradas plenamente en los sistemas de gestión deportiva de los municipios que acogieron competiciones y la gran mayoría de ellas, salvo dos, están siendo utilizadas regularmente. En relación con la segunda, baste dar un dato que se recoge en el reciente estudio elaborado por el Patronato Municipal de Deportes y la Universidad de Almería: el 31% de los actuales usuarios de los centros deportivos construidos para los JJMM son personas que no realizaban ningún tipo de actividad física con anterioridad".

"En los datos expuestos creo que puede reconocerse "técnicamente" a los Juegos Mediterráneos de Almería 2005 como un caso de éxito, aunque más allá de los argumentos objetivos aquí recogidos, todos los que vivimos aquellos días de Junio de 2005, siempre pensaremos que tuvimos la suerte de compartir el momento más apasionante del deporte almeriense y uno de los hitos más importantes del deporte andaluz".

Dos instrumentos fundamentales para la ejecución de las políticas deportivas de Andalucía son el Instituto Andaluz del Deporte (IAD), que ha consolidado durante esta legislatura la teleformación como elemento extensivo de participación en las actividades formativas diseñadas y ejecutadas por este órgano directivo, y el Centro Andaluz de Medicina del Deporte (CAMD), que ha sido capaz de llegar a la mayor parte del sector deportivo de rendimiento, dotándose de la tecnología de mayor nivel en el área de la medicina del deporte.

La Orden de 10 de noviembre de 2004 regula los procedimientos relativos a las formaciones en materia deportiva que impartan las federaciones deportivas andaluzas. Así, el 9 del noviembre de 2005 se inicia un Seminario en el IAD, dirigido por el profesor Cipriano Romero[50], para la elaboración de los textos del Bloque Común del período transitorio de las enseñanzas de los Técnicos Deportivos, que comienzan a impartirse en julio de 2006, mediante acuerdo de la Secretaría General para el Deporte y 29 federaciones deportivas andaluzas.

Igualmente, y llevando su actuación instrumental al ámbito del diagnóstico, el Observatorio del Deporte Andaluz (ODA) ha realizado dos encuestas de gran importancia para el diseño de políticas deportivas y la

---

[50] Siempre recordaremos a Cipriano Romero, amigo de la Facultad de Ciencias de la Educación de la UGR.

toma de medidas del nuevo Plan Estratégico General del Deporte Andaluz: *Encuesta de hábitos deportivos de los escolares andaluces 2006* y *Encuesta de hábitos deportivos de los andaluces 2007*.

La finalización del Plan General del Deporte en 2007 y la dinámica del sistema deportivo andaluz han generado la necesidad de comenzar los trabajos que desarrollarán y estructurarán el Plan Estratégico General del Deporte Andaluz (PEGEDA)[51], cuya formulación se acuerda por Decreto 390/2008, de 17 de junio, para el período 2008-20016, basado en el consenso de todas las instituciones y actores que constituyen el sistema deportivo andaluz y con el objetivo de buscar la excelencia de la práctica deportiva en nuestra Comunidad, facilitando la confluencia con el Plan Director de Instalaciones Deportivas para alcanzar una tasa de práctica deportiva del 50% en 2016.

Desde el punto de vista de los recursos financieros destinados al deporte por la Junta de Andalucía en esta legislatura, las cifras son elocuentes: se han incrementado de los 127 millones de euros en 2005 a más de 154 millones de euros previstos en el presupuesto de gasto para deporte en el ejercicio 2008. En total un 20,83% (26 586 997 €) más de recursos destinados por la Junta de Andalucía para la promoción y mejora del deporte en Andalucía en esta legislatura.

En materia de instalaciones deportivas los avances han sido magníficos en esta legislatura, en los que el esfuerzo inversor se ha acompañado de un proceso planificador que ha tenido su culminación con la aprobación del Plan Director de Instalaciones Deportivas de Andalucía (PDIDA) 2007-2016, que va a suponer una inversión sin parangón en España en dotación de infraestructuras deportivas (1824 millones de euros en diez años).

Con ello se conseguirá corregir los desequilibrios territoriales y socioeconómicos en cuanto al acceso a la práctica deportiva. El deporte será un elemento de cohesión en el territorio andaluz. El Plan Director respeta escrupulosamente las determinaciones establecidas en el Plan de Ordenación del Territorio de Andalucía (POTA) y supone un elemento más de racionalización de las actuaciones en el territorio de la comunidad autónoma, con el máximo respeto a las exigencias medioambientales así como la eliminación de barreras arquitectónicas, y asegurará el derecho de todo ciudadano andaluz a contar con una instalación deportiva a menos de 30 minutos de distancia de su domicilio.

---

[51] Debido a la crisis no se aprueba en la VIII Legislatura, como estaba previsto.

En la VII Legislatura la Consejería de Turismo, Comercio y Deporte ha actuado en el 82% de los pueblos y ciudades de Andalucía, con 135 pabellones, 111 piscinas, 243 entre campos de fútbol y pistas de atletismo, 56 proyectos de equipamiento deportivo y 224 obras de todo tipo de instalaciones. A ello hay que añadir los convenios con las universidades públicas andaluzas para la mejora de sus instalaciones deportivas, que han supuesto una inversión de 21,1 millones de euros, de los que la Consejería de Turismo, Comercio y Deporte ha aportado 8,2 millones de euros.

Por primera vez se establece -una vez consensuado con la Confederación Andaluza de Federaciones Deportivas (CAFD) y explicado en el correspondiente Encuentro de Federaciones Deportivas Andaluzas- un sistema para que el reparto del porcentaje de aumento de la subvención, correspondiente a una anualidad, no sea lineal sino por objetivos. La federación que cumpla más objetivos recibirá más ayuda, y la que cumpla menos objetivos recibirá menos ayuda de la Junta de Andalucía. Así, se programan nueve objetivos y el porcentaje de incremento que le corresponde a cada federación deportiva andaluza, caso de conseguirlo: Número de licencias, 5%; Incremento de licencias femeninas, 10%; Resultados, 10%, Número de clubes en activo, 10%; Gestión de un CAE,[52] 5%; Organizar CADEBA, 5%; Gestión económico-administrativa, 30%; Índice corrector, 15%.

De izquierda a derecha: Antonio Montalvo, Felipe López, Juan de la Cruz Vázquez y Eduardo Herrera.

---

[52] Centro Andaluz de Entrenamiento.

En la VII Legislatura se organizan doce Campeonatos de España en Edad Escolar (rendimiento de base): un Campeonato de España de la Juventud, en junio de 2004, en el que participaban clubes -como los tres que he comentado anteriormente con la denominación de Campeonato de España Cadete-; y once Campeonatos de España de Selecciones Autonómicas en Edad Escolar (CASEBA).

Para la elaboración del PEGEDA 2008-2016 encargamos una encuesta para apoyar el diagnóstico del deporte andaluz. El 81,5% de los andaluces percibía que el deporte había experimentado una mejora sustancial en los últimos años y el 68,1% de la población andaluza tenía claro interés por el deporte y consideraba que en los próximos 10 años se vería reforzada su presencia e importancia estratégica.

Una legislatura, la séptima, de mucho trabajo, viajes, reuniones, liderazgo *compartido*, resultados, proyectos y satisfacciones, muchas satisfacciones, y el mayor presupuesto global.

Tabla VI. Presupuestos de la VII Legislatura

2005	2006	2007	2008	TOTAL
127 609 931 €	139 470 501 €	144 325 805 €	154 196 928 €	565 603 165 €
Incremento presupuestario interno (2005-2008): 20,83% (26 586 997 €)				

Fuente: Presupuestos de la Junta de Andalucía.

Como podemos comprobar en la Tabla VI, en esta legislatura se produce un incremento presupuestario interno del 20,83% (26 586 997 €).

VIII Legislatura, 2008-2012: "La crisis"

En esta legislatura Manuel Chaves dimite como Presidente[53] en abril de 2009, siendo sustituido por José Antonio Griñán. A Sergio Moreno lo sustituye Luciano Alonso como consejero de Turismo, Comercio y Deporte, continuando Manuel Jiménez Barrios como secretario general para el Deporte; Leonardo Chaves como director general de Tecnología e Infraestructuras Deportivas y un servidor de ustedes como director general de Actividades y Promoción Deportiva, siendo relevado por Ignacio Rodríguez.

Se unifican la Dirección General de Actividades y Promoción Deportiva y la de Tecnología e Infraestructuras Deportivas, denominándose Dirección General de Planificación y Promoción del

---

[53] Es nombrado Vicepresidente 3º del Gobierno de España.

Deporte. Leonardo Chaves cesa como director general de Tecnología e Infraestructuras Deportivas, siendo designado para gestionar la *doble* Dirección General Ignacio Rodríguez, que, en 2011, sustituye a Manuel Jiménez Barrios[54] como secretario general para el Deporte. Rafael Granados es nombrado director general de Planificación y Promoción del Deporte.

Mi *itinerario profesional* transcurre, durante esta legislatura, como director general de Actividades y Promoción Deportiva y como jefe del Departamento de Formación del Instituto Andaluz del Deporte.

Como es norma general, los ocho primeros meses de la legislatura son muy importantes porque, de alguna manera, se construyen los cimientos de la misma. Así, de abril a diciembre de 2008 se confeccionan los primeros presupuestos de la legislatura, se prepara el discurso de deporte y se planifican los objetivos siguientes: aumento de la práctica deportiva, fomento del deporte base, organización de eventos deportivos, nueva Ley del Deporte, etc.

Los días 3 y 4 de diciembre de 2008 se celebra el I Congreso del Deporte Andaluz (CODA'08) que culminaba la celebración de los Seminarios Provinciales de Participación y los Encuentros Sectoriales celebrados durante los meses de abril, mayo, junio y julio de 2008, para dar a conocer el proceso de elaboración del Plan General Estratégico del Deporte Andaluz (PEGEDA) y, de otra parte, propiciar la identificación de planteamientos de consenso generales para la posterior elaboración de las estrategias del Plan. Los bloques temáticos fueron: deporte escolar y deporte universitario, deporte local, deporte federado y deporte de rendimiento, infraestructuras deportivas, protección del deportista y formación e investigación del deporte. La idea era celebrar el CODA cada cuatro años.

Esta fue mi despedida de la Dirección General de Actividades y Promoción Deportiva. Nunca podré olvidar a los casi 800 congresistas aplaudiendo al autor de este capítulo.

El comité Ejecutivo del CODA estuvo presidido por el que suscribe; el director del CODA fue Fernando Paris; la Coordinación General recayó en Manuel Recio, Jesús Roca y Rafael Lluch; la Secretaría de Organización en Víctor Romero, José Ignacio Zambrano y Enrique Aguelo; Comunicación, Javier Blázquez; Logística, Manuel Tovar; Protocolo, Margarita Laboisse y el responsable de Salas, Javier Rey. El proyecto

---

[54] Dimite para ser nombrado Delegado del Gobierno de la Junta de Andalucía en Cádiz.

PEGEDA, que no pudo ser aprobado en esta legislatura por la crisis económica, es un magnífico punto de partida para la elaboración del 2º Plan General del Deporte Andaluz en la IX.

Debido a la crisis económica se produce una fuerte disminución presupuestaria a partir de los presupuestos de 2010, cuyo decrecimiento presupuestario interno entre el primer (2009) y último (2012) presupuesto de la legislatura supone una diferencia de -115 850 837 €.

No obstante, el subsistema deportivo federado resiste y no disminuyen sus indicadores mostrando su fortaleza: (12,02% de aumento de las licencias deportivas; 24,29% de incremento de clubes registrados en el RAED; 21,78% de aumento de licencias femeninas; cuatro equipos en la máxima categoría del fútbol español -Málaga, Sevilla, Betis y Granada-; 462 equipos en el Programa Estrella Elite de 2008-2012: Almería, 36; Cádiz, 44; Córdoba, 56; Granada, 59; Huelva, 25; Jaén, 37; Málaga, 103 y Sevilla, 102; éxitos en los campeonatos de España individuales, por equipos y por selecciones en edad escolar; 50 deportistas andaluces en los programas nacionales ADO y ADOP, en 2011, etc.), a pesar de que la ayuda de la Junta de Andalucía, de otras Administraciones públicas y de patrocinadores privados disminuye considerablemente.

Precisamente, en el momento de escribir esta parte del capítulo – sábado 16 de junio de 2012- me entero, a través del diario *SUR* de Málaga, de que el Club Cerrado de Calderón de Natación, "cierra por problemas económicos". El Cerrado de Calderón, club deportivo del centro educativo del mismo nombre, inicia su andadura en los años 80 del siglo pasado con la construcción de una de las primeras piscinas cubiertas malagueñas, por lo menos de colegio. Carmen Collado y Guillermo Mediano se convirtieron en nadadores olímpicos y parte de su éxito se lo deben a un pequeño grupo de personas que empezaron a fomentar la natación, liderados por el emprendedor Pedro Lanzat.

Si el subsistema deportivo organizado resiste, el no organizado o espontáneo ni se entera de que hay problemas... Es decir, los deportistas espontáneos practican deporte con más o menos asiduidad, por su cuenta, por libre. Unos cogen su mochila y disfrutan de la naturaleza, otros salen en bicicleta dos o tres días por semana y muchos corren, caminan, corren y caminan, nadan, asisten a centros deportivos públicos o privados, etc.

No obstante, debemos tener presente que la resistencia casi siempre suele ser vencida. Esperemos que la iniciativa del Club Cerrado de Calderón de Málaga no la sigan muchos clubes de deporte de rendimiento.

Del subsistema deportivo organizado -municipal, provincial, universitario y federado- el deporte en edad escolar federado (rendimiento de base), es el más débil y al que más se debe ayudar en momentos como estos.

El 30 de noviembre de 2009 celebramos el 25 aniversario de Unisport-IAD con la asistencia del consejero Luciano Alonso, el secretario general para el Deporte, Manuel Jiménez Barrios, el director general de Planificación y Promoción del Deporte, Ignacio Rodríguez; el exconsejero Torres Vela, los exdirectores generales, Jesús de la Lama, José Sanchís y el que suscribe; y casi todos los directores del centro de investigación, estudios, documentación y difusión del deporte denominado Instituto Andaluz del Deporte, IAD. También asistieron directores y directoras de actividades, profesores y profesoras; presidentes de federaciones deportivas; compañeros de la Sección de Deportes que gestionaban Unisport de 1984 a 1986; deportistas, periodistas y amigos y amigas del Centro.

El director en funciones del IAD, Jesús Roca, intervino de forma brillante durante "once minutos" destacando, entre otras cosas, que siempre había querido trabajar en el Instituto Andaluz del Deporte "por la ilusión de aprender de los que más saben". A continuación se proyectó un vídeo resumen de los 25 años, pasando a la conferencia de Juan Carlos Cubeiro titulada "¿Por qué mediante el deporte Andalucía saldrá triunfante de la crisis?" Y se preguntó: "Crisis, ¿qué crisis? ¿Financiera, económica, de valores?". El consejero de Turismo, Comercio y Deporte, Luciano Alonso, hizo entrega de las placas conmemorativas a los promotores del proyecto, cerrando con su intervención el acto. A continuación brindamos con una copa de vino español.

"Vivimos en un mundo de cambio, los proyectos, experiencias, información, los nuevos modelos, las nuevas vías alternativas, de cualquier faceta de la vida, surgen de la investigación y de la demanda ciudadana. Se camina intensamente a la búsqueda de la calidad de vida y el bienestar social de todos los ciudadanos. Se camina intensamente hacia la sociedad del ocio. Se hace necesario el intercambio permanente de información y experiencias, conocer las aportaciones de personalidades de otros países, la planificación de estrategias a diferentes niveles, la generación de motivaciones profesionales, evitar el aislamiento, etc.".

"Las características especiales de Málaga y la Costa del Sol, su atractivo, sus posibilidades de hospedaje, etc., hacen que un grupo de profesionales de la Educación Física, el deporte y algunas ciencias aplicadas, propongan a la Consejería de Cultura de la Junta de Andalucía, en 1983 y 1984, la creación de un organismo que se dedique a traer a Málaga a grandes personalidades del mundo del deporte para que puedan impartir sus conocimientos, e intercambiar información y experiencia con las personas implicadas en el hecho deportivo de nuestra comunidad autónoma, España y los países de nuestro entorno...".

Así se desarrolla el IAD, como actividad en 1984 y 1985, como órgano directivo a partir de 1986, y la Ley del Deporte de 1998 lo consolida como órgano. Sin embargo el Decreto 311/2009, de 28 de julio, lo transforma en servicio de gestión diferenciada...

A sabiendas de que me dejaré alguno en el *tintero*, voy a intentar recordar los 25 hitos más importantes, desde mi punto de vista, de los 25 años de sueños, inquietudes, innovación y participación que ha significado, para muchos, aquella maravillosa utopía... que el tiempo ha demostrado que podía realizarse.

1. *Actividad:* Unisport se pone en funcionamiento, como *Actividad,* el 1 de julio de 1984 con la organización de las I Jornadas de Iniciación Técnica sobre Balonmano.
2. *Órgano directivo:* el Decreto 86/1986, de 7 de mayo, crea Unisport como órgano directivo.
3. *Sede en Málaga:* el mencionado Decreto establece la sede de Unisport en Málaga.
4. *Unisport'87:* a partir de este año las actividades se realizan durante todo el año y en todas las provincias de Andalucía.
5. *Turismo y Deporte:* en 1988 se celebran las I Jornadas Internacionales sobre Ocio, Turismo y Deporte en Málaga. De alguna manera, visualizamos la importancia del "binomio" Turismo y Deporte.
6. *Máximo Nivel Internacional*: por primera vez en España se organiza en Málaga el Curso Oficial de Máximo Nivel Internacional (III) de Voleibol, en 1988.
7. *Copa Stadium:* Unisport es premiada con la Copa Stadium del Consejo Superior de Deportes 1989.
8. *Nueva sede:* el 3 de julio de 1990, Unisport se traslada a la nueva sede en la Ciudad Deportiva de Carranque.
9. *Congreso Mundial:* del 30 de mayo al 2 de junio de 1990 se organiza en el Palacio de Justicia de Málaga, con la colaboración del

Ayuntamiento de la ciudad y la FISPT (Federación Internacional de Deporte para Todos), el I Congreso Mundial de Deporte para Todos.
10. *Congreso Científico Olímpico:* en 1992 Unisport organizó el Congreso Científico Olímpico de los Juegos Olímpicos de Barcelona'92.
11. *Diccionario Trilingüe de las Ciencias del Deporte (1992).* Las publicaciones del IAD han sido un referente en el mundo de la literatura sobre el deporte y sus ciencias asociadas.
12. *Máster de Dirección y Gestión del Deporte:* en 1993 comienza el citado Máster en colaboración con la UMA.
13. *De Unisport a IAD:* el Decreto 259/1994, de 15 de septiembre, de estructura orgánica básica de la Consejería de Cultura, modifica la denominación de Unisport, sustituyéndola por la de Instituto Andaluz del Deporte.
14. *Página web en 1994:* fue una de las cuatro primeras páginas web que se realizaron en España.
15. *Seminario sobre la creación de un ADO andaluz*, en 1995.
16. *Titulaciones náutico-deportivas:* en 1995 se transfieren las competencias en materia de titulaciones náuticas y subacúaticas deportivas del Estado a la Junta de Andalucía, y desde 1996 las gestiona el IAD.
17. *Deporte adaptado:* en todos los programas anuales se ha organizado alguna actividad formativa relacionada con el deporte adaptado.
18. *Escuela de gestores deportivos:* las Jornadas de Dirección y Gestión del Deporte; la organización, casi anual, de Encuentros sobre deporte municipal, universitario y federado, entre otros; y la colaboración con las universidades de Málaga, Almería y Granada en la organización de Másteres sobre gestión deportiva, conforman el IAD como escuela de los gestores deportivos andaluces.
19. *Centenario de los Juegos Olímpicos:* durante todo el año 1996 se organizan en Granada, en colaboración con la Diputación de aquella provincia, la Facultad de Ciencias del Deporte de la UGR y el Comité Olímpico Español (COE), las actividades conmemorativas del I Centenario de los Juegos Olímpicos (1896-1996).
20. *Ley del Deporte de Andalucía*: consolida el Instituto Andaluz del Deporte como órgano de la Consejería competente en materia de deporte.

21. *Sportcom:* con esta denominación se crea una Red de más de 30 centros de documentación deportiva en 19 países de Iberoamérica, liderados por el Instituto Andaluz del Deporte.
22. *Jean Humbert:* en el verano de 2001, coorganizado por el el IAD, se celebra en las pistas de Atletismo de Carranque el Campeonato del Mundo de Atletismo Escolar.
23. *Gratuidad:* a partir de 2005, en una decisión muy controvertida, las actividades formativas organizadas por el IAD, así como sus publicaciones, pasan a ser gratuitas.
24. *Teleformación:* en marzo de 2005 se organiza la primera actividad formativa a través de teleformación.
25. *Investigación, Documentación, Difusión y Formación deportiva:* la gestión de la investigación, documentación y difusión deportivas, y la organización de programas anuales de formación continua, han convertido al IAD en "La Universidad del Conocimiento Deportivo".

De izquierda a derecha: Andrés Mérida, José Sanchís y Carlos Bautista (exdirectores del IAD); Juan de la Cruz Vázquez (exdirector de Unisport y del IAD), José Luis Carretero y Pedro Rodado (exdirectores de Unisport)); y Javier Torres Vela (exconsejero de Cultura que autorizó la creación y puesta en funcionamiento de Unisport).

Como hemos dicho anteriormente, el incremento de la tasa de práctica deportiva es un objetivo preferente para conseguir un estilo de vida activo y saludable desde edades tempranas, en un concepto de práctica deportiva permanente. En este sentido, una de las novedades más importantes de esta legislatura ha sido la puesta en funcionamiento del Plan de Deporte en Edad Escolar que se había creado en la legislatura anterior, a través del Decreto 6/2008, de 15 de enero. La participación conjunta de las Consejerías de Educación, Salud y Deporte conlleva la coordinación, regulación e integración del conjunto de programas y actividades que realizan niños, niñas y jóvenes, entre 6 y 18 años, en los ámbitos de iniciación, promoción y rendimiento de base del deporte en edad escolar de iniciación, municipal y federado, respectivamente.

Se trata de una iniciativa pionera a nivel estatal que permitirá incrementar la práctica deportiva de la población en edad escolar -incrementando también el hábito hacia la práctica de deporte para siempre- y alcanzar una coordinación efectiva de la Administración de la Junta de Andalucía, las entidades locales y las entidades deportivas andaluzas que posibilite una oferta ordenada de programas de deporte en edad escolar que integren el Plan.

El éxito del Plan, iniciado en el curso 2010-2011, se constata con la participación en el mismo de más de 1 200 000 escolares. Y se han adherido y conforman el Plan 2274 programas en el citado curso académico, y 2323 en el curso 2011/2012.

En esta legislatura se ha creado y puesto en funcionamiento el Decreto 336/2009, de 22 de septiembre, de Deporte de Rendimiento tras los grandes avances logrados por el deporte andaluz en los últimos años y atendiendo a las necesidades de los deportistas. Este Decreto recoge medidas que permiten el desarrollo deportivo a todos los niveles, con especial incidencia en los más jóvenes, al facilitar la compatibilidad de la formación académica con el rendimiento deportivo, buscando el desarrollo integral del deportista y brindando la oportunidad para que el deporte de rendimiento de Andalucía pueda seguir creciendo y avanzando hacia la excelencia. Para ello, esta norma garantiza la compatibilidad del rendimiento académico con el rendimiento deportivo a través del acceso preferente por parte de los deportistas a la Universidad, con la reserva de plazas específicas, así como con la adaptación de horarios, calendarios de exámenes o programas de tutorías. La división del deporte de rendimiento en tres niveles: rendimiento de base, alto rendimiento y alto nivel; la creación y puesta en funcionamiento de la Red andaluza de centros deportivos de rendimiento y la creación del Plan del deporte de rendimiento de Andalucía.

Debemos destacar que desde la entrada en vigor del Decreto de deporte de rendimiento, 228 deportistas han podido acceder a la Universidad en la Facultad de su elección, gracias a su condición de deportistas de alto nivel o alto rendimiento. La nueva norma facilita también la continuidad de los estudios a través de la aprobación de becas y ayudas económicas específicas, facilitando asimismo la admisión de los deportistas de estas características en centros docentes más cercanos a los núcleos de entrenamiento, así como la asistencia de técnicos a competiciones oficiales a través de permisos retribuidos en el ámbito de la Administración de la Junta de Andalucía, y ventajas en el acceso a plazas de funcionarios públicos o personal laboral.

Las becas Salto y Elite han sido derogadas en 2011, tras la publicación de la nueva Orden de 22 de septiembre de 2011 por la que se establecen las bases reguladoras de la concesión de becas en el ámbito del deporte de rendimiento de Andalucía y se convocan las correspondientes al ejercicio 2011. En su lugar, la nueva Orden establece tres nuevos tipos de becas: DANA, DARA y DEA, dirigidas respectivamente a los deportistas y entrenadores andaluces de alto nivel (DANA), de alto rendimiento (DARA) y de rendimiento de base (DEA).

En total se han patrocinado 1306 eventos deportivos en esta legislatura, con una inversión total de 41 224 800 €. Debe destacarse que se ha cambiado la concepción y desarrollo de los eventos, con las siguientes innovaciones en la gestión:

"La Consejería de Turismo, Comercio y Deporte ha pasado de patrocinadora a organizadora de los eventos, comprando la titularidad de los mismos y ocupándose de su comercialización a través de la Empresa Pública para la Gestión del Turismo y el Deporte. Para cada evento se han puesto en marcha fórmulas de gestión, mediante la colaboración público-privada, que ha hecho posible compartir riesgos y beneficios. Hemos antepuesto el nombre de Andalucía para no ser meros acompañantes, sino auténticos protagonistas de los retornos mediáticos"[55].

Espero y deseo que se hayan vendido bien, ya que en estos momentos de crisis se organizarán pocos eventos de este tipo.

En 2011 se ha organizado en Punta Umbría el Campeonato del Mundo de Cross.

---

[55] LLUCH COLOMER, R. *XIV Foro Internacional de Turismo*. Benidorm. 2010. Siempre recordaremos a Rafa.

Tabla VII. Presupuestos de la VIII Legislatura

2009	2010	2011	2012	TOTAL
171 577 776 €	127 549 737 €	86 912 726 €	55 726 939 €	441 767 178 €
Decremento presupuestario interno (2009-2012) -67,52% (-115 850 837 €)				

Fuente: Presupuestos de la Junta de Andalucía.

En esta legislatura se produce un decremento presupuestario interno del - 67,52% (- 115 850 837 €), como podemos comprobar en la Tabla VII.

Para terminar la primera parte del Capítulo 1 de los 30 años de deporte en Andalucía: 1982-2012, vamos a analizar los presupuestos de las cuatro últimas legislaturas, ya que durante las cuatro primeras legislaturas *deportes* no era Consejería. Por tanto, los presupuestos estaban integrados en la Consejería de Cultura o en la de Cultura y Medio Ambiente, siendo casi imposible su localización, ya que no están publicados en el Boletín Oficial de la Junta de Andalucía (BOJA). Igualmente, vamos a analizar las actuaciones que han provocado contestación en el sistema deportivo andaluz durante estos 30 años.

Tabla VIII. Euros por habitante y año de las cuatro últimas legislaturas

LEGISLATURA	AÑO	PRESUPUESTO ANUAL	EUROS POR HABITANTE Y AÑO
V	1997	53 187 160 €	7,39
V	1998	49 646 983 €	6,90
V	1999	59 676 247 €	8,29
V	2000	67 189 000 €	9,33
VI	2001	73 484 000 €	9,67
VI	2002	87 997 256 €	11,58
VI	2003	97 411 531 €	12,82
VI	2004	107 066 876 €	14,09
VII	2005	127 609 931 €	15,56
VII	2006	139 470 501 €	17,01
VII	2007	144 325 805 €	17,60
VII	2008	154 196 928 €	18,80
VIII	2009	171 577 776 €	20,43
VIII	2010	127 549 737 €	15,18
VIII	2011	86 912 726 €	10,35
VIII	2012	55 726 939€	6,63

Fuente: Elaboración propia a partir de los Presupuestos de la Junta de Andalucía.

El indicador *euros por habitante y año* es el que hemos utilizado para realizar este análisis de los presupuestos de las cuatro últimas legislaturas.

El número de habitantes es de 7 200 000 para la quinta legislatura, 7 600 000 para la sexta, 8 200 000 para la séptima y 8 400 000 para la octava legislatura. Datos del Instituto Nacional de Estadística (INE).

Como podemos observar, el presupuesto cuantitativamente más bajo es el del año 1998 (49 646 983 €), que corresponde a la V Legislatura. Sin embargo, el presupuesto *euros por habitante y año* más bajo es el de 2012, que corresponde a la VIII Legislatura. Esto es debido al número de habitantes en cada momento.

El techo presupuestario de los 30 años que estamos analizando es el del año 2009 (171 577 776 €), que corresponde a la VIII Legislatura. Y el presupuesto *euros por habitante y año* más alto es el del año 2009 también (20,43€), que corresponde igualmente a la VIII Legislatura.

Figura 1. Euros por habitante y año.

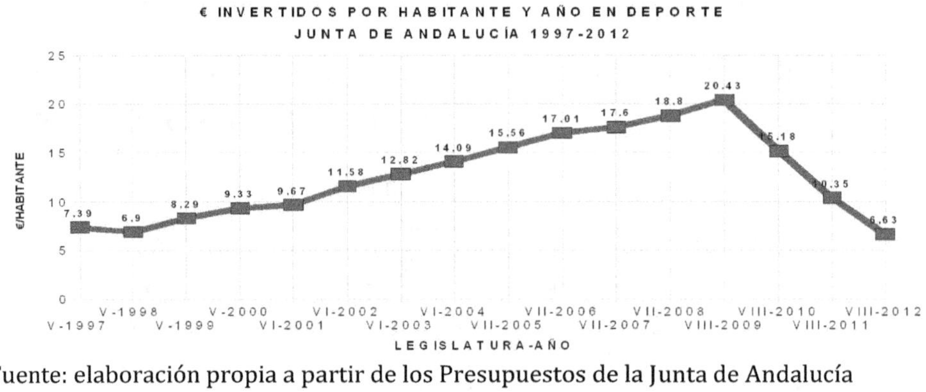

Fuente: elaboración propia a partir de los Presupuestos de la Junta de Andalucía (1997-2012) y el número de habitantes (INE).

Obviamente no todo ha sido positivo, también ha habido algunas contestaciones. Efectivamente, el deporte en edad escolar de competición o federado ha contestado a la Consejería competente en materia de deporte tres veces en estos 30 años.

Tabla IX. Actuaciones que han provocado contestación en los 30 años

LEGISLATURA	ACTUACIÓN	CONTESTACIÓN
I Legislatura (1982-1986)	Final de los Juegos Escolares Cadetes de Deportes de Equipos	Abandono de la sede de la final andaluza de los Juegos Escolares Cadetes
V Legislatura (1996-2000)	Reestructuración de los Juegos Deportivos de Andalucía	Manifestaciones y protestas en algunas provincias andaluzas
VIII Legislatura (2008-2012)	Disminución de la ayuda al deporte base. Aumento de la publicidad institucional y de eventos turísticos	Creación de la plataforma "Salvemos el Deporte Base"

Fuente: Elaboración propia.

SEGUNDA PARTE:

A. PRINCIPIOS DE POLÍTICA DEPORTIVA

1. Principio de Salud y Bienestar

La mejora de la salud y el bienestar de la ciudadanía que practica actividad deportiva, tanto en la vía de rendimiento como en la de ocio saludable, debe ser -desde mi punto de vista- la *misión* de la política deportiva pública y privada. Tanto el binomio salud y deporte o bienestar y deporte, como el trinomio salud, deporte y bienestar son fundamentales para inculcar en la ciudadanía un *estilo de vida activo y saludable*. Entre otras cosas porque los sectores se entienden, se complementan, comparten la misión y tienen un enemigo común, que no es otro que el sedentarismo (inactividad). ¡Es el momento de iniciar la *revolución corporal contra el sedentarismo*!

Los gobiernos deben considerar el deporte como parte de la función social de protección de la salud y el bienestar; como base de todas las actividades humanas. ¿Es el momento de articular los mecanismos necesarios para realizar algún tipo de desgravación fiscal a las personas que practican *deporte para siempre*, debido a la disminución del gasto sanitario que la práctica de actividad deportiva conlleva?[56] Además, debemos tener muy en cuenta el artículo 43.3 de nuestra Constitución:

---
[56] Evidentemente, no. Pero el momento llegará.

"Los poderes públicos fomentarán la educación sanitaria, la educación física y el deporte. Asimismo, facilitarán la adecuada utilización del ocio".

2. Principio de universalización progresiva de la práctica deportiva

La práctica de actividad deportiva es un derecho básico de ciudadanía que debe beneficiar, progresivamente, a toda la población. Esta debe ser la *visión* de la política deportiva: en primer lugar, ampliar la práctica deportiva, ya que debemos movernos de por vida para estar vivos; en segundo lugar, extender la práctica deportiva *para siempre* y para todas las personas, hasta conseguir su universalización.

3. Principio de promoción, información e innovación

- Debemos realizar campañas de promoción sobre los beneficios de la práctica deportiva en los centros educativos, clubes, asociaciones y grupos de interés de cada territorio para conseguir la mayor concienciación pública posible; también debemos organizar eventos que tengan como objeto la promoción de la *práctica deportiva*. El deporte se ha convertido en un claro *objeto de deseo* de la promoción y el marketing. Tenemos ejemplos muy recientes de grandes patrocinios deportivos de empresas muy importantes. El deporte se debe beneficiar de este objeto de deseo, *consiguiendo financiación del deporte espectáculo para el deporte práctica y del deporte de elite para el deporte de base.*
- Se debe crear en las comunidades autónomas y en las grandes ciudades, en su caso, un Sistema de Información, sobre todo para 'deportistas espontáneos'. Una plataforma virtual o algo así, que asista al deportista en general y al deportista por libre en particular. Como ustedes saben, las personas que practican deporte de manera no organizada o por libre (también denominada en la literatura deportiva *espontánea, individual* o *por su cuenta*) representan un porcentaje muy importante. Efectivamente, el último estudio de hábitos de 2010, CSD-CIS, constata que el 75% de las personas que practicamos deporte, lo hacemos de manera espontánea. Es decir, por nuestra cuenta, por libre.
- La innovación es imprescindible para seguir avanzando. Innovar es alterar algo introduciendo novedades. La innovación es una necesidad de toda organización moderna que debe partir de la estrategia global de la misma. En este punto, propongo innovar los estudios de hábitos deportivos al menos en dos aspectos: A. Incluir el *paseo deportivo*

(caminata adaptada a la condición física del que la realiza). B. Fijar en dos prácticas semanales continuadas, cien anuales, para contabilizar como tasa de práctica deportiva. Por último, debemos crear y poner en funcionamiento una Red de "IES deportivos" para convertirlos en centros de promoción y práctica deportiva interna, y de su entorno.

4. Principio de subsidiaridad y programas prioritarios

"Lo que haga el individuo, que no lo haga la colectividad. Lo que haga el sector privado, que no lo haga el público; lo que haga el sector público municipal, que no lo haga el provincial; lo que haga el provincial, que no lo haga el autonómico; lo que haga el autonómico, que no lo haga el estatal".

Ayuntamientos:
- *Iniciación deportiva*: coordinar, controlar y cofinanciar, en su caso, las Escuelas Deportivas de los centros educativos y de los clubes a través de la Comisión Municipal de Escuelas Deportivas.
- *Deporte en edad escolar municipal:* planificar, gestionar, cofinanciar y organizar (directa o indirectamente) el ámbito de promoción a través de los Juegos Deportivos Municipales de 6 a 15 años.
- *Deporte en edad escolar federado*: ayudar a los clubes del municipio que participan en deporte en edad escolar federado (rendimiento de base).
- *Deporte social*: planificar, gestionar, cofinanciar y organizar (directa o indirectamente) programas y actividades para discapacitados, inmigrantes y personas mayores del municipio.
- *Promoción deportiva*: promoción de la práctica del deporte de ocio saludable.
- *Instalaciones deportivas*: gestionar las propias -directa o indirectamente-, remodelar y construir nuevas, en su caso.

Comunidades autónomas:
- *Deporte en edad escolar; deporte universitario y deporte federado para mayores de 18 años*: planificar, cofinanciar y controlar.
- *Deporte social*: planificar, cofinanciar y controlar programas y actividades para discapacitados, inmigrantes y personas mayores.
- *Promoción deportiva*: promoción de la práctica del deporte de rendimiento.
- *Instalaciones deportivas*: planificar, cofinanciar y controlar. Gestionar, directa o indirectamente, los centros deportivos de rendimiento de la comunidad autónoma (CAE, CTD y CETD, etc.).

Estado (Consejo Superior de Deportes):

- *Deporte internacional*: planificación y representación institucional.
- *Deporte en edad escolar federado (rendimiento de base), universitario y federado para mayores de 18 años*: planificar, cofinanciar y controlar.
- *Promoción deportiva*: promoción de la práctica de deporte de ocio saludable y de deporte de rendimiento.
- *Instalaciones deportivas*: planificar, cofinanciar y controlar. Gestionar, directa o indirectamente, los centros deportivos de alto rendimiento (CEAR y CAR).

5. Principio de utilización de todos los espacios para la práctica deportiva

→ *Espacios deportivos de deporte espectáculo y de deporte práctica:*

Los espacios de deporte espectáculo deben construirse con la financiación del club que lo promueve y con la ayuda de la Administración pública y de la empresa privada, en su caso. La gestión corresponde al club.

Los espacios de deporte práctica deben dividirse en función del promotor: municipal, privado y club; y de la vía de práctica: deporte de ocio saludable y deporte de rendimiento.

- *Centro deportivo municipal* (CDM): de interés municipal. Deben construirse con financiación de la Administración local, de la Administración autonómica y de la empresa privada, en su caso. La gestión, directa o indirecta, corresponde a la Administración local. Deben posibilitar la práctica de deporte de ocio saludable.
- *Centro deportivo privado* (CDP): de interés privado comercial. Deben construirse con financiación de la empresa privada y la aportación de suelo de la Administración local, en su caso. La gestión corresponde a la empresa privada. Deben posibilitar la práctica de deporte de ocio saludable.
- *Centro deportivo de club* (CDC): de interés asociativo-deportivo sin ánimo de lucro. Deben construirse con la disponibilidad de suelo de la Administración local, en su caso, y la aportación de créditos reembolsables gestionados a través de la Administración autonómica correspondiente. La gestión y la titularidad corresponden a la entidad deportiva que promueve, construye y

gestiona. Deben posibilitar la práctica de deporte de ocio saludable y de deporte de rendimiento.
- *Centro deportivo de rendimiento* (CDR): de interés autonómico y federativo. Deben construirse con aportación de suelo de la Administración local y la financiación de la Administración autonómica y de la empresa privada, en su caso. La gestión, directa o indirecta, corresponde a la Administración autonómica con la colaboración de las entidades deportivas y de la Administración local, en su caso. Deben posibilitar el entrenamiento y la práctica de deporte de rendimiento (de base y especializado en alto rendimiento, en su caso).
- *Centro deportivo de alto rendimiento* (CDAR): de interés estatal y federativo. Deben construirse con aportación de suelo de la Administración local y la financiación de la Administración del Estado y de la empresa privada, en su caso. La gestión, directa o indirecta, corresponde a la Administración del Estado con la colaboración de las entidades deportivas españolas y la Administración autonómica correspondiente, en su caso. Deben posibilitar el entrenamiento y la práctica de deporte de rendimiento (especializado en alto rendimiento; alto rendimiento y alto nivel).
- Tanto los espacios de deporte espectáculo como los de deporte práctica deben posibilitar la actividad deportiva convencional y la actividad deportiva adaptada, articulando mecanismos de accesibilidad.

→ *Espacios no deportivos*

Son espacios públicos o privados que pueden ser utilizados para la práctica deportiva, sobre todo *espontánea y gratuita*.

6. Principio de autofinanciación

El coste del servicio deportivo lo deben financiar las personas que lo reciben. Los servicios deportivos públicos adoptarán las medidas necesarias para posibilitar el uso del servicio a las personas con poca capacidad económica demostrable.

7. Principio de mejora continua

La mejora continua de los servicios deportivos públicos y privados debe ser una de las constantes de la política deportiva. Por este motivo, es imprescindible evaluarlos, supervisarlos y controlarlos adecuadamente.

8. Principio de cualificación profesional de los técnicos

Los servicios deportivos públicos y privados, incluyendo la dirección y gestión de las instalaciones deportivas, deben prestarlos técnicos con la cualificación profesional que corresponda en cada caso.

9. Principio de colaboración público-privada

- Concesiones administrativas a empresas privadas:

    "Me parece bien, en lo que a política deportiva se refiere, que la empresa privada gestione y explote instalaciones deportivas públicas, pero siempre que participe económicamente en la construcción de las mismas (entiendo que a veces se confunde 'deliberadamente' la concesión de obra pública y la concesión de servicio público)"[57].

- *Concesiones administrativas al tejido asociativo-deportivo*: para fortalecer el tejido asociativo la concesión administrativa de instalaciones públicas financiadas al 100% con dinero público se debería adjudicar, aunque no de manera general, a federaciones y/o clubes, o a agrupaciones de federaciones y/o clubes, siempre que estén capacitadas profesionalmente para la gestión de las mismas.
- *Creación y puesta en funcionamiento de una fundación*, para ayudar al deporte en edad escolar federado (rendimiento de base).

10. Principio de planificación

Planificar es saber dónde estamos y qué tenemos que hacer para llegar a donde queremos. Por este motivo, la planificación general y sectorial o específica debe ser una constante de la política deportiva, pública y privada.

Como ejemplo de planificación general podemos destacar el Plan General del Deporte Andaluz (PGDA) y el Plan Director de Instalaciones

---

[57] VÁZQUEZ PÉREZ, J de la C. *Deporte para siempre*. Sevilla, Editorial Wanceulen, 2011. p. 62.

Deportivas de Andalucía (PDIDA) de la Consejería competente en materia de deporte.

B. OBJETIVOS DEPORTIVOS 2024

Tabla X. Objetivos deportivos 2024

Tasa de práctica deportiva (CSD-CIS)	50%
Euro por habitante y año de la Junta de Andalucía	24
Construcción de instalaciones deportivas	15 000
Red Andaluza de Centros Deportivos de Rendimiento	24
Red Andaluza de IES Deportivos	48
Clubes deportivos inscritos en el RAED	24 000
Clubes deportivos con instalaciones propias	+24
Centros públicos con Escuelas Deportivas	1 500
Equipos en el Programa Estrella Elite	120
Deportistas andaluces en ADO y ADOP	80

Fuente: Elaboración propia.

Como podemos observar en la Tabla X, proponemos un decálogo de *objetivos deportivos* para 2024. Tres legislaturas, doce años más de gestión de la política deportiva andaluza. ¿Los cumpliremos?

Entiendo que son objetivos alcanzables. Es decir, los diez objetivos pueden ser una realidad en 2024, siempre que gestionemos las políticas deportivas de manera adecuada durante estos 12 años y se recupere la economía lo antes posible.

Efectivamente, la *tasa de práctica deportiva* ha crecido siete puntos porcentuales de 2000 a 2012 y, si se confirma la hipótesis explicada a continuación en la Tabla XI, la tasa de práctica podría haber aumentado diez puntos porcentuales. Así, en estos doce años (2012-2024) debemos crecer catorce u once puntos porcentuales, respectivamente, para cubrir el objetivo del 50% en 2024.

El proyecto de Plan Estratégico General del Deporte Andaluz (PEGEDA), que no está en vigor por la crisis, y el Plan Director de Instalaciones Deportivas de Andalucía (PDIDA) preveían, en 2008, el 50% de tasa de práctica para 2016. Pero como hemos dicho, la crisis no nos está dejando avanzar todo lo rápidamente que teníamos previsto. Así, entiendo, el objetivo de tasa de práctica deportiva del 50% debe aplazarse de 2016 a 2024.

En *euros por habitante y año*, entiendo que el indicador adecuado son 24 €. Aunque partimos de 6,63 € en 2012 por la crisis, sin embargo en 2009 este indicador alcanzó los 20,43 € por habitante. Creo que en doce años lo podemos y debemos conseguir. Tener este *indicador presupuestario* es fundamental para que nos sirva de guía. En 2012, Navarra (44,33) era la comunidad autónoma que tenía el indicador presupuestario (euros por habitante y año) más potente.

En *instalaciones deportivas*, el objetivo es llegar a tener una red de 15000 instalaciones en 2024, para lo que habría que construir 810 en estos doce años. Nos pueden parecer pocas instalaciones deportivas nuevas, pero hay que tener en cuenta lo siguiente: 1. La crisis. 2. Que debemos elaborar un Plan para *remodelar* las que se están quedando obsoletas por el paso de los años y por las "modas deportivas". 3. Que debemos *revisar* el Plan Director de Instalaciones Deportivas de Andalucía, PDIDA, para posibilitar la construcción de espacios deportivos con medidas adaptadas a la población que la va a gestionar. Sobre todo, piscinas cubiertas y pistas de atletismo. 4. Que debemos *iniciar* la Red andaluza de IES Deportivos. 5. Que debemos continuar la Red andaluza de Centros Deportivos de Rendimiento. 6. Que debemos ayudar, mediante créditos reintegrables o de otra manera, a federaciones y clubes para que promuevan, construyan y gestionen sus propias instalaciones deportivas.

La Red andaluza de Centros Deportivos de Rendimiento consta, actualmente, de doce centros con sede en Andalucía: 2 CAE (marcha y hockey); 7 CETD (atletismo, deportes de invierno, gimnasia, natación, tenis, tenis de mesa y vela); 2 CEAR (remo y piragüismo, y tiro olímpico) y 1 CAR (Sierra Nevada). Entendemos que podemos crecer a una media de cuatro centros por legislatura.

En cuanto a la *Red Andaluza de IES Deportivos*, de nueva creación, debemos construirla y gestionarla progresivamente: un IES deportivo por provincia en la IX Legislatura; dos por provincia en la X y tres por provincia en la XI. Por tanto, en 2024 podríamos tener una Red de 48 IES deportivos. Los IES deportivos se convertirán en verdaderos centros de promoción y práctica deportiva interna y de su entorno.

Piense, amigo lector, en un IES con terreno suficiente para que se construyan espacios deportivos nuevos y se remodelen y adapten espacios deportivos antiguos. Que a uno o a dos profesores de Educación Física se les disminuyan horas de clases lectivas para realizar las funciones de dirección de la parte deportiva del IES; que puedan contratar -*indirectamente*- al número de técnicos deportivos y/o técnicos deportivos superiores necesarios para planificar, gestionar y organizar Escuelas Deportivas para el alumnado del centro y del entorno cercano; planificar, gestionar y organizar competiciones internas: participar con equipos del IES en el deporte en edad escolar municipal (Juegos Deportivos Municipales de 6 a 15 años -ámbito de promoción-) organizados por el Ayuntamiento; planificar, gestionar y organizar equipos para participar en deporte en edad escolar federado (rendimiento de base); y planificar, gestionar y organizar actividades deportivas de ocio saludable.

Los clubes deportivos inscritos en el RAED (registro andaluz de entidades deportivas), pronto van a ser 20 000. En 2024 deberían ser 4000 más.

Entendemos que en 2024 podríamos tener veinticuatro clubes nuevos o agrupaciones de clubes con instalaciones deportivas propias. La construcción de instalaciones deportivas la realizan, hasta ahora, únicamente las Administraciones públicas (la Junta de Andalucía con los ayuntamientos y con las universidades); sin embargo ha llegado el momento de fomentar que los clubes deportivos o agrupaciones de clubes deportivos, y las federaciones deportivas, en su caso, promuevan, construyan y gestionen sus propias instalaciones deportivas.

El programa Escuelas Deportivas es *imprescindible* -desde mi punto de vista- para la creación del hábito hacia la práctica de deporte para siempre. En la actualidad, unos 1 200 centros públicos tienen escuelas deportivas fuera del horario lectivo. Nuestra propuesta es crecer cincuenta centros en la IX Legislatura, cien en la X y ciento cincuenta en la XI. Es decir, trescientos centros públicos más en 2024.

Algunas temporadas hemos tenido casi 100 equipos en el Programa Estrella Elite. Establecemos como objetivo 2024 tener ciento veinte equipos de otros tantos clubes.

Entendemos que en el Programa ADO y en el ADOP podemos tener en 2024 ochenta deportistas andaluces. En 2011, cincuenta deportistas andaluces han formado parte de los Planes ADO y ADOP.

De izquierda a derecha, delante: Aurelio S. Vinuesa, Pedro Montiel, Salvador Jiménez, Susana Vázquez, Juan de la Cruz Vázquez, Pedro Aragón, Antonio Merino, Juan Luis Navarro, Víctor Romero y Enrique de Hoyos. Detrás: José A. F. Susino, Manuel Ortiz, Luis Molina, Javier Malla y Moisés Navarro.

C. EVOLUCIÓN DE INDICADORES DE GESTIÓN

Tabla XI. Comparación de indicadores de gestión, primera y última legislaturas

INDICADOR	DATO	AÑO	DATO	AÑO	DIFERENCIA
Tasa de práctica	16%	1980	36%	2010	+20%
Instalaciones deportivas	6 584	1985	14 190	2011	+7 606
Centros deportivos de rendimiento	2	1982	12	2012	+10
Clubes deportivos	214	1985	18 892	2011	+18 678
PIB deportivo	---	1982	3,23%	2008	8 000 millones de €
Empleo	---	1982	2,52%	2009	70 000

Fuente: Elaboración propia.

En la Tabla XI podemos observar que el 36% es la última tasa de práctica deportiva que se ha conocido oficialmente en estos 30 años de deporte en Andalucía (1982-2012). Concretamente corresponde a 2010

(CSD-CIS). No obstante, el estudio de hábitos de 2010 se realizó a personas de 16 a 100 años, cuando el de 2005 se había hecho a las de 16 a 74 años.

Lógicamente, a más años, menos tasa de práctica, aunque este tema está cambiando poco a poco. Es decir, si los datos de 2010 hubieran correspondido a la misma población que los de 2005 (16 a 74 años) la tasa de práctica deportiva hubiera sido superior al 36%. Tal vez en 3 puntos porcentuales. No obstante, este es el último dato oficial y, por tanto, es el que tenemos que utilizar.

En instalaciones deportivas el crecimiento ha sido espectacular hasta 2009. Obviamente, el crecimiento se ha reducido debido a la crisis y costará algunos años tener otro período tan expansivo como el de 1999-2009, e incluso hasta 2011. De 1986 a 2011 hemos construido 304 instalaciones deportivas anuales de media.

En cuanto a los clubes deportivos, el crecimiento ha sido muy importante (18 678 clubes de la primera a la octava legislaturas).

El Estado nos transfirió 2 CITD (Centro de Iniciación Técnico Deportiva) en 1982 y hemos pasado a tener 12. La verdad es que el crecimiento no ha sido más amplio porque los Centros de Tecnificación se empezaron a crear tarde. En la V Legislatura se creó -como hemos dicho anteriormente- el Centro Andaluz de Tecnificación Deportiva (CATD) con sede en la Ciudad Deportiva de Carranque (Málaga) y de carácter generalista. A partir de la VII Legislatura se crearon y pusieron en funcionamiento centros específicos, en lugar del citado de Carranque que era para todos los deportes individuales. Como ejemplo nos pueden servir el CAR y el CEAR. El CAR es igual al CTD (generalista) y el CEAR es como el CETD (específico para un deporte determinado).

En cuanto al PIB *deportivo* y el empleo, se hizo un estudio sobre *Actividad económica del deporte en Andalucía 2008* mediante la firma de un acuerdo entre la Consejería de Turismo, Comercio y Deporte y Unicaja, con el siguiente planteamiento:

> *"El enfoque de fondo es la pretensión de un análisis teórico y descriptivo de las relaciones entre deporte y economía y de sus interrelaciones. Referencia que en futuros desarrollos podría extenderse a la relación entre deporte y ocio, y de forma muy particular a las interrelaciones entre deporte y turismo".*

Estos indicadores de la Tabla XI evidencian que hemos progresado... ¿Podríamos haber progresado más? Por supuesto. ¡Todos podríamos haber hecho más! Esperemos que pronto finalice la crisis y podamos *hacer más con más*, porque *hacer más con menos* es un buen eslogan, pero muy difícil de aplicar. Dicen que el deporte es la mejor medicina preventiva que existe. Y ya saben ustedes ¡prevenir es mejor que curar, y más barato!

Para finalizar, vamos a hacer un diagnóstico de la evolución de la política deportiva durante estos 30 años, utilizando la metodología DAFO.

Como podemos observar en la Tabla XII, entendemos que la inversión en deporte ha sido insuficiente tanto a nivel público como privado. A nivel público debemos distinguir de 1982 a 1996, de 1997 a 2009 y de 2010 a 2012. Efectivamente, la inversión más importante, como hemos podido comprobar, comienza en 1997 y continúa hasta 2009, bajando, debido a la crisis, de 2010 a 2012. La inversión más baja se realiza de 1982 a 1996.

Otra de las debilidades ha sido no aplicar el *principio de subsidiaridad y programas prioritarios*, o aplicarlo de manera insuficiente. A veces hemos hecho "todos de todo", sobre todo, los ayuntamientos. La tercera debilidad es la poca autonomía económica e infraestructural que tienen nuestros clubes deportivos debido, entre otras cosas, al bajo número de socios.

En cuanto a fortalezas, la percepción de la necesidad de movernos para mejorar nuestra salud y bienestar está cada vez más generalizada. Además, estamos asimilando cada vez mejor que la práctica deportiva -entendida en sentido amplio y abierto- tiene que ser permanente, es decir, para siempre. El sistema deportivo andaluz es cada vez más potente. Nuestro sistema deportivo, en sí mismo, es una de nuestras fortalezas. La evolución de estos años ha sido muy importante. Por último, entender el deporte en sentido amplio y abierto lo acerca mucho más a la mayoría.

En cuanto a amenazas: el sedentarismo es nuestro peor enemigo. Que la inversión pública y privada en deporte siga disminuyendo y que se sigan construyendo, casi exclusivamente, instalaciones públicas.

Y, por último, también tendremos que saber aprovechar las *oportunidades* que nos brinda cada momento, incluido el momento de crisis.

Desde nuestro punto de vista las oportunidades son, entre otras: incentivar a la empresa privada *fiscalmente* para que invierta en deporte. Este tema es clave, aunque algunos opinen que este no es el momento adecuado. Promocionar el *valor* de la práctica deportiva de manera permanente. Y fomentar la creación de instalaciones privadas por entidades deportivas, y por empresas.

E. DEBILIDADES, AMENAZAS, FORTALEZAS Y OPORTUNIDADES

Tabla XII. DAFO

30 AÑOS DE POLÍTICA DEPORTIVA	
DEBILIDADES	**FORTALEZAS**
1. Inversión pública y privada insuficiente, sobre todo de 1982 a 1996 y de 2010 a 2012.	1. La percepción cada vez más generalizada de la importancia de la práctica deportiva permanente para la mejora de la salud y el bienestar, y como escuela de valores para la vida.
2. No aplicar el principio de subsidiaridad y programas prioritarios.	2. La potente evolución del sistema deportivo andaluz.
3. Clubes deportivos con pocos socios y una autonomía insuficiente en materia económica e infraestructural.	3. La visión del deporte en sentido amplio y abierto –cualquier tipo de actividad física que mejore nuestra salud y bienestar- posibilita la extensión de la práctica deportiva para siempre y para todas las personas.
AMENAZAS	**OPORTUNIDADES**
1. El sedentarismo.	1. Crear mecanismos fiscales operativos para que la empresa privada invierta en deporte.
2. Disminución presupuestaria pública y privada.	2. Promocionar el *valor* de la práctica deportiva de manera permanente.
3. Que solo sigamos fomentando la construcción de instalaciones públicas.	3. Fomentar que entidades deportivas y empresas privadas promuevan, construyan y gestionen instalaciones deportivas propias.

Fuente: Elaboración propia.

CAPÍTULO 2

30 AÑOS DE PLANIFICACIÓN DEPORTIVA

Jesús Roca Hernández

"No hay viento favorable para el que no sabe dónde va".
Lucio Anneo Séneca

1. INTRODUCCIÓN

La planificación en la Administración, al igual que en la empresa privada, surge como una necesidad y a consecuencia de sus niveles de crecimiento y el alcance de la complejidad que se ha producido en sus procesos. Este aumento de sus estructuras orgánicas, competencias y relaciones con el entorno necesita de instrumentos que permitan racionalizar las inversiones y controlar los resultados, evitando desviaciones en las previsiones del gasto público.

La Junta de Andalucía, en sus políticas en materia de deporte a lo largo de sus diferentes legislaturas, ha producido planes generales y estratégicos que le han permitido ordenar su actividad en un horizonte a medio y largo plazo. Es cierto que planes específicos han existido en todas las legislaturas, pero no es hasta la promulgación de la Ley del Deporte de Andalucía 6/98, de 14 de diciembre, cuando el legislador establece el mandato legal de la obligatoriedad de su ejecución. Algunos equipos de gobierno desde un principio han creído en la fuerza de la planificación, no solo como elemento que ordena y optimiza los recursos, sino también como un proceso pedagógico en sí. Este proceso genera cohesión en los sistemas deportivos y les hace participar de las decisiones y proyectos futuros, comprometiéndose e implicándose todos sus elementos con mayor evidencia en la construcción de los cimientos de los mismos.

En situaciones de crisis económicas, estos aspectos deben cuidarse. Los equipos directivos deben generar flujos de comunicación constante y espacios de participación para conocer de primera mano la opinión y la situación del sistema deportivo, evitando así la tendencia centrífuga de dispersión de las actuaciones que se produce en las organizaciones y los sistemas cuando las cosas no pueden alcanzar los niveles de producción y resultados anteriores. Se debe promover un acercamiento continuo a cada uno de sus elementos, evitando actitudes maniqueas y de freno para la mejora y el desarrollo de los sistemas deportivos.

Este capítulo va a recoger las iniciativas en planificación general que se han producido con evidencias constatables, bien por su publicación, por su elaboración completa o por su puesta en marcha. Por la extensión que necesitaríamos, no vamos a centrarnos en otro tipo de planes, programas y proyectos que, si bien habrán tenido igualmente un valor estratégico y de gestión en su momento, no recogen la globalidad del sistema deportivo andaluz, sino que solo desarrollan una parte de la misma, y que serán tratados en sus capítulos correspondientes. Incluirían instalaciones deportivas, deporte en edad escolar, deporte federado, deporte social, etc.

De igual forma, un análisis por las diferentes iniciativas nos irá dando datos y elementos de reflexión sobre la planificación en cada legislatura. Cada equipo de gobierno, como se verá, ha ido poniendo énfasis en distintos elementos de la planificación, lo que ha dado lugar a diferentes iniciativas. Cada una de ellas tiene su valor, y todas construyen, fundamentalmente en sus aspectos teleológicos, dando lugar a reflexiones que se convierten en medidas y proyectos. También podremos comprobar cómo muchos de los aspectos tienen validez y actualidad, y su recuerdo nos servirá para replantearnos nuestro futuro. En cada plan y en cada iniciativa han participado gran cantidad de profesionales del sector deportivo o afines al mismo, que han plasmado sus ideas y pensamientos en ellas. Solo reflexionando y comprendiendo el pasado podemos construir el futuro, y nuestro conocimiento de lo que se ha hecho hasta ahora nos sitúa en una buena posición para construir futuros proyectos de planificación general contextualizados en el tiempo y en la situación socioeconómica.

2. ASPECTOS GENERALES DE LA PLANIFICACIÓN EN LAS ORGANIZACIONES DEPORTIVAS

Para comprender la multitud de iniciativas en planificación que se han producido en cualquier organización a lo largo de la Historia, debemos ser capaces de conocer en un breve análisis histórico cómo ha ido evolucionando la planificación. Ésta ha ido pasando desde las previsiones a corto plazo, basadas en métodos de control presupuestario: balance, cuenta de resultados, etc. a planes a corto plazo, donde se incidía en el control de la gestión por objetivos, que ya no necesariamente debían ser económicos.

Posteriormente se fue evolucionando, y en los años 60 surge interés por la planificación a largo plazo, los denominados *long range plannings,* que mimetizan las actuaciones quinquenales de los países del Este o los cuatrienales europeos, más relacionadas con los periodos de gobierno y las elecciones de los países democráticos.

La evolución pasó por los *corporate planning*, planes integrales corporativos o de empresa, que estaban formados por el conjunto de planes que existían en la misma, plan de marketing, plan de formación, plan de ventas, plan de recursos humanos, plan de desarrollo tecnológico, etc.

Hasta llegar a la planificación estratégica, que lo que trata básicamente es de *analizar nuestra situación actual*, integrando todos los elementos que forman parte del sistema deportivo andaluz (entidades deportivas, deportistas, técnicos, árbitros, dirigentes, ayuntamientos, diputaciones, universidades, empresas privadas, instituciones públicas de diversos ámbitos y competencias confluyentes con deporte, etc.). Este tipo de planificación es una de las más importantes y útiles, porque nos va a generar un conjunto de indicadores y sus posibles evoluciones. Lo que, a su vez, permite volver a dibujar nuestra misión y objetivos, proyectándonos un escenario sobre nuestro estado, y sobre todo, si nuestra organización requiere la intervención de unos determinados mecanismos de gestión.

Existen muchos autores del mundo de la teoría de las organizaciones y de la empresa que han definido el concepto de planificación estratégica. En materia de deporte es interesante subrayar la definición que nos proporciona Fernando Paris (1995):

> *"El proceso por el que una organización, una vez analizado el entorno en el que se desenvuelve, y fijados unos objetivos a medio y largo plazo, elige (selecciona) las estrategias más adecuadas para lograr esos objetivos y define los proyectos a ejecutar para el desarrollo de esas estrategias. Todo ello estableciendo un sistema de seguimiento y actualización permanente que adapte los citados objetivos, estrategia y programas a los posibles cambios, externos e internos, que afectan a la organización".*

Para el citado autor, su metodología es clara, el análisis del entorno, los objetivos generales de la organización, la formulación y selección de las estrategias, la generación de los proyectos y planes operativos y el seguimiento del plan. Es una metodología clara y sencilla que requiere la participación de todos los elementos del sistema, si queremos que cada una de sus fases sean certeras en el cumplimiento de los objetivos.

No puedo perder esta oportunidad, por la experiencia adquirida en esta materia a lo largo de estos años de vida laboral, de exponer algunos conceptos que en ocasiones son más fáciles de entender que la cuestión en sí; me refiero a que entiendo que *NO* es planificación general o estratégica:

- Aquella elaborada en base a la opinión de un grupo de expertos o por una cúpula directiva, si antes no ha existido un exhaustivo análisis de la realidad y no se han trazado las estrategias a partir del citado análisis. Esto es sólo una declaración programática o los enunciados que llenan un informe de intenciones.
- Un conjunto de acciones sin análisis de la realidad interna, desconectados entre sí y sin una valoración económica concreta, que permita evaluar el alcance de nuestras medidas.
- Un conjunto de programas o proyectos sin un horizonte a medio o largo plazo agrupados por áreas temáticas.
- Un plan elaborado sin un sistema de obtención de información con indicadores precisos que permitan ser sensibles a los cambios del entorno. En definitiva, un sistema de evaluación permanente que permita seguir diferentes caminos.

- Un plan elaborado perfectamente, pero en el que las decisiones del equipo directivo no estén basadas en sus orientaciones y medidas. Este es un error habitual en planificación, que suele obedecer a una falta de conocimiento del sector y a una dirección basada en los intereses individuales, no en los de la organización.
- Un planteamiento donde el conjunto de medidas y proyectos resultantes no llevan adosados el coste económico y de recursos, generando una utopía y un desconcierto en su aplicación.
- Un enunciado de objetivos a sus diferentes niveles donde no exista correspondencia entre ellos y estos con los proyectos y medidas resultantes.

Hay que tener en cuenta, en los tiempos en que estamos, que cualquier planteamiento en gestión debe llevar adosado un anexo de su viabilidad, que no es más que establecer un balance entre la innovación que se pretende introducir y los costes que ésta provoca. Incluso en estos tiempos tan especiales que vivimos, una máxima de la planificación debe ser que no es sólo lo que se hace, sino aquello que dejamos de hacer. Se debe huir de las modas que han provocado parte de esta crisis, y especialmente en el deporte. La innovación como mecanismo de generar noticia, no de generar avance y riqueza, solo y exclusivamente como imagen personal y venta del producto a los medios de comunicación, ya no puede tener cabida en esta nueva época. Debemos comenzar a valorar a nuestros dirigentes políticos también con estos parámetros. El líder político actual debe ser un servidor de los ciudadanos, incluidos los que trabajan para él, profesionales de la Administración cuya organización será su medio durante su vida laboral, no la catapulta de un breve período de gobierno en esa competencia.

Puede ocurrir que se adopte el concepto de planificación estratégica debido, simplemente, a una moda, y en cualquier caso, antes de emprender una tarea de esta envergadura siempre debemos reflexionar a priori sobre su necesidad. Quizás no hace falta un planteamiento estratégico o sistémico, no es cuestión de planificar por planificar, no se trata sólo de proyectar una imagen. Para planificar estratégicamente también necesitamos generar esta cultura en nuestra organización, y será difícil si no hemos aprovechado anteriormente otras ocasiones similares. El típico caso de planes bien estructurados que se quedan en un cajón: su efecto directo y residual sobre la organización es determinante para solicitar un nuevo esfuerzo de participación a sus miembros. Siempre,

antes de lanzarnos a un proceso de planificación debemos analizar nuestras actuaciones en un conjunto de temas tales como:
- Priorización de programas y actividades.
- Toma de decisiones consensuada con los agentes deportivos del destino del gasto.
- Programa de acción global que sistematice las actuaciones de intervención preferente.
- Análisis de las políticas deportivas desarrolladas en los últimos cuatro años y reflexión sobre los aciertos y errores.
- Optimización del talento de los técnicos deportivos que genere valor y compromiso para desarrollar el conocimiento y su aplicación a la realidad.
- Política de colaboración, cooperación y compromiso con los agentes internos y externos.
- Estilo de liderazgo y discurso político en materia de deporte.

Y muchas más cosas que podríamos plantear y que van a depender de nuestras posibilidades de intervención, del momento de nuestra organización y de los objetivos que queramos conseguir.

Por lo tanto, en primer lugar, antes de empezar a realizar un buen plan general de un sistema deportivo o una planificación estratégica, la primera fase a tener en cuenta es el *diagnóstico del entorno*. En la materia que nos ocupa, es un análisis del sistema deportivo en toda su dimensión, del que podemos destacar:
- Hábitos deportivos de la población.
- Actitudes ante el deporte.
- Datos básicos de los diferentes programas que se están desarrollando en el ámbito territorial específico. En el caso de una comunidad autónoma: análisis de sus niveles deportivos, de sus niveles de rendimiento, de sus resultados deportivos, de las estructuras de sus entidades deportivas, del deporte en edad escolar, del deporte universitario, de sus programas de tecnificación y entrenamiento, de los grupos de atención especial, etc.
- Análisis económico del deporte.
- Análisis de sus instalaciones deportivas. Distribución geográfica, usos, tipos, estándares, estado de conservación, tipo de gestión, rentabilidad económica y social, recursos humanos, impacto sobre el sistema deportivo.
- Análisis interno de nuestras estructuras, funciones y competencias, y planificación de efectivos para cubrirlas.

- Análisis de la calidad de nuestra organización. Procesos, flujogramas, procedimientos e indicadores que componen nuestro cuadro de mando.

Después de la fase de análisis tendremos todos los elementos necesarios para realizar un diagnóstico. Existen diferentes sistemas de análisis; de forma habitual y extendida se utiliza la matriz DAFO, que nos permite un análisis interno de las debilidades y fortalezas del nuestra organización o sistema, y un análisis del entorno, que nos va a dibujar un escenario con las oportunidades y las amenazas que tenemos en nuestro ámbito. Esta matriz debe ser clara, sencilla y ponderada en sus afirmaciones, de manera que nos permita elaborar las estrategias o caminos que vamos a seguir, conectadas en todo momento con la misión y los objetivos estratégicos de nuestro plan.

De esta forma tendremos un conjunto de oportunidades que estarán minimizadas o atenuadas por las amenazas del entorno (o1+o2+o3... on) - (a1+ a2+ a3...+an) y un conjunto de fortalezas que serán contrarrestadas por nuestras posibles debilidades internas (f1+f2+f3...+fn)-(d1+d2+d3...+dn); nuestras estrategias deberán necesariamente dar respuestas posibles y de avance a la matriz que surge de su confrontación. Ello va a generar una matriz clásica de doble entrada: Oportunidades/Amenazas y Fortalezas/Debilidades; de la oposición entre ellas podremos establecer las estrategias específicas, que irán siempre encaminadas a maximizar las oportunidades y fortalezas y a minimizar las amenaza y debilidades, lo que podríamos denominar:

- Primer cuadrante de la matriz: Estrategias Maxi[58] O[59] Maxi F(EFO).
- Segundo cuadrante de la matriz: Estrategias Maxi F mini[60] a (EFa).
- Tercer cuadrante de la matriz: Estrategias Mini d Maxi O (EdO).
- Cuarto cuadrante de la matriz: Estrategias Mini d mini a (Eda).

---

[58] Maxi, maximizar
[59] O y F, oportunidades y fortalezas, a y d, amenazas y debilidades.
[60] Mini, minimizar

Fuente: Elaboración propia

De cada uno de los cuadrantes obtendremos las estrategias encaminadas a trazar las vías que permitan utilizar las fortalezas del sistema y aprovechar las oportunidades (EFO), aquellas que mediante la utilización de las fortalezas permitan eludir las amenazas del entorno (EFa), aquellas que minimizan nuestras debilidades utilizando las oportunidades del entorno (EdO) y aquellas que nos permitan mejorar y evitar nuestras debilidades y eludir las amenazas del entorno (Eda).

En segundo lugar, después de las fases de análisis y diagnóstico, *la formulación de la parte estratégica,* que esquematiza el camino que siguen nuestros objetivos para la consecución de los resultados, desde los más elevados hasta los programas, medidas y actuaciones. Dado que nuestra organización, más que nunca, tiene sus recursos limitados, debemos decidir aquellas estrategias que permitan una utilización de los mismos de forma óptima, eficaz y eficiente, sobre todo centrada en nuestras competencias esenciales (core competencias). La contracción aplastante de nuestro presupuesto de gastos, en muchos casos cercano al 70%, nos debe focalizar hacia la reflexión inicial de cuáles son nuestras competencias esenciales y hacia dónde debemos planificar nuestra política deportiva. En otras épocas se han ocupado espacios que a largo plazo han provocado solapación de competencias entre diferentes órganos y Administraciones; actualmente no nos queda más remedio que intervenir en el núcleo de nuestra esencia como organización, generando alianzas estratégicas con otros operadores del sistema deportivo. Son tiempos de cooperación, comprensión y solidaridad, de transparencia con nuestra sociedad, para alcanzar nuestros objetivos estratégicos.

En tercer lugar, debemos destacar la *fase de implementación y la evaluación.* La implementación suele ser una de las fases a la que menos acento se le suele poner y es la clave del éxito operativo de un plan.

Implementar significa generar una cultura organizacional que dé soporte a la estrategia. Significa contar con el personal, de nada nos sirve hablar de planificación, cooperación, colaboración, sinergia, calidad, excelencia, etc. cuando el día a día de los directivos se aleja de esta forma de dirección, y utilizan un estilo directivo basado en la desconfianza de su personal, orientado a la confrontación continua, prepotente y cerrado al diálogo, un estilo donde su poder se basa en la generación de relaciones cabalísticas, y no en la generación de conocimiento y valor del equipo. Todos podemos encontrar ejemplos claros a nuestro alrededor, son personajes que pivotan dentro de su círculo de poder, investidos de un halo celestial y con escasas o nulas soluciones a los problemas presentes y futuros; ellos son en sí mismos el problema y el freno del sistema.

Por lo tanto, ésta será una de las razones importantes a tener en cuenta en la elaboración de un plan, generar una corriente interna de cambio, que permita apoyarse sobre valores como coordinación, cooperación, confianza, participación, transparencia y respeto al equipo.

La fase estratégica nos debe servir para detectar las oportunidades y las amenazas del entorno, así como las debilidades y fortalezas de nuestra organización. Nos debe permitir, a partir de éstas, generar las estrategias que nos posibiliten conseguir nuestros planteamientos como organización.

La situación administrativa, económica y el tono general actual de la Administración pública, nos lleva sin duda a la primera pregunta sencilla y clave, para acometer una planificación estratégica:

¿Cuál es el coste de no planificar? Entre otros aspectos, podemos destacar:

- Impacto negativo en las estructuras.
- Impacto negativo en los departamentos.
- Impacto negativo en las relaciones institucionales.
- Aumento del gasto y pérdida de la calidad de los servicios.
- Pérdida de oportunidades y de resultados.
- Pérdida de credibilidad.
- Actuaciones arbitrarias en los sectores afectados.
- Oferta de servicios no adecuados a la demanda.
- Pérdida de recursos.
- Pérdida de liderazgo y posición en el sector.

Teniendo en cuenta lo planteado hasta el momento y las competencias en materia de deporte de la Junta de Andalucía, debemos preguntarnos: ¿A qué se dedica la organización? ¿Cuál es la parte esencial de sus actuaciones?

Lógicamente, a pesar de lo cambiante del entorno, ya estamos viendo cuál es nuestra realidad actual; no llegamos a todos los ámbitos y niveles del sector deportivo con nuestros presupuestos y con el escenario que se plantea en el futuro. El sector deportivo de nuestra comunidad ha sufrido una gran contracción económica, lo que ha producido un deterioro institucional y, como consecuencia, una pérdida de liderazgo. Por lo tanto, definamos qué porción del citado sector vamos a apoyar y de qué manera. Este ejercicio lo debe realizar la cúpula directiva de cualquier ámbito territorial y en sí significa un posicionamiento político e institucional. No podemos aventurarnos desde este capítulo a dar una solución concreta, porque existen diferentes caminos, pero sí insistimos en la necesidad de dedicarse al núcleo esencial de las competencias que en cada momento se tengan atribuidas y en buscar fórmulas de transición para aquellos espacios que antes se atendían y ahora no.

3. ¿POR QUÉ ES NECESARIO UN PLAN GENERAL?

La elaboración de un Plan General del Deporte atiende al artículo 4 de la Ley 6/98 del Deporte de Andalucía, *"La consejería competente en materia de deporte elaborará el Plan General del Deporte, siendo informado por el Consejo Andaluz del Deporte. El Plan General del Deporte será aprobado por el Consejo de Gobierno, previo debate de sus líneas básicas por el Parlamento de Andalucía"*. La respuesta es rápida y concreta, porque es un mandato legal. Ahora bien, teniendo en cuenta que el último Plan se hace con el horizonte en el año 2016 y se desarrolla en un entorno socioeconómico muy diferente al actual, debemos seguir trabajando en esta materia y mostrar evidencias de unas líneas estratégicas que definan la política deportiva. Elaboradas con una metodología de planificación y basada en la teoría de las organizaciones, que permitan el continuo avance del sistema deportivo andaluz.

El mecanismo legal para hacer efectiva una adecuada ordenación de los recursos públicos en materia de deporte es el Plan General del Deporte, previsto en el citado artículo de la Ley, que determinará las principales necesidades, objetivos, prioridades y programas de acción, definiendo el modelo y la estrategia de actuación deportiva de la comunidad autónoma.

Por lo tanto, es un mandato concreto de la Ley, y para su ejecución y desarrollo distinguimos claramente dos fases:

1. Dentro de los órganos de la consejería: Consejo Andaluz del Deporte, al que habrá que informar del planteamiento y los motivos por los que se plantea un Plan General del Deporte, y una perspectiva de su desarrollo.
2. En el Parlamento y el Consejo de Gobierno, donde se deberán explicitar todos los puntos más relevantes a tener en cuenta, en especial por la situación que estamos pasando, el anexo financiero donde se cuantifiquen la aplicación de las líneas estratégicas y medidas que se derivan de su implementación en el sistema deportivo andaluz.

Es destacable, con el desarrollo de la Ley 6/98, cómo en dos subsectores del sistema deportivo se generaron dos normas de especial relevancia para la implantación y ejecución de la política deportiva de Andalucía:

- Deporte en Edad Escolar
- Deporte de Rendimiento

En ambos ámbitos participativos, en sus respectivos Decretos de desarrollo se insta a la elaboración de sus planes específicos. Es importante tenerlos en cuenta a la hora de elaborar cualquier tipo de planificación en materia de deporte en Andalucía.

En el caso del Deporte en Edad Escolar, en su Decreto 6/2008, de 15 de enero, por el que se regula el mismo en Andalucía, en su capítulo II, se define el contenido que debe tener el plan, cómo se aprobarán los programas que vayan a formar parte de él, así como su régimen de organización, desarrollo y ejecución. También se especifican los objetivos que deben tener los programas de deporte en edad escolar, en función de su perspectiva, si son de iniciación, promoción o rendimiento de base, términos acuñados durante la legislatura estratégicamente para diferenciar las diferentes actuaciones técnicas que se iban produciendo durante la misma en las diferentes vías que esta práctica posee. Este capítulo mencionado exalta con un artículo la necesaria formación en valores que debe regir en todas las actuaciones en esta materia y los mecanismos de evaluación e indicadores de control que deben establecerse en cualquier actuación de la Administración. Finalmente, establece la composición y funciones de las comisiones de seguimiento, de Andalucía y provinciales.

Este Plan ha tenido un desarrollo amplio durante la última legislatura en materia normativa, además de apoyo a través de una línea de subvenciones y con actuaciones complementarias desde el IAD

(Instituto Andaluz del Deporte), como foros de debate, cursos y talleres, así como publicaciones para técnicos que realizan sus actividad laboral en ese ámbito.

En materia de deporte rendimiento, el Decreto 336/2009, de 22 de septiembre, por el que se regula el Deporte de Rendimiento de Andalucía, de forma análoga con el anterior establece en su capítulo IX el Plan de Deporte de Rendimiento de Andalucía. En este caso, se contempla la aprobación del Plan del Deporte de Rendimiento de Andalucía, constituido por los programas, medidas y acciones que, para el impulso del Deporte de Rendimiento de Andalucía, promueva la Administración deportiva de la Junta de Andalucía, así como las demás entidades públicas o privadas directamente relacionadas con el deporte de rendimiento. Este plan debe aprobarse con carácter bienal por orden de la persona competente en materia de deporte en el gobierno de Andalucía, pero hasta la fecha no se ha producido este hecho, a pesar del excelente trabajo que viene desempeñando el equipo profesional y cualificado que constituye el servicio encargado de esta materia.

Como en el caso anterior, se establecen diferentes objetivos en función de los niveles del deporte de rendimiento, atendiendo a su clasificación administrativa, en: alto nivel de Andalucía, alto rendimiento y rendimiento de base. Igualmente, se da importancia a los valores y se establece la comisión de seguimiento; en este caso se adopta un sistema centralista. Tres niveles, al igual que en el deporte en edad escolar, y por lo tanto tres líneas de actuación claras y diferenciadas. La idea del plan, como en el caso del deporte en edad escolar, era establecer los puntos de conexión y las pasarelas entre los diferentes ámbitos de participación y vías de práctica deportiva. De esta forma se dotaría al sistema deportivo de coherencia e integridad, evitando las actuaciones y programas aislados que inevitablemente tienen un alejamiento mayor de los grandes propósitos estratégicos.

4. BREVE ANÁLISIS DE LOS PLANES FORMULADOS EN ANDALUCÍA

Haciendo un análisis de lo que han sido los planes formulados hasta ahora en materia de deporte en Andalucía, vamos a encontrar un camino de respuestas diferentes en función de las legislaturas y fundamentalmente del perfil de los directivos que han tenido la responsabilidad de su impulso y fomento. Como vamos a desarrollar a continuación, esta evolución de visiones ha ido desde la idea inicial hasta la concepción más estratégica del deporte. En cualquier caso, no debemos abandonar la idea de planificación para el sector deportivo, siendo una actuación necesaria e imprescindible para generar una política deportiva coherente, cercana y sensible a las necesidades de los ciudadanos.

Como comprobaremos a lo largo de la lectura, cada legislatura le ha dado su propia impronta, utilizando terminología diferente para completar un conjunto ordenado de premisas y planteamientos que generen un plan compacto y coherente con la situación que a nivel deportivo, social y económico existía en ese momento. Todos aportan, y es necesario el análisis de todas las épocas y de sus productos elaborados para poder tener presente el interesante trabajo desarrollado a lo largo de estos años de planificación deportiva en Andalucía. Es probable que anteriormente los políticos y funcionarios guiaran sus actuaciones basadas en una planificación interna, pero solo nos centraremos en las evidencias, en aquellas que se han publicado y dado a conocer a la opinión pública, en concreto al sistema deportivo.

Muchos de los objetivos, medidas y líneas estratégicas siguen vigentes actualmente, incluso si hiciéramos un análisis de otros planes de otras comunidades autónomas o de otros países existiría una similitud con algunos planteamientos. Es lo que llamamos pensamiento confluente, que puede darse en diferentes épocas y en diferentes lugares por personas de diferente procedencia. Este tipo de planteamientos en la actualidad han sido dinamizados por el poder de los medios de comunicación, la facilidad de acceso al conocimiento y sus posibilidades para compartirlo, en resumen, la globalización en materia de deporte.

Lógicamente, para que sea real, un plan general o un plan estratégico debe partir de un análisis y diagnóstico de la realidad interna y externa del territorio donde se vaya a implementar. Los entornos, las circunstancias, la realidad social y deportiva, cada vez son más cambiantes, y sobre todo los cambios se están produciendo a nuevas y mayores velocidades. Al igual que las encuestas de hábitos actualmente son poco operativas para la generación de políticas cada cinco años, los planes generales y estratégicos deben tener, cada vez más, un horizonte menor, así como los planes operativos, que en consonancia con los anteriores deben hacerse para rangos temporales más cortos.

4.1. La planificación deportiva en la IV Legislatura: "La idea inicial"

El primer intento que se produce se queda solo en la publicación del Decreto 299/1995, de 26 de diciembre, por el que se acuerda la formulación del Plan General del Deporte de Andalucía para el período

1996-1999. Surge en base al éxito que este tipo de actuaciones había producido en otras áreas de la cultura. Esta consejería, que entonces, al igual que en estos momentos, posee las competencias en materia de deporte, tenía al frente de la misma al ilustre malagueño Jose Mª Martín Delgado, actual presidente de la Fundación Andalucía Olímpica; como director general de Deportes, a Jesús García Fernández, y como director del recién creado Instituto Andaluz del Deporte, a Juan de la Cruz Vázquez Pérez (también anterior director del citado centro cuando su denominación era Universidad Internacional Deportiva de Andalucía, UNISPORT), tres personas de gran capacidad técnica, creativa y de trabajo. Ellos visualizan y plasman la necesidad de generar un impulso a las políticas deportivas sustentadas en un Plan. Este equipo directivo aporta un gran valor al deporte, al ser los primeros que crean la idea inicial de realizar un plan general para el deporte de Andalucía.

Sus principios básicos clave son participación, coordinación e información.

El contenido sustantivo del Plan General del Deporte de Andalucía para el período de vigencia 1996-1999 era el siguiente:
1. Referentes, que comprenderán la evaluación de todos los planes sectoriales desarrollados por la Consejería de Cultura en materia deportiva.
2. Programas, que formularán los objetivos, bases y estrategias del fomento del deporte, ordenando las diferentes acciones a través de los oportunos planes y proyectos.

   En concreto, se incluirán los siguientes:
   - Investigación
   - Promoción
   - Cooperación
   - Difusión
3. Los instrumentos, que constituirán los medios necesarios para la aplicación de los diferentes programas. Serán los siguientes:
   - Las normas jurídicas
   - Los recursos económicos
   - Los recursos humanos
   - La organización administrativa

Esta formulación no se desarrolló en materia de deporte, sí en otras áreas de la cultura, debido a que no existió tiempo material en la legislatura para su ejecución, por lo tanto se quedó en declaración de intenciones, o en una nueva visión para el deporte no desarrollada. En cualquier caso, esta iniciativa genera una nueva perspectiva, que no es otra que la necesidad de disponer para el sistema deportivo de una actuación estratégica que permita ordenar la configuración de sus elementos y los programas que en materia de deporte se producen en nuestra comunidad autónoma. Hasta tal punto que cuando se formula la Ley del Deporte de Andalucía en 1998 se recoge como uno de los compromisos a realizar periódicamente por los diferentes titulares de la competencia en deporte, a pesar de que, según vayamos analizando, unos hayan cumplido y otros no. Ciertamente, el deporte ha sido una competencia habitualmente compartida en los gobiernos con otras carteras, con Cultura, Medio Ambiente, Turismo, Comercio, Educación, etc., y en algunos casos no ha recibido la atención que merece.

Es de interés el planteamiento inicial de formulación, con la creación de:

a) Comisión de Redacción, responsable de su validación sustantiva, definición de objetivos, contenidos y metodología del plan. Compuesta fundamentalmente por altos cargos políticos de la consejería.

b) Ponencia Técnica, se encargará de definir planes, programas y proyectos, estará formada fundamentalmente por técnicos y especialistas de las materias que componen el plan. Igualmente se podrán crear grupos de trabajo para su desarrollo.

c) La Oficina del Plan General del Deporte estará radicada e integrada en el Instituto Andaluz del Deporte y es el órgano técnico de apoyo a la Comisión de Redacción y a la Ponencia Técnica. Le corresponde la elaboración de los trabajos y estudios que sirvan de base para el cumplimiento de las funciones encomendadas a estas. Por lo tanto, el IAD en este caso ocupa un lugar fundamental para la redacción del Plan, ejerciendo sus competencias como órgano instrumental en materia de formación, investigación y documentación.

4.2. La planificación deportiva en la V Legislatura, 1996-2000: " Una nueva visión sistémica del deporte"

El segundo intento se produce con la formulación del Decreto 494/1996, de 19 de noviembre, por el que se modifica el Decreto 299/1995, de 26 de diciembre, por el que se acuerda la formulación del Plan General del Deporte de Andalucía para el período 1996-1999. Surge con motivo del gobierno de coalición PSOE-PA, y la asignación de las competencias en materia de Turismo y Deporte al partido andalucista.

En este intento se crea una comisión de redacción, cuyos componentes son personas que ocupan cargos de libre designación y dirigentes políticos del Área de Deporte. Durante esta fase se generan grupos de trabajo internos en primer lugar, para progresivamente ir generando grupos de expertos externos donde intervienen una gran cantidad de gestores, pensadores, científicos y consultores en diferentes materias de las ciencias del deporte. Se va conformando una gran cantidad de trabajos de elaboración interna y de encargos directos externos. Participan muchos actores del sistema deportivo y profesionales de las ciencias del deporte. Con un liderazgo muy directo de la Secretaría General Técnica, se instrumentaliza el uso del Instituto Andaluz del Deporte como vehículo de aglutinación de profesionales del sector de Andalucía y de España, como centro de gestión del conocimiento. De esta manera, se aprovecha el trabajo de años del citado centro y se crean espacios para grupos de trabajo y de investigación que aportan conocimiento y soluciones aplicadas.

Coincide con la fase de generación de estudios específicos y la creación de un observatorio del deporte, actual ODA (Observatorio del Deporte Andaluz), a propuesta del que suscribe al director en ese momento, Juan de la Cruz Vázquez Pérez, que aprovechando la intervención del consejero José Núñez Castaín en un seminario de investigación en el IAD, capta la idea y expone su necesidad para acometer los trabajos necesarios para un adecuado y científico análisis de la realidad. Con esta idea, desde la cúpula directiva del momento y a lo largo de sus dos legislaturas, Rafael Rodríguez de León contacta con el catedrático de Economía Aplicada de la Universidad de Málaga José María Otero, que, junto a un grupo de jóvenes científicos formado por economistas y estadísticos, comienza los primeros estudios de diagnóstico que servirán de base para la construcción de indicadores que guíen el futuro plan. En concreto, se realizan estudios sobre la realidad socioeconómica de Andalucía y estudios de hábitos y actitudes de los andaluces, convirtiéndose en un referente a nivel nacional y participando en una gran cantidad de foros y congresos nacionales sobre la materia.

Si bien anteriormente, desde el servicio de programas y actividades de la Dirección General de Deportes, ocupado por José Díaz García, bajo su coordinación se confeccionaba un Anuario del Deporte de Andalucía muy detallado, con los datos más importantes del sector deportivo en deporte federado, universitario, competiciones, deportistas de diferentes niveles de rendimiento, resultados en competiciones, eventos de mayor notoriedad, etc., se carecía de estudios sistemáticos y científicos que describieran la realidad socioeconómica sobre la comunidad.

Desde 1999 Andalucía inicia sus estudios específicos sobre la participación de la población en la práctica deportiva, en concreto con la publicación *"Estudio Socioeconómico del Deporte en Andalucía 1998-1999"*, llevado a cabo por el grupo de investigación liderado por el citado catedrático, con dos objetivos principales:

- Dar las primeras estimaciones sobre la incidencia del deporte en la producción y el empleo.
- Estudio sociológico específico para Andalucía sobre hábitos y actitudes ante el deporte.

Para este estudio se cuenta con la colaboración del Instituto de Estadística de Andalucía y el Instituto Andaluz del Deporte, así como el Registro de Entidades Deportivas y el Servicio de Programas y Actividades Deportivas.

Por lo tanto, estamos ante el primer estudio socioeconómico específico y ante el primer estudio de hábitos y actitudes de los andaluces. Este segundo, ya basado en el proyecto europeo COMPASS, para la población de 16 y más años, a diferencia de los que hasta entonces se estaban realizando por el sociólogo García Ferrando, que estaban referidos a la población entre 16 y 65 años. La tasa de práctica que nos estima es del 33,6%, a diferencia de la estimada para Andalucía por García Ferrando en 1995, del 35%. Es importante referir que en el caso de Andalucía se le preguntaba al entrevistado: "¿Ha hecho usted deporte en los últimos 12 meses?" para evitar el efecto de la estacionalidad temporal, y en el segundo caso, "¿Practica usted deporte actualmente?". Además, en la encuesta andaluza el elevar el rango de edad por encima de los 65 años provoca una disminución porcentual de la tasa total.

Es destacable cómo la cúpula directiva intenta tener un conocimiento exhaustivo de la realidad del sistema, e intenta conectarse a un sistema estadístico a nivel nacional y europeo.

Este inicio del grupo estadístico que participa muy activamente en la fase de diagnóstico del Plan, se convertirá de forma efectiva en la siguiente legislatura en 2001 en el Observatorio del Deporte Andaluz (ODA), ubicándose físicamente en el centro de formación e investigación de la consejería, el Instituto Andaluz del Deporte, a pesar de que su personal se integra orgánicamente en la Empresa Pública Deporte Andaluz, SA. No será hasta mayo de 2009 cuando pasen a ocupar dependencias de la citada empresa, dependiendo orgánica y funcionalmente del citado órgano, fragmentando las competencias en investigación que corresponden, de acuerdo a su norma de creación, al citado centro.

Es una fase de acumulación de conocimiento por la cúpula directiva y prácticamente pedagógica para todos, en un intento por definir el sistema deportivo, sus actores y las relaciones que se producen entre ellos. Es una fase de acumulación de datos e indicadores, de sistematización de la información. Es la legislatura más activa a todos los niveles, donde se generan gran cantidad de estudios, publicaciones y normas. Andalucía se convierte en un referente a nivel nacional, por la innovación, la producción de conocimiento y los resultados deportivos. Es un ejemplo a imitar, el binomio Turismo y Deporte supone en estos momentos un auténtico motor, también para el deporte. Quizás esta enorme producción hace que tengamos que esperar hasta la tercera formulación para que el Plan General vea la luz.

4.3. La planificación deportiva en la VI Legislatura, 2000-2004: " La materialización del Plan General"

El tercer y único efectivo en todas sus fases es el Plan General del Deporte 2004-2007, formulado por el Decreto 227/2002, de 10 de septiembre, y aprobado por acuerdo de 27 de enero de 2004, del Consejo de Gobierno, BOJA 64, de 1 de abril.

Se continúa la fase de diagnóstico iniciada en la legislatura anterior. Se realizan y publican estudios que posibiliten una adecuada dirección de los objetivos y estrategias que darán cuerpo al futuro Plan General. En concreto, cabe resaltar la segunda encuesta de hábitos y actitudes de los andaluces ante el deporte en 2002. La encuesta va dirigida a la población andaluza de 16 y más años, manteniendo en la medida de lo posible la similitud con la encuesta de García Ferrando de 2000, con objeto de poder hacer comparaciones con los resultados obtenidos en la misma. La tasa de práctica para Andalucía resultante de esta encuesta es del 32%, sensiblemente menor que la propia de 1999, siendo esta tasa de práctica en la encuesta de García Ferrando para Andalucía del 29% para la población entre 16 y 74 años, que como observamos tiene una bajada de 6 puntos respecto a la anterior de 1995.

El decreto de formulación ya listaba su contenido, que debía ser como mínimo:

a) Los aspectos metodológicos del Plan.
b) Los entornos del deporte en Andalucía.
c) Los sistemas y modelos deportivos.
d) La organización pública y privada del deporte en Andalucía.
e) Los agentes deportivos.
f) Los niveles deportivos.
g) Los ámbitos deportivos.
h) Los subsistemas horizontales.
i) Las estrategias, objetivos y medidas a adoptar.
j) El marco financiero.
k) Los indicadores para la evaluación de su ejecución.

Como podemos comprobar, dos partes fundamentales que nos marcan la verdadera naturaleza de un plan, y que lo hacen creíble y realista, me refiero al marco financiero donde cada medida va a tener su cuantificación de recursos correspondientes y al tipo de seguimiento que va a tener. Esta parte es vital cuando se desarrolla un plan, ya que marca el verdadero alcance del mismo. No olvidemos que cualquier planificación se concreta en medidas, acciones y programas, y para que las mismas tengan sentido, en cualquier técnica de planificación, deben contener su alcance temporal, su dotación presupuestaria y su asignación de recursos. Si no, estaremos hablando de una sencilla declaración de intenciones, seguramente adaptada al entorno, incluso puede ser participativa en su elaboración, pero no tiene voluntad expresa de concretarse y cristalizar en el sistema deportivo.

Los objetivos del plan se dividen en :

1. Finalista: "el fomento del deporte como factor de calidad de vida de los andaluces"
2. Intermedios:
   - El primer objetivo intermedio es la universalización de la práctica deportiva, de forma que esta se generalice y se haga extensible a la mayoría o casi totalidad de la población andaluza, y se constituya en un verdadero hábito de los andaluces. Se trata de extender la práctica deportiva en condiciones de igualdad, seguridad y sostenibilidad.
   - El segundo objetivo intermedio es la consecución de beneficios individuales y sociales derivados de la práctica deportiva y la implicación de la sociedad en esta tarea.

- El tercer objetivo intermedio es la consolidación de un sistema deportivo propio para Andalucía, que integre y conecte sus distintos elementos.
- El cuarto objetivo intermedio es la mejora cualitativa de todos los niveles deportivos, en especial del alto rendimiento.

Este plan se trabaja durante aproximadamente 7 años (incluyendo la primera formulación) pero intensamente durante 2002-2003, en los que se pueden delimitar diferentes fases, desde un inicio muy interno con responsables políticos y técnicos de la consejería, hasta la formación de grupos de expertos liderados por diferentes instituciones y personas, incluso a la petición de trabajos sectoriales a profesionales de máximo nivel de España, fundamentalmente del ámbito del derecho deportivo, como Alberto Palomar, Gabriel Real Ferrer, etc., siendo su última actuación y culminación del proceso el Congreso Internacional Andalucía Tierra de Deporte, celebrado en Cádiz los días 18 a 21 de septiembre de 2003, donde se recopilaron las intervenciones de los diferentes ponentes, comunicantes y asistentes en un manifiesto que pretendía recoger la filosofía que impregnaba el Plan en toda su extensión. Como veremos posteriormente, es un tipo de acción muy diferente a la del Plan General Estratégico del Deporte Andaluz (PEGEDA), siendo el citado congreso una fase expositiva del Plan General, más que la culminación de una fase participativa como fue el caso del Congreso del Deporte Andaluz (CODA).

Todos los trabajos estaban supervisados y liderados por funcionarios de alto nivel de la consejería, principalmente por el secretario general técnico, director y coordinador general del Plan, Rafael Rodríguez de León, junto a un núcleo principal formado por el equipo de coordinación, Manuel Recio Gallardo, José Díaz García, Carlos Cano Remesal, Ángel Rafael Velasco Martín, María del Carmen Cuevas Montes y Jesús Roca Hernández. Además de un grupo muy extenso de colaboradores, veintidós de diferentes procedencias del derecho deportivo, de la gestión municipal, de la economía y estadística deportiva, de la planificación del deporte, del deporte municipal, de la investigación deportiva, de la medicina del deporte o de las instalaciones. El resultado final fue la publicación de un documento muy amplio, extenso y profundo en contenidos, con un conjunto de estrategias y medidas ponderadas con sus asignaciones económicas, generando un verdadero plan, con un alto valor estratégico y académico por las reflexiones y contenidos que estudia y abarca, que probablemente transcienden del contenido esencial de un plan general.

El gran valor de este plan, además de los citados, es ser referente en España en la elaboración del primer plan general, y fundamentalmente cumplir con el mandato legal que en el citado artículo 4 la Ley 6/98 establece para los gestores públicos de ámbito territorial andaluz. Su gran déficit fue la delimitación clara de una fase participativa del sistema deportivo en la elaboración del mismo.

El citado Plan se concreta en tres volúmenes, el primero de entornos, con cuatro capítulos; el primero de ellos, donde se hace un repaso por la interacción del deporte con la sociedad: sus funciones y valores, economía, medios de comunicación, medio ambiente y turismo. El segundo sobre sistemas y modelos, donde se define el concepto de sistema deportivo, los elementos que lo forman y dan sentido, y se hace un repaso por los modelos más relevantes de Europa y España, y se realiza un planteamiento del modelo deportivo andaluz. Entiende el plan por sistema deportivo "el conjunto de instituciones, organizaciones y formas de ejercicio de la actividad deportiva que identifican una sociedad, territorialmente delimitada" y como modelo deportivo "la formalización a través de la organización deportiva". El tercero, sobre la organización deportiva pública y privada, y el cuarto, sobre los actores del sistema deportivo: deportista, espectador, organizador, juez o árbitro, técnico, voluntarios, patrocinadores y directivos. En el capítulo cinco comienza el volumen dos, nos introduce en los diferentes niveles deportivos en función de los diferentes grados de exigencia de rendimiento deportivo, deporte para todos y deporte de rendimiento, dejando un apartado especial por sus características jurídicas y organizativas al deporte espectáculo.

El capítulo seis hace un análisis sobre los espacios donde se desarrolla la práctica deportiva, lo que el plan denomina ámbito deportivo, distinguiendo dos tipos, abierto y cerrado, en función de su accesibilidad y posibilidad de pertenencia al grupo que practica. El capítulo siete hace referencia a los subsistemas horizontales, que son aspectos comunes que poseen incidencia en los diferentes elementos que conforman un sistema deportivo, en este caso se destaca la formación deportiva, la medicina deportiva, las instalaciones deportivas, el análisis estadístico del sistema y la resolución de conflictos. Como podemos comprobar, obedecen a órganos y actuaciones diferenciadas dentro del sistema deportivo andaluz, en concreto el IAD, CAMD[61],ODA y CADD[62].

---

[61] CAMD: Centro Andaluz de Medicina Deportiva.
[62] CADD: Comité Andaluz de Disciplina Deportiva.

Al volumen tres se le denomina ejecución, va a relacionar todo lo visto hasta ahora en los dos anteriores volúmenes, en los que realiza un diagnóstico relacionado con cada área, con su implementación en el sistema deportivo andaluz. Plantea los objetivos, las estrategias y las medidas. Muchas de ellas resultan todavía de actualidad y otras de ellas presentarían en nuestra época un horizonte errático.

El Plan parte como núcleo esencial del deportista, y sobre todo en dos momentos clave de su vida. Tal y como se plasmaba en el Plan:

"El primero, el de la incorporación de nuevos ciudadanos al sistema deportivo, induciendo y haciendo fácil y satisfactoria la decisión de practicar deporte de modo estable, de incorporar la actividad deportiva al modelo de vida de la mayor parte de andaluces. El segundo, prolongado en el tiempo, el de evitar el abandono. El deporte es un hábito saludable que puede y debe acompañar toda la vida de los ciudadanos, no obstante un porcentaje excesivamente elevado de practicantes lo abandonan a edades excesivamente tempranas. La principal causa de deserción que se expresa en las encuestas realizadas es la dificultad en la práctica. Eliminar esas dificultades para mantener activos a nuestros practicantes e incorporar a la mayor parte de ciudadanos a la actividad deportiva es, en esencia, la principal vocación del Plan, su epicentro".

Coincide esta manifestación con sus objetivos finalistas e intermedios, el fomento de la práctica y el más importante que ha perdurado en todas las legislaturas, la universalización de la práctica deportiva.

De esta forma el fomento de la práctica deportiva gira en buena medida en la esfera de lo individual y debe tener las siguientes características, para que guíen las estrategias y medidas que posteriormente se planteen:

CARACTERÍSTICA	DESCRIPCIÓN
FÁCIL	Lugares de práctica y acceso a espacios deportivos cercanos.
ACERTADA	En base a la demanda y aspiraciones de los ciudadanos.
POSIBLE	Hacer realidad las expectativas de los practicantes.
SOSTENIDA	Establecer los itinerarios deportivos adaptados a las circunstancias de cada ciudadano, evitando su abandono.
CONSISTENTE	Reforzar la práctica, informando de sus beneficios y premiando los esfuerzos.
DOCUMENTADA	En un soporte personal e intransferible, donde se recoja su itinerario de práctica y sus peculiaridades.

Fuente: Elaboración propia. Plan General del Deporte 2003-2007.

Uno de los temas más interesantes y novedosos que plantea este Plan es el concepto de itinerario deportivo y su materialización en el carné del deportista, con la finalidad de hacer un seguimiento sobre los programas, actividades, seguridad en la práctica, entornos de práctica, hábitos de práctica, etc. en los que un ciudadano realiza su actividad deportiva.

"Un Itinerario del que quedará rastro y en el que constarán los aspectos más significativos, mediante el proyectado Sistema de Información Deportiva, asociado, en este caso, al nuevo documento personal que será el carné del deportista. Facilitar que los deportistas andaluces puedan optar por itinerarios claros que interconecten distintas etapas y que puedan definir y seguir su propio itinerario personal en las mejores condiciones posibles debiera resultar una de las aportaciones básicas de este Plan".

De igual forma, el concepto de sistema de información deportiva (SDI) tenía una gran importancia dentro del itinerario de práctica deportiva, lo que permitiría un conjunto constante de impactos del sistema deportivo hacia el ciudadano practicante, orientándole y asesorándole en sus posibilidades de práctica. Es un planteamiento muy actual, que debe tener un soporte tecnológico fundamentalmente dirigido a la telefonía móvil y a los sistemas de información táctil situados en instalaciones deportivas o espacios deportivos de interés, como paseos marítimos, senderos rurales, plazas, parques con circuitos de práctica, centros deportivos, colegios, universidades, etc. Es un impulso y motivación para la práctica individual no dirigida, pero tutorizada, con un soporte de calidad en contenidos y atractiva en su presentación.

Este plan pivota sobre el valor fundamental de la coordinación, entre las diferentes instituciones, organismos y entidades privadas. De tal forma que durante el texto se pone de manifiesto la duplicidad de actuaciones de los diferentes operadores en un territorio, coincidiendo en la oferta de práctica y en las áreas de intervención. Esta denuncia en ese momento tiene una mayor fuerza en la actualidad, donde los conceptos de eficacia y eficiencia cobran sus valores más puros. Así, en el volumen tres podemos leer:

"Coordinación que en la mayoría de supuestos puede y debe ser alcanzada mediante el concierto voluntario y la espontánea participación de los agentes, pero que puede requerir medidas imperativas si resultan necesarias para el armónico funcionamiento del sistema. Se trata, en

definitiva, de impulsar las dinámicas y encauzar las energías del sector hacia el mejor servicio a los ciudadanos".

La idea de la creación de un sistema deportivo andaluz cohesionado y ordenado genera un hilo conductor durante todo su desarrollo.

Como comentamos al comienzo, este plan está constituido por una serie de objetivos, finalistas e intermedios, que establecen la dirección que deben tener todos los esfuerzos que contiene el mismo. Para alcanzarlos se recogen un conjunto de estrategias y medidas que representan los mayores niveles de concreción de las políticas futuras que se desean conseguir. Diez estrategias y cuarenta y una medidas que finalizan a través de unas fichas, todo el soporte teórico del mismo. Divide las medidas en estructurales, o definitorias del sistema deportivo andaluz, auténticos nodos de conexión que vertebran el sistema y le dan forma, y complementarias, que permiten regular partes del sistema deportivo.

Resulta interesante reproducir las estrategias, esos puentes que unirían pasado y presente con las líneas estratégicas de actuación, realizando una breve descripción de su contenido, que nos sitúa de forma certera y concisa en lo que se pretendía alcanzar.

ESTRATEGIAS	LÍNEAS DE ACTUACIÓN	BREVE DESCRIPCIÓN
1. Consolidar el sistema deportivo andaluz. Coordinación y participación.	1.1. Relaciones Andalucía - Estado: potenciar la participación en las políticas del Estado que repercutan en su esfera competencial.	- Aumentar la participación de nuestra comunidad autónoma en órganos colegiados del CSD. - Crear una comisión sectorial Estado-comunidades autónomas en materia de deporte.

	1.2. Coordinación Inter-administrativa y con el sector privado en el ámbito andaluz para la clarificación de los Itinerarios Deportivos (ID).	- Especialización funcional de operadores en ámbitos y niveles y establecimiento de pasarelas. - Integración y conexión orgánica con el sistema educativo, creación de los clubes escolares. - Conectividad y mejora del sistema universitario.
	1.3. Participación del sector deportivo en los objetivos del Plan.	- Creación de foros de debate tanto puntuales, como estables, caso del Consejo Andaluz del Deporte.
	1.4. El Sistema de Información Deportiva y las estadísticas deportivas.	- Disponer de una continua visión de la realidad deportiva del sistema deportivo andaluz y su evolución - Creación de los puntos de información deportiva, donde los ciudadanos accedan a toda la información para su práctica deportiva.
2. Potenciar la figura del deportista, especialmente mediante el reforzamiento de su protección.	2.1. Hacia el estatuto del deportista.	- Establecimiento de un marco transparente de los derechos y deberes del deportista en todos los niveles y ámbitos.
	2.2. Cobertura de riesgos específicos y genéricos.	- Determinación de la cobertura por entes privados o públicos y los supuestos en cada caso.

	2.3. La medicina del deporte.	- Como elemento preventivo y de control de la salud de los ciudadanos. - Prevención, tratamiento y seguimiento de las patologías más comunes en el deporte y su efecto sobre el rendimiento - Puesta en práctica de programas de prevención de la salud a través de acuerdos con las corporaciones locales y la consejería competente en materia de Salud. - La difusión de los beneficios para la salud de la práctica deportiva y la investigación aplicada.
	2.4. Los "otros" deportistas: Jueces-árbitros y Técnicos.	- Jueces y árbitros: formación permanente, definición de sus relaciones laborales y protección de los riesgos asociados. - Técnicos: la aplicación de la normativa vigente, la importancia del Instituto Andaluz del Deporte y su formación permanente.
	2.5. Reflejo documental del estatuto del deportista: el Carné Deportivo Andaluz (CDA).	- Recogerá el historial deportivo del deportista, sustituirá a la licencia federativa y estará conectado al Sistema Deportivo de Información.
3. Fortalecimiento del tejido asociativo.	3.1. Las entidades.	- Excesiva dependencia pública de las federaciones deportiva, nuclear los patrocinios para un uso común. - Profesionalización de cargos no electos en las federaciones deportivas. - Especialización de operadores en las competiciones deportivas. - Creación de la Confederación Andaluza de Federaciones Deportivas.
	3.2. Los directivos.	- Profesionalización y formación de los directivos en el deporte. - Discriminación positiva para la presencia de la mujer en cargos directivos en el deporte.
	3.3. Los voluntarios.	- Medidas de promoción. - Medidas de fomento. - Medidas directas, de formación y ayuda.

4. Mejora cuantitativa y cualitativa de la práctica deportiva. Del Deporte para todos al Deporte de rendimiento	4.1. Deporte para todos.	- Aumento del número y la frecuencia de practicantes. - Promoción de medidas de divulgación en medios de comunicación. - Reglamentar los gimnasios en las exigencias de cualificación profesional. - Construcción de equipamiento no convencional que albergue este tipo de prácticas. - Incrementar los patrocinios para el deporte para todos. - Generar un marco normativo que vincule el deporte para todos a otras consejerías: Educación, Salud o Asuntos Sociales.
	4.2. Deporte en edad escolar.	- Centro escolar como núcleo de todas las actividades deportivas de este rango de edades. - Maximizando los objetivos educativos y formativos y conectándolo con los demás niveles. - Creación de los clubes deportivos escolares permitiendo la participación de los escolares en competiciones de diferentes ámbitos y niveles de rendimiento. - Generación de políticas deportivas en edad escolar de formación e información a todos los actores que desarrollan estas prácticas. - Generar una oferta polideportiva, coeducativa y sin discriminación. - Conectada y supervisada por el departamento de educación física del centro escolar.
	4.3. Deporte universitario	- Etapa de abandono de la práctica deportiva, a la vez que de mayores posibilidades de logro en el rendimiento deportivo. - Se fomentará especialmente el deporte universitario en la mujer. - Creación de clubes deportivos universitarios. - Creación y remodelación de instalaciones deportivas universitarias, con posibilidades para compatibilizar estudio y deporte.

	4.4. Deporte local.	- Cofinanciación para la construcción y remodelación de instalaciones deportivas municipales. - Incorporación de los criterios de sostenibilidad medioambiental a la construcción de instalaciones deportivas. - Adecuación de instalaciones deportivas para la accesibilidad de los grupos de atención especiales. - Se continuará la política de celebración de eventos deportivos, atendiendo a sus criterios de elección y sus formas de financiación. - Puesta en marcha de medidas de asesoramiento e implantación de políticas de calidad en los servicios deportivos municipales.
	4.5. Deporte de rendimiento	- Definición de un modelo competitivo que confluyan la mayor parte de competiciones en edad escolar y de rendimiento. - Establecimiento de los indicadores y requisitos que debe tener una competición para ser Campeonato de Andalucía. - Fomento de las escuelas deportivas municipales por los entes locales, en colaboración con los clubes y federaciones deportivas. - Vertebración y ordenación del sistema competicional de Andalucía, por las federaciones deportivas, en colaboración con las Administraciones públicas de los diferentes ámbitos territoriales. - Establecimiento de un sistema específico de integración de indicadores que posibilite una acreditación de rendimiento deportivo por especialidad deportiva atendiendo a sus circunstancias diferenciadoras.

5. Planificación y ordenación de eventos deportivos		- Importancia de los eventos deportivos como motor turístico de la zona, mejorando su imagen exterior e interior. - Evitar elegir la celebración de un evento por protagonismo y posicionamiento político. - Elaboración de un mapa de eventos en Andalucía atendiendo a sus niveles de impacto, con criterios de planificación territorial no solo local. - Puesta en marcha de políticas de patrocinio y mecenazgo deportivo.
6. Ordenar y estimular la formación.		- Establecimiento de un mapa de necesidades formativas de todos los niveles y ámbitos. - Implantación de las enseñanzas de los técnicos deportivos en colaboración con las federaciones deportivas y la consejería competente en materia de educación. - Establecimiento de políticas de incentivo y fomento de la formación e investigación deportiva a los entes productores de Andalucía. - Políticas de extensión de la formación a países de Latinoamérica y países transfronterizos. - Políticas de fomento de las formaciones deportivas dirigidas al desarrollo cualitativo de los agentes principales del sistema deportivo en Andalucía. Especialmente en los procedimientos de solicitud de programas específicos de la consejería competente en materia de deporte y en aquellos aspectos que permitan desarrollar actuaciones en línea con las políticas deportivas establecidas.

7. Completar una red de infraestructuras y equipamientos suficiente y accesible.		- Carácter transversal de sus políticas, posibilitando el acceso a la práctica deportiva a la mayor cantidad de ciudadanos. - Establecimiento de políticas hacia las diferentes redes. La red básica, remodelando instalaciones y dotándolas de un carácter plurifuncional. Con educación y Universidades mejorando su dotaciones. La red complementaría el impulso en la construcción de instalaciones orientadas al rendimiento deportivo con criterios de sostenibilidad. La red especial, aquellas instalaciones que por su transcendencia y singularidad e impacto regional sean susceptibles de este tipo de clasificación. - Se impulsarán la acreditación y registro de los centros e instalaciones deportivas.
8. Asegurar la sostenibilidad del deporte andaluz		- Importancia de la aplicación de las directrices de la agenda XXI a todos los ámbitos y actuaciones en materia deportiva. - Acreditación de las mismas mediante *ecolabel* o sistemas de identificación medioambiental.
9. Utilización del deporte como instrumento de solidaridad y cohesión social	9.1. Solidaridad y cooperación.	- Impulso a programas de cooperación en materia de formación e intercambio de experiencias con otros países (especialmente de Latinoamérica y transfronterizos), así como a práctica deportiva, competiciones, eventos y acciones de promoción. - Fomento de cooperación con políticas de integración para sectores más desfavorecidos. - Se iniciarán acciones de formación continuada y de acceso a la documentación deportiva, así como asesoramiento en materia de desarrollo tecnológico a países en vías de desarrollo.
	9.2. Cohesión social.	- El deporte se ha convertido en un potente elemento de cohesión social, se utilizará fundamentalmente en sectores de marginalidad e inmigración.

10. Impulsar los flujos de recursos del sector privado: el patrocinio deportivo.		- Incentivar las actividades de patrocinio, no sólo en el deporte de competición de mayor impacto, sino también en otro deportes minoritarios y en el deporte para todos. - Promover la formación para entidades y directivos en esta materia.

Fuente: Elaboración propia.

De las estrategias parten las medidas para su consecución. Éstas *"son concebidas como acciones concretas fácilmente identificables y evaluables, que pretenden establecer los hitos por los que discurran las estrategias orientadas a la consecución de los objetivos del Plan"*. Por lo tanto, una medida puede ir orientada a varias de las estrategias, y cualquiera de las estrategias estará sustentada por varias medidas. Tal y como comentamos, son 41 medidas, algunas de las cuales se han cumplido en el transcurso de las diferentes legislaturas y otras son de gran interés y singularidad. Por ejemplo, la creación de un distintivo medioambiental para el deporte, dirigido tanto a instalaciones como a organizaciones deportivas. La redacción de un plan de seguridad y accesibilidad a las instalaciones deportivas, el diseño e implementación de un sistema de aseguramiento deportivo, la creación del carné deportivo andaluz, la creación de los puntos deporte y la red de puntos de información deportiva. De bastante actualidad, la creación del sistema de información deportiva, que contenga en tiempo real los datos más relevantes del sistema deportivo andaluz.

La creación del pacto andaluz por el deporte, donde tengan cabida la mayor parte de agentes del sistema y se comprometan a la consecución de los objetivos del Plan. Y muchas más que exceden del objetivo del presente capítulo. Podemos comprobar que algunas de ellas se alcanzaron, otras se retomaron en otros planes y algunas han caído en el olvido.

4.4. La planificación deportiva en la VII Legislatura, 2004-2008: "Estrategia, participación y cohesión"

El Plan General Estratégico del Deporte (PEGEDA) 2008-2016 se formula por Decreto 390/2008, de 17 de junio, en el que se establecen las bases del Plan Estratégico General del Deporte de Andalucía para el período 2008-2016. Debido a que el Plan General (anterior plan) finalizaba en 2007, este tuvo que empezarse al final de la VII legislatura, antes de su decreto de formulación, para dar continuidad y cumplimiento a los procesos de planificación que establece la Ley del Deporte. En cualquier caso, no se llega a aprobar en el Parlamento, se queda en fase de información pública, debido a que el coste de aplicación de sus medidas genera dudas, fundamentalmente por la situación económica general que se comienza a conocer y la evolución que se estimaba que iba tener, que irremediablemente iba a sacudir con gran fuerza al sistema deportivo. Por lo tanto, su valor jurídico y administrativo es virtual, al no poseer la aprobación del Consejo de Gobierno. Posee un alto nivel de contenido y una amplia participación de un gran número de agentes deportivos de nuestra comunidad.

Su metodología y sus contenidos varían de los anteriores de forma importante, es la participación el valor fundamental que nuclea su actividad. Se generó no solo una gran participación, sino altos niveles de implicación e ilusión en el sistema deportivo andaluz.

Se crearon ocho seminarios provinciales de planificación, lo que posibilitó la participación de un gran número de líderes territoriales provinciales en diferentes ámbitos del deporte. Previamente, a todos los participantes se les envió una encuesta de opinión para conocer sus reflexiones y pensamientos sobre la situación y el funcionamiento del sistema, de manera que antes del comienzo de los seminarios se disponía de la información del grupo. Se trataba del chequeo del estado de la situación en el deporte andaluz. Un ejercicio de humildad, valentía política y gestión. Un espacio para conocer de primera mano los problemas y las soluciones que desde diferentes sectores se estaban proponiendo para mejorar lo caminado hasta el momento. Representaron esos momentos donde el gestor debe salir de su despacho para visualizar una realidad tan viva y cambiante como el deporte. Difícilmente desde el sociocentrismo del gestor deportivo se puede dar solución a problemas que requieren una evaluación en el lugar y el momento oportuno.

Las sesiones de trabajo se realizaron con implicación directa del entonces director general de Actividades y Promoción Deportiva, Juan de la Cruz Vázquez Pérez, y del equipo de coordinación del Plan: Manuel Recio Gallardo, Rafael Lluch Colomer y el presente autor, con la participación activa de los jefes de servicio de la citada Dirección General, de la Secretaría General y los específicos de Deporte ubicados en las provincias. En estas sesiones, la consultora y el equipo de coordinación realizaron una exposición sobre la metodología del Plan, y se presentaron los datos más relevantes que se habían obtenido de los informes sectoriales y de la encuesta de actitudes ante el deporte. Posteriormente se pasaba a la parte participativa, con la constitución de las diferentes mesas de trabajo. Los asistentes se dividían por su afinidad sectorial y competencias y se analizaba la encuesta que previamente se les había enviado. Estas mesas eran:

1. Deporte local, escolar, práctica deportiva y deporte universitario.
2. Deporte federado, rendimiento de base, alto rendimiento y asociacionismo deportivo.
3. Instalaciones deportivas, equipamiento y formación.
4. Coordinación institucional.

De cada mesa se obtuvo un diagnóstico, objetivos, estrategias y medidas y acciones a poner en marcha. Contenido que se consensuaba y se aprobaba en plenario, con el resto de las mesas participantes, al final de la sesión de trabajo. Era un punto de encuentro para perfilar un poco más lo que se había planteado en las mesas de trabajo. De estos trabajos existe una amplia muestra de evidencias y de información de gran sustancia para su análisis y proyección futura. Su importancia es esencial para comprender las necesidades y situación de cada una de las áreas proyectadas. Pero este valor transciende lo puramente estratégico y de conocimiento que se pudo derivar de las aportaciones de los participantes, su mayor valor radica en la cohesión y la implicación del sistema deportivo con la cúpula directiva. El sector se sentía atendido y escuchado, a pesar de que era difícil atender a todas sus reivindicaciones económicas del momento.

Este hecho fue constatable, en su punto final, con la celebración del I Congreso del Deporte Andaluz (CODA) desarrollado en el Palacio de Congresos y Exposiciones de Sevilla los días 3 y 4 de diciembre de 2008, donde se expuso por parte del equipo directivo un adelanto del Plan y se generó el último espacio de participación en las mesas citadas. Estas mesas fueron dirigidas por los jefes de servicio implicados en el Área de

Deporte de la consejería. Cabe destacar las intervenciones del secretario de Estado para el Deporte Jaime Lissavetzky y del consejero de Turismo, Comercio y Deporte, Luciano Alonso Alonso, y en especial la dinamización y el impulso del entonces secretario general para el Deporte, Manuel Jiménez Barrios, con su equipo directivo, Leonardo Chaves González, director general de Tecnología e Infraestructura Deportiva y el citado director general de Actividades y Promoción Deportiva. El citado consejero dedicó unas palabras de despedida durante su intervención a Juan de la Cruz Vázquez Pérez, recibiendo la respuesta unánime del auditorio aplaudiendo en pie agradeciendo su gestión durante los aproximadamente cinco años en que desarrolló su labor. La participación de más de 800 personas del sistema deportivo y la cualificación de los asistentes lo convierten, probablemente, en el evento de formación en materia de política deportiva de mayor éxito en el deporte andaluz de todos los tiempos.

El Plan General Estratégico del Deporte Andaluz 2008-2016 (PEGEDA) se concreta en un documento final que se elabora conforme a los siguientes principios metodológicos:

1. Análisis de los datos objetivos y de la realidad deportiva de Andalucía.
2. Conocimiento de las tendencias, percepciones y demandas de los ciudadanos andaluces.
3. La participación de las personas, instituciones y entidades que configuran la red básica de responsables deportivos de Andalucía.
4. La disposición de un diagnóstico real que permita tomar decisiones de futuro correctas.
5. La comunicación del Plan, como elemento fundamental para su puesta en marcha e información al sistema deportivo.

El Plan distinguió un conjunto de fases que se fueron solapando en el tiempo y que permitieron confeccionar el documento final:

1. Evaluación de los resultados de la aplicación del Plan General del Deporte Andaluz 2004-2007. Por la importancia del trabajo desarrollado y descrito ampliamente en apartados anteriores, no se podía empezar un plan sin conocer a fondo las medidas que se habían aplicado y cuáles de ellas no habían sido aplicadas, y los motivos. Esta evaluación permitió ser punto de arranque y confrontación con los datos que posteriormente se producirían.

2. Se consensuó con el equipo de coordinación la realización de cinco informes sectoriales encargados a expertos de reconocido prestigio en las áreas propuestas:
   - La práctica deportiva en Andalucía.
   - Las instalaciones deportivas en Andalucía.
   - La legislación deportiva.
   - El deporte federado y de alta competición.
   - El asociacionismo deportivo.

   Fueron informes que producían datos de interés para la utilización en el proceso, que como ya comentamos fue tan importante como el producto. Cualquier equipo directivo y organización necesitan datos de interés contrastados que les permitan un conocimiento continuo de la realidad en la que intervienen sus políticas. Habitualmente las rutinas laborales y los imprevistos no nos permiten ese esfuerzo intelectual y de investigación añadido. Se necesitan expertos o grupos de investigación colaboradores que nos permitan un análisis profundo y un aprovechamiento del tiempo de gestión. Este punto es fundamental y es el papel que viene desempeñando en Andalucía el Instituto Andaluz del Deporte durante sus más de veintiocho años de existencia. En este sentido, es necesario dar un paso más que permita realizar una efectiva promoción de la investigación deportiva. Generar espacios para que los grupos de investigación de las universidades andaluzas encuentren en dicho centro un lugar de orientación de sus temáticas de investigación aplicada y una salida para sus publicaciones. Un punto de encuentro con los agentes del sector donde se puedan generar sinergias que permitan la aplicación directa de los resultados de investigación y estudio a productos y servicios deportivos. Actualmente la gran proliferación de grupos de investigación y la fragmentación de las competencias en materia de investigación deberían llevar a una acción decidida de intervención con una coordinación general de investigación deportiva.

3. Encuesta sobre percepciones, demandas y tendencias de los andaluces hacia la práctica deportiva.

   Una encuesta muy interesante y actual en cuanto a sus resultados, con datos novedosos respecto a los habituales sobre hábitos de práctica deportiva. Presentó unos resultados que complementan a las anteriores de hábitos, y permitió conocer tendencias que hoy en día son realidades, como el deporte en el medio natural, la evolución de los centros deportivos y la preocupante situación de los jóvenes ante el deporte.

4. La fase más participativa, con los seminarios provinciales, las mesas y los grupos de trabajo y las entrevistas anónimas a doce personas clave del sistema deportivo andaluz.

   Destacar en los grupos de trabajo temáticas que por su especificidad y transversalidad llevaron a realizar unas mesas específicas en formación, medicina del deporte, deporte y medio ambiente y deporte y discapacidad.

5. Definición del diagnóstico de planificación.

   Con la generación de la matriz DAFO del deporte en Andalucía, del que arranca toda la parte estratégica de la planificación.

6. Definición del Plan propiamente dicho, con todos los apartados que lo van a conformar: principales datos del sistema deportivo andaluz, visión del deporte en Andalucía, principios y valores, agentes deportivos, propósitos y objetivos generales para 2009-2016, líneas estratégicas, medidas, acciones y proyectos, indicadores principales a lograr y estimación financiera.

   Y como fases finales, se podían identificar dos muy importantes de un plan que no se conoce que hayan sido desarrollados, el plan de comunicación y la herramienta informática de seguimiento, pero en cualquier caso son igualmente imprescindibles para un desarrollo efectivo del mismo.

En resumen, estas fases metodológicas se centran en los siguientes apartados, fundamentales si queremos realizar un plan general del deporte:

- Análisis, diagnóstico y comparación del sistema deportivo.
- Definición de escenarios y tendencias en los distintos niveles de práctica y ámbitos territoriales.
- Identificación y definición de los elementos actuales y futuros que conforman el modelo deportivo andaluz. Descripción de modelos y agentes.
- Interrelaciones, puntos de conexión y alianzas estratégicas de los diferentes agentes deportivos.
- Ejes estratégicos de desarrollo del deporte. Objetivos, medidas y programas que desarrollen las estrategias del plan.
- Financiación pormenorizada de cada uno de los niveles de concreción del plan.
- Definición de los indicadores más relevantes que permitan una evaluación continua de las políticas y estrategias del plan durante todo su período de vigencia.

- Definición y desarrollo de los soportes tecnológicos que permitan un seguimiento y control de la aplicación del plan.

Otro aspecto que resulta interesante desde el punto de vista metodológico es de qué manera se sistematiza y estructura el sistema deportivo, y en qué áreas debe ser aplicado por todos sus agentes. En el caso que nos ocupa, estas áreas fueron:

1. Las infraestructuras deportivas
2. La formación
3. El deporte de rendimiento
4. Los eventos deportivos
5. La práctica de los ciudadanos
6. El deporte y la práctica deportiva escolar
7. El territorio andaluz y el uso y protección del medio natural.

Estas son las áreas que en su momento se decidieron; si la planificación se realizara en función de otras variables, como entorno y territorios, probablemente serían otras. Podemos introducir áreas como el deporte en sectores desfavorecidos, las competiciones deportivas, el deporte y la violencia social, etc. Cuestiones que deberá tener en cuenta el directivo en función del análisis de su realidad. No tenemos que mimetizarnos en este aspecto, pero sí ser realistas en cuanto a nuestras posibilidades presupuestarias, si no, nos desviaremos claramente del concepto de plan. Algunos ejemplos nos pueden ilustrar: el plan estratégico de un ámbito territorial como la ciudad de Valencia define tres áreas: espacios deportivos, deporte salud y educación, y deporte economía y proyección externa. También en su caso distinguen una fase de diagnóstico y otra participativa, fundamentales para elaborar un verdadero plan estratégico. Para el Consejo Superior de Deportes en la elaboración de su Plan Integral para la Actividad Física y Deporte (A+D), presenta tres niveles y ocho áreas de intervención:

- Nivel básico: actividad física, deporte y salud y deporte en edad escolar.
- Nivel colectivos específicos: actividad física y deporte en el ámbito laboral, discapacidad, universidad, personas mayores e inclusión social.
- Nivel transversal: actividad física, deporte y mujer.

Como podemos comprobar, se trata de una segmentación muy peculiar en base a sus competencias e intereses de intervención, y no al concepto institucional y político del deporte en ese momento.

Si nos vamos a otra comunidad autónoma, como es el plan estratégico de Navarra, sus ejes estratégicos se simplifican en:
1. Deporte en edad escolar.
2. Deporte salud.
3. Deporte competición.
4. Infraestructuras deportivas.
5. Cualificación del personal (formación, capacitación, etc.).
6. Relaciones institucionales.
7. Investigación e innovación.

En el caso del Plan Vasco del Deporte 2003-2007, su estructura metodológica es diferente y está muy centrada en la definición de su modelo deportivo, estableciendo cuatro apartados en los que definir un modelo propio, como son:
1. Deporte escolar.
2. Deporte de participación.
3. Deporte de rendimiento.
4. Deporte de alto rendimiento.

A nivel internacional podemos analizar un plan latinoamericano como es el de Argentina 2008-2012. Presenta los siguiente ejes de intervención: deporte social, desarrollo deportivo y deporte federado y representación nacional. Este es uno de tantos casos que podemos encontrar en algunos países, sin una estructura clara de plan, sin publicación de la estructura financiera y de indicadores concluyentes que permitan un seguimiento adecuado del mismo. Es probable que estos apartados los hayan aportado posteriormente, pero no están integrados en la publicación del plan.

De todos los planes es muy interesante analizar con detenimiento su misión, visión, valores, objetivos generales, estrategias, medidas, financiación y evaluación, material suficiente para varias tesis doctorales y líneas de investigación, y en el sector deportivo todas ellas se tornan muy novedosas. Sí podemos concluir que se deben poseer unos conocimientos previos en planificación para elaborarlos, a pesar de que sea la descripción de unas áreas y unas líneas estratégicas, debe obedecer a un diagnóstico claro y exhaustivo de la realidad. Se debe tener claro que cualquier planificación en una organización debe constar de dos fases claras y diferenciadas: fase diagnóstica y fase participativa. Sin ellas no podemos comenzar la redacción del plan, estaríamos cayendo en uno de los errores más comunes del gestor deportivo, intentar planificar pero quedándose en la redacción simplista de unas áreas y descripción de medidas sin ser sustentadas por una visión estratégica.

Continuando con el Plan General Estratégico de Andalucía, es interesante y actual recordar sus propósitos y objetivos. Los cuatro grandes propósitos derivados de su análisis son:

1. Continuar con el proceso de universalización de la práctica saludable de la actividad física y el deporte.
2. Reforzar la posición de Andalucía como un referente nacional e internacional en eventos deportivos, asociados al turismo y al medio natural.
3. Mantener y mejorar el nivel de Andalucía en el ámbito estatal en resultados y rendimiento deportivo.
4. Lograr que nuestra comunidad autónoma sea un referente en la gestión, la excelencia y la investigación deportiva.

Los grandes objetivos generales a conseguir serían:

1. Incrementar los niveles de práctica deportiva de los ciudadanos andaluces, especialmente la actividad asociada al deporte de ocio saludable.
2. Impulsar y desarrollar con eficacia el Plan Director de Instalaciones Deportivas de Andalucía.
3. Continuar con la progresión de Andalucía en el contexto nacional, tanto en resultados deportivos como en la organización de eventos.
4. Modernizar la gestión y organización del deporte andaluz.

Al tener el calificativo de estratégico, sigue la metodología de un plan estratégico, con las diferentes fases que la misma conlleva. Sus principios fundamentales son:

- El análisis de los datos objetivos y de la realidad deportiva de Andalucía.
- El conocimiento de las tendencias, percepciones y demandas de los ciudadanos andaluces.
- La participación de las personas, instituciones y entidades que configuran la red básica de responsables deportivos de Andalucía.
- La disposición de un diagnóstico real que permita tomar decisiones de futuro correctas.
- La comunicación del plan, como elemento fundamental para su puesta en marcha

El resultado está compuesto por un conjunto de medidas, proyectos y acciones, con sus indicadores de seguimiento y la estimación financiera correspondiente. Cada objetivo general con sus líneas estratégicas para alcanzarlos, y cada una de las mismas con sus medidas, proyectos y acciones y su prioridad y su cuantificación específica. También podemos encontrar los indicadores, de gran importancia para su mantenimiento y conocimiento en cada momento.

En este plan se realizó de forma paralela y coordinada:
- La elaboración de informes y documentos de análisis y apoyo al plan de forma interna por funcionarios de la SGT y DGA y PD.
- La elaboración, desarrollo y fases del plan, por una consultora AFP. Consultores en unión temporal de empresas (UTE) con Carat Sport, cuyo director del proyecto y consultor principal fue Fernando Paris Roche. Elaboración de un exhaustivo análisis del plan anterior, informes sectoriales en diferentes materias, encuesta sobre percepciones y demandas, seminarios sectoriales, grupos de expertos en formación, medio ambiente, discapacidad y medicina deportiva. Entrevistas a personas relevantes del sistema deportivo andaluz, análisis DAFO, diagnóstico de Deporte Andaluz, definición del plan estratégico, definición de un plan de comunicación y de una herramienta informática de seguimiento y la celebración del Congreso del Deporte Andaluz, con 800 asistentes y éxito importante técnico y político.

El PEGEDA fue elaborado y diseñado con la coordinación interna de un equipo de funcionarios y directivos responsables del deporte en aquel momento, apoyados en una consultora especialista en esta materia, con la colaboración en materia logística de la extinta Empresa Pública Deporte Andaluz SA[63], como ente instrumental de la consejería competente en materia de deporte.

La gran cantidad de líneas estratégicas que presenta para conseguir materializar los objetivos generales en más de 110 acciones, medidas y proyectos, nos da una idea de la dimensión que tiene el trabajo. En su gran mayoría, sus reflexiones conceptuales y estratégicas, asociadas a su visión de futuro, siguen siendo muy válidas y aplicables actualmente. Es importante conocer que la elaboración de medidas, proyectos y acciones corresponde al paso o punto de conexión de la fase estratégica a la fase operativa, de esta manera evitaremos caer en la planificación de despacho. No nos podemos extender en un análisis pormenorizado de las medidas, acciones y proyectos porque sería un trabajo de excepcional extensión para este capítulo, pero sí podemos resaltar algunas que por su

---

[63] Se integró con Turismo en 2011, formando la Empresa Pública para la Gestión del Turismo y del Deporte.

singularidad tuvieron un importante impacto. De entre las líneas estratégicas podríamos destacar:
- El desarrollo de acciones con la consejería competente en materia de salud, teniendo en cuenta la consideración de la actividad física y el deporte como "medicamento genérico universal", término acuñado por el presente autor, como idea fuerza de la potencialidad que le atribuyen las diferentes investigaciones a la práctica deportiva.
- Acondicionamiento de espacios urbanos y naturales para la práctica deportiva, por el valor que tiene para la ciudadanía la práctica al aire libre y el beneficio para las inversiones.
- Incrementar el número efectivo de deportistas de rendimiento con medidas de igualdad de género. Nuestros federados, en relación con la población, siguen dando una tasa baja respecto al resto de comunidades autónomas, lo que refleja posibilidades de crecimiento.
- Mejorar la articulación, la coordinación y el control de los recursos y apoyos al deporte rendimiento, siempre orientados al deportista, incluidos aquellos que mejoren su formación y su conocimiento sobre el sistema deportivo.
- Construir la Red Andaluza de Centros Deportivos de Rendimiento, con sus tres niveles: Centros Andaluces de Entrenamiento, Centros Andaluces de Rendimiento Deportivo y Centros de Alto Rendimiento.
- Potenciar la formación especializada de los responsables del sistema deportivo andaluz, fundamentalmente de las entidades deportivas.
- Mejorar la coordinación institucional externa e interna.
- Mejorar las estructuras de gestión de los clubes y federaciones andaluzas, así como de la confederación andaluza.
- Impulsar la investigación y la innovación en el deporte andaluz como elemento de mejora de la calidad del mismo, apoyando a los grupos de investigación, especialmente a la investigación aplicada y al desarrollo de las tecnologías que hacen posible la formación a distancia.

Como materialización operativa de las anteriores, podemos subrayar por su importancia y nivel de actualidad las siguientes medidas, proyectos y acciones:
- Creación dentro del Consejo Andaluz del Deporte, órgano asesor en materia de deporte de la consejería competente, de la Comisión del Deporte Local, para acentuar el asesoramiento específico con las entidades locales.
- Creación del portal digital del Deporte Local Andaluz.

- Realización de una gran campaña de comunicación orientada a la puesta en valor de los beneficios de la práctica deportiva.
- Realización de un estudio de investigación con las consejerías competentes en materia de salud e innovación, ciencia y empresa sobre hábitos y prácticas deportivas asociadas a la salud.
- Implementar un portal (web social) con información y recursos para profesionales sanitarios, deportivos, educativos, deportistas, padres y madres y ciudadanos sobre medicina de la actividad física y el deporte.
- Desarrollar, junto con la Consejería de Innovación, un programa específico de apoyo a la implantación de energías renovables en las instalaciones deportivas, incluidas publicaciones y experiencias específicas.
- Programa de publicaciones técnicas y divulgativas del desarrollo del Plan Director de Instalaciones Deportivas del Andalucía (PDIDA).
- Revisión y actualización de la normativa de Acreditación de Centros Deportivos.
- Programa de incentivos para la certificación medioambiental de las instalaciones deportivas.
- Programa específico de acción positiva para incentivar programas federativos orientados al deporte femenino, especialmente en las edades de rendimiento de base y en todos los niveles de competición.
- Incorporar la categoría mixta obligatoria en el ámbito de promoción e iniciación y en las categorías inferiores de rendimiento de base.
- Creación de la web social 2.0 del Deporte Andaluz de Rendimiento, que permita la interacción de todos los aspectos y entidades relacionadas con el mismo.
- Creación de una unidad de apoyo y atención al deportista andaluz en el ámbito del rendimiento para atender individualmente sus necesidades y demandas, y realización de un seguimiento actualizado de los mismos.
- Desarrollo, por parte del CAMD, de directrices y/o normativas sobre recomendaciones y/o normativas sobre reconocimientos médico-deportivos.
- Realización de un decreto sobre solicitud, criterios selectivos y organización de eventos deportivos de carácter oficial de ámbito nacional e internacional.
- Elaboración de un mapa formativo global para el deporte andaluz, consensuando entre todos los entes con responsabilidades deportivas.

- Participación, junto a la consejería competente en materia de Educación, en el diseño curricular de la formación deportiva reglada y con inclusión de la formación específica sobre deporte y medio ambiente. Esta medida ya fue iniciada en 2003 por el que suscribe y el decano de la Facultad de Ciencias de la Actividad Física y del Deporte Pablo de Olavide, Juan José González Badillo, a propuesta de la Secretaría General para el Deporte, en concreto de su coordinador Manuel Recio Gallardo, a la Consejería de Educación. Se realizaron aportaciones para el desarrollo curricular en Andalucía del bloque común de los primeros decretos publicados, de las modalidades y especialidades de fútbol y fútbol sala, montaña y escalada y deportes de invierno.
- Fomento de la programación de cursos dirigidos a la formación de técnicos deportivos autorizados, apoyando desde el IAD la implantación del bloque específico en algunas federaciones.
- Marco legal para regulación de las profesiones del deporte en Andalucía.
- Creación, en cada una de las provincias, y como desarrollo del Consejo Andaluz del Deporte, de la Comisión provincial delegada del Consejo Andaluz, como órgano de asesoramiento a nivel provincial.
- Creación de la Comisión Interprovincial del Deporte conjuntamente con las Diputaciones provinciales.
- Creación de un Centro de Excelencia en Investigación en Actividad Física y Salud, conjuntamente con otras consejerías competentes en materia de Salud e Investigación.
- Elaboración de las guías para federaciones andaluzas: de gestión integral y para la elaboración del plan estratégico de una federación.
- Implantación de los Contratos Programa como forma de relacionarse con cada una de las federaciones deportivas andaluzas y articulación del apoyo económico y técnico de las mismas.
- Impulsar un estudio de asociación de valores de cada uno de los deportes a las principales empresas andaluzas.
- Creación de una web social 2.0 del deporte andaluz, donde se integren todos los aspectos relativos a la formación, investigación, innovación e intercambio de experiencias y documentación del deporte andaluz.

Como hemos podido comprobar, gran parte de ellas son de aplicación inmediata y de bajo coste, exportables a diferentes ámbitos del sistema deportivo. Igualmente, se elaboró un conjunto de indicadores con porcentajes de compromiso anual hasta su alcance en 2016. Se finalizó con la estimación financiera, que fue el elemento fundamental ya que, debido a los informes económicos emitidos al respecto por la consejería competente en materia de Economía y Hacienda, imposibilitó su aprobación por el Parlamento de Andalucía.

Como se ha comprobado durante la lectura, se identifican dos formas diferentes de entender la planificación entre el primer plan y el PEGEDA, uno general integral del sistema deportivo y el segundo estratégico, basado en la participación y con la metodología específica de planificación estratégica. Pero de ambos casos se pueden extraer puntos en común y de interés para la confección de lo que debería ser el tercer plan general del deporte de Andalucía, haciendo efectivo el precepto específico de la Ley del Deporte de Andalucía. No se debe caer en el error básico en planificación de falta de análisis de los planes anteriores, o de no rescatar objetivos, estrategias y medidas que actualmente puedan tener su efecto solo porque se han realizado en otro momento. Debemos ser capaces de optimizar nuestra gestión en planificación, sumando todas las aportaciones anteriores y el trabajo que se ha desarrollado y que actualmente están realizando otras comunidades autónomas, contextualizar a nuestra especial situación socioeconómica y ser certeros en el desarrollo del núcleo de nuestras competencias. El nuevo plan, más que nunca, debe estar basado en el pensamiento experto. Estamos en la nueva era del talento, que es una característica de las personas, el tercer plan será el basado en el despliegue del talento andaluz.

Por lo tanto, cualquier plan que planteemos debe obedecer a una serie de fases. Diferentes autores le dan nombre a estas, como fase analítica, de programación o ejecutiva y de seguimiento o evaluación. Pero más allá de su sistematización en fases, lo importante es el contenido y planteamiento de cada una de ellas. Pueden estar solapadas en el tiempo, pero deben comenzar siempre por una primera de diagnóstico del sistema deportivo, con un análisis detallado y exhaustivo, parcelando sistemáticamente el mismo. Esta información debe ser procesada y ordenada. Es la fase de análisis de los planes realizados hasta el momento y del planteamiento y realización de los estudios de investigación sobre el sistema deportivo. Es una fase para meditar de forma certera y extensa sobre el punto de partida. Es de vital importancia contrastar la veracidad y fiabilidad de la información, debido a que la parte estratégica es la piedra angular del plan. Si no se tiene una información de calidad, todo el análisis estratégico derivará en planteamientos erróneos, por lo que debemos incidir en la adecuada fiabilidad de los datos y la obtención de indicadores sencillos que aporten información de relevancia.

Esta fase se puede sintetizar en un análisis DAFO general o por áreas, que permita realizar un adecuado diagnóstico del sector deportivo y trazar las estrategias. Para que la planificación sea realmente estratégica debe tener una fase participativa amplia, donde el conjunto de elementos del sistema puedan dar su opinión del estado de la situación, de los caminos a recorrer y de su visión de futuro. Es el momento de recoger la opinión experta de mayor notoriedad e impacto. Podemos utilizar en este caso diferentes metodologías, seminarios de trabajo, reuniones de expertos, acciones formativas, entrevistas de opinión, etc.

Una vez analizada, ordenada y contrastada toda la información, se realizará una fase de planteamiento de las líneas estratégicas que van a conectar misión, visión y objetivos, que representan los deseos formulados por la organización en un horizonte temporal predeterminado, con las medidas, proyectos y acciones que se quieren realizar. En dicha fase la toma de decisiones sobre la elección de las mismas es fundamental, se ponderará cada estrategia en base a los criterios que se consideren más oportunos, económicos, nivel de impacto, innovación en el sector, etc. Solo conectados a las estrategias podremos plantear un programa, medida o acción. Otra fase de gran interés, a la que habitualmente se da poca importancia, es el plan de comunicación. El sistema debe conocer los resultados, el plan, y cómo afecta a sus competencias de gestión; se deben dar mensajes claros sobre su utilidad.

Y finalizaremos con un adecuado sistema de evaluación y seguimiento del establecimiento de los proyectos, medidas y acciones, que permita un conocimiento permanente de la consecución de los indicadores y del nivel de alcance de la misión y objetivos planteados.

Algunos errores frecuentes que se pueden observar al plantearse la planificación de un sistema deportivo son:
- No tener claro qué misión y objetivos pretendemos con el mismo. Ir variando en función de las circunstancias, sin un rumbo fijo.
- Realizarlo solo en base a una moda, o porque hay que tenerlo, para salir del paso.
- No ser liderado por la cúpula directiva.
- No dar participación al conjunto de técnicos cualificados del sistema deportivo. Para generar un liderazgo responsable orientado a la planificación, los técnicos deben recibir apoyos y ánimo, no control, castigos y desconfianza. Deben darse las condiciones que les

permitan hacer un esfuerzo extra a su quehacer diario, para producir datos y dar coherencia en la estrategia general. Si nos empeñamos en imponer una cultura del miedo, por falta de competencias o por desconocimiento, solo se generará paralización de los sistemas, fracaso de la creatividad y como consecuencia de la innovación, y provocará en el futuro un grave coste para el sistema deportivo.

- Tener miedo a escuchar opiniones contrarias o no aceptarlas, y por la tanto dar participación solo a quien me interesa, manipular desde la base o raíz el planteamiento. El producto será errático.
- No analizar los planes realizados anteriormente. Es un planteamiento típico de la mala gestión ("Todo lo que se ha hecho antes de llegar nosotros está mal").
- *Planificar desde el despacho,* sin estudios de investigación, o simplemente no utilizar los datos de relevancia de los que se dispone y que se producen en cada uno de los programas que se gestionan.
- Externalizar la realización del mismo completamente, sin contar con un equipo de coordinación interno.
- No conectar con la metodología adecuada, misión y objetivos con las estrategias, y estas con las medidas, acciones y proyectos.
- Plantear proyectos, acciones y medidas sin una cuantificación exhaustiva que nos permita conocer el alcance de las posibilidades reales. Qué proyectos se pueden realizar y cuáles no se pueden alcanzar.
- No establecer indicadores claros, sencillos y de resonancia en el sistema deportivo. Con un sistema de mantenimiento y recogida de información permanente, que conecte con todos los puntos de información internos y externos.
- No dar publicidad al plan, no comunicarlo por los canales de mayor audiencia y difusión sobre los elementos del sistema deportivo.
- Realizarlo sin metodología, crear una declaración de intenciones. Es un pacto con el sistema deportivo donde todos sus elementos y actores han tenido la oportunidad real de participar.
- No dar resultados parciales del trabajo que se está ejecutando. La importancia no es solo del producto, sino también del proceso de planificación.
- No evaluarlo periódicamente, corrigiendo sus desviaciones y flexibilizando el alcance de los objetivos.

- No mantener el movimiento de implicación que conlleva la realización de un plan en el sistema deportivo.
- Intentar realizar cambios en programas, proyectos o acciones solo cambiando su denominación o terminología.
- Mantener un doble discurso, por parte de la cúpula directiva decir que está cumpliendo el plan, pero dar evidencias al sistema deportivo de que solo lo ha utilizado como elemento de comunicación social para adquirir notoriedad pública.

Son solo parte de los errores que se suelen cometer, que tienen como base mi experiencia profesional en el diseño, elaboración y ejecución de este tipo de documentos. Seguramente el lector puede completar las mismas con su experiencia y conocimiento del entorno en el que ejerce su actividad laboral.

Desconocer el trabajo realizado en el pasado puede tener un coste muy elevado. La probabilidad sustancial de que, si no se comprenden la decisiones tomadas y los proyectos realizados anteriormente, y por lo tanto la evolución de un sistema deportivo, se puedan llegar a cometer los mismos errores.

En el permanente camino de la búsqueda de la novedad y la moda no está la respuesta a todos los problemas presentes y futuros. Los líderes deportivos, si profundizan en la historia y se muestran con humildad ante ella, pueden ver que cosas que parecen novedosas realmente se plantearon hace tiempo, pueden indagar y conocer las dificultades y barreras que se tuvieron en esos momentos. Solo podemos generar una verdadera ventaja competitiva, una innovación, si estamos en una actitud de permanente escucha, si estamos dispuestos a trabajar bajo una cultura de mejora continua. De esta manera se conocerán adecuadamente la evolución y el comportamiento del sistema deportivo, y estaremos en las condiciones óptimas de dar respuestas más certeras a los problemas del entorno y de los elementos del sistema. Especialmente en momentos de crisis, los directivos con experiencia y conocimiento contrastado deben ser los guías del proceso de planificación del sistema deportivo, ya que los márgenes para el error deben ser singularmente reducidos.

5. Análisis DAFO de la planificación en Andalucía

Para finalizar, vamos a sintetizar las ideas sobre la planificación en Andalucía en el siguiente DAFO:

DEBILIDADES	FORTALEZAS
- Presupuesto insuficiente destinado a la planificación del deporte.	- Experiencia en la realización de planes generales y estratégicos, de diferentes ámbitos participativos. Lo que ha producido, durante estos años, un amplio conjunto de materiales y un análisis amplio de la realidad del sector deportivo, que nos permite tener una buena base documental de consulta y reflexión.
- Falta de cohesión y coordinación entre los diferentes órganos e instituciones del sector deportivo para la realización de su planificación deportiva, solapando competencias y acciones.	- Un equipo de técnicos especializados en actividad física y deporte formando parte de un cuerpo específico dentro de la administración deportiva, A2027. Primer cuerpo de estas características en España.
- Falta de definición de un conjunto de indicadores básicos que permitan el seguimiento de la planificación deportiva que se realiza en Andalucía.	- Una estructura orgánica con centros especializados en formación e investigación deportiva dentro de la Consejería, como el IAD, lo que posibilita la creación de puntos de encuentro para el análisis, estudio y elaboración de diferentes planes en materia deportiva.

AMENAZAS	OPORTUNIDADES
- Pérdida de liderazgo en el sistema deportivo debido a la crisis económica y desgaste de la credibilidad institucional en materia de planificación al no aprobarse planes elaborados con una extensa fase participativa de la ciudadanía.	- La planificación deportiva es fundamental en entornos socioeconómicos tan variables como el actual y más aún en el deporte, que debe ir redefiniendo su papel en la sociedad y el de sus actores.
- El continuo deterioro de la imagen de la clase política para la opinión pública provoca un menor compromiso de los diferentes elementos, que forman los sistemas deportivos, en su participación en las políticas de planificación.	- La planificación como instrumento que posibilite el avance del sector deportivo y de sus elementos. Nuestros indicadores generales deportivos tienen capacidad de ir mejorando sólo si se hace de forma sistemática y planificada.
- Los bajos flujos de comunicación de las instituciones con los diferentes agentes del sector deportivo provocan un desconocimiento sobre los procedimientos y las soluciones que se pretenden realizar con la planificación deportiva.	- Utilización de la planificación deportiva para ajustar con coherencia los esfuerzos de las instituciones y organismos deportivos y sus resultados.

REFERENCIAS BIBLIOGRÁFICAS

ANALISTAS ECONÓMICOS DE ANDALUCÍA. *Deporte y Economía: una cuantificación de la demanda deportiva en Andalucía.* Fundación Unicaja. Málaga, 2004.

GARCÍA FERRANDO, M. y LLOPIS GOIG, R. *Ideal democrático y bienestar personal. Encuesta de hábitos deportivos de España 2010.* Consejo Superior de Deportes y Centro de Investigaciones Sociológicas. Madrid, 2011.

HESSELBEIN, F.; MARSHALL, G. y BECKHARD, R. (Coordinadores). *Fundación Drucker. la organización del futuro.* Ediciones Deusto. Bilbao, 1997.

MESTRE SANCHO, J.A. *Planificación Deportiva,* Editorial INDE. Barcelona, 2004.

OTERO MORENO, J.M. (Director). *Estudio Socioeconómico del Deporte en Andalucía, 1998-1999.* Consejería de Turismo y Deporte. Instituto Andaluz del Deporte. Málaga, 1999.

OTERO MORENO, J.M. (Director). *Incidencia Económica del Deporte.* Instituto Andaluz del Deporte. Consejería de Turismo y Deporte. Málaga, 2001.

OTERO, J.M., FERNÁNDEZ, A. y FERNANDO, I. *Hábitos y actitudes de los andaluces ante el deporte. 2002.* Consejería de Turismo y Deporte de la Junta de Andalucía. Sevilla, 2004.

PARIS ROCHE, F. *La Planificación Estratégica de Organizaciones Deportivas.* 4ª Edición. Editorial Paidotribo. Barcelona, 2007.

CONSEJERÍA DE TURISMO Y DEPORTE. *Plan General del Deporte de Andalucía. Vols. 1 y 2, Diagnóstico.* Sevilla, 2003.

CONSEJERÍA DE TURISMO Y DEPORTE. Plan *General del Deporte de Andalucía. Vol. 3, Ejecución: Objetivos, Estrategias y Medidas.* Sevilla, 2003.

CONSEJERÍA DE TURISMO, COMERCIO Y DEPORTE. *Plan General Estratégico del Deporte Andaluz, PEGEDA 2009-2016. Documento Base Final y Documentos de Apoyo.* Sevilla, 2009.

PÁGINAS WEB

Consejo de Europa: www.coe.int/

Comisión Europea de Deporte: http://ec.europa.eu/sport/

Consejo Superior de Deportes: www.csd.gob.es/

Fundación Observatorio Económico del Deporte: www.foed.es/

Observatorio Catalán del Deporte: www.observatoridelesport.cat

Observatorio del Deporte Andaluz: www.deporteandaluz.com

Observatorio del Empleo Deportivo. Universidad del País Vasco: www.kirolan.org/

CAPÍTULO 3

30 AÑOS DE DEPORTE MUNICPAL

Juan Correal Naranjo

INTRODUCCIÓN

Parece que fue ayer... pero han pasado 30 años.

Corría el año 1982, y yo había terminado de estudiar Educación Física en el INEF de Madrid, carrera que había elegido por pura vocación hacia el deporte, del que era un fiel practicante en la modalidad de campo a través y en las pruebas de fondo. Durante la carrera la práctica totalidad de las asignaturas se orientaban hacia la enseñanza de la Educación Física o hacia la preparación física y el entrenamiento deportivo: las únicas vías laborales que podía encontrar un licenciado. De hecho, en octubre de 1982, empiezo a trabajar en un instituto de Sevilla como profesor de Educación Física, es decir, para lo que había sido preparado en el INEF.

La sorpresa me vino de la mano de mi hermano Paco, entonces periodista de *Diario 16* en Sevilla, el cual una buena tarde de enero de 1983 me vino con un anuncio del periódico donde el Ayuntamiento de Benalmádena convocaba mediante contrato administrativo una plaza de "Profesor de educación física y deportes-Director técnico de instalaciones deportivas municipales", ni más ni menos: así se denominaba la plaza, dirigida a "titulado superior o medio en Educación Física y Deportes". Yo ya estaba trabajando como interino en el Instituto, pero en aquella época nuestro reconocimiento profesional estaba por los suelos, y nuestros salarios eran inferiores a los salarios de los profesores de las otras asignaturas, situación esta que he de reconocer me motivó a considerar la posibilidad de presentarme a la plaza convocada por el Ayuntamiento de Benalmádena, la cual en ese momento duplicaba el salario que yo percibía en el instituto de Sevilla, no porque pagaran en aquel entonces mucho, sino porque a los profesores de Educación Física en los institutos nos pagaban bien poco.

Ni corto ni perezoso entregué mi documentación y me presenté al concurso de méritos con entrevista, mediante el cual se contrataría de manera eventual al primer Director técnico de instalaciones deportivas de Benalmádena. El día de la entrevista personal en el Ayuntamiento me llevé una gran sorpresa cuando, pese a la retribución ofrecida, nos presentamos solo tres candidatos. Los tres éramos de la misma promoción, sin ninguna experiencia ni en el campo de la gestión ni en el de las instalaciones deportivas, pero "eso era lo que había", con lo cual no tuvieron más remedio que elegir al más *saláo*... ¡me eligieron a mí!... disculpen la licencia, es broma, me eligieron a mí como podían haber elegido a cualquiera de los tres que nos presentamos, ya que, de gestión de instalaciones deportivas, los tres sabíamos lo mismo: prácticamente nada.

Pero, querido lector, ¿por qué empiezo este capítulo sobre deporte municipal, contándole mi vida? Pues porque en esta historia hay una lectura que nos sitúa perfectamente en el punto de partida del periodo inicial de estos 30 años del deporte municipal que pretendo analizar; me explicaré:

Por un lado, hasta el año 1981 en los INEF apenas se impartían asignaturas vinculadas con la gestión de servicios e instalaciones deportivas, y como mucho se veían por encima las famosas Normas NIDE, editadas por el Consejo Superior de Deportes, o los boletines técnicos de AETIDE. La gestión deportiva como tal, simplemente en los INEF, hasta esa fecha, no existía. Las entonces incipientes "Facultades de Educación Física" seguían ancladas en esa época en sus dos pilares básicos: la enseñanza y el entrenamiento deportivo, que incluía la preparación física.

Para hacer mas hincapié en esta aseveración quiero comentar cómo dos años después, ya a principios de 1984, fuimos invitados mi compañero Juan Carlos Maestro y yo a la semana cultural del INEF de Granada, para impartir una charla (mi primera charla en público... ¡qué nervios!). Mi compañero y yo llevábamos trabajando poco más de un año, pero ya nos habíamos dado cuenta del enorme potencial que tenía el deporte fuera del ámbito escolar, y fuera del ámbito federado. Acudimos al salón de actos del INEF de Granada con el entusiasmo de quien ha encontrado un tesoro y quiere compartirlo con los demás. El título de nuestra exposición era "El deporte municipal: una vía para el profesional de la educación física", y nuestro mensaje era que las facultades de Educación Física, o como quisieran llamarse, deberían también preparar a los profesionales para esta nueva incipiente salida profesional, para que no les ocurriera lo que nos había ocurrido a nosotros.

Por otro lado, la otra lectura de la historia de mis comienzos en el mundo de la gestión viene del hecho de que buena parte de los profesores de educación física de entonces, en los años 1982-1983, no confiaban mucho en el futuro que había en los incipientes servicios deportivos municipales; prueba de ello era la escasa participación en la convocatoria de mi plaza de Benalmádena... ¡Qué equivocados estaban!, ya que han sido cientos los profesionales de la educación física, y también de otras carreras, los que encontraron su hueco profesional en la gestión deportiva, y miles los trabajadores contratados para cubrir las diferentes tareas en los servicios deportivos municipales en Andalucía y en toda España.

El hecho es que yo, motivado, eso sí, por un salario que duplicaba al que recibía en el instituto, el 7 marzo de 1983 empecé a trabajar en un sector para que el que de ninguna manera había sido preparado, pero en el que compensaría esa falta de preparación con una ilusión desbordante, que aún hoy me embarga, una ilusión que ha sido un componente determinante tanto en mí como en el resto de compañeros de otras localidades andaluzas y españolas que antes o después se vincularon con la gestión del deporte municipal.

Los que como yo tenemos la suerte de trabajar en lo que nos gusta, y de disfrutar de nuestro trabajo, no hemos medido el tiempo, no hemos contado los días, no hemos contado los años, realmente casi no nos hemos dado cuenta de que el tiempo pasaba, pero acaban de decirme que han pasado 30 años, y me piden que me encargue de desarrollar este capítulo sobre los 30 años del Deporte Municipal en Andalucía.

Pero yo no soy un historiador, ni un investigador, solo soy uno más de los cientos de gestores que en Andalucía han tenido la oportunidad de trabajar en este sector, eso sí, es cierto que coincide que llevo 30 años como responsable de un servicio deportivo municipal, concretamente en Benalmádena, donde he podido experimentar el inicio y la evolución del deporte municipal, en una aventura ilusionante a la que he contribuido con mi trabajo, al igual que el resto de mis compañeros y colegas, a la transformación del deporte de nuestras ciudades y pueblos andaluces.

En este capítulo del deporte municipal que me toca desarrollar voy a intentar expresar mi análisis y mis opiniones sobre cómo percibo lo acontecido en estos 30 años en este sector. Por supuesto que lo expresado podrá ser cuestionado con otras opiniones tan válidas o mejores que la mía, pero en cualquier caso lo haré con la intención de aproximarme a este campo de la manera más práctica posible, para que nos permita entender mejor la evolución y la situación actual del deporte municipal en Andalucía. Pero quiero desde el principio expresar que solo es mi opinión, y sé que no todos los lectores estarán de acuerdo con el análisis y con los contenidos expuestos.

ALGUNOS ANTECEDENTES

La década de los 70 fue una década decisiva para el devenir histórico de nuestro país. La muerte del "Generalísimo" Francisco Franco, en noviembre de 1975, marca la salida de un régimen dictatorial que condicionó 40 años de la historia de España, una época esta donde el deporte como práctica no formaba parte de la cultura del ciudadano y el deporte espectáculo era fundamentalmente un medio de instrumentalización política, utilizado tanto como refuerzo del sistema dominante, como evasión alienante, o como medio de desviación de problemas socio-políticos.

En los años 70, como recoge Manuel Zambrana,[64] la actividad deportiva que se programaba en los municipios estaba enfocada casi exclusivamente a dar atención prioritaria al equipo de fútbol local, alguna que otra actividad de enseñanza deportiva relacionada con algún centro escolar del municipio, exhibiciones competitivas (casi siempre futbolísticas) con motivo de las fiestas patronales y, si el municipio contaba con piscina al aire libre, campañas de natación de verano.

En esa difícil e histórica coyuntura, justamente en el año 1975, cuando bajo los auspicios del Consejo de Europa se aprueba la llamada "Carta Europea del Deporte para Todos", algo también empezaba a cambiar en la sociedad española, y algo empezaba a gestarse en el mundo del deporte, fuera de los ámbitos escolar y federado, y así en Hospitalet de Llobregat tiene lugar el "I Seminario sobre municipios y deporte", donde comienza un periodo de intercambio de ideas sobre formas de planificar y organizar el deporte en los municipios, y se dan los primeros pasos para entender el deporte como servicio público al ciudadano, y no meramente como el gran espectáculo para el ocio pasivo. Como así lo recogía en 1975 el gran pensador y visionario José María Cagigal[65] cuando expresaba lo siguiente:

---

[64] ZAMBRANA, M. Historia y breve evolución del deporte en España. Madrid. *Cuadernos técnicos de gestión deportiva,* 2005, pág. 26. Círculo de Gestores deportivos de Madrid.
[65] CAGIGAL, JM. *El deporte en la sociedad actual.* Madrid: Biblioteca Cultural RTVE, 1975. Pág. 13.

"El gran deporte espectáculo crecerá; seguirá su marcha ascendente, llamado a ser uno de los grandes ocios pasivos estandarizados de la sociedad del futuro. Constituirá un gran negocio económico, alimentará planes políticos y pondrá a su servicio ciencia y técnica.... El "deporte práctica para todos" se abre como una nueva posibilidad del hombre de nuestro tiempo y, vistas las direcciones que toman los hábitos de la sociedad tecnificada, como una verdadera necesidad higiénica del hombre de nuestro tiempo...".

El propio Cagigal, en el mismo texto de 1975, en su adelantada visión de la sociedad del futuro, vaticinaba lo siguiente:

"Si en el mundo entero ya nadie diseña un diminuto pueblo, un pequeño barrio sin su escuela, habrá que pensar hasta qué punto, dentro de 10 o 15 años, la palestra, la cancha o césped deportivo, o mejor la serie o batería de tales recintos, no será ya más necesario que la misma escuela...".

En 1977 y 1978 el Consejo Superior de Deportes (CSD) puso en marcha los "Planes Experimentales de Educación Física Deportiva", concertados mediante convenio con determinados Ayuntamientos de la geografía española para financiar el inicio de programas de fomento de la actividad física y el deporte. Algunos municipios lo vieron como una línea de financiación, en la que durante 4 años el CSD ponía unos recursos económicos al servicio de las corporaciones locales, pero de manera regresiva les iba retirando la financiación, para que finalmente fueran los propios Ayuntamientos los que, con ese empujoncito, crearan sus propios servicios deportivos municipales. Este inicio se dio en mi municipio, en Benalmádena, y en otras muchas localidades andaluzas, y fue una acertada iniciativa que sirvió de detonante para el arranque del deporte municipal.

A partir de 1977 empiezan algunos Ayuntamientos a poner en marcha las denominadas "Fundaciones Públicas de Servicio", u otras formas de gestión, para planificar, coordinar e impulsar el deporte en el municipio. El deporte popular empieza, poco a poco, a partir de ese momento, como indica Antonio Merino Mandly,[66] a instalarse en la Aministración local como un exponente social más del deseo de participación en los asuntos públicos del país; es el tiempo de los maratones populares y las jornadas del pedal, la expresión deportiva del país es una expresión social, que intenta traducir un deseo de calidad de

---

[66] MERINO, A. Distintas alternativas de gestión a desarrollar por los Ayuntamientos en el ámbito del deporte. *Apuntes de las Jornadas sobre Gestión Deportiva Municipal,* 1987, marzo 25. Vitoria. Pág. 9 y 10.

vida, posiblemente importada de fuera con un concepto de mejorar o mantener el estado de salud.

Un hito trascendental en esta etapa previa lo constituyen las elecciones municipales de 1979, ya que una vez elegidos los nuevos Ayuntamientos democráticos queda formalmente estructurado el marco institucional a través del cual se desarrollará los Ayuntamientos españoles, y con ellos la política deportiva en los municipios.

La ley del deporte de 1980, y las resoluciones que de ella se derivaron, representa el primer intento de cambiar las estructuras del deporte español. A partir de ese momento se abrirá un periodo "mágico" donde el deporte en España sufrirá cambios trascendentales, especialmente en el llamado deporte para todos, ya que a las escasas y carentes de continuidad iniciativas anteriores sucede la sistemática puesta en marcha de programas para la mayoría de la población, la mayor parte de ellos organizados a través de los Ayuntamientos, con el apoyo de entidades supra locales: comunidades autónomas, mancomunidades, diputaciones, o el propio Estado.

En 1982 la Federación Española de Municipios y Provincias (FEMP) celebra las Primeras Jornadas sobre Municipio y Deporte, y constituye un grupo de trabajo estable que intenta llegar con sus jornadas a todos los Ayuntamientos, aportando recomendaciones en torno al sistema deportivo local. En ese año se debatía en nuestro país si todo el deporte producido en el municipio debía estar o no "intervenido" por algún órgano de planificación y gestión del propio Ayuntamiento, y se intentaba también adaptar influencias de diferentes procedencias europeas, como las planteadas por Bruno Rossi Mori en Italia, que en su "Programa local para el desarrollo del deporte" exponía la teoría de los puntos deporte, sobre el estudio de la demanda y la oferta deportiva y su forma de organizarse en un modelo teórico.

ALGUNOS ANTECEDENTES EN ANDALUCÍA

Los primeros pasos del deporte para todos que se daban en España tenían lógicamente también su reflejo en Andalucía. Aquí, a finales de los 70, una serie de Ayuntamientos dan el paso y crean sus servicios deportivos municipales, o bien constituyen fundaciones o patronatos para la gestión de sus servicios de deportes. Entre estos municipios pioneros se encuentra Málaga, que pone en marcha su Fundación Pública Deportiva en 1979, abriendo el camino a un buen número de municipios que seguirían esta iniciativa.

Los municipios, pioneros en Andalucía en crear sus servicios deportivos, marcaron el rumbo del resto de municipios andaluces que irían detrás, copiando no solo sus estatutos y programas, sino también buena parte de los aciertos y de los errores de aquellos.

En septiembre de 1979, la Dirección General de Juventud y Deportes de la "Comunidad Preautonómica Andaluza" elaboró la denominada "Declaración Programática de Deportes", donde apoyándose en el artículo 43.3 de la Constitución Española, indicaba:

"La Junta de Andalucía reconoce el derecho de los ciudadanos a la educación física y el deporte, como medios de promoción humana, y como poder público le corresponde en el ámbito de sus competencias, promover, estimular, orientar y garantizar la práctica y difusión de los mismos".

Eran las primeras declaraciones de intenciones de la Junta de Andalucía, que en los siguientes años se materializarían en programas y en un apoyo decisivo al deporte municipal, fundamentalmente en el ámbito de la construcción de instalaciones deportivas.

En los primeros años de la década de los 80, la mayoría de los municipios grandes y medianos de Andalucía habían creado sus servicios municipales de deportes, iniciando una andadura con un desarrollo espectacular, difícilmente imaginable por quienes en aquel momento teníamos la suerte de trabajar en estos incipientes servicios deportivos.

En esos años, la ilusión y la entrega eran mucho más fuertes que la planificación, no en vano una buena parte de los que como yo ocupábamos puestos de dirección en los servicios deportivos carecíamos de una formación específica en el área de gestión, que intentábamos suplir con una dedicación y un entusiasmo desbordantes. Esa falta de formación específica en el área de dirección y gestión, empezó rápidamente a ser atendida tras la creación en el año 1984 de la Universidad Internacional del Deporte de Andalucía, conocida como UNISPORT (de la cual ha dado cumplida cuenta Juan de la Cruz Vázquez en el capítulo 1 de este libro), que años más tarde pasaría a denominarse Instituto Andaluz del Deporte (IAD).

Antes de la creación de UNISPORT, prácticamente la única alternativa para formarse en el campo de la gestión de las instalaciones y los servicios deportivos la encontrábamos fuera de Andalucía, concretamente en Barcelona, en la Escuela Deportiva BRAFA, donde se impartía el famoso Curso para Directores de Instalaciones Deportivas, al que yo tuve que acudir, como algunos de mis colegas de entonces, para cubrir mis carencias, en mi primer año de singladura: en 1983. El mayor nivel de cultura deportiva existente en el aquel momento en regiones como Cataluña o el País Vasco les hacía ir claramente por delante, y ser nuestro referente y nuestra fuente de conocimiento.

Pero a partir de 1986 UNISPORT asumió un papel decisivo en la formación de los dirigentes y de los técnicos deportivos de dentro y fuera de Andalucía, habiendo actuado de catalizador del gran cambio del deporte municipal en Andalucía en la década de los 80. Mérito este que hay que atribuir al grupo de profesionales de la educación física, entre los que se encontraban Juan de la Cruz Vázquez, Antonio Merino, Antonio Rodríguez, Salvador Jiménez, Pedro Aragón y Pedro Rodado, sin olvidar también el decisivo papel jugado en ese momento por el dirigente José Antonio Aquesolo.

Pero hay que esperar hasta el año 1987, para que en Sevilla tenga lugar el primer Seminario Andaluz de Deporte Municipal, coordinado por Salvador Jiménez Rodríguez y organizado por UNISPORT. Lo que resultó llamativo fue el elevado número de participantes, procedentes de las 8 provincias andaluzas: un total de 249 inscritos, donde se encontraban prácticamente todos los profesionales que en ese momento tenían puestos de responsabilidad en los diferentes servicios deportivos municipales de Andalucía.

A partir de ese año, los seminarios sobre deporte municipal constituirían una cita fija y obligada en el programa anual, primero de UNISPORT, y más adelante del redenominado Instituto Andaluz del Deporte (IAD), siendo el foro obligado de intercambio de ideas y experiencias de los profesionales de la gestión del deporte municipal.

DATOS DE PARTIDA

El deporte entendido como práctica que forma parte de los hábitos y de la cultura del ciudadano es un fenómeno muy reciente, especialmente en España y más aún en nuestra comunidad andaluza. Basta repasar algunos datos para que nos hagamos una idea de cuál era el punto de partida previo al año 1982, y se pueda valorar entonces el trabajo realizado, y el desarrollo alcanzado en los niveles de práctica de actividad físico-deportiva de la población.

La "Declaración Programática de Deportes",[67] de la Dirección General de Juventud y Deportes de la Comunidad Preautonómica Andaluza, recogía en 1979 lo siguiente:

"Según datos del Ministerio de Cultura en 1978 (la realidad cultural de España), solo el 7,5% de los andaluces practican con asiduidad algún deporte. Si se considera que la media en España se situaba en el 10%, cifra realmente exigua, y que diversos países europeos superan nuestro porcentaje de practicantes asiduos en hasta cinco veces y más, es fácil comprender la pobreza de nuestro nivel deportivo".

En ese mismo texto de la Dirección General de Juventud y Deportes, a la vista de los datos expuestos, en un ejercicio de realismo, se hacía la siguiente consideración: "Ninguna razón hay que justifique el que no se arbitren los medios necesarios en forma urgente para salir de tan precario estado".

Sin embargo esos pobres datos no casan con los obtenidos por el profesor García Ferrando,[68] quien, en su primera encuesta de hábitos deportivos de la población española de entre 15 y 64 años, realizada en el año 1980, obtenía un indicador del 16% como tasa de práctica deportiva de los andaluces (eso sí, referida al porcentaje de habitantes que practican ocasionalmente o con regularidad), tasa que como vemos ha aumentado significativamente, situándose en el 36% en el año 2010.

Tabla I. Tasa de práctica deportiva

	AÑOS		INCREMENTO
	1980	2010	
Tasa de práctica deportiva de los andaluces	16%	36%	125%

Fuente: Manuel García Ferrando.

En cualquier caso, con independencia de los datos, todos los que hemos tenido la oportunidad de estar vinculados al inicio del deporte municipal sabemos perfectamente cuál era la situación del deporte en los municipios andaluces a principios de la década de los 80, una situación caracterizada, de manera resumida, por:

- Una falta de cultura deportiva en la población.
- Una demanda muy débil de práctica deportiva.

---

[67] *Declaración Programática de Deportes* de la Dirección General de Juventud y Deportes de la Junta de Andalucía (preautonómica), 1979. Pág. 7.
[68] GARCÍA FERRANDO, M. *Los hábitos deportivos de los españoles.* CSD-CIS. 2010.

- Un fútbol federado dominante.
- Una falta generalizada de instalaciones deportivas.
- Gestores ilusionados, pero sin la preparación adecuada.
- Débil asignación económica para deporte en los Ayuntamientos.
- Débil asociacionismo deportivo, cuando no inexistente.
- Una falta de técnicos deportivos cualificados.
- Una falta de políticas deportivas específicas

Por aportar mi experiencia: en mi municipio, en Benalmádena cuando llegué a principio de 1983, me encuentro con un club de fútbol, uno de balonmano, dos de fútbol sala, todos ellos con participación federada, y ya en el ámbito no federado, con una liga local de fútbol sala que se celebraba en las pistas de un colegio donde se integraban 10 equipos; aparte funcionaba una piscina municipal en verano, con dos pistas de tenis, con un uso muy puntual.

En Benalmádena, como en la mayoría de los municipios, en ese momento el deporte de competición representaba buena parte de las prácticas deportivas, siendo el deporte recreativo claramente minoritario. Pero algo estaba cambiando en la sociedad y se estaba fraguando la gran transformación del deporte en España y también en Andalucía, donde el deporte municipal iba a ser el motor y el catalizador de esa transformación que ha permitido acercar como nunca la práctica físico-deportiva a los ciudadanos en nuestro país.

A nivel de instalaciones deportivas, en base al I Censo de Instalaciones Deportivas elaborado en 1985 por el Consejo Superior de Deportes, Andalucía se encontraba a la cola de las comunidades con menor índice de espacios deportivos en relación a los habitantes, solo por delante de Galicia y Asturias, con un índice de 14,9 espacios deportivos (incluidos públicos y privados) por cada 10 000 habitantes, claramente por debajo de la media nacional, que se situaba en 19,7 espacios.

Si comparamos los datos anteriores con los recogidos en el censo de instalaciones deportivas del año 2005, se puede observar el crecimiento sufrido, ya que con un total de espacios deportivos censados de 26 391, el índice de espacios deportivos por cada 10 000 habitantes se eleva a 33,6.

EVOLUCIÓN DEL DEPORTE MUNICIPAL

Como señala Fernando Paris[69]: *"Quien más ha hecho por la democratización del deporte, entendida ésta como la posibilidad de acceso a la práctica deportiva por los ciudadanos, han sido los Ayuntamientos"*. El deporte municipal ha experimentado en los últimos 30 años una transformación espectacular, paralela a la evolución de la sociedad española y del propio fenómeno deportivo.

Pero no podemos dejar de considerar que esta transformación ha tenido unas características muy diferentes en función de los factores clave que afectan a todo municipio, básicamente: su número de habitantes, su situación geográfica (de costa, o de interior), su nivel de renta y su cultura y tradiciones. En base a estos factores, la evolución de los municipios andaluces ha sido diversa, generándose unas enormes diferencias entre unos municipios y otros.

A continuación se va a analizar la evolución de los principales elementos que dan forma al deporte municipal, desde una visión muy particular: la que he podido extraer de mi propia experiencia en mi municipio, y la que he podido observar gracias a mi participación a lo largo de estos últimos 30 años en múltiples jornadas, seminarios, congresos y en algunos trabajos de investigación en el ámbito del deporte municipal, dentro y fuera de Andalucía. Pero soy consciente que no voy a poder reflejar las múltiples realidades que se han dado en Andalucía, especialmente vinculadas a los municipios pequeños, de los que tengo menos información, y por lo cual desde aquí pido disculpas por esta circunstancia.

Los elementos que van a ser analizados como clave para el análisis de la evolución del deporte municipal en Andalucía, hechas las matizaciones anteriormente expuestas, van a ser los siguientes:

- Los objetivos.
- Los órganos de gestión.
- El modelo de gestión.
- El asociacionismo deportivo.
- La oferta de servicios.
- La financiación.
- Los recursos humanos.

---

[69] PARIS, F. Presente y futuro del deporte municipal. *Boletín de Información Deporte Andaluz (BIDA)*, nº 36. Pág. 49. Instituto Andaluz del Deporte, 1998, julio.

Como puede observarse, y más de uno podrá echar en falta, no se incluye un apartado específico de instalaciones deportivas, debido a que este tema es abordado en un capítulo de este libro.

A la hora de abordar cada uno de estos aspectos, voy a intentar aportar los pocos datos existentes en los escasos estudios realizados, y me valdré también, a modo de referencia, de algunos datos de la gestión llevada a cabo en mi municipio (Benalmádena).

Lo ideal sería poder contar con datos e indicadores de la gestión realizada en la totalidad o en una gran parte de los municipios andaluces, pero esta ha sido una de las grandes carencias de nuestro sistema deportivo, con lo cual esa casi total ausencia de datos nos obliga a trabajar con la poquita información de que disponemos.

LOS OBJETIVOS

Tras la llegada de la democracia a la sociedad española, refrendada por la Constitución de 1978, los municipios, como el resto de la sociedad española, despiertan del largo letargo de cuatro décadas de dictadura, y empiezan a tener vida propia, recogiendo demandas, expresadas o latentes, del ciudadano para procurar darle oportuna respuesta.

La actividad física y el deporte surgen en ese momento como una de las demandas, en muchos casos más latente que expresada, que los municipios intentarán canalizar creando muy tímida y puntualmente los primeros programas y servicios deportivos, que ofertarán a los ciudadanos en un intento de imitar lo que pasa en buena parte de Europa, y en consecuencia en un intento de elevar los niveles de una tasa de práctica deportiva que en aquel momento se situaba a la cola de los países europeos.

En 1982, fecha de inicio del periodo analizado en este libro, los municipios más adelantados habían creado en unos casos su servicio de deportes dentro del Ayuntamiento, y en otros, dando un paso más, habían creando las "Fundaciones Deportivas" u organismos autónomos locales, para la gestión del deporte en el municipio. Como es lógico, la mayoría de los municipios que dan el paso y echan primero a andar son los de mayor nivel de población, siendo los municipios más pequeños los que tardarán aún algunos años en configurar mínimamente su oferta deportiva.

El año 1982 coincide con el último año que estarán en vigor los Planes Locales de Promoción Deportiva, impulsados por el Consejo Superior de Deportes, ya referidos, a través de los cuales muchos municipios, ante el "caramelo" ofrecido desde el Estado, habían creado una oferta mínima de servicios deportivos, que quisieron mantener aunque fuera, a partir de ese momento, sin ayuda estatal, con sus propios recursos.

Los objetivos que tenían los municipios que inician su andadura en esos primeros años de la década de los 80 se centraban especialmente en crear una demanda deportiva y de práctica de actividad física, más que en canalizar la misma, ya que en muchos casos el ciudadano no tenía la cultura de la práctica, y tampoco estaba acostumbrado a que los poderes públicos le proveyeran de servicios más allá de lo estrictamente necesario.

En el periodo que va de 1980 a 1984, se produce un importante aumento en el número de instalaciones deportivas construidas, ejecutándose a nivel municipal un total de 1064 instalaciones, como se refleja en el II Censo Nacional de Instalaciones Deportivas,[70] realizado en 1997.

Algunos autores, como Nuria Puig, afirman a la hora de analizar la política deportiva en España que el periodo que va desde la muerte de Franco en 1975 hasta el año 1983, es el de la "transición hacia la democracia", periodo que suele considerarse finalizado en 1983, cuando tienen lugar las segundas elecciones municipales democráticas en nuestro país. Se trata de una etapa cuya principal característica consiste en la liquidación de anteriores estructuras y la construcción de un nuevo Estado de derecho. Al referirse a este periodo en el ámbito deportivo, Nuria Puig[71] señala lo siguiente:

"En el ámbito de la política deportiva -como también en otros ámbitos de la vida colectiva- los aspectos más característicos son por un lado la participación ciudadana, y por otro, la creación de un espacio para las actuaciones de los poderes públicos, en un contexto social y político donde nada estaba definido previamente".

En los primeros años de la década de los 80, en todas las esferas del Estado recién constituido (Gobierno Central, Comunidades autónomas, Diputaciones y Ayuntamientos) se potencian los departamentos específicamente dedicados al deporte. Si existían con anterioridad, carecían de cualquier importancia. Esta importancia progresiva que va ganando el deporte se aprecia en muchos aspectos: creación de estructuras propias para la promoción del deporte en el municipio,

---

[70] PAVÍA, E. y GONZÁLEZ, JM. *II Censo de Instalaciones Deportivas de Andalucía 1997*. Ministerio de Educación y Cultura, 1998.
[71] PUIG, N. Revisión Histórica de la política deportiva en España, lecciones que se pueden extraer de cara al futuro. *Apuntes 3er Encuentro de política deportiva*, 1993. Ayuntamiento de Barakaldo.

aumento del número de instalaciones deportivas, contratación de personal propio de estos nuevos servicios, y como consecuencia de lo anterior, un aumento imparable de los presupuestos destinados al deporte.

La Ley 7/1985, de 2 de abril, Reguladora de las Bases de Régimen Local, enuncia un amplio y heterogéneo listado de materias sobre las que los municipios deben tener atribuidas competencias, definiendo los servicios obligatorios, incluyéndose lo deportivo en el ámbito de materias sobre las que las entidades locales han de ejercer competencias con carácter necesario. Con esta ley se da un claro respaldo a las iniciativas puestas en marcha por los municipios en materia deportiva.

Como destaca la historiadora del deporte español Nuria Puig, entre 1983 y 1992 el objetivo principal de la política deportiva fue el de obtener rentabilidad política de las actuaciones llevadas a cabo. Había pasado el periodo de la transición, y los poderes públicos intentan legitimarse haciendo visibles sus actuaciones, invirtiendo en instalaciones y programas deportivos con el objetivo de acercar el deporte hasta el ciudadano, como nunca antes se había hecho. En este periodo el crecimiento del sistema deportivo es enorme, y muchas veces las diferentes Administraciones públicas (estatal, autonómica, provincial y municipal) entran en conflicto en su intento por ser unos más protagonistas que otros en la oferta de programas y servicios al ciudadano.

No es hasta prácticamente el año "olímpico" de 1992 cuando, obtenida la rentabilidad política deseada, y debido a los problemas que el crecimiento del sistema empieza a mostrar, se considera que se entra en una nueva etapa, que se caracterizaría por la planificación y la racionalidad económica. La crisis de 1993 pone freno a un crecimiento imparable de los presupuestos destinados a los servicios de deportes, y obliga a estos a reflexionar sobre la mejor forma de utilizar unos recursos económicos que parecían ilimitados, pero que con la llegada de la crisis se convertirían en limitados y escasos.

El objetivo ahora es la gestión racional de los recursos; hasta ese momento la política deportiva no contemplaba criterios de rentabilidad económica, ni tampoco se preocupó de planificar. Cobra cuerpo una nueva mentalidad gestora, que se hace evidente en la gestión de instalaciones, donde empieza a ganar terreno la gestión a través de concesionarios y empresas de servicios. En ese momento muchos Ayuntamientos ya no se pueden permitir seguir por el mismo camino, aumentando el endeudamiento acumulado.

En noviembre de 1993 se celebran en Córdoba las VI Jornadas sobre deporte municipal, organizadas por UNISPORT, donde tuve la oportunidad de intervenir con una ponencia titulada "Algunas experiencias en la privatización de servicios deportivos",[72] en las que exponía textualmente:

"El Estado del Bienestar es un bonito sueño que se ha visto interrumpido por una auténtica pesadilla, esa pesadilla se llama déficit público. Desde hace algunos años voluminosos presupuestos estatales y municipales acaban con déficit, que se cubre con endeudamiento, y el endeudamiento obliga a pagar intereses y amortizaciones. El presupuesto siguiente queda gravado con una partida financiera que erosiona las posibilidades de gasto. Si esto se mantiene año tras año nos encontraremos ante un círculo vicioso...".

Parece que se hubiera escrito hoy, pero se escribió hace casi 20 años... Qué mala memoria tenemos y qué triste es ver cómo el tiempo te da la razón en aquellas cosas en las que te hubiera gustado equivocarte. La crisis del 93 abría la etapa de la planificación y la racionalidad económica, y nos ofrecía la oportunidad de girar poco a poco el rumbo de nuestras entidades hacia un modelo y unos servicios que fueran sostenibles.

La aparente superación de la crisis de 1993, y la posterior etapa de bonanza, hicieron pronto olvidar los problemas y las penurias, y muchos municipios desaprovecharon la oportunidad que ofrecía la crisis para adoptar todas las medidas necesarias para reformar el sistema deportivo y hacerlo más sostenible.

Casi dos décadas después, una profunda crisis económica, sobrevenida tras la mayor etapa de bonanza económica nunca vivida en España, pone de nuevo a las Administraciones públicas en general, y a las entidades deportivas municipales en particular, ante una nueva realidad: los recursos económicos son insuficientes para mantener el nivel de los servicios que se venían prestando al ciudadano. A nivel municipal, los Ayuntamientos han visto reducidos sus ingresos, y con ello las posibilidades de mantener sus generosas aportaciones para el sostenimiento de un sistema deportivo municipal muy dependiente y subvencionado.

---

[72] CORREAL, J. Algunas experiencias en la privatización de servicios deportivos. *VI Jornadas sobre deporte municipal.* UNISPORT, 1993, noviembre. Córdoba.

En el año 2012, los servicios deportivos municipales luchan ahora por sobrevivir, casi sin margen para acometer reformas que en su día podían haberse llevado a cabo de manera planificada, no traumática, pero que hoy se acometen en algunas entidades de manera cruel y urgente. Es una etapa que aún no tiene nombre, pero que bien podría denominarse "etapa de reinventarse o morir", una etapa en la que ya no se podrá esperar todo de los organismos públicos, una etapa en la que la sociedad civil deberá adquirir mayor protagonismo, y donde los Ayuntamientos o sus organismos autónomos tendrán la función de planificar, de coordinar y de controlar a los diferentes actores del deporte en el municipio, utilizando para ello los recursos mínimos necesarios.

LOS ÓRGANOS DE GESTIÓN

Desde los primeros años de la década de los 80, las estructuras municipales existentes se consideraban poco ágiles para dar respuesta rápida a las necesidades deportivas y no garantizaban la participación ciudadana en la toma de decisiones. En muchos municipios se optó por la creación de los organismos autónomos locales, los llamados *patronatos, institutos* o *fundaciones* deportivas, que contarían con personalidad jurídica propia dentro de la estructura municipal, lo cual les permitía gestionar con mayor agilidad, y posibilitar una mayor participación del tejido deportivo y social.

Pero a estos órganos de gestión, que se expandieron de manera mimética, les surgieron desde el principio algunas críticas, ya que se argumentaba que esos nuevos órganos significaban una merma de la autonomía del poder político en la toma de decisiones. Se decía que los gobiernos municipales habían sido elegidos democráticamente, y en consecuencia eran ellos quienes ostentaban la representación popular. De hecho, la Ley Reguladora de Bases de Régimen Local, dictada en abril de 1985, es clara en este sentido, indicando que:

"Las normas, medios y procedimientos de participación que las corporaciones establezcan en el ejercicio de su potestad de autoorganización no podrán en ningún caso menoscabar las facultades de decisión que corresponden a los órganos representativos regulados por la Ley".

La forma jurídica o el órgano de gestión representaba una de las primeras decisiones que tenía que tomar un Ayuntamiento al iniciar su andadura en la prestación de servicios deportivos al ciudadano. Básicamente, a los responsables municipales se les planteaban dos grandes opciones: o gestionaban directamente el deporte como un servicio más, integrado en la estructura del propio Ayuntamiento, o lo hacían a través de un Organismo Autónomo Local con fines, estatutos, órganos de decisión y presupuesto propios.

Antonio Merino[73] en los apuntes de las Jornadas sobre gestión deportiva municipal, celebradas en Vitoria en 1987, en referencia a su ponencia "Distintas alternativas de gestión a desarrollar por los Ayuntamientos en el ámbito del deporte", ya ponía de manifiesto las posturas encontradas sobre la conveniencia de una u otra forma de gestión de los servicios deportivos en el municipio, e indicaba que:

"Los Organismos autónomos quedan justificados en función de tres aspectos que inciden favorablemente en el servicio deportivo local:

1º Movilidad administrativa y funcional.

2º Libertad de actuación, a la vez que se propicia una mayor participación.

3º Agilidad, operatividad y transparencia en lo económico."

En Andalucía la posición sobre cuál es el órgano de gestión desde el que canalizar el deporte en el municipio, al igual que ocurría en el resto de España, no era homogénea, y así, mientras buena parte (finalmente la totalidad) de las capitales andaluzas y los municipios de mayor tamaño apostaron por la descentralización del deporte municipal con la creación de organismos autónomos locales, en los municipios medianos el posicionamiento estaba muy dividido, y en los municipios pequeños, la gran mayoría se inclinaron por prestar el servicio desde el propio ayuntamiento, sin órgano especial de gestión.

Lamentablemente carecemos de información precisa sobre el número de municipios andaluces que se organizaron de una forma o de otra, pero sí contamos no obstante con la información que se recogió en los Seminarios sobre indicadores económicos y de gestión que organizó el Instituto Andaluz del Deporte, y que yo tuve oportunidad de dirigir. El primero de estos Seminarios, llevado a cabo en 1997, iba dirigido a analizar los servicios de deportes de las ocho capitales andaluzas. En él tomaron parte los responsables de deportes de estas ciudades, y en el documento final[74] aparece la forma de gestión utilizada por ellos, que, como podemos ver, con una u otra denominación estaban todos

---

[73] MERINO, A. Distintas alternativas de gestión a desarrollar por los Ayuntamientos en el ámbito del deporte. *Apuntes de las Jornadas sobre Gestión Deportiva Municipal.* 1987, marzo 25. Vitoria. p. 27.

[74] CORREAL, J. Análisis de los servicios deportivos municipales de las 8 capitales de provincia andaluzas. *Boletín Deporte Andaluz,* 1999, nº 39. Instituto Andaluz del Deporte.

constituidos como Organismo Autónomo Local. De las ocho capitales, la pionera en adoptar la forma de gestión descentralizada fue Málaga en 1979. En 1985 todas las capitales menos Sevilla y Jaén habían constituido ya sus Patronatos o Fundaciones, siendo estas dos capitales las últimas en sumarse a esta corriente.

Tabla II. Indicadores de las capitales andaluzas

CIUDAD	ÓRGANO DE GESTIÓN	AÑO DE CREACIÓN
Málaga	Fundación Deportiva Municipal	1979
Almería	Patronato Municipal de Deportes	1983
Huelva	Patronato Municipal de Deportes	1983
Cádiz	Fundación Municipal de Juventud y Deportes	1984
Granada	Patronato Municipal de Deportes	1984
Córdoba	Patronato Municipal de Deportes	1985
Sevilla	Instituto Municipal de Deportes	1991
Jaén	Patronato Municipal de Deportes	1996

Fuente: IAD (1999)

En el siguiente Seminario, también organizado por el IAD, dos años más tarde, ya en 1999, denominado Financiación y modelos de gestión de los servicios deportivos municipales de las poblaciones andaluzas de más de 20 000 habitantes, se pudo recoger información de 50 de los 60 municipios andaluces que en ese momento superaban los 20 000 habitantes. La información obtenida nos indicaba que 30 de los 50 municipios analizados, es decir, el 60% se gestionaba a través de un Organismo Autónomo Local, y el 40% restante lo hacía como Servicio municipal de deportes, desde la propia estructura del Ayuntamiento.

El IAD siguió apostando por obtener información del deporte municipal, y en 2002 organizó el III Seminario sobre Indicadores de Gestión, pero esta vez bajando otro escalón para llegar hasta los servicios deportivos municipales de las poblaciones andaluzas de más de 15 000 habitantes. Analizando los órganos de gestión que los municipios participantes en el estudio utilizan para llevar adelante sus fines y sus objetivos de promoción y gestión de sus instalaciones y de sus actividades deportivas, nos encontramos que de los 47 municipios analizados en Andalucía, 21, es decir, el 45%, estaban constituidos como Organismo Autónomo Local con la denominación de Patronato o Instituto Deportivo Municipal, mientras que en los otros 26 municipios restantes, es decir, el

55%, el deporte lo coordinaban directamente a través de la propia Delegación de Deportes, como Servicio municipal.

Los datos aquí aportados nos indican claramente lo que exponíamos al principio: que los Organismos Autónomos Locales (OAL) eran mayoritarios en las capitales y en las poblaciones con mayor número de habitantes, y que esta situación se invertía conforme disminuía el tamaño o número de habitantes del municipio.

Por aportar una referencia de los órganos de gestión utilizados en los servicios deportivos municipales de otras comunidades autónomas, el Congreso del Deporte en Euskadi, celebrado en Vitoria en 2001, recogía que un 65% de los municipios del País Vasco contaban con OAL, frente a un 34% que funcionaban directamente como Delegación de Deportes y un 1% que adoptaban otros modelos.

El III Seminario sobre Indicadores de Gestión del año 2002 fue el último que se realizó en Andalucía, por lo tanto desde esa fecha hay una carencia de datos importante, que nos impide continuar la fotografía de los servicios deportivos con datos suficientemente representativos.

A partir de 2002 no hay datos recogidos y agrupados en ningún documento referido a los órganos de gestión del deporte municipal en Andalucía, pero sí sabemos que esa situación que se reflejaba a primeros del siglo XXI se ha mantenido sin grandes cambios en los municipios andaluces hasta prácticamente la llegada de la crisis económica del año 2008. Y que ha sido en los 2 últimos años (2011 y 2012) cuando, fruto de esa crisis, se están llevando a cabo cambios importantes cuando no radicales en la forma que asumen los Ayuntamientos andaluces para la gestión de sus servicios deportivos.

En estos dos últimos años se ha ido extendiendo una corriente que intenta cuestionar y poner en tela de juicio la propia viabilidad y existencia de los Organismos Autónomos Locales, considerados por algunos como alternativas del pasado, que han de ser superadas por otros órganos o formas de gestión. Bajo esta corriente, Patronatos o Fundaciones deportivas como las de Málaga (la primera Fundación deportiva creada en Andalucía), Granada, La Línea de la Concepción o Rincón de la Victoria, entre otras, han sido suprimidas, pasando el deporte municipal en unos casos, directamente a manos del propio Ayuntamiento, que lo asume desde una delegación más, y en otros casos la estructura pasa a manos de una empresa privada que asume prácticamente todas las labores ejercidas anteriormente por el OAL..

Después de 30 años de evolución y desarrollo del deporte en los municipios andaluces, nos encontramos en un momento crucial, donde las dificultades económicas y financieras que acarrea la profunda crisis económica que asola al Estado, a las Comunidades Autónomas y a los propios Ayuntamientos, está haciendo que algún partido político se cuestione la idoneidad de los Organismos Autónomos Locales para la gestión del deporte municipal.

Desde mi punto de vista, creo que es un error eliminar los Patronatos o Fundaciones deportivas como criterio político, de manera general, por el simple hecho de considerarlas como fórmulas creadas hace más de 30 años, que relacionan con el pasado. Creo que lo sensato sería analizar caso por caso, de manera que aquellas organizaciones que no sean operativas, que no sean eficientes, que no cumplan su función social, sí sean cuestionadas en la búsqueda de una mejor forma de gestión. Pero aquellas que mantienen una estructura eficiente y razonablemente sostenible deberían seguir desempeñando su tarea desde esta fórmula de gestión que tan buenos resultados ha dado en muchos municipios andaluces.

Lo que no encuentro razonable es que por seguir una determinada corriente política se supriman Patronatos o Fundaciones deportivas, para que al final el servicio no cambie para nada y el personal de esos Patronatos sigan realizando lo mismo, pero ahora desde el muchas veces espeso, burocratizado y poco operativo entramado de la llamada "casa grande": el Ayuntamiento.

En lo referido al órgano de gestión es importante matizar que, con independencia de las ventajas o los inconvenientes que tenga cada una de las dos grandes opciones que los Ayuntamientos han utilizado y utilizan como forma de gestión del deporte en el municipio, (Organismo Autónomo Local (OAL) o Servicio Municipal de Deporte), esa primera gran cuestión, aun siendo importante, no es la más relevante, ya que lo importante no es el órgano de gestión, sino lo que ese órgano de gestión hace, la manera en que gestiona. Lo realmente importante y lo que al final define las características de los servicios deportivos municipales, es el "modelo de gestión", definido por las herramientas y los recursos que se utilizan desde el ámbito municipal para llevar a cabo la prestación final de los servicios deportivos al ciudadano.

EL MODELO DE GESTIÓN

Dejado claro en el apartado anterior que una de las primeras decisiones que debe tomar un Ayuntamiento es qué forma jurídica utiliza para gestionar el deporte en el municipio, y vistas las dos -pero no únicas-, alternativas predominantes, abordaremos a continuación lo que hemos denominado como "lo realmente importante", es decir, "cómo y quién gestiona los servicios", es decir, lo que configura realmente el llamado "modelo de gestión".

Los modelos de gestión que se originan en el ámbito municipal, en función de a través de quién se preste el servicio, son los siguientes:

- El modelo de gestión directa, en el que ya sea el Ayuntamiento, o su Organismo Autónomo, la totalidad o la mayoría de los servicios son prestados directamente por personal contratado por la propia Administración local.
- El modelo de gestión indirecta, en el que la totalidad o la mayoría de los servicios que se llevan a cabo en las instalaciones de propiedad municipal son realizados por personal contratado por empresas, asociaciones, federaciones u otro tipo de entidades.
- El modelo de gestión mixta, en el que parte de los servicios de las instalaciones deportivas de propiedad municipal son prestados por personal de la propia Administración local y parte llevados a cabo por personal ajeno, es decir, contratado por empresas, clubes u otras entidades.

En el año 1982, los primeros servicios deportivos municipales que afloraron en Andalucía se apoyaban básicamente, por un lado, en un voluntariado de gente del deporte que actuaba de monitor llevando equipos y escuelas y recibiendo en el mejor de los casos alguna gratificación del Ayuntamiento, y por otro lado, en un personal mínimo contratado por el propio Ayuntamiento para la dirección del servicio y el mantenimiento de las instalaciones deportivas.

Los servicios deportivos municipales crecieron de manera exponencial en muchos Ayuntamientos, y pasaron en pocos años, en muchos casos, de gestionar apenas un campo de fútbol y una piscina de verano, a gestionar grandes pabellones de deportes, piscinas cubiertas y grandes complejos deportivos. Esas nuevas instalaciones que se iban construyendo e incorporando a la oferta de servicios deportivos municipales traían consigo la correspondiente contratación de personal de mantenimiento, de administración, de actividades y también de dirección. En la mayoría de municipios andaluces, ese personal era contratado directamente por el Ayuntamiento o por su organismo autónomo local, a través de las correspondientes ofertas de empleo público, en unos casos, y de otras fórmulas menos reglamentarias, en otros.

Así pues, en la década de los 80, la mayoría de los municipios andaluces pasaron de no tener ningún trabajador en el área de deportes, a tener toda una plantilla de trabajadores dependientes de los recursos y de la nómina municipal. Como ejemplo de lo referido aporto los datos de Benalmádena, que en 1982 funcionaba dentro de los planes experimentales de educación física, y que en 1983 inicia su andadura como Patronato Deportivo Municipal:

Tabla III. Incremento de los trabajadores del PDM de Benalmádena

AÑO	NÚMERO TRABAJADORES	CAPÍTULO DE PERSONAL EN PESETAS
1982	1	1 100 000
1983	3	7 192 332
1990	18	60 293 439

Fuente: Elaboración propia.

Situaciones de crecimiento similares se dieron en la mayoría de los municipios andaluces de cierta entidad de población (especialmente en los de más de 10000 habitantes), que vieron cómo sus plantillas de personal, y con ello sus presupuestos, crecían de manera llamativa.

Tras este fulgurante arranque del sistema deportivo municipal, basado en la gestión de los servicios de manera directa por el propio Ayuntamiento, muchos municipios empezaron a saber lo que quiere decir "morir de éxito": cuanto más se desarrollaba su sistema deportivo, mayor era la demanda de servicios por parte del ciudadano, mayores dotaciones económicas necesitaban para su sostenimiento, y más déficit acumulaban en sus "cuentas de resultados económicos". En definitiva, que cuanto más aumentaba el grado de aceptación de nuestros servicios deportivos entre los ciudadanos, más nos acercábamos, como dice Boni Teruelo,[75] "al colapso del deporte como servicio público".

La situación en muchos municipios se hizo insostenible, y se vio agravada por la llegada de la crisis económica de 1993, que provocó en

---

[75] TERUELO, B. y SOLAR, L. *La encrucijada del deporte municipal en la era Wiki.* 2012.

muchos municipios el replanteamiento de su modelo de gestión, es decir, de su manera de prestar los servicios al ciudadano. Justamente en noviembre de 1993, en las ya mencionadas VI Jornadas sobre deporte municipal, organizadas por UNISPORT en Córdoba, en mi ponencia "Algunas experiencias en la privatización de servicios deportivos", exponía lo siguiente:

> *"Pero como podemos apreciar, el Estado del Bienestar empieza a sentirse mal, y el déficit público amenaza la supervivencia del mismo. En esta situación solamente hay un camino, al que se opone mucha resistencia, pero que no habrá más remedio que seguir en el futuro. Es el camino de la privatización, que significa quitar de las manos del Estado o de los Organismos Públicos parte de los servicios sociales y dejarlos en manos de la iniciativa privada, de manera que disminuya el tamaño del Estado, sus necesidades económicas y su déficit público".*

El "discurso" parece que haya sido escrito hoy, pero se escribió hace casi 20 años, cuando los organismos públicos, y entre ellos los Ayuntamientos, en un esquema insostenible avanzaban hacia un callejón sin salida. La gestión directa de los servicios a través del propio personal del Ayuntamiento o del Patronato Deportivo había sido hasta ese momento la forma de gestión mas comúnmente utilizada en los municipios andaluces, pero a partir de la crisis del 93 son cada vez más los municipios que se abren a las otras formas de gestión contempladas en la Ley 7/85, de Bases de Régimen Local, encuadradas en las formas de gestión indirecta.

En ese momento los argumentos a la hora de optar por una solución indirecta, es decir, por una gestión de las instalaciones y de los servicios deportivos a través de terceros, venían dados por la búsqueda de unos mayores niveles de flexibilidad, eficacia, inmediatez y optimización de recursos, sin olvidar por supuesto la búsqueda de un ahorro económico en la gestión, y con ello de una reducción de los gastos fijos del capítulo de personal.

Para algunos municipios como Benalmádena, el optar o no por un modelo de gestión indirecta no era una cuestión de ideología, sino una necesidad, una cuestión de subsistencia y una forma de afrontar la sostenibilidad del sistema. En esos años, mientras la demanda ciudadana crecía y los gastos se disparaban, las aportaciones económicas de los Ayuntamientos para deporte se venían recortando sensiblemente, como se aprecia en los datos de la aportación económica del Ayuntamiento de Benalmádena al Patronato Deportivo durante los primeros años de la década de los 90, expresados en pesetas, nuestra moneda en ese momento.

Tabla IV. Aportación del Ayuntamiento de Benalmádena al PDM

AÑO	APORTACIÓN AYUNTAMIENTO
1990	69 666 289 Ptas
1991	62 497 893 Ptas
1992	62 557 308 Ptas
1993	55 193 310 Ptas

Fuente: Elaboración propia.

En esos difíciles años que continuaron a partir de la crisis de 1993, en lo que se ha considerado la etapa de la planificación y la racionalidad económica, los servicios deportivos municipales en Andalucía, empezaban tímidamente a recurrir a la externalización de servicios, y así, año tras año cada vez más municipios apostaban por gestionar o prestar parte de sus servicios a través de terceros, es decir, con personal ajeno a la plantilla de la Administración local.

En el año 2002 el Instituto Andaluz del Deporte organizó el III Seminario sobre indicadores económicos y de gestión,[76] dirigido a analizar los servicios deportivos de las poblaciones andaluzas de más de 15 000 habitantes, y en el apartado sobre el modelo de gestión se detalla lo siguiente:

"Analizadas las 1.092 unidades deportivas de propiedad municipal o cedidas al Ayuntamiento con que cuentan los 47 municipios objeto del estudio, se aprecia que el 71% de las mismas son gestionadas directamente, es decir, el riesgo económico de la gestión lo asume directamente el servicio deportivo municipal.

El 14% de las unidades deportivas son gestionadas de manera indirecta, es decir, en ellas el riesgo económico de la gestión no lo asume el servicio de deportes, sino las personas, empresas o entidades ajenas al servicio de deportes que han asumido la gestión.

El 15% de las unidades deportivas son gestionadas de manera mixta, es decir, el riesgo económico de la gestión lo asume el servicio deportivo municipal, pero el control de acceso o el mantenimiento lo realiza personal ajeno a la Administración local.

---

[76] CORREAL, J. *III Seminario sobre indicadores económicos y de gestión*. Instituto Andaluz del Deporte. 2002.

En los 47 municipios estudiados, unidades deportivas gestionadas de manera indirecta solo encontramos en 20 municipios, es decir, en el 43% de ellos. Por su parte, unidades deportivas gestionadas de manera mixta solo aparecen en 12 municipios, es decir, en el 26%.

Municipios que gestionen el 100% de sus unidades deportivas de manera directa encontramos 21 de los 47, lo que supone el 45%".

Como se puede apreciar, ni siquiera la crisis del 93 y las secuelas de los años sucesivos en las mermadas arcas municipales hicieron girar, como quizás se hubiera esperado, el modelo de gestión de los servicios deportivos municipales en Andalucía. El hecho de que en el año 2002 el 71% de todas las unidades deportivas de municipios andaluces de más de 15 000 habitantes se gestionaran directamente nos indica una prevalencia de un modelo de gestión directa muy anquilosado y normalmente muy costoso que aún tardaría años en flexibilizar su modelo con la prestación de servicios a través de terceros.

Esta prevalencia de un modelo de gestión directa a la hora de gestionar las instalaciones deportivas municipales se vuelve a ratificar años más tarde con los datos del Censo Nacional de Instalaciones Deportivas 2005,[77] referidos a Andalucía, donde en las conclusiones se indica que el 95% de las instalaciones deportivas municipales (sin considerar las de los centros escolares) están gestionadas directamente por la propia Administración. Aquí el porcentaje de gestión directa es más abultado al referirse a todos los municipios andaluces, no solo a los mayores de 15 000 habitantes como en el estudio del IAD referido anteriormente.

Pese a los datos expuestos, la tendencia en estos últimos 7 años, desde el año 2005, es que la gestión a través de terceros ha ido ganando terreno y cada vez son más los municipios andaluces que recurren a la externalización a la hora de realizar parte de sus funciones (limpieza, mantenimiento, conserjería, etc.), o a la hora de prestar parte de sus servicios (escuelas deportivas, eventos, ligas locales, etc.), o incluso a la hora de gestionar íntegramente una instalación deportiva.

Este proceso en algunos municipios se ha desarrollado de una manera casi absoluta y prácticamente la totalidad de sus instalaciones son gestionadas por personal ajeno, pero en la mayoría de los municipios andaluces se va a un modelo mixto de gestión donde la Administración local gestiona una parte de las instalaciones (normalmente las más

---

[77] CORREAL, J. Instalaciones deportivas de la Comunidad Autónoma de Andalucía. *Censo Nacional de Instalaciones Deportivas 2005*. Consejo Superior de Deportes. 2006.

deficitarias) y otra parte de las instalaciones (normalmente las más rentables) son gestionadas o explotadas por empresas u otras entidades.

Cada vez más se va a estructuras más pequeñas y ligeras, donde la Administración local conserva las funciones de planificación, seguimiento y control, dejando en manos de empresas la prestación propia del servicio, e incluso la gestión de determinadas instalaciones; de esta manera la Administración pública aligera su estructura, reduce sus costes, pero conserva la orientación de las instalaciones deportivas municipales como servicio público, algo que, con independencia del modelo de gestión, nunca se debería perder.

En los últimos 7 años, lo que ha cobrado un protagonismo especial en Andalucía ha sido la fórmula de Cesión de Terreno Público de uso deportivo, para que un tercero construya en una parcela municipal y explote determinadas instalaciones durante un periodo de tiempo determinado (generalmente en torno a los 50 años). Esta fórmula ha sido, en muchos casos, la única posibilidad que encontraban las corporaciones locales para poder seguir ampliando la oferta de instalaciones deportivas en el municipio, habida cuenta de la falta de recursos económicos que los Ayuntamientos padecen, situación ésta que se ha visto agravada en los últimos años con la crisis económica que nos afecta desde el año 2008.

Pero incluso en estos casos de cesión de terreno público a un privado para la construcción de un equipamiento, la Administración local no debería perder el control de esa nueva instalación, interviniendo a través de sus técnicos, primero en la elaboración de los pliegos y segundo en la verificación del cumplimiento de lo establecido en los mismos y en su oferta, no solo al principio sino a lo largo de toda la vida del contrato.

La actual tendencia indica que en el futuro descenderá la participación y el protagonismo de la Administración pública, cobrando un mayor protagonismo la libre competencia entre los agentes deportivos, que serán los que perfilen el nuevo modelo, un modelo donde los servicios deportivos municipales deberán seguir garantizando el acceso de los ciudadanos en régimen de equidad a las instalaciones y servicios deportivos de la esfera municipal.

Como ya recogía Juan Carlos Maestro[78] en 1991, en su ponencia "Pasado, presente y futuro de los servicios deportivos en las Administraciones locales andaluzas", los servicios que preste la

---

[78] MAESTRO, J.C. Pasado, presente y futuro de los servicios deportivos en las Administraciones locales andaluzas. *I Jornada de la Federación andaluza de municipios y provincias sobre política deportiva en el municipio.* 1991, febrero. Málaga.

Administración local deberán responder cada día más al razonable principio de eficiencia basado en prestar el mejor servicio al menor coste posible, valiéndose para ello de contratos, concesiones o convenios con agentes sociales y privados, de manera que lo público y lo privado cada día se complementarán más. En esa coyuntura, en la que ya hoy nos deslizamos, el Deporte para Todos continuará siendo la base del sistema deportivo local, pero no será la Administración quien tenga la exclusividad en su prestación.

EL ASOCIACIONISMO DEPORTIVO

Desconozco cuál era el número de clubes deportivos existentes en Andalucía en 1982, y menos aún cuántos de los registrados realmente tenían vida, pero lo que sí sé es que nuestra situación era bien diferente a la que relata Klaus Heinemann[79] referida a Alemania, donde "uno de cada cuatro alemanes es miembro de un club deportivo o incluso de varios".

En 1982, y prácticamente en el resto de la década de los 80, el asociacionismo deportivo en Andalucía tenía un papel muy poco relevante, claro está, sin considerar a los clubes deportivos de fútbol, que eran el principal, cuando no el único exponente del deporte en los pueblos y ciudades andaluzas, y contaban en la mayoría de los casos con un buen respaldo por parte de los ciudadanos y generalmente con un respaldo total por parte de los regidores políticos de la época.

Este aspecto representaba una clara debilidad del sistema deportivo local, ya que al no existir, o ser muy débiles las asociaciones deportivas, muchos Ayuntamientos apenas podían apoyarse en estas entidades para desarrollar su objetivo de promoción de la práctica deportiva, con lo cual se veían obligados a ejecutar todos sus programas con su propio personal, empezando muchos Ayuntamientos a generar una estructura de personal técnico-deportivo, que poco tiempo después se vería que resultaba insostenible.

En esa situación, en la década de los 80 era muy típico que el propio director del Patronato Deportivo, o del Servicio de deportes, ante la debilidad del tejido asociativo impulsara la creación de clubes deportivos, incluso formando parte de su junta directiva para poder poner en funcionamiento nuevas asociaciones deportivas, como ocurrió en Benalmádena.

---

[79] HEINEMANN, K. Importancia del Asociacionismo en Alemania. *Apuntes del III Encuentro de Política Deportiva*. 1993. Ayuntamiento de Barakaldo. KAIT.

El hecho es que los servicios de deportes necesitábamos de la colaboración de los clubes deportivos, fundamentalmente para el desarrollo de los programas de actividades dirigidas, las llamadas escuelas deportivas municipales. En algunas capitales de provincia, en vez de clubes eran las federaciones deportivas provinciales las que se vincularían para la prestación de las escuelas deportivas. En cualquier caso, la mayoría de los gestores de entonces éramos conscientes de que era insostenible integrar dentro de la estructura del servicio deportivo municipal a todos los monitores y técnicos deportivos que iban a surgir de la puesta en marcha de los programas de escuelas deportivas.

A final de la década de los 80, ante el éxito que tenían las campañas de promoción de las escuelas deportivas, fue necesario ampliar el número de grupos, modalidades y horarios y con ello se obligaba también a aumentar año tras año el número de profesores. En esta situación los clubes eran absolutamente necesarios en la mayoría de los municipios para llevar a cabo la impartición de las escuelas deportivas. Y si no había clubes, se creaban impulsados y apadrinados desde el propio servicio de deportes del Ayuntamiento.

En 1987, Luis Miguel Alonso Fernández[80] recoge en su ponencia del I Seminario Andaluz de Deporte Municipal que Andalucía en 1985 contaba con 2428 asociaciones deportivas registradas o en trámite de registro, lo que suponía solo el 12,8% del total de asociaciones registradas en España, pero que de todas ellas el 34,4% eran asociaciones dedicadas a la caza, por delante de las de fútbol, que representaban el 22,9%, y de las de ciclismo, que iban a continuación con el 10,4%.

Por su parte, en 1990 Pedro Aragón Cansino[81] recoge en su intervención en el I Seminario Internacional sobre Ciencias del Deporte en el Mediterráneo que en el Registro de Asociaciones Deportivas de la Dirección General de la Junta de Andalucía hay registradas a final de 1989 un total de 3916 asociaciones deportivas, que como él mismo indica sigue siendo una cifra muy baja en relación al número de habitantes de nuestra comunidad autónoma.

Impulsados desde los servicios de deportes nacieron muchos clubes deportivos en Andalucía, para ser el brazo ejecutor de los programas de escuelas deportivas que organizaban los Ayuntamientos, y poco a poco algunos de esos clubes se consolidaron, tienen ya cerca de 30 años, y

---

[80] ALONSO, LM. El Asociacionismo deportivo en el ámbito municipal. *I Seminario Andaluz de deporte municipal.* Unisport. 1987, marzo. Sevilla.
[81] ARAGÓN, P. El Deporte para todos en Andalucía. *I Seminario Internacional sobre las Ciencias del Deporte en el Mediterráneo.* Instituto Andaluz del Deporte. 1990. Málaga.

siguen asumiendo su papel en la prestación de las escuelas deportivas en los servicios municipales.

Otra cuestión diferente es cómo han formalizado los Ayuntamientos esas prestaciones de los clubes deportivos para la impartición de las escuelas deportivas. En los primeros años, cuando eran pocos monitores, muchos municipios los contrataron, y así, recuerdo que Benalmádena tuvo contratado al profesor de fútbol y al profesor de tenis. Algunos Ayuntamientos siguieron por esa línea, hasta que vieron que era materialmente insostenible, y la mayoría buscó fórmulas para formalizar la relación entre el servicio de deportes y los clubes, prestadores del servicio de escuelas deportivas.

La fórmula más utilizada, hasta incluso bien entrada la década de los 90, fue la de los llamados convenios con los clubes (en algunos casos con federaciones deportivas), donde los servicios municipales de deporte plasmábamos en un documento un acuerdo de colaboración por el cual el club se comprometía al desarrollo del programa de escuelas deportivas y la Administración local se comprometía a una determinada aportación económica. En esa situación los clubes recibían mensualmente la aportación municipal y eran ellos los que se ocupaban de liquidar a los profesores implicados en las escuelas deportivas.

Con el paso de los años la mayoría de los municipios han intentado resolver el vacío que provocaba que los clubes no tuvieran contratados a sus monitores, y hoy ya lo más común es que se les exija a los clubes que contraten a los técnicos deportivos que se ocupan de la impartición de las escuelas deportivas, recogiéndose este aspecto o en la convocatoria de subvenciones o en los convenios de colaboración suscritos para este fin.

Pero la relación de los clubes deportivos con los servicios deportivos municipales no se ha limitado, ni se limita sólo, a resolver la prestación de las escuelas deportivas. Este solo es un aspecto en el que algunos clubes participan, y no en todos los municipios. En cambio, una relación que se da prácticamente en todos los municipios andaluces es la que tiene lugar con el uso de las instalaciones deportivas municipales por parte de los clubes federados.

Cuando se crean los servicios deportivos municipales, el tejido asociativo es muy débil, pero en la mayoría de las ocasiones en casi todas las poblaciones había siempre un club de fútbol, que ya utilizaba algún recinto deportivo, y que por lo tanto ya se había posicionado incluso antes de la propia creación del servicio municipal de deportes. Por ello cuando se crean los servicios de deportes se da cobertura a las necesidades del club de fútbol, y por el mismo criterio a cualquier otro club existente y también a los que se crearan posteriormente.

Hay que tener en cuenta que en los comienzos de la década de los 80 en muchos municipios el deporte de competición federado era lo que se consideraba "el deporte", y era incluso más numeroso en practicantes que el otro gran sector del llamado deporte para todos, que estaba aún pendiente de eclosionar. En esa coyuntura, al fútbol especialmente y al resto del deporte federado los servicios municipales de deporte les facilitaron las instalaciones para sus entrenamientos y competiciones, generalmente en régimen de gratuidad.

En el III Seminario sobre indicadores económicos y de gestión que referimos en el capítulo anterior, dirigido a analizar los servicios deportivos de las poblaciones andaluzas de más de 15 000 habitantes, en el apartado sobre el pago del uso de las instalaciones por parte de los clubes federados se detalla lo siguiente:

"De los 47 municipios analizados, solo en 5 los clubes federados pagan la tarifa establecida; en 4 tienen una tarifa reducida; en 2 municipios el criterio es que se les deduce de las subvenciones concedidas, y en el resto simplemente no pagan nada".

Esta era la situación en 2002, y diez años después sigue siendo muy parecida: la mayoría de los municipios facilitan en régimen de gratuidad las instalaciones a los clubes deportivos federados. Pero en esta situación, cuanto más éxito tiene un club y más se desarrolla, mayor necesidad tiene de uso de instalaciones y más se hipotecan los servicios deportivos municipales con prestaciones que no generan ingresos y sí gastos.

En la actualidad, muchos municipios se replantean esta relación entre los clubes federados y el uso de las instalaciones en régimen de gratuidad, preguntándose por qué si un colectivo de ciudadanos no federado tiene que pagar por el uso de instalaciones, no lo han de hacer los colectivos de federados. Pero hoy día hay que reconocer que modificar este "statu quo", en Andalucía, supondría la desaparición de buena parte de nuestro entramado asociativo, al depender estas asociaciones de la cesión gratuita de las instalaciones por parte del municipio. Pero aun reconociendo esta evidencia, en el futuro próximo los municipios no tendrán más remedio en la búsqueda de la sostenibilidad de las instalaciones deportivas que encontrar otras fórmulas de relacionarse con el deporte federado.

Hoy día los responsables deportivos locales son conscientes, como indicaba ya en 1993 el exsecretario de Estado para el deporte Javier

Gómez Navarro,[82] de que un país es mucho más rico deportivamente cuanto más tejido social deportivo tenga, y de que una de las mejores formas de medir el nivel deportivo y la práctica deportiva de un país o de una comunidad es midiendo su número de clubes, su número de asociados y lógicamente la actividad que estos realizan.

La principal carencia de las asociaciones deportivas andaluzas es su falta de consolidación, y una visión que se limita generalmente a participar en las competiciones federativas y poco más. Nos faltan clubes con otra visión, clubes con más ambición, que deseen tener un espacio a largo plazo en el sistema deportivo local, y que tengan capacidad de gestionar instalaciones. Hay en Andalucía municipios donde algunos clubes han dado el paso y han pasado a gestionar instalaciones que la Administración local estaba interesada en ceder. Este es un camino que está por andar y que, de materializarse, provocaría la consolidación de los clubes implicados, y la reducción de costes de las entidades locales.

LA OFERTA DE SERVICIOS

A finales de los años 70, los Ayuntamientos privilegiados que contaban con instalaciones deportivas las tenían fundamentalmente al servicio de algún club deportivo local y de los centros escolares del entorno. Por otro lado, las pocas actividades deportivas que se organizaban desde el Ayuntamiento se vinculaban con las fiestas patronales y algunas pruebas deportivas puntuales impulsadas por algún club local. La organización de los juegos deportivos escolares normalmente se llevaba a cabo en los municipios medianos y grandes a través de la Delegación de la Juventud y Deporte, estando esta bastante estructurada y teniendo su correspondiente fase local, provincial, y su competición nacional.

A principios de los 80, con la creación en los Ayuntamientos de los servicios municipales de deportes, en unos casos, y de sus Patronatos deportivos en otros, se inicia todo un proceso de construcción de instalaciones deportivas que rápidamente se pondrían a disposición del ciudadano, y en las que se plantearía una oferta de actividades que iría creciendo paulatinamente año tras año.

Las primeras instalaciones deportivas con las que se dotan los municipios en ese periodo inicial son instalaciones deportivas convencionales enfocadas generalmente a la práctica del deporte reglado

---

[82] GÓMEZ, J. El papel de la Administración pública en el deporte. *Apuntes III Encuentro de política deportiva.*1993. Ayuntamiento de Barakaldo. KAIT.

y de competición, es decir, campos de fútbol, pabellones, pistas polideportivas, pistas de atletismo y piscinas. Este hecho condicionaría en buena medida el aprovechamiento posterior de estas instalaciones.

Una vez construidas las instalaciones deportivas, el objetivo que teníamos los gestores de entonces estaba claro: llenarlas de vida, de usuarios, de actividad, para lo cual normalmente los municipios, aparte de ponerlas a disposición del ciudadano para uso libre y autónomo, recurríamos a lo siguiente:

Por un lado, facilitar el uso de las instalaciones deportivas municipales a los centros escolares que estaban interesados en realizar sus clases de educación física en ellas. Aquí la clave estaba en la ubicación de estas instalaciones deportivas: si estaban ubicadas en el entorno de centros escolares, estos tenían alguna opción de poder aprovecharlas, y en cambio si estos centros escolares estaban alejados sus posibilidades se reducían, cuando no se anulaban. El uso de las instalaciones por los centros escolares posibilitaba el aprovechamiento de estas en los horarios de mañana, es decir, en unos horarios que si no eran entonces utilizados por los centros escolares, prácticamente se quedaban vacíos, al no haber en ese momento otro tipo de demanda.

La otra vía para llenar de vida unas instalaciones deportivas en muchos casos recién construidas fue la de ofrecérselas a los clubes deportivos locales, para que estos pudieran acoplar sus entrenamientos y sus competiciones. En aquella época no estaba muy desarrollado el deporte de competición federado, y eran pocos los deportes que se desarrollaban en los municipios, pero eso sí, prácticamente todos tenían su club de fútbol, que jugaba ya en un recinto deportivo, normalmente de propiedad municipal, hecho este que les posicionó desde el principio en un lugar de privilegio con respecto al resto de modalidades deportivas que surgieron posteriormente, posición de privilegio que en muchos municipios se mantiene hasta el día de hoy.

La cesión de las instalaciones a los clubes deportivos federados de la localidad posibilitaba en aquellos primeros tiempos la ocupación de las instalaciones en los horarios de tarde/noche, horarios que sí tenían un mayor nivel de demanda por parte de los ciudadanos.

Una tercera vía para ocupar las instalaciones, que es la que realmente llenó de contenido a los servicios municipales de deportes, fue la creación de un programa de actividades deportivas dirigido a toda la población. Los programas creados no respondían a una demanda expresada, sino que fueron planteados por los técnicos municipales de deportes para atraer al ciudadano hacia la práctica deportiva, hasta ese momento prácticamente inexistente. Estos programas no tenían precedentes, al menos en el ámbito público, y cada municipio fue configurando el suyo, retroalimentándose de la respuesta ciudadana y de lo que veía en los municipios de su entorno.

Básicamente casi todos los municipios (y aquí me refiero de manera especial a los municipios de más de 10 000 habitantes) fueron configurando su programa de actividades en base a los siguientes contenidos:

1. *Programa de actividades dirigidas.* Aquí se agrupaban las escuelas deportivas infantiles, ya sean de iniciación o de perfeccionamiento, y también las escuelas deportivas de adultos, que tenían un carácter totalmente recreativo. Asimismo, dentro de este bloque de actividades dirigidas no podían faltar los llamados grupos de mantenimiento físico de adultos y de la 3ª edad.

Con el paso de los años los pequeños programas de escuelas deportivas fueron creciendo año tras año, conforme se iban incorporando más y más ciudadanos a la práctica deportiva, configurándose en la mayoría de los servicios municipales de deportes como el área más potente del programa anual de actividades deportivas.

El profesorado de estas escuelas deportivas ha ido pasando por diferentes fases, desde una inicial donde el Ayuntamiento los contrataba, una posterior donde se les vinculaba mediante convenio de colaboración con los clubes, hasta una actual donde los servicios los prestan los clubes y estos contratan a los profesores o los servicios se prestan por empresa, que es la que contrata a los profesores de las escuelas.

El crecimiento de estos programas de escuelas deportivas en muchos municipios llegó un momento en que tocó techo, no ya porque la demanda se detuviera, sino porque con el actual esquema de precios de la mayoría de municipios, apenas se recauda para el pago del profesorado, que no deja de ser solo uno de los conceptos de gasto de las escuelas deportivas.

El futuro de los programas de actividades dirigidas pasará antes o después por una actualización de precios que permita que estos programas no sean tan deficitarios como lo son en la actualidad. Actualización que habrá que llevar a cabo preservando el principio de acceso a la práctica deportiva de cualquier ciudadano, para lo cual habrá que habilitar (muchos municipios ya las tienen) políticas de bonificación de tasas para los ciudadanos sin recursos económicos suficientes.

Las actividades dirigidas para adultos que ofertábamos a los ciudadanos hace años, encorsetadas a unos días y horas determinados, han girado ya en muchos municipios hacia los programas abiertos vinculados con el fitness que se imparten en los gimnasios, donde el ciudadano tiene la libertad de ir a la hora que quiere y que puede, y donde también tiene la libertad de elegir en cada momento la actividad que más le apetece. Como dice Boni Teruelo:[83]

> *"Los gimnasios se han convertido en los espacios preferidos por los nuevos deportistas y en los que centran sus principales demandas... el fitness se ha convertido actualmente en un fenómeno deportivo y social",*

llegando incluso a denominarlo "el deporte del siglo XXI". Por este motivo los programas dirigidos de adultos al antiguo uso se han visto reducidos o eliminados en muchos servicios deportivos municipales.

2. *Programa de Ligas locales.* 1982 fue el año del Campeonato del Mundo de Fútbol en España, y ese evento espoleó en alguna medida el deseo, al menos de los jóvenes, de competir en dos modalidades que se hicieron un hueco en casi todos los municipios: el fútbol y el fútbol sala. Con una o ambas de estas dos modalidades comienzan muchos servicios de deportes su programa de ligas locales. Un programa que inicialmente se planteaba para mayores de 16 o 18 años, que no estaba vinculado por lo tanto a los centros escolares, y que tendrían su hueco generalmente los sábados por la tarde, para luego terminar expandiéndose a otros horarios.

A partir del fútbol y el fútbol sala, muchos municipios con el paso de los años fueron incluyendo otros deportes como el baloncesto, el tenis o el pádel, entre otros, donde se fueron incorporando ciudadanos que querían competir en su deporte favorito, sin necesidad de federarse ni de salir del municipio.

Los practicantes de algunos de estos deportes, que eran jóvenes de apenas 20 años a comienzos de la década de los 80, hoy tienen 50 o más años y quieren seguir compitiendo; es el resultado de la cultura deportiva implantada en una sociedad que, como dice Juan de la Cruz Vázquez,[84] quiere "Deporte para siempre". Para estos ciudadanos, en algunos municipios ya se han creado ligas específicas para mayores de 40, o incluso para mayores de 50. El resto de municipios, si quieren seguir dando respuesta a la demanda ciudadana en este sentido acabarán

---

[83] TERUELO, B. El fitness, vanguardias y tendencias. *Plazan, Revista de la Asociación Vasca de Gestores del Deporte*, nº 34. "012, abril.
[84] VÁZQUEZ PÉREZ, J de la C. *Deporte para siempre.* Editorial Wanceulen. 2011.

creando estos grupos "máster" para los mayores que se encuentran bien y no quieren "colgar las botas".

En muchos municipios las ligas locales han permitido dar una salida a todos los jóvenes a los que les gusta competir, pero que no tienen hueco en los equipos federados de su localidad, teniendo estos la posibilidad de formar su propio equipo y competir sin salir del municipio y sin necesidad de tener que soportar los gastos propios que implica el deporte federado. En algunos municipios, como en Benalmádena, el programa de ligas locales es tan potente (en fútbol sala 70 equipos, 4 categorías) que ha logrado algo extraordinario: que no tengamos ningún equipo compitiendo en la liga federada de fútbol sala… no les hace falta salir fuera para hacer lo que pueden hacer dentro, con una ventaja para el municipio: no hay que cederles horario de entrenamiento, pagan sus fichas de inscripción, pagan sus arbitrajes y no requieren de subvenciones.

3. *Programa de Juegos Deportivos Municipales (JDM)*, también denominados Juegos Deportivos Escolares. Como indicaba al principio de este apartado, ya en la etapa anterior a la creación de los servicios deportivos municipales, en los años 70, en muchos municipios (fundamentalmente grandes y medianos) se desarrollaban los llamados Juegos Escolares, a través de las sedes locales de la Delegación Nacional de la Juventud. Con la supresión de estas estructuras ligadas al antiguo régimen, y tras ser asumido el deporte por parte de los Ayuntamientos, los juegos deportivos escolares pasan a ser asumidos, en la mayoría de las poblaciones, desde la Administración local.

En la mayoría de los municipios andaluces de más de 10 000 habitantes los Ayuntamientos crean su programa de JDM, definiendo cada municipio sus propias características, modalidades e incluso reglas de juego, que se adaptan en cada población en función de sus circunstancias. La actividad se desarrolla a veces en estrecha colaboración con los responsables de deportes de los centros escolares, y en otras ocasiones prácticamente sin respaldo alguno de estos, hasta el punto de que muchos Ayuntamientos para garantizar la participación de los centros escolares recurren a incentivarles económicamente.

Los JDM suponen para los municipios una apuesta por llevar el deporte a los escolares fuera de su horario lectivo, y también una motivación para las escuelas deportivas existentes en los centros escolares, o para la creación de estas. El lado negativo de este programa es que es totalmente deficitario, ya que por lo general el servicio de deportes cubre todos los gastos (arbitrajes, trofeos, instalaciones, coordinación), ya que ni los centros escolares ni los participantes generalmente pagan nada por participar. Con lo cual la recomendación es poner en valor el coste de este programa, para que forme parte de la cuenta de explotación anual del servicio de deportes, en su capitulo de programas subvencionados.

4. *Programa de eventos y pruebas populares.* En los primeros años de la década de los 80 había que reivindicar el valor del deporte, había que sacar el deporte a la calle, y para ello los municipios andaluces, como los del resto de España, programaban toda una serie pruebas deportivas de carácter popular, que por encima de todo buscaban la participación del mayor número posible de ciudadanos. Es el momento de los llamados día de la bicicleta, fiesta del patín, caminata popular, carreras urbanas, etc., que año tras año se consolidaban en el programa de la mayoría de los municipios.

Por otro lado, aparte de las pruebas populares los municipios han incorporado en sus programas de actividades otra serie de pruebas deportivas de diferente naturaleza, ya no de carácter popular, sino que responden a campeonatos de todo tipo: provinciales, regionales, nacionales e incluso en el caso de las grandes ciudades internacionales, que son acogidos por los municipios por motivos muy diversos, pero que en cualquier caso normalmente implican un coste para el Ayuntamiento que se vincula como organizador o sede del evento.

En la actualidad los municipios cada vez miran con más detalle las propuestas de realización de estos eventos deportivos, ante la necesidad de racionalizar los escasos recursos económicos de que disponen.

5. *Otros programas.* Cada servicio deportivo municipal ha tenido la libertad de definir su programa de servicios y actividades, de manera que cada uno, en base a sus objetivos, a sus posibilidades, a sus recursos y a su idiosincrasia ha ido perfilando su oferta de servicios al ciudadano. Una gran parte de municipios andaluces cuentan en mayor o menor medida con los programas descritos anteriormente, pero otros han incorporado toda una serie de actividades entre las que están las siguientes:

- Campamentos de verano, Navidad, Semana Santa o Semana Blanca.
- Actividades en la naturaleza.
- Programas de rehabilitación.
- Programas de pérdida de peso.
- Programas de reconocimiento médico, etc.

Todas las actividades descritas en este último apartado se han ido abriendo hueco poco a poco en los programas ofertados por los municipios, en un intento de acercarse a las demandas y necesidades del ciudadano, pero prácticamente todas ellas tienen como característica que se pueden financiar con las cuotas que pagan, siendo ésta hoy día una exigencia a la hora de incorporar nuevas actividades a los servicios deportivos municipales.

LA FINANCIACIÓN

Los servicios deportivos municipales, en Andalucía como en el resto de España, fueron creados con diferentes denominaciones, con diferentes servicios y estructuras, pero detrás de ellos por encima de todo ha existido siempre un objetivo básico, que más bien podríamos denominar una misión: "fomentar la práctica de la actividad físico-deportiva entre la población, como medio para la mejora de la calidad de vida del ciudadano".

Para el desarrollo de esta importante misión, cada municipio definió en su día su órgano de gestión, su esquema de personal, construyó sus instalaciones deportivas, organizó sus servicios y funcionó con un determinado modelo de gestión. Pero para desarrollar su labor los servicios deportivos municipales necesitaron desde el primer momento unos recursos económicos con los que atender todos los costes que su ardua labor implicaba.

En los comienzos del periodo que analizamos -primeros años de la década de los 80- ya vimos que desde el Consejo Superior de Deportes se incentivaba económicamente para que los municipios crearan una mínima estructura de personal y de servicios enfocada a la promoción del deporte en el ámbito local. Muchos municipios, tras finalizar este plan experimental y acabar las subvenciones planteadas para el mismo, quisieron continuar impulsando el deporte como un servicio público más al ciudadano, iniciando de esta manera una aventura que en la mayoría de las poblaciones andaluzas ha tenido un desarrollo espectacular.

Las dotaciones económicas de los primeros años de andadura de muchos servicios deportivos municipales eran pequeñas, como pequeña era su estructura, pero la excelente labor realizada por los municipios y la extraordinaria acogida de los ciudadanos a los programas y a los servicios ofertados hizo que crecieran año tras año la oferta, las instalaciones, y con ello el tamaño de este nuevo servicio público local, que cada vez iba a necesitar más recursos económicos para su sostenimiento.

La política de gratuidad en algunos municipios, y de precios políticos muy por debajo del coste real de las prestaciones en el resto de municipios, sirvió inicialmente para atraer hacia el fenómeno deportivo a miles de ciudadanos, que no encontraron obstáculo de tipo económico para llevar a cabo su práctica deportiva. Pero lo que al principio representaba toda una ventaja acabó transformándose en un problema: los Ayuntamientos que habían abierto el abanico de servicios prestados al ciudadano empezaban a no poder sostenerlos ante el crecimiento imparable de algunos de ellos, como ocurría con los servicios deportivos.

Cuanto más crecían los servicios deportivos, más evidente se hacía su nivel de dependencia de las aportaciones del Ayuntamiento o de otras Administraciones, y así, en el II Seminario andaluz sobre deporte municipal, celebrado en Cádiz en abril de 1988, el director general de Deportes de la Junta de Andalucía, Jesús de la Lama,[85] decía lo siguiente:

"Conocemos y asumimos totalmente en la comunidad autónoma los problemas de financiación del deporte municipal... Todavía hay muchos municipios en los que se espera de las Diputaciones y comunidad autónoma una financiación del 100% de lo que supone un programa municipal de deporte, y eso es absolutamente imposible...".

Jesús de la Lama lo exponía con meridiana claridad: "es absolutamente imposible" que un país, una comunidad autónoma, y yo añadiría que un Ayuntamiento, soporten el coste total del deporte. Los niveles de práctica deportiva crecían año tras año en los municipios, en la misma medida que lo hacía el déficit vinculado a esos mismos servicios, sin que desde los Ayuntamientos se mostrara una especial preocupación ante esa situación, como tuve yo ocasión de poner de manifiesto en octubre de 1989, en Almería en el III Encuentro Andaluz del Deporte Municipal[86] con una ponencia titulada "La financiación: el elemento olvidado de la gestión deportiva municipal andaluza", donde reflejaba el desinterés existente en aquel entonces entre los responsables técnicos y políticos por la financiación de los servicios deportivos municipales.

Pese a las dificultades económicas que cada año con mayor evidencia iban encontrando los Ayuntamientos andaluces para financiar el deporte municipal, este sector deportivo siguió creciendo hasta considerarse como uno de los servicios públicos voluntarios de mayor aceptación en los pueblos y ciudades andaluzas, y en muchos casos ser considerado como el de mayor aceptación y valoración ciudadana.

---

[85] DE LA LAMA, J. Diseño global del deporte en Andalucía. Unisport. *Apuntes del II Seminario Andaluz sobre Deporte Municipal*. 1988, abril. Cádiz.
[86] CORREAL, J. La financiación, el elemento olvidado de la gestión deportiva municipal andaluza. *III Encuentro Andaluz del Deporte Municipal*. Unisport, 1989, octubre. Almería.

Los presupuestos de gasto de los servicios deportivos de los Ayuntamientos andaluces tras la crisis de 1993 siguieron creciendo en muchos municipios de manera espectacular, como lo demuestran los datos de la evolución del presupuesto de gastos en los servicios de deportes de las ocho capitales andaluzas, recogidos en el Seminario organizado por el IAD sobre gestión de actividades e instalaciones deportivas, llevado a cabo en el año 1997, y publicado por el IAD,[87] en el podemos ver ese crecimiento espectacular de los recursos dedicados al deporte local:

Tabla V. Indicadores de las capitales andaluzas.

CIUDAD	PRESUPUESTO GASTOS 1990	PRESUPUESTO GASTOS 1996	% VARIACIÓN
Almería	46	201	337%
Cádiz	205	512	150%
Córdoba	160	534	234%
Granada	247	456	85%
Huelva	116	271	134%
Jaén	126	284	125%
Málaga	192	393	105%
Sevilla	723	1277	77%
Total	1815	3928	156%

Fuente: IAD (1999)

Datos referidos al presupuesto liquidado de gastos por operaciones corrientes (en millones de pesetas), y el % de variación total, calculado en base a la media de variación del % de las ocho ciudades.

En ese periodo los municipios andaluces hicieron un esfuerzo para no seguir incrementando sus abultados niveles de déficit, aunque solo algunos lo consiguieran, como vemos en los datos de porcentaje de financiación por ingresos por tasas de estos mismos servicios deportivos analizados anteriormente:

Porcentajes referidos con respecto al presupuesto liquidado de gastos por operaciones corrientes del Servicio de deportes, en este caso todos patronatos o fundaciones.

---

[87] CORREAL, J. Análisis de los servicios deportivos municipales en las ocho capitales de provincia andaluzas. *Boletín Deporte Andaluz,* 1999, mayo, nº 39, pág. 29. Instituto Andaluz del Deporte.

Tabla VI. Indicadores de las capitales andaluzas.

CIUDAD	% INGRESOS POR TASAS EN 1990	% INGRESOS POR TASAS EN 1996	% VARIACIÓN
Almería	30 %	25 %	- 5 %
Cádiz	12 %	34 %	22 %
Córdoba	10 %	34 %	24 %
Granada	34 %	32 %	- 2 %
Huelva	34 %	29 %	- 5%
Jaén	20 %	25 %	5 %
Málaga	8 %	8 %	0 %
Sevilla	1 %	18 %	17 %
Media	19 %	26 %	7 %

Fuente: IAD (1999)

El último estudio realizado desde el IAD, centrado en el análisis de los indicadores de gestión de los servicios deportivos municipales de poblaciones andaluzas de más de 15 000 habitantes, como ya se indicó en apartados anteriores, tuvo lugar en el año 2002; en él participaron el 51% de los municipios de más de 15 000 habitantes y se manejó la información presupuestaria de la liquidación del presupuesto del año 2001, que en lo relativo a los ingresos por tasas indicaba que el capítulo de tasas y otros ingresos con respecto al presupuesto total de gastos corrientes suponía de media el 19,5 % en los municipios analizados. Habida cuenta de que los ingresos patrimoniales eran prácticamente inexistentes en la mayoría de municipios en ese momento, el resultado era que todo el porcentaje restante marcaba el nivel de dependencia de la aportación directa del Ayuntamiento, es decir, en torno al 80%, ya que el nivel de autofinanciación de los servicios deportivos no superaba el 20%.

Los datos anteriores están en la línea de los obtenidos por el Observatorio del Deporte Andaluz, que en el documento titulado *El deporte andaluz en cifras 2002*,[88] refleja la estructura de la financiación de los servicios municipales de deportes en Andalucía referidos al año 2000, y detalla que el nivel de financiación propia era del 16,3%, algo inferior al detallado anteriormente, pero justificado al incluir este estudio a municipios incluso menores de 5000 habitantes.

---

[88] OTERO, JM. *El deporte andaluz en cifras 2002*. Observatorio del Deporte Andaluz. Consejería de Turismo y Deporte, 2003. Málaga.

En el año 2002, pese a que la financiación ya no era ni mucho menos el elemento olvidado de la gestión deportiva municipal como ocurría en el año 1989, las soluciones no llegaban y muchos municipios andaluces, unas veces por un criterio político trasnochado, y otras por una falta de visión de los propios gestores, eran incapaces de tomar las decisiones adecuadas que reconduzcan una situación que se veía que más pronto que tarde se haría insostenible en muchos municipios.

El estudio anterior analizaba también cuál era el peso del presupuesto de gastos del servicio de deportes con respecto al presupuesto del Ayuntamiento. La media obtenida en los 30 municipios que en aquel estudio, para este asunto en concreto, aportaron sus datos, indicaba que el presupuesto del servicio de deportes suponía de media un 2,6% con respecto al presupuesto del Ayuntamiento, y marcaba en muchos municipios una línea roja que no era conveniente superar, ya que para la mayoría, a mayor presupuesto, mayor nivel de dependencia, y con ello mayor nivel de riesgo cuando las cosas fueran mal.

Con esa espada de Damocles amenazando en el horizonte, los municipios siguieron consolidando su sistema deportivo, aprovechando la generosa corriente económica que disfrutamos durante los primeros siete años de este nuevo siglo. La espectacular bonanza económica de esos años maquilló una realidad que estaba oculta, y que a partir de 2008 irrumpió con toda su crudeza: el déficit público.

Un déficit público que ponía de manifiesto una sociedad viviendo por encima de sus posibilidades y que afectaba tanto al Estado como a las comunidades autónomas y a los Ayuntamientos, y que como un tsunami amenaza hoy con desmantelar los cimientos de un Estado del bienestar, a la vista de la situación, claramente sobredimensionado.

Los servicios deportivos municipales andaluces que no giraron su modelo de gestión en los últimos años, que no se preocuparon de aumentar su autofinanciación y de disminuir su estructura, que mantuvieron su elevado nivel de dependencia, que no anticiparon lo que era la "crónica de una muerte anunciada", se enfrentan hoy a una difícil situación: su patrocinador, el Ayuntamiento, no tiene los recursos económicos necesarios para seguir manteniendo su aportación al sostenimiento del sistema deportivo.

Y ante esa tesitura, en demasiados municipios se opta por la cirugía, pero sin anestesia, se opta por cortar por lo sano, y vemos cómo se desmantelan especialmente patronatos de deportes, en algunas ocasiones de manera precipitada y sin llevar a cabo el necesario análisis del rendimiento de ese servicio.

Cada vez con mayor frecuencia los servicios deportivos municipales serán analizados con meticulosidad, especialmente en el apartado de su cuenta de explotación. Hoy día, tener unos buenos indicadores de gestión puede ser el salvoconducto que evite a algunos servicios ser desmantelados. Pero desde los servicios deportivos municipales debemos poner en valor cuál es nuestra cuenta real de explotación, que se basa no solo en nuestros ingresos propios, sino que hay que incluir otras partidas, que normalmente no aparecen en la cuenta de explotación del servicio, pero que han de ser consideradas y valoradas, entre las cuales debemos incluir las siguientes:

- El valor de la cesión de instalaciones a clubes deportivos locales.
- El valor de la cesión de las instalaciones a los centros escolares.
- El valor de las bonificaciones contempladas en nuestras ordenanzas para los usuarios mayores, discapacitados, con menos recursos económicos, etc.
- El valor de los programas normalmente gratuitos de Juegos Deportivos Escolares.
- El valor de los programas normalmente gratuitos de pruebas populares.
- El valor de la bonificación que implica la aplicación del "precio político" en las escuelas deportivas y en el resto de servicios y actividades ofertadas.

Y de manera especial, los servicios deportivos municipales también deberemos poner en valor un resultado clave que se vincula con la misión de estas entidades municipales: el valor de la reducción del gasto farmacéutico y sanitario que se puede imputar a nuestros usuarios habituales, y que diferentes investigaciones han cuantificado. En el año 2002 la Organización Panamericana de la Salud (OPS) publicó que por cada dólar invertido en la actividad física se pueden ahorrar 3,2 dólares en costes médicos.

En definitiva, en estos tiempos difíciles donde nuestros políticos tienen que decidir dónde meten la tijera y dónde ponen sus escasos recursos económicos, los gestores de los servicios deportivos municipales tenemos que reivindicar el valor del servicio que prestan al ciudadano, traduciéndolo en datos e indicadores, para que el político los pueda comparar con otros servicios que se prestan en el municipio y pueda comprender lo interesante y necesario que resulta mantener esos servicios, y más aún en una situación de crisis como la actual, donde el deporte se convierte para el ciudadano en una de las opciones más económicas para cubrir su tiempo libre, y sin duda la más saludable.

Pero lo que hay que dejar claro es que esa prestación de servicios desde el ámbito municipal no puede realizarse a cualquier precio. Los Ayuntamientos prestan muchos servicios al ciudadano, y tienen por ello muchas bocas que alimentar; nosotros somos una de ellas, una boca más que deberá contar con la necesaria aportación del Ayuntamiento, pero en la medida que se necesite una menor aportación, más fácil será justificar el mantenimiento de la misma, y más fácil será para el Ayuntamiento materializarla.

Somos más fuertes cuanto menos necesitamos, de ahí la importancia de controlar dos indicadores clave que miden nuestro nivel de dependencia o de riesgo:

- El nivel de autofinanciación del servicio: cuanto mayor sea este, menor dependencia económica del Ayuntamiento y menor riesgo de sufrir recortes.
- El porcentaje que supone la aportación del Ayuntamiento al servicio de deportes para gasto corriente, con respecto al presupuesto total del Ayuntamiento: cuanto menor sea este porcentaje, más fácil será justificarlo y mantenerlo.

LOS RECURSOS HUMANOS

Ya indicaba en la introducción que en los primeros años de la década de los 80 había una gran incertidumbre sobre el futuro que podría abrirse alrededor de este nuevo sector profesional que irrumpía tímidamente en el mercado, de manera que los atrevidos que en ese momento apostamos por él desconocíamos realmente su recorrido y su potencial.

En esos primeros años, los Ayuntamientos andaluces empiezan a copiar las iniciativas que ven aparecer en otras zonas de España, y comienzan a crear sus primeros servicios deportivos con una mínima estructura propia. Al frente de estos servicios, los municipios de mayor tamaño buscan principalmente licenciados en Educación Física, mientras que en los municipios pequeños buscan personas sin esa formación pero con un alto nivel de vinculación al deporte, como perfil más idóneo en aquel momento para trasmitir una pasión por el deporte y atraer al ciudadano hacia la práctica deportiva.

A finales de los 80, conforme los Ayuntamientos van dotándose de instalaciones deportivas, las necesidades de personal se multiplican, y empieza a crecer la contratación de personal en estos servicios deportivos municipales, fundamentalmente para atender la recepción, el mantenimiento, la limpieza y las tareas administrativas de las instalaciones recién creadas. Algunos municipios, en una clara apuesta por un modelo de gestión directa total, contratan también a todos, o a la gran mayoría de sus profesores o monitores de sus escuelas deportivas, pero pronto se vio que el área de actividades era un pozo sin fondo, en el cual entrar contratando directamente a todo el personal podía poner en peligro la propia subsistencia del incipiente sistema deportivo local.

A principios de los 90, algunos municipios, fundamentalmente los que contaban con mayor número de habitantes, y normalmente con una mayor dotación de servicios deportivos, empiezan a darse cuenta de los problemas que entraña gestionar todos los servicios de forma directa desde la estructura municipal. La crisis de 1993 limitó los recursos de los Ayuntamientos, enviándoles un claro mensaje a favor de una gestión más eficiente, y algunos municipios giran su modelo, empezando a prestar parte de sus servicios a través de terceros: empresas de servicios y clubes.

En el año 1998, en el Seminario organizado por el IAD sobre gestión de actividades e instalaciones deportivas,[89] se recogieron los datos referidos al año 1997 sobre el personal de los servicios de deportes de las 8 capitales andaluzas, tanto el contratado directamente por la Administración local, como el contratado por terceros, y se compararon estos datos al objeto de analizar el porcentaje de personal ajeno que prestaba servicio en las instalaciones deportivas municipales. Para homogeneizar la información, la comparación se realizó solo referida al personal que en ese momento trabajaba a jornada completa, y estos son los datos:

---

[89] CORREAL, J. Análisis de los servicios deportivos municipales en las ocho capitales de provincia andaluzas. *Boletín Deporte Andaluz,* 1999, mayo, nº 39, pág. 27. Instituto Andaluz del Deporte.

Tabla VII. Indicadores de las capitales andaluzas.

CIUDAD	TRABAJADORES PROPIOS	TRABAJADORES AJENOS	TOTAL	% TRABAJADORES AJENOS
Almería	27	6	33	18%
Cádiz	56	42	98	43%
Córdoba	66	21	87	24%
Granada	75	1	76	1%
Huelva	44	7	51	14%
Jaén	49	8	57	14%
Málaga	33	19	52	37%
Sevilla	214	88	302	29%
Total	564	192	756	25%

Fuente: IAD (1999)

Como podemos ver, en el sistema deportivo local, al menos de las capitales andaluzas en el año 1997, el número de trabajadores contratados directamente por la Administración local era muy superior al de los contratados por terceros, en lo referido a trabajadores en jornada completa. Cuando esta comparación se establecía sin limitarla a trabajadores en jornada completa, sino con independencia del tipo de dedicación, los porcentajes normalmente se invertían, al cargar en la cuenta de personal ajeno a todos o la gran mayoría de los monitores de escuelas deportivas, que prestaban servicios a través de clubes o empresas, ya que normalmente representaban un colectivo con pequeña dedicación horaria pero muy numeroso.

En el último estudio realizado desde el IAD, centrado en el análisis de los indicadores de gestión de los servicios deportivos municipales de poblaciones andaluzas de más de 15 000 habitantes, del año 2002, en el que participaron el 51% de los municipios de más de 15 000 habitantes, al relacionar el total de trabajadores propios (contratados por la Administración local) con respecto a los trabajadores ajenos, con independencia de su dedicación anual y horaria, se obtuvieron los siguientes resultados:

- El personal ajeno en los servicios de deportes de los municipios andaluces que aportaban datos en este apartado suponía por término medio el 62% del total de trabajadores del área de deportes, pero sin embargo eran minoría los municipios que contaban con personal ajeno a jornada completa durante todo el año (solo 9 municipios de los 45 analizados).

Los resultados anteriores lo que ponían de manifiesto en el año 2002 era una situación en los servicios deportivos municipales andaluces que podríamos traducir en un escaso desarrollo de la gestión a través de terceros, limitándose esta en muchos municipios a la prestación de sus escuelas deportivas, pero con escasa implantación en la gestión de otro tipo de servicios y menos aún en la gestión completa de instalaciones deportivas municipales.

Como vemos, en los primeros años de este siglo los municipios andaluces tenían una estructura en la que la mayoría de los servicios eran prestados por personal propio. Muchos municipios no habían captado los mensajes que las crisis anteriores les habían enviado y seguían creciendo, incorporando más trabajadores a su plantilla.

Pero más de uno probablemente se dirá: ¿Dónde está el problema de prestar servicios deportivos municipales con personal o trabajadores contratados por la propia entidad local? Es lógico hacerse esta pregunta, que voy a intentar responder.

Responderé, pero lo haré con cierta perspectiva: en el año 1983, cuando yo fui contratado por el Ayuntamiento de Benalmádena para hacerme cargo del recién creado Patronato Deportivo Municipal, las condiciones económicas y laborales que tenían los trabajadores de la Administración local eran similares, o incluso peores, a las que se disfrutaban fuera en la empresa privada, es decir, la jornada laboral no era inferior a la que tenía un trabajador del sector privado, y las retribuciones no eran superiores a las que encontraba un trabajador fuera.

Con el paso de los años esta situación fue cambiando poco a poco, convenio a convenio, de manera imparable. Las épocas de bonanza económica eran perfectamente aprovechadas en los Ayuntamientos por los colectivos sindicales para reivindicar más y mejores condiciones económicas y laborales. Los representantes políticos, valorando casi siempre más el corto que el largo plazo, cedían una vez tras otra a las insaciables peticiones, no de los trabajadores, sino de unas organizaciones sindicales cada vez más poderosas y profesionalizadas.

Alguien podría decir que en los Ayuntamientos los sindicatos hicieron bien su trabajo, y a la vista de los resultados, los que trabajamos dentro tendríamos que felicitarles. Pero en el largo plazo tendrán que reconocer que han fracasado: las actuales condiciones económicas y laborales que se disfrutan en muchos Ayuntamientos, y por ende en sus servicios deportivos municipales, resultan hoy en muchas localidades insostenibles. Los sindicatos tensaron la cuerda, los políticos lo permitieron, y hoy día la cuerda no admite más peso, se ha roto ya en algunos municipios y en otros está a punto de romperse.

Quiero reconocer la gran labor de los sindicatos en la defensa de los trabajadores, que nadie les puede negar, pero el fracaso está en la dinámica del "quiero más" que los sindicatos, con un tesón encomiable, han practicado en todos aquellos Ayuntamientos que se lo han permitido, que han sido bastantes. El fracaso está en que el sistema con estas características es difícil de mantener en muchos Ayuntamientos, y vemos que desde hace algunos años, y de manera especial con la llegada de la crisis, en muchos municipios ya no es posible contratar a más trabajadores.

Los recursos de los Ayuntamientos son escasos, y sus necesidades de prestar servicio al ciudadano son muy grandes, por lo que los Ayuntamientos, ante la imposibilidad de modificar en el corto plazo las condiciones de sus trabajadores, optan por externalizar todo lo que se ponga por delante, en un intento de utilizar lo más eficientemente posible los recursos, para llevar a cabo determinadas prestaciones que en otras condiciones podrían ser prestadas perfectamente por el personal de la Administración pública. Los sindicatos lograron sus objetivos a corto plazo, pero a largo plazo cerraron las puertas a la gestión directa, y las abrieron de par en par a las fórmulas de gestión indirecta, que se imponen hoy día en muchos municipios como única posibilidad.

Normalmente pocos son los que hablan de temas de personal, sobre todo si estás dentro de la Administración, pero he creído necesario hacer una lectura autocrítica de la situación que afecta a muchos Ayuntamientos andaluces (ya sé que no a todos), y por ende a sus servicios deportivos. En los próximos años los Ayuntamientos y sus organismos autónomos locales tienen el gran reto de recuperar la eficiencia perdida en la prestación de servicios al ciudadano; no es imposible, pero requerirá un esfuerzo y un sacrificio al que no estamos acostumbrados… De no hacerlo… ya podemos ir hablando de una especie en peligro de extinción.

ANÁLISIS DAFO DEL DEPORTE MUNICIPAL EN ANDALUCÍA

DEPORTE MUNICIPAL	
DEBILIDADES	**FORTALEZAS**
1. Bajo nivel de autofinanciación, que provoca una elevada dependencia de las aportaciones del propio Ayuntamiento.	1. Unos servicios ofertados a precios sin competencia en el mercado (hasta ahora), que facilitan el acceso del ciudadano a nuestros servicios
2. Precios públicos y tasas muy por debajo del coste real, y pocas posibilidades hoy de incrementarlos debido a las dificultades de los ciudadanos.	2. Contar con servicios e instalaciones que prácticamente se prestan en régimen de monopolio (campos de fútbol, pistas de atletismo, pabellones).
3. Elevados costes de producción de los servicios, debido fundamentalmente a unos elevados costes de personal.	3. Unos servicios consolidados y generalmente muy bien valorados por parte de la población.
4. Parque de instalaciones deportivas con cierta antigüedad, que va a precisar de inversiones para su mantenimiento, pero que no van a poder ejecutarse por falta de recursos económicos.	4. Un parque de instalaciones deportivas generalmente bien ubicadas y con posibilidades de reconversión.
5. Escasa fortaleza del tejido asociativo, que le impide jugar un mayor papel de colaboración con la entidad local.	5. Una cuenta de explotación que tiene que poner en valor todos los servicios que presta, tanto los que tienen componente económico como los que no, para que la sociedad sea consciente de su "rentabilidad".
6. Sistema deportivo supeditado al vaivén político, y no a la planificación y la racionalidad.	

AMENAZAS	OPORTUNIDADES
1. Una situación financiera de los Ayuntamientos caracterizada por elevados niveles de deuda y de déficit, que les obligará a reducir aportaciones a servicios no obligatorios. Situación que se verá agravada en algunos Ayuntamientos a partir del año 2015, debido a la finalización de los 2 años de carencia de los préstamos solicitados.	1. El margen de crecimiento de las tasas de práctica deportiva, que seguirá impulsando un aumento de la demanda de servicios deportivos en los próximos años.
2. El sedentarismo y la irrupción del ocio pasivo, sobre todo tecnológico, que compite con la oferta de servicios deportivos, sobre todo en los más jóvenes.	2. Una cultura de práctica deportiva consolidada entre la población.
3. Una crisis económica que no ve su fin y que ha dejado en el paro a casi 6 millones de españoles, reduciendo de manera significativa su capacidad de gasto.	3. Un aumento de la esperanza de vida de la población, que hará crecer la demanda de servicios para los "mayores".
4. Una Administración autonómica sin recursos económicos para colaborar con el deporte municipal como hacía antes de la crisis.	4. Un aumento del tiempo de ocio del ciudadano, a veces obligado, que buscará en la práctica de la actividad deportiva su refugio y su desahogo.
5. Una oferta del sector privado cada vez más versátil, atractiva y competitiva, que atraerá a usuarios procedentes del sector público	5. El ocio deportivo es de las actividades de ocio más baratas y que aportan mayores beneficios.

CAPÍTULO 4

30 AÑOS DE DEPORTE PROVINCIAL

Antonio Merino Mandly

PREÁMBULO

La presente aportación pretende dar una visión desde la perspectiva del *deporte provincial*, lo más objetiva posible en referencia a la evolución del deporte en Andalucía solo en los últimos 30 años, que ciertamente es el momento de desarrollo más importante que nunca nos podíamos imaginar. El deporte se ha convertido en un fenómeno de significación mundial que afecta a la economía, la educación y la salud, es un fenómeno social; aunque hubo un tiempo en el que tenía un sentido especialmente exclusivo para una sociedad elitista.

En el inicio del deporte, en ese tiempo se manifestaba como un elemento de relación entre personas y un modo de expresión del esnobismo procedente de la cultura anglosajona, que de modo natural impregnaba el tiempo de ocio.

Carl Diem en la *Historia de los Deportes (1968)*[90] habla de que *"el deporte moderno cuenta tan sólo con siglo y medio de existencia y en ese tiempo ha conquistado el mundo, se ha convertido en una realidad que no se puede ignorar.. sus efectos son de las más variadas clases".* En Andalucía, tal como conocemos el deporte actualmente, se han desarrollado cambios estructurales inimaginables en estos 30 años de autonomía, incidiendo sobre el empleo, el turismo, la educación, la salud, la economía, el espectáculo... y una realidad que afecta a la vida de los andaluces.

Por otra parte, hay consideraciones sobre definiciones y limitaciones del trabajo, que previamente han de precisarse en lo que se refiere al deporte provincial:

---

[90] Entonces se hablaba de una materia (¿ciencia del deporte?) muy joven.

1ª Entiendo el deporte en la provincia como *presencia de las Diputaciones en su ámbito territorial*. Las delegaciones provinciales de la Junta de Andalucía han realizado funciones diferidas de las políticas de la autonomía en el territorio provincial, que en muchas ocasiones han aplicado los criterios desde el ámbito territorial autonómico[91]. A veces de espaldas a las necesidades de los pueblos y en muchas ocasiones en concurrencia con las diputaciones, de tal modo que se han duplicado actuaciones, en el sector del deporte especialmente.

2ª Es una perspectiva particular no científica, tampoco histórica; pero que pretende aportar datos, dar explicaciones, describir hechos y situaciones del tiempo acotado.

3ª Puede existir y existe omisión de algunas personas y situaciones, porque no es un trabajo dependiente de una metodología de la historia de este tiempo, pero sí se mueve en hechos ciertos, posiblemente no exactos, en algunos casos.

4ª Existen tiempos oscuros y apagón de datos. Los datos particulares intentan cubrir espacios que el estudio y la investigación de este tiempo exigirían.[92]

5ª Dificultad para homogeneizar datos, pero nos dan una idea. Datos heterogéneos y focos de investigación diversos (de lo que hoy nos interesa, en el pasado no se recopilaron datos), especialmente los económicos.

6ª En los últimos tres años existe una cierta descoordinación[93] de las políticas del deporte en las Diputaciones provinciales.

INTRODUCCIÓN GENERAL

El papel de la provincia empieza a definirse en las Cortes de Cádiz, cuando se proclama la Constitución de 1812,[94] donde se crea la figura de las Diputaciones provinciales. Francisco Javier de Burgos, en 1833, diseña una nueva configuración territorial que llega hasta nuestros días. La provincia es la circunscripción donde el Gobierno central coloca a su

---

[91] Es decir, agentes o instrumentos meramente dependientes de Sevilla, esto es, para lo bueno y para lo malo.
[92] La ordenación de datos para hacer un estudio riguroso en esta materia (hay excelentes trabajos que no desmerecen) cuesta dinero y tiempo y ahora no se trata de eso. Eso sería objeto de la Consejería correspondiente para no volver a cometer determinados errores y para fortalecer los grandes aciertos, especialmente en las infraestructuras desarrolladas por las *Diputaciones provinciales andaluzas*.
[93] Aunque se ha hecho algo, los Planes Locales de Instalaciones Deportivas son un referente inacabado. La Ley de Autonomía Local los ha ahogado.
[94] El bicentenario de la Constitución liberal se celebra en Cádiz sin mucho éxito.

hombre de confianza. Las múltiples intervenciones de progresistas y moderados hacen algo más descentralizadoras estas corporaciones provinciales, estando en otras ocasiones dirigidas al control de la oligarquía terrateniente y caciquista al servicio del poder central. En 1869 la Constitución liberal y democrática apuesta por la descentralización proclamando a la provincia como entidad local con vida propia, autonomía administrativa y con intereses propios, compuesta de "todos los términos municipales comprendidos dentro de sus límites".

En la época de la Restauración se dicta la Ley Provincial de 1882, que va a fijar durante sesenta años el papel de las Diputaciones. Estas se convierten en organismos tuteladores de los municipios, dándoles una superioridad jerárquica sobre los Ayuntamientos, cuyos acuerdos pueden revisar. Aparecen competencias propias de las Diputaciones: beneficencia, instrucción, caminos, obras y fomento económico de interés provincial. A principios del siglo XX las Diputaciones vuelven a protagonizar todos los intentos de reforma de la estructura del Estado. Entre 1917 y 1919 surge con fuerza el movimiento regionalista autonomizador, donde se intenta crear Mancomunidades de Diputaciones como paso previo a la autonomía regional. Romanones presentó un proyecto de ley que nunca se aprobó por la azarosa vida política del país, donde se recogía la integración de las Diputaciones en algunas comunidades regionales. La dictadura militar de Primo de Rivera abortó este intento descentralizador y de reforma de las provincias en una autonomía radical desde el punto de vista político.

En 1925 se promulga el Estatuto Provincial de Calvo Sotelo, dando una nueva dimensión a las Diputaciones. Estas se desvinculan del control por el Gobierno, emancipando a los Ayuntamientos de su poder jerárquico. Los municipios son la base de la institución provincial, reconociendo a estos el derecho a intervenir directamente en la conformación y elección de los diputados provinciales. La provincia es un ente local más, pero sus fines propios, sus intereses, no serán los provinciales sino los intermunicipales. Esta se convierte en una gran Mancomunidad de Municipios, cosa que no es en la actualidad.

La poca duración de la II República impidió que se modernizara y adoptara un nuevo enfoque autonomista y democrático a las viejas estructuras provinciales del siglo XIX.

Con la implantación de la dictadura del General Franco las corporaciones provinciales son controladas por el aparato del Movimiento. En los años 70 se intentará implicar a las Diputaciones en la participación de programas de desarrollo, que fueron leves intentos de impulsar las economías locales con una nueva ordenación de los Planes Provinciales de Obras y Servicios. La muerte de Franco y la transición democrática, aprobada por la Ley de Reforma política en la Constitución de 1978, supuso un hito transcendental en el papel de las Diputaciones provinciales. En Andalucía, con la Ley 11/87, Reguladora de las Relaciones entre la Comunidad Autónoma de Andalucía y las Diputaciones Provinciales de su territorio, se concretan y se relacionan específicamente una serie de competencias en materia de deportes, pero posteriormente la Ley 5/2010, de 11 de junio, de Autonomía Local de Andalucía, deja a las Diputaciones de Andalucía sin competencias en materia de deportes; solo queda la asistencia a los Ayuntamientos en esta materia; hay una reducción importante de las competencias de las Diputaciones andaluzas, aunque queden abiertas a través de la asistencia a los Ayuntamientos en las competencias que éstos tienen.

SÍNTESIS

Como síntesis, y en referencia al papel de las Diputaciones, se valoran los siguientes aspectos, que definen la inercia de las funciones de las Diputaciones provinciales[95]:

1. Control centralista sobre la periferia y transmisión del espíritu liberal de la Constitución de 1812. La Administración central no puede llegar a los municipios desde el punto de vista político.
2. Gestión recaudatoria de tributos y fomento económico en el ámbito provincial.
3. Concretando el sentido competencial de las Diputaciones, desde su comienzo en 1812 se ejercen de la siguiente forma:
   - Velar por la buena inversión en los pueblos de la provincia.
   - Intervenir en el reparto de las contribuciones.
   - Promover la educación de la juventud.
   - Crear centros benéficos de atención a la población de la provincia.
   - Fomento económico en el conjunto de su territorio.
   - Preservar el espíritu revolucionario emanado de la Constitución de Cádiz de 1812.
   - Brazo ejecutivo del Estado en los municipios.

---

[95] Entendemos que la presencia de las comunidades autónomas ha arrebatado determinadas funciones (que no competencias, porque ya apenas existen) y ha hecho que se cuestione su figura, pero no su capacidad de intervención, aunque esté mal definida.

4. Ante la inestabilidad política del siglo XIX se restan y ajustan competencias a las Diputaciones. Sin embargo, la Ley Provincial de 1882 establece una superioridad jerárquica sobre los municipios y un fuerte control sobre los dirigentes locales.
5. Entre 1917 y 1919 tienen un papel muy importante como gestoras de las autonomías regionales. Como reacción, en 1925 se les desvincula de la estructura jerárquica de los municipios y consecuentemente, de hecho, se da un recorte importante a su influencia política y de competencias.
6. La dictadura del General Franco utiliza a las Diputaciones provinciales como un elemento de control de las corporaciones locales por el aparato del Movimiento Nacional. Se regula definitivamente 16 años después (1955) del fin de la Guerra Civil. Las competencias son residuales, están gestionadas por funcionarios y técnicos afines al Movimiento Nacional.
7. La Constitución del 78 consagra el papel de las Diputaciones como una Administración local de asistencia a los Ayuntamientos.
8. Las Diputaciones pasan de un estado benéfico, recaudatorio y político a una situación de gestión y asistencia a los Ayuntamientos;[96] en razón a la Ley 7/85 de Bases de Régimen Local ya tienen la función de asistencia a los Ayuntamientos. La Ley 5/2010 de Autonomía Local de Andalucía redefine el papel de la provincia mediante la definición de algunos conceptos respecto a la comunidad autónoma.

PRIMERA PARTE

1.1. Evolución de las Diputaciones en la trama del deporte andaluz

Planteando algunos hitos[97] significativos, sintética y esquemáticamente, se intenta hacer un recorrido sobre la evolución del deporte desde la intervención de las Diputaciones. En la tabla que se expone a continuación seguramente no aparecen muchos de los momentos importantes de la coordinación entre Diputaciones, estas con las Junta de Andalucía y los Ayuntamientos con su Diputación provincial; pero existen, dentro de los hitos señalados, cuestiones que dan valor a cualquiera de

---

[96] Por definición, las Diputaciones provinciales, no el Ayuntamiento de los Ayuntamientos, es un error aunque sea en sentido figurado.
[97] Posiblemente parezca que estén orientados a las actividades deportivas solamente, pero en todos los momentos que se citan hay referencias e indicaciones sobre las *infraestructuras deportivas* (instalaciones, equipamientos, organizaciones, etc.).

esas tres posibilidades expuestas. La Junta, los Ayuntamientos y las Diputaciones de Andalucía han interactuado fortaleciéndose individualmente, pero dando resultados de progreso colectivo muy importantes.

AÑO	HITO	OBSERVACIÓN
1981	*Gobierno Central Real Decreto 1673/81*, de 3 de julio. *Planes de Obras y Servicios.* Previo pero que afecta a las Diputaciones en su conjunto y que dará continuidad al valor de la intervención de las Diputaciones en su conjunto. Es el ciclo del agua, la luz y el teléfono de los municipios más pequeños.	Está incipiente la implantación del estado de las autonomías, por lo tanto las Diputaciones son el referente para la realización de los POS.
1981	*Gobierno Central Real Decreto 2240/81, de 24 de julio. Planes Provinciales de Instalaciones Deportivas.* Puede observarse la diferencia de 20 días de un decreto a otro. Fue un éxito de aplicación.	Realizados con la participación del Estado, la Diputación (principal promotor)[98] (no necesariamente el 33% se consideraron a tres partes, pero podían ser NO iguales). Su aplicación viene a coincidir con el siguiente hito.

---

[98] No podemos olvidar que la financiación provenía de la obligatoriedad de aplicar el 11% de la recaudación provincial de las quinielas a obras de instalaciones deportivas, el PANDB (Patronato Nacional de Apuestas Deportivo-Benéficas).

AÑO	HITO	OBSERVACIÓN
1982	*Inicio de la Organización Estructural de la Junta de Andalucía.* Real Decreto 4096/1982 de 29 de diciembre, sobre traspaso de funciones y servicios del Estado a la Junta de Andalucía en materia de Cultura (Publicado en el BOE nº 41 de 17 de febrero de 1983).	Las Diputaciones tenían relación directa con la Delegación Nacional de Deportes[99] y el Consejo Superior de Deportes, posteriormente. Las transferencias se hicieron efectivas el 1 de enero de 1983 (!). Fue un reto extraordinario antes de firmarse los acuerdos de transferencias e inmediatamente después.[100]
1983	1ª Conferencia sobre Deporte para Todos.[101] 19 al 21 de diciembre. Con la Universidad de Sevilla.	Es el primer contacto real del deporte local. Los Ayuntamientos, las Diputaciones y las delegaciones provinciales comienzan una andadura de coordinación que tendrá una repercusión importante en 1986.
1984	II Jornadas Deportivas de la FEMP. Organizadas por Diputación de Cádiz. Puerto de Santa María, 31 de mayo y 1 de junio 1984. El presidente de la FEMP era Ramón Sainz de Baranda. Se dio una visión importante del futuro de la Diputaciones. La Diputación de Cádiz sirvió de modelo.	Presidente de la Diputación Alfonso Perales Pizarro, diputado Luis García Garrido y jefe de Servicio, José Roldán Jiménez. Se caracterizaron por la afirmación de la Diputación de Cádiz y el liderazgo que tendría en el deporte local durante años.[102]

---

[99] Las primeras Campañas de Deporte para Todos tienen su antecedente en las relaciones con el Consejo Superior de Deportes, siendo Romá Cuyas Sol Presidente, y Director General del CSD el andaluz Daniel Romero Álvarez. También hay que hacer un reconocimiento a José Antonio Aqueloso Ortiz, Delegado del Consejo Superior de Deportes en Málaga.

[100] Solo con la perspectiva del tiempo puede valorarse el esfuerzo ímprobo que significó ordenar actitudes, prejuicios, listados de personas, bienes, servicios, etc., días de negociación e incertidumbre (me tocó ser director general de Juventud y Deportes). El ministro de Cultura, Javier Solana, que dio un anticipo de su talla intelectual y humana, es una de las personas más brillantes que he conocido en mi vida (sirva este comentario particular).

[101] Coincide con la muerte días antes de José Mª Cagigal Gutierrez (calificado como uno de los pensadores más importantes del deporte actual en España y primer director del INEF de Madrid), invitado a esta conferencia y que ya había presentado su texto, que leyó Ángel Luis López de la Fuente.

[102] En estas Jornadas aporté un trabajo en grupo con otros compañeros de la Fundación Deportiva del Ayuntamiento de Málaga, titulado *Experiencias en Actividades de Condición Física para Mayores*.

AÑO	HITO	OBSERVACIÓN
1984	Resolución de 15 de noviembre de 1984, por la que se establece el régimen de concesión de subvenciones para las campañas municipales de Deporte para Todos	Se establecen la campañas municipales de Deporte para Todos, distribuidas por la Diputaciones provinciales, y se crea en cada provincia una Comisión Mixta Delegación Provincial de la Consejería de Cultura-Diputación Provincial.
1985	II Jornadas sobre Experiencias del Deporte Andaluz Diputación de Cádiz y UNISPORT. Agosto de 1985	La Diputación de Cádiz vuelve a reafirmarse como referente del deporte en Andalucía. Se constituye en modelo de estructuras en la provincia (comarcas y técnicos) y fuera de ella proyecta una imagen adelantada. Hay una expansión de publicaciones sobre el deporte y la educación física a cargo de Jesús Mora Vicente.
1986	Orden de 31 enero de 1986, por la que se establece el régimen especial de concesión de subvenciones para las campañas municipales de Deporte para Todos (deroga la Resolución de 15 de noviembre de 1984).	Las Diputaciones son determinantes en el desarrollo del deporte para todos. Las Diputaciones empiezan a jugar un papel sobre los Ayuntamientos de forma coordinada por y con la Junta de Andalucía. Se inicia una coordinación de liderazgo compartido. Hasta 1991[103] en que la Junta de Andalucía, cambiando la normativa de ayudas, deja a las Diputaciones las Campañas de Deporte para Todos en relación con los Ayuntamientos.
1987	Seminario de Animación Deportiva. Málaga, 1 al 5 de septiembre de 1987.	Servicio de Deportes de la Diputación de Málaga[104] con UNISPORT.
1987	Campeonato de Andalucía de Selecciones Provinciales de Fútbol. 16 al 20 de diciembre de 1987.	Se inicia un campeonato con gran presencia de las Diputaciones; a partir del 93 comienza a cambiar la relación y la organización directa por parte de las Diputaciones.

---

[103] Siendo director general de Deportes Jesús de la Lama Lamamie de Clairac cuando se retira la Junta de Andalucía y las Diputaciones continúan desarrollando las Campaña Municipales de Deporte para Todos. Específicamente, la Orden del Consejero de Cultura y Medio Ambiente de 2 de abril de 1991 viene a establecer distancias; las ayudas se dan directamente desde la Dirección General, sin pasar por las Diputaciones. Empieza un nuevo divorcio institucional.
[104] El Diputado de Deporte Jesús Morata Pérez realizó interesantes aportaciones en base a su dinamismo político.

AÑO	HITO	OBSERVACIÓN
1988	1er Curso Internacional de Animadores de Deporte para Todos, 18 al 23 de julio de 1988 (organizado por UNISPORT).	El desembarco de la FISpT (Fédération Internationale de Sport pour Tous) tiene una incidencia clara en el deporte local. Las Diputaciones participan en este acontecimiento de modo muy activo y las de Almería, Granada, Málaga, Córdoba y Cádiz continúan en esta línea de trabajo con los Monitores sin Fronteras.[105] Es el momento álgido del Deporte para Todos.
1989	Reunión de Trabajo de las Diputaciones andaluzas. Periodo de expansión de Programas sobre actividades e instalaciones deportivas. Unión y aproximación de políticos y técnicos en materia de gestión del deporte provincial.	Huelva, 31 de enero. Asuntos tratados: información de actividades por provincia (se hace una información sintética de actividades convenidas con la Junta de Andalucía). Seguro Deportivo. Conclusiones y propuestas.
1989	Reunión de Trabajo de las Diputaciones andaluzas.	Almería, 9 y 10 de marzo.[106] Temas tratados: informe Diputaciones provinciales sobre actuación en materia deportiva. Actividades en convenio con la Junta de Andalucía (Consejería de Cultura. Unificación de criterios de cara a las transferencias Junta de Andalucía-Diputaciones Provinciales.
1989	Reunión de Trabajo de las Diputaciones andaluzas. Fuengirola (Málaga), 6 y 7 de abril.	Se enfoca como unas jornadas de trabajo más intensas, con un orden del día amplio: recapitulación de las reuniones de Huelva y Almería, estudio de competencias, campaña específica de Deporte para Todos y estructurar la tecnificación en tres niveles (concertaciones técnicas, cursos de formación técnico-deportiva y asociacionismo deportivo). Es importante el tratamiento que se da a los PPID.

---

[105] Personajes como Paul de Knop, André Van Lierde, Jean Michel Yde, entre otros, abrieron líneas de trabajo sobre la base del denominado sistema natural austriaco de educación física.
[106] La exigencia de los contenidos hizo que la reunión durase dos días.

AÑO	HITO	OBSERVACIÓN
1989	Reunión de Trabajo de las Diputaciones andaluzas. Bubión (Granada), 10 y 11 de mayo.	Se orienta monográficamente a las fases provinciales de los Juegos Deportivos de Andalucía. Se elaboran una serie de propuestas para la Junta de Andalucía.
1989	Reunión de Trabajo de las Diputaciones andaluzas. Málaga, 16 y 22 de mayo. Es un año intenso en reuniones e intercambio de ideas, donde sorprendentemente se estuvo a punto de aunar todas las acciones del deporte en las provincias, desplazándolo a las Diputaciones. A partir de este momento (no hay ruptura pero sí delimitación de espacios) cada institución asume lo que entendía por sus competencias.[107]	Se estudia el documento y se intenta poner las bases para la creación de las Comisiones mixtas.[108] Hay Diputaciones, como el caso de Málaga, donde funcionarios de la Junta pasan a las dependencias de la Diputación. Finalmente, se vuelven a la Delegación. Existía realmente una posibilidad de unir las competencias.

---

[107] Se sigue hablando de Comisiones mixtas para cada uno en su casa.
[108] Empieza a hablarse de las Comisiones mixtas (unión de Junta y Diputaciones) en el año 84.

AÑO	HITO	OBSERVACIÓN
1989	Seminario Andaluz sobre Deporte Municipal. Almería, 4 al 7 de octubre de 1989.	UNISPORT es la convocante con la organización de la Diputación de Almería. El resto de las Diputaciones participan activamente.
1991	Jornadas sobre Política Deportiva en el Municipio[109]. 15 y 16 de febrero, Málaga. Organizadas por la FAMP. Colaboran Junta de Andalucía y Diputación de Málaga. Posteriormente, en febrero de 1992, se organiza con la convocatoria de la FAMP un viaje colectivo a la organización de los Juegos Olímpicos de Barcelona.[110] La experiencia fue extraordinaria por la capacidad integradora de la vivencia entre dirigentes de las diferentes Administraciones locales y la Junta. Fueron más de 250 personas (!).	Hay una respuesta muy importante por parte de las Diputaciones y losAyuntamientos. Se realizan análisis de los distintos programas de la Junta de Andalucía y Diputaciones en su incidencia con los Ayuntamientos. Se tratan aspectos relacionados con los Juegos Deportivos de Andalucía, las Campañas Municipales de Deporte para Todos, los Planes Provinciales de Instalaciones Deportivas, Unisport-Andalucía y las ayudas a las federaciones y clubes andaluces. Muchos de los postulados expuestos en estas jornadas tienen una actual vigencia, crearon criterios de intervención en las Diputaciones y en los municipios andaluces.
1991	Jornadas sobre Gestión Aplicada al Sistema Deportivo Local, Chiclana de la Frontera, 27 al 30 de noviembre.	Servicio de Deportes de la Diputación de Cádiz.

---

[109] Siendo presidente de la Comisión de Deportes Juan Francisco Gutiérrez Vilches y presidente de la FAMP Pedro Aparicio.
[110] Hay que reseñar dos cuestiones: la organización de grupos de concejales y técnicos por parte de las Diputaciones provinciales (la de Almería fue con un autobús lleno y perfectamente organizado por Juan Luis Navarro Imberlón) y la recepción extraordinaria por parte de nuestra Diputación "hermana" de Barcelona (el papel de Montse García, jefa del Servicio de Deportes, fue fundamental, vaya para ella nuestro agradecimiento).

AÑO	HITO	OBSERVACIÓN
1993	Política Deportiva en el Municipio. Fundación de Estudios Municipales y Comarcales de Andalucía (FEMCA). Córdoba, 6 de febrero de 1993.	Se intenta llevar desde la FEMCA una articulación y formación mediante las diputaciones de Andalucía.
1993	Jornadas sobre el Deporte en las Corporaciones Provinciales. Jerez, 23 y 24 de abril de 1993.	Federación Española de Municipios y Provincias con Diputación de Cádiz (Servicio de Deportes). Hay una participación activa de las diputaciones de Andalucía. Se realiza en INFECA y paralelamente hay una Feria de material y equipamiento deportivo.
1995	I Encuentro Andaluz sobre Deporte Municipal. Málaga, 15 y 16 de diciembre.	El ya Instituto Andaluz del Deporte (IAD) organiza el encuentro con una colaboración muy especial de las Diputaciones provinciales.[111]
1995	Congreso sobre Dinamización Deportiva en la Edad Escolar. Cádiz, diciembre de 1995.	Es un congreso nacional que organiza el Servicio de Deportes de la Diputación de Cádiz con una amplia participación del resto de las Diputaciones de Andalucía. El término deporte en la edad escolar empieza a acuñarse en muchas de las actividades convocadas por entidades locales.
1997	Jornadas para Dirigentes Deportivos. Del 12 al 14 de noviembre. Matalascañas (Huelva).	Se busca una fórmula de gestión deportiva aplicable a los municipios pequeños, especialmente en su relación con las Diputaciones. Se analiza el marco legal y competencial.[112]
1999	Plan Andaluz sobre Fomento del Deporte Municipal de las Diputaciones. Reuniones varias que terminan en Málaga el 29 de noviembre de 2000 con un escrito firmado por los ocho diputados.[113]	Propuestas de trabajo: 1. Programa de Fomento de Empleo para la consolidación de Estructuras Técnicas 2. Programa sobre Adecuación y Mejora de Instalaciones y Espacios Deportivos 3. Programas de Actividades 4. Programa de Formación Actualización y Perfeccionamiento de los responsables deportivos municipales 5. La puesta en práctica del Plan Director de Instalaciones Deportivas para Andalucía.

---

[111] En este momento es director general de Deportes Jesús García Fernández, y el director del Encuentro fue Antonio Rodríguez Leal.
[112] Aquí hay que destacar la figura dinámica y no suficientemente reconocida de Antonio La O Leñero, jefe del Servicio de Deportes de la Diputación de Huelva.
[113] El consejero de Turismo y Deporte de la Junta de Andalucía (PA) nunca contestó.

AÑO	HITO	OBSERVACIÓN
2000	Plan General del Deporte de Andalucía. Se inicia el Plan que durará hasta finales de 2001. La Consejería de Turismo y Deporte hace un gran despliegue donde las Diputaciones no tienen cabida.[114]	Empieza en el año 2000 pero terminará en 2003 con el congreso de Cádiz. Lo que es cierto es que los trabajos realizados por expertos andaluces no se llevaron al congreso finalmente.
2000	Congreso de la Asociación Española de Investigación Social Aplicada al Deporte. Granada, 26 de octubre de 2000.	El impacto económico[115] del deporte en Andalucía sitúa al deporte local en la locomotora de las inversiones.
2002	Modelos y Valor Social del Deporte Local. Baeza (Jaén), 4 y 5 de octubre de 2002.	Aproximación de programas de las Diputaciones y jornadas de deporte municipal.
2003	Congreso Internacional Andalucía Tierra de Deporte. Cádiz, del 18 al 21 de septiembre.	Gran despliegue económico. Se intentó crear una Carta de Cádiz sobre el deporte andaluz. Las Diputaciones fueron obviadas. Pretendió ser un Plan Estratégico para el Deporte Andaluz.[116]
2004	Presentación General de Ordenación del Deporte Andaluz. Dirección General de Actividades y Promoción Deportiva. 15 de junio de 2004.[117]	Se presenta lo que se pueden denominar los Planes de Deporte Local, donde se pretende desarrollar un plan director de actividades deportivas.

---

[114] Es un problema de concepción política, el Partido Andalucista no contempla las Diputaciones, además no tiene gobierno en ninguna provincia. Hay un gobierno de coalición entre PSOE y PA.
[115] Otero Moreno, José Mª *El impacto económico del Deporte en Andalucía*. El *41,2%* de la financiación pública se canaliza a través de los patronatos, fundaciones, Ayuntamientos y Diputaciones. El *25,3%* Consejería de Educación incluyendo los profesores de EF. El *23,1%* la que corresponde a la Consejería de Deporte (Turismo y Deporte). Finalmente el *10,4%* restante son fondos públicos adquiridos por diversas instituciones privadas de derecho público.
[116] Hay que citar la profusión de carga legislativa que realizó Rafael Rodríguez de León, brillante secretario general técnico de la Consejería de Turismo y Deporte.
[117] Siendo recién nombrado director general Juan de la Cruz Vázquez Pérez vuelve a haber una buena conexión entre la Junta de Andalucía y las Diputaciones provinciales y en general el deporte local.

AÑO	HITO	OBSERVACIÓN
2005	Encuentro de Diputaciones Provinciales. Cádiz, 8 de febrero de 2005.	Se tratan los PPID, se propone en esta materia un acercamiento a la Junta de Andalucía. Plan Director de Instalaciones Deportivas. Programas de actividades y Programas de subvenciones coordinados con la Junta. Hay una gran predisposición a colaborar y aproximar programas.
2005	Encuentro de Diputaciones Provinciales. Huelva, 1 de marzo de 2005.	Se propone hacer un Plan Andaluz para el Fomento del Deporte Municipal.
2005	Reuniones de Diseño del Plan de Formación del IAD.[118]	Asistencia de todas las Diputaciones andaluzas con poca capacidad de influencia para llevar las acciones formativas a través de las Diputaciones.
2006	Encuentro de Diputaciones Provinciales. Córdoba, 1 de junio.	Temática a tratar: 1. Estudio y coordinación entre las Diputaciones provinciales respecto al Programa "Deporte en la Escuela". 2. Análisis de los programas deportivos de las Diputaciones andaluzas con el objetivo de establecer criterios de coordinación para los próximos ejercicios
2006	Convenio Marco de Colaboración entre la Excma. Diputación Provincial y la Consejería de Educación para el Fomento del Deporte en la Escuela.[119] Lo firman todas las Diputaciones Provinciales.	Inicio de los Encuentros Deportivos Escolares de Andalucía (EDEA) desarrollados con las Diputaciones. Fueron un laboratorio sobre el deporte en la edad escolar. Queda mucho por recorrer, especialmente en tiempos de crisis económica.

---

[118] Siendo directora Aurora Cosano Prieto. La idea fue excelente, pero los resultados no acompañaron.
[119] Hoy tenemos que hacer una referencia importante al trabajo y la capacidad de gestión de Antonio Ponce García. Jefe de Servicio de Becas y Ayudas al Estudio, Dirección General de Participación e Innovación Educativa, Consejería de Educación, Junta de Andalucía. Une el sistema educativo con el sistema deportivo en la idea brillantísima y el Decreto más importante de España (a mi juicio) creado por Juan de la Cruz Vázquez Pérez, es el Decreto 6/2008, de 15 de enero, por el que se regula el deporte en edad escolar en Andalucía. Las Consejerías de Educación, Salud y Deporte están unidas por "imperativo legal", es el inicio de una coordinación donde participan las Diputaciones provinciales de Andalucía.

SÍNTESIS

- Las Diputaciones provinciales han participado activamente en el desarrollo del deporte local, sin ellas no se hubiese alcanzado el desarrollo de instalaciones y servicios que hoy prestan los Ayuntamientos.
- Ha existido una difícil relación entre las Diputaciones en su conjunto y la Junta de Andalucía en materia de deportes (actividades e instalaciones); las épocas más prolíficas fueron las etapas 1986-1990 y 2004-2008.
- El modelo de deporte local (municipal y provincial) se ha coordinado más por la acción de la provincia que por la acción de la Junta de Andalucía; sin embargo eso no ha menoscabado su liderazgo, siempre deseado por las Diputaciones provinciales.
- Los conceptos estructurales de los programas del conjunto de las Administraciones provinciales siempre se han desarrollado de modo paralelo, siempre interactuando, pero no de modo idéntico.

1.2. Características del sector en la provincia. Situación actual

A) Los hábitos de práctica deportiva

La actividad físico-deportiva se ha convertido en un referente de nuestra cultura que afecta a la imagen, la competición, la superación y el ejercicio, o el espectáculo, y se ha instaurado como *elemento educativo, social y/o recreativo*, que se relaciona con el estado de salud o el bienestar de la persona.

El deporte se manifiesta como estética, dimensión internacionalista, identidad nacional y de promoción. El deporte abre nuevas formas de ciencia, técnicas y métodos que se desarrollan y aplican en tecnologías e industrias, consumismo, política, turismo, comercio y finanzas.

Con respecto a las características del deporte en las provincias andaluzas, su situación actual y tendencias, se hace referencia a los últimos informes que la Consejería de Turismo, Comercio y Deporte ha realizado desde 1999 y en su última encuesta, efectuada en 2007, sobre *Hábitos y actitudes de la población andaluza ante el deporte*, obtiene información primaria para describir la participación en actividades físico-deportivas, entre la población adulta de Andalucía según provincias.

Figura 1. Hábitos deportivos de los andaluces por provincia

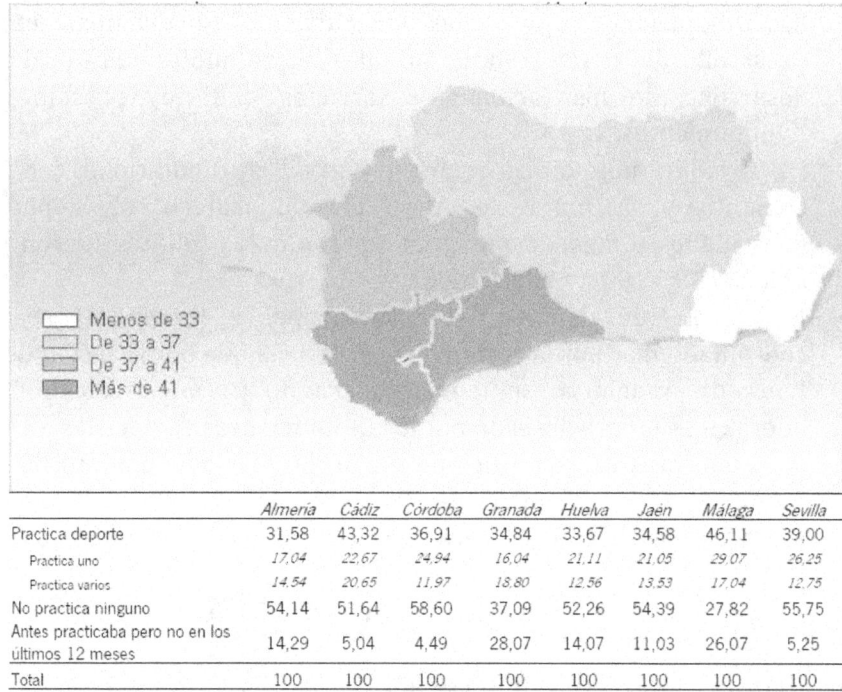

	Almería	Cádiz	Córdoba	Granada	Huelva	Jaén	Málaga	Sevilla
Practica deporte	31,58	43,32	36,91	34,84	33,67	34,58	46,11	39,00
Practica uno	17,04	22,67	24,94	16,04	21,11	21,05	29,07	26,25
Practica varios	14,54	20,65	11,97	18,80	12,56	13,53	17,04	12,75
No practica ninguno	54,14	51,64	58,60	37,09	52,26	54,39	27,82	55,75
Antes practicaba pero no en los últimos 12 meses	14,29	5,04	4,49	28,07	14,07	11,03	26,07	5,25
Total	100	100	100	100	100	100	100	100

Fuente. *Hábitos deportivos de los andaluces.* Empresa Pública Deporte Andaluz. Consejería de Turismo, Comercio y Deporte. ODA, 2009. Por provincias. 19.

Para entender la práctica deportiva por provincias hay que observar el gráfico anterior, donde se obtiene una visión general del grado de participación deportiva. La provincia donde más se practica deporte es Málaga; el 46,11% de los malagueños ha practicado algún deporte en los últimos 12 meses, seguido por Cádiz y Sevilla, con unas tasas del 43,32 y el 39% respectivamente.

Se aprecian grandes diferencias en la tasa de abandono; el 28,07% de los granadinos y el 26,07% de los malagueños han abandonado la práctica deportiva, lo que contrasta con las tasas de abandono de Cádiz (5,04%), Córdoba (4,49%) y Sevilla (5,25%).

B) Apunte del sector económico y el empleo

Por otra parte, el impacto en el sector económico y de empleo de la actividad físico-deportiva ha sido estudiado por el Instituto de Análisis Económico y Empresarial de Andalucía, en el que se evidencian los datos relativos al retorno que el deporte proporciona por cada provincia.

Tabla I. Producción efectiva del sector deporte por provincias en 2008

Producción efectiva del sector deporte por provincias 2008
(Euros)

	TOTAL	Porcentaje
ALMERÍA	299.092.386,77	8,90
CÁDIZ	509.572.203,60	15,16
CÓRDOBA	306.913.213,01	9,13
GRANADA	351.507.487,94	10,46
HUELVA	129.951.219,48	3,87
JAÉN	200.805.540,54	5,97
MÁLAGA	786.604.556,63	23,41
SEVILLA	776.324.925,28	23,10
ANDALUCÍA	3.360.771.533,26	100,00

Fuente: *Actividad económica del deporte en Andalucía,* 2008. Instituto de Análisis Económico y Empresarial de Andalucía. 49.

Puede observarse que existen grandes diferencias en el sector del deporte según provincia, que igualmente se manifiesta en el sector del empleo.

Tabla II. Empleo del sector deporte por provincias en 2008

Empleo del sector deporte por provincias 2008

	Administraciones Públicas	Educación física y deporte	Actividades empresariales	Otras actividades deportivas	TOTAL
Almería	795	636	2.220	876	4.527
Cádiz	1.081	1.133	3.935	1.493	7.642
Córdoba	943	787	2.127	899	4.756
Granada	1.320	863	2.401	1.030	5.614
Huelva	707	474	1.006	381	2.568
Jaén	898	681	1.343	588	3.511
Málaga	1.428	1.303	6.165	2.305	11.201
Sevilla	2.364	1.695	5.318	2.275	11.651
Andalucía	9.535	7.574	24.515	9.847	51.471

Fuente: *Actividad económica del deporte en Andalucía,* 2008. Instituto de Análisis Económico y Empresarial de Andalucía. 50.

1.3. DAFO del sector aplicable en las provincias andaluzas

Se utiliza como herramienta de análisis de la situación del sector el DAFO. El análisis DAFO ha permitido obtener datos sobre la situación real en la que se encuentra el sector desde la perspectiva provincial. Este análisis se ha llevado a cabo en la reunión del Foro del Deporte de 6 de febrero de 2008 organizado por MADECA, en la que han intervenido distintos agentes del sistema deportivo de la provincia de Málaga (federaciones deportivas, clubes, Ayuntamientos, Universidad, técnicos, Cámara de Comercio, etc.), extrapolables al conjunto de las Diputaciones, puesto que fue enfocado a ese fin. Además de las figuras de *informantes clave*.[120] Con este análisis se ha querido realizar una fotografía de la situación y diagnóstico para la presentación de este dictamen. Este ha permitido valorar:

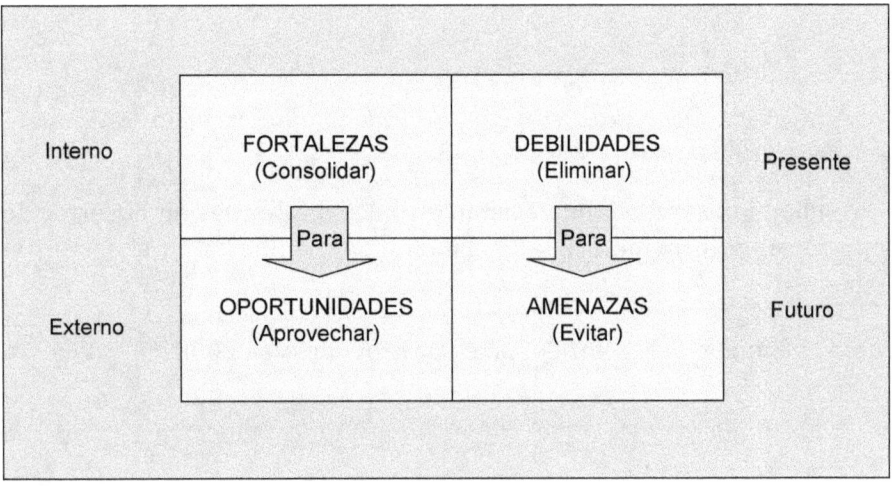

Figura 2. DAFO para valorar Debilidades, Amenazas, Fortalezas y Oportunidades

Como conclusión del análisis realizado se han obtenido los siguientes resultados (como máximo cinco[121] puntos de modo esquemático para cada apartado de debilidades, amenazas, fortalezas y oportunidades).

---

[120] Informantes clave solicitados. Perfil: funcionarios de Diputación. Número: 4.
[121] Aunque en algún caso se ha añadido el correspondiente al PEGEDA o al informante clave.

FORTALEZAS

- Instalaciones y espacios deportivos turísticos de gran nivel.
- Recursos económicos adecuados a los niveles de practicantes y demandas actuales.
- Clima y situación de Andalucía. Entorno natural y medioambiental en los pueblos de cada una de las provincias andaluzas.
- Mentalidad progresista de la mayoría de la población. Extensión del deporte para todos.
- Flujos turísticos hacia prácticas deportivas: esquí, golf, hípica, equitación, vela (puertos deportivos, etc.).

DEBILIDADES

- Descoordinación entre las diferentes Administraciones de los diferentes niveles territoriales. Escasa motivación y compromiso personal de los políticos.
- Falta de planificación y gestión de procesos aplicados a la actividad físico-deportiva orientada al servicio de la ciudadanía, en lo público y en lo privado.
- Escasez de espacios deportivos urbanos de recreo y para la actividad físico-deportiva al aire libre y cubierta.
- Insuficiente inversión: más apoyo de las diferentes Administraciones solucionaría parte del problema.
- Existe un gran intrusismo laboral, un fallo de regulación en las titulaciones y condiciones precarias del empleo en el deporte.

OPORTUNIDADES

- Nuevas concepciones del deporte como foco de salud. Nuevas prácticas deportivas, nuevos deportes: nuevas corrientes sobre la práctica del deporte.
- Nuevas tecnologías de la sociedad de la información (Internet) y las redes sociales.
- Población cada vez más dispuesta a practicar deporte.
- Deporte en y desde la escuela. El deporte en la edad escolar.
- Asociar la práctica del deporte con el turismo: deporte turístico.
- Uso e importancia de los medios de comunicación en la información deportiva, que otros sectores no tienen.

- Transversalidad en la gestión (Deporte+Salud+Educación), iniciada ya en la anterior legislatura en la Junta de Andalucía, pero que debe de extenderse al conjunto de las Administraciones locales -Diputaciones y Ayuntamientos- de la Comunidad. (PEGEDA).

AMENAZAS

- Decadencia de hábitos saludables, mala alimentación, sedentarismo, estilos de vida no deseables, pocas alternativas de ocio joven: videojuegos.
- Privatización de servicios para una falsa mayor operatividad.
- Desaceleración económica, falta de adaptación en las inversiones necesarias para las demandas en el sector.
- Gran competitividad de otros sectores del ocio, la gran oferta en la industria de la recreación.
- Descoordinación institucional y falta de vertebración del tejido asociativo en el deporte.

1.4. Plan Estratégico General del Deporte de Andalucía (PEGEDA)[122] 2009/2016. El deporte en Andalucía

El PEGEDA respecto a las Diputaciones andaluzas plantea, entre otras cuestiones:

A) Objetivo general 1

Incrementar los niveles de práctica deportiva de los ciudadanos andaluces, especialmente la actividad asociada al deporte de ocio saludable.

B) Líneas estratégicas asociadas

1. Extender la implantación -con las modificaciones necesarias para mejorar la eficacia del mismo- del programa *El Deporte en la Escuela*.

2. Potenciar el desarrollo y fortalecer el deporte en el *ámbito local* (Diputaciones y Ayuntamientos, especialmente en los de menos habitantes).

---

[122] Seguramente estamos hablado de "papel mojado". Ha sido un buen trabajo, liderado por Manuel Jiménez Barrios y Juan de la Cruz Vázquez Pérez y con gran entidad respecto al diagnóstico y planeamiento en general. Es un momento de vuelta de la ilusión por el desarrollo del deporte de Andalucía, expectativas frustradas.

C) Descripción de los objetivos y líneas estratégicas

1.2. Potenciar el desarrollo y fortalecer el deporte en el ámbito local (Diputaciones y Ayuntamientos, especialmente los de menor número de habitantes) .../...

2.1. Impulsar, apoyar e incentivar la realización -por parte de los Ayuntamientos- de los Planes locales de instalaciones deportivas, que incluyan planes de viabilidad de cada instalación.

2.2. Mejorar los mecanismos de coordinación entre la Junta de Andalucía y las entidades locales, así como con federaciones y entidades privadas -incluidos los procedimientos administrativos- para acelerar al máximo la ejecución del PDIDA .../...

3.2. Mejorar la coordinación, articulación y control de los recursos y apoyos al deporte de rendimiento.

3.4. Continuar con el desarrollo de eventos deportivos -de carácter nacional e internacional- pero con criterios más selectivos en lo que se refiere a la calidad de los mismos y a la necesaria coordinación institucional.

D) Listado de medidas, proyectos y acciones

1. Incrementar los niveles de práctica deportiva de los ciudadanos andaluces, especialmente la actividad asociada al deporte de ocio saludable.

2. Potenciar el desarrollo y fortalecer el deporte en el *ámbito local* (Diputaciones y Ayuntamientos, especialmente en los de menor número de habitantes).

E) Medidas

121. Creación -a iniciativa de la Diputación y con apoyo de la Junta- y en cada una de las provincias, de una Oficina de asesoramiento técnico a municipios pequeños.

213. Programa a nivel provincial -ubicado en los servicios y áreas de deporte de las Diputaciones provinciales- para el apoyo a los municipios menores de 20000 habitantes en la elaboración de los Planes locales de instalaciones deportivas.

423. Creación -como desarrollo asimismo del Consejo Andaluz del Deporte y con carácter formal, pero con competencias asesoras y consultivas- de la Comisión Interprovincial del Deporte, con

representantes de la Junta de Andalucía y de las ocho Diputaciones provinciales.

SEGUNDA PARTE: LAS INVERSIONES EN INSTALACIONES DEPORTIVAS DESDE LAS DIPUTACIONES

2.1. Inicio y consolidación: un trabajo bien hecho[123]

Las competencias en la construcción de instalaciones deportivas se reparten bajo la iniciativa de las diferentes Administraciones que intervienen en la promoción y fomento del deporte, según sus propios intereses. Desde que el deporte se ha considerado como un bien social y público se construyen instalaciones deportivas en el objetivo de servicio obligado por parte de los Ayuntamientos de más de 20 000 habitantes, en la intervención de las Diputaciones con las competencias de asistencia a los Ayuntamientos de municipios *de menos de 20 000 habitantes* y en su intervención supramunicipal, así también con competencias exclusivas (no excluyentes) de la Junta de Andalucía, que además tiene potestad legislativa en el territorio andaluz sobre el planeamiento y la construcción de las mismas.

El presente apartado se orienta desde la perspectiva de las Diputaciones, como corporación local con competencias propias y definidas en la Ley 7/85 de las Bases de Régimen Local, en las competencias[124] de la Ley 11/87 de la Junta de Andalucía y en el marco general que establece la Ley 6/98 del Deporte de Andalucía. Se trata de exponer la labor realizada por las Diputaciones en Andalucía, lógicamente con datos relativos a municipios de menos de 20 000 habitantes, especialmente.

No obstante el ordenamiento legal, el desarrollo y la evolución de competencias han variado y las Diputaciones, como parte del Estado, han cumplido sus competencias sobre la materia de deporte en su fomento, promoción, animación y planes de instalaciones deportivas.

No se intenta hacer una valoración exhaustiva de las inversiones realizadas por las Diputaciones, eso sería un trabajo de investigación mucho más amplio y completo, ni por supuesto un estudio del marco

---

[123] Pese a todo, cuando se viaja por Andalucía pueden verse cientos de espacios deportivos en cientos de pueblos; casi todos (por no decir todos los de los pueblos) han sido construidos en gran medida por la intervención de las Diputaciones provinciales andaluzas; eso sí, en colaboración con el resto de las Administraciones. Son la Red Básica.

[124] Aunque ha sido derogada en parte, quedan competencias en su razón que afectan a las Diputaciones, pero que han sido ajustadas en Andalucía con la Ley 5/2010.

legislativo y competencial. Acometemos una aproximación a lo que ha significado la aportación de las Corporaciones Provinciales al desarrollo del parque de instalaciones deportivas públicas de Andalucía y lo que ha significado (en parte) su contribución.

Se utilizan datos propios y se comparan con los obtenidos por ESECA (que transcribimos en parte) en el trabajo realizado para la Fundación Andalucía Olímpica en el apartado referido a la Junta de Andalucía, las Diputaciones y los Ayuntamientos.

Lo que sí se trata es de hacer referencia a los diversos indicadores en el deporte y especialmente en instalaciones deportivas, con los problemas que ciertamente existen para homogeneizarlos en el transcurso de estos 30 años.

El papel de las Diputaciones en la construcción de instalaciones deportivas ha variado en el tiempo y en el modo de intervenir; se puede afirmar que el ámbito competencial, mal definido (a nuestro modo de entender) y sujeto a concepciones puramente políticas (partidistas[125]) y no a la concepción administrativa del Estado, ha llevado a continuar en la inercia de actuación sobre planes de instalaciones y asistencia a los Ayuntamientos (especialmente a los de menos de 20 000 habitantes).

Su fundamento de intervención estuvo y está principal y directamente en:

A) *La Ley Reguladora de las Bases del Régimen Local 7/85 de 2 de abril.* El marco legal de actuación de las Diputaciones respecto a los municipios de su territorio está referido en el:

Art. 26. 3. La asistencia de las Diputaciones a los Municipios prevista en el Art. 36, se dirigirá preferentemente al establecimiento y adecuada prestación de los servicios públicos mínimos.

B) La Ley 11/87, de 26 de diciembre, Reguladora de las Relaciones entre la Comunidad Autónoma de Andalucía y las Diputaciones provinciales de su territorio (ya derogada).

Aunque ha sido derogada en gran parte, en lo que se refiere directamente a las Diputaciones provinciales[126] no podemos dejar de citar el sentido de atención de las mismas respecto a los municipios, de tal

---

[125] En algunos casos, personajes particulares de corte frustrante y de escasa talla intelectual, incluso delincuentes.
[126] Se recomienda la lectura de la exposición de motivos de la Ley acerca de las competencias propias de las Diputaciones en el Capítulo IV en materia de cultura, deportes y turismo, donde no se cierra el proceso de atribución competencial. BOJA 108. de 30 de diciembre de 1987, pág. 6.207, pero que ya no tiene valor. Todo esto para comprender las claves del deterioro progresivo de la provincia como unidad territorial e institucional (!).

forma que podemos transcribir literalmente el Art. 21 para comprobar esta observación:

En materia de deporte, son competencias de las Diputaciones provinciales las siguientes:

"a) Plan de instalaciones deportivas.

Corresponde a las Diputaciones provinciales la ejecución y gestión del plan de instalaciones deportivas que la comunidad autónoma elaborará anualmente, en colaboración con las Diputaciones provinciales de acuerdo con los criterios que establezca el Consejo de Gobierno.

Dicho plan se financiará con los fondos procedentes de los Presupuestos Generales de la comunidad autónoma y aportaciones de las Diputaciones provinciales y Ayuntamientos en la proporción que reglamentariamente se determine.

b) Animación y promoción deportiva.

La competencia de las Diputaciones provinciales en la materia de animación y promoción deportiva será subsidiaria de la municipal y siempre que la misma tenga carácter intermunicipal".

C) La Ley 6/98 del Deporte de Andalucía, Título II. De la Administración y Organización del Deporte. Capítulo I. Competencias

2. Específicamente le corresponden a las provincias[127]*:*

"a) El fomento de la práctica de la actividad física y el deporte dentro de su término territorial y, en particular, en los municipios de menos de 20000 habitantes.

b) La ejecución y gestión de instalaciones deportivas en colaboración con las demás entidades locales".

D) Ley 5/2010, de 11 de junio, de Autonomía Local de Andalucía.

Como expresa en la Exposición de Motivos:

"La ley define la autonomía local, en los términos de la Carta Europea de Autonomía Local: como el derecho y la capacidad para la ordenación y gestión de una parte importante de los asuntos públicos bajo la propia responsabilidad y en beneficio de sus habitantes. Distingue la ley entre autonomía municipal y autonomía provincial, dejando claro, sin embargo, que ambas entidades locales, municipios y provincias, integran una sola comunidad política local".

---

[127] Se prefirió, por parte del legislador (Junta de Andalucía) llamar *provincia* y no *Diputación provincial* de manera ambigua, era un modo de menoscabar la figura de la corporación provincial en aras de una presencia extrañamente concurrente de la propia Junta en las provincias de Andalucía (!), duplicando competencias.

Así, da a la provincia una función principal, como es garantizar el ejercicio de las competencias municipales y facilitar la articulación de las relaciones de los municipios entre sí y con la Comunidad Autónoma de Andalucía.

Sección 3ª. Competencias propias de las provincias. Artículo 11. Competencias de asistencia a los municipios.

Artículo 9. Competencias municipales. Los municipios andaluces tienen las siguientes competencias propias:

18. Promoción del deporte y gestión de equipamientos deportivos de uso público, que incluye:

a) La planificación, ordenación, gestión y promoción del deporte de base y del deporte para todos.

b) La construcción, gestión y el mantenimiento de las instalaciones y equipamientos deportivos de titularidad propia.

c) La organización y, en su caso, autorización de manifestaciones y competiciones deportivas que transcurran exclusivamente por su territorio, especialmente las de carácter popular y las destinadas a participantes en edad escolar y a grupos de atención especial.

d) La formulación de la planificación deportiva local.

2.2. Evolución de la normativa

Como cuestión previa para exponer de modo esquemático[128] la evolución de la normativa, porque nos da una perspectiva histórica de la evolución o desarrollo de los Planes de Instalaciones, las relaciones institucionales y los papeles que han jugado estas instituciones, especialmente pensando en las Diputaciones provinciales, planteamos una serie de hitos que van dando, a lo largo del tiempo, la dimensión y el cauce en la construcción de las instalaciones deportivas en Andalucía.

---

[128] Para desarrollo, ver *Jornadas de Gestión y Mantenimiento de Instalaciones Deportivas. Piscinas.* Antonio Merino "La Planificación de Instalaciones Deportivas" Málaga, 20 y 21 de abril de 2001.

NORMATIVA REGULADORA DE CONSTRUCCIÓN Y USO DE INSTALACIONES DEPORTIVAS EN ANDALUCÍA. CRONOGRAMA DE DISPOSICIONES Y ORIGEN DE INVERSIONES[129]

AÑO	ENTIDAD	NORMATIVA	OBSERVACIONES	INTERVENCIÓN DIPUTACIONES
1981	Gobierno central	Real Decreto 1673/81, de 3 de julio	Planes Provinciales de Obras y Servicios	*****
1981	Gobierno central	Real Decreto 2240/81, de 24 de julio	Planes Provinciales de Instalaciones Deportivas	*****
1982	Gobierno central	Real Decreto 4096/82, de 31 de diciembre	Sobre traspaso de funciones y servicios del Estado en materia de cultura y deporte. Especial para Andalucía	**
1991	Consejería de Educación y Ciencia	R.D.1004/91 y Orden de 4 de noviembre de 1991	Decreto de mínimos. Orden que determina tipologías y espacios para centros educativos. Vigentes.	*
1994	Consejería de Cultura	Planes Singulares de Instalaciones Deportivas	Carácter interno y para municipios de más de 20000 habitantes	**
1996	Consejería de Turismo y Deporte	Final de los PPID	Año sin PPID. Que acabaría siendo el Plan Fin al siguiente año.	****
1997	Consejería de Turismo y Deporte	Orden de 21 de marzo de 1997	Regula el procedimiento de colaboración entre la Consejería y las entidades locales andaluzas, al objeto de promover la construcción de instalaciones deportivas. A esta convocatoria de ayudas se la denominó eufemísticamente "Plan Fin".	***

---

[129] Nota. Valoración global de la intervención de Diputaciones: 5 imprescindible, 4 necesaria, 3 interviene escasamente, 2 intervención circunstancial y 1, no hay referencia directa ni competencia.

AÑO	ENTIDAD	NORMATIVA	OBSERVACIONES	INTERVENCIÓN DIPUTACIONES
1997	Consejería de Educación y Ciencia	DECRETO 155/1997, de 10 de junio	Regula la cooperación de las entidades locales con la Administración de la Junta de Andalucía en materia educativa. Define la cooperación en la programación de la enseñanza, especialmente en la planificación y gestión de construcciones escolares; conservación, mantenimiento y vigilancia de los centros.	*
1998	Consejería de Turismo y Deporte	Orden de 5 de febrero de 1998, para la construcción de instalaciones deportivas. Orden de 25 de mayo de 1998. Corrige la anterior.	Regula el procedimiento de colaboración entre la Consejería y las entidades locales andaluzas, al objeto de promover la construcción de instalaciones deportivas.	****
1998	Consejería de Educación y Ciencia	Orden de 26 de junio de 1998,	Regula la utilización de las instalaciones de los centros docentes públicos no universitarios por los municipios y otras entidades públicas o privadas.	***
1998	Junta de Andalucía. Consejería de Turismo y Deporte	Ley 6/98 del Deporte de Andalucía, de 14 de Diciembre	Competencias materia de instalaciones deportivas de la Junta y entidades locales. Animación y promoción del deporte en la provincia	*****
2000	Consejería de Turismo y Deporte	Decreto 284/2000. (BOJA núm. 67, de 10 de junio).	Por el que se regula el Inventario Andaluz de Instalaciones Deportivas.	*****

AÑO	ENTIDAD	NORMATIVA	OBSERVACIONES	INTERVEN-CIÓN DIPUTACIO-NES
2000	Consejería de Turismo y Deporte	Orden de 3 de enero de 2000.	Regula el procedimiento de colaboración entre la Consejería de Turismo y Deporte y las entidades locales andaluzas para la construcción de instalaciones deportivas.	*****
2000	Consejería de Turismo y Deporte	Decreto 284/2000, de 6 de junio, por el que se regula el Inventario Andaluz de Instalaciones Deportivas.	Las Diputaciones provinciales ya venían realizado sus diferentes censos[130].	****
2001	Consejería de Turismo y Deporte	Orden de 21 de marzo de 2001.	Por la que se regula el procedimiento de colaboración entre la Consejería de Turismo y Deporte y las entidades locales andaluzas para la construcción de instalaciones deportivas.	****
2001	Agesport Andalucía[131]	Congresos, publicaciones, relaciones profesionales e instalaciones deportivas.	Su aportación y la participación de las Diputaciones, además de Ayuntamientos ha sido determinante. Desde 1º "El Deporte Municipal en el Nuevo Milenio", Estepona, 8 de junio de 2001. En la actualidad son 12 los congresos que se han celebrado con la colaboración de las Diputaciones provinciales.	*****

---

[130] Ver las publicaciones de las Diputaciones de Almería, Huelva, Cádiz y Sevilla en formatos muy cuidados y excelentemente presentados. O ver la digitalizada de Málaga.

[131] Aquí Salvador Jiménez Rodríguez y Aurelio Sánchez Vinuesa hacen un trabajo encomiable por la dirección y coordinación de AGESPORT, lo mismo que históricamente lo han hecho colaborando con las Diputaciones provinciales.

AÑO	ENTIDAD	NORMATIVA	OBSERVACIONES	INTERVEN-CIÓN DIPUTACIO-NES
2001	Consejería de Turismo y Deporte	Planificación de Instalaciones Deportivas en Andalucía.	Borrador de Decreto que afecta al Planes Locales de Instalaciones Deportivas y al Plan Director.	*****
2000 al 2008	Consejería de Turismo y Deporte	Plan Director de Instalaciones Deportivas.	Como un instrumento legal capaz de definir necesidades y determinar o favorecer los procesos de construcción de instalaciones deportivas en Andalucía.	*****
2001	Consejería de Turismo y Deporte	Decreto 144/2001, de 19 de junio, sobre los Planes de Instalaciones Deportivas	Funciones y trabajos realizados por las Diputaciones mediante convenio con la Junta de Andalucía, especialmente en los Planes Locales de Instalaciones Deportivas.	*****
2007	Consejería de Turismo, Comercio y Deporte	Acuerdo de 8 de mayo de 2007, del Consejo de Gobierno, por el que se aprueba el Plan Director de Instalaciones Deportivas de Andalucía.	Plasma la aplicación del Decreto 144/2001. Las Diputaciones ha hecho suyo el proyecto y han firmado convenios para su desarrollo implicándose en la elaboración de los planes locales de instalaciones deportivas para los municipios de menos de 20 000 habitantes y asesoramiento a los mayores.	*****

AÑO	ENTIDAD	NORMATIVA	OBSERVACIONES	INTERVENCIÓN DIPUTACIONES
2009	Consejería de Turismo, Comercio y Deporte	Convenio de Colaboración entre la Consejería de Turismo, Comercio y Deporte de la Junta de Andalucía y la Diputación provincial para la elaboración de los Planes Locales de Instalaciones Deportivas de los municipios de la provincia.	Se han elaborado o se están terminando de elaborar por las Diputaciones provinciales.[132]	*****
2010	Presidencia de la Junta de Andalucía	Ley 5/2010, de 11 de junio, de Autonomía local de Andalucía.	En este caso los Planes Provinciales de Instalaciones Deportivas desaparecen, quedando a la iniciativa[133] de acuerdos entre la Junta y las corporaciones locales.	***

Como conclusiones de este cuadro hay que decir:

a) Las Diputaciones Provinciales como entes locales cumplieron y continúan cumpliendo un papel fundamental en la construcción de instalaciones deportivas, en *la red básica* especialmente y de modo determinante en el período de iniciación de la Junta de Andalucía.

b) La aparición de los Planes Singulares supuso una inflexión en la inversión coordinada de Ayuntamientos, Diputaciones y Junta de Andalucía.

c) El divorcio establecido por la Orden de 5 de febrero de 1998 para la construcción de instalaciones deportivas, y las diversas Órdenes que intentaron corregir las lagunas de esta, junto con los convenios

---

[132] En el caso de la Diputación de Málaga, por la SOPDE (Sociedad de Planificación y Desarrollo), con la dirección del Servicio de Deportes.
[133] En el Congreso de AGESPORT Andalucía, Manuel Zafra Víctor, profesor de Ciencia Política y de la Administración y exdirector general de Administración local, hizo una intervención muy ilustrativa sobre *El futuro de las Diputaciones andaluzas y su papel respecto al deporte y los Ayuntamientos*. Ayamonte (Huelva), 7 y 8 de abril de 2011. "El deporte municipal ante la ley de autonomía local en Andalucía", además de analizar los Planes de Instalaciones Deportivas.

incumplidos, supuso una "ruptura en falso" de la Junta con las Diputaciones, puesto que las Diputaciones han continuado realizando transferencias de capital a los Ayuntamientos (especialmente a los de menos de 20 000 habitantes) para cumplimentar su parte en la construcción de instalaciones con la Junta de Andalucía.

d) Aunque existe una cierta indefinición respecto al papel de las Diputaciones en la intervención o cometido que les da la Junta de Andalucía en los Planes de Instalaciones, las Diputaciones continúan desarrollando su papel reequilibrador, compensador en el territorio de la provincia en asistencia a las corporaciones locales, como una corporación local que es definida en la Ley 7/85 de Bases del Régimen Local y en la Constitución Española. La Ley 5/2010 y la depresión económica actual vienen a certificar la muerte de los planes de instalaciones deportivas, tanto en construcción como en reorganización.

e) Finalmente, hay que añadir que la Consejería de Educación y Ciencia interviene de forma determinante en las construcciones escolares, aportando en la Red Básica de Instalaciones Deportivas mucho más que la Consejería de Turismo y Deporte, según se deduce de los datos de José Mª Otero Moreno (2000) y Eduardo Cuenca García (2001).

f) El *Plan Director de Instalaciones Deportivas de Andalucía*[134] supone una posibilidad extraordinaria en la actualización de necesidades de instalaciones deportivas en Andalucía con la intervención de todos, sin exclusivismo ni excluidos.

2.3. La construcción de instalaciones deportivas de 1982 a 1991

2.3.1. Los planes provinciales de instalaciones deportivas

La actuación de las inversiones desde su creación en el año 1982 queda marcada por la iniciativa especial de las Diputaciones provinciales. Es un año trascendental en el desarrollo de la comunidad autónoma andaluza, ya que es el primer año que se tiene presupuesto ordinario como comunidad autónoma (no como preautonomía). Es el año, especialmente en el último trimestre, en el que se producen las transferencias del Estado central, de tal forma que aún con retraso es el inicio de los denominados *Planes Provinciales de Instalaciones Deportivas* (en adelante PPID). Es decir el Estado central no llega a desarrollar lo que él mismo había creado.

---

[134] A la fecha de esta publicación se está cumpliendo fielmente por parte de todos.

En esta parte se quiere establecer una idea específica de los PPID desde su creación 1982 a 1991[135] como una introducción que contempla la trayectoria de las inversiones en la construcción de instalaciones deportivas en Andalucía a través de la vía más importante hasta que aparecieron los denominados *planes singulares* de la Consejería de Cultura de la Junta de Andalucía.

Los aspectos expositivos de los PPID pasan por dos apartados que se relacionan uno con la planificación y otro con la gestión, es decir, uno con la *previsión* y otro con su *cumplimiento*. Para estudiar los aspectos descriptivos de los PPID utilizamos el parámetro económico que conlleva las previsión del plan, aprobado en los diferentes Plenos de las Corporaciones Provinciales y que responden a las valoraciones económicas encargadas a los Servicios de deportes de las ocho Diputaciones provinciales, que fueron legalmente las promotoras de los PPID y a quienes correspondió (y aún corresponde) su gestión y desarrollo desde la creación de estos planes en 1982[136]. Es un año crucial en el desarrollo de la comunidad autónoma andaluza, ya que es el primer año que se tiene presupuesto ordinario, como hemos expuesto anteriormente y es el año en el que se producen las transferencias del Estado central de los Planes Provinciales de Instalaciones Deportivas.

Los Planes Provinciales de Instalaciones Deportivas en Andalucía tuvieron un crecimiento insuficiente en las aportaciones realizadas por parte de la entonces Consejería de Cultura durante los tres últimos años (92 al 95); sin embargo otras inversiones[137] para instalaciones singulares (provincializando) equivalen a más inversión de la que puede corresponder a cualquier provincia en estos planes[138]. Ante ello es posible pensar que los Ayuntamientos en su conjunto[139] han quedado aislados a la hora de atender las inversiones que se demandan para equipamiento deportivo, pero aun siendo hasta cierto punto verdad, no es del todo

---

[135] Resumen basado en *La construcción de instalaciones deportivas por las corporaciones locales en Andalucía 1982-1991*, de Antonio Merino Mandly.
[136] Aunque creados, como hemos expuesto, en el Decreto 2240/81, en Andalucía solo pudo operar el Consejo Superior de Deportes en el inicio de este Plan, es decir en el 82, ya que las transferencias se realizaron el 29 de diciembre de 1982 en el Decreto 4096/82, que incluía los Planes Provinciales de Instalaciones Deportivas. Advertimos que en los cuadros económicos el año 82 corresponde inicialmente al Consejo Superior de Deportes, pero realmente lo desarrolla la Junta de Andalucía.
[137] Véase BOJA núm. 73 de 16 de agosto de 1991, págs. 7682 a 7684.
[138] Solo el Ayuntamiento de Motril recibió una cantidad similar a todo el plan provincial para Málaga. El Ayuntamiento de Dos Hermanas recibió 50 millones de pesetas más que lo destinado al plan provincial en Málaga, cuya cantidad fue de 150 millones. Y el Ayuntamiento de Vélez-Málaga recibió en el año 91 la cantidad de 31 millones, y para el año 92 recibió 62 millones de pesetas; problemas de liquidez económica en el Ayuntamiento crearon serios conflictos en la construcción de la piscina, comenzada en el año 93 e inaugurada en 1999.
[139] No existe normativa que sitúe a todos con las mismas posibilidades.

exacto, ya que las inversiones singulares se han realizado a través de los Ayuntamientos, especialmente los de más de 20 000 habitantes, fuera de los PPID, como hemos dicho.

Podemos señalar que es el momento de despegue de la Junta sobre las Diputaciones, desde la consecución de la autonomía en el año 81, en el que la Junta se ve obligada a apoyarse en las Diputaciones por falta de inercia o entidad institucional.

En esta línea los presupuestos de la Dirección General de Deportes que se orientaron a planes singulares[140] de instalaciones rondaron los 1400 millones para el año 89 y se realizaron al margen de los Planes Provinciales de Instalaciones Deportivas[141].

A partir de este momento se empiezan a regular los propios intereses de la Junta de Andalucía de forma independiente de las Diputaciones, hasta este momento "compañeros de viaje", por propia necesidad de la Junta de Andalucía, ya que hasta el momento no tenía capacidad de desarrollar sus competencias por sí misma.

Así, pasamos a exponer en las siguientes tablas los datos relativos a los PPID en la primera década de 1982 a 1991.

Tabla III. Inversión en instalaciones deportivas 1982 a 1991. Planes Provinciales de Instalaciones Deportivas

PROVINCIA	Aportación Junta de Andalucía	Aportación Diputación	Aportación Ayuntamientos	TOTAL
ALMERÍA	524 926 100	488 790 779	386 194 663	1 399 911 542
CÁDIZ	1 061 997 913	1 223 476 797	1 143 642 223	3 429 116 933
CÓRDOBA	815 324 904	245 700 451	779 580 860	1 840 606 215
GRANADA	697 610 861	1 188 860 327	478 463 523	2 364 934 711
HUELVA	568 990 118	537 155 556	588 137 549	1 694 283 223
JAÉN	757 640 000	718 817 505	754 328 745	2 230 786 250
MÁLAGA	1 053 832 598	899 133 019	993 845 839	2 946 811 456
SEVILLA	1 266 340 859	1 243 188 936	1 316 562 470	3 826 092 265
TOTAL	6 746 663 353	6 545 123 370	6 440 755 872	19 732 542 595

Fuente: Elaboración propia, con datos de las Diputaciones provinciales.

La inversión, cercana a los veinte mil millones de pesetas en el decenio 82 a 91, desde la creación de los Planes Provinciales de Instalaciones Deportivas, tiene muchos aspectos a analizar, no solo por lo

---

[140] Ver BOJA núm. 11, de 12 de febrero de 1991, pág. 653 y ss.
[141] La distribución de cantidades por provincia aparece en el mismo BOJA núm. 11.

importante de la cantidad, sino por los aspectos cualitativos referidos a cuestiones políticas, administrativas, competenciales y de gestión, principalmente; todo ello sería objeto de otro estudio.

En cuanto a las cantidades, puede decirse que cada Diputación plantea su iniciativa en la construcción de instalaciones en razón de sus preferencias, plasmadas en lo que deciden sus órganos de gobierno, pero en su conjunto hay algunos datos que observar, sobre todo con la perspectiva del tiempo.

Figura 3. Inversión en Planes Provinciales de Instalaciones Deportivas 1982 a 1991 según institución. Cantidad expresada en pesetas

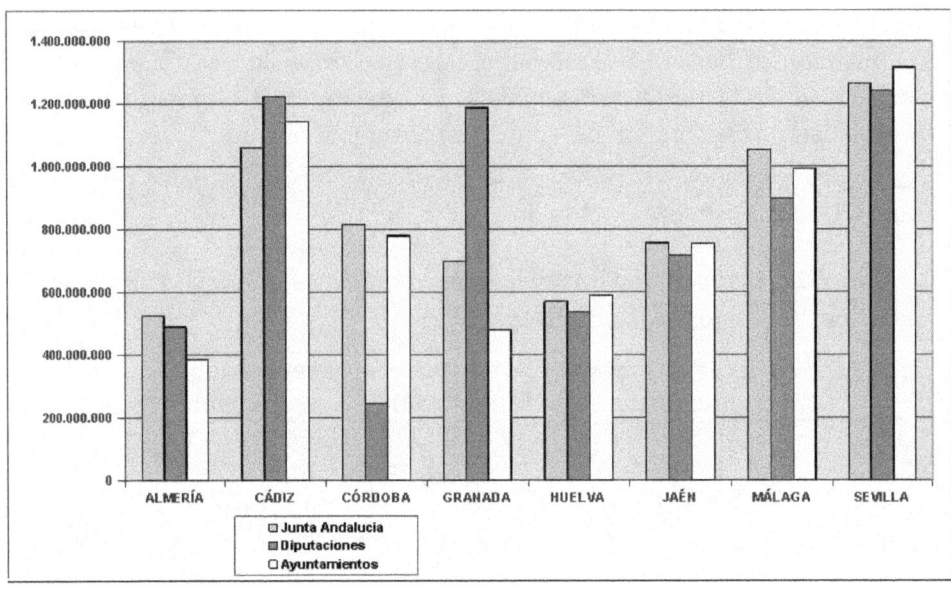

Figura 4. Distribución de inversiones globales. Planes Provinciales de Instalaciones Deportivas 1982 a 1991

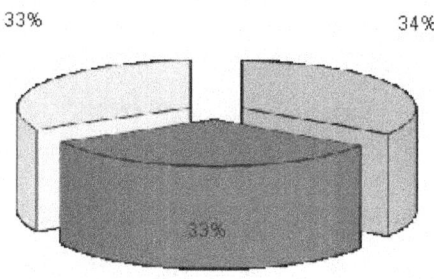

Observando los datos generales de la tabla IV podemos deducir el concepto, entre otros, de las ratios de inversiones por habitante como podemos ver en la siguiente tabla, donde la ratio más alta corresponde a Huelva. Sin embargo, si observamos la figura nº1 podemos ver que es en Granada donde la Junta realiza una inversión superior.

Tabla IV. Valores proporcionales de las inversiones en los Planes Provinciales de Instalaciones Deportivas en el decenio 82-91

PROVINCIA	POBLACIÓN DE DERECHO	NÚMERO DE MUNICIPIOS	INVERSIONES EN INSTALACIONES	RATIO PESETAS HABITANTES ABSOLUTOS
ALMERÍA	455 496	103	1 399 911 542	3 073,4
CÁDIZ	1 078 404	43	3 429 116 933	3 179,8
CÓRDOBA	754 452	75	1 840 606 215	2 439,6
GRANADA	790 515	168	2 364 934 711	2 991,6
HUELVA	443 476	79	1 694 283 223	3 820,4
JAÉN	637 633	96	2 230 786 250	3 498,5
MÁLAGA	1 160 843	100	2 946 811 456	2 538,5
SEVILLA	1 619 703	103	3 826 092 265	2 362,2
TOTAL	6 940 522	767	19 732 542 595	2 843,1 Md 2 999

Figura 5. Ratios en el decenio 82/91

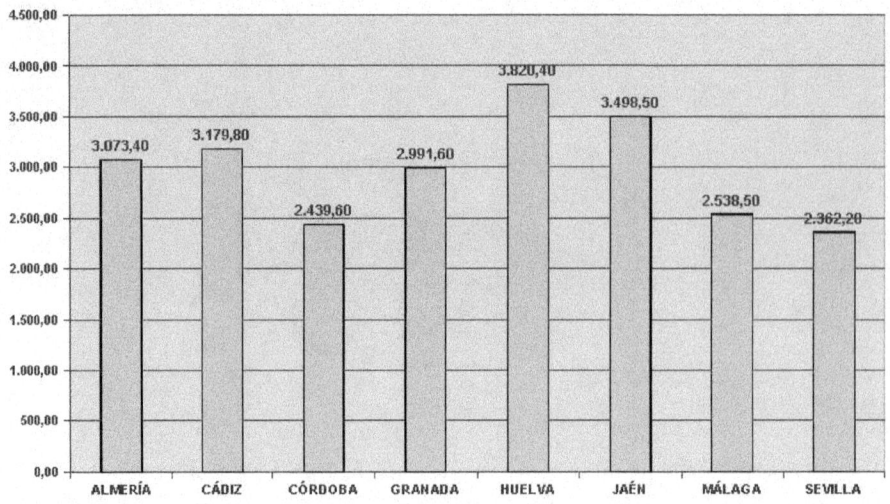

Tabla V. Valores proporcionales de las inversiones en los Planes Provinciales de Instalaciones Deportivas. Ratio pesetas-habitantes

PROVINCIA	JUNTA DE ANDALUCÍA	DIPUTACIÓN
ALMERÍA	1 152,4	1 073,0
CÁDIZ	984,8	1 134,5
CÓRDOBA	1 080,7	325,7
GRANADA	882,4	1 503,9
HUELVA	1 283,0	1 211,2
JAÉN	1 188,2	1 127,3
MÁLAGA	907,8	774,5
SEVILLA	781,8	767,5

Figura 6. Evolución de las ratios correspondientes a Junta de Andalucía y Diputaciones (1982 a 1991)

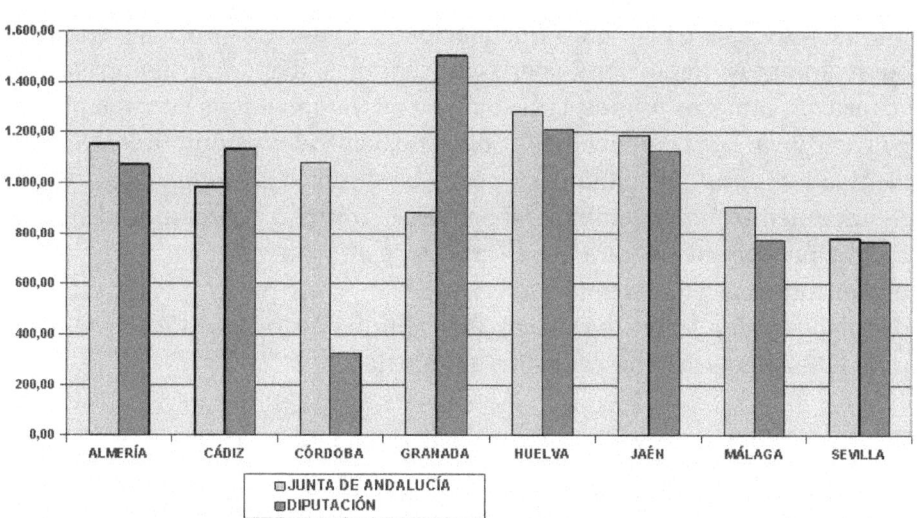

En consecuencia, la inversión pública en construcción de instalaciones deportivas a través de los PPID se configuró bajo las siguientes líneas:

1. Las Diputaciones provinciales siempre han intervenido en los procesos de construcción de equipamiento deportivo de forma determinante a través de las quinielas y/o fondos propios.
2. Los censos de instalaciones deportivas, junto con el Plan Guía de Andalucía, generalmente (no siempre) se han valorado a lo largo de esta última etapa como elementos importantes y previos a la situación de planeamiento e inversiones. Muchos Ayuntamientos y Diputaciones han argumentado sobre la base de ellos.
3. Los planes de construcción de instalaciones deportivas siempre fueron a la zaga de otros o incluidos como "obras de lujo" (a veces como actuaciones innecesarias) pero siempre solicitadas, como es el caso del Plan de Obras y Servicios, que no incluyó ni en 1981 ni en1990 la construcción de espacios deportivos, aunque al final se flexibilizó y se construía directamente por la vía de estos Planes de Obras y Servicios.

2.3.2. Planes Provinciales de Obras y Servicios

Los Planes Provinciales de Obras y Servicios dan pie al desarrollo de un decreto específico para instalaciones deportivas. No se trata de equipamientos deportivos, pero muchas instalaciones deportivas se realizaron con esos fondos, casi siempre en un porcentaje cercano al 90% con cargo a las Diputaciones, Gobierno central y Ayuntamientos. Las cantidades eran distribuidas por las propias Diputaciones y los Ayuntamientos concretaban sobre su cantidad correspondiente la aplicación específica para esas cantidades.[142] Además existieron otros planes que las Diputaciones desarrollaron construyendo instalaciones deportivas: Plan Operativo Local, Plan Empleo Rural o AEPSA (Acuerdo para el Empleo y la Protección Social Agraria).

2.4. Las inversiones en infraestructuras de 1992 a 1999

La cuantificación de las inversiones públicas durante el período 1992-1999 se basa en un trabajo de campo de las Áreas de Deportes de la Administración autonómica, de las Diputaciones provinciales y de los Ayuntamientos, depuradas para evitar duplicar cifras.[143]

La tabla número VI recoge las inversiones conjuntas que han realizado la Junta de Andalucía, las Diputaciones provinciales y los Ayuntamientos en Andalucía durante los años considerados. A lo largo de la segunda década que analizamos, se han invertido 52 463 millones de pesetas, fundamentalmente en la construcción de instalaciones deportivas municipales.[144] La asignación de recursos se ha realizado atendiendo a las demandas deportivas básicas de los ciudadanos, cubriendo en primer lugar la red básica de infraestructuras, en segundo lugar la red complementaria, y en tercer lugar la red especial. Cada una de estas redes lleva asociadas tipologías distintas de instalaciones deportivas, y se corresponden con un ámbito local, supra-local y global, respectivamente.

---

[142] No estamos en condiciones de aportar estos datos, por cuanto significaría un esfuerzo en la recogida de datos que quedaría para un estudio superior.
[143] Fuente ESECA. Donde tuve la oportunidad de realizar un trabajo de colaboración en esta materia.
[144] En el apartado anterior se expusieron datos desde el año 82 al 91, los diez primeros años de los PPID. Los años 90 y 91 se incluyen en los datos de ESECA, dirigidos por Eduardo Cuenca.

TABLA VI. Evolución de las inversiones conjuntas de la Junta de Andalucía, Diputaciones y Ayuntamientos en los municipios andaluces

AÑO	TOTAL	% VAR. ANUAL
1990	3 613 146 860	
1991	3 659 754 870	1,29
1992	4 779 167 705	30,59
1993	4 342 740 471	-9,13
1994	4 812 775 156	10,82
1995	2 186 044 264	-54,58
1996	2 882 079 934	31,84
1997	6 053 941 203	110,05
1998	10 349 011 240	70,95
1999	9 784 045 815	-5,46
Tasa Anual Media Acumulativa. Crecimiento 34,62		
Fuente: Junta de Andalucía, Diputaciones provinciales y Ayuntamientos		

Figura 7. Evolución de las inversiones conjuntas de la Junta de Andalucía, Diputaciones y Ayuntamientos en los municipios andaluces

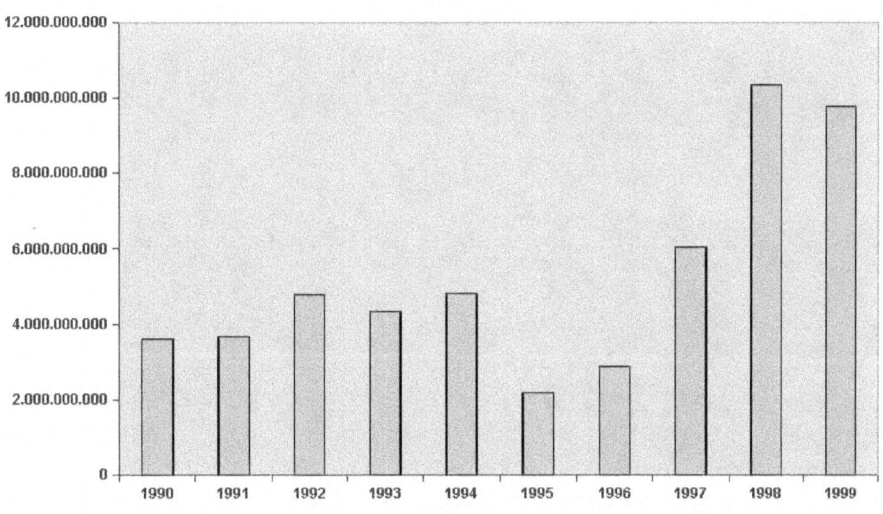

Fuente: ESECA.

La tendencia ha sido al alza, triplicando casi la cifra base de 1990, y creciendo a una tasa anual media acumulativa del 34,62%. El crecimiento de esta variables se acelera, sobre todo a partir de 1996, fecha en que se crea la Consejería de Turismo y Deportes. Hasta ese año, el esfuerzo inversor anual no superaba los 5000 millones de pesetas, alcanzándose mínimos en 1995 y 1996. La causa fundamental es que la Junta de Andalucía prestó durante esos años más atención a la financiación de las federaciones deportivas andaluzas, suprimiendo las convocatorias de los Planes Provinciales de Instalaciones Deportivas en 1995-1996, lo que obligó a cada Diputación a organizar su línea de financiación.

En la tabla V se detallan los importes globales de las inversiones por provincias y años. En términos absolutos destacan especialmente Sevilla y Málaga, aunque también son las que concentran mayor población. Si medimos el esfuerzo inversor a través de una tasa anual media acumulativa, son Almería y Córdoba las provincias que mayor crecimiento han experimentado, con tasas del 48,18 y 45,38% respectivamente, seguidas de Huelva, con un 43,42%.

TABLA VII. Distribución de las inversiones conjuntas de la Junta de Andalucía, Diputaciones y Ayuntamientos por años y provincias

AÑO	ALMERÍA	CÁDIZ	CÓRDOBA	GRANADA	HUELVA	JAÉN	MÁLAGA	SEVILLA
1990	119 391 567	586 069 462	211 150 873	291 900 000	186 008 336	443 511 887	1 209 970 430	565144305
1991	113 905 458	417 082 037	332 622 727	311 327 559	233 250 000	558 659 662	675 196 563	1017710864
1992	681 894 599	578 289 179	1 076 527 351	218 225 000	350 500 000	534 940 481	595 254 657	743536438
1993	312 047 024	43 631 715	2 88 428 509	264 356 672	426 630 126	431 089 908	951 259 859	1625296658
1994	1 093 614 991	313 580 163	277 455 746	594 500 000	431 000 000	342 000 000	611 442 065	1149182191
1995	99 852 765	0	590 686 000	56 960 381	83 873 107	234 966 455	940 00 000	520705556
1996	278 276 756	388 400 000	857 717 814	114 304 405	0	307 333 333	257 998 646	678048980
1997	247 966 666	384 683 169	454 523 301	500 460 381	1 032 657 453	272 365 941	2 569 496 432	591787860
1998	822 459 764	1 224 969 442	1 111 698 129	1 500 573 108	716 900 000	87 1845 843	1 223 088 801	2877476153
1999	343 466 800	1 809 887 684	924 357 561	1 084 960 381	1 315 300 000	601 733 333	1 589 775 852	2114564204
TOTAL	4 112 876 390	5 746 592 851	6 125 168 011	5 442 567 887	4 776 119 022	4 598 446 843	9 777 483 305	11883453209
TAMC*	48,18	28,87	45,38	38,41	43,42	29,67	26,13	40,27

* Tasa Anual Media Acumulativa de Crecimiento.

Fuente: Junta de Andalucía, Diputaciones provinciales y Ayuntamientos.

Figura 8. Inversión por habitante en las provincias de Andalucía en el periodo 1990-1999

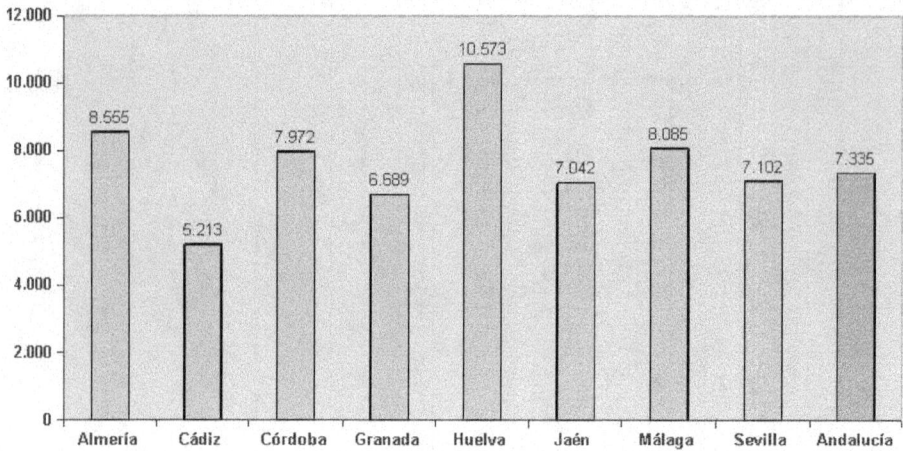

Fuente: ESECA.

Comparando estas cifras con la población media de las provincias andaluzas en el periodo objeto de estudio, la inversión media andaluza por habitante se sitúa en 7335 pesetas. Por provincias, la inversión oscila en una banda entre las 6000 y las 8000 Ptas./hab., excepto en Cádiz y Huelva, que se encuentran por debajo y por encima, respectivamente. En el caso particular de Huelva, el valor medio por habitante es tan elevado porque se ha construido un nuevo estadio de fútbol en la capital que ha ascendido a 2800 millones de pesetas.

TABLA VIII. Distribución de las inversiones en instalaciones deportivas por Agentes Inversores y años

AÑO	JUNTA ANDALUCÍA (1)	DIPUTACIONES	AYUNTAMIENTOS	OTROS
1990	133 863 8440	872 825 916	1 401 682 504	
1991	1 771 468 474	800 330 895	1 087 955 501	
1992	1 702 316 597	931 937 199	2 084 586 410	60 327 500
1993	1 361 532 185	1 024 353 563	1 817 977 721	138 880 000
1994	1 639 428 347	1 063 734 170	1 940 304 485	0
1995	367 511 773	701 035 833	854 196 922	0
1996	689 677 210	1 082 138 146	856 771 527	10 846 567
1997	2 359 221 180	1 475 626 235	2 015 188 636	0
1998	3 873 015 464	1 728 222 768	44 742 30 556	1 845 000
1999	2 900 323 666	6 806 09 748	5 940 621 660	0
TOTAL	18 003 133 336	10 360 814 473	22 473 515 922	211 899 067
TAMC*	33,48	31,64	36,11	19,66

(1) Esta columna recoge las inversiones que financió la Junta de Andalucía conjuntamente con las Diputaciones y los Ayuntamientos. No se incluyen las realizadas en centros de enseñanza, en equipamiento deportivo o las de las empresas públicas. Todas ellas se desglosan en cuadros posteriores.
* Tasa Anual Media Acumulativa de Crecimiento.
Fuente: Junta de Andalucía, Diputaciones provinciales y Ayuntamientos.

Figura 9. Evolución de las inversiones en instalaciones deportivas por agentes inversores

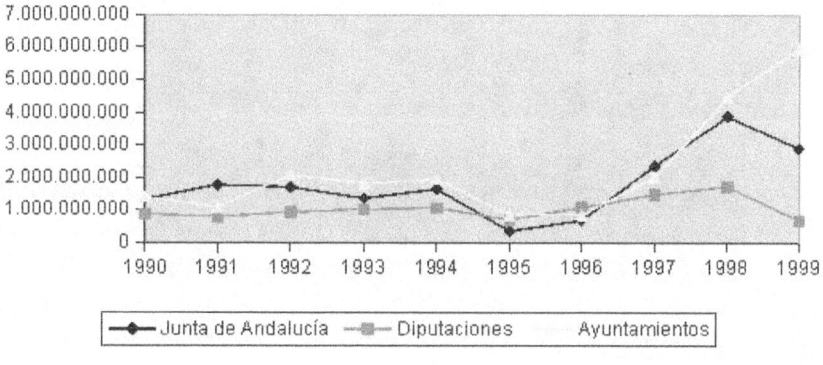

Fuente: ESECA

Según el agente inversor, destacan los Ayuntamientos con un montante global de más de 22 000 millones de pesetas, invertidos a razón de una tasa anual media acumulativa del 36,11%. Su comportamiento a lo largo de la década ha sido estable, salvo en los últimos 3 años, donde las aportaciones a la financiación de infraestructuras deportivas han experimentado un notable crecimiento.

La Junta de Andalucía, a través de la Consejería de Turismo y Deporte, ha sido también muy activa a través de las distintas órdenes que regulan el procedimiento de colaboración entre esta y las entidades locales, especialmente en los últimos tres años. En el periodo han invertido 18 000 millones de pesetas, a una tasa anual media del 33,48%.

2.5. A modo de conclusión

Se han unido dos décadas representativas en la construcción de espacios deportivos, y desde la perspectiva de las Corporaciones locales no se contemplan las inversiones cuantiosas de la Consejería de Educación en instalaciones deportivas. Podemos destacar, entre otras, tres ideas:

a) Los porcentajes de inversión global han variado sobre la base de los Ayuntamientos[145] que han aumentado las inversiones cerca de tres puntos, mientras la Junta y las Diputaciones han bajado su inversión, como puede verse en el siguiente gráfico.

Figura 10. Comparación sobre porcentajes de inversión en las dos etapas

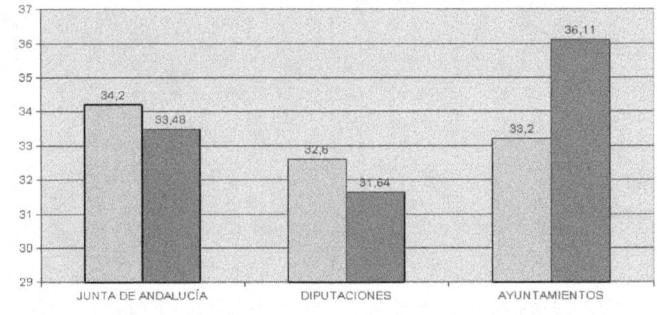

---

[145] No se puede obviar que existe un superávit de determinados espacios deportivos en muchos municipios de Andalucía donde han intervenido financieramente las Diputaciones, y que en este momento no se plantean estrategias para la rentabilidad o cierre (puede que no sea solución *el modelo japonés de Sapporo*, donde en los Juegos Olímpicos de Invierno construyeron una pista de bobsleigh y posteriormente la destruyeron, en gran parte porque no tenía ninguna función).

b) Las ratios de inversión por habitantes y años. Independientemente del valor "peseta constante" (es decir, el impacto de la inflación de las pesetas desde 1982 a 1999) se duplican todas las cantidades, al menos. Quiere decir que hay un salto considerable en cuanto a las inversiones por habitante, especialmente al considerar las inversiones realizadas por los Ayuntamientos en las grandes instalaciones deportivas. Los PPID no contemplaron las inversiones en poblaciones mayores de 20 000 habitantes o instalaciones de grandes ciudades de Andalucía.

Figura 11. Comparativa de ratios en los dos decenios

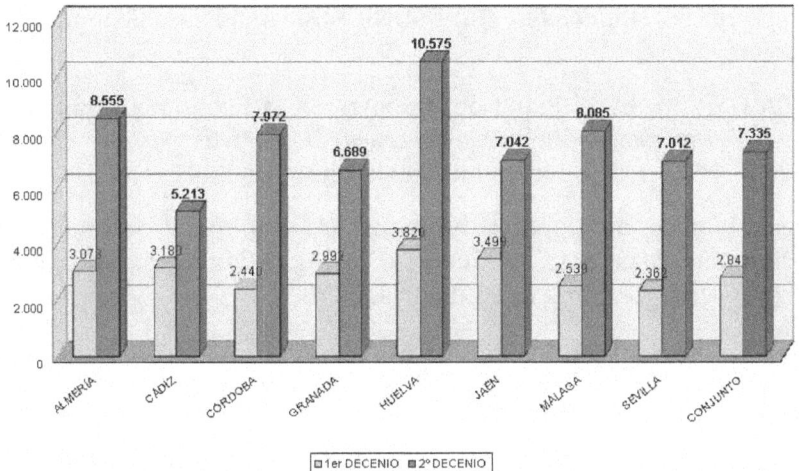

c) El Plan Director de Instalaciones Deportivas de Andalucía ha supuesto una oportunidad para reglamentar y dar criterios para el planeamiento de instalaciones deportivas municipales. Las Diputaciones provinciales, mediante convenio con la Junta de Andalucía, han elaborado con los Ayuntamientos de su territorio los Planes Locales de Instalaciones Deportivas, especialmente en los municipios de menos de 20 000 habitantes.

Según su propia definición, el principal objetivo del Plan Director de Instalaciones Deportivas de Andalucía es "la ampliación, mejora, cualificación, modernización y diversificación de las instalaciones deportivas atendiendo a un reparto territorial equilibrado".

El Plan se estructura en tres niveles de planeamiento de acuerdo con la clasificación que para las instalaciones deportivas prevé el Decreto 144/2001: la Red Básica, la Red Complementaria y la Red Especial, de forma que cada una de estas redes constituye un conjunto de instalaciones de características y funcionalidad específicas; donde las Diputaciones aportan su financiación es especialmente en la Red Básica.

REFERENCIAS BIBLIOGRÁFICAS

ANALISTAS ECONÓMICOS DE ANDALUCÍA. *El impacto económico del deporte en Andalucía*. Fundación Andalucía Olímpica. Sevilla, 2001.

CONSEJERÍA DE TURISMO Y DEPORTE. *Proyecto de Plan Director de Instalaciones Deportivas.* 1999.

CONSEJERÍA DE TURISMO, COMERCIO Y DEPORTE. *Actividad Económica del Deporte en Andalucía,* 2008, UNICAJA. Analistas Económicos de Andalucía.

CUENCA GARCÍA, E. "El Papel del Deporte en la Economía y la Sociedad Andaluzas" *Inversiones en infraestructuras deportivas durante el período 1993-2008.* ESECA. Fundación Andalucía Olímpica, 2001.

Empresa Pública de Deporte Andaluz, SA. Hábitos y actitudes de la población andaluza ante el deporte. Málaga. Consejería de Turismo, Comercio y Deporte. Junta de Andalucía, 2010.

GARCÍA FERRANDO, M. y YOPIS GOIG, R. *Ideal Democrático y Bienestar Personal. Encuesta hábitos deportivos en España, 2010*. Consejo Superior de Deportes. Madrid, 2011.

LIZALDE GIL, E. (Coordinador de Proyectos), y LLANO RUIZ, M. (Jefa de la Oficina del Plan Integral). *Plan Integral para la Actividad Física y el Deporte*. Consejo Superior de Deportes, 2009.

MERINO MANDLY, A. *La construcción de las instalaciones deportivas por las corporaciones locales en Andalucía 1982-1991.* CEDMA. Málaga, 1993.

MERINO MANDLY, A. "La planificación de instalaciones deportivas", *Gestión de centros e instalaciones deportivas. Instituto Andaluz de la Administración Pública*. Instituto Andaluz del Deporte. 18 octubre de 1999. Málaga.

MERINO MANDLY, A. "La planificación de instalaciones deportivas", *Jornadas de gestión y mantenimiento de instalaciones deportivas. Piscinas*. Málaga, 20 y 21 de abril de 2001.

MERINO MANDLY, A. "Construcciones deportivas en Andalucía. Aportación de las Diputaciones provinciales". *El deporte municipal en el nuevo Milenio. 1er Congreso Agesport Andalucía.* Estepona, 8 de junio de 2001.

Observatorio del Deporte de Andalucía (ODA). *Hábitos Deportivos de los Andaluces. Datos provisionales. Primera explotación.* Consejería de Turismo, Comercio y Deporte. Junta de Andalucía, 2008.

OTERO MORENO, J.M. y otros. *Estudio socioeconómico del deporte en Andalucía 1998-1999.* Consejería de Turismo y Deporte, 2000.

OTERO MORENO, J.M.; FERNÁNDEZ MORALES, A. e ISLA CASTILLO, F. *Hábitos y actitudes de los andaluces ante el deporte.* Consejería de Turismo y Deporte, 2002. Junta de Andalucía.

VÁZQUEZ PÉREZ, J de la C. Plan Estratégico General del Deporte Andaluz. PEGEDA. *I Congreso del Deporte Andaluz,* 2008, 3 y 4 de diciembre, Sevilla, Consejería de Turismo, Comercio y Deporte. Junta de Andalucía.

CAPÍTULO 5

30 AÑOS DE DEPORTE EN EDAD ESCOLAR

Juan de la Cruz Vázquez Pérez

"Los errores son la parte más importante del aprendizaje".
Jean Piaget

La Educación Física y el deporte en edad escolar deben ser el *punto de partida* de todo lo demás. Tanto dentro como fuera del horario lectivo se inicia el proceso de enseñanza-aprendizaje y se crea, o se debe crear, el hábito hacia la práctica de *deporte para siempre*.

Practicar deporte proporciona al individuo múltiples cualidades que son beneficiosas para su vida y desarrollo, influyendo en el ámbito físico, psicológico y social. Es por ello por lo que el deporte adquiere gran importancia en el ámbito educativo y, sobre todo, en edades en las que lo aprendido influye en la formación integral de la persona y es susceptible de permanecer para siempre. La práctica deportiva en la edad escolar se convierte en una oportunidad instrumental para llegar a la formación y educación globales: representa una actividad de gran importancia en la que se manifiestan, además de los beneficios ya aludidos, determinados valores imprescindibles para desarrollar la personalidad y acceder a un estilo de vida asociado al deporte. Es decir, la importancia que en el desarrollo de los niños, niñas y jóvenes tiene el deporte en edad escolar es incuestionable. En primer lugar, por configurarse como motor para el recto desarrollo del sistema deportivo en cada uno de sus niveles, ya que representa el primer y esencial eslabón para alcanzar una continuada e idónea práctica deportiva en edades posteriores, cuya ausencia o defectuosa implantación determinará la aparición en aquél de irreversibles deficiencias. Y, en segundo lugar, por constituir un medio adecuado que reporta beneficios para la salud de los niños, niñas y jóvenes, contribuye a su formación integral y desarrollo, y puede llegar a desempeñar una función preventiva e integradora de primera magnitud.

Blázquez (1995):

"El deporte educativo constituye una actividad cultural que permite una formación básica, y luego, una formación continua a través del movimiento. Este modo de deporte postula la búsqueda de unas metas más educativas y pedagógicas aplicadas al deporte para dirigirse hacia una visión global del proceso de enseñanza de iniciación, donde la motricidad sea el común denominador y el niño, protagonista del proceso educativo. La preocupación del técnico o educador no debe ser modelar al niño, sino dotarle de una gran autonomía motriz que le permita adaptarse a varias situaciones. No es el movimiento (generalmente en forma de técnica deportiva) el que ocupa el lugar central, sino la persona que se mueve, que actúa, que realiza una actividad física. Interesa menos el deporte y más el deportista. Así entendido, el deporte educativo debe permitir el desarrollo de las aptitudes motrices y psicomotrices en relación con los aspectos afectivos, cognitivos y sociales de su personalidad, respetando los estadios del desarrollo humano".

Torres (2001):

"Por Deporte en Edad Escolar se entiende aquellas actividades físico-deportivas, de carácter recreativo o competitivo, que se desarrollan en horario no lectivo, independientemente de quien las organiza y del lugar donde se realizan, dirigidas a la población en edad escolar, en el marco de la ocupación del tiempo libre, y por lo tanto, de participación voluntaria. El Deporte en Edad Escolar es curricular, si nos referimos al Segundo Tiempo Pedagógico, sobre todo si queremos cubrir con amplitud los objetivos educativos que la Educación Primaria y Secundaria asigna al área de Educación Física, y por tanto ha de integrarse en el Proyecto Curricular promovido por el centro escolar. Por esta razón hay que considerarlo integrado dentro del proyecto educativo general del centro y no como complemento de éste. Ampliando algo más el concepto y funciones del Deporte en Edad Escolar, habría que entender que estas actividades realizadas por niños y jóvenes escolares, no necesariamente en su centro, sino en clubes o asociaciones deportivas específicas, pueden perder su matiz eminentemente educativo, cuando no están impregnadas de un sello didáctico en todas sus acciones".

Deporte en edad escolar es la práctica deportiva de iniciación, promoción y rendimiento de base -organizada o espontánea- que realizan personas en edad escolar -escolarizadas o no escolarizadas- en su tiempo libre, de manera voluntaria. Para la práctica organizada, los equipos -en representación de un club deportivo- podrán estar integrados por escolares matriculados en diversos centros educativos, y por no escolares de las mismas edades.

Deporte en edad escolar es también el inicio del itinerario de práctica personal de alguno o algunos de los tres ámbitos participativos diferentes, pero coordinados entre sí:

1. La *iniciación deportiva* (verdadero deporte en edad escolar para todos) que se realiza en horario no lectivo, en el centro educativo y fuera del centro educativo.

2. La *promoción deportiva* (verdadero deporte en edad escolar municipal) que se realiza en horario no lectivo organizado por los ayuntamientos -directa o indirectamente- entre centros educativos a nivel local, debiendo continuar a nivel provincial y autonómico.

3. El *rendimiento de base* (verdadero deporte en edad escolar federado) que se realiza en horario no lectivo organizado por las federaciones entre clubes deportivos a nivel provincial, debiendo continuar a nivel autonómico, nacional e internacional, en su caso.

El deporte en edad escolar se debe considerar como parte de la "*educación obligatoria*", debiendo estar cofinanciado y tutelado por las Administraciones públicas, según competencias, en un concepto de "*educación para la salud*", de "*escuela de valores para la vida*" y de creación del hábito hacia la práctica de deporte para siempre.

El deporte educativo y *preventivo* necesita más financiación, no solo de la Administración competente en materia de Deporte, sino también de las competentes en materia de Educación y de Salud, además de la local.

Es fundamental la alianza estratégica entre Educación, Salud y Deporte de la Comunidad Autónoma; las entidades locales -ayuntamientos y diputaciones-; las entidades deportivas -federaciones y clubes- y las familias para crear el hábito hacia la práctica de un deporte para siempre que conforme un *estilo de vida activo y saludable (EVAS)* en nuestra sociedad.

Este capítulo consta de cuatro partes: en la primera conoceremos la evolución de la *iniciación y promoción deportiva,* en la segunda la de la *competición* deportiva, en la tercera la creación y puesta en funcionamiento del *Plan de deporte en edad escolar de Andalucía* y, en la cuarta, haremos un breve resumen de las debilidades, amenazas, fortalezas y oportunidades (DAFO) del deporte en edad escolar andaluz, desde que el Real Decreto 4096/1982 nos transfiere la "Actividad Deportiva Escolar".

PRIMERA PARTE: INICIACIÓN Y PROMOCIÓN DEPORTIVA

A) INICIACIÓN DEPORTIVA

1. AYUNTAMIENTOS

El objeto de las escuelas deportivas municipales debe ser la iniciación deportiva *general* y no la iniciación deportiva específica. Desde mi punto de vista, los ayuntamientos deben actuar en materia de iniciación deportiva de *manera subsidiaria*. Es decir, no deben gestionar ni organizar escuelas deportivas de las modalidades y especialidades que gestionen y organicen los centros educativos y los clubes deportivos de su municipio. Los ayuntamientos, en materia de iniciación deportiva, deben colaborar con los centros educativos y con los clubes deportivos de su municipio liderando y cofinanciando, en su caso.

En cada municipio se debe crear y poner en funcionamiento la *Comisión Municipal del Plan de Deporte en Edad Escolar*, con las siguientes funciones: 1. Planificar, coordinar y controlar las escuelas deportivas del municipio (de centros educativos, clubes deportivos y municipales de manera subsidiaria). 2. Planificar, gestionar y organizar -directa o indirectamente- unos Juegos Deportivos Municipales que den continuidad al proceso de enseñanza-aprendizaje realizado en las escuelas deportivas del municipio. 3. Posibilitar espacios deportivos municipales para la práctica deportiva espontánea. 4. Coordinar las ayudas a los clubes del municipio que participan en deporte en edad escolar federado.

2. CLUBES DEPORTIVOS

"Los clubes deportivos andaluces son asociaciones privadas sin ánimo de lucro, con personalidad jurídica, integrados por personas físicas o jurídicas, que tengan por objeto principal la práctica del deporte y que desarrollen su actividad básicamente en Andalucía, donde radicará su domicilio"[146].

El club deportivo es una entidad privada, sin ánimo de lucro, que tiene como objeto la iniciación, promoción y competición deportiva.

---

[146] Artículo 4 del Decreto 7/2000, de 24 de enero.

Los clubes deportivos planifican, gestionan y organizan actividades de iniciación deportiva *específica* con el objeto de identificar, seleccionar y desarrollar talentos para su deporte; posibilitan la participación de sus asociados en competiciones de deporte de rendimiento y en actividades de deporte de ocio saludable, en algunos casos. Además, promueven la cultura del club y los valores deportivos para la vida.

Los clubes deportivos deberían *tutelar* a centros educativos para identificar talentos deportivos en la escuela, que en su momento se integrarían en la cantera del club.

3. CENTROS EDUCATIVOS

Los centros educativos privados, concertados, y algunos públicos, han planificado, gestionado y organizado la iniciación deportiva de su alumnado prácticamente desde que se crearon. Los escolares tienen que permanecer en el centro educativo, obligatoriamente, hasta que cumplen 16 años. Por tanto, se debe planificar, gestionar y organizar no solo la iniciación, sino también la promoción y el rendimiento de base del alumnado que quiere practicar, voluntariamente, fuera del horario lectivo.

En 2006 dimos un paso muy importante para la extensión de la práctica deportiva posibilitando la creación del *hábito deportivo*, también en los centros públicos.

La Orden de 6 de abril de 2006 de la Consejería de Educación (BOJA nº 84 de 5 de mayo de 2006), regula la organización y el funcionamiento de los centros docentes públicos autorizados para participar en el programa «El Deporte en la Escuela»:

"La práctica del deporte permite desarrollar virtudes educativas de indudable valor, para el desarrollo personal -esfuerzo, coeducación, tolerancia, dedicación, trabajo en equipo, solidaridad- y para el proceso educativo de todo individuo. Actualmente se considera que la actividad deportiva debe reunir una serie de características, como el carácter educativo del deporte, la transversalidad de su esencia, el ocio activo y la recreación y la mejora de la salud y el bienestar social como objetivos".

"El deporte y la actividad física del futuro deben fomentar la autonomía personal, deben ser para todos y todas, sin discriminación, y deben enseñar a utilizar un tiempo cada vez más extenso en la vida de las personas: el tiempo de ocio. Deben ser una diversión y un placer, no una obligación. Por otra parte, es preocupante el nivel de sedentarismo que se está instalando en nuestros niños y niñas, así como en los adolescentes y jóvenes. Este sedentarismo está desembocando en un alto nivel de

sobrepeso, llegando en algunos casos hasta la obesidad. También se viene constatando, en los últimos años, una fragilidad llamativa de los alumnos y alumnas en las clases de Educación Física, con el consiguiente aumento de lesiones asociadas a una motricidad deficientemente desarrollada".

"Para la Consejería de Educación la implantación de la práctica deportiva en los centros escolares andaluces es otra vertiente más para preparar a nuestros jóvenes a afrontar el futuro, con una educación más completa e integradora de la actividad física, que permita la acción y la reflexión, que eduque en valores individuales y sociales, que busque la funcionalidad y el aprendizaje significativo. La práctica del deporte en la escuela debe ser polideportiva, de manera que todos los alumnos y alumnas conozcan de forma cíclica diversas modalidades deportivas, conforme a su aptitud y edad. Por otra parte, debe incluir prácticas tanto participativas como competitivas, que tendrán en todo caso un carácter eminentemente formativo. La Administración autonómica está obligada por la Ley 6/1998, de 14 de diciembre, del Deporte, en materia de fomento, organización y desarrollo de las actividades deportivas de Andalucía, que la Consejería de Educación pone en funcionamiento a través del programa «El Deporte en la Escuela», como parte integrante del Plan Andaluz de Deporte en Edad Escolar".

"Desde el reconocimiento a la labor desarrollada en este campo por los centros educativos, los ayuntamientos, las diputaciones provinciales y las federaciones deportivas andaluzas en las dos últimas décadas, desplegando un gran número de actuaciones, organizando escuelas deportivas y encuentros entre localidades y comarcas, subvencionando actividades y entidades, construyendo y administrando nuevas instalaciones deportivas, y desde la responsabilidad que continuarán asumiendo con la organización de los programas Juegos Deportivos Municipales y Juegos Deportivos Comarcales y/o Provinciales dirigidos al deporte en la edad escolar, es objetivo prioritario de la Consejería de Educación la universalización de la práctica deportiva en el entorno escolar".

"Podrán participar los centros públicos dependientes de la Consejería de Educación que imparten Educación Primaria y Educación Secundaria Obligatoria que sean autorizados".

"A efectos de este programa, se considera deporte en edad escolar toda actividad físico-deportiva, recreativa y/o competitiva, realizada con carácter voluntario por escolares, en horario no lectivo, desde su incorporación a la Educación Primaria hasta la finalización del período de escolarización obligatoria".

"Entre los objetivos del programa podemos destacar: practicar deporte como divertimento, recreación y complemento de la educación integral; facilitar la convivencia en el ámbito educativo; fomentar hábitos de práctica deportiva permanente; los aspectos de promoción deportiva; colaborar en el desarrollo del currículo de la Educación Física; atender la integración del alumnado con necesidades educativas especiales; la educación en valores y favorecer la utilización de las instalaciones deportivas".

"El Deporte en la Escuela participará en los siguientes ámbitos: en el centro y externo. Es decir, los centros autorizados para participar en el programa tienen que programar actividades internas que cambiarán trimestralmente para el alumnado -excepto para los que participen en actividades externas-, y preparar equipos para participar en actividades externas en edad escolar organizadas por ayuntamientos y diputaciones en las que no podrán participar los federados. Cada alumno tendrá que participar con su centro, excepto cuando el mismo no participe en el programa".

La Orden crea la Comisión Deportiva Escolar, que incluye un representante del Ayuntamiento del municipio en cuyo término se ubique el centro, que tendrá funciones de coordinación, seguimiento y evaluación de los objetivos del programa y el desarrollo de la actividad.

También crea la figura de un *coordinador deportivo* del programa en cada centro participante, que deberá ser en primera instancia profesor o profesora de Educación Física del centro, que tendrá derecho a una gratificación por servicios extraordinarios prestados fuera de la jornada laboral. Asimismo se reconocerá la participación del coordinador del programa a efectos de formación y consolidación de sexenios, y en varios aspectos de su desarrollo profesional. También regula las funciones de los *monitores deportivos* que intervienen en el programa. Igualmente crea la Comisión Provincial de Estudio de los proyectos que presentan los centros para ser seleccionados, y la Comisión Regional que determina los centros que participarán en el programa para el que establece el procedimiento de seguimiento y evaluación.

Desde mi punto de vista, el Programa "El Deporte en la Escuela" -que actualmente se denomina "Escuelas Deportivas"- significa un antes y un después para el desarrollo del deporte en edad escolar en los centros educativos públicos de Andalucía. Ya en 1983 quisimos crearlo -con la misma denominación- pero no ha sido posible hasta 2006, cuando coincidieron factores institucionales, materiales y personales que sí lo hicieron posible. Espero que la Consejería de Educación continúe desarrollando -y mejorando- el proyecto.

B) PROMOCIÓN DEPORTIVA

1. JUEGOS DEPORTIVOS MUNICIPALES

La Resolución de 15 de noviembre de 1984, de la Consejería de Cultura de la Junta de Andalucía, estableció el régimen de concesión de subvenciones para las *campañas municipales de Deporte para Todos de 1985* en las que, entre otros programas y actividades, figuraban los *Juegos Deportivos Municipales.*

El *deporte en edad escolar municipal*, a través de los Juegos Deportivos Municipales, que tienen entre otros objetivos posibilitar la práctica deportiva de promoción a los ciudadanos en edad escolar que no quieren o no tienen nivel técnico suficiente para participar en deporte en edad escolar federado, ha prestado y presta un gran servicio a la creación del hábito hacia el *deporte para siempre,* la utilización del ocio de manera activa, divertida y saludable, y como *cantera* del deporte en edad escolar federado, en algunos casos.

Los Juegos Deportivos Municipales, que como regla general empezaron en 1985 (en algunos municipios –en muy pocos- empezaron con anterioridad) se han ido extendiendo por la geografía de nuestra tierra convirtiéndose en un programa imprescindible para la práctica deportiva de promoción para la edad escolar, y de mantenimiento para edades posteriores.

En general, la mayoría de los Juegos Deportivos Municipales convocan deportes para casi todas las categorías en edad escolar obligatoria: 6 y 7 años; 8 y 9; 10 y 11; 12 y 13; y 14-15[147]. Y para categorías superiores: juvenil y/o junior, senior y veteranos A, B, C, etc., para que puedan participar en un abanico amplio de modalidades y especialidades deportivas de acuerdo con las posibilidades del Ayuntamiento organizador: atletismo, bádminton, baloncesto, balonmano, campo a través, fútbol sala, fútbol, fútbol 7, gimnasia artística, gimnasia rítmica, judo, natación, orientación, senderismo, taekwondo, tenis, tenis de mesa y voleibol, entre otras. Como regla general, haciéndolo incompatible con la competición federada.

---

[147] Es importante respetar esta frecuencia para que no coincida una categoría de 11 y 12 por estar en niveles educativos (en incluso en centros) diferentes; y para que coincida con la finalización de la ESO. En definitiva, para que todos los participantes en este ámbito estén escolarizados.

El Deporte Municipal, con mayúsculas, ha colaborado en la extensión de la práctica deportiva y en la consecución de los buenos resultados deportivos que está obteniendo nuestro país en los últimos años.

Desde mi punto de vista, es prioritario que los Juegos Deportivos Municipales tengan dos ámbitos participativos: 1. De 6 a 15 años. 2. De 16 años en adelante. El primer ámbito participativo debe utilizar para su organización el modelo d*eporte escolar*, y el segundo, el modelo *deporte en edad escolar*[148].

2. JUEGOS DEPORTIVOS PROVINCIALES

El de los Juegos Deportivos Provinciales es un programa planificado, gestionado, organizado y financiado por las diputaciones provinciales que actúa, de alguna manera, como segundo nivel organizativo de los Juegos Deportivos Municipales de 6 a 15 años, del deporte en edad escolar municipal. Los objetivos y las normas de funcionamiento se establecen en coordinación con los municipios, las otras diputaciones y la Junta de Andalucía, en el marco de la Comisión de Seguimiento del Plan de Deporte en Edad Escolar de Andalucía.

3. ENCUENTRO DEPORTIVO ESCOLAR DE ANDALUCÍA

La Orden de 31 de mayo de 2005, conjunta de las consejerías de Educación, y de Turismo, Comercio y Deporte (BOJA nº 114 de 14 de junio de 2005), convoca los primeros Encuentros Deportivos Escolares de Andalucía (EDEA) 2004-2005:

> *"En la actualidad, se realizan en Andalucía varias competiciones deportivas en las que intervienen deportistas en edad escolar: Campeonatos de Andalucía de Deporte Base (CADEBA), en los que se persigue una iniciación al rendimiento deportivo, financiados parcialmente por la Consejería de Turismo, Comercio y Deporte; Juegos Deportivos Municipales, con intención recreativa básicamente, y en los que participan centros de enseñanza, entidades ciudadanas y clubes deportivos, organizados por ayuntamientos y diputaciones; y Juegos Deportivos de Residencias Escolares, organizados por la Consejería de Educación. Como consecuencia de todo lo anterior, y de la labor que ya se realiza desde hace años en nuestra Comunidad Autónoma por*

---

[148] Modelo *deporte escolar*: participación de equipos integrados por escolares del mismo centro educativo. Modelo *deporte en edad escolar*: participación de equipos integrados por escolares de varios centros educativos, y por no escolarizados de la misma categoría deportiva.

ayuntamientos y diputaciones provinciales, se considera necesario organizar una competición andaluza a través de la cual se universalice la práctica deportiva en el entorno escolar (colegios e institutos), dado el alto porcentaje de escolares de entre los 8 y 16 años que no participan en ninguno de los programas existentes en la actualidad".

"Por todo ello, las consejerías de Turismo, Comercio y Deporte, y de Educación proceden, mediante la presente Orden, a convocar conjuntamente los I Encuentros Deportivos Escolares de Andalucía (EDEA) 2004-2005, en consideración a lo dispuesto en el artículo 43 de la Ley del Deporte, con una vocación educativo-deportiva".

El primer EDEA se celebró, con carácter experimental, del 17 al 19 de junio de 2005 en Almería, con motivo de la organización en aquella provincia de los Juegos Mediterráneos. Participaron los ocho equipos masculinos y femeninos de categoría alevín (nacidos en 1993/94), designados por las diputaciones provinciales de entre los participantes en los Juegos Provinciales 2004-2005, de las modalidades deportivas de baloncesto y voleibol. Además, los participantes en los deportes citados tuvieron que participar también en una carrera urbana y "tomar contacto" con el deporte de orientación.

El EDEA debe ser el tercer y último nivel del deporte en edad escolar municipal, que ha seguido introduciendo innovaciones en cada convocatoria: equipos mixtos, sistema pasarela para que jueguen *obligatoriamente* todos los integrantes del equipo, etc.

Siempre hemos entendido que había que coordinar los Juegos Deportivos Municipales con la actividad deportiva en edad escolar que planifican, gestionan, organizan y financian las diputaciones provinciales, y con una actividad andaluza que diera continuidad, de alguna manera, a los Juegos Deportivos Municipales y a los Juegos Deportivos Provinciales.

Así, al iniciar nuestra gestión en la Dirección General de Actividades y Promoción Deportiva de la Junta de Andalucía (2004) se puso en funcionamiento, oficiosamente, una "Conferencia Institucional" integrada por las áreas de deporte de las diputaciones provinciales y por las direcciones generales de Equidad y Participación de la Consejería de Educación, y la de Actividades y Promoción Deportiva de la Consejería de Deporte, para construir y poner en funcionamiento dos "escalones" que faltaban en Andalucía para el desarrollo del deporte en edad escolar: 1. La iniciación deportiva en los centros educativos públicos. 2. Organizar una especie de "Final Andaluza" de los Juegos Deportivos Provinciales de 8 a

15 años, además de colaborar mutuamente en la planificación y desarrollo del deporte de base andaluz.

"Deseando empezar a jugar". El 4º EDEA se celebró en la Ciudad Deportiva de Armilla (Granada) en 2008.

4. DEPORTE ESCOLAR EN ANDALUCÍA

Deporte escolar es la práctica deportiva de iniciación, promoción y competición -organizada o espontánea- que realizan personas escolarizadas fuera del horario lectivo, de manera voluntaria. Para la práctica organizada, los equipos deben estar integrados por escolares matriculados en el centro educativo al que representan.

La Orden de 23 de octubre de 1997, conjunta de las Consejerías de Turismo y Deporte, y de Educación y Ciencia (BOJA nº 132 de 13 de noviembre de 1997), regula el proyecto experimental "Programa Deporte Escolar en Andalucía", que será realizado en determinados centros educativos durante el curso 1997-1998:

"El Deporte en el marco de la Escuela se ha configurado en una de las referencias esenciales para el desarrollo y conformación de nuestro sistema deportivo, especialmente en lo relativo a las actividades de carácter formativo y recreativo y a la iniciación al rendimiento deportivo. La Administración de la Junta de Andalucía ha venido desarrollando, dentro del ámbito de sus competencias, un conjunto de actuaciones y proyectos deportivos en el seno de los centros escolares, orientados al

desarrollo del currículo escolar, como factor de dinamización de los mismos y como instrumento para la progresiva extensión de los espacios de participación social de los alumnos y las alumnas".

"Del mismo modo, en estos años se ha venido desarrollando, en muchas ocasiones en colaboración con las entidades locales andaluzas, programas deportivos dirigidos a la población en edad escolar, si bien con finalidades básicamente competitivas dirigidas a la iniciación al rendimiento deportivo. Esta situación y la consideración del deporte escolar como uno de los pilares esenciales del denominado Deporte para Todos exige, como paso previo a la conceptualización y definición del programa de manera definitiva, iniciar de manera experimental un proyecto con una clara vocación educativo-deportiva, de participación voluntaria en el marco del tiempo libre y desarrollado, por tanto, en horario no lectivo".

"La realización de este tipo de proyectos requiere la activa participación del profesorado, verdadero artífice del desarrollo de los programas de deporte escolar. Por todo ello y con el objeto de estudiar y analizar el funcionamiento y alcance del programa, las consejerías competentes en materia de Deporte y de Educación proceden a la regulación conjunta del presente proyecto experimental, que podrá servir como base para la futura extensión del mismo a los centros escolares de Educación Primaria".

La Orden tenía por objeto la regulación y puesta en funcionamiento de un proyecto experimental sobre Deporte Escolar con los siguientes objetivos:

1. Fomentar entre los escolares la adquisición de hábitos permanentes de actividad física y deportiva, como elemento para su desarrollo personal y social.
2. Desarrollar actividades físico-deportivas de manera voluntaria, primando los aspectos de promoción, formativos, recreativos y deportivos.
3. Impulsar actividades orientadas a modalidades útiles para la vida diaria, no habituales en los centros escolares, insuficientemente practicadas o implantadas en nuestra comunidad autónoma.
4. Ofrecer a los escolares programas de actividades físicas, deportivas y recreativas adecuadas a sus niveles y necesidades y en consonancia con el desarrollo del currículo de la Educación Física en la Educación Primaria.
5. Favorecer la utilización de las instalaciones deportivas escolares en horario no lectivo.

6. Hacer de la práctica deportiva un instrumento para la adquisición de valores de solidaridad, colaboración, diálogo, tolerancia, no discriminación e igualdad entre los sexos.
7. Implicar, de forma voluntaria, a los miembros de la Comunidad Educativa, para dar respuesta a la demanda que actualmente existe en la misma.

El programa estaba dirigido a los escolares de los centros públicos y concertados de Educación Primaria de Andalucía, creándose una Comisión Territorial en cada provincia para seleccionar a los centros, coordinar y elegir las actividades a realizar por cada uno, organizar la participación del personal interesado y la colaboración del personal subalterno y realizar el seguimiento y control del proyecto, así como atender cuantas consultas pudieran plantearse.

Posteriormente, la Orden de 12 de julio de 2001, conjunta de las Consejerías de Turismo y Deporte y de Educación y Ciencia (BOJA nº 102 de 4 de septiembre de 2001), regula el Programa Deporte Escolar en Andalucía, dándole continuidad.

El programa estaba dirigido a los centros educativos públicos de Educación Primaria, de los que tenían prioridad los situados en las zonas de Actuación Educativa Preferente de capitales de provincias y poblaciones de más de 100 000 habitantes, que se registraban como Club deportivo en el RAED (Registro Andaluz de Entidades Deportivas).

La duración del programa era de 4 años y lo financiaba la Consejería de Turismo y Deporte, a través de la Empresa Pública Deporte Andaluz SA, de la siguiente forma: 100% del presupuesto aprobado el primer año; 75% el segundo; 30% el tercero y 10% el cuarto, entendiéndose que el quinto año y siguientes lo financiaba el centro educativo al 100 por 100.

2004 fue el cuarto y último año del programa, y por tanto hubo que liquidar el 10% a los centros educativos participantes en el mismo, precisamente cuando el que esto escribe empezaba a gestionar la Dirección General de Actividades y Promoción Deportiva, centro directivo competente en la materia.

SEGUNDA PARTE: RENDIMIENTO DE BASE

1. JUEGOS ESCOLARES

La Orden de 6 de octubre de 1982 (BOJA nº 28 de 1 de noviembre de 1982) aprueba las comisiones regional, provinciales y municipales de los Juegos Escolares:

> "El Estatuto de Autonomía para Andalucía recoge, entre las materias sobre las que la Comunidad Autónoma tiene competencia exclusiva, las de 'Deporte y Ocio' (Artículo 13.31). De otra parte, la Ley 13/1980 General de la Cultura Física y del Deporte, en su artículo 4, asigna al Estado la obligación de asegurar una coordinación permanente y efectiva de las Administraciones públicas en la promoción y difusión de la cultura física y del deporte".

> "Los Juegos Escolares son -por lo que tienen de iniciación del ciudadano en hábitos deportivos y recreativos- ámbito privilegiado de actuación deportiva y, por ende, campo preferente en el que plasmar principios de coordinación. Esta coordinación, por otra parte, ha de contemplar la organización de las diferentes fases -local, provincial y regional – en que se desarrollen los Juegos Escolares".

> "Para asegurar, pues, eficazmente la presencia y coordinación de las diferentes áreas geográficas y de los distintos sectores del Deporte Escolar, resulta conveniente constituir las oportunas comisiones. En su virtud, y previa aprobación de la Consejería de la Presidencia, he tenido a bien disponer:

> Primero: Se crean en Andalucía la Comisión Regional, las Comisiones Provinciales y las Comisiones Municipales de los Juegos Escolares.

> Segundo. A) Son competencias de la Comisión Regional de los Juegos Escolares: 1. Programar y coordinar los Juegos Escolares. 2. Designar las localidades-sedes de la Fase Tercera o Regional, y organizar directamente la misma. 3. Organizar, en colaboración con las federaciones deportivas, los cursos para animadores deportivos escolares. 4. Resolver, en última instancia, las apelaciones contra las sanciones impuestas por las comisiones provinciales. B) La Comisión Regional se compone de los siguientes miembros: Presidente: el Consejero de Cultura. Vicepresidentes: el Director General de Juventud y Deportes, un representante de la Consejería de Educación, un representante de la Consejería de Salud y Consumo, y un representante del Consejo Superior de Deportes. Vocales: un representante de cada Diputación Provincial, dos representantes de la

Confederación Andaluza de Padres de Alumnos, dos representantes de las agrupaciones deportivas escolares149 a propuesta del Consejero de Cultura, dos representantes de los profesores de Educación Física, un representante por cada una de las federaciones cuyos deportes se incluyan en el programa de los Juegos. Secretario: un funcionario de la Dirección General de Juventud y Deportes de la Junta de Andalucía.

Tercero. A) Son competencias de las comisiones provinciales de los Juegos Escolares: 1. Designar las localidades-sede de la Fase Segunda o Provincial y responsabilizarse directamente de su organización. 2. Proponer a la Comisión Regional la celebración de cursos para animadores deportivos escolares. 3. Decidir la ampliación del número de deportes a desarrollar en su ámbito provincial. 4. Llevar el asesoramiento técnico y el seguimiento de la competición. 4. Tramitar los trípticos de la Mutualidad General Deportiva. 5. Tramitar las licencias deportivas escolares. 6. Imponer las sanciones previstas en los reglamentos deportivos, actuando como Comité de Competición. 7. Controlar técnicamente la Fase Segunda o Provincial, así como aquellas actividades de la Fase Tercera o Regional que se desarrollen en su ámbito provincial. 8. Realizar las funciones que le sean encomendadas por la Comisión Regional. B) Cada Comisión Provincial se compone de los siguientes miembros: Presidente: el de la Diputación Provincial. Vicepresidentes: un representante del Consejo Superior de Deportes. Vocales: ocho representantes de los municipios, dos representantes de las asociaciones de padres de alumnos, dos representantes de las agrupaciones deportivas escolares, un representante por cada una de las federaciones cuyo deporte se incluya en el programa de los Juegos, un médico del Centro de Medicina Deportiva. Secretario: un funcionario del Consejo Superior de Deportes, de la Diputación Provincial o de la Dirección General de Juventud y Deportes.

Cuarto: son competencias de las comisiones municipales de los Juegos Escolares: 1. Elaborar los presupuestos anuales. 2. Desarrollar los Juegos Escolares en su Fase Primera o Municipal. 3. Conseguir la decidida colaboración de los medios de comunicación y divulgación, y crear el ambiente idóneo, especialmente en los centros de enseñanza, para conseguir la mayor concurrencia. B) Cada Comisión Municipal se compone de los siguientes miembros: Presidente: el Alcalde. Vicepresidente: el Concejal de Deportes. Vocales: un representante de las asociaciones de padres de alumnos, un representante de los centros de enseñanza, un representante de las asociaciones de vecinos, un representante de las agrupaciones deportivas escolares y un

---

[149] No llegaron a constituirse.

representante de los enseñantes de Educación Física. Secretario: un funcionario del Ayuntamiento.

Quinto: a propuesta de las respectivas comisiones provinciales y previo informe de la Comisión Regional, se podrán crear comisiones comarcales, de acuerdo siempre con criterios de representatividad y eficacia".

Como podemos observar, la Orden hace referencia a la Ley 30/1980, General de la Cultura Física y del Deporte, vigente en aquel momento. Destaca la importancia que otorga a la coordinación "para la promoción de la cultura física y del deporte; para la iniciación de los ciudadanos en el hábito deportivo y para la organización de las distintas fases de los Juegos Escolares". Crea tres niveles de comisiones: regional (denominada así, y no andaluza), provinciales y municipales. Tanto en la Comisión Regional como en las Provinciales incluye un representante del Consejo Superior de Deportes -en la regional, ocupando la vicepresidencia cuarta, y en las provinciales, la vicepresidencia única- debido a que todavía existían las delegaciones provinciales del CSD, por no haberse constituido las delegaciones provinciales de la Consejería de Cultura. En cuanto al secretario de las comisiones provinciales, dispone que será "un funcionario del Consejo Superior de Deportes –en primer lugar-, de la Diputación Provincial o de la Dirección General de Juventud y Deportes". Por último, es curioso que solo disponga la elaboración de los presupuestos anuales para las comisiones municipales.

El deporte en edad escolar crea el hábito hacia la práctica deportiva e identifica talentos para la alta competición: ¿Recuerda usted a los atletas españoles de esta foto?

1.1. Juegos Escolares 1982-1983

En octubre de 1982 comienzan las fases provinciales de los Juegos Escolares 1982-1983, planificadas, gestionadas y financiadas -por primera vez- por la Dirección General de Juventud y Deportes de la Consejería de Cultura de la Junta de Andalucía, y organizadas por la Comisión Provincial respectiva.

Pues bien, tuve el honor de ser el *coordinador* de la Fase Provincial de Málaga bajo la dirección del delegado provincial del Consejo Superior de Deportes y vicepresidente de la Comisión Provincial de los Juegos Escolares.

El campo a través de la Fase Regional, categoría cadete, se celebró en el mes de marzo de 1983 en Sevilla. Durante la reunión de delegados de los centros educativos participantes se produjo una discusión muy interesante: el representante de la Dirección General de Juventud y Deportes -que organizaba por primera vez la citada Fase Regional- dijo que eran los primeros y los últimos Juegos Escolares, *de competición,* que organizaba la Junta de Andalucía. Se entabló un fuerte debate entre el citado representante de la Junta y los profesores/entrenadores -sobre todo el del IB José de Mora de Baza- que defendían el sentido agonístico del deporte y la educación a través de la competición deportiva. Por cierto, el profesor/entrenador del mencionado instituto de Bachillerato fue nombrado director general de Juventud y Deportes en 1984.

También en 1983, la Dirección General de Juventud y Deportes de la Junta de Andalucía organiza una *inmersión de fin de semana* -a la que conocemos los que participamos en ella como *Espíritu de Aznalcázar*- para identificar la *Actividad Deportiva Escolar* transferida el uno de enero del mismo año, mediante Real Decreto 4096/1982, analizarla, adaptarla a la política deportiva de Andalucía e iniciar el proceso de innovación y puesta en funcionamiento, cuando fuese posible.

A continuación transcribo la ponencia de la Comisión Provincial de los Juegos Escolares de Málaga que tuve el honor de defender en coordinación con la de Granada, que fue aprobada -con algunas modificaciones- por la Comisión Regional de los Juegos Escolares y publicada en la RADE[150]. La citada reunión tuvo lugar en el Albergue Juvenil de Aznalcázar (Sevilla), gestionado por la Dirección General de Juventud y Deportes:

---

[150] *Revista de Actualización Deportiva Escolar (RADE)* número 0. Consejería de Cultura. Sevilla. 1983, pp. 28-29.

"Principios generales: el deporte escolar debe ser una consecuencia de la Educación Física escolar, y no una sustitución de la misma. El deporte escolar debe ser un acto libre y voluntario. No puede ser discriminatorio ni triunfalista, sino participativo. El deporte escolar debe ser una actividad de carácter extraescolar, un medio para la educación integral de carácter no lectivo, una forma de ocupación del tiempo libre y una manera de mejorar el estado de salud y el desarrollo. El fomento y desarrollo del deporte escolar compete a todos, comunidad escolar, federaciones deportivas, ayuntamientos, diputaciones, Gobierno autónomo y Estado. El deporte escolar debe ser eminentemente educativo y formativo, primando en todo momento los valores éticos del deporte y el aprendizaje de éste, por encima de los resultados.

Objetivos a cubrir: 1. Que se imparta la Educación Física en todos los centros de enseñanza no universitaria de Andalucía. 2. Que se realice un Plan de adaptación de las instalaciones deportivas escolares que posibilite la participación masiva de todos los alumnos del centro y pueda hacerse extensiva su utilización a los padres de los alumnos, profesorado y vecinos en general[151]. 3. Que los centros públicos no cierren sus puertas a las cinco de la tarde hasta el otro día, y los viernes hasta el lunes[152]. 4. Posibilitar el reconocimiento médico previo al deportista, coordinando los ayuntamientos con las diputaciones y las consejerías de Educación y Salud[153] de la Junta de Andalucía. 5. Máxima potenciación de las comisiones municipales[154] y comarcales, descentralizando la organización del deporte escolar y dando la mayor representación a los estamentos interesados. 6. Incompatibilizar la participación en deporte escolar y deporte federado[155], CECE, u otras competiciones organizadas por cualquier organismo o entidad. 7. Instituir una licencia deportiva escolar para el deporte escolar de competición, que pueda renovarse durante los años que el alumno participe en la misma categoría, sin necesidad de hacerla nueva cada curso. 8. Posibilitar la participación en deporte federado, a nivel provincial, a los nacidos en 1969 o anteriormente mediante subvenciones de las comisiones provinciales a las agrupaciones deportivas escolares o clubes deportivos escolares. 9. Llegar a un acuerdo con la Confederación de Federaciones Deportivas de Andalucía para que las mismas se hagan cargo de las competiciones de los no escolares de

---

[151] Este objetivo está pendiente. Podría servir la idea de creación de una Red Andaluza de IES Deportivos, de la que hemos hablado en el capítulo 1.
[152] Este objetivo está resuelto, pero no siempre bien gestionado.
[153] Este objetivo no está totalmente resuelto, aunque se ha avanzado en cuanto a la implicación de las consejerías de Educación y de Salud.
[154] *El deporte en edad escolar municipal* gestiona esta tarea. a través de los Juegos Deportivos Municipales y otros programas.
[155] La decisión fue imbricarlos.

estas edades, adaptando sus estructuras a la mayor participación de los municipios de las provincias[156]. 10. La Dirección General de Juventud y Deportes de la Junta de Andalucía, en cumplimiento de las 151 bases del programa de gobierno ofertado a los andaluces y votado mayoritariamente, articulará las distintas federaciones de nuestro territorio en la Confederación Andaluza de Deportes[157]. Simultáneamente se llegará a un acuerdo con la citada Confederación para que no se programen competiciones paralelas, buscando las fórmulas para que las subvenciones públicas alcancen el destino de la promoción deseada.

Planificación y desarrollo: entendemos que el deporte escolar debe ofertar diferentes estímulos para satisfacer diversas posibilidades, tanto de los centros como de los alumnos, optando ambos por escoger la que más se acerque a su filosofía, disponibilidad, nivel técnico, instalaciones, material, etc., desarrollando en años posteriores el acercamiento al nivel de disponibilidad, técnico, instalaciones y material para que todos los centros y alumnos de Andalucía tengan las mismas posibilidades. Por este motivo, existirán cuatro modalidades de Deporte Escolar:

1. Deporte Escolar de participación: es el deporte que se realiza en el propio centro. Lo programa, desarrolla y ejecuta el propio centro. Los centros pueden nutrirse de la Revista de Actualización de Deporte Escolar (RADE)[158], coeditada por la Comisión Andaluza de Deporte Escolar y la Dirección General de Juventud y Deportes de la Consejería de Cultura de la Junta de Andalucía. Las comisiones municipales de Deporte Escolar serán las encargadas de controlar y coordinar el deporte escolar de participación que se realiza en los centros de su territorio e informar a la respectiva Comisión Provincial de Deporte Escolar.

2. Deporte Escolar de promoción: es el deporte que se realiza en el municipio y en la comarca. Lo programa, desarrolla y ejecuta la Comisión Municipal y/o Comarcal de Deporte Escolar. Al recibir subvenciones públicas, lo controla la Comisión Provincial de Deporte Escolar.

3. Deporte Escolar de competición: son los Juegos Escolares que organizamos cada año. Solo un equipo por centro de cada deporte, categoría y sexo. Máxima exigencia de documentación. Autoexigencia en nivel de juego. Máxima importancia a la competición. Fases: Local, Provincial, Andaluza y Nacional. Categorías: EGB y BUP-FP. Doble exigencia para participar: curso que estudia y edad máxima admisible. No

---

[156] El deporte federado apenas llegaba a los municipios de las provincias, ejerciendo sus funciones en las capitales de las mismas, casi de manera exclusiva.
[157] Hasta 2004 no hemos tenido Confederación Andaluza de Federaciones Deportivas (CAFD).
[158] Solo se publicó el número 0.

tiene fase interna. Importancia del resultado. Fechas límite de finalización de cada fase.

4. Competición Federada: entra dentro del ámbito de las federaciones, sujeto a sus normas y reglamento".

Desde mi punto de vista, esta reunión y la aprobación de la citada ponencia fue el punto de partida de la imbricación posterior del deporte escolar de competición y de la competición federada, infantil y cadete, aprobada definitivamente en la reunión de la Comisión Regional celebrada en Marbella en 1985.

Observemos que los objetivos a cubrir, 8 y 9, establecían que los escolares de 14 años o más que habían dejado de estudiar, y obviamente, no estaban escolarizados pudieran participar en la Competición Federada, para lo que se subvencionaría a las agrupaciones y clubes deportivos y se negociaría con la Confederación de Federaciones Deportivas de Andalucía para que organizara competiciones federadas específicas para ellos.

Esta era una cuestión muy importante: había deportistas que estando en edad escolar no estaban escolarizados y, por tanto, no podían participar en los Juegos Escolares. Y, como quiera que el deporte federado se quedaba en las capitales, los de las provincias tenían pocas posibilidades para practicar su deporte favorito si dejaban de estudiar cuando cumplían los 14 años.

1.2. Juegos Escolares 1984-1985

Los Juegos Escolares de 1983-84 se habían celebrado con el lema *Juega Chaval* y el patrocinio de 14 millones de las antiguas pesetas de la Caja de Ronda, hoy Unicaja Banco.

En octubre de 1984 comienzan los Juegos Escolares 1984-1985 con el lema *Preparando el Futuro*, que se van a convertir en los últimos que se organizan en nuestra Comunidad Autónoma como tales.

En febrero de 1985 se celebra en Jaén la Final Regional de Campo a Través cadete y, en mayo del mismo año, la Diputación Provincial de Sevilla organiza, por *delegación* de la Dirección General de Juventud y Deportes de la Consejería de Cultura de la Junta de Andalucía, la Final Regional de los deportes colectivos del programa.

Por un problema relacionado con los alojamientos, muchos de los equipos participantes abandonan los Juegos. Sin embargo, después de no pocas negociaciones, regresan casi todos pudiendo finalizar algunas de las competiciones.

La categoría infantil se celebraba a continuación de la cadete en campamentos gestionados por la Dirección General de Juventud y Deportes. Tuve la ilusión de ser el coordinador de los Juegos Escolares infantiles de los deportes colectivos que se celebraban en el Campamento de Marbella. ¡Si los cadetes habían abandonado los Juegos hospedándose en hoteles, imagínese lo que pensamos que podía pasar cuando los infantiles, y sus profesores/entrenadores, llegaran al Campamento! Sin embargo, después de 4 horas de debate con los citados profesores/entrenadores se quedaron, y fueron uno de los Juegos más entrañables a los que he asistido, como profesor, entrenador y gestor deportivo.

La idea de utilizar campamentos, albergues o residencias -en lugar de hoteles- para la organización de este tipo de competición en edad escolar ha sido bastante discutida en Andalucía y en España. Sin embargo, en otros países de nuestro entorno es donde se celebran estos eventos para niños y jóvenes. La Dirección General de Juventud y Deportes decidió -con valentía y por austeridad- que la categoría cadete de los Juegos Escolares 1984-1985 se celebrara en hoteles y la infantil en campamentos que, por cierto, gestionaba la propia Dirección General, lo que abarataba los mismos. Lógicamente, los partidos se jugaban en espacios deportivos convencionales y reglamentarios. Es decir, en este caso se jugaba en el Pabellón Municipal de Marbella, que todavía existe, y que actualmente se denomina Antonio Serrano[159], quien por cierto colaboró en la organización de los Juegos.

El primer deporte que se celebró fue el balonmano[160] masculino y femenino, y la noche del citado debate con los profesores/entrenadores de este deporte para que no se marcharan -entre otras cosas porque los escolares querían quedarse- escuchamos en la radio a Constantino Navarro y a José María García en otro debate muy diferente...

Desde hace varias temporadas, el CADEBA de baloncesto[161] y de balonmano[162], infantil y cadete, se celebran en los pabellones cubiertos de la Ciudad Deportiva de Carranque y el alojamiento y las comidas se realizan en el Albergue Juvenil de la Junta de Andalucía en Málaga, que está a pocos metros de distancia de la citada Ciudad Deportiva.

---

[159] Siempre recordaremos a Antonio Serrano Lima, compañero de la Delegación Provincial de Cultura.
[160] Siempre recordaremos a Antonio Burgos, amigo de los Juegos Escolares de Granada.
[161] Siempre recordaremos a Pepe y "Toa" Paterna, Paco Moreno, "Otto" del Nido y Rafael Rojano, amigos del baloncesto.
[162] Siempre recordaremos a Fernando Argüelles y Antonio Cazorla, amigos del balonmano.

Los Juegos Escolares eran *deporte de competición* en los que participaban los mejores deportistas que estaban escolarizados y matriculados en el mismo centro educativo -la mayoría privados y concertados-. Obviamente, los mejores deportistas -en este caso escolarizados y no escolarizados- participaban también en la *Competición Federada* si vivían en la capital de la provincia o en municipios cercanos. Es decir, los que no estaban matriculados en el centro educativo -porque habían dejado de estudiar por haber cumplido los 14 años y, normalmente, tener que empezar a trabajar- no podían participar con sus compañeros en los Juegos Escolares y, sin embargo, sí podían hacerlo en la Competición Federada... siempre que vivieran en la capital o en municipios en los que las federaciones organizaran competiciones... ¡Ya teníamos clara la decisión que debíamos tomar!

2. JUEGOS DEPORTIVOS DE ANDALUCÍA

En junio de 1984, una vez finalizados los Juegos Escolares 1983-1984, y después de dos ediciones de los mismos -planificadas, gestionadas y organizadas por la Junta de Andalucía- presenté el siguiente informe al director general de Juventud y Deportes, Constantino Navarro, a través de la preceptiva "Nota interior":

"Informe que presenta el jefe del Servicio de Deportes de la Dirección General de Juventud y Deportes al Ilmo. Sr. director general de Juventud y Deportes de la Consejería de Cultura de la Junta de Andalucía, sobre Deporte Escolar:

Introducción: 1. La Junta de Andalucía debe intentar realizar una 'Política Deportiva Global' que como objetivo preferente figure la participación en actividades físico-deportivas de todos los ciudadanos de Andalucía[163]*. 2. La Junta de Andalucía debe coordinar los esfuerzos de las diputaciones, ayuntamientos, centros educativos, clubes y federaciones deportivas. 3. La Junta de Andalucía no puede olvidar a los ciudadanos que, estando en edad escolar, no están escolarizados. 4. La Junta de Andalucía debe evitar las competiciones paralelas que no conducen absolutamente a nada positivo. 5. La Junta de Andalucía debe apoyar tres niveles básicos en materia deportiva para posibilitar la participación de todos los ciudadanos -los que tienen menores cualidades físicas y los que tienen mayores cualidades físicas- sin distinción de edad ni sexo: A. El Deporte en la Escuela. B. El Deporte Municipal. C. El Deporte Federado.*

---

[163] Esta ha sido siempre nuestra *visión*, aunque en estos momentos haya que priorizar.

Conclusión: Por lo expuesto anteriormente desaparecerían los Juegos Escolares de competición. Entendemos que han cumplido una importante misión en la historia del deporte español[164], pero, entre otras cosas, no se deben realizar competiciones paralelas. No es lógico que el mismo chico juegue el sábado en los Juegos Escolares de Competición y el domingo en la Competición Federada. Tampoco es lógico que los Juegos Escolares de Competición estén tutelados casi al 100 por 100, y la Competición Federada no. Por último, sabemos que no es posible tutelar de la misma manera ambas competiciones para estas edades, siendo lo más viable su imbricación, siempre que esté atendido, también, el deporte escolar de participación y el deporte escolar de promoción. Los Juegos Escolares de Competición 1984-1985, se dividirían en los siguientes programas: 1. Deporte en la Escuela (Deporte Escolar de Participación) que se desarrollaría en los centros educativos, impulsado por la Consejería de Educación y Ciencia. 2. Juegos Deportivos Municipales (Deporte Escolar de Promoción) que se integrarían en el Deporte Municipal. 3. El Deporte Escolar de competición se imbricaría con la Competición Federada, creándose y poniéndose en funcionamiento una competición conjunta (escolar y federada).

Presupuestos: 1. El programa "Deporte en la Escuela" habría que negociarlo y consensuarlo con la Consejería de Educación y Ciencia ya que no es posible financiarlo con nuestro presupuesto actual[165]. 2. Los Juegos Deportivos Municipales estarían subvencionados a través de la Campaña Municipal de Deporte para Todos que se pondrá en funcionamiento en 1985. 3. La nueva competición conjunta (escolar y federada) estaría subvencionada a través del programa de apoyo a la elevación del nivel técnico del deporte federado andaluz -de nueva creación- a través de un porcentaje del presupuesto destinado a los Juegos Escolares; del presupuesto de los Centros de Iniciación Técnico-Deportiva (CITD); y del que pueda aplicarse a partir de1985.

Calendario de actuaciones: miércoles 4 de julio de 1984: reunión con las diputaciones provinciales. Jueves 5 de julio de 1984: reunión con las federaciones deportivas. Viernes 6 de julio de 1984: reunión con la Comisión Regional de los Juegos Escolares. Agosto de 1984: elaboración de la normativa".

---

[164] Los Juegos Escolares comenzaron en el año 1949 del siglo pasado y continuaron organizados con el mismo formato hasta que el Real Decreto 2258/1977, de 27 de agosto, crea el Consejo Superior de Deportes.

[165] No lo lo conseguimos hasta 2006.

Durante el curso 1984-1985 no dio tiempo a iniciar el nuevo modelo organizativo, dedicándonos a consensuar con la Comisión Regional de los Juegos Escolares el proyecto, no sin dificultades ni apoyos.

La Consejería de Cultura decidió que la competición conjunta (escolar y federada), como resultado de la imbricación de los Juegos Escolares de Competición y la Competición Federada, se denominase *Juegos Deportivos de Andalucía*, con los siguientes objetivos: 1. Elevar el nivel técnico de la base del deporte andaluz. 2. Unificar los medios personales y materiales de la Junta de Andalucía, diputaciones provinciales, ayuntamientos cabeceras de comarcas y las federaciones deportivas, mediante la constitución de la Comisión Andaluza y provinciales de los Juegos Deportivos de Andalucía. 3. No realizar competiciones paralelas. 4. Potenciar el asociacionismo deportivo y la estructura de clubes.

La última reunión de la Comisión Regional de los Juegos Escolares, presidida por Luis García Garrido, que había sustituido a Constantino Navarro, se celebró en el Ayuntamiento de Marbella en septiembre de 1985. El anfitrión de la misma fue José Mora, Concejal de Juventud y Deportes de Marbella y Diputado Provincial de Juventud y Deportes de la Diputación de Málaga.

¡Había nacido el deporte en edad escolar!

2.1. Juegos Deportivos de Andalucía 1985-1986

La Orden de 12 de noviembre de 1985 (BOJA nº 115 de 5 de diciembre de 1985) crea las Comisiones Andaluza y Provinciales de los Juegos Deportivos de Andalucía y establece sus competencias:

> *"Desde tales planteamientos y en virtud de las competencias en materia de deporte, transferidas por el Real Decreto 4096/1982, de 29 de diciembre, la Consejería de Cultura, a través de la Dirección General de Juventud y Deportes y con la colaboración de las diputaciones provinciales, anunció la primera convocatoria a los Juegos Deportivos de Andalucía, correspondientes a la temporada 1985-1986*[166]*, y para asegurar la presencia y coordinación de las diferentes áreas geográficas y los distintos estamentos implicados en dichos Juegos se crean ahora las oportunas comisiones. Por todo ello y previo informe de la Secretaría General Técnica de esta Consejería, he dispuesto:*

---

[166] No se publicó en el BOJA.

Primero: Se crean la Comisión Andaluza y las comisiones provinciales de los Juegos Deportivos de Andalucía.

Segundo: 1. Son competencias de la Comisión Andaluza: A) Programar y coordinar los Juegos Deportivos de Andalucía. B) Designar las sedes de las fases finales así como organizar dichas fases, pudiendo delegar esta última competencia. C) Crear el Comité Andaluz de Disciplina Deportiva de los Juegos Deportivos de Andalucía, para que resuelva sobre las sanciones impuestas por el Comité Provincial de Disciplina Deportiva. 2. La Comisión Andaluza se compone de los siguientes miembros: Presidente: El Consejero de Cultura. Vicepresidente: El Director General de Juventud y Deportes. Vocales: el Diputado Provincial de Deportes de cada provincia andaluza o persona en quien delegue, el Delegado Provincial de Cultura de cada provincia andaluza o persona en quien delegue, presidentes de las federaciones deportivas andaluzas cuyos deportes se incluyan en las competiciones, un representante de la Consejería de Educación de la Junta de Andalucía, un representante de la Consejería de Salud y Consumo de la Junta de Andalucía. Secretario: Un funcionario de la Consejería de Cultura de la Junta de Andalucía.

Tercero: 1. En cada provincia andaluza existirá una Comisión Provincial de los Juegos Deportivos de Andalucía, con las siguientes competencias: A) Dentro del ámbito provincial, las asignadas a la Comisión Andaluza así como las necesarias para la obtención de los medios precisos para afrontar su puesta en práctica. B) Elevar propuestas de jornadas de tecnificación para deportistas y entrenadores. C) Realizar las funciones que le sean encomendadas por la Comisión Andaluza. 2. Cada Comisión Provincial creará los comités técnicos que crea oportuno para su mejor funcionamiento. 3. Podrá crear asimismo tantos comités comarcales o de zonas como estime necesario, para el buen desarrollo de la competición y regulará su composición y funcionamiento. 4. Las comisiones provinciales se componen de los siguientes miembros: Presidente: El Presidente de la Diputación Provincial de la provincia respectiva o persona en quien delegue. Vicepresidente: El Delegado Provincial de la Consejería de Cultura de la correspondiente provincia o persona en quien delegue. Vocales: un representante de los municipios de cada zona de competición deportiva constituida, un representante por cada Federación Deportiva cuyo deporte se incluya en los Juegos, dos representantes de la Diputación Provincial respectiva, dos representantes de la Delegación Provincial de la Consejería de Cultura en la misma provincia. Secretario: un funcionario de la Delegación Provincial de la Consejería de Cultura o de la Diputación Provincial, ambas de la provincia correspondiente".

Los primeros Juegos Deportivos de Andalucía 1985-1986, con el lema ¡*Para elevar el listón*!, comienzan en octubre de 1985 sin ninguna dificultad respecto a los Juegos Escolares de años anteriores. De acuerdo con la normativa, los equipos podían estar integrados por escolares de cualquier centro educativo y por no escolarizados de categoría infantil o cadete, masculino o femenino, en representación de un club deportivo.

Las comisiones provinciales se encargaban de tareas de gestión y organización, como expedir la licencia deportiva de los participantes en los Juegos, que no era la de cada federación deportiva, sino específica para los JDA. También se encargaban de confeccionar los calendarios, organizar los desplazamientos, designar a los árbitros, etc. La "oficina" de los Juegos Deportivos de Andalucía estaba situada en la sede de la Delegación Provincial de la Consejería de Cultura de la Junta de Andalucía o de la Diputación Provincial respectiva. A tal efecto, se utilizaba la "estructura" de la Comisión Mixta constituida en cada Provincia para las campañas municipales de deporte para todos, de tal manera que la gestión se realizaba conjuntamente. Concretamente en Cádiz y Málaga la "oficina" de los JDA estaba en la Diputación Provincial respectiva, atendida conjuntamente por funcionarios de ambas Administraciones.

La financiación de los Juegos Deportivos de Andalucía consistía en lo siguiente: la Comisión Provincial se encargaba de financiar los gastos de arbitrajes y desplazamientos de la misma y la Comisión Andaluza de financiar los gastos de arbitrajes, desplazamientos -externos e internos-, hospedajes y comidas. Es decir, no se concedían subvenciones a los clubes deportivos participantes para estos gastos, ya que no los adelantaban. La idea era que los clubes se dedicaran *exclusivamente* a entrenar, jugar e intentar ganar...

Para la participación de los equipos representantes de Andalucía en los Campeonatos de España, organizados por el Consejo Superior de Deportes, tuvimos algunas *incidencias* durante un par de temporadas debido a que solo podían participar equipos integrados por escolares matriculados en el mismo centro educativo (*modelo deporte escolar*). Los equipos andaluces, que estaban integrados por escolares matriculados en varios centros educativos e incluso por no escolares, conformaban los equipos con una base amplia de escolarizados en el mismo centro educativo para poder participar en la fase nacional aun perdiendo algún "refuerzo" importante... No obstante, el CSD adoptó el *modelo deporte en edad escolar* en poco tiempo.

De 1996 a 2004, cuando gobernaba el Partido Popular, se adoptó el *modelo deporte escolar* para infantiles y *deporte en edad escolar* para cadetes. Me parece bien, si se llegara a un acuerdo "imposible" con las federaciones deportivas para que no organicen competiciones infantiles federadas al mismo tiempo.

Luis García Garrido quería que cada modalidad deportiva de la Final Andaluza de los *JDA* se organizara en una sede distinta. Es decir, no quería que se celebrara de manera conjunta debido a lo que había pasado en los Juegos Escolares 1984-1985. Sin embargo, en la reunión de la Comisión Andaluza de los JDA que se celebró en Antequera aceptó (no sin hacernos un verdadero "examen de candidatura") la propuesta de la Comisión Provincial de Málaga que se comprometía a organizar la categoría cadete completa y, por supuesto, "con calidad, eficacia y eficiencia". Hay que tener en cuenta que las segundas elecciones andaluzas se celebraban el 22 de junio del mismo año (1986) y, obviamente, el director general quería que los JDA, que se celebraban un poco antes, fueran un éxito deportivo y organizativo.

Me cupo el honor de ser el coordinador general de la Final Andaluza cadete de los primeros Juegos Deportivos de Andalucía, para lo que conté con la inestimable colaboración de la Diputación Provincial de Málaga[167], los ayuntamientos sede, las federaciones deportivas -que estaban celebrando las primeras elecciones para convertirse en andaluzas-, los compañeros de las delegaciones provinciales de la Consejería de Cultura: Juan Ortega (Almería), Cristóbal Barco (Cádiz), Antonio García Herencia (Córdoba), Salvador Jiménez (Granada), Manuel Díaz Trillo (Huelva), Manuel Ortega (Jaén), Juan Luís Moreno (Málaga) y José Manuel Pimiento (Sevilla); sus respectivos equipos de colaboradores, y de las todavía *federaciones* malagueñas integradas en el programa. Se trataba de un evento en el que participaban más de mil personas entre deportistas, entrenadores, delegados, árbitros y organización -incluyendo los voluntarios-. También contamos con la colaboración y confianza de la Delegada Provincial de Cultura, Emelina Fernández Soriano, y por supuesto, del Director General de Juventud y Deportes.

El *campo a través* cadete (el primero de los Juegos Deportivos de Andalucía) se celebró en Nerja. El coordinador local fue Enrique López Cuenca, actual presidente de la Federación Andaluza de Atletismo.

---

[167] Siempre recordaremos a Antonio Guerra, amigo de la Diputación de Málaga.

A la izquierda, cartel del campeonato infantil y cadete de campo a través de los primeros Juegos Deportivos de Andalucía celebrados en Nerja en 1986. A la derecha, entrega de medallas de la prueba de 3 km marcha del campeonato infantil de atletismo de los primeros Juegos Deportivos de Andalucía celebrados en Algeciras en 1986: medalla de oro, Cristina Bravo; plata, Lola Armijo, y bronce, Conchi Almoguera, las tres del Club Nerja de Atletismo[168].

Los Juegos Deportivos de Andalucía, con bastantes más luces que sombras, continuaron con algunas modificaciones hasta la temporada 1997-1998.

Efectivamente, la Orden de 14 de mayo de 1993, de la Consejería de Cultura y Medio Ambiente (BOJA nº 80 de 24 de julio de 1993), modifica las competencias y la composición de las comisiones andaluza y provinciales: 1. En cuanto a las competencias destaca el apartado a) del artículo 2º: " Programar y coordinar los Juegos Deportivos de Andalucía, *en base a las propuestas que sobre su organización efectúen las federaciones deportivas andaluzas.* ¿Se quería contar más con las federaciones deportivas andaluzas? 2. En cuanto a la composición de las comisiones, destaca la modificación de las comisiones provinciales en cuanto a que la presidencia pasa del presidente de la Diputación Provincial al delegado provincial de la Consejería de Cultura y Medio Ambiente. ¿Se quería contar menos con las diputaciones provinciales?

---

[168] Hizo entrega de las medallas Juan de la Cruz Vázquez (sí, era 1986), jefe de la Sección de Deportes de la Delegación Provincial de Cultura de Málaga. Por cierto, presenciando el Campeonato se encontraba el jefe del Servicio de Deportes de la Dirección General de Juventud y Deportes, José Manuel Jiménez "Fifa", que me invitó amablemente a que lo acompañara a Almería donde se celebraba el campeonato de ajedrez infantil de los primeros JDA. Quien conozca a "Fifa" sabe que es imposible decirle que no, así que nos fuimos "Desde Algeciras a Estambul" (perdón, desde Algeciras a Almería) en su *Seat Panda* cargado de trofeos...

Esta modificación afecta a 4 ediciones de los Juegos Deportivos de Andalucía: 1993-94; 1994-95; 1995-96 y 1996-97.

La decisión de "contar menos" con las diputaciones provinciales provocó un *alejamiento* de las áreas de deportes de las mismas respecto a la Dirección General de Deportes de la Junta de Andalucía que, además, derogó las *campañas municipales de deporte para todos* creadas por Resolución de 15 de noviembre de 1984 de la Consejería de Cultura y ratificadas por la Orden de 31 de enero de 1986 de la misma Consejería.

La citada Orden de 31 de enero de 1986 disponía en su artículo 2º: "Solamente podrán solicitar subvenciones las diputaciones provinciales de Andalucía". Es decir, cada Diputación Provincial recibía ayuda de la Junta de Andalucía para la Campaña Municipal de Deporte para Todos, que la hacía llegar a los ayuntamientos de la provincia que participaban en la misma. Y la Junta de Andalucía recibía ayuda de cada Diputación Provincial para la organización de la correspondiente Fase Provincial de los Juegos Deportivos de Andalucía.

Sin embargo, la Consejería de Cultura y Medio Ambiente de la Junta de Andalucía decidió lo que vendría a ser un "¡Ni te doy ni me das!" ...

La Campaña Municipal de Deporte para Todos incluía ayudas para los Juegos Deportivos Municipales, las Actividades Populares, las Escuelas Municipales de Promoción Deportiva, las Actividades para Adultos y las Actividades para la "Tercera Edad". La única colaboración que quedó entre ambas instituciones fue para la construcción y remodelación de instalaciones deportivas, a través de los planes provinciales. Hay que recordar que en 1993 había comenzado la crisis económica de aquella época...

2.2. Juegos Deportivos de Andalucía 1997-1998

La Orden de 18 de noviembre de 1997 (BOJA nº 139 de 29 de noviembre de 1997) regula los Juegos Deportivos de Andalucía, Iniciación al Rendimiento Deportivo.

"El Decreto 181/1996, de 14 de mayo, por el que se establece la estructura orgánica de la Consejería de Turismo y Deporte, establece en su artículo 9 que a la Dirección General de Actividades y Promoción Deportiva le corresponden, entre otras, las funciones de promoción y desarrollo de la actividad deportiva en edad escolar, especialmente a través de la organización de competiciones en colaboración con los agentes implicados, cuales son las Entidades Locales y las Federaciones Deportivas andaluzas. El deporte en edad escolar se ha configurado en una de las

referencias esenciales para el desarrollo y conformación de nuestro sistema deportivo, especialmente en lo relativo a las actividades de carácter formativo y recreativo y a las de iniciación al rendimiento deportivo.

La Consejería de Turismo y Deporte ha regulado, mediante Orden conjunta con la Consejería de Educación y Ciencia de 23 de octubre de 1997, un proyecto experimental de Programa de Deporte Escolar en Andalucía, orientado al desarrollo de actividades físico-deportivas de manera voluntaria, primando fundamentalmente los aspectos de promoción, formativos, recreativos y deportivos. Con ella se pretende comenzar a cubrir una parcela, no resuelta hasta el presente, dentro del deporte en edad escolar. Ahora, mediante la presente Orden por la que se regulan los Juegos Deportivos de Andalucía, Iniciación al Rendimiento Deportivo, que tienen por objeto la atención a las actividades físico-deportivas en edad escolar con la finalidad de integrar en el deporte de alto rendimiento a los escolares más dotados para la práctica de una modalidad deportiva concreta, se amplía el marco general de actuación en el deporte en edad escolar. La experiencia acumulada durante las sucesivas ediciones de los mismos ha puesto de manifiesto la necesidad de adaptar la regulación de estas competiciones deportivas a la realidad deportiva actual, así como de modificar su estructura organizativa potenciando la participación de las Federaciones Deportivas Andaluzas, que se configuran como verdaderos agentes colaboradores de la Administración en la organización y desarrollo de las mismas.

En su virtud, en uso de las atribuciones que me confiere el Artículo 39 de la Ley 6/1983, de 21 de julio, del Gobierno y la Administración de la Comunidad Autónoma de Andalucía,

DISPONGO:

Artículo 1. Objeto.

1. Mediante la presente Orden se regulan los Juegos Deportivos de Andalucía, Iniciación al Rendimiento Deportivo, cuyo objeto lo constituye la atención a las actividades físico-deportivas en la edad escolar, mediante la extensión de las prácticas o actividades de competición a desarrollar en cada categoría en un marco organizativo adecuado, coherente y eficaz.

2. Las competiciones de iniciación al rendimiento deportivo serán organizadas y tuteladas por la Dirección General de Actividades y Promoción Deportiva y por las Delegaciones Provinciales de la Consejería de Turismo y Deporte, a través de las Federaciones Deportivas Andaluzas.

Artículo 2. Fines.

Mediante la organización de los Juegos Deportivos de Andalucía, Iniciación al Rendimiento Deportivo, se pretende la consecución de los siguientes fines:

La detección de los deportistas andaluces que, en edad escolar, están más capacitados técnica y físicamente.

La elevación del nivel técnico-competitivo de los participantes.

El desarrollo progresivo de programas deportivos competitivos orientados a la consecución de deportistas andaluces de alto rendimiento.

El fortalecimiento y consolidación del tejido asociativo en el sistema deportivo andaluz.

La obtención de un intercambio técnico, táctico, competitivo y humano, necesario entre los deportistas de Andalucía para su completa formación integral.

Artículo 3. Convocatorias.

Las convocatorias de las sucesivas ediciones de los Juegos Deportivos de Andalucía para la Iniciación al Rendimiento Deportivo se efectuarán anualmente por Resolución del Director General de Actividades y Promoción Deportiva, en el que se delega esta competencia.

Artículo 4. Categorías deportivas.

1. Con carácter general, las categorías deportivas para las competiciones de iniciación al rendimiento deportivo serán las de infantil y cadete.

2. Las Federaciones Deportivas Andaluzas, en función de sus peculiaridades y de acuerdo con las Federaciones Españolas correspondientes, podrán fijar otras categorías deportivas en sus respectivas modalidades.

Artículo 5. Modalidades.

Las modalidades deportivas a desarrollar durante las sucesivas ediciones de los Juegos Deportivos de Andalucía, Iniciación al Rendimiento Deportivo, bien de forma individual o por equipos, serán las que determine la Dirección General de Actividades y Promoción Deportiva, en concordancia con la convocatoria del Consejo Superior de Deportes, para el Campeonato de España de la Juventud y el Campeonato de España Infantil Escolar.

Artículo 6. Requisitos de los participantes.

1. Para participar en los Juegos Deportivos de Andalucía, Iniciación al Rendimiento Deportivo, los solicitantes deberán cumplir los siguientes requisitos:

Los equipos y deportistas deberán pertenecer a entidades deportivas inscritas en el Registro de Asociaciones y Federaciones Deportivas de la Junta de Andalucía o depender de una entidad de derecho público o de un centro de enseñanza público o privado reconocido por la Consejería de Educación y Ciencia.

Para participar en deporte de asociación, será condición indispensable haber participado en la edición anterior de los Juegos Deportivos de Andalucía con su club, entidad, asociación o cualesquiera otras entidades análogas de naturaleza deportiva o haber obtenido la clasificación por el sistema de repesca o ascenso.

Para participar en deporte individual, los deportistas tendrán que estar dados de alta en cualquier club, entidad, asociación o cualesquiera otras entidades análogas de naturaleza deportiva, con anterioridad al inicio de cada edición de los Juegos Deportivos de Andalucía, y cumplir los requisitos pertinentes que cada Federación Deportiva Andaluza tenga establecido respecto a su respectiva modalidad deportiva.

Cada deportista podrá participar, como máximo, en un deporte de equipo y en un deporte individual.

Los deportistas de categoría inferior podrán participar en la inmediata superior, siempre que la federación deportiva andaluza correspondiente lo prevea en su normativa específica.

Los entrenadores deberán poseer la titulación que determine la Federación Deportiva Andaluza respectiva.

2. La inscripción en la competición, su tramitación y, en su caso, emisión de licencias deportivas, se efectuará por las Federaciones Deportivas Andaluzas, que deberán remitir a la Delegación Provincial correspondiente de la Consejería de Turismo y Deporte copia de los boletines de inscripción, calendario del desarrollo de las competiciones y copia de la afiliación a la Mutualidad General Deportiva. Para la emisión de las licencias deportivas será preceptiva la presentación del Documento Nacional de Identidad o pasaporte.

Artículo 7. Régimen disciplinario.

1. En el desarrollo de las competiciones, los participantes estarán sujetos al régimen disciplinario propio de cada Federación Deportiva Andaluza, teniendo competencia en esta materia los respectivos Comités de Competición.

2. Las resoluciones de estos Comités serán recurribles ante el Comité Andaluz de Disciplina Deportiva, en el plazo de tres días hábiles, contados desde el siguiente al de su notificación.

Artículo 8. Fases posteriores a la andaluza.

1. En los Campeonatos de España de Edades Infantil y Cadete, que se celebrarán con posterioridad a las finales andaluzas de las competiciones de iniciación al rendimiento deportivo, podrán participar todos aquellos equipos y deportistas andaluces que reúnan los requisitos que se establezcan en las convocatorias respectivas del Consejo Superior de Deportes.

2. La participación de los deportistas andaluces en dichos Campeonatos de España queda reservada exclusivamente a las edades que disponga, en su caso, el Consejo Superior de Deportes en las convocatorias que organice a tal efecto.

Disposición Adicional. Convocatoria de la XIII Edición.

1. Se convoca la XIII Edición de los Juegos Deportivos de Andalucía, Iniciación al Rendimiento Deportivo, para la temporada 1997/1998.

2. Las edades de los participantes en las categorías deportivas de las competiciones de iniciación al rendimiento deportivo para la temporada 1997/1998 serán las siguientes: Categoría Infantil: Participantes nacidos en los años 1984 y 1985. Categoría Cadete: Participantes nacidos en los años 1982 y 1983.

3. Los deportes que se desarrollarán serán los siguientes: A) Deportes individuales: Ajedrez, Atletismo (Campo a Través), Bádminton, Gimnasia Rítmica, Judo, Natación, Orientación y Tenis de Mesa. B) Deportes de asociación: Baloncesto, Balonmano, Fútbol y Voleibol.

Disposición Derogatoria única.

1. Quedan derogadas todas las normas de igual o inferior rango en lo que contradigan lo dispuesto en esta Orden.

2. Quedan derogadas expresamente las siguientes disposiciones:

- La Orden de 12 de noviembre de 1985, sobre Creación y Competencias de las Comisiones Andaluza y provinciales de los Juegos Deportivos de Andalucía.

- La Orden de 14 de mayo de 1993, modificativa de las competencias y composición de las Comisiones Andaluza y provinciales de los Juegos

Deportivos de Andalucía, creadas por la Orden de 12 de noviembre de 1985.

Disposición final primera. Desarrollo.

Se faculta al Director General de Actividades y Promoción Deportiva para adoptar las actuaciones precisas en desarrollo y aplicación de esta Orden".

Como hemos podido observar, el cambio que se produce en los Juegos Deportivos de Andalucía a través de la Orden de 18 de noviembre de 1997, es bastante profundo: 1. Al añadirle el término *de iniciación al rendimiento deportivo* los centra claramente en este objetivo. 2. El punto 2 del artículo 1º, Objeto, establece que serán organizados y tutelados por la Dirección General de Actividades y Promoción Deportiva y por las Delegaciones Provinciales de la Consejería de Turismo y Deporte, *a través de las federaciones deportivas andaluzas*. 3. Los fines de detección de talentos deportivos, de elevación del nivel técnico-competitivo de los deportistas, el fortalecimiento y consolidación del tejido asociativo, etc. 4. La inscripción y tramitación de las licencias deportivas –siendo estas las de la Federación Deportiva correspondiente- pasan a gestionarlas las propias federaciones, debiendo remitir, eso sí, copia a las delegaciones provinciales de la Consejería de Turismo y Deporte. 5. El régimen disciplinario se integra en los comités de competición de las federaciones deportivas andaluzas. 6. Se suprimen las Comisiones andaluza y provinciales de los Juegos Deportivos de Andalucía, al derogarse las órdenes de 12 de noviembre de 1985 y de 14 de mayo de 1993, y no crearse nuevas comisiones. ¿Y las diputaciones provinciales? Sencillamente *desaparecen del programa...*

En resumen, podemos decir que los Juegos Deportivos de Andalucía, que iniciaron su andadura como resultado de la imbricación de los Juegos Escolares de competición y la Competición Federada infantil y cadete en 1985, conformando una competición escolar y federada conjunta, como transición, pasan a ser una competición federada única en la "temporada" 1997-98.

3. DEPORTE EN EDAD ESCOLAR FEDERADO

Efectivamente, en 1999 se reestructuran los Juegos Deportivos de Andalucía, comenzando con la puesta en funcionamiento de los Campeonatos de Andalucía de infantiles y de cadetes, que posteriormente se denominarán Campeonatos de Andalucía de Deporte Base. ¡Ha nacido el deporte en edad escolar federado!

Así, como veremos a continuación, desde la *temporada* 1998-1999 se produce el cambio de denominación, y de objeto, del programa Juegos Deportivos de Andalucía que se había creado y puesto en funcionamiento en el curso escolar 1985-1986 y desarrollado hasta 1996-1997, con las modificaciones de 1993 y de 1997, y la transición de 1997-1998.

3.1. Campeonatos de Andalucía de infantiles y de cadetes

La Orden de 14 de enero de 1999 (BOJA nº 17 de 9 de febrero de 1999) *reestructura* los Juegos Deportivos de Andalucía, iniciación al rendimiento deportivo, para convertirlos en Campeonatos de Andalucía de infantiles y de cadetes. Así, la citada Orden *delega* las competencias relativas a las competiciones autonómicas de infantiles y de cadetes a las federaciones deportivas andaluzas, derogando la anterior.

Y este era el objetivo: que los clubes se adaptaran al modelo federativo y gestionaran los gastos de desplazamientos, arbitrajes, federativos, etc., de la fase provincial y, una vez terminada la misma, las delegaciones provinciales de la Consejería de Turismo y Deporte les ayudarían a financiar parte de los gastos realizados y justificados. Es decir, los clubes, además de entrenar, jugar e intentar ganar, tenían que gestionar los gastos y financiar parte de los mismos.

Personalmente apoyé la medida. Técnica y políticamente era conveniente "bajar el listón de la tutela" después de 13 años del programa JDA -incluyendo los de 1997-1998- para que los participantes en los mismos fueran *clubes,* y no equipos a los que se les daba casi todo hecho. Había terminado una etapa y comenzaba otra totalmente federativa... aunque impregnada de deporte educativo.

Durante el proceso de cambio a "Juegos Deportivos de Andalucía, iniciación al rendimiento deportivo" (1997) me encontraba gestionando el IAD, por lo que, de alguna manera, intervine en el mismo; sin embargo, durante el nuevo cambio a "Campeonatos de Andalucía de infantiles y de cadetes" (1999) me había trasladado a la Delegación Provincial de Turismo y Deporte de Granada, por lo que no tuve posibilidad de intervenir.

En Granada, donde los Juegos Deportivos de Andalucía se habían organizado incluso con mayor tutela que en el resto de las provincias, se realizaron manifestaciones de protesta por el último cambio. Así, convocamos reuniones con los representantes de los clubes deportivos para explicarles la medida e intentar convencerles de que debían gestionar los infantiles y cadetes sencillamente de la misma manera que gestionaban los benjamines, alevines y juveniles...

El cambio era bueno técnicamente para la consolidación de clubes, pero empezó a fallar porque las ayudas, tanto para la Fase Provincial como para la *fase previa* de la Final Andaluza, fueron disminuyendo paulatinamente. Efectivamente, la Final Andaluza se organizaba en dos fases: la primera con dos grupos de ocho equipos, y la segunda como una *final a cuatro* con los dos primeros equipos clasificados de cada grupo en la fase anterior. A los cuatro clasificados para la final a cuatro se les financiaba el 100 por 100 de los gastos: transportes -externos e internos-, arbitrajes, alojamientos y comidas. Sin embargo, a los doce clubes no clasificados para la *final a cuatro*, se les ayudaba a través de la correspondiente Delegación Provincial de Turismo y Deporte. Como quiera que la ayuda no estaba establecida de antemano, podía ser diferente según la decisión del delegado de turno...

Algunos clubes decían que preferían no clasificarse para la Final Andaluza porque no podían financiar los gastos de la fase previa de la misma; y si no querían participar en la Final Andaluza ¿para qué hacerlo en la Fase Provincial? Esto hizo que bajara considerablemente la participación -sobre todo de clubes modestos- en todos los deportes del programa, excepto baloncesto y fútbol.

3.2. Campeonatos de Andalucía de Deporte Base

En 2004, al asumir la gestión de la Dirección General de Actividades y Promoción Deportiva, algunas personas me preguntaban si iban a volver los Juegos Deportivos de Andalucía. Pero ya he dicho anteriormente que estuve de acuerdo con el cambio porque estaba y estoy convencido de la importancia del Club, con mayúsculas, para la base y para la elite del deporte federado. Sin clubes no hay Deporte Federado, con mayúsculas también, ya que son el *icono* de éste. Y pueden creerme, en algunas provincias había verdaderas dificultades para iniciar la Fase Provincial por falta de equipos participantes.

Por tanto, tomamos la decisión de continuar (sin ni siquiera modificar la Orden de 14 de enero de 1999) con los Campeonatos de Andalucía organizados por las federaciones andaluzas, pero mejorando la "ayuda a clubes" como uno de los objetivos preferentes debido a la importancia de los mismos para el sistema deportivo. En definitiva, la

Junta de Andalucía ayudaría a las federaciones deportivas andaluzas para organizar, y a los clubes para que participaran en lo que aquellas organizaran.

Con la finalidad de modificar lo menos posible la política deportiva de la Consejería en materia de deporte en edad escolar federado, en la temporada 2004-2005 se ponen en funcionamiento los Campeonatos de Andalucía "de Deporte Base" (en lugar de infantiles y de cadetes) entre otras cosas porque queríamos ampliarlos a la categoría superior (juvenil) o a la inferior (alevín), a propuesta de la correspondiente federación deportiva andaluza. Y así lo hicimos en algunos deportes.

Obviamente, también buscábamos unas siglas que identificaran y dieran a conocer fácilmente el programa. Entonces surgió *CADEBA* con los siguientes objetivos, además de mejorar la *ayuda a clubes* que hemos visto anteriormente: 1. Promover la práctica deportiva en jóvenes deportistas federados en edad escolar, que se inician en el ámbito participativo de *rendimiento de base*, estableciendo un contexto ideal que les permita superarse y mejorar, en confrontación con sus homólogos de equipos de otros clubes, difundiendo y fomentando la filosofía del "Juego limpio" en el deporte, tan necesaria en la sociedad actual para que la asuman como propia y aprendan a aplicarla, no sólo en la competición deportiva, sino también en la vida diaria. 2. Facilitar a los clubes deportivos andaluces la participación de sus deportistas y equipos en un campeonato que aglutine a jóvenes deportistas de diferentes localidades andaluzas. 3. Implicar a las federaciones deportivas andaluzas en la planificación, gestión y organización de los Campeonatos en sus distintas fases, siendo cofinanciados por la Consejería de Turismo, Comercio y Deporte. 4. Seleccionar a aquellos deportistas más destacados para que formen parte de las selecciones andaluzas que participen en los Campeonatos de España de Selecciones Autonómicas en edad escolar, organizados por el Consejo Superior de Deportes. 5. En cada modalidad deportiva se entregará el trofeo *Andalucía Juega Limpio* al club merecedor del mismo, que tendrá la misma consideración que la del primer clasificado y campeón de Andalucía. Como hemos podido observar, los objetivos estaban impregnados de valores para la vida.

Los Campeonatos de Andalucía de Deporte Base (CADEBA) son gestionados y organizados por las federaciones deportivas andaluzas por *delegación* de la Dirección General de Actividades y Promoción Deportiva de la Consejería de Turismo, Comercio y Deporte de la Junta de Andalucía (que interviene en la planificación de los mismos), con la colaboración de la Empresa Pública Deporte Andaluz SA y las delegaciones provinciales de la citada Consejería.

La innovación más importante del programa fue acabar con el "laberinto" de la incertidumbre financiera, para lo que establecimos la "ayuda a clubes" siguiente: 1. La Consejería de Turismo, Comercio y Deporte, a través de las delegaciones provinciales, financiaría a los clubes que participaran en la Fase Provincial hasta un máximo del 60% de los gastos siguientes: desplazamientos, arbitrajes y derechos federativos. 2. La Consejería de Turismo, Comercio y Deporte, a través de la Empresa Pública Deporte Andaluz SA (EPDASA), financiaría a los clubes participantes en la Final Andaluza hasta un máximo del 80% de los gastos siguientes: desplazamientos -externos e internos-, arbitrajes, alojamientos y comidas. Como regla general, en ningún caso se financiaría el 100% de los gastos. Otro problema no resuelto era que no había un programa de ayuda a clubes para participar en los campeonatos de España en edad escolar. Así, se puso en funcionamiento el Programa Estrella Base de Andalucía (PROEBA), que establecía la ayuda que la Junta de Andalucía concedería a los clubes deportivos andaluces para participar en campeonatos de España individuales o colectivos, de 12 a 18 años.

Debido a la crisis, tanto para CADEBA como para PROEBA la ayuda a clubes para que participaran, y a las federaciones deportivas andaluzas para que organizaran, fue disminuyendo considerablemente desde 2009.

Había que tratar por igual a la base y a la elite. Por eso en 2007 organizamos la 1ª Gala del Deporte Base Andaluz (DBA), para homenajear a los deportistas andaluces -de 12 a 18 años- que se habían proclamado campeones de España individuales y por equipos en edad escolar.

TERCERA PARTE: PLAN DE DEPORTE EN EDAD ESCOLAR DE ANDALUCÍA

Entendiendo que el deporte en edad escolar debe ser "un todo compartido y coordinado" que posibilite la práctica deportiva -recreativa o competitiva- al mayor número posible de personas en edad escolar, tuve la ilusión de liderar al magnífico y joven *equipo* de la Dirección General de Actividades y Promoción Deportiva -coordinado por Jesús Roca- para desarrollar reglamentariamente nuestra Ley del Deporte en lo que al deporte en edad escolar se refiere.

Así, el Decreto 6/2008, de 15 de enero, conjunto de las consejerías de Educación, Salud, y Turismo, Comercio y Deporte (BOJA nº 21 de 30 de enero de 2008) regula el deporte en edad escolar en Andalucía, y crea el Plan de Deporte en Edad Escolar de Andalucía.

"El deporte, definido por la Carta Europea del Deporte de 1992 como cualquier forma de actividad física que, a través de participación organizada o no, tiene por objeto la expresión o mejora de la condición física y psíquica, el desarrollo de las relaciones sociales o la obtención de resultados en competición a todos los niveles, tiene gran importancia en el desarrollo de los niños, niñas y jóvenes. En primer lugar, por configurarse como motor para el recto desarrollo del sistema deportivo en cada uno de sus niveles, ya que representa el primer y esencial eslabón para alcanzar una continuada e idónea práctica deportiva en edades posteriores. Y, en segundo lugar, porque reporta beneficios para la salud de los niños, niñas y jóvenes, contribuye a su formación integral y desarrollo, y puede llegar a desempeñar una función preventiva e integradora de primera magnitud".

"Dada la trascendencia del deporte en el desarrollo integral de las personas, el presente Decreto tiene como finalidad principal conseguir la creación de hábitos de práctica deportiva desde edades tempranas, siguiendo así la estrategia definida por el lema De la escuela al deporte para siempre".

El Decreto tiene dos capítulos, dieciséis artículos y cuatro disposiciones (transitoria única, derogatoria única, final primera y final segunda).

En el primer capítulo se establecen los aspectos generales del deporte en edad escolar: objeto, ámbito de aplicación, principios rectores, ámbitos participativos, categorías deportivas, protección del deportista, dirección técnica de las actividades, personal colaborador, resolución de conflictos y la publicidad en el deporte en edad escolar.

En el segundo capítulo se crea el *Plan de deporte en edad escolar*: contenido y aprobación; régimen de organización, desarrollo y ejecución de actividades; objetivos de los programas que integran el Plan; formación en valores; evaluación del Plan y creación de las comisiones de seguimiento.

Desde mi punto de vista los aspectos más destacados del Decreto son los siguientes: 1. Regular el deporte en edad escolar de manera conjunta entre las consejerías de Educación, Salud y Deporte, y obligar a que su desarrollo normativo posterior se lleve a cabo de manera conjunta también. 2. Establecer tres ámbitos participativos para las personas en edad escolar que estén escolarizadas y no escolarizadas: iniciación, promoción y rendimiento de base. 3. La coordinación efectiva entre la Junta de Andalucía, las entidades locales y las entidades deportivas. 4. La creación del Plan de deporte en edad escolar. 5. Que existan distintos niveles deportivos, tanto para el ámbito de promoción como para el de rendimiento de base. 6. Que existan distintos organizadores deportivos para los tres ámbitos participativos. 7. Que la aprobación de los programas que integran el Plan se realice de manera conjunta y a propuesta de la Comisión de Seguimiento del mismo, donde están representadas todas las partes: consejerías de Educación, Salud y Deporte (incluyendo centros educativos y profesorado); entidades locales (incluyendo ayuntamientos y diputaciones), entidades deportivas (incluyendo entrenadores o técnicos y jueces o árbitros), y las familias. 8. Que exista una coordinación efectiva entre todas las partes. No obstante, queda un itinerario organizativo muy largo para analizar, evaluar y mejorar.

La Orden de 9 de junio de 2009, conjunta de las consejerías de Educación, Salud, y Turismo, Comercio y Deporte (BOJA nº 132 de 9 de julio de 2009), determina la composición y régimen de las comisiones de seguimiento del *Plan de deporte en edad escolar de Andalucía*. (Por cierto, que se nos quedaron "en el tintero" las comisiones municipales).

La Orden de 11 de enero de 2011, conjunta de las consejerías de Educación, Salud, y Turismo, Comercio y Deporte (BOJA nº 53 de 16 de marzo de 2011), regula y aprueba los programas que integran el *primer* Plan de deporte en edad escolar de Andalucía 2010-2011, a propuesta de la Comisión de Seguimiento del mismo.

"*Artículo 12:*

1. Objetivos de los programas del ámbito de iniciación:

- *Desarrollar la capacidad de movimiento a través de las habilidades y destrezas que hacen posible la práctica física, técnica, táctica y psíquica de cada deporte.*
- *Aprender los fundamentos técnicos, tácticos y físicos e identificar principios de juego que van aumentando progresivamente su complejidad estructural y funcional.*
- *Conseguir que la población en edad escolar[169] participante desarrolle una acción de juego autónoma e intencional en cada uno de los roles que asume al practicar estos juegos deportivos, y promover el desarrollo de los mecanismos de percepción y decisión.*
- *Propiciar un marco de salud dinámica como un indicador acertado de calidad de vida.*
- *Valorar diferentes comportamientos que se manifiestan en la práctica deportiva y tomar una postura crítica ante determinados fenómenos anómalos de la misma.*
- *Crear un ambiente de convivencia valorando la multiculturalidad y las diferencias individuales derivadas de las condiciones psíquicas, físicas y sociales del alumnado, como aspecto fundamental del crecimiento personal y social.*
- *Adquirir valores, tanto individuales como colectivos, que permitan a la población en edad escolar desenvolverse correctamente en la sociedad.*

2. Objetivos de los programas del ámbito de promoción

- *Promover y potenciar el deporte y la actividad física como una práctica habitual entre la población en edad escolar.*
- *Establecer un contacto de formación humana e intersocial entre los diferentes núcleos de la población.*
- *Completar la formación integral del alumnado de las escuelas deportivas promoviendo el juego limpio y participativo, exaltando las virtudes de la diversión entre sus participantes.*
- *Conseguir la integración social de colectivos desfavorecidos y favorecer la participación femenina en el deporte en edad escolar.*
- *Fomentar la práctica del deporte como parte esencial de un estilo de vida activa y favorecedor de salud presente y futura.*

---

[169] Por población en edad escolar se entiende la comprendida *entre* los 6 y los 18 años.

- *Sensibilizar a los deportistas en edad escolar acerca de la importancia de respetar y cuidar el medio ambiente, y de practicar deporte sostenible.*

3. Objetivos de los programas del ámbito de rendimiento de base:
- *Identificar a deportistas con altas capacidades para la práctica del deporte.*
- *Mejorar las condiciones de entrenamiento que posibiliten la mejora en el rendimiento de los deportistas previamente identificados.*
- *Mejorar las prestaciones que permitan al deportista alcanzar la condición de alto nivel.*
- *Impulsar la conciliación de la actividad deportiva y la actividad académica.*
- *Confeccionar las selecciones andaluzas en edad escolar".*

Entiendo que la *iniciación deportiva* debe conformarse como el *calentamiento de calidad* que, obligatoriamente, tenemos que realizar antes de empezar la práctica deportiva. Es decir, los centros educativos y los clubes deportivos –y los ayuntamientos de manera subsidiaria- deben planificar, gestionar y organizar un proceso de *enseñanza-aprendizaje deportivo,* adaptado a la persona en edad escolar que lo realiza, para que, en el momento oportuno y no antes, participen en alguno o algunos de los ámbitos y niveles que más se identifiquen con su actitud y aptitud:

- El *deporte en edad escolar municipal,* que debe conformarse como verdadero ámbito de promoción de la práctica deportiva en estas edades a nivel local, provincial y autonómico.
- El *deporte en edad escolar federado,* que debe conformarse como verdadero ámbito de rendimiento de base de la práctica deportiva en estas edades a nivel provincial, autonómico y nacional.
- El *deporte en edad escolar espontáneo,* que debe conformarse como práctica deportiva *autónoma*, complementaria, alternativa y compatible con el deporte en edad escolar municipal y federado.

Un equipo benjamín del Club El Candado de Málaga después de jugar un torneo de tenis.

La *práctica deportiva organizada* de la población escolar andaluza, como mínimo una vez por semana de manera continuada, se sitúa en el 51%. La diferencia entre sexos es de 24 puntos porcentuales (63% los chicos y 39% las chicas). La *práctica deportiva espontánea* de la población escolar andaluza, como mínimo una vez por semana de manera continuada, se sitúa en el 84,5%. La diferencia entre sexos es de 7 puntos porcentuales (88% los chicos y 81% las chicas)[170].

Como podemos observar, en los dos tipos de práctica (organizada y espontánea) están incluidas las personas en edad escolar que practican al menos una vez por semana de manera continuada. Aquí debemos recordar el *mandato* de la Organización Mundial de la Salud (2010) que establece practicar -de manera moderada o vigorosa- *siete* veces a la semana, de 5 a 17 años. Proponemos que para posteriores estudios de hábitos en edad escolar, la tasa de práctica deportiva -organizada y espontánea- contabilice a partir de *dos* prácticas semanales de manera continuada, porque así los resultados se adaptarán más a la tasa de práctica deportiva necesaria en estas edades.

---

[170] *Los hábitos de la población escolar en España*. CSD y Fundación Alimentum. 2011.

Observamos también que la diferencia entre la práctica deportiva masculina y femenina se aleja en 24 puntos en la organizada, y se acerca a 7 puntos en la espontánea.

Como última observación, no podemos pasar por alto la excesiva diferencia entre la práctica deportiva organizada y la espontánea: 33,5 puntos porcentuales a favor de la segunda. Por tanto, debemos reflexionar sobre la oferta de práctica deportiva organizada que se realiza a la población andaluza en edad escolar, ya que la participación en la misma es la más baja de todas las comunidades autónomas españolas, incluyendo Ceuta y Melilla. Esto demuestra la necesidad que tuvimos de crear, poner en funcionamiento y desarrollar el Plan de deporte en edad escolar de Andalucía como oferta, *compartida pero coordinada,* de práctica deportiva organizada.

¿Es nuestra oferta de práctica deportiva organizada para la población en edad escolar andaluza excesivamente selectiva?

Desde mi punto de vista, la oferta de práctica deportiva de deporte en edad escolar municipal (en sus tres niveles: municipal, provincial y andaluz) debe dirigirse a los centros educativos, ya que los clubes deportivos seleccionan a los mejores de manera natural, lo que disminuye la participación y la creación del hábito, que es precisamente lo que queremos evitar.

En mi opinión, la práctica espontánea es demasiado alta respecto a la organizada. ¿Se podría deducir que nuestros chicos y chicas en edad escolar practican tanto de manera espontánea porque no están totalmente satisfechos con la oferta de práctica deportiva organizada?

La iniciación deportiva y el deporte en edad escolar municipal son claves para la extensión de la práctica y para la creación del hábito hacia el deporte para siempre. Por tanto, en estos dos ámbitos participativos no debemos realizar ningún tipo de selección, posibilitando el aprendizaje y la práctica, respectivamente, al mayor número de personas de estas edades. Entiendo que la iniciación deportiva general debe ser planificada, gestionada y organizada por *todos* los centros educativos -públicos, privados y concertados- sin excepción. Y que todos los centros educativos, sin excepción también, deben participar en los Juegos Deportivos Municipales de 6 a 15 años de su municipio, con equipos integrados por escolares del mismo centro educativo (modelo deporte escolar).

Lógicamente el deporte en edad escolar federado sí es selectivo, pero los que no participen en el mismo podrán hacerlo en los Juegos

Deportivos Municipales -de 6 a 15 años o de 16 años en adelante- y, también, en el deporte en edad escolar espontáneo.

CONCLUSIONES

ÁMBITO	DESARROLLO DEL ÁMBITO	ACTUACIÓN PRINCIPAL	MODELO	PLANIFICA, GESTIONA, ORGANIZA
Iniciación deportiva general	Centro educativo	Enseñanza-aprendizaje	Deporte Escolar	Centro educativo
Iniciación deportiva específica	Club deportivo	Enseñanza-aprendizaje	Deporte en edad escolar	Club deportivo
Deporte en edad escolar municipal	Centro educativo	Juegos Municipales Provinciales Autonómicos	Deporte escolar	Ayuntamiento Diputación Comunidad
Deporte en edad escolar federado	Club deportivo	Campeonatos Provinciales Autonómicos Nacionales	Deporte en edad escolar	Federación deportiva
Deporte en edad escolar espontáneo	Cualquier espacio	Practicar por libre	Ambos	Deportista

CUARTA PARTE: DEBILIDADES, AMENAZAS, FORTALEZAS Y OPORTUNIDADES

DAFO

30 AÑOS DE DEPORTE EN EDAD ESCOLAR	
DEBILIDADES	**FORTALEZAS**
1. La implicación insuficiente de las consejerías de Educación y de Salud, hasta la VII Legislatura (2004-2008).	1. La decidida apuesta municipal y federada.
2. La implicación insuficiente del profesorado de Educación Física.	2. El compromiso de los técnicos deportivos que trabajan con chicos y chicas de estas edades.
3. La baja financiación pública y privada.	3. La concienciación progresiva de las familias para que sus hijos practiquen deporte de manera regular.
AMENAZAS	**OPORTUNIDADES**
1. El sedentarismo	1. Potenciar la *alianza estratégica* entre la Junta de Andalucía (Educación, Salud y Deporte); las entidades locales; las entidades deportivas y las familias, conformando un verdadero "Pacto andaluz" por el deporte educativo.
2. La disminución desproporcionada de la inversión pública	2. Organizar los *Juegos Deportivos Municipales, Provinciales y Autonómicos, de 6 a 15 años,* con equipos integrados por escolares del mismo centro educativo (modelo deporte escolar).
3. El abandono prematuro de la práctica deportiva.	3. Reconocer el deporte en edad escolar como "Educación obligatoria".

Fuente: Elaboración propia.

CAPÍTULO 6
30 AÑOS DE DEPORTE UNIVERSITARIO

Pedro Montiel Gámez

Son muchos los intentos que desde diferentes instituciones, como el Consejo Superior de Deportes, universidades o grupos de investigación se han desarrollado en torno al estudio, investigación o informes acerca del deporte universitario a nivel internacional, nacional o autonómico[171].

Por centrar al lector, destacaré la publicación más completa y reciente que sobre el deporte universitario se ha llevado a cabo en la comunidad autónoma andaluza; se trata de la que publicó la Universidad de Cádiz[172] por encargo de la Junta de Andalucía, donde se refleja la realidad del deporte universitario en el siglo XXI, y que es una buena referencia para utilizar, tanto en los foros universitarios como en el mundo del deporte.

La Universidad española, y por ende, las andaluzas, vienen desarrollando una amplia actividad en el ámbito de la práctica del deporte y la salud. A lo largo de estos últimos años, los servicios, áreas, unidades u órganos competentes en la gestión del deporte han ido evolucionando de forma profesional, estableciendo programas y ofreciendo servicios que han contribuido a mejorar la calidad de vida de la comunidad universitaria, además de ser un vehículo dinamizador para potenciar la práctica del deporte y la conciliación de la vida académica de los deportistas.

El deporte no solo se ha convertido en una materia complementaria para ocupar el tiempo de ocio de los miembros de la comunidad universitaria, sino que es aceptado por la propia Universidad como un valor añadido en su política de extensión universitaria. El deporte

---

[171] Universidad de Valladolid, Consultora de Fernando París, Universidad de Córdoba, Universidad de Cádiz o en muchas de las Jornadas de Deporte Universitario celebradas por distintas universidades.
[172] ALMORZA GOMAR, D.; YÉBENES MONTORO, A.; RIVAS CABALLERO, R. y BABLÉ FERNÁNDEZ, J.A.. *El deporte universitario en Andalucía*. Servicio de publicaciones de la Universidad de Cádiz, 2010.

universitario no está exento de complejidad, varía dentro de cada universidad y de una a otra de las nueve universidades andaluzas.

Como se expresa en el trabajo anteriormente mencionado, en cada una de ellas existen grupos de interés diferentes que tienen distintas necesidades, que se llevan a cabo en instalaciones que varían en cada universidad, y en función de esta demanda los programas también son diferentes en muchas de ellas.

Por todo ello trataremos, a lo largo de este capítulo, los distintos modelos de deporte universitario, las tendencias, los programas y, en general, las distintas características que ofrece cada universidad.

Cuando nos referimos al deporte universitario de la comunidad autónoma, no solo hacemos referencia a la práctica de actividades físicas por la comunidad universitaria de las distintas universidades, sino que también nos estamos refiriendo a las competiciones programadas, a los usos de las instalaciones deportivas, a los programas de ayuda a deportistas de alto nivel, a los créditos de libre configuración obtenidos a través del deporte, a la organización de campeonatos internos o externos, autonómicos, nacionales e internacionales. En general, la Universidad tiene un amplio programa con distintas orientaciones que hacen que el deporte universitario se encuentre inmerso en cambios constantes, orientados casi siempre por las corrientes del mercado del deporte, que fluctúa rápidamente atendiendo a las nuevas tendencias de la comunidad universitaria, del entorno más cercano y a la demanda de los grupos de interés de las universidades.

El deporte universitario del siglo XXI no se parece en nada al que yo conocí hace ya casi treinta años. Hoy afortunadamente existen servicios deportivos o departamentos similares en las nueve universidades andaluzas. Sí es cierto también que no todas tienen la misma estructura, el mismo nivel de dedicación, aunque todas tienen algo en común, que es el que comparten programas e ideas que hacen que podamos unificar criterios en la organización de los Campeonatos de Andalucía Universitarios.

El contenido de este capítulo ha sido posible gracias a la aportación y compilación del trabajo realizado por todos los profesionales que realizan sus funciones en las distintas universidades andaluzas; este grupo ha sido uno de los que más producción científica ha llevado a cabo en las distintas jornadas deportivas organizadas, tanto en el Grupo Sur de Universidades como en otras de carácter nacional e internacional, como el

Foro FISU, así como en distintas publicaciones referidas a la gestión del deporte en la Universidad.[173]

Creo que juego con ventaja, y es que, sin ser presuntuoso, he tenido la ocasión de compartir, producir y desarrollar muchos documentos de los que aquí se aportan, y sobre todo de ser testigo directo de la evolución del deporte universitario durante estos treinta años. Comencé con la responsabilidad de director técnico, más tarde director de Servicio, y en la actualidad, inmerso en la política universitaria como miembro del equipo de gobierno, desempeño la función de director del Deporte Universitario, además de haber sido presidente de la Liga Nacional Universitaria de Fútbol Sala y asesor de CEDU en materia de fútbol y fútbol sala. Por ello, sin convertirme en nativo, he podido vivir momentos buenos y malos, de los que siempre he aprendido. Esto me ha permitido ser observador directo de la realidad del deporte universitario en Andalucía.

Para dar credibilidad a lo largo de este capítulo de lo que fue, y hoy es, el deporte en las universidades de nuestra comunidad autónoma andaluza, trataré de reflejar la situación de su pasado, presente y futuro, partiendo de la legislación, los contenidos y la estructura de organización, los planes de instalaciones, para finalizar destacando aquellos aspectos más relevantes que han caracterizado a las universidades andaluzas en su reciente historia.

PRIMERA PARTE

A partir del Decreto de 1977 que regula la educación física y la práctica deportiva en la Universidad,[174] la materia como tal desaparece de los planes de estudio dejando un vacío en la obligatoriedad y necesidad de impartir esta asignatura. Las medidas que para compensar este decreto se pusieron en marcha en cuanto a la práctica del deporte en la Universidad no fueron efectivas, no llegando a funcionar por la disparidad y dispersión

---

[173] MONTIEL GÁMEZ, P.; SÁNCHEZ MORENO, J. J. y NAVAJAS ORTEGA, L. Organización del deporte en Andalucía. *I Jornadas sobre deporte universitario.* Universidad de Málaga. Málaga, 1991.
MONTIEL GÁMEZ, P. y SÁNCHEZ MORENO, J.J. *Plan de inversiones en infraestructura deportiva del CSD, Universidades y Comunidades Autónomas.* SADUS. Sevilla, 1993.
CANTOS CAPITÁN, J.M. Un modelo EIS para la Gestión del Servicio de Actividades Deportivas de la Universidad de Servilla. *Congreso Nacional de Servicios Deportivos.* Sevilla, 1998.
CABEZA RAMOS, D. Servicios Públicos vs. Servicios Privatizados. *XIII Jornadas Universitarias del Deporte.* SADUS. Sevilla, 2003.
TORRES AGUILAR, M. y MARTÍNEZ ORGA, V. *El modelo del deporte universitario español.* CSD, 2005.
[174] HERNÁNDEZ LEÓN, J.M.; SÁNCHEZ BAÑUELOS, F.; GONZÁLEZ JIMÉNEZ, Z.; CORTÉS ELVIRA, R.; CHENOLL ALFARO, R. y MANSO MARTÍNEZ, R. *Plan a medio y corto plazo para la mejora de la práctica de la actividad física y el deporte en la Universidad.* Ministerio de Cultura. CSD, 1985.

de los agentes que trabajaban en los servicios de deportes. En algunas universidades aparecían los primeros Servicios de Deportes, pero en otras la actividad deportiva era desarrollada por colaboradores, clubes universitarios y, en algunos casos, por personal voluntario, sin cualificación y a veces sin vinculación directa con la propia Universidad.

Aparece en escena el SEU,[175] entidad ajena a la Universidad y no bien vista por esta, pero sin embargo implantada en los distintos distritos universitarios, entre ellos Granada, cuando se celebraron los Juegos Nacionales Universitarios, que llevaban más de once años sin convocarse. En 1968 estos juegos pasarían a denominarse Campeonatos de España Universitarios, y con esta nueva denominación volvieron a Granada en 1974 de la mano de la recién creada Federación Española de Deporte Universitario.[176]

A partir de su creación, la FEDU se extiende por todas las universidades, existiendo una delegación en cada distrito universitario, donde se unifica la estructura y se agrupan, definen y organizan las iniciativas referidas a las prácticas deportivas, fundamentalmente de carácter competitivo, dejando en un segundo lugar otro tipo de actividades más lúdicas y de ocio.

En este periodo, la educación física y el deporte en la Universidad constituyen una actividad de carácter voluntario, desde que en el año 1977 dejó de ser, como hemos manifestado anteriormente, una materia obligatoria en la formación de los universitarios españoles.

La Ley 13/1980, de Cultura Física y Deporte, dará paso a las Administraciones públicas de nuevo para el desarrollo del deporte, mandato que se recoge en la Constitución española en su artículo 43, de fomento del deporte por los poderes públicos, así como del asociacionismo para el deporte universitario. Como queda reflejado, por primera vez se lleva a cabo una distinción entre clubes y asociaciones deportivas como fórmula distinta de organización, sin llegar a tener ninguna consideración a la práctica libre recreativa.[177]

En la década de los 80 se establecen los verdaderos puntos de referencia para el desarrollo de la estructura deportivo-universitaria,

---

[175] Sindicato de Estudiantes Universitario, entidad ajena a la Universidad que dirigió la actividad deportiva.
[176] FEDU, creada en 1970 con el propósito de integrar las iniciativas de carácter deportivo que van surgiendo en la Universidad entre sus distintos grupos de interés.
[177] MORALES CEVIDANES, M.A. *La organización y gestión de las actividades físico-deportivas en la Universidad*. Universidad de Málaga, 2009.

como se contempla en el RD 1967/1982[178] sobre agrupaciones deportivas, en cuyo artículo 19 se referencia la creación de la Organización Nacional de Deporte Universitario, que será el detonante de la desaparición de la FEDU. Las agrupaciones deportivas universitarias integrarán dicha organización. En este momento convergen estructuras deportivas "de índole deportiva" y otras de "deporte para todos". En sus disposiciones transitorias se establece un plazo de seis meses para la transformación de FEDU a estas nuevas estructuras.

El modelo propuesto por la organización no llegó nunca a implantarse ampliamente, lo que provocó, coincidiendo con la llegada de la Ley de Reforma Universitaria[179], la desaparición de FEDU. Las Universidades se harán cargo de la organización y desarrollo del deporte universitario. Otro hecho que influye es la importante demanda de prácticas deportivas de los alumnos que llegaban a la Universidad procedentes de las actividades desarrolladas en los Ayuntamientos, a través de los patronatos deportivos, y del auge de eventos como las carreras populares, la creación de los gimnasios, etc.

Todo ello coincide con la inquietud y los esfuerzos, por parte de algunas universidades, para establecer Servicios Deportivos más eficaces y eficientes que dieran cabida al fomento del asociacionismo deportivo que iba surgiendo en facultades, escuelas y escuelas universitarias con una alta demanda. Es el momento de plantearse también desde el Consejo de Universidades ciertos cambios para considerar el deporte en la Universidad como una actividad complementaria que cubriera el tiempo de ocio de los estudiantes y que permitiera también la participación de personal de administración y servicio y del profesorado.

La LRU, en su disposición adicional séptima, manifiesta:

"El Gobierno, a propuesta del Consejo de Universidades, dictará las disposiciones para coordinar las actividades deportivas en las universidades y asegurar su proyección internacional".

El Real Decreto 2069/85, de 9 de octubre, articula las competencias y normas de actuación de las actividades deportivas universitarias, reconociendo las propias de las universidades, comunidades autónomas, Consejo Superior de Deportes y Consejo de Universidades; esta vertebración recoge aspectos del desarrollo y funciones expresadas en artículos de la Ley Orgánica 11/83, Ley de Reforma Universitaria. En su

---

[178] RD 1967/1982.
[179] Ley Orgánica 11/83 de Reforma Universitaria.

artículo 1 atribuye a las Universidades la ordenación de las actividades, dentro de su ámbito, de acuerdo con los criterios y a través de las distintas estructuras y organigrama de la organización y gestión que estime adecuada cada Universidad. El artículo 2 de esta misma Ley destaca la importancia que las comunidades autónomas tienen en la coordinación de las actividades deportivas que se realizan en su territorio. El artículo 3 expresa que será función del Consejo de Universidades aprobar y remitir al Consejo Superior de Deportes, periódicamente, las directrices para coordinar las actividades deportivas de las universidades españolas. El artículo 4 asigna al Consejo Superior de Deportes la coordinación efectiva de la promoción y difusión de la práctica del deporte universitario en su programación global[180].

Tras la modificación posterior de la Ley 10/90, que obliga a la reestructuración del Consejo Superior de Deportes con el objetivo de mejorar la gestión, más acorde con la demanda de las universidades, se crea la Subdirección General de Promoción Deportiva, a la que más tarde se añadiría Deporte Paralímpico.

El objetivo no es otro que ayudar a las universidades a la creación de programas de actividades deportivas y escuelas de tecnificación. En colaboración con las comunidades autónomas es el tiempo de la proliferación, en las universidades andaluzas, de un programa de escuelas deportivas que, a través de un convenio en el que incluía también a las federaciones deportivas autonómicas, supuso un importante refuerzo, sobre todo en recursos económicos, como en la Universidad de Málaga, o la de Córdoba, facilitándonos la compra de material didáctico, barcos para la enseñanza y aprendizaje de aquellos universitarios que querían introducirse en el mundo de la vela, etc. Más tarde, con la transferencia de competencias a nuestra comunidad autónoma, desaparecieron este tipo de ayudas.

Es el tiempo de la creación de los clubes deportivos universitarios. Su existencia estaba basada en una relación muy directa en torno a los centros docentes. En su origen significaron núcleos dinamizadores de las actividades deportivas, a la vez que prestaron una importante contribución al inicio del deporte en la Universidad[181]. Fueron

---

[180] Aunque la filosofía era que el CSD coordinara la organización de la práctica deportiva en su programación global, esto no es así, sino que el Consejo organiza las competiciones y demás actividades deportivas de carácter nacional e internacional, realiza y promueve estudios de interés dentro del ámbito de la investigación deportiva universitaria y actúa como asesor de aquellas universidades que lo necesitan, así como las comunidades autónomas y el Consejo de Universidades.
[181] No todo fue así, algunos clubes deportivos supusieron, más que una contribución, una lacra, y adquirieron tanto peso que hacía muy difícil el control de sus actividades, así como la gran

esencialmente las tendencias de estos clubes deportivos. Por un lado, un tipo de clubes deportivos que estuvieron presentes en el entorno de la Universidad con autonomía de gestión, incluso de algunas de las instalaciones deportivas universitarias[182] y otros, más modestos, que se circunscriben al ámbito de un centro y una modalidad deportiva en concreto[183].

Esta sería la primera tendencia del deporte en la Universidad, más orientado al ámbito del deporte federado que al de recreación y salud. En los momentos actuales la tendencia no solo ha cambiado, sino que los clubes deportivos tienden a desaparecer en el entorno de las universidades, por el enorme coste que producen; por tanto, en buena medida debido también a la desaparición de subvenciones por parte del CSD y las comunidades autónomas, dado que para la obtención de estos recursos necesitarán desarrollar su actividad profesional en ligas nacionales con implantación en todo el territorio nacional, y de un alto coste económico. En nuestro caso, la Junta de Andalucía, a través del Programa Estrella, sigue subvencionando la actividad de estos clubes, que viven en la actualidad situaciones muy precarias, aunque todavía las universidades siguen apoyándose en ellos para la realización de las selecciones universitarias para participar en competiciones autonómicas y federadas.

Volviendo al ámbito de la comunidad autónoma andaluza, el protagonismo en estos momentos de inicio lo representan dos Universidades, la de Granada y la de Sevilla. La primera es la que más tradición tiene en el inicio de esta andadura del deporte universitario, como he manifestado anteriormente, muy vinculada a su club deportivo universitario. Muchos de sus componentes forman parte del actual Servicio de Deportes y han sido la piedra angular para el progreso de esta Universidad. En cuanto a Sevilla, es una Universidad que ha ido creciendo, pero que desde sus comienzos tenía una clara vocación de gestionarse hacia la autofinanciación. En esta misma línea se encuentra la Universidad de Málaga, tercera en capacidad y dimensión. Ambas son, dentro del grupo, pioneras en un modelo de gestión que se apoya en la planificación de instalaciones deportivas de primera generación, con un nivel elevado de formación y cualificación de los técnicos que imparten contenidos y

---

autonomía que tenían en la obtención de recursos de la Universidad, muchas veces por encima de los Servicios Deportivos.
[182] Por ejemplo, el Club Universidad de Granada, de sólida implantación y con diversas modalidades deportivas.
[183] Club de Rugby de la Facultad de Derecho de la Universidad de Málaga.

con una visión de futuro que les permitirá abordar una manera distinta de gestionarse.

En el año 1990, como he manifestado con anterioridad, los representantes de las universidades andaluzas[184] y sus técnicos comenzamos a tomar contacto de forma periódica, con el objetivo de ir creando un foro de discusión sobre la organización del deporte en nuestras Universidades, que sería el germen de las actuales reuniones del Grupo Andaluz. Pero no sería hasta principios de 1991 cuando se constituiría este grupo.

En sus orígenes, el Grupo Andaluz de Deporte Universitario estuvo formado por las Universidades de Cádiz, Córdoba, Granada, Málaga y Sevilla, y los campus de Jaén, Almería y Huelva. Posteriormente se incorpora la Universidad de Extremadura[185], denominándose Grupo Sur de Deporte Universitario. Es el momento de la conversión de campus universitarios en nuevas Universidades andaluzas,[186] dando lugar a la creación de las Universidades de Almería, Huelva y Jaén a partir del curso 1993-94.

Igualmente, en el año 1998 se incorpora la Universidad Pablo de Olavide, que un año antes se había constituido como una nueva Universidad. Las Jornadas que dieron origen a dicho grupo han tenido una continuidad en el tiempo, organizándose al finalizar cada curso, concretamente en el mes de junio y, como veremos más adelante, han dado su fruto convirtiéndose en un foro de reflexión, de análisis de ideas y de aportación de materiales, que nos han servido a todos para intercambiar experiencias o crear alianzas estratégicas con patrocinadores, etc.

Como comenta Diego Cabeza,[187] la realidad en cada Universidad es diferente, y viene marcada por su historia y antigüedad y por el devenir de los acontecimientos, pero al igual que existen los Juegos Olímpicos de la era moderna, el inicio de la era moderna en la gestión de los Servicios Deportivos de las universidades andaluzas coincide con la reunión celebrada en Sitges en 1988 y con la entrada en vigor del Decreto de

---

[184] MORALES CEVIDANES, M.A. *La organización y gestión de las actividades físico-deportivas en la Universidad.* Universidad de Málaga, 2009.

[185] La Universidad de Extremadura se incorpora a este grupo con el objetivo de realizar competiciones, sobre todo su intervención en el Grupo de Universidades Andaluzas para formar parte de la competición de la Liga Nacional Universitaria, dado que al existir una sola Universidad le era muy difícil formar grupo por proximidad geográfica.

[186] Ley 3/1993, de 1 de julio, de creación de la Universidad de Almería. Ley 4/1993, de 1 de julio, de creación de la Universidad de Huelva. Ley 5/1993, de 1 de julio, de creación de la Universidad de Jaén. BOJA núm. 72.

[187] CABEZA RAMOS, D. *XIII Jornadas Universitarias del deporte.* Grupo Andaluz. Sevilla, 2003.

creación de CEDU.[188] La creación de dicho comité, sumada a las transferencias en materia de educación y deporte inexistentes en muchas comunidades autónomas, motivó que este órgano obtuviera cierto protagonismo, no solo en materia organizativa, sino como órgano asesor de aquellas Universidades que, o bien no existían, o bien su autonomía no había desarrollado dichas transferencias, y por tanto no habían adquirido la tutela del deporte universitario. En el caso de Andalucía se crea un órgano para la Coordinación del Deporte Universitario Andaluz, CADU.[189] Dicho órgano nunca se puso en funcionamiento, tan solo fue convocado una vez, concretamente en 1986 para la organización de los Juegos Deportivos Universitarios mediante Orden de 21 de febrero de 1986. Aunque existía este marco legislativo y un borrador de convenio en materia de deporte universitario entre las distintas Universidades andaluzas y la Consejería de Cultura (a través de la Dirección General del Deporte), no existía una vinculación real y por tanto la iniciativa en la organización de programas internos, dentro de las Universidades, y externos, entre las Universidades andaluzas, se llevaba a cabo por iniciativa de las propias Universidades sin la colaboración del órgano creado para tal fin, el CADU.

1. LA COMPETICIÓN ENTRE UNIVERSIDADES

En el periodo en el que se desarrolla la reunión de Sitges, el Consejo Superior de Deportes, a través de una resolución propuesta por el Secretario de Estado, crea tres programas con distintos objetivos. [190]

El primero, denominado Campeonato de España Universitario, se establece para modalidades deportivas que tenían una mayor implantación en todas las universidades del territorio español. Este Campeonato de España se estructuraría en dos fases, denominadas fase de sector y fase final, y a esta última sólo podrían acceder los campeones de sector. Como ejemplo, en el año 1987 la Universidad de Málaga, por delegación del CSD, organiza en abril de 1987 la fase de sector del Campeonato de España en las modalidades de baloncesto, balonmano, fútbol, rugby y voleibol. En ella toman parte las Universidades de Cádiz, Córdoba, Extremadura, Granada, Málaga y Sevilla. Ante la ausencia de

---

[188] En el año 1988, por Orden ministerial de 20 de diciembre, se crea el Comité Español de Deporte Universitario dentro de la estructura del Consejo Superior de Deportes.
[189] Decreto 101/1985 de 15 de mayo por el que se crea el Consejo Andaluz de Deporte Universitario, CADU.
[190] La regulación de estos programas se lleva a cabo mediante tres resoluciones, de fecha 18, 19 y 20 de diciembre de 1986, del secretario-presidente del CSD.

instalaciones deportivas en la Universidad de Málaga, José Palacios, director del Secretariado de Deporte Universitario, recurre a las instalaciones municipales de Ciudad Jardín del Ayuntamiento de Málaga, al Pabellón Municipal Arroyo de la Miel del Ayuntamiento de Benalmádena y al Estadio Municipal de Los Boliches del Ayuntamiento de Fuengirola.

El segundo programa, conocido como Competiciones Interuniversitarias, encaminado a cubrir las competiciones deportivas de aquellas modalidades deportivas que, sin tener una mayor implantación en todas las universidades, podrían celebrarse cuando fueran demandadas por un número adecuado de Universidades y afectaran a varias comunidades autónomas. Para poder celebrarse, las Universidades interesadas debían confirmar, mediante aval, el interés de participación a la Universidad organizadora.[191]

El tercer programa, denominado Ligas Nacionales Universitarias, fue quizás el de mayor proyección técnica. En 1987 nace la Liga Nacional de baloncesto masculino. En 1988 se incorpora la de baloncesto femenino. En 1991 se crea la Liga Nacional de fútbol sala. La primera fase de esta competición se llevaba a cabo a través de grupos y los campeones pasaban a la fase final. Estas ligas gozaron de una alta aceptación por su buen nivel técnico. Tuve la suerte de acompañar a mi amigo Santiago Toribio, presidente de la de baloncesto, encargándome yo, como presidente, de la de fútbol sala.

Las Universidades andaluzas tuvieron una participación muy activa, destacando las de Cádiz, Granada, Málaga y Sevilla. Las características de esta competición eran que los deportistas que tomaban parte en ella no podían estar federados. En casi todas las Universidades se impulsó este programa, motivando a los participantes a través de la concesión de becas deportivas proporcionadas por cada uno de los Servicios Deportivos.

Este programa creció tanto que incluso algunas empresas se interesaron por la Liga, llegando a esponsorizarla. Este es el caso de patrocinadores tales como bebida isotónica *Gatorade*, balones *Molten* de baloncesto, y otras que puntualmente colaboraron con los distintos grupos y autonomías. Esta competición de gran relevancia era sostenida por las distintas Universidades, incorporándose el CSD al desarrollo de la fase final. Su crecimiento progresivo suscitó los recelos del CSD, que vio cómo crecía una competición nacional en paralelo fuera de la tutela del

---

[191] En estas competiciones se aplicaba el Reglamento deportivo de las distintas federaciones, aunque los derechos y deberes de los participantes se establecían en las reuniones técnicas.

CEDU, por lo que tras algunos años de incertidumbre se decidió integrarla como modalidad de los Campeonatos de España Universitarios.[192]

Partido de baloncesto femenino entre las Universidades de Málaga y Sevilla.

Otro tipo de competición que se desarrollaba en las distintas Universidades era el de Extensión Deportiva o Competiciones Internas, que en muchos casos se denominó Trofeo Rector/a. En el Caso de la Universidad de Málaga, además de este trofeo se organizaron los Juegos Deportivos Universitarios, patrocinados por El Corte Inglés.

Como hemos mencionado anteriormente, uno de los aspectos de los que debemos sentirnos más orgullosos en las Universidades andaluzas fue la creación, en el año 1991, de las Jornadas sobre Deporte Universitario en el Grupo Sur y posteriormente en el Grupo Andaluz. Las universidades andaluzas han sido pioneras en la producción científica de documentos relacionados con la organización del deporte, la responsabilidad civil, el derecho deportivo, los modelos de contratación, la organización de los servicios, el marketing, y otros muchos temas que no solo han centrado el interés de las universidades andaluzas, sino que también han asistido con

---

[192] En la reunión del Caserío de Aguadulce, determinadas Universidades andaluzas decidieron no tomar parte en esta competición por su alto coste, y por tanto el Grupo Andaluz decidió no participar. Este argumento no se sostenía, pues en el caso de Málaga implicó el aumento considerable de las distintas secciones deportivas del club, con un coste mucho mayor que el que suponía la participación en la Liga. Desde mi punto de vista, esto no tenía un matiz económico sino de índole política.

asiduidad a nuestras jornadas, celebradas casi siempre en el mes de junio, responsables y técnicos de los servicios deportivos del resto de las universidades españolas.

Ha sido habitual que tanto la Universidad de Málaga como la de Sevilla organicen distintas ediciones de las Jornadas Nacionales de Deporte Universitario, así como Congresos Nacionales de Servicios Deportivos, incluso la realización de publicaciones que han servido como referente en la elaboración de estudios. Como ejemplo podemos citar el trabajo sobre los modelos de Universidad, a nivel nacional, realizado por la consultora AFPGRUPO de Paris Roche en 1997, en el que cita la publicación de Montiel Gámez de las IV Jornadas celebradas en Córdoba en 1994; el Modelo del Deporte Universitario Español de la Universidad de Córdoba, en 2005; la organización y gestión de las actividades físico-deportivas realizado por Morales Cevidanes, en 2009, de la Universidad Pablo de Olavide; el estudio realizado por Cabeza Ramos y Cantos Capitán, en 1998; la publicación sobre el Deporte Universitario en Andalucía de Almorza Gomar, Yébenes Montoro, Rivas Caballero y Bablé Fernández, 2010. Todas ellas ejemplo de la producción científica de este Grupo Andaluz.

Estas jornadas de reflexión, estudio y debate fueron alternándose en las distintas Universidades que integran este grupo. De ellas hemos aprendido todos y han sido un banco de formación para todos nuestros técnicos y gestores deportivos, siendo los temas seleccionados de gran interés para el funcionamiento y gestión de nuestro Servicio. Concretamente, la última edición de estas mismas jornadas se realizó, de manera brillante, en septiembre de 2008 por la Universidad de Huelva. A partir de estos momentos se crean, impulsados por el Instituto Andaluz del Deporte, los foros de debate universitario, celebrándose el primero organizado por la Universidad de Cádiz. El contenido viene a ser lo mismo que las jornadas, pero la organización corresponde al IAD.[193]

El impulso definitivo del deporte universitario, a nivel andaluz, se produciría en 1995, tras la reunión mantenida entre los Rectores de las ocho Universidades andaluzas y la Junta de Andalucía, estableciéndose las bases de la futura cooperación entre la Consejería de Cultura, la de Educación, y la Dirección General de Deportes de la Junta de Andalucía.

---

[193] El Instituto Andaluz del Deporte es un órgano de la Consejería de Comercio, Turismo y Deporte, de la Junta de Andalucía, que se denominó en su creación, en 1984, UNISPORT, Universidad Internacional Deportiva de Andalucía, y que era competente en materia de deporte en Andalucía. Más tarde el Consejero de Cultura, Martín Delgado, cambiaría el nombre por el de Instituto Andaluz del Deporte.

Todo ello quedó establecido en el curso 1995-96, con la firma del Convenio de Colaboración entre la Junta de Andalucía y los Rectores de las Universidades andaluzas para la organización y financiación de programas de promoción de actividades deportivas. Este hecho supuso un apoyo de manera clara y una apuesta de la Junta de Andalucía hacia el deporte llevado a cabo en las distintas Universidades andaluzas. A partir de este momento se incorporaría un técnico de la Dirección General de Deportes a las reuniones periódicas que el Grupo Sur celebraba cada mes. Es en este momento cuando se establecen los Campeonatos Universitarios de Andalucía.

En estos campeonatos autonómicos universitarios participó también la Universidad de Extremadura, como hemos manifestado anteriormente, formando parte del Grupo Sur; la subvención la recibía de su correspondiente Dirección General de Deportes.[194]

Con la nueva estructura de gobierno en la comunidad autónoma andaluza, la Universidad de Extremadura deja de formar parte del Grupo Sur, que pasa a denominarse nuevamente Grupo Andaluz de Deporte Universitario. Este hecho coincide con la llegada al gobierno de Andalucía de la Consejería de Turismo y Deporte, gobernada por el partido andalucista.[195] Después de ocho años de gobierno, con la llegada del PSOE a la Junta de Andalucía, esta Consejería cambia de denominación, llamándose ahora de Turismo, Comercio y Deporte; se crea la Secretaría General para el Deporte, de la que dependen dos Direcciones Generales, la de Actividades y Promoción Deportiva y la de Infraestructura, además del IAD y el CAMD.

Se produce así la época dorada en el deporte universitario. La clave de este impulso fue la relación establecida entre la comunidad autónoma y las distintas Universidades, incluyéndose en el presupuesto de la Consejería un capítulo específico a través de diferentes Órdenes reguladoras de subvenciones en materia de competiciones y de actividades deportivas propias, como la Orden de 9 de noviembre de 2006 de la Consejería de Comercio, Turismo y Deporte, por la que se establecen

---

[194] Dirección General de Deportes, que estaba encuadrada dentro de la Consejería de Educación y Juventud de la Junta de Extremadura. En el ámbito deportivo universitario, dicha institución preveía en su presupuesto la dotación de recursos materiales para posibilitar su participación en estos campeonatos, para lo que estableció el correspondiente convenio con la Universidad de Extremadura.

[195] Los primeros ocho años la Consejería se denominaría Turismo y Deporte, en manos del partido andalucista, pasando después a denominarse Turismo, Comercio y Deporte en la legislatura en la que el PSOE gobernaba con mayoría absoluta.

las bases reguladoras para la concesión de subvenciones en materia de deporte.[196]

A partir de este momento cambia el panorama del deporte universitario en las Universidades andaluzas, debiéndose este empuje a la estrecha relación entre las propias Universidades y la Junta de Andalucía, Esto, como quedará reflejado más adelante, se traduce en la firma de convenios para la construcción de equipamientos e instalaciones deportivas, con una aportación económica equitativa entre la Junta de Andalucía y las instituciones.[197]

La Ley 6/1998, de 14 de diciembre, del Deporte, establece, en el apartado 1 de su art. 50, que la Consejería, en este caso de Comercio, Turismo y Deporte, elaboraría un plan director de instalaciones deportivas, con el propósito de crear la infraestructura deportiva. A dicho plan se suman las Universidades andaluzas, que desarrollarán una serie de convenios para mejorar o incrementar el parque de instalaciones y equipamientos universitarios. En general, todas las Universidades, como trataremos más adelante, se suman a este plan, que multiplica los espacios de práctica deportiva de sus respectivos campus, lo que se reflejará en el aumento de usuarios de la comunidad universitaria. Este hecho va a permitir a las Universidades andaluzas la organización de eventos de carácter autonómico, nacional e internacional.

2. PLANIFICACIÓN DE LOS SERVICIOS DEPORTIVOS UNIVERSITARIOS

Con el propósito de recopilar información relativa a la estructura, la organización y el funcionamiento de los Servicios Deportivos universitarios y a las actividades llevadas a cabo por los mismos, el CSD realizó en las distintas universidades españolas un trabajo de campo durante los meses de agosto y septiembre de 1986, para conocer el desarrollo de la actividad deportiva. Aunque la respuesta no fue muy positiva, sin embargo sí se pudo testar cuál era la tendencia en la organización de éstos.[198] Entre las conclusiones más destacadas de este trabajo, se consideraba el deporte como una actividad complementaria dentro de las opciones de formación del estudiante universitario. La

---

[196] Esta Orden desarrolla la modalidad 3 de fomento del deporte universitario (FDU), BOJA núm. 239, de 13 de diciembre de 2006, modificada por orden de 27 de noviembre de 2007, BOJA, núm. 243, de 12 de diciembre.
[197] Acuerdo de 8 de mayo de 2007, del Consejo de Gobierno, por el que se aprueba el Plan Director de Instalaciones Deportivas de Andalucía.
[198] TORIBIO PÉREZ, S., FLORES VALERO, M. SOLÍS CRESPO, L. *Estudio sobre el Deporte en la Universidad*. Valladolid, 1990.

actividad deportiva se ofrecía en todas las Universidades, los Servicios Deportivos canalizaban toda la actividad del deporte dentro del ámbito de la Universidad, y muchas de ellas carecían de un personal especializado para el desarrollo de los programas.

Asimismo, como comenta Lizalde Gil,[199] en los últimos años los Servicios de actividades físico-deportivas de las Universidades españolas han desarrollado un gran dinamismo a la hora de elaborar sus propuestas. Todos los Servicios han ampliado su oferta de actividades. Ha sido muy importante, por un lado, el cambio experimentado en cuanto a la planificación que de estas se lleva a cabo, y por otro la formulación de objetivos, expectativas, y diferenciación de programas en su oferta, integrando en dicha planificación la demanda expresada por los distintos grupos de usuarios. En Andalucía, como destaca Cabeza Ramos,[200] la actividad física en el ámbito de las universidades representaba un valioso instrumento que podía significar el complemento a la docencia y la investigación. Para ello fue necesario crear estructuras duraderas que permitieran darle solidez y consistencia a dichos servicios.

En este aspecto tuvo mucho que ver lo anteriormente expuesto relativo al intercambio de experiencias y conocimiento a cargo de las distintas Universidades, que se desarrollaron ampliamente en las jornadas técnicas del Grupo Andaluz. Dichas jornadas han posibilitado la transferencia de datos y experiencia que unos y otros hemos ido aplicando. También hay que mencionar, sobre todo en los comienzos, el impulso que supondrían los alumnos becarios, los colaboradores y la creación de la relación de puestos de trabajo en cada servicio, que definieron los perfiles y competencias de desempeño de los distintos profesionales que trabajarían en los Servicios Deportivos. Asimismo, como apuntaba Cabeza Ramos, influiría la no existencia de estudios reglados para la formación de personal especializado en la administración y gestión del deporte relacionado con el perfil técnico que los servicios necesitaban para impartir dicha actividad.

Los Servicios de Actividades Físico-Deportivas de las Universidades, llamados también Áreas, Unidades Deportivas o Secretariados, se creaban por acuerdo de la Junta de Gobierno de cada Universidad, como consecuencia de las competencias atribuidas por la Ley de Reforma Universitaria.

---

[199] LIZALDE GIL, E. *III Jornadas de Actividad Física y Universidad*. U. Autónoma de Barcelona, 1993.
[200] CABEZA RAMOS, D. *XIII Jornadas Universitarias del Deporte*. Grupo Andaluz. Sevilla, 2003.

Tres fueron los factores, según Cabeza Ramos, que influyeron en la configuración estructural de dichos servicios. En primer lugar, la vinculación del responsable a la Universidad como docente, funcionario o laboral. En segundo lugar, la titulación académica, que en algunos casos estaba orientada al deporte (licenciado en Educación Física), al Derecho (licenciado en Derecho), Economista, o cualquier otra titulación universitaria. En tercer lugar, la existencia de instalaciones propias para el desarrollo del programa deportivo.

A lo largo de estos 30 años, los Servicios de Deportes en unos casos, y en otros Secretariados, Unidades Técnicas o Direcciones de Deporte Universitario, han venido ocupándose de la gestión del deporte y las actividades físicas. Se crean por acuerdo de los Equipos de Gobierno de las Universidades, al amparo primero de la Ley de Reforma Universitaria (LRU) y más tarde de la Ley Orgánica de Universidades.[201] Su estructura funcional y orgánica, su organización y funcionamiento, han ido cambiando a lo largo de estos años, impulsados por los distintos Estatutos de cada Universidad. A medida que estas cambiaban de Equipo de Gobierno, reformaban también las estructuras y la relación de puestos de trabajo (RPT) de cada uno de ellos.

Los orígenes fueron muy diversos, unos basaron su gestión, como en el caso de Granada, en su club deportivo; otros crearon tímidamente sus estatutos con escaso personal, a veces solo con personal administrativo, y otros, además, agrupaban algunos técnicos, sobre todo en la parte de Dirección. Pero todos han ido acomodando su modelo de gestión. Cabeza Ramos[202] y Puig Barata,[203] entre otros autores, realizan un trabajo sobre los modelos de Servicios Deportivos a nivel de todas las Universidades españolas.

El caso de la comunidad autónoma andaluza no es diferente al resto, trataré por tanto de explicar cómo se han gestionado las nueve Universidades del Grupo, mediante una síntesis de los factores, dependencia y dirección de estos.

Por la dirección de las Unidades Deportivas han pasado desde profesores (PDI) hasta personal de administración y servicios (PAS), cargos de confianza política (personal de libre designación) y personal de otras Administraciones en comisión de servicio. Cada Universidad, en función de su estructura y del organigrama de su equipo de gobierno,

---

[201] *Ley Orgánica 6 / 2001*, de 21 de diciembre de Universidades.
[202] CABEZA RAMOS, D. *Servicios Públicos Vs Servicios Privados*. Sevilla, 2003.
[203] PUIG BARATA, M. *Necesidad y estructura de la plantilla en los Servicios de Actividades Físicas*. Barcelona, 1993.

designó a la persona más idónea para el desempeño de la función de Dirección.

En todos los casos, como describimos en el siguiente cuadro, la gestión del deporte se realiza desde la propia Universidad con personal propio, a través de la gestión directa. La dependencia orgánica siempre es de un Vicerrectorado, como se expresa en el siguiente cuatro:

Tabla I: Denominación y dependencia orgánica de las Unidades de Deportes

UNIVERSIDAD	DENOMINACIÓN	DEPENDENCIA ORGÁNICA
Almería	Secretariado de Deportes	Vicerrectorado de Cultura, Extensión Universitaria y Deportes
Cádiz	Área de Deportes	Vicerrectorado de Alumnos
Córdoba	Unidad Técnica de Deportes	Vicerrectorado de Estudiantes y Cultura
Granada	Centro de Actividades Deportivas	Vicerrectorado de Extensión Universitaria
Huelva	Servicio de Actividades Deportivas	Vicerrectorado de Extensión Universitaria
Jaén	Secretariado de Actividades Físicas y Deportivas	Vicerrectorado de Extensión Universitaria
Málaga	Dirección de Deporte Universitario	Vicerrectorado de Extensión Universitaria
Pablo de Olavide	Servicio de Deportes	Dirección General de la Oficina del Deporte
Sevilla	Servicio de Actividades Deportivas	Vicerrectorado de Estudiantes

Fuente: El Deporte Universitario en Andalucía. Universidad de Cádiz. Cádiz, 2010.

Los programas de actividades físicas y deportivas que se desarrollan en los servicios andaluces siguen las tendencias del mercado del Deporte, como cualquier otro centro o patronato deportivo ya existente en cualquier corporación local.

Todos los servicios cuentan con instalaciones deportivas propias dotadas de buenos equipamientos, que han crecido en cantidad y calidad a través de convenios de colaboración firmados con la Consejería de Turismo, Comercio y Deporte de la Junta de Andalucía.

En cuanto al personal que desarrolla su gestión en las distintas universidades andaluzas, está compuesto por personal administrativo, técnicos auxiliares de instalaciones y técnicos deportivos de gestión, además de otros relacionados con limpieza, jardinería, restauración, etc. En todos los servicios se desarrollan programas de actividades, escuelas deportivas y de ocio, acuáticas, para mayores, entrenamiento personalizado, de ritmo y expresión, entre otras, llevadas a cabo por personal externo vinculado a empresas de servicios, clubes deportivos, becarios o personal autónomo.

Los Servicios de Deportes de las Universidades andaluzas han ido mejorando su cultura organizacional con el paso del tiempo. Como comenta Cabeza Ramos,[204] el desarrollo, muchas veces apresurado y sin un proyecto racional de gestión en los servicios, hizo que la Relación de Puestos de Trabajo de algunas Universidades creciera de forma desmesurada y sin tener en cuenta criterios funcionales, económicos o de viabilidad. Se crearon plantillas que con el tiempo se han demostrado sobredimensionadas, a veces entradas en años, y poco flexibles para adaptarse a los cambios que requería el mercado del deporte. En ellas se echaba de menos personal técnico especializado en Planificación estratégica, Marketing, Nuevas Tecnologías de la Comunicación y de la Información. Este hecho hizo reflexionar mucho a los dirigentes de los servicios, dado que llegaban las épocas de vacas flacas en las que se tenía que gestionar bajo el criterio de eficacia y eficiencia en la obtención de resultados, a través de indicadores. Por todo ello fue necesario pensar en un plan de formación que cualificara al personal de los servicios, muy encasillados en perfiles concretos, que no se ajustaban a la demanda de los usuarios de la comunidad universitaria.

Esta cuestión se ha visto corregida a partir del año 2000, coincidiendo con la entrada en vigor de los Planes de Calidad y Complemento de Productividad. Se implantan herramientas de control de la calidad, se cualifica al personal y los servicios se acreditan a través de procesos, del Modelo EFQM actualizado en 2010, o ISO, 9001 del 2000, y 9001 del 2008.

Muchas han sido las Jornadas Técnicas organizadas desde 1991 por todas y cada una de las Universidades en las que se han estudiado desde el modelo de gestión hasta los perfiles de los técnicos, las herramientas de control o las relaciones contractuales en la contratación público-privada, la responsabilidad social corporativa, la búsqueda de patrocinio, la estrategia para fidelizar usuarios, el estudio de demanda, y otras más concretas referidas a modelos de organización de las competiciones universitarias. A veces se han llevado a cabo convenios o acuerdos para

---

[204] CABEZA RAMOS, D. *Servicios Públicos vs Servicios Privados*. Sevilla, 2003.

incluir cupos de técnicos de las distintas Universidades en otros programas de formación organizados por Cámaras de comercio, Instituto Andaluz del Deporte, Jornadas de Agesport, etc.

Todo lo anterior ha influido en el cambio de visión, dentro y fuera de los servicios deportivos, de las distintas Universidades. Del primer periodo de constitución de estos, en los que no se tenían en cuenta los criterios para gestionar con estrategias, ya que cada servicio se gestionaba independientemente, se ha pasado a modelos similares en su estructura, incluidos en los convenios colectivos en los que se determinan los perfiles y categorías profesionales de los trabajadores y los referidos en el Estatuto Básico del Empleado Público.[205]

En cuanto al personal técnico que imparte actividades deportivas en las distintas unidades de las Universidades andaluzas, se ha optado por externalizar su contratación. En cada Universidad se lleva a cabo a través de concesiones, convenios o contratos de personal autónomo, todos ellos regidos por modelos reglados y ajustados a la legislación vigente.

Los tiempos actuales son difíciles, la crisis económica y los cambios en las universidades hacen que los servicios tengan que buscar recursos propios para su gestión y además establecer alianzas estratégicas con instituciones, entidades y empresas en la organización de diferentes programas y eventos. Esta cuestión ha provocado que se perdieran las ayudas que se recibían de la Junta de Andalucía y del Consejo Superior de Deportes en Programas de Actividades internas, Campeonatos de Andalucía Universitarios y Programas de Deportista de Alto Nivel (DAN).

Desde el curso 2011-2012, todos los servicios han visto reducido su crédito inicial dependiente de su Universidad y han tenido que equilibrar el presupuesto de gastos e ingresos. Esta cuestión, que está influyendo en el devenir cotidiano de los servicios, tendrá una trascendencia importante en su futura gestión, puesto que al igual que en las universidades, se han tenido que adaptar al Decreto de Medidas de Reequilibrio del Gasto,[206] que marcará un retroceso en el presupuesto de los servicios, así como en el futuro de éstos.

Para que los lectores de esta publicación tengan una perspectiva de lo anteriormente expresado referido a la composición de los servicios, y más concretamente al de la gestión mixta, por el que se ha optado, resumo

---

[205] Estatuto Básico del Empleado Público, Ley 7/2007 de 12 de abril.
[206] Plan económico de reequilibrio de la Junta de Andalucía, aprobado por Consejo de Gobierno, 2012.

en la siguiente tabla los datos aportados en el trabajo de la Universidad de Cádiz, 2010, citado anteriormente.

Tabla II. Personal propio y externo de las unidades de deporte de las Universidades andaluzas

UNIVERSIDAD	PERSONAL DE LA UNIVERSIDAD	PERSONAL EXTERNO	TOTAL
Almería	12	25	37
Cádiz	20	8	28
Córdoba	3	19	22
Granada	58	76	134
Huelva	11	9	20
Jaén	9	10	19
Málaga	51	43	94
Pablo de Olavide	12	18	30
Sevilla	60	82	142

Fuente: Universidad de Cádiz, 2010.

En la tabla se observa que todos los servicios cuentan con personal de la propia Universidad y todos han externalizado algunos de sus servicios técnicos, de instalaciones etc.

En los servicios de deporte de las 9 Universidades andaluzas trabajan 526 personas, 236 (44,86%) vinculadas a la Universidad y 290 trabajadores (55,13%) externos a la propia Universidad. Como se observa, el personal externo supera al interno, debido a los cambios en la tendencia y en la demanda de los usuarios sobre actividades que hacen que cambien los programas y necesiten un personal técnico muy diverso, lo que obliga a recurrir a un sistema de gestión del gasto mixto.

3. LA DOTACIÓN DE EQUIPAMIENTOS E INSTALACIONES DEPORTIVAS DE LAS UNIVERSIDADES ANDALUZAS

La diversidad de campus universitarios, sumada a la no existencia de un proyecto claro sobre los perfiles y criterios en la construcción de instalaciones deportivas, ocasionó una fuerte demanda de espacios para llevar a cabo las actividades y competiciones deportivas en las Universidades.

La Ley de Reforma Universitaria 11/1983,[207] en su disposición adicional séptima, establece que el Gobierno, a propuesta del Consejo de Universidades, dictará las disposiciones necesarias para coordinar las

---

[207] Ley orgánica 11/1983 de 25 de agosto, de Reforma Universitaria.

actividades deportivas en las Universidades españolas, y por ende, en las andaluzas. Entre estas disposiciones figuraba la necesidad de prever las instalaciones imprescindibles para la práctica deportiva, de unos mínimos que permitieran mantener una cierta actividad dedicada a la práctica de la actividad física y del deporte que consistían en adaptar los módulos fijados por el Consejo Superior de Deportes y las comunidades autónomas que estuvieran programados en sus planes generales de equipamientos e instalaciones deportivas.

En 1989 el Consejo Superior de Deportes realiza una encuesta sobre instalaciones deportivas universitarias para actualizar datos y unificar criterios. Realizó una descripción sobre los conceptos de instalación deportiva, espacio deportivo y actividad deportiva. Había que expresar también quién la gestionaba, tipos de espacio, iluminación, pavimento, estado de conservación y capacidad de espectadores. Todo ello con el propósito de que los interlocutores pudieran entender con claridad los datos que le permitieran actualizar el censo de instalaciones deportivas universitarias.

Estos criterios serían tomados en cuenta para establecer un programa de construcción de instalaciones deportivas en las universidades, en el año anteriormente mencionado. Este programa se ajustaría a los modelos establecidos por el Comité de Deporte Universitario, fijando un mínimo de instalaciones por Universidad. En sucesivos años y en función de las posibilidades presupuestarias, se mejorarían los parques de instalaciones de las Universidades ya existentes, que en muchos casos se encontraban muy deteriorados.

En el caso de Andalucía, las Universidades que firmaron este primer convenio fueron las de Málaga y Córdoba, ya que tanto Granada como Sevilla contaban con algunas instalaciones. La firma de estos convenios suponía un compromiso de las Universidades con el Consejo Superior de Deportes y con la comunidad autónoma.[208]

Para asegurarse un uso racional de la instalación, las Universidades firmantes de dicho convenio se comprometían a:[209]

Primero

Contratar a los técnicos deportivos necesarios, a lo cual destinarían el 2/1000 de su presupuesto de gastos.

---

[208] Los convenios de cooperación fueron firmados por el Ministerio de Educación y Ciencia, la Junta de Andalucía y la Universidad correspondiente.
[209] MONTIEL GÁMEZ, P., AVALOS OGAYAR, E. Equipamientos y esparcimiento en las Universidades andaluzas. *III Jornadas Andaluzas del Deporte Universitario*. Sevilla, 1993.

Segundo

Contratar al personal suficiente para el funcionamiento de las instalaciones, que se estimaría, de forma aproximada, en tres contratados por cada 1200 m² cubiertos y un contratado por cada 6000 m² descubiertos.

Tercero

Mantener las instalaciones deportivas en correcto estado de uso.

Cuarto

Promocionar y organizar actividades deportivas en sus distintas modalidades, para lo cual se reservaría como mínimo el 2/1000 de su presupuesto de gasto.

En este mismo documento se aconsejó a las Universidades firmantes la necesidad de prever, en la creación de nuevos campus, espacio suficiente para ubicar los equipamientos deportivos necesarios para futuras construcciones.

Como ejemplo de estos acuerdos tripartitos, el 26 de julio de 1990 Javier Solana, ministro de Educación, Antonio Pascual, consejero de Educación de la Junta de Andalucía, y José María Martín, rector de la Universidad de Málaga, acudieron a Málaga para firmar el convenio que permitiría la construcción de la primera fase del Complejo Universitario de Teatinos. El convenio firmado supuso una inversión de 551 millones de pesetas para la realización de la primera fase, como se observa en la siguiente foto.

Complejo Deportivo Universidad de Málaga.

En el ámbito andaluz, aunque como hemos expresado anteriormente la Consejería de Educación firmó puntualmente algunos convenios, sin embargo no existía ningún plan específico para la construcción de instalaciones en las Universidades andaluzas, por falta de presupuesto.

En 1996, coincidiendo con las elecciones andaluzas ganadas por el PSOE, que gobernaría en coalición con el Partido Andalucista, se reclamaron las competencias de la Consejería de Turismo y Deporte y se dotó de una mayor asignación presupuestaria, lo que implicó una mayor actividad. Los dirigentes de esta nueva consejería consideraron la necesidad de incluir los equipamientos deportivos de las Universidades andaluzas dentro de la red complementaria[210] de instalaciones deportivas. Se estableció una línea de subvenciones mediante la firma de convenios con las distintas Universidades, a la que cada una de las partes aportó el 50%, convirtiendo a la comunidad autónoma andaluza en pionera de esta clase de proyectos.

Con estas aportaciones las Universidades se convierten en entidades públicas de gran interés social, hecho que justifica que sus instalaciones pertenezcan a un nivel de dotación superior, por tener una mayor ámbito de influencia y por tratarse de entidades con una gran demanda de usuarios, tan importante como la comunidad universitaria.

Por todo lo anteriormente expuesto, las Universidades andaluzas se han venido beneficiando de la firma de convenios y de la recepción de subvenciones excepcionales.

Como ejemplo del esfuerzo fruto de las alianzas estratégicas entre las Universidades andaluzas y la Consejería, primero de Turismo y Deporte y más tarde de Comercio, Turismo y Deporte, se ha realizado una importante inversión en la red de equipamientos e instalaciones, cuya tabla[211] exponemos a continuación:

---

[210] Clasificación de los equipamientos deportivos universitarios. BOJA 14 de junio 2007, pág. 153. Se incluyen dentro del grupo de equipamientos deportivos universitarios las instalaciones adscritas a centros universitarios, que en Andalucía no son de accesibilidad restringida.
[211] VÁZQUEZ PÉREZ, J. de la C., *El deporte universitario en el ámbito andaluz*. Málaga., 2004.

Tabla III. Instalaciones. Convenios Universidades.

	IMPORTE TOTAL	IMPORTE CTCD	IMPORTE UNIV.	INSTTO. DPTES.
ALMERÍA	3 000 000,00	1 200 000,00	1 800000,00	0,00
CÁDIZ	3 113 896,00	1 556 948,00	1 556948,00	0,00
CÓRDOBA	1 598 692,20	799 346,10	799346,10	0,00
GRANADA	1 983 339,94	991 669,98	991669,98	0,00
HUELVA	1 298 186,15	649 093,08	649 093,08	0,00
JAÉN	4 038 590,99	2 019 295,50	2 019295,50	0,00
MÁLAGA	1 442 429,05	721 214,53	7 21214,53	0,00
SEVILLA	5 284 048,42	2 162 024,21	2 162024,21	960 000,00
UPO	3 984 710,25	1 676 823,77	1 676823,77	631 062,71
UNIV. INT.AND.	350 000,00	175 000,00	175 000,00	0,00
	26 093 893,00	11 951 415,17	12 551 415,17	1 591 062,71

Fuente: Consejería de Turismo Comercio y Deporte, 2004.

Las universidades andaluzas cuentan con 130 instalaciones cubiertas[212], un 64,04%, y 73 instalaciones al aire libre, un 35,96%.

Como se observa en la tabla anterior, las instalaciones deportivas de las Universidades andaluzas dejaron hace tiempo de ser grandes estructuras de cemento para convertirse en centros de esparcimiento familiar, donde la comunidad universitaria tiene la posibilidad de desarrollar actividades de todo tipo. Es fácil encontrar, en muchas de ellas, zonas de ocio, circuitos naturales, jardines y espacios de convivencia que unen el deporte, la cultura, la ciencia y la formación. Además de ser un lugar de encuentro para conocerse, a través de las distintas competiciones internas que se establecen entre facultades, niveles de estudios, con los alumnos de Erasmus, etc., se han transformado en una fuente de ingresos para contribuir a la cofinanciación del propio Servicio Deportivo. De esta manera se ven paliados, en tiempos de crisis, los recursos y necesidades que plantean el mantenimiento de este tipo de instalaciones.

En el año 2010, la Universidad de Cádiz[213] llevó a cabo un trabajo en el que se incluye la última actualización de datos referidos a instalaciones que aportamos en la siguiente tabla:

---

[212] Cuando se citan y describen porcentajes de instalaciones cubiertas y descubiertas, se hace referencia a todos los espacios que comprende una instalación deportiva.
[213] ALMORZA GOMAR, D., YÉBENES MONTORO, A., RIVAS CABALLERO, R. y BABLÉS FERNÁNDEZ, J.A. *El deporte universitario en Andalucía*. Cádiz, 2010.

Tabla IV. Superficie de las instalaciones deportivas.

UNIVERSIDAD	TOTAL M²	INSTALACIONES CUBIERTAS M²	% M² INSTALACIONES CUBIERTAS	INSTALACIONES DESCUBIERTAS M²	% M² INSTALACIONES DESCUBIERTAS
Almería	7 806	3 832	49,09	3 974	5 091
Cádiz	13 318	1 650	12,39	11 668	8 761
Córdoba	44 250	4 200	9,49	40 050	9 151
Granada	36 923	7 260	19,66	29 663	8 034
Huelva	2 62	1 382	61,10	880	3 890
Jaén	10 042	1 332	13,26	8 710	8 674
Málaga	33 571	6 671	19,87	26 900	8 013
Pablo de Olavide	24 500	4 500	18,37	20 000	8 163
Sevilla	45 300	5 300	11,70	40 000	88,30

Fuente: Publicación de la Universidad de Cádiz 2010.

El espacio dedicado a instalaciones deportivas en las Universidades andaluzas, teniendo en cuenta la superficie total de instalaciones, cubiertas y descubiertas, es de 217 971 m², siendo el 16,57% m² de superficie descubierta y el 83,43% de cubierta.

4. LA CALIDAD Y EXCELENCIA EN LOS SERVICIOS DEPORTIVOS UNIVERSITARIOS ANDALUCES

Con la llegada a las Universidades andaluzas del II Plan de Calidad de las Universidades,[214] el Consejo Rector de la Unidad para la Calidad de las Universidades Andaluzas acordó que se continuara con la planificación plurianual de evaluación, realizada por las distintas unidades que componen las Universidades, y como consecuencia, todos los Servicios de Deporte andaluces realizaron evaluaciones externas desde la UCUA[215] siguiendo el modelo EFQM,[216] lo que nos permitió evaluar el estado en el que se encontraban cada uno de los servicios deportivos.

Una vez realizada la evaluación, y puestos en marcha los planes de mejora que asegurarían los sistemas de calidad, algunos servicios de deporte universitario participaron en premios, elaboración de guías de buenas prácticas para la gestión de las actividades e instalaciones deportivas.[217] Se compartieron aprendizajes y experiencias, como son los

---

[214] II Plan de Calidad de las Universidades (Real Decreto 1391/2003 de 17 de noviembre).
[215] UCUA, Unidad de Calidad de las Universidades Andaluzas.
[216] EFQM, "*European foundation for quality management*".
[217] La Universidad de Málaga participó en la elaboración de la *Guía de Buenas Prácticas para la Gestión por Procesos en Instalaciones Deportivas,* bajo la coordinación del Instituto Andaluz del Deporte.

casos de la Universidad de Málaga y la de Sevilla, pero para dar un paso más importante, y ante la necesidad de la aplicación de la entrada en vigor del Complemento de Productividad y Mejora de los Servicios, casi todas las universidades se acreditaron mediante sistemas de evaluación de la calidad, certificándose para la obtención del cuarto tramo de productividad. Algunas optaron por un sistema de acreditación a través de las normas ISO,[218] como fue el caso de las Universidades de Almería, Córdoba, Granada, Huelva y Jaén. Otras, como Cádiz o Málaga y Sevilla, que tienen un sistema más consolidado y potente en la gestión a través de procesos y están más familiarizadas con la medición de indicadores, decidieron acreditarse a través de un sistema siguiendo el modelo EFQM de excelencia empresarial.

Por último, las Universidades de Córdoba y Pablo de Olavide se acreditaron a través de procesos internos dentro de su propia Universidad, pues no disponían de un sistema de acreditación externo certificado por alguna consultora o licenciatario ni por el Club de Excelencia en la Gestión.

En definitiva, estos sistemas han permitido a los servicios de deporte universitario identificar los grupos de interés y definir el tipo de usuarios, así como los objetivos a alcanzar para lograr su satisfacción, máxime en este tiempo en el que han proliferado multitud de centros deportivos, y en el que no todos ofrecen los mismos niveles de calidad. Estos sistemas de evaluación nos han permitido definir mapas de procesos, mapas estratégicos, procesos clave y complementarios, describiéndose en los mismos los procedimientos para gestionar con eficiencia y eficacia y así poder prestar un servicio de calidad.

La importancia del aseguramiento de la calidad en las universidades, y concretamente en los servicios de deporte, se ha visto potenciada por el Acuerdo Marco de Colaboración entre el Ministerio de Educación y el Consejo Superior de Deportes,[219] dentro de la Estrategia Universidad 2015, encaminada a la modernización de las Universidades españolas, mediante la promoción de la excelencia en formación e investigación, la internacionalización del sistema universitario y su implicación en el cambio económico basado en la mejora de la innovación. Este acuerdo planteaba como objetivo definir el ámbito general de colaboración entre las entidades anteriores para la mejora y

---

[218] *Normas de referencia para el aseguramiento de un sistema de calidad*. ISO 9001 de 2000, actualizada en 2008.
[219] Acuerdo marco de colaboración entre el Ministerio de Educación y el Consejo Superior de Deportes en el ámbito del Programa Campus de Excelencia Internacional. Madrid, 2010.

modernización de las instalaciones dedicadas a la práctica deportiva, y la calidad de los servicios de apoyo.

5. RECONOCIMIENTOS MÁS IMPORTANTES DE LAS UNIVERSIDADES ANDALUZAS

A lo largo de su creación, las Universidades andaluzas han sido distinguidas con distintos premios y reconocimientos que me parece oportuno destacar.

El Área de Deportes de la Universidad de Cádiz cuenta con los siguientes reconocimientos: Trofeo Joaquín Blume, Premio Andalucía de los Deportes, Placa de Bronce de la Real Orden al Mérito Deportivo y Fair Play, concedida por el Comité Olímpico Internacional.

El Centro de Planificación de Actividades Deportivas de la Universidad de Granada ha sido distinguido con la Copa Stadium y el Premio Joaquín Blume.

El Servicio de Actividades Deportivas de la Universidad de Huelva ha sido mencionado por la UCUA.

El Servicio de Deportes de la Universidad de Jaén ha obtenido el premio Mujer y Deporte, del Consejo Superior de Deportes, a la mejor deportista universitaria.

La Dirección General de Deporte Universitario de la Universidad de Málaga ha sido galardonada en dos ocasiones por la Asociación de la Prensa Deportiva con el Reconocimiento a la Promoción de Actividades Deportivas, Trofeo Joaquín Blume, Premio Agesport a la Mejor Entidad Deportiva de Andalucía, Premio Andalucía de los Deportes de la Junta de Andalucía, Premio Aula Abierta a la Trayectoria Deportiva, Placa de honor de la Federación Andaluza de Rugby, Premio Mujer y Deporte del Instituto de la Mujer, Distinción Deportiva por su Apoyo al Deporte Ciudad de Antequera, Premio al Juego Limpio, Liga Nacional de Fútbol Sala.

Las instalaciones deportivas del Servicio de Actividades Deportivas de la Universidad de Sevilla han sido reconocidas con la acreditación como Centro Deportivo Superior por la Junta de Andalucía.

6. DEPORTE UNIVERSITARIO Y PARTICIPACIÓN. LOS PROGRAMAS DEPORTIVOS

Los servicios deportivos de las Universidades andaluzas se han encargado, a lo largo de todos estos años, de impulsar, potenciar, orientar y coordinar los programas de actividades, la planificación de competiciones internas, autonómicas, nacionales e internacionales, todo ello con el objetivo de satisfacer la demanda de la comunidad universitaria y de la propia sociedad, ya que el deporte universitario se considera una necesidad y es parte integral de la educación de los jóvenes universitarios.

El deporte universitario está destinado, a nivel interno, a los alumnos, profesores, y personal de administración y servicios, y externamente acoge a la comunidad del entorno de las instalaciones e incluso a la propia sociedad, consiguiendo una integración del tejido social, de alianzas con colectivos en desventaja, cumpliendo así con la función de responsabilidad social corporativa.

Los objetivos que, desde los servicios deportivos de las Universidades andaluzas, se marca el deporte universitario, articulan tramos de cuatro líneas estratégicas:

- Línea 1: Integración plena en el sistema deportivo andaluz.
- Línea 2: Establecimiento de criterios comunes entre las distintas Universidades.
- Línea 3: Adecuar la oferta deportiva a las demandas de la comunidad universitaria.
- Línea 4: Potenciar el deporte en su proyección exterior como una estrategia para mejorar la reputación de las Universidades.

Las Universidades andaluzas se integran en el sistema deportivo andaluz a través de programas de promoción y competición, en colaboración con la Consejería de Turismo y Deporte y más tarde con la de Turismo, Comercio y Deporte. Con el objetivo de potenciar y fomentar el deporte en las Universidades andaluzas y articular estos programas, la Consejería con competencia en deporte publicó la Orden de 9 de noviembre de 2006[220]. El programa se denominó "Fomento del Deporte Universitario", el cual consistía en una serie de medidas para potenciar la organización de actividades propias y competiciones dentro del ámbito de la comunidad. Para poder optar a estas ayudas, las nueve Universidades andaluzas tendrían que presentar:

1. Proyecto de programa de actividades propias que se pretende financiar, con exposición detallada de cada una de las mismas, incluyendo calendario y programa.
2. En el caso de los Campeonatos de Andalucía Universitarios, las Universidades organizadoras presentarán un proyecto común, que refleje tanto la participación de las Universidades andaluzas en dichos campeonatos como la organización de los mismos.
3. Presupuesto completo de las actividades programadas, con expresión de los ingresos y de los gastos.
4. Memoria de gestión del Programa de Actividades Propio del año/curso anterior.

Para su valoración, la Consejería y las Universidades constituyeron una comisión que cada año evaluaría los proyectos siguiendo los siguientes criterios:

1. Grado de cumplimiento de anteriores subvenciones concedidas.
2. Viabilidad técnica, económica y financiera de los proyectos subvencionables.
3. Coherencia del proyecto. Se evaluará la memoria descriptiva que presentará cada Universidad, sus objetivos y la coherencia de proyecto presentado.
4. Grado de compromiso medioambiental y de sostenibilidad.
5. Adopción de medidas designadas a la mejora de la accesibilidad. El cumplimiento de estos criterios se valoró en un 30% de la puntuación.

Se valorarán los criterios específicos de dichos proyectos, teniendo en cuenta:

---

[220] Orden de 9 de noviembre de 2006, por la que se establecen las bases reguladoras para la concesión de subvenciones en materia deportiva.

1. Campeonatos de Andalucía Universitarios, valorándose la organización y/o la participación por Universidad.
2. La organización de programas de actividades propios. En este caso cada Universidad, en virtud de su autonomía, presentaba un programa de actividades propio, con los matices y características de cada una de ellas. La comisión valoraría el conjunto de actividades realizadas, así como las competiciones internas. Todo esto supondría un 70% de la valoración del proyecto.

Se constituyó una comisión de valoración y observación del deporte universitario formada por tres representantes del Grupo Andaluz de Universidades y tres representantes de la Dirección General de Actividades y Promoción Deportiva de la Consejería de Turismo, Comercio y Deporte; esta comisión, además de evaluar los proyectos tendría como misión aportar ideas y establecer nuevas propuestas de mejora para el Plan de Deporte Universitario.

Tengo que decir que el grupo desvió a veces los criterios de concesión de dichas subvenciones. No siempre todos los componentes de las Universidades estaban de acuerdo con los criterios aplicados. Por ello se hicieron varias propuestas para una distribución con un mayor grado de evidencia, y al final se adoptó la diseñada por Morales Cevidanes, como ejemplo, con la siguiente distribución:

Sobre los programas deportivos:

- Contenido y alcance social de la actividad programada (número de programas, de participantes, de programas dirigidos a colectivos especiales, de usuarios fuera de la comunidad universitaria).
- Actividades deportivas realizadas por los solicitantes en la temporada anterior y programa de actividades a realizar en la temporada actual (número de programas consolidados y nuevos).

Sobre las actuaciones encaminadas a la promoción del deporte en las universidades:

- Número de colaboraciones con otras entidades deportivas, sociales, etc., de programas reales, de programas relacionados específicamente con la mejora de la salud. Oferta de formación en materia deportiva.

Sobre las competiciones internas organizadas:

- Número de modalidades deportivas con competición interna.
- Número de competiciones internas, de eventos puntuales de competición.

Tanto a través de los programas propios como de los proyectos de organización de los campeonatos de Andalucía Universitarios, se han podido establecer programas comunes a las nueve Universidades andaluzas.

A continuación presentamos lo que ha sido este proyecto de Campeonatos de Andalucía Universitarios, así como el Medallero de los Campeonatos de Andalucía Universitarios, que abarca desde 1998 a 2012:

Es en el entorno de las instituciones andaluzas, en el año 1995, en una reunión en la que participaron los ocho rectores de las Universidades andaluzas, con el consejero de Cultura al frente, José María Martín Delgado, la Consejería de Educación y el director general de Deportes, Jesús García Fernández, donde se retorna el deporte universitario andaluz, y se establecen las bases de la futura coordinación, colaboración y cooperación interadministrativa entre la Junta de Andalucía y la Universidad, resultando ese mismo año las primeras competiciones andaluzas de deporte universitario.

El 17 de julio de 1997 se firma un convenio marco de colaboración entre la Consejería de Turismo y Deporte y las ocho Universidades andaluzas, siendo el objeto del citado convenio la realización de programas de competiciones deportivas autonómicas universitarias. La aprobación de las actividades a incluir en los programas deportivos se efectuará por el titular de la Dirección General de Actividades y Promoción Deportiva y por los responsables en materia deportiva de las Universidades andaluzas, en reunión conjunta, a propuesta de los citados órganos. Desde la firma del convenio comienza la celebración de los Campeonatos de Andalucía Universitarios (CAU), así como la incorporación de un técnico de la Dirección General de Actividades y Promoción Deportiva a las reuniones periódicas del Grupo Andaluz del Deporte Universitario, produciéndose un cambio de denominación del grupo, como consecuencia fundamental de la alianza estratégica que se establece entre las Universidades andaluzas y la Administración deportiva autonómica, derivándose de dicha relación las ayudas específicas a programas deportivos, y de igual forma se convocan ayudas para el desarrollo de programas/actuaciones de deporte para todos en el seno del deporte universitario; posteriormente estas evolucionarían hacia una concepción de apoyo menos dirigido y más consensuado con el mencionado grupo, adaptándose a sus necesidades e intereses deportivos.

Tabla V. Memoria abreviada de los Campeonatos de Andalucía Universitarios.

	1998	1999	2000	2001	2002	2003	2004	2005	2006	2007	2008	2009	2010	2011	2012
Sede organiza-dora	USE	UGR	UMA	UCA	UCO	UJA	UHU	Varias sedes	Varias sedes	Varias sedes	Varias sedes	UGR	Varias sedes	UMA	Varias sedes
Campeón universitario	UGR	UGR	UMA	UMA	UMA	UMA USE	UGR	UMA	UMA	UMA	UMA	UGR	UMA	UMA	UMA
Subcampeón	USE	USE	USE	USE	UGR	UGR	UMA	UGR	UGR	UGR	UMA	UGR	UGR	UGR	UGR
3er Clas.	UMA	UCA	UCA	UGR	USE	UCO	USE	USE	USE	USE	USE	USE	USE	USE	USE

Leyenda: UGR (Universidad de Granada); USE (Universidad de Sevilla); UCO (Universidad de Córdoba); UAL (Universidad de Almería); UJA (Universidad de Jaén); UPO (Universidad Pablo Olavide); UHU (Universidad de Huelva); UMA (Universidad de Málaga); UCA (Universidad de Cádiz).

7. LOS PROGRAMAS DEPORTIVOS EN LAS UNIVERSIDADES ANDALUZAS

Cada Universidad, con su autonomía de gestión, presentó programas de actividades con matices diferentes, pero también con similitudes, producto del intercambio de experiencias y de las semejanzas que existían entre ellas a la hora de la demanda de actividades.

Los programas de gestión de actividades deportivas de los distintos servicios son amplios, y desarrollan un amplio abanico de posibilidades que se relacionan con las recomendaciones, niveles y ámbitos deportivos propuestos por la Ley del Deporte Andaluz:[221]

1. Competiciones internas: competiciones deportivas desarrolladas por cada Universidad en las que participan alumnos, personal de administración y servicios y personal docente investigador. En cada Universidad se dan múltiples combinaciones, y aunque han sido ya descritas anteriormente, me permito comentar y aclarar una serie de matices que están referidos tanto a los Campeonatos de Andalucía como a los Campeonatos de España Universitarios:
  1. Campeonatos de Andalucía Universitarios, con participación de los alumnos matriculados en primer, segundo o tercer ciclo, grado, máster, postgrado o doctorado. Están organizados, como hemos expresado anteriormente, conjuntamente por la Consejería de

---

[221] Ley 6/1998 de 14 de diciembre del Deporte. BOJA núm. 148. Sevilla, 1998.

Turismo, Comercio y Deporte y por las propias Universidades andaluzas. En algunas modalidades convocadas se decide qué universidades se clasificarán para los Campeonatos de España Universitarios,[222] que tienen una periodicidad anual. El nivel deportivo se relaciona más con un nivel intermedio entre deporte base y de alto rendimiento.

2. Campeonatos de España Universitarios: aunque han sido descritos en este capítulo, me parece interesante completar algunos matices más específicos, como participación de alumnos (en ocasiones menores de 28 años) de las distintas universidades españolas; algunas modalidades son por clasificación y otras por marcas, ranking y otros sistemas acordados con las propias federaciones nacionales. Tienen una periodicidad anual. El nivel deportivo estará más relacionado con el alto rendimiento.

Todas las Universidades andaluzas han organizado campeonatos de España universitarios, y las de Málaga, Granada y Sevilla casi siempre figuraban entre las 12 primeras en el medallero nacional.

La oferta de actividades en los primeros años de existencia de los servicios deportivos tenía siempre un carácter deportivo de competición, que con el paso del tiempo ha ido cambiando la tendencia de los universitarios hacia otros modelos más sociales, de ocio y con un marcado carácter individualizando en su práctica. La causa principal fue la insatisfacción de los estudiantes universitarios con el modelo deportivo. Esta cuestión la expresa García Ferrando en las Jornadas de Barcelona,[223] y lo corrobora al publicar la encuesta sobre hábitos deportivos en 1995, cuando habla de las tendencias del segmento de población en el que están encuadrados los estudiantes universitarios.

Esto ha influido en el cambio de modelo de actividad en las Unidades de Deporte Universitario, ya que se estaba produciendo un cierto desfase entre los programas ofertados por los servicios y la demanda real de los alumnos. Este hecho ha sido motivo de estudio y análisis en distintas jornadas del Grupo Andaluz, llegándose a la conclusión, sobre todo por parte de las Universidades con mayor número de alumnos, de la necesidad de realizar cambios profundos en la programación de actividades deportivas, teniendo en cuenta la nueva tendencia que se estaba produciendo en los complejos deportivos,

---

[222] PÁRRAGA MONTILLA, J. *Los ámbitos deportivos en el deporte universitario*. Jaén, 2008.
[223] GARCÍA FERRANDO, M. Tendencias de las prácticas físico-deportivas de los alumnos universitarios. *III Jornadas de Actividades físicas en las Universidades.* Barcelona, 1993.

patronatos, centros fitness, etc. Por tanto, las Universidades tuvieron que cambiar el *chip* y crear nuevos programas, reorientando la programación hacia actividades más dirigidas al ocio y al ejercicio físico saludable, sin descartar otras actividades como las acuáticas, mantenimiento físico, de expresión y ritmo, y actividad en la naturaleza, pasando por otras como el ciclismo indoor, interval-step, aerobic, Pilates, entrenamiento personalizado, etc. Algo que está haciéndonos reflexionar a los responsables de los servicios de deportes universitarios es la falta de tiempo de los estudiantes para conciliar la vida académica con el deporte y el ocio; esta cuestión la estamos resolviendo en las Universidades con la extensión de los programas y un amplio horario en la apertura de las instalaciones. Como ejemplo de demanda expresamos aquí los resultados obtenidos por el Grupo del Área de Deportes de Cádiz, 2010, en el trabajo realizado sobre las Universidades andaluzas, en el que se considera la natación como la actividad deportiva más demandada y aceptada entre los usuarios de los servicios deportivos universitarios, y por ello la más practicada en las Universidades de Cádiz, Córdoba, Granada, Málaga y Sevilla. Las siguientes actividades preferentes son las de musculación y fuerza, y en los últimos tiempos se están implantando con un nivel de aceptación muy importante las actividades cardiosaludables y el entrenamiento personalizado.

En dicho estudio se tienen en cuenta también las preferencias de actividades deportivas por género, siendo las acuáticas las de mayor demanda, tanto por mujeres como por hombres. Dentro de estas, algunas actividades han experimentado un alto nivel de demanda, distinguiéndose las destinadas a mejorar los problemas funcionales y terapéuticos, como escuela de espalda, gimnasia abdominal hipopresiva y reeducación postural, etc.

Las Universidades andaluzas han definido claramente dos formas de organizar los programas de actividades deportivas adaptándose a la demanda de su grupo de interés; una de ellas serían las organizadas a través de programas atendidos de manera presencial por profesionales, y otras mediante la libre participación.

Se trataría, por tanto, como afirma Párraga Montilla[224], de ofrecer un nuevo diseño de programas reorientados a las preferencias y demandas de la comunidad universitaria, como por ejemplo:

---

[224] PÁRRAGA MONTILLA, J. *Los ámbitos deportivos. El deporte en los centros de enseñanza. El deporte en la Universidad.* Jaén, 2004.

1. Programas orientados al deporte de competición, competición interna, programa de ayuda a los deportistas universitarios de alto nivel, plan de formación técnica.
2. Programas de promoción de actividades individualizados, asesoramiento deportivo, entrenamiento personalizado, orientación al entrenamiento, prescripción del ejercicio.
3. Programas relacionados con actividades física de carácter no competitivo, de salud, terapéutico para personas mayores, de actividad en el medio natural, etc.
4. Programas de promoción relacionados con la actividad encaminada a la creación de hábitos cardiosaludables y al estilo de vida.
5. Programas dirigidos a la colaboración con grupos de investigación de carácter deportivo, congresos, jornadas científicas.
6. Programas de gestión dirigidos a la organización de grandes eventos, Campeonatos de Europa Universitarios.
7. Creación de un órgano andaluz que regule el deporte universitario en el que participen las Universidades y la Consejería competente.

Como podemos observar, el Deporte Universitario en las Universidades andaluzas, a pesar de la crisis, goza de buena salud, pero para tener una visión objetiva que nos permita introducir cambios cuando nuestra comunidad universitaria lo demande, y entendiendo la madurez que todos los servicios han experimentado a través de la experiencia y el aprendizaje en la aplicación de herramientas dependientes de los sistemas de calidad, estamos trabajando en la elaboración de un cuadro de mando con indicadores para controlar el cumplimiento de los objetivos programados por el GADU[225]. Un ejemplo de dichos indicadores lo expresamos en la siguiente tabla:

---

[225] *Grupo Andaluz de Deporte Universitario.*

Tabla VI. Indicadores GADU 2010-2011

INDICADORES	DESCRIPCIÓN
Número de usuarios de la Unidad	Total de usuarios habituales de una Unidad de Deporte universitario, sean o no de la comunidad universitaria.
Participantes en actividades	Número de personas inscritas en alguna actividad deportiva interna o externa, propia o ajena.
Participantes en competiciones	Número de personas participantes en alguna competición, interna o externa (CAU, CEU).
Usos en instalación	Número de usos en las instalaciones deportivas propias, referido a persona/espacio deportivo/fracción horaria.
Grado de satisfacción general	Grado de satisfacción general de los usuarios con la Unidad de Deporte.

Fuente: GADU 2010- 2011.

Las Universidades andaluzas consideramos la actividad física y la práctica deportiva como parte fundamental de la formación de nuestros alumnos y como un aspecto importante que mejora la salud y la calidad de vida de la comunidad universitaria. El deporte contribuye a mejorar el conocimiento y las relaciones personales. Es un factor de integración social, fuente de disfrute, de intercambio cultural, salud y bienestar.

> *"La preservación de estos valores hace necesario que el deporte, y en especial el universitario, recupere su origen y, con él, algunos de sus elementos tradicionales. Por tanto, la observación de las reglas del juego y de los reglamentos y normativas, la lealtad, la ética y el juego limpio deben ser condiciones inalienables de los participantes en el mismo".*

Estos valores del deporte los asumimos todas las Universidades como un código ético y están presentes en nuestros planes estratégicos, planes operativos y cartas de servicios de las nuevas Universidades. Este código[226] pretende ser una respuesta a las tendencias actuales, que defienden que en deporte todo vale. Las imágenes con las que nos inundan los medios de comunicación, y que incluso sufrimos en partidos de escolares o categorías inferiores, con insultos, gestos, engaños y agresiones, deben tener el calificativo y la contestación que merecen: juego sucio y la repulsa de todos.

---

[226] ALMORZA GOMAR, D., YÉBENES MONTORO, A., RIVAS CABALLERO, R., BABLÉ FERNÁNDEZ, J.A. *El Deporte Universitario en Andalucía. Código ético del Deporte Universitario andaluz.* Cádiz, 2010.

8. ORGANIZACIONES INTERNACIONALES DEL DEPORTE UNIVERSITARIO

La FISU[227] tiene como objetivo promover el desarrollo de la Educación Física y el deporte entre los estudiantes de todos los países y a todos los niveles, mediante la organización de foros, reuniones deportivas universitarias mundiales e intercambio de información sobre el deporte universitario.

En cuanto a la organización deportiva, la FISU organiza de manera alternativa cada dos años los Campeonatos Mundiales Universitarios y la Universiada de Verano e Invierno, que es el segundo acontecimiento deportivo mundial, tras las Olimpiadas.

Está compuesta por una serie de federaciones nacionales de Deporte Universitario de cada país miembro. En España está representada por el Comité Español de Deporte Universitario.

Las Universidades andaluzas participan desde el año 1992 en Campeonatos del Mundo organizados por FISU, y de esta forma el deporte universitario andaluz y las propias universidades proyectan su reputación al resto de universidades. Como ejemplo de ello la Universidad de Málaga organizó en 1992 el III Campeonato del Mundo Universitario de Fútbol 5. En el año 2000, el XV Campeonato del Mundo Universitario de Judo, y en 2010 el XIII Campeonato del Mundo Universitario de Golf. La Universidad de Córdoba ha organizado el Campeonato del Mundo Universitario de Rugby en 2008, y el de Tiro con Arco en 2012.

Distintas Universidades andaluzas han participado en los foros CESU, y el modelo de organización de Campeonatos del Mundo de la Universidad de Málaga, a través de procesos, ha sido tomado como ejemplo por algunos de los países organizadores de Campeonatos del Mundo.

---

[227] La Federación Internacional de Deporte Universitario, fundada en 1948 en Luxemburgo.

Acto de Inauguración del XIII Campeonato del Mundo Universitario de Golf, 2010.

La Universidad de Granada organizará en el año 2015 las Universiadas de Invierno, importante acontecimiento para proyectar la imagen de la ciudad de Granada en una colaboración institucional del Consejo Superior de Deportes, de la Consejería de Cultura y Deporte de la Junta de Andalucía, del Ayuntamiento de Granada y de la Universidad de Granada.

La Universidad de Málaga organizará en 2014 el Campeonato Mundial Universitario de Fútbol Sala.

La organización y participación del Deporte Universitario en Campeonatos del Mundo supondrá, para las Universidades andaluzas, la internacionalización de su imagen y de su reputación.

En 1981 se crea la Comisión Universitaria para el Deporte y la Cultura de la Unión Europea (CESCU), que no consigue continuidad en el tiempo; por ello, aprovechando la celebración de la Universiada Europea de Palma de Mallorca, en ese mismo año se reúnen 25 países europeos y fundan la Asociación de Deporte Universitario, EUSA[228].

Entre 2000 y 2005, EUSA crece estructural y orgánicamente, llegando en la actualidad a 42 países representantes en 2012. Se basa en tres objetivos prioritarios: fortalecer y subrayar el rol del deporte europeo universitario, establecer lazos fuertes con las organizaciones

---

[228] European University Sports Association, fundada el 13 de noviembre de 1999 en Viena.

europeas políticas y académicas y reforzar la unión con las organizaciones nacionales de deporte universitario y sus Universidades relacionadas.

Las Universidades andaluzas han tenido especial protagonismo en la organización de y la participación en Campeonatos de Europa, cuyo cuadro expresamos a continuación, cerrando como broche con los I Juegos Universitarios Europeos, organizados por la Universidad de Córdoba en 2012.

Tabla VII. Resumen del medallero de Campeonatos Europeos Universitarios de Voley Playa, 2011.

AÑO	EDICIÓN/DEPORTE	ORGANIZADOR	PARTICIPANTES	RESULTADOS
2006	6º EUROPEO BALONCESTO	GUIMARAES (PORTUGAL)	CÓRDOBA	PLATA
2006	3er EUROPEO VOLEYPLAYA	LATINA (ITALIA)	GRANADA	ORO
2007	4º EUROPEO VOLEYPLAYA	VALENCIA (ESPAÑA)	MÁLAGA	BRONCE
2008	5º EUROPEO VOLEYPLAYA	ANTALYA (TURQUÍA)	MÁLAGA	QUINTO
2008	5º EUROPEO DE FÚTBOL SALA	WROCLAW (POLONIA)	MÁLAGA	ORO
2008	3er EUROPEO BALONMANO	NIS (SERBIA)	ALMERÍA	BRONCE
2009	6º EUROPEO VOLEYPLAYA	GDNYA (POLONIA)	MÁLAGA MASCULINO	BRONCE
			MÁLAGA FEMENINO	BRONCE
2009	7º EUROPEO FÚTBOL SALA	PODGORICA (MONTENEGRO)	MÁLAGA	ORO
2009	1er EUROPEO GOLF	ALGARVE (PORTUGAL)	MÁLAGA	ORO
2009	4º EUROPEO KARATE	CÓRDOBA (ESPAÑA)		
2010	7º EUROPEO VOLEYPLAYA	KAZAN (RUSIA)	MÁLAGA MASCULINO	QUINTO
			MÁLAGA FEMENINO	QUINTO
2011	8º EUROPEO VOLEYPLAYA	MÁLAGA (ESPAÑA)	MÁLAGA MASCULINO	PLATA
			MÁLAGA FEMENINO	QUINTO

Fuente: Archivo de European University Sports Association 2012.

El 23 de noviembre de 1999 se funda en Viena (Austria) la European University Sport Association (EUSA). En sus comienzos estuvo formada por 25 socios pertenecientes a distintos países europeos, y su primer presidente fue el alemán Enno Harm. España es miembro de la Asociación Europea de Deporte Universitario (EUSA), en cuyas competiciones participan las Universidades clasificadas en los Campeonatos de España Universitarios.

España siempre ha tenido una relevancia importante debido a la vocación organizativa de algunas de las Universidades, entre las que destacamos las de Almería, Córdoba, Málaga y Valencia, entre otras. En estos momentos el español Aitor Canibe Sánchez forma parte de su Comité Ejecutivo; este hecho es muy importante para las Universidades españolas que organizan o que participan en estos campeonatos, facilitando la gestión de las mismas ante la Asociación Europea de Deporte Universitario.

9. ANÁLISIS DAFO

Para la elaboración de este análisis DAFO hemos utilizado información recabada de las nueve Universidades andaluzas. Este análisis nos ha permitido obtener datos sobre la situación real en la que se encuentra el deporte universitario; como conclusión del análisis realizado resumimos los siguientes resultados:

30 AÑOS DE DEPORTE UNIVERSITARIO	
DEBILIDADES	**FORTALEZAS**
• Falta de coordinación de procesos entre unidades de la misma Universidad.	• Establecer un nuevo enfoque de la gestión del deporte, para aumentar la capacidad de autofinanciación.
• Creación a veces de plantillas sobredimensionadas y poco flexibles a los cambios.	• Alto nivel de fidelización de los grupos de interés, con clara mentalidad de la importancia que para la salud tiene la práctica deportiva.
• Poco peso del deporte ante la importancia que se le otorga en el presupuesto de las Administraciones públicas.	• Buenos equipamientos e instalaciones deportivas.
• La disminución de la inversión por parte de las Administraciones públicas.	• Experiencia y alta cualificación de los técnicos que imparten las actividades deportivas. •
AMENAZAS	**OPORTUNIDADES**
• Privatización de servicios para una falsa mayor operatividad.	• Transformación de la cultura organizacional de los servicios, buscando mejorar la eficiencia y la eficacia.
• Desaceleración económica que afecta al ámbito de la gestión, sobre todo cuando el programa ya está en marcha.	• Alianzas entre los servicios de deportes de las Universidades andaluzas para compartir conocimiento, aprendizajes y experiencias.
• Alta competencia por la proliferación de instalaciones y centros deportivos en el entorno próximo.	• Adaptación de los servicios de deportes a las nuevas tecnologías de la información y la comunicación.
• Descoordinación institucional y falta de visión de la importancia que tiene el deporte para la salud.	• Nueva concepción del deporte como foco de salud, bienestar y calidad de vida.

CAPÍTULO 7

30 AÑOS DE DEPORTE FEDERADO

Pepe Díaz

INTRODUCCIÓN

"El deporte constituye indudablemente una de las actividades que proporcionan un contexto básico para la expresión de la sociabilidad de los individuos, para el desarrollo de la interacción social generalizada, en las sociedades urbanas contemporáneas. Frente a la disolución de otros contextos e instituciones sociales, que propiciaban los espacios para la expresión de la sociabilidad, y favorecidas por el aumento de las posibilidades económicas y de tiempo de no trabajo experimentado por la mayor parte de la población, las actividades deportivas se convierten en uno de los campos que de modo más diferenciado caracterizan la acción social en nuestras sociedades".

Escalera Reyes, J. (1995)

Hoy, en pleno siglo XXI, las manifestaciones de sociabilidad físico-deportiva, y de manera específica las asociaciones a que dan lugar -asociacionismo deportivo/asociaciones deportivas- deben ser agentes sociales fundamentales e imprescindibles en el diseño y desarrollo de políticas y programas de actividades físicas y deportivas, así como colaboradores privilegiados ante proyectos que requieren la movilización y participación ciudadana, constituyendo el pilar básico sobre el que se apoya la práctica del deporte en nuestra sociedad.

Por ello, hoy los sistemas deportivos no deben estar integrados exclusivamente por los elementos que inciden directamente en la práctica deportiva (instalaciones, técnicos, financiación...), sino que deben admitir y propiciar la participación social de los individuos en los mismos, mediante *asociaciones formales* que tengan como finalidad expresa la práctica de un determinado deporte o actividad físico-recreativa.

De tal forma que el futuro cuantitativo y cualitativo del deporte en una determinada comunidad autónoma será directamente proporcional al ordenamiento adecuado del asociacionismo deportivo que del mismo realice, denominado de segundo grado territorial -federaciones-, así como de las medidas estimuladoras del denominado primer grado -clubes y asociaciones-. Principio, por otra parte, que no ha sido llevado a cabo por muchos responsables políticos de la Administración pública.

En definitiva, un sistema deportivo integrador del tejido social, basado en el asociacionismo deportivo formalmente constituido, que conozca las diversas funciones de naturaleza pública para hacer compatible su "deseada vocación independentista" con el ajuste de importantes recursos públicos que el deporte, incuestionablemente, requiere.

MARCO CONCEPTUAL

"El deporte de rendimiento no solo acarrea beneficios a los que alcanzan tal categoría, sino que desencadena un efecto imitación de gran importancia en la sociedad, que repercute inmediatamente en la popularidad del deporte y en el acercamiento del ciudadano a lo que hemos llamado promoción deportiva".

Cazorla Prieto, L.M. (1984)

La dificultad de definir el deporte, según M. Bernard, se debe a que es una palabra y un fenómeno entendido por todos, pero que nadie, ni siquiera los expertos en la materia, define de manera unívoca, pues en él unos ponen el énfasis en *el juego*, otros en *la competición* y otros muchos en *la actividad física, el ejercicio físico, la recreación, la diversión, la alegría, la salud o la vinculación al hecho lúdico-deportivo.*

A pesar de ello, de tantas definiciones como podemos encontrar, me van a permitir que ofrezca dos:

"Todo tipo de actividades físicas que, mediante una participación organizada o de otro tipo, tengan por finalidad la expresión o la mejora de la condición física y psíquica, el desarrollo de las relaciones sociales o el logro de resultados en competiciones de todos los niveles".

Carta Europea del Deporte, 1992. Art 2.1.a.

"Toda actividad física, recreativa y competitiva, organizada o no, con carácter de juego bajo un sistema de reglas que, mediante el deseo de progreso del practicante, permite mejorar la calidad de vida o el logro de rendimientos y, por estos, susceptible de transformarse en actividad profesional".

Díaz García, P. (2005)

Basándose en estas definiciones, fundamentalmente en la primera, González Badillo, J.J. (1998) destaca las siguientes notas distintivas del deporte:
- Actividad física
- Organizada o no
- Con cuádruple finalidad:
  - Expresión o mejora de la condición física
  - Expresión o mejora de la condición psíquica
  - Establecer relaciones sociales
  - Rendimiento

Así pues, como podemos observar y percibir, de acuerdo o no con ello, uno de los posibles objetivos del deporte es obtener, a través de su práctica, metas cada vez más altas en relación con las capacidades de sus practicantes, *lo que significa la aceptación del deportista de rendimiento,* y aunque hemos de reconocer que las metas deportivas extraordinarias solo podrán ser alcanzadas por un número reducido de personas especialmente dotadas para ello, entendemos que está suficientemente justificado que los poderes públicos deben promover y facilitar, a través de planes y programas adecuados, a aquellas personas que tengan capacidades, deseos, actitudes y disponibilidad para el rendimiento deportivo.

Por otra parte, a nivel de concepto, es necesario decir (sea cual sea el adjetivo que se ponga más tarde), que deporte de rendimiento es aquel que nos conduce mediante su práctica a alcanzar unos resultados, bien durante el proceso de entrenamiento, bien en la competición.

Por tanto, una de las dimensiones, perspectivas y modos de entender el deporte es el deporte del hombre hacia mejores metas, hacia la superación, como en cualquiera de las facetas de la vida humana; en definitiva, el deporte de rendimiento, que podemos definir como:

"El conjunto de acciones-actuaciones y/o actividades, contempladas en un determinado programa físico-deportivo, que tenga por objetivo un resultado, bien de superación propia o de superación del adversario, y sin especificación del grado de rendimiento, aunque bien es verdad que en su desarrollo o formación existen diferentes niveles".

Dimensión del deporte que posee atractivos y ventajas, no solo para los que están en él, sino que desencadena un efecto-imitación, que ayuda a las demás vertientes o dimensiones deportivas, multiplicando los simples practicantes deportivos en el marco del deporte de base y deporte para todos, *y que, históricamente en nuestro país, ha sido y es sinónimo de deporte federado, o deporte organizado por las federaciones,* persiguiendo mejorar récords, marcas y obtener medallas en las distintas competiciones nacionales e internacionales.

Pero también es hoy una realidad que al acercarnos a él nos encontramos con una serie interminable de adjetivaciones que, a veces, puede confundir si no se entienden como *diferentes dimensiones* que el mismo puede tener: deporte para todos, deporte de base, deporte municipal, deporte escolar, deporte en edad escolar, deporte universitario, *deporte federado*, deporte popular, deporte de elite, deporte de alto rendimiento deportivo, deporte profesional, deporte espectáculo, deporte social, deporte medioambiental, deporte alternativo, deporte en la naturaleza, deporte para discapacitados...

En definitiva, dimensiones, perspectivas y modos de entender el deporte que nos llevan a buscar, sin lugar a dudas, la compatibilidad de intereses cuantitativos y cualitativos en aspectos educativos, sociales, higiénicos, recreativos, económicos, empresariales, medioambientales, turísticos y un sin fin de *objetivos* que han de ser priorizados con extrema claridad por aquellos que tenemos ciertas responsabilidades en la promoción del mismo, de acuerdo con la dimensión o perspectiva propugnada, elegida o deseada.

Por ello, hoy, debemos creer en todos y cada uno de los niveles de manifestación del deporte como algo serio, riguroso y definido, sin encontrar posturas contrapuestas en unas u otras, y sí como alternativas distintas y válidas, pues, como hemos visto, podemos encarar el deporte de distintas, y a veces distantes perspectivas; pero ello no deja de ser una opción que debemos procurar sea coherente, en función de las necesidades, situaciones, deseos, capacidades, edades y medios de los promotores e hipotéticos practicantes, y que por ello hace ya algún tiempo es uno de los grandes fenómenos sociales de la actualidad.

MARCO COMPETENCIAL

"El proyecto de Ley del Deporte es un instrumento que hará posible la clasificación y el enriquecimiento del entramado asociativo en materia deportiva en Andalucía"

Núñez Castaín, J. (1997)

Partiendo de la aprobación de la Constitución Española de 27 de diciembre de 1978, donde el deporte alcanza su reconocimiento sustantivo y cimienta una nueva base, pasándose de un asociacionismo debilitado por las propias circunstancias de los tiempos a un mayor arraigo de los colectivos que tienden a agruparse en clubes y asociaciones deportivas, y en una revisión realizada de la norma -al menos las más significativas- con respecto al *deporte federado/rendimiento,* podemos encontrar de forma cronológica lo siguiente:

"Art. 43.3: Los poderes públicos fomentarán la educación sanitaria, la educación física y el deporte. Así mismo facilitarán la adecuada integración del ocio.

Art. 148.1.19

1.- Las Comunidades Autónomas podrán asumir competencias en las siguientes materias:

19.- Promoción del deporte y de la adecuada utilización del ocio".

Por otra parte, nuestro marco de referencia, que construyó el pasado y el presente de la Comunidad Autónoma Andaluza en relación al tema que hoy nos ocupa, es:

- Ley Orgánica 6/1981, de 30 de diciembre, del Estatuto de Autonomía de Andalucía. *Derogada por la Ley Orgánica 2/2007 de 19 de marzo, de reforma del Estatuto de Autonomía para Andalucía,* aunque no afecta al marco de nuestro estudio.

  Título 1: Competencias Comunidad Autónoma.

  Art. 13: La Comunidad andaluza tiene competencia exclusiva en las siguientes materias:

  Nº31: Promoción del deporte y ocio.

- Real Decreto 4096/1982, de 29 de diciembre, sobre traspaso de funciones y servicios del Estado a la Junta de Andalucía en materia de Cultura.
- Decreto 13/1985, de 22 de enero, por el que se crea el Registro de Asociaciones Deportivas. *Derogado por el Decreto 7/2000, de 24 de enero, de entidades deportivas andaluzas.*
- Orden del 1 de febrero de 1985, por la que se regula el funcionamiento del Registro de Asociaciones Deportivas de Andalucía. *Derogado por el Decreto 7/2000 de 24 de enero, de entidades deportivas andaluzas.*
- Decreto 146/ 1985, de 26 de Junio, por el que se regula la constitución, estructura y fines de las Federaciones Andaluzas de Deporte. *Derogado por el Decreto 7/2000 de 24 de enero, de entidades deportivas andaluzas.*

- Decreto 494/1996, de 19 de noviembre, por el que se modifica el Decreto 299/1995, de 26 de diciembre, por el que se acuerda la formulación del Plan General del Deporte de Andalucía para el periodo 1996-1999. *Derogados por el Decreto 227/2002, de 10 de septiembre, de formulación del Plan General del Deporte de Andalucía.* Posteriormente aparece el Decreto 390/2008, de 17 de junio, por el que se acuerda la formulación del Plan Estratégico General del Deporte de Andalucía para el periodo 2008-2016.

- Orden de 18 de noviembre de 1997, por la que se regulan los Juegos Deportivos de Andalucía, Iniciación al Rendimiento Deportivo, *que deroga la Orden de 12 de noviembre de 1985, sobre Creación y Competencias de las Comisiones Andaluza y Provinciales de los Juegos Deportivos de Andalucía, así como la Orden de 14 de mayo de 1993, modificativa de las competencias y composición de las Comisiones Andaluzas y Provinciales de los Juegos Deportivos de Andalucía, creadas por la Orden de 12 de noviembre de 1985.* Posteriormente, la Orden de 14 de enero de 1999, por la que reestructuran los Juegos Deportivos de Andalucía, Iniciación al Rendimiento Deportivo, *que deroga la Orden de 18 de noviembre de 1997, por la que se regulan los Juegos Deportivos de Andalucía, Iniciación al Rendimiento Deportivo.*

- Acuerdo de 1 de julio de 1997, del Consejo de Gobierno, por el que se autoriza la constitución de la Fundación Andalucía Olímpica.

- Orden de 8 de julio de 1998, por la que se regulan las actuaciones y ayudas que integran el Programa Salto, dirigidas al Deporte Andaluz de Alto Rendimiento, y *posteriormente Orden de 16 de febrero de 1999, de modificación de la de 8 de julio de 1998, por la que se regulan las actuaciones y ayudas que integran el Programa Salto, dirigidas al Deporte Andaluz de Alto Rendimiento, y finalmente ambas derogadas por* la Orden de 3 de enero de 2000, por la que se regulan las actuaciones y ayudas que integran el Programa Salto, dirigidas al Deporte Andaluz de Alto Rendimiento. Posteriormente, Orden de 19 de septiembre de 2002, Orden de 19 de septiembre de 2002 como corrección de errores de la anterior, *finalmente derogadas por la Orden de 22 de septiembre de 2011, por la que se establecen las bases reguladoras de la concesión de becas en el ámbito del deporte de rendimiento de Andalucía y se convocan las correspondientes al ejercicio 2011.*

- *Ley 6/1998, de 14 de diciembre, del Deporte en Andalucía.*

- Decreto 224/1999, de 9 de noviembre, por el que se crea el Centro Andaluz de Medicina del Deporte.
- Decreto 7/2000, de 24 de enero, de Entidades Deportivas Andaluzas.
- Decreto 434/2000, de 20 de noviembre, sobre el Deporte Andaluz de Alto Rendimiento, *y modificados sus anexos por la Orden de 6 de mayo de 2002 y, posteriormente, todo ello derogado por el Decreto 336/2009, de 22 de septiembre, por el que se regula el deporte de Rendimiento de Andalucía.*
- Resolución de 19 de diciembre de 2000, de la Secretaria General para el Deporte, por la que se convoca a las federaciones deportivas andaluzas a la presentación de propuestas de inclusión en la relación anual de deportistas, entrenadores o técnicos y jueces y árbitros de alto rendimiento, correspondiente al año 2001.
- Orden de 29 de mayo de 2002, por la que se regula la constitución y puesta en funcionamiento de la Confederación Andaluza de Federaciones Deportivas.
- Orden de 19 de mayo de 2003, por la que se regulan las becas correspondientes al Programa Elite dirigidas al Deporte Andaluz de Alto Nivel, *derogada por la Orden de 22 de septiembre de 2011, por la que se establecen las bases reguladoras de la concesión de becas en el ámbito del deporte de rendimiento de Andalucía y se convocan las correspondientes al ejercicio 2011.*

MARCO ESTRUCTURAL

"La debilidad asociativa en España se manifiesta también en el deporte y ha sido destacada por los analistas que se han ocupado de este tema, pues lo coloca en situación de inferioridad en relación a las estructuras deportivas de los países de nuestro entorno europeo, que tienen una mayor tradición asociativa".

Cazorla Prieto, L.M. (1979)

Andalucía, tras el Real Decreto 4096/1982, de 29 de diciembre sobre traspaso de funciones y servicios del Estado a la Junta de Andalucía en materia de Cultura, decide y promulga unas medidas legislativas gracias a las cuales empieza a conformar un nuevo escenario deportivo en cuanto a la estructura de la organización y participación deportiva.

Así, son base para ello el Decreto 13/1985, de 22 de enero, por el que se crea el Registro de Asociaciones Deportivas, la Orden de 1 de febrero de 1985, por la que se regula el funcionamiento del Registro de Asociaciones Deportivas de Andalucía, y el Decreto 146/1985, de 26 de junio, por el que se regulan la constitución, estructura y fines de las Federaciones Andaluzas de Deporte. Tres medidas legislativas que posteriormente fueron derogadas por el Decreto 7/2000 de 24 de enero, de Entidades Deportivas Andaluzas.

Decretos y Orden que ofrecen la posibilidad de crear e iniciar en nuestra comunidad autónoma el denominado *sistema deportivo federado* -conformando uno de los pilares fundamentales del sistema deportivo andaluz- y, por tanto, pudiendo capitalizar las respuestas, inquietudes e intereses del practicante deportivo en cualquiera de sus niveles: formación-iniciación, perfeccionamiento, competición y recreación deportiva, cumpliendo así el papel asignado, que es el de ser entidades promotoras y difusoras del deporte correspondiente.

Así, en este mismo año 1985 comienzan a constituirse y a aprobar sus estatutos y, posteriormente, a inscribirse en el Registro Andaluz de Entidades Deportivas de la Junta de Andalucía las federaciones andaluzas de deporte (tabla I) y los clubes deportivos (tabla II).

Las federaciones

"Debe apoyarse y fomentarse la práctica del deporte al más alto nivel de formas adecuadas y específicas, en cooperación con organizaciones deportivas relevantes. El apoyo cubrirá aspectos como identificación de talentos y asesoramiento, cuidados y apoyo mediante la medicina del deporte y las ciencias del deporte, fomentar el entrenamiento científico y la formación de los entrenadores y de otras funciones de dirección; ayudar a los clubes a proporcionar las estructuras y salidas competitivas adecuadas".

Carta Europea del Deporte, 1992. Art. 7. Mejorar el rendimiento

Las federaciones deportivas andaluzas son entidades de carácter privado, sin ánimo de lucro, con personalidad jurídica, plena capacidad de obrar y patrimonio propio e independiente del de sus asociados, que están integradas por clubes deportivos andaluces y, en su caso, por secciones deportivas, deportistas, entrenadores, técnicos, jueces y árbitros, para la práctica, promoción y desarrollo de sus modalidades deportivas.

Son sus competencias y fines de estas las de promocionar, dirigir y gestionar las actividades propias de las respectivas modalidades deportivas, así como la regulación de las competencias oficiales que organicen en su seno (...), todo ello en el ámbito territorial de la comunidad autónoma andaluza y en coordinación con el órgano competente de la Junta de Andalucía y de la federación española correspondiente, constituyéndose estas en ejes vertebradores del deporte en nuestra comunidad autónoma.

Tabla I

AÑO	NÚMERO DE FEDERACIONES INSCRITAS	AÑO	NÚMERO DE FEDERACIONES INSCRITAS
1986	-	2000	57
1990	34	2004	58
1994	52	2008	61
1996	56	2012	61

Nota: Años finales de legislaturas
Fuente: Consejería de Cultura y Deporte. Junta de Andalucía.

Pone el broche de oro a este sistema deportivo federado, a estas estructuras federativas, la constitución e inscripción en el Registro Andaluz de Entidades Deportivas, en el año 2004, de la Confederación Andaluza de Federaciones Deportivas -anteriormente había existido una, pero de dudosa constitución y funcionamiento- como entidad asociativa privada, sin ánimo de lucro y de naturaleza deportiva, que representa al conjunto de las federaciones deportivas legalmente constituidas e inscritas en el Registro Andaluz de Entidades Deportivas que la integran. También, por otra parte, es justo mencionar y destacar debido a su significación la concesión, por parte de SM el rey Juan Carlos I, del título de *Real* a las federaciones andaluzas de golf (abril 2007) y fútbol (febrero 2012).

Sistema deportivo federado que, desde sus inicios, paulatinamente ha ido creciendo tanto cuantitativa como cualitativamente a lo largo de los años. En un principio con recursos propios y poca ayuda desde la Administración pública autonómica, y posteriormente con una verdadera y certera política activa, frontal, abierta, responsable y consecuente con el sistema deportivo federado.

Este entramado federativo andaluz complejo, difícil y confuso ha sido presidido generalmente por gestores ilusionados, entusiasmados, comprometidos, con conocimientos y experiencias en el devenir de una modalidad deportiva que le han permitido obtener eficacia y eficiencia en sus modelos de gestión al frente de una federación y, por tanto, el cumplimiento de los objetivos para los que fue creada.

Tal es la realidad descrita, que posteriormente, y debido a su buena gestión autonómica, han sido referentes en el Estado español y han presidido/presiden federaciones deportivas españolas y/o han sido designados e incorporados a órganos de federaciones deportivas continentales y/o internacionales.

Ejemplo de ello, y orgullo de nuestra comunidad autónoma, citemos a David Cabello Manrique (bádminton); José Luis Sáez Regalado (baloncesto); Andrés Gutiérrez Lara (caza); Antonio Carlos Gómez Oliveros (deportes para personas con discapacidad intelectual); Juan Álvarez Pérez (motociclismo); Rafael Blanco Perea (natación); Fernando Climent Huerta (remo); José Luis Escañuela Romana (tenis); Javier Quintano Muñoz, Manuel Núñez Pérez y Miguel Ángel Machado Sobrados (tenis de mesa). Además, muchos dirigentes federativos andaluces, presidentes o no, han formado/forman parte de órganos de las federaciones deportivas continentales y/o internacionales de su respectiva modalidad deportiva.

Por otra parte, otra realidad significativa de dirigentes federativos es la presidencia de las federaciones andaluzas, que ostentan desde un principio y hasta la actualidad, entre otros, Alfonso Otero Martínez (boxeo); Alfonso Otero Jiménez (discapacitados físicos); José Antonio Cruz Almansa (frontón); Eduardo Herrera Jiménez (fútbol) y Ramón Velázquez Mellado (voleibol).

Del mismo modo, es de respeto y justicia mencionar y destacar a personas que como técnicos, jueces/árbitros y oficiales comenzaron, trabajaron y estuvieron -algunas continúan integradas en el sistema deportivo federado andaluz- durante cierto tiempo ejerciendo sus funciones/responsabilidades en selecciones nacionales, órganos de federaciones deportivas españolas, continentales y/o internacionales.

De ahí y con el temor -perdónenme- de olvidarme de alguna de estas personas, hoy podemos sentirnos orgullosos, entre otros, de Pepe Lorente, Joaquín Muñoz y Paco Gil (atletismo); Antonio Molina y David Serrano (bádminton); Leo Chaves, Delfín Galiano, Diego Soto, Daniel Hierrezuelo, Antonio Rafael Conde y José Ramón García (baloncesto); Joaquín Crespo "Quini", Miguel Ángel Florido, Juan Oliver y Patricia Sosa (balonmano); Juan Fernández y Salvador de Vaca (ciclismo); Antonio Jiménez Cano y Julián Rebollo (deporte para discapacitados físicos); Pablo Ruiz de Almirón y Alfredo Naranjo (deportes de invierno); Juan Santiesteban, José Emilio del Pino, Paco Chaparro, Joaquín Caparrós, Gregorio Manzano, Lucas Alcaraz, Antonio Leal Graciani, Antonio Jesús López Nieto, Luis Medina Cantalejo y David Fernández Borbalán (fútbol); Francisco León (gimnasia); Pepe Gordillo, Juan José González Badillo y Paco Mateos (halterofilia); Antonio Espigares (hípica); Diego Cabeza y Luis Mariano Martínez (hockey hierba); Paco Cordón (hockey patines); Ramiro Sampedro y Miguel Ángel Sierra (lucha); Lorenzo Muñoz, José E. Hernández, Javier Díaz, Javier Ojeda, Antonio Tejero, Javier Casademont, Manolo Peñaloza y Alfredo Calvo (natación); Rafael Pineda, Paco López Barea y José Carlos Expósito (piragüismo); Miguel López Torrontegui, Felipe del Valle, Fernando Ojeda, Carlos Molina, Jacobo Castiñeira y José Antonio Muñoz (remo); Antonio Mejías y Juan Antonio Arenas (rugby); José Higuera y Manuel Orantes (tenis); Juan María Charquero (tiro con arco); Eduardo Jiménez Meana (tiro olímpico); Pepe Díaz, Toño Santos, Aurelio Ureña, Paco Hervás, Fernando Ávila, Gabriel Giménez, Paco Fraile,

Rafael Godoy, Pepe Nevado y David Díaz (voleibol); Paco Manchón y María del Carmen Vaz (vela).

Los clubes

"El asociacionismo responde a una necesidad de relación. Existe una motivación de pura sociabilidad voluntaria. Esa iniciativa facilita la práctica dentro de un club"

Asociación para la investigación del Deporte en Andalucía. (1994)

Como hemos visto anteriormente, el Decreto 13/1985, de 22 de enero, por el que se crea el Registro de Asociaciones Deportivas, y la Orden del 1 de febrero de 1985, por la que se regula el funcionamiento del Registro de Asociaciones Deportivas de Andalucía, posteriormente derogadas por el Decreto 7/2000 de 24 de enero, de entidades deportivas andaluzas, constituyen la base y sostén de este asociacionismo deportivo formal, imprescindible para el crecimiento del tejido asociativo deportivo, como son los clubes deportivos. Así, en este mismo año 1985, al igual que las federaciones andaluzas de deporte, comienzan a constituirse y a inscribirse en el Registro Andaluz de Entidades Deportivas de la Junta de Andalucía los clubes deportivos.

Clubes deportivos andaluces que son asociaciones privadas, sin ánimo de lucro, con personalidad jurídica y que, integrados por personas físicas o jurídicas, tienen por objeto principal la práctica del deporte, desarrollando su actividad básicamente en Andalucía, donde radicará su domicilio.

Estos, hoy, como asociacionismo de primer grado, como primer nivel del tejido asociativo formal, como base de cualquier sistema deportivo, pueden tener como objetivo cualquier nivel de práctica deportiva y en cualquier ámbito. Ahora bien, es necesario definir desde su creación el o los objetivos a perseguir para, en función de ellos, encontrar el ámbito de actuación coherente y competente y, de esta forma, establecer una relación de futuro.

Es obvio que un club puede nacer desde el rendimiento e incluso desde el profesionalismo, pero esto sería "contra natura", aunque también una realidad actual. Por otra parte, ha de precisarse, asimismo, qué clubes deportivos andaluces son los inscritos en el Registro Andaluz de Entidades Deportivas y están sujetos, por ello, a la legislación deportiva autonómica.

Andalucía presenta, en la base de la estructura organizativa de su deporte, un panorama ciertamente deficitario, no tanto por el número de clubes sino en general por su escasa entidad. Son pocos los clubes andaluces que responden a una prioritaria finalidad deportiva y que cuentan con un razonable número de socios, directivos, deportistas y técnicos, así como con la mínima infraestructura, instalaciones adecuadas, una administración racional y suficientes vías de financiación.

Tabla II

AÑO	NÚMERO DE CLUBES INSCRITOS	AÑO	NÚMERO DE CLUBES INSCRITOS
1986	1 004	2000	7 689
1990	3 799	2004	10 759
1994	5 790	2008	14 023
1996	6 722	2012	17 413

Nota: Años finales de legislaturas
Fuente: Consejería de Cultura y Deporte. Junta de Andalucía.

Sin embargo, y al margen de las deficiencias anteriormente expuestas, hemos de destacar un formidable elenco de clubes andaluces que, debido a sus esfuerzos y al trabajo de sus dirigentes, técnicos y deportistas, han aportado grandes éxitos competitivos nacionales e internacionales en diferentes modalidades deportivas, como, entre otros, Club Atletismo Chapín de Jerez de la Frontera (Cádiz) y Club Atletismo Nerja (Málaga) en atletismo; Club Bádminton Soderinsa Rinconada (Sevilla) en bádminton; Unicaja de Málaga y Club Deportivo Baloncesto Sevilla Cajasol en baloncesto; BM Antequera (Málaga) y Vicar Goya de Almería en balonmano; Andalucía en ciclismo; Club ONCE Andalucía de Sevilla en baloncesto silla de ruedas y ciclismo adaptado; Club Monachil (Granada) en deportes de invierno; Club de Pelota Paternina de Almería en frontón; Sevilla FC, Real Betis Balompié y Málaga CF en fútbol; CD Híspalis (Sevilla), Sporting C. de Huelva, Club Deportivo Córdoba y Sevilla FC en fútbol sala femenino; Real Club Pineda de Sevilla en hípica; Club Natación Sevilla en halterofilia; Club de Lucha Milu de Alcalá de Guadaira (Sevilla) en lucha; Club Náutico de Sevilla, Club Natación de Sevilla, Club Natación Mijas y Club Cerrado Calderón de Málaga en natación; Círculo Mercantil e Industrial de Sevilla y SincroSevilla en natación sincronizada; Sato Sport de Sevilla en pádel; Real Club Mediterráneo de Málaga, Club Real Círculo de Labradores de Sevilla, Club Náutico de Sevilla en las modalidades de remo, piragüismo y vela; Club de Polo Santa María-Sotogrande de San Roque (Cádiz) en polo; Cajasol Ciencias CR de Sevilla en rugby; Real Club Tenis Betis de Sevilla en tenis; La General de Granada/Caja Granada y Cajasur Priego de Córdoba en tenis de mesa; Unicaja de Almería, CV Esquimo Alisa/Cajasol Juvasa de Dos Hermanas (Sevilla), Universidad de Granada, Academia Preuniversitaria de Sevilla y Aguas de Huelva en voleibol; CW Dos Hermanas-Emasesa (Sevilla) en waterpolo.

Los deportistas/licencias

Los deportistas, las personas que practican deporte son, sin lugar a dudas e indiscutiblemente, los actores fundamentales, imprescindibles y verdaderos protagonistas del hecho deportivo. Ahora bien, también es una realidad que hay deportistas que ejercen la actividad deportiva al margen de las estructuras convencionales y otros que voluntariamente se integran en dichas estructuras. De tal forma que en la actualidad puede decirse que muchas personas han practicado y practican deporte aun cuando nunca han tenido ni van a tener relación/vinculación alguna con la estructura federativa.

Aquí, en este estudio, presentamos en la tabla III el número de *deportistas convencionales*. Es decir, aquellos que se insertan en la actividad deportiva organizada por las federaciones deportivas en sus diversos ámbitos territoriales.

Tabla III

AÑO	NÚMERO	AÑO	NÚMERO
1986	-	2000	400 296
1990	-	2004	446 361
1994	-	2008	547 972
1996*	351 676	2012	**

Nota: Años finales de legislaturas.
* Número de licencias del año 1997;
** No están contabilizadas aún las correspondientes al año 2012
Fuente: Consejería de Cultura y Deporte. Junta de Andalucía.

Licencias/deportistas, como hemos mencionado, verdaderos protagonistas del hecho competitivo, que en Andalucía y fundamentalmente desde 1996 han brillado con luz propia en las competiciones nacionales e internacionales. Sin embargo, en este apartado solo voy a señalar algunos significativos -existen más- cuyas modalidades deportivas no forman parte del programa de los Juegos Olímpicos o Paralímpicos, pues a estos los abordaré en el apartado de la Fundación Andalucía Olímpica aunque, evidentemente, tanto unos como otros son *deportistas federados,* como Daniel, Óscar y Sergio Cañete y Beatriz Moreno (actividades subacuáticas); Enrique Rodríguez, José Cuenca y Amalia Aranaz (ajedrez); David Alcalde y Daniel Sánchez (billar); José Manuel Rodríguez e Ignacio Ruiz (caza); Rafael Infantes (colombofilia); Juan Manuel Casado y Fernando Soriano (deporte de orientación); Ramón Morillas, César Maldonado y Manuel Torné (deportes aéreos); Jaime Oliver y Luis Becqueriaux (esquí náutico); Aitor Navarro, Miguel Ramón Irigoyen y Urko Mundiñano (frontón); Miguel Ángel Jiménez, Álvaro Quirós, Pablo Martín, Azahara Muñoz y Belén Mozo (golf); Adrián Martínez, Damián Quintero y Margarita Morata (karate); Loli Requena, Jesús Alcocer y Jesús Daza (kick boxing); Gisela Pulido (kite surf); Andrea Cartas y Federico Galera (montañismo); José Luis Cardoso, Álvaro Molina, Carlos Campano, Xavi Hernández, Cristóbal Guerrero, Alberto Moncayo y Dani Torres (motociclismo); Francisco Camacho y José Manuel Cruzado (motonáutica); Juan Martín, José Luis Gutiérrez, Francisco Iglesias, Marta Porras, Ana Fernández de Ossó, Carolina Navarro y Paco Navarro (pádel); Pedro Moreno y Soledad Martínez (patinaje artístico); Francisco Torres, Francisco Corpas y Carlos Cuesta (pesca); José María Aguilera, Joaquín Vadillo, Gonzalo Damián Serrano y Amparo Gómez (tiro al vuelo).

MARCO DE ACTUACIÓN/INTERVENCIÓN

El principio de nuestras responsabilidades, de nuestras actuaciones e intervenciones en el hecho deportivo como comunidad autónoma nos viene gracias al Real Decreto 4096/1982, de 29 de diciembre, que entra en vigor el 1 de enero de 1983 y por el que se transfieren del Estado a la Junta de Andalucía, entre otras, las siguientes competencias en materia de Cultura:

- La tutela y promoción de las asociaciones deportivas (federaciones y clubes).
- Los Centros de Iniciación Técnico-Deportiva (CITD).
- Los Centros de Medicina del Deporte de Almería, Cádiz, Sevilla y Granada.

CONSEJO SUPERIOR DE DEPORTES

Centro de Iniciación Técnico/Deportiva

Normativa General

Transferencias, competencias y responsabilidades ante el deporte que, como hemos visto, desgraciadamente la Junta de Andalucía comienza el año 1985 con relación a la tutela y promoción de las asociaciones deportivas (federaciones y clubes). Los Centros de Iniciación Técnico/Deportiva (CITD) -Sevilla y Granada- y los Centros de Medicina del Deporte de Almería, Cádiz, Sevilla y Granada ni le preocuparon, ni le ocuparon y, por tanto, no atiende estas transferencias con responsabilidad y políticas activas desde la Administración autonómica en los primeros años de legislaturas, como fueron los comprendidos entre los años 1982-1986-1990, es decir las dos primeras legislaturas, donde las competencias en "deporte" las ostentaba la denominada Consejería de Cultura.

En definitiva, abandono, desidia y/o directriz política de no atender, construir y desarrollar un sistema deportivo federado de acuerdo a lo que necesitaba y reivindicaba el no organizado y menos estructurado escenario federativo y de clubes, pues los CITD -su cuantía- se otorga a clubes para que desarrollen "escuelas de perfeccionamiento", las federaciones deportivas provinciales y los clubes continúan sin rumbo y los Centros de Medicina del Deporte prácticamente desaparecen.

Años donde "hablar, tutelar, ayudar, compartir con las federaciones y los clubes el deporte de rendimiento" era grave desde la perspectiva política, pues los responsables de políticas deportivas decían y preguntaban "demagógicamente": "¿Un deporte de masas o un deporte de figuras o estrellas?" y/o "¿Gastar dinero en unos cuantos dotados económicamente? ¿Para qué?". Hoy, a pesar de lo anterior, estos mismos fichan, contratan y pagan por la imagen de estas figuras y estrellas del deporte federado/rendimiento.

Sin embargo, se presta muchísima atención y dedicación a lo transferido con respecto a:

- El deporte de tiempo libre y el deporte para todos.
- La actividad deportiva escolar.
- La elaboración y ejecución de los planes de construcción de instalaciones deportivas públicas, y la gestión de las instalaciones deportivas propias.

Fueron los años del deporte para todos, del deporte municipal, del deporte popular (escuelas deportivas, carreras populares, maratones, la fiesta de la bici, juegos deportivos lúdicos y/o competitivos, vive la Naturaleza, campañas municipales de natación, campañas de deportes para adultos...). Años coincidentes con la denominada etapa de implantación (1980) de los servicios deportivos municipales básicos, donde lo importante era entusiasmar al mayor número de participantes y donde la financiación de las actividades, casi en su totalidad, corría a cargo de las Administraciones públicas.

De hecho, mediante Resolución de 15 de noviembre de 1984 -adaptación de la Orden de 15 de junio de 1983 con relación a la Campaña de Deporte para Todos- son excluidos a efectos de subvención aquellos proyectos que se refieran a:

1. Competiciones que no correspondan a la Campaña Municipal de Deportes para Todos.
2. Actividades propias de las federaciones deportivas.

De cualquier modo, y a pesar de que nos doliera o reivindicáramos, el deporte federado/rendimiento en Andalucía no se ha iniciado más tarde que en otras comunidades autónomas. Quizás el año 1979, cuando el Consejo Superior de Deportes pone en marcha los Centros de Iniciación

Técnico-Deportiva, de ellos uno en Sevilla y otro en Granada, fuera el inicio de un plan-programa específico para el rendimiento deportivo de jóvenes andaluces. Todo lo anterior responde a lo que cada club, federación deportiva provincial o andaluza creía y podía hacer para participar en competiciones nacionales e integrar a sus deportistas en equipos nacionales, pues la historia del deporte de rendimiento en Andalucía ha sido, hasta hace poco, la historia del deporte federado, y podemos decir y hablar de un antes y un después del año 1996.

Es decir, desde la V Legislatura, 1996-2000, cuya competencia fue asumida por la denominada Consejería de Turismo y Deporte, más tarde Turismo, Comercio y Deporte, y finalmente Cultura y Deporte, es cuando en Andalucía podemos decir que nuestros clubes y deportistas pueden trabajar con unos medios para tratar de llegar lo más lejos posible en la consecución de objetivos competitivos, gracias, entre otros factores, a la coordinación, conjunción y compromiso conjunto de las federaciones, clubes y Administraciones públicas, fundamentalmente la autonómica.

Como testigo y prueba de ello no hay más que revisar y analizar memorias, anuarios, informes y hemerotecas para comprobar el número de deportistas andaluces campeones de España, de Europa, del Mundo, participantes -y sus resultados- en Juegos Olímpicos y Paralímpicos, antes y después de 1996.

Me atrevería a decir que de 1996 a 2008 (V, VI y VII legislaturas, a través de la Consejería de Turismo y Deporte y Consejería de Turismo, Comercio y Deporte, cuyos titulares fueron los Sres. José Nuñez Castaín, José Antonio Hurtado Sánchez/Antonio Ortega García y Paulino Plata Cánovas/Sergio Moreno Monrové, y que el autor del presente capítulo trabajó con algunos de ellos junto a sus correspondientes directores generales de Actividades y Promoción Deportiva) fue *la edad de oro del deporte federado en Andalucía*. Razones y factores hubo muchos, pero fundamentalmente cuatro:

1. Los Decretos 132/1996, de 16 de abril, y 181/1996 de 14 de mayo, modificados por Decreto 6/2000, de 28 de abril, sobre reestructuración de Consejerías y sobre Estructura Orgánica de la Consejería de Turismo y Deporte, respectivamente, que atribuyeron a la misma las competencias que corresponden a la comunidad autónoma andaluza en materia deportiva.

   Competencias que se ejercieron desde la creación de la Consejería de Turismo y Deporte por la Secretaría General para el Deporte, la

Dirección General de Tecnología e Infraestructuras Deportivas *y la Dirección General de Actividades y Promoción Deportiva.*

Así, las facultades atribuidas a la Dirección General de Actividades y Promoción Deportiva para el fomento de la actividad física y del deporte se fueron desarrollando y reforzando, al objeto de adecuarlas a las diferentes necesidades y circunstancias surgidas desde 1996, pues los sistemas deportivos no solo están integrados por los elementos y aspectos que componen directamente la práctica deportiva, sino que se hallan insertos en el contexto de una determinada sociedad, dotándoles de especificidad con relación a esa sociedad.

De ahí que se transformaran las estructuras y dinámicas del sistema deportivo con relación a los primeros años democráticos, y por ello aparecieron líneas de actuación y estrategias bajo el marco de planes y programas que permitieron la racionalización, eficacia y eficiencia de las actuaciones en materia deportiva.

2. La estructura orgánica de la *nueva* Consejería de Turismo y Deporte, posiblemente debido al pacto político, trajo al deporte andaluz políticas activas avaladas y reforzadas por grandes y adecuados presupuestos con relación a años anteriores y, por otra parte, gestionados con más recursos humanos. Pero además, se produce un plus de calidad en los recursos humanos de la Consejería, pues en 1999 se convocan las primeras oposiciones para licenciados en Ciencias de la Actividad Física y el Deporte, que se fueron integrando, promoción tras promoción, al novedoso y para algunos sorprendente Cuerpo Facultativo Superior de la Junta de Andalucía.

3. La Consejería de Turismo y Deporte y todos los agentes que conformaban el sistema deportivo andaluz ven, son conscientes de la oportunidad que coyunturalmente se ha presentado para que todos juntos, comprometidos, con talante, respeto y, fundamentalmente, con diálogo y trabajo, hagan que el deporte andaluz despegue, progrese, se consolide y sea un referente en el concierto nacional.

4. La aprobación de la primera Ley del Deporte por el Parlamento de Andalucía, Ley 6/1998, de 14 de diciembre *y*, evidentemente, su tremendo e intenso desarrollo reglamentario, digno de los mayores elogios, liderado por el que fue secretario general técnico de la Consejería Sr. D. Rafael Rodríguez de León García, así como el

Decreto 227/2002, de 10 de septiembre, de formulación del Plan General del Deporte de Andalucía.

Razones, factores, elementos que posibilitan la creación, desarrollo, mejora y consolidación de planes y programas en beneficio del sistema deportivo federado. En definitiva, de las federaciones deportivas andaluzas, de los clubes y de los agentes principales del hecho deportivo, que no son otros que *los deportistas.*

Así, avalado y respaldado por su marco competencial, la Junta de Andalucía a través de la Consejería competente, que a lo largo de los años/legislaturas ha ido cambiando de denominación, va estableciendo un marco de actuación/intervención/ para que el sistema deportivo federado en nuestra comunidad vaya desarrollándose, creciendo y consolidándose.

Vemos, pues, a lo largo del recorrido federativo, que las federaciones deportivas intervienen, y bien, -de acuerdo con sus medios- en el hecho deportivo, pero es a partir del año 1996 cuando la Consejería de Turismo y Deporte de la Junta de Andalucía establece el primer *Plan del Deporte Federado,* compuesto por diferentes programas, como son, entre otros, campeonatos de Andalucía de clubes y de selecciones, el de detección, perfeccionamiento y seguimiento de talentos deportivos, tecnificación, organización de actividades territoriales, gestión y funcionamiento.

Manifestándose todo ello en un gran apoyo de la Administración pública autonómica, dinerario -subvenciones y convenios- y de infraestructura y logística -sedes y gastos estructurales- desde los años 1994-1996 (IV legislatura) hasta el año 2008 (VII legislatura), pues desde el año 2009 hasta la actualidad (VIII legislatura) comienza a descender, fundamentalmente, y estoy seguro de ello, debido a la deficiencia presupuestaria de la Consejería competente, hoy Consejería de Cultura y Deporte.

Cuantías, ayudas, subvenciones, a través de Órdenes y Resoluciones de convocatorias -ejemplo de ello, la Orden de 20 de marzo de 1997, por la que se establece el procedimiento general para la concesión de subvenciones en materia de fomento de las actividades deportivas de Andalucía-, que desde 1989, fecha en la que la Junta de Andalucía estableció un procedimiento especial (mejorado a lo largo de los años y legislaturas) de concesión de subvenciones a las federaciones deportivas andaluzas, han tenido las magnitudes que podemos apreciar en la tabla IV.

Tabla IV

AÑO	SUBVENCIÓN	AÑO	SUBVENCIÓN
1989	267 876 052	2001	766 172 300
1990	262 298 244	2002	5 133 992,51
1991	338 428 620	2003	5 074 466,17
1992	413 436 840	2004	5 502 146,89
1993	426 000 000	2005	6 019 565,58
1994	446 928 978	2006	6 423 377,66
1995	452 517 800	2007	6 870 000,00
1996	470 339 700	2008	7 205 253,58
1997	596 800 000	2009	6 621 129,00
1998	671 336 000	2010	5 984 832,00
1999	690 387 500	2011	5 356 255,50
2000	697 668 034	2012	2 000 000

Nota: Desde el año 1989 a 2001 las cuantías responden a pesetas, y desde el año 2002 a 2012 a euros.
Fuente: Consejería de Cultura y Deporte. Junta de Andalucía.

Permítanme, debido a su importancia y significación cara al rendimiento de nuestros deportistas, algunos apuntes sobre el programa de detección, perfeccionamiento y seguimiento de talentos deportivos.

Programa de detección, perfeccionamiento y seguimiento de talentos deportivos

Este programa se suele/solía identificar con los Centros de Tecnificación Deportiva (CTD), en nuestro caso Centro Andaluz de Tecnificación Deportiva (CATD), a pesar de que los programas y los centros, como veremos más adelante, son dos cosas diferentes pero complementarias, que tienen un objetivo común: facilitar el óptimo desarrollo del potencial de rendimiento de los deportistas andaluces jóvenes considerados por sus propias federaciones como talentos deportivos, pues:

"El diseño de una buena metodología de base, el uso de un sólido método de detección de talentos y el análisis de una planificación coherente ya en la alta competición son, desde mi punto de vista, los sólidos pilares que identifican la política en el rendimiento deportivo".

Román Seco, Juan de Dios. (1995)

Programa que viene desarrollándose desde el año 1997, bajo la fórmula de convenio -20 de noviembre de 1997- con doce federaciones deportivas: atletismo, ciclismo (pista), deportes de invierno (fondo y alpino), gimnasia (rítmica), golf, halterofilia, hípica (saltos), natación, piragüismo, remo, tenis de mesa y vela (clases mistral, aloha, láser, radial, óptimist, europa y 420). El 5 de abril de 2001 se incorporaron al programa las federaciones deportivas de montañismo (escalada deportiva), espeleología, lucha (libre olímpica y grecorromana), judo, esgrima, tenis y bádminton, así como las especialidades de artística en gimnasia, y completo, doma y raid en hípica.

Por tanto, el programa estaba integrado por 19 federaciones deportivas andaluzas, y fue desde el año 1997 un fiel reflejo del trabajo de muchos y del talento de algunos, así como puerta de entrada para que el Consejo Superior de Deportes tipificara por Resolución de 29 de mayo de 1998 la instalación deportiva de Carranque (Málaga) como Centro Andaluz de Tecnificación Deportiva (CATD), aunque el programa no se ejecutaba en el mencionado centro y sí en un lugar concreto y específico con las prestaciones y requerimientos de un centro de tecnificación donde, por otra parte, cada deportista entrenaba en su club y/o instalación deportiva habitual y participaba en las concentraciones planificadas por el responsable técnico del programa, Dr. D. Juan José González Badillo, quien, junto con los directores técnicos de los programas/modalidades, planificaba, ejecutaba y evaluaba.

Directores técnicos de los programas/modalidades como Rafael Morales Rodríguez (atletismo), Antonio Molina Ortega (bádminton), Salvador Cabeza de Vaca (ciclismo), Pablo Ruiz de Almirón Megías y Manuel Ruiz Santiago (deportes de invierno), María Eugenia Díaz Mateo y Francisco J. Romero Ruiz (gimnasia), Manuel Garvayo García (golf), Fernando Pimentel Valero (halterofilia), Carlos González Quereda (hípica), Francisco J. Chaves Moyano (natación), Francisco Javier Álvarez del Rosario (piragüismo), Miguel Rovira Sabalgoitia (remo), Nicolás Pérez Durá (tenis), Rafael Rivero Arias (tenis de mesa) y Nicolás Mariño Pérez (vela).

Así, se realizaron concentraciones para deportes de invierno (fondo y alpino) en el Centro de Alto Rendimiento (CAR) de Sierra Nevada (Granada), remo y piragüismo en el Centro Especializado de Alto Rendimiento (CEAR) de remo y piragüismo de La Cartuja (Sevilla), ciclismo (pista) en el Velódromo Municipal de Dos Hermanas (Sevilla), gimnasia (rítmica) en Marbella (Málaga), gimnasia artística en la Instalación Deportiva Municipal de Hytasa (Sevilla), hípica en el hipódromo de Chapín de Jerez de la Frontera (Cádiz), tenis en la

Instalación Deportiva Municipal Sevilla Este (Sevilla), vela en Puerto Sherry del Puerto de Santa María (Cádiz) o espeleología en Villaluega del Rosario (Cádiz).

Con relación a este programa podemos decir que por él pasaron y estuvieron cientos de chicos y chicas de las diferentes modalidades deportivas, y obtuvieron cientos de podios en Campeonatos de España, participaciones en Campeonatos de Europa y del Mundo y, por tanto, formando parte de las selecciones nacionales de sus categorías deportivas.

Chicos, chicas, deportistas como Álvaro Fernández Cerezo, Juan de Dios Jurado Zafra, Antonio Manuel Reina Ballesteros, Luis Alberto Marco Contreras, Borja Vivas Jiménez y Kevin López Yerga (atletismo); Laura Molina Fernández, Carlos Longo Esteban, Rafael Fernández Arteaga y Alejandro Barriga Retamero (bádminton); José Julio Iglesias Pérez, Antonio Olmo Penacho, José Luis Carrasco Gamiz, Rubén Ruzafa Cueto, Belén López Morales y Sergio Mantecón Gutiérrez (ciclismo); David Ferrer Megías, Bárbara Ruiz García, Victoria Padial Hernández y Reyes Santaolalla de la Puerta (deportes de invierno); Luz Marina Fernández Acién, Verónica Ruiz Domínguez y David Pavón Maldonado (gimnasia); Pablo Martínez Benavides y Azahara Muñoz (Golf); Carmen Cejudo Fernández, Josué Bachi García y Tania Morillas Sánchez (halterofilia); Alfonso Wucherpfening Simón, Belén Doménech Miranda, Concepción Badillo Díaz, Carmen Collado Suárez, Rafael Muñoz Pérez, Melquíades Álvarez Caraballo y Duane Rocha Araujo (natación); Pablo Ortega Nogales (piragüismo); Pedro Rodríguez Aragón y Pedro Murillo Garrido (remo); Estrella Cabeza Candela y Lucía Cervera Vázquez (tenis); Blanca Manchón, Marina Alabau, Ignacio Zalvide López y Julio Ruiz Gómez (vela).

Todos ellos, más tarde, se integraron al Programa Andaluz de Entrenamiento, y a los programas del Plan del Deporte de Alto Rendimiento, Plan Andalucía Olímpica y/o Plan ADO (Asociación de Deportes Olímpicos) y, por otra parte, muchos de ellos estuvieron en Juegos Olímpicos de Verano y de Invierno.

Finalmente, es necesario y oportuno decir que este programa fue la antesala de los *centros de tecnificación,* pues a partir de 1998 -excepto el Centro de Alto Rendimiento de Altura de Sierra Nevada (CAR), Granada, 1992, por otra parte titularidad del Estado- y a través de las distintas Resoluciones del Consejo Superior de Deportes en cuanto a "instalaciones clasificadas", en Andalucía se abre e inicia un escenario deportivo a través de centros específicos -denominados centros de tecnificación- a los que tendrán acceso los deportistas, y donde se deben producir los procesos de tecnificación atendiendo las necesidades que se determinen conjuntamente por las federaciones deportivas y la Administración pública deportiva, para integrar los "valores detectados".

Así, con esta metodología, Andalucía comienza a conformar una maravillosa, necesaria y atractiva Red andaluza de Centros Deportivos de Rendimiento, que presentamos cronológicamente:
- Centro Especializado de Alto Rendimiento (CEAR) de Remo y Piragüismo "La Cartuja" en Sevilla. 1998.

- Centro Especializado de Alto Rendimiento (CEAR) Tiro Olímpico "Juan Carlos I" (CEAR). Las Gabias. Granada. 2002.
- Centro Especializado de Tecnificación Deportiva (CETD) de Deportes de Invierno, en Sierra Nevada (Granada). 2006.
- Centro Especializado de Tecnificación Deportiva (CETD) de Gimnasia Rítmica, en Marbella (Málaga). 2006.
- Centro Especializado de Tecnificación Deportiva (CETD) de Tenis "Blas Infante", en Sevilla. 2006.
- Centro Especializado de Tecnificación Deportiva (CETD) de Tenis de Mesa, en Priego de Córdoba (Córdoba). 2006.
- Centro Especializado de Tecnificación Deportiva (CETD) de Natación, en Málaga. 2011.

También, en este mismo orden, pero clasificados por la Consejería de Turismo, Comercio y Deporte, se encuentran:

- Centro Andaluz de Entrenamiento de Marcha Atlética "Manuel Alcaide", en Guadix (Granada). 2007.
- Centro Andaluz de Entrenamiento de Hockey Hierba, en Alcalá la Real (Jaén). 2008.

En este mismo Plan del Deporte Federado hemos de destacar las capacidades organizativas de nuestras federaciones deportivas andaluzas en cuanto a sus campeonatos de Andalucía de clubes, selecciones provinciales y selecciones autonómicas, así como el eficiente trabajo de sus técnicos para llegar a las finales de campeonatos de España de clubes y/o selecciones autonómicas, donde nuestra comunidad, tanto en deporte individual como de asociación y en todas las categorías, *subió y continúa subiendo a podio.*

Para contrastar y disfrutar de lo anteriormente mencionado vean las memorias, informes y anuarios del Consejo Superior de Deportes, Consejería de Cultura y Deporte de la Junta de Andalucía, federaciones deportivas españolas y andaluzas en modalidades deportivas como ajedrez, atletismo, bádminton, balonmano, baloncesto, boxeo, orientación, fútbol, halterofilia, karate, lucha, motociclismo, natación, piragüismo, remo, rugby, tenis, tenis de mesa, vela y voleibol, entre otras.

A este Plan del Deporte Federado le acompaña, nace casi paralelamente en la Consejería de Turismo y Deporte el denominado *Plan del Deporte de Alto Rendimiento,* conformado por programas como los *Salto, Elite y Estrella,* pero no podemos olvidar en este marco la aparición del trascendente Decreto 434/2000, de 20 de noviembre, sobre el Deporte Andaluz de Alto Rendimiento, modificados sus anexos por la

Orden de 6 de mayo de 2002 y, posteriormente todo ello derogado por el Decreto 336/2009, de 22 de septiembre, por el que se regula el deporte de Rendimiento de Andalucía y en el que se establecen tres niveles (Alto Nivel de Andalucía, Alto Rendimiento de Andalucía y Rendimiento de Base de Andalucía).

Aquí, en este estudio, presentamos en la tabla V el número de deportistas, entrenadores y árbitros.

Tabla V

Deportistas

AÑO	NÚMERO
2000	-
2004	274
2008	363
2012*	78 DANA
	758 DARA

Entrenadores

AÑO	NÚMERO
2000	-
2004	80
2008	142
2012*	6 DANA
	60 DARA

Árbitros

AÑO	NÚMERO
2000	-
2004	26
2008	40
2012*	17

Nota: Años finales de legislaturas
* Número de deportistas, entrenadores y árbitros que corresponden al año 2011
DANA: Deportistas de alto nivel de Andalucía
DARA: Deportistas de alto rendimiento de Andalucía
Fuente: Consejería de Cultura y Deporte. Junta de Andalucía

En cuanto a los programas, y a modo de síntesis, diremos que el Programa Salto nace en 1998 y tiene como finalidad apoyar y promover el alto rendimiento deportivo en Andalucía, y en concreto a aquellos deportistas que practiquen deportes, modalidades y/o especialidades no contempladas en el programa de los Juegos de Verano y de Invierno.

Aquí, en este estudio, presentamos en la tabla VI el número de deportistas y entrenadores beneficiarios de este programa.

Tabla VI

Deportistas

AÑO	NÚMERO
2000	99
2004	88
2008	132
2012	No se ha publicado convocatoria

Entrenadores

AÑO	NÚMERO
2000	-
2004	24
2008	55
2012	No se ha publicado convocatoria

Nota: Años finales de legislaturas
Fuente: Consejería de Cultura y Deporte. Junta de Andalucía.

En cuanto al Programa Elite, que nace en el año 2000, tiene como finalidad apoyar a los deportistas andaluces de alto nivel (incluidos en la relación de deportistas de alto nivel aprobada por resolución del Consejo Superior de Deportes que se encuentre en vigor en el momento de efectuar la correspondiente solicitud), y que no perciban, directa o indirectamente, subvenciones, ayudas o becas ADO.

El número de deportistas beneficiarios de este programa podemos apreciarlos en la tabla VII.

Tabla VII

Deportistas

AÑO	NÚMERO
2000	-
2004	22
2008	33
2012	No se ha publicado convocatoria

Nota: Años finales de legislaturas
Fuente: Consejería de Cultura y Deporte. Junta de Andalucía.

Finalmente, en este marco del deporte de alto rendimiento nace en el año 2001 el Programa Estrella, que recordemos tiene como finalidad apoyar y promover el alto rendimiento deportivo en Andalucía, y en concreto a aquellos clubes/equipos de deportes de asociación y/o pruebas de equipo de esfuerzos o de actuación simultánea que se encuentren participando en la máxima y/o submáxima categoría nacional de la modalidad deportiva.

Programa que desde la temporada 2004-2005, sin perder su finalidad y personalidad, tuvo significativos cambios en su configuración. Por una parte se diseñó el *Programa Estrella Elite,* y por otra el *Programa Estrella Base,* para mostrar de manera tangible el apoyo a toda la línea de rendimiento en cuanto a las categorías deportivas por las que transcurre la edad y el nivel de un deportista.

El número de equipos/clubes beneficiarios de estos programas podemos apreciarlos en las tablas VIII, IX y X.

Tabla VIII

Estrella
Equipos/Clubes

TEMPORADA	NÚMERO
2001-02	56
2002-03	69
2003-04	70

Tabla IX

Estrella Elite
Equipos/Clubes

TEMPORADA	NÚMERO	TEMPORADA	NÚMERO
2004-05	89	2008-09	96
2005-06	98	2009-10	101
2006-07	93	2010-11	88
2007-08	92	2011-12	85

Tabla X

Estrella Base
Equipos/Clubes

TEMPORADA	NÚMERO
2004-05	17
2005-06	18
2006-07	18
2007-08	21 FDA*

FDA: Federaciones deportivas andaluzas
Fuente: Consejería de Cultura y Deporte. Junta de Andalucía.

Al margen de lo anteriormente mencionado, como ayuda a los equipos/clubes andaluces, la Consejería competente en materia deportiva también estableció cuantías, ayudas, subvenciones, a través de Órdenes y Resoluciones de convocatorias, desde sus inicios. Así, citemos como ejemplo la Orden de 17 de enero de 2003, por la que se establecen las bases reguladoras para la concesión de subvenciones a Entidades locales, *clubes deportivos* y otras personas jurídicas sin ánimo de lucro para la organización de actividades de deporte para todos y de competiciones deportivas que no exceden del ámbito estatal, así como para la participación de los clubes deportivos en campeonatos oficiales de cualquier ámbito, y se convocan las correspondientes a 2003.

Ayudas destinadas a clubes donde, entre otras, para su concesión se establecen varios indicadores, como:

- Número de participantes en los Campeonatos de Andalucía, en las categorías infantil y cadete.
- Número de participantes en los Campeonatos de Andalucía, en las categorías alevín, juvenil y júnior.

- Nivel de participación en los Campeonatos de España no convocados por el Consejo Superior de Deportes, en las categorías infantil y cadete.
- Nivel de participación en los Campeonatos de España en las categorías alevín, juvenil y júnior.
- Número de participantes en las distintas fases de los Campeonatos de Andalucía en las categorías sénior y veteranos.

Esta síntesis narrativa con relación al deporte federado/rendimiento no puede finalizar sin una mención especial al Centro Andaluz de Medicina del Deporte y a la Fundación Andalucía Olímpica, pues han sido factores/elementos/entidades determinantes en el desarrollo, crecimiento y consolidación del deporte andaluz de rendimiento.

Centro Andaluz de Medicina del Deporte

El Centro Andaluz de Medicina del Deporte de Andalucía, como podemos apreciar en el marco competencial, se creó mediante el Decreto 224/1999. Sin embargo, se pone en funcionamiento y operativo el año 2002 -desde el año 2005 están funcionando todos los centros periféricos-, por lo que este año 2012 cumple su décimo aniversario. Sus directores han sido Delfín Galiano, Carmen Adamuz, Laura Pascual y, actualmente, Leocricia Jiménez.

Tiene como fines la prevención y programación en materia de salud deportiva, el control de la aptitud general para el deporte, *el seguimiento médico del entrenamiento de alto nivel y alto rendimiento,* la prevención y control de sustancias no autorizadas, así como la promoción del estudio y la investigación en el campo de la medicina deportiva.

Sus funciones, son, entre otras:
- La realización de los reconocimientos médicos para la práctica del deporte de competición.
- El control y seguimiento médico-deportivo de los deportistas de alta competición.

El centro ha tenido más de 60 000 visitas de deportistas, destacando las realizadas por los deportistas que han formado/forman parte de la red de centros de entrenamientos, federaciones, clubes de alto nivel, así como los clubes de primera de fútbol y de otras categorías, club baloncesto Sevilla Cajasol de Sevilla, rugby Cajasol de Sevilla y Cajasol voleibol de Dos Hermanas (Sevilla), Club Voleibol Puerto Real (Cádiz), Club Deportivo

Córdoba de fútbol sala femenino, así como equipos de los programas Estrella, Elite, Salto, Alto Rendimiento, Tecnificación, Plan Andalucía Olímpica, Plan Paralímpicos Andaluces, así como otros de las propias federaciones deportivas andaluzas, españolas y extranjeras.

Visitas que han ido progresivamente aumentando hasta llegar a más de 60 000. Así, en la tabla XI podemos ver y apreciar las visitas/años.

Tabla XI

AÑO	VISITAS	AÑO	VISITAS
2004	+ 7 000	2009	7 902
2005	+ 6 000	2010	8 456
2006	12 231	2011	11 222
2007	4 441	2012	*
2008	6 543		

* No están contabilizadas aún las realizadas en el año 2012
Fuente: Centro Andaluz de Medicina del Deporte. Consejería de Cultura y Deporte. Junta de Andalucía.

Por otra parte, actuaciones no menos significativas son los convenios que este centro posee con diferentes Universidades:

- Universidad de Granada, por el que se crea la Unidad Mixta de Investigación.
- Universidad de Tolima de Colombia, para estancias de personal investigador en el Centro Andaluz de Medicina del Deporte.
- Universidad de Cádiz y Málaga, para la formación de médicos especialistas.
- Universidad Pablo de Olavide de Sevilla, para desarrollo de su Plan de Estudios.
- Universidad de Sevilla, Universidad Pablo de Olavide de Sevilla, Universidad de Navarra y Universidad de Chapecó de Brasil, para la realización de prácticas.
- Universidad Autónoma de Nuevo León de México, para estancias de personal investigador en el Centro Andaluz de Medicina del Deporte.
- Universidad Católica San Antonio de Murcia y Universidad de Sevilla, para impartir actividades formativas en materia de medicina deportiva.

Importante, también, ha sido su participación activa en eventos como el Campeonato de España absoluto de judo, 2004; XV Juegos Mediterráneos de Almería, 2005; Copa de Europa de atletismo, 2006 o Campeonato de Europa de hockey sala absoluto femenino de selecciones nacionales, 2008, así como la publicación con periodicidad cuatrimestral desde el año 2008 de la Revista Andaluza de Medicina del Deporte, que ya es la revista especializada con mayor tirada en Iberoamérica.

Fundación Andalucía Olímpica

"Determinar el nivel del deporte de alto rendimiento de una comunidad, país o Estado resulta complejo por la diversidad de deportes y de su diferente desarrollo internacional. Parece que los Juegos Olímpicos, como máximo evento polideportivo, podrían cumplir este carácter descriptivo y diagnóstico".

Xavier Leibar. (2011)

Antes de definir sus principios, contenidos y desarrollo es justo mencionar que en la sede del Instituto Andaluz del Deporte (IAD) se celebró en el año 1995 el I Seminario Andaluz sobre ayuda al deporte de élite. Seminario compuesto por Francisco Guzón Fernández (Consejo Superior de Deportes), Antonio Pérez de Guzmán (Comité Olímpico Español), Antonio Jorge Hidalgo Mora (Federación Andaluza de Prensa Deportiva), Francisco Pérez Gamero (Canal Sur TV), José Miguel Silva Pérez (abogado-asesor fiscal), Fernando Pimentel Valero (Federación Andaluza de Halterofilia), Ramón Velázquez Mellado (Federación Andaluza de Voleibol) y coordinado por Pepe Díaz García (Servicio de Cultura Física de la Dirección General de Deportes de la Consejería de Cultura, de la Junta de Andalucía).

En él se estudiaron y plasmaron principios generales, principios de actuación, programas y seguimientos, partes participantes o socios del programa, órganos de gestión y gobierno del programa, definición de requisitos y objetivos exigibles a participantes y beneficiarios, marco jurídico-patrimonial de actuación y constitución de una entidad gestora, marco funcional para patrocinadores, recursos humanos y estatutos de la Asociación Deportiva Heracles para crear, desarrollar y ejecutar lo que se denominó Programa Heracles.

Programa cuyo principio principal se definió como:

"Una asociación, fundación... deportiva sin ánimo de lucro que nace con el único objeto de poner a disposición de los deportistas andaluces los medios necesarios para, mediante su formación, integrarse al programa ADO y/o incorporarse a los equipos olímpicos de nuestro país, conformando una sólida base técnica y estructural para promocionar la alta competición en nuestra comunidad autónoma".

y, posiblemente, antesala de todo lo que se estudió, analizó y decidió al constituirse la Fundación Andalucía Olímpica. Una fundación que fue constituida el 29 de julio de 1997, presidida por los Sres. Alejandro Rojas-Marcos de la Viesca, Pablo de los Santos Parejo y, actualmente, por José María Martín Delgado -posteriormente referente para el resto de comunidades autónomas- por la Junta de Andalucía y el Comité Olímpico Español, y que, según sus Estatutos (capítulo I, artículo 5),

> *"tiene por objeto desarrollar e impulsar el Movimiento Olímpico en Andalucía, bajo los principios de la Carta Olímpica, uniendo la cultura, la educación y el deporte para el desarrollo integral de la sociedad y contribuir así a un mundo mejor y más pacífico, sin discriminaciones de ninguna clase y mediante la divulgación del espíritu y la filosofía del Olimpismo".*

A través de ella, y en su marco de actuación, crea en 1997 el Plan Andalucía Olímpica, y en 1999 el Plan Paralímpicos Andaluces.

El Plan Andalucía Olímpica es el principal programa de apoyo al deporte de alto nivel en Andalucía. Desde 1998 en que celebra su primera edición, cada temporada deportiva ha beneficiado a los mejores deportistas de Andalucía -no incluidos en el Plan ADO (Asociación de Deportes Olímpicos)- concediéndose becas a deportistas y a sus entrenadores, y ayudas para concentraciones, asistencia a competiciones internacionales y adquisición de material técnico para la evaluación del entrenamiento, así como asistencia médica gratuita para lesiones.

Prestaciones que están dirigidas a la consecución de tres objetivos fundamentales:

1. Elevar el nivel de todos los deportistas integrados en el Plan para que mejoren sus resultados en las competiciones internacionales.
2. Conseguir que los deportistas andaluces se incorporen al Plan ADO y/o a los equipos olímpicos nacionales.
3. Desarrollar todas aquellas modalidades deportivas olímpicas que por su nivel deportivo en Andalucía pueden alcanzar en el futuro próximo el alto nivel.

> *Desde su primera edición en el año 1998, y hasta 2012, se han otorgado 2134 becas entre deportistas y técnicos, con un importe total de 6,8 millones de euros.*

Fuente: Fundación Andalucía Olímpica.

El Plan Paralímpicos Andaluces es un proyecto permanente de la Fundación Andalucía Olímpica creado en 1999, en colaboración con las federaciones andaluzas de deportes adaptados, para conseguir que más andaluces participen en los Juegos Paralímpicos. A través de este programa, la Fundación beca a los mejores deportistas andaluces y a sus entrenadores, pertenecientes a cuatro federaciones: las andaluzas de deportes para discapacitados físicos, discapacitados psíquicos y discapacitados cerebrales, y la española de deportes para ciegos.

Los objetivos específicos del Plan Paralímpicos Andaluces son:

- Elevación del nivel de todos los deportistas andaluces discapacitados beneficiarios del Plan y obtención de buenos resultados en las diferentes competiciones internacionales.
- Incorporación de los deportistas andaluces discapacitados a los equipos paralímpicos nacionales y Plan ADOP (Asociación de Deportes Paralímpicos).
- Desarrollo de aquellas modalidades de deportes adaptados que, por su nivel deportivo en Andalucía, se considere que pueden alcanzar en el futuro próximo el alto nivel.

> *Desde su primera edición, año 1999, y hasta 2012 se han concedido 1 061 becas entre deportistas y técnicos, con un importe total de 929 000 euros.*

Fuente: Fundación Andalucía Olímpica.

Planes que desde un primer momento estuvieron asesorados por Comisiones Técnicas Deportivas. La Comisión Técnica Deportiva del Plan Andalucía Olímpica, desde 1997 a 2009, compuesta por Manuel Llanos, posteriormente sustituido por Ricardo Leiva, Pepe Díaz, Juan José González Badillo, Pepe Lorente y Carlos Molina, como secretario Rafael Gil. Por otra parte, la Comisión Técnica Deportiva del Plan Paralímpicos Andaluces, desde 2005 a 2009, compuesta por Rafael Gil, Jesús Roca, Pedro Montiel, Concepción Ruiz y Pedro Aragón, como secretaria Paqui Bazalo. A partir del año 2009, al margen de un tiempo de transición y hasta la actualidad, se reunifican ambas comisiones en una formada por Ricardo Leiva, Miren Zuriñe Ibarra, Juan de la Cruz Vázquez, Jesús Roca, posteriormente sustituido por Pedro Eduardo Romero, Eva María Fernández y María José Romero, como secretario Rafael Gil.

Los resultados cuantitativos de ambos planes, de acuerdo con sus objetivos, han sido:

> *342 deportistas promocionados al Plan ADO*
> *188 deportistas promocionados al Plan ADOP*

Fuente: Fundación Andalucía Olímpica.

- 84 participantes andaluces en los Juegos Olímpicos, de los cuales 53 disfrutaron de becas del Plan Andalucía Olímpica.
- 70 participantes andaluces en los Juegos Paralímpicos, de los cuales 62 disfrutaron de becas del Plan Paralímpicos Andaluces.

Ahora bien, antes de 1998 y 1999, fechas en que comenzaron el Plan Andalucía Olímpica y el Plan Paralímpicos Andaluces, respectivamente, es de justicia destacar que 131 andaluces y andaluzas sin la existencia de un plan específico andaluz como estos, consiguieron, unos con precarios medios, y otros con algunos medios más, como pudieron ser becas de las respectivas federaciones españolas o becas ADO, el privilegio de estar, participar y obtener éxitos competitivos en unos Juegos Olímpicos o en unos Juegos Paralímpicos.

Así, Andalucía tuvo 77 deportistas olímpicos y 54 paralímpicos andaluces desde 1982 -inicio de nuestro estudio y análisis- a 1996.

Olímpicos, como, entre otros, Manuel Alcalde y Manuel Pancorbo en atletismo; David Serrano y Esther Sanz en bádminton; Margarita Geuer y Andrés Jiménez en baloncesto; Jesús Gómez y Luis Eduardo García en balonmano; Rafael Lozano y Faustino Reyes en boxeo; José Manuel Moreno Periñán en ciclismo; Fernando Jesús Medina en esgrima;

Francisco Miguel Narváez y Rafael Berges en fútbol; Cecilio Leal y José Zurera en halterofilia; Luis Astolfi y José Ramón Beca en hípica; Francisco Rodríguez en judo; Miguel Ángel Sierra en lucha; María Peláez, Jaime Fernández y Fátima Madrid en natación; Francisco López Barea y Beatriz Manchón en piragüismo; Fernando Climent, José María de Marco y Nuria Domínguez en remo; Elena Benítez y Ángel Damián Alonso en taekwondo; Roberto Casares en tenis de mesa; José María Colorado en tiro olímpico; Manuel Francisco Jiménez Taravilla en tiro con arco; Theresa Zabell en vela; María José Rienda y José Javier Rojas en deportes de invierno.

Paralímpicos, como, entre otros, Manuel Adrián, María Teresa Espinosa, Francisco Dueñas, Fernando Gómez Doblas y Juan Antonio Prieto en atletismo; Luis Tomás Albeada, Manuel Cáceres, José Cobos, Joaquín Fernández, Antonio Henares, Diego de Paz y Salvador Zurita en baloncesto silla de ruedas. Juan Carlos Molina, Miguel Ángel Pérez Tello y María Belén Pérez en ciclismo. Francisca Bazalo y María Cristina Pérez en esgrima. Rafael Sarmiento en halterofilia. Juan Montilla en judo. María Serafina Monterrubio y José Pedrajas Pedrajas en natación. Juan Manuel Ramos en tenis. Cristóbal Gallardo, Manuel Robles, María Cinta Campina y Juan Antonio Liñán, en tenis de mesa. José Luis Hermosín en tiro con arco. José Bombillar, Javier Pascual Núñez, Alfredo Javier Spinola Montoro en deportes de invierno.

Sin embargo, a partir de los Juegos de la XXVII Olimpiada de Sídney 2000, Andalucía y sus andaluces, debido entre otros a estos planes específicos, se hacen notar en los Juegos Olímpicos y Paralímpicos.

Así, Andalucía tuvo 84 deportistas olímpicos y 70 paralímpicos andaluces desde 2000 a 2012. Teniendo en cuenta que algunos de Sídney 2000 ya estuvieron en Barcelona 1992 y Atlanta 1996.

Olímpicos, entre otros, como Mercedes Chilla, Francisco Javier Fernández Peláez, Antonio David Jiménez Pentinel, Manuel Olmedo, Antonio Manuel Reina, Kevin López y Luis Alberto Marco en atletismo. José Antonio Crespo y Carolina Marín en bádminton. Begoña García, Alfonso y Felipe Reyes, Ignacio Rodríguez y Isabel María Sánchez en baloncesto. Cristina Esmeralda López, Noelia Oncina y Antonio Carlos Ortega en balonmano. José Kelvin de la Nieve Linares en boxeo. Carlos Marchena y José María Romero en fútbol. Carolina Malchair, Verónica Ruiz, Lidia Redondo y Lourdes Mohedano en gimnasia rítmica. Josefa Pérez en halterofilia. Juan Antonio Jiménez, Ricardo Jurado y Juan Manuel Muñoz en hípica. Raquel Huertas, Yurena Panadero, Eduardo Aguilar y Víctor Manuel Sojo en hockey. Ana Belén Palomo, Rafael Muñoz,

Melquiades Javier Álvarez, Concepción Badillo y Duane da Rocha en natación. Pablo Enrique Baños en piragüismo. Lourdes Guillén Cruz en remo. Zhiwen He Cheng y Carlos David Machado en tenis de mesa. José Antonio Colado en tiro olímpico. Felipe López y Blas Miguel Cuesta en tiro con arco. Fátima Gálvez en tiro olímpico. José María Merchán en triatlón. Rafael Joaquín Trujillo, Marina Alabau, Blanca Manchón y María del Carmen Vaz en vela. Victoria Padial, Regino Hernández y Carolina Verónica Ruiz en deportes de invierno.

Paralímpicos, entre otros, como José Antonio González, María Teresa Muñoz y Ángel Pérez en atletismo; José Manuel Rodríguez y Manuel Ángel Martín en boccia; Antonio García, Juan Fernández, Lidia Parra, Francisco González Montañéz, Alfonso Cabello y Juan Emilio Gutiérrez en ciclismo; Luis Miguel Redondo y Carlos Javier Soler en esgrima; Alfredo Cuadrado, José López, Antonio Jesús Martín y Marcelo Rosado en fútbol 5; Domingo García en halterofilia; María del Carmen Herrera, María del Mar Olmedo y Abel Vázquez en judo; Sebastián Rodríguez, Miguel Ángel Martínez, Marta María Gómez y Edgar Quirós en natación; José Manuel Ruiz, Álvaro Valera y Tomás Piñas Bermúdez en tenis de mesa; José Manuel Marín y Juan Miguel Zarzuela en tiro con arco.

Paralelamente a estos programas favorecedores del rendimiento deportivo en nuestra comunidad, desde el año 1995 se han venido organizando y desarrollando los denominados "Encuentros Andaluces de Federaciones Deportivas" en cada uno de los cuales -junto con las federaciones deportivas andaluzas- se trataban y analizaban, y se reflexionaba acerca de temas como: la planificación como búsqueda de la eficacia deportiva; planes, programas y proyectos deportivos federativos; el líder en el próximo milenio; la tecnificación; entes de formación y vías de formación; titulaciones de técnicos deportivos; informatización y nuevas tecnologías; dimensiones del deporte; tendencias de futuro para el aumento de la práctica deportiva; legislación y desarrollo reglamentario; gestión interna en las federaciones deportivas; naturaleza jurídica y objetivos de las federaciones; el modelo federativo andaluz, catalán y español, temas todos ellos impartidos siguiendo la metodología de conferencia coloquio y/o taller por profesores, como, entre otros, Juan A. Mestre, Juan Carlos Maestro, Juan José González Badillo, Jesús Roca, Ángel María Prados, Ana Rovina, José Antonio Cruz, Leonardo Chaves, Juan de la Cruz, David Moner, Rafael Blanco y Pepe Díaz.

Por otra parte, desde el año 2006 la Consejería de Turismo, Comercio y Deporte se alinea a través de un convenio con la Fundación

ADECCO con el "Programa Carrera hacia el Empleo", programa imprescindible para que los deportistas y exdeportistas andaluces durante su vida deportiva o una vez finalizada esta puedan integrarse en el mercado laboral mediante seminarios -liderados por el formador José Luis Llorente- para que estos adquieran una visión general del mercado laboral, se familiaricen con los métodos de desempeño de un puesto de trabajo a través de programas individualizados de orientación y, finalmente, encuentren un trabajo adecuado a su perfil personal y profesional.

Han pasado por este programa, entre otros, deportistas andaluces como Juan José Salvador y Carlos Carreño (voleibol); Alfredo Cambil (atletismo); Daniel Romero y Antonio Rafael Conde (baloncesto); Juan Pedro Redondo (hípica); Rafael Fernández (bádminton); Gabino Rodríguez (fútbol); Ángel Jaime (rugby); María de la O Moreno (tiro con arco), Jacobo Peña (piragüismo) y Sergio Macias (gimnasia).

CONCLUSIONES

1. El sistema deportivo federado presenta una estructura y organización de corte piramidal: clubes, federaciones territoriales, federaciones nacionales, federaciones continentales y federaciones internacionales.
2. En Andalucía, como en el resto de comunidades autónomas, la intervención pública del deporte se ha llevado a cabo respetando la estructura asociativa y el desarrollo de la organización privada clásica o convencional (federaciones y clubes), y sobre estas se ha proyectado y proyecta la intervención administrativa autonómica.
3. Para que los deportistas puedan practicar deporte se necesita que alguna persona física o jurídica asuma la gestión y organización de las actividades. En el caso del deporte convencional, mediante delegación de funciones de carácter administrativo a las federaciones deportivas.
4. Las federaciones deportivas andaluzas tienen una financiación mayoritariamente pública. Más de la mitad de las constituidas e inscritas no tienen más ingresos que las cuotas por licencias y las subvenciones y ayudas públicas.
5. Son escasas las federaciones deportivas andaluzas que disponen de una sede propia y satisfactoria, pocas las que tienen personal administrativo y técnico y el nivel de equipamiento informático hoy

exigible, y casi ninguna de ellas posee instalaciones deportivas propias.
6. Son pocos los clubes andaluces que cuentan con razonable número de socios, directivos, deportistas y técnicos, así como con la mínima infraestructura, instalaciones adecuadas y suficientes vías de financiación. Viven y se sustentan del voluntarismo de sus socios fundadores y de las subvenciones/ayudas de las Administraciones públicas.
7. El deporte de rendimiento -aquel que se practica con el objetivo final de la competición- se encuentra articulado y controlado por los clubes deportivos y por las federaciones deportivas andaluzas correspondientes a la modalidad practicada.
8. El rendimiento deportivo se mide en términos de eficacia, es decir, se produce rendimiento cuando se cumple, se obtiene, se consigue, el objetivo para el que se entrena o se compite.
9. La búsqueda de la financiación privada debe convertirse en uno de los principales objetivos para las federaciones deportivas andaluzas y clubes deportivos.
10. Las federaciones deportivas andaluzas y los clubes deben crear y desarrollar programas dirigidos a captar al practicante de deporte para todos.

ANÁLISIS DAFO (DEBILIDADES, AMENAZAS, FORTALEZAS Y OPORTUNIDADES). Herramienta de análisis de la situación del sistema deportivo federado andaluz.

30 AÑOS DE DEPORTE FEDERADO	
DEBILIDADES	**FORTALEZAS**
1. La estructura orgánica, pues sus directrices, desarrollo y fines dependen de la ilusión, dedicación y entusiasmo de muy pocas personas y, a veces, con un alto grado de personalismo.	1. El aumento de la práctica deportiva, unida y asociada a los éxitos del deporte español.
2. Los recursos económicos para el sustento de las actividades programadas son escasos en la mayoría de los casos, y deben venir de las subvenciones públicas o/y rifas, sorteos, viajes y un largo etcétera que los "benditos entusiasmados" permanentemente utilizan para poder sobrevivir.	2. Los valores intrínsecos de la práctica deportiva, del deporte.
3. Las condiciones infraestructurales (falta de locales-sedes y dificultades de utilización de instalaciones) son mínimas, y a veces inexistentes.	3. Líderes y gestores con capacidad, conocimientos, profesionalidad, formación, que son capaces de integrar, ilusionar y buscar soluciones a problemas.
4. El número de personas afiliadas / comprometidas es escaso, a veces se limita al núcleo familiar y de amistades.	4. El deseo, la intención, el vínculo mayoritario para asociarse "deportivamente" de manera oficial y registral, que no es otro que la competición.

AMENAZAS	OPORTUNIDADES
1. La oferta de ocio tan potente que existe actualmente, y la ausencia de compromiso que el deporte federado requiere.	1. Los éxitos competitivos del deporte español en las competiciones internacionales, fundamentalmente en los Juegos Olímpicos y Paralímpicos.
2. El cambio en los hábitos sociales está provocando el abandono de la práctica deportiva por parte de los adolescentes.	2. El deseo de los patrocinadores de asociarse a los valores del deporte.
3. La reducción de horas de Educación Física en todas las etapas del sistema educativo.	3. El reconocimiento social de los grandes campeones y su trascendencia y repercusión en los medios de comunicación.
4. La falta de profesionalización y compromiso de los docentes / entrenadores en las actividades deportivas extraescolares.	4. La adaptación y adecuación a los nuevos tiempos, ofertando una mayor calidad en los servicios deportivos que proporciona a sus deportistas.

REFERENCIAS BIBLIOGRÁFICAS

CARTA EUROPEA DEL DEPORTE. *Recomendación R (92) 13 del Comité de Ministros a los Estados Miembros sobre la Carta Europea del Deporte.* Adaptada por el Comité de Ministros el 24 de septiembre de 1992.

CONFEDERACIÓN DE FEDERACIONES DEPORTIVAS ANDALUZAS. *Guía del deporte federado andaluz.* Sevilla: Información Estadio Deportivo SA, 2008.

CONSEJERÍA DE TURISMO, COMERCIO Y DEPORTE. *El deporte de alto rendimiento.* Sevilla: Consejería de Turismo, Comercio y Deporte de la Junta de Andalucía, 2008.

DÍAZ GARCÍA, P. El deporte de base y el sistema deportivo federado. La organización de competiciones y la selección de talentos, en *I Jornadas sobre el deporte de base,* Instituto Andaluz del Deporte (Málaga), 1996.

DÍAZ GARCÍA, P. Deporte de Tecnificación y Alto rendimiento, trabajo para el *Plan General del Deporte de Andalucía.* Sevilla: Junta de Andalucía. Consejería de Turismo y Deporte, 1997.

DÍAZ GARCÍA, P. Andalucía. Asociacionismo deportivo: Pasado, presente y futuro. *Deporte Andaluz,* 1999, 40, 51-64.

DÍAZ GARCÍA, P. Deporte y Sociedad, en: *Curso de doctorado en la Facultad de Ciencias de la Educación de Sevilla,* 2000.

DÍAZ GARCÍA, P. Deporte de alto nivel en España. Análisis, situación y posibles estrategias de actuación para su futuro desarrollo, *VIII Cursos de Verano de la Universidad de Granada,* 25 de julio de 2001, Sierra Nevada (Granada).

DÍAZ GARCÍA, P. Voleibol. El entrenamiento de talentos y su progresión hacía la alta competición. *Talentos Deportivos. Detección, entrenamiento y gestión.* Canarias: Dirección General de Deportes, 2003.

DÍAZ GARCÍA, P. La gestión institucional y social de los talentos deportivos: el modelo andaluz. *Talentos Deportivos. Detección, entrenamiento y gestión.* Canarias: Dirección General de Deportes, 2003.

DÍAZ GARCÍA, P. Clubes y Administraciones públicas deportivas: Una relación de futuro. *II Jornadas de clubes, bajo el título "Adecuación de nuevas tendencias del voleibol andaluz",* 13 y 14 de febrero de 2004, Puerto de Santa María (Cádiz).

DÍAZ GARCÍA, P y RODRÍGUEZ HUERTAS, J.M. *Olímpicos y paralímpicos andaluces.* Sevilla: Fundación Andalucía Olímpica, 2012.

GARCÍA LÓPEZ, M.J. *Subvenciones a federaciones deportivas andaluzas. Años 1989-1999.* Deporte Andaluz, 2000, 41, 27-40.

GONZÁLEZ BADILLO, J. J. Deporte de Tecnificación y Alto Rendimiento Deportivo, en: *Trabajo para el Plan General del Deporte de Andalucía.* Sevilla: Junta de Andalucía. Consejería de Turismo y Deporte, 1998.

INSTITUTO ANDALUZ DEL DEPORTE. *Programa de detección, perfeccionamiento y seguimiento de talentos deportivos 2000/Centro Andaluz de Tecnificación Deportiva.* Málaga: Instituto Andaluz del Deporte, 2001.

JUNTA DE ANDALUCÍA. CONSEJERÍA DE TURISMO, COMERCIO Y DEPORTE. *Programa de detección, perfeccionamiento y seguimiento de talentos deportivos 2004/Centro Andaluz de Tecnificación Deportiva.* Sevilla: Consejería de Turismo, Comercio y Deporte, 2005.

JUNTA DE ANDALUCÍA. CONSEJERÍA DE TURISMO Y DEPORTE. *Plan General del Deporte de Andalucía.* Volúmenes I y II. Sevilla, 2003.

LEGISLACIÓN DEPORTIVA EN ANDALUCÍA. Junta de Andalucía. Consejería de Turismo y Deporte. Sevilla, 2003.

LEY 6/1998, DE 14 DE DICIEMBRE, DEL DEPORTE DE ANDALUCÍA. Boletín Oficial de la Junta de Andalucía, nº 148 de 29 de diciembre de 1998; corrección de errores en BOJA núm. 33, de 18 de marzo de 1999.

SERVICIO DE LEGISLACIÓN Y RECURSOS. *Normas y Actos 1996-1997*. Sevilla: Junta de Andalucía. Consejería de Turismo y Deporte, 2001.

SERVICIO DE LEGISLACIÓN Y RECURSOS. *Normas y Actos 1998.* Sevilla: Junta de Andalucía. Consejería de Turismo y Deporte, 2001.

SERVICIO DE LEGISLACIÓN Y RECURSOS. *Normas y Actos 1999.* Sevilla: Junta de Andalucía. Consejería de Turismo y Deporte, 2001.

VARIOS. *Deporte popular. Deporte de élite. Elementos para la reflexión.* Valencia: Ayuntamiento de Valencia, 1984.

RECURSOS WEB

http://www.juntadeandalucia.es/turismocomercioydeporte

http://www.fundacionandaluciaolimpica.org

CAPÍTULO 8
30 AÑOS DE DEPORTE ADAPTADO

Francisca Bazalo Gallego
José Manuel Rodríguez Huertas
Pedro Aragón Cansino

No recuerdo a la persona, pero sí el mensaje. Una frase contundente, rotunda, que tras ser pronunciada resonó con la fuerza de un dogma: *"El Paralimpismo es el fenómeno deportivo más determinante de la segunda mitad del siglo XX"*.

Toda sentencia está expuesta, evidentemente, a matices. Y la presente no está exenta de ellos. Qué duda cabe que elevar el Movimiento Paralímpico al protagonismo que se le otorga en la cita conlleva subestimar la evolución del Olimpismo en ese tramo histórico, cuando logró reponerse de la amenaza política y las crisis económicas para convertirse en la más grande manifestación planetaria de todos los tiempos. No obstante, sí hay que admitir que el Movimiento Olímpico en su concepción moderna es hijo del siglo XIX y de principios del XX, en tanto que el Paralimpismo sí se ha desarrollado en toda la extensión de su ser durante las décadas de los 50, 60, 70, 80 y 90, desde su más precaria niñez hasta su más pujante madurez, a partir de los Juegos Paralímpicos de Barcelona 1992.

En 50 años, el deporte "para minusválidos", como se le encabezaba en los epígrafes de los diarios deportivos, ha devenido en "deporte paralímpico" o más correctamente -pues paralímpico define lo relativo a los Juegos Paralímpicos- en "deporte adaptado". En 50 años, la práctica deportiva ligada a personas con discapacidad ha asistido al incremento de sus funciones. A las tradicionales y primitivas de ser un modo de distracción, ocio, entretenimiento o inserción social, se les han unido las propias del rendimiento deportivo. Y es que la búsqueda del alto nivel en las competiciones es ya un objetivo que comparten, cada uno en sus respectivos ámbitos, el deportista con discapacidad y el deportista sin discapacidad.

Las marcas y el nivel de exigencia que arrojan las competiciones que se celebran cada año nada tienen que ver con las de aquellos primeros momentos del desarrollo del Paralimpismo, en los que, además, eran contados los eventos de rango internacional que existían y las participaciones eran raquíticas. Pocas personas con discapacidad accedían a la práctica deportiva y pocos países fomentaban las modalidades adaptadas. Baste recurrir a las cifras oficiales del Comité Paralímpico Internacional sobre deportistas y naciones participantes en los declarados primeros Juegos Paralímpicos, los de Roma 1960, y contrastarlos con los de Barcelona 1992, que pasan por ser la primera gran cita paralímpica de la historia. Si a Italia acudieron 400 atletas y 23 países, 32 años más tarde lo hicieron 3001 y 83, respectivamente.

Y qué decir si ampliamos el rango comparativo a Londres 2012, en los que 4237 deportistas y 164 naciones fueron protagonistas de los Juegos Paralímpicos más mediáticos y vistos de toda la historia.

Más deportistas, más competiciones, más medios de comunicación. El cambio en el deporte adaptado también se ha hecho evidente en este período en su estructura, con la creación de entidades internacionales y nacionales que lo tutelan. Pero quizás el cambio más determinante haya sido el de las mentalidades. Las de los que acceden al deporte -sea adaptado o no- para ser mejores y las de los que ven el deporte adaptado, cuya condescendencia ha dado paso a la admiración del logro deportivo *per se.*

Y, ¿qué ha sucedido en Andalucía? En pocas palabras, una evolución en sintonía con los acontecimientos, cuyo análisis es motivo de este capítulo, el cual no debería comenzar sino por la descripción de la realidad del deporte adaptado andaluz en 1982.

Dicen que los pioneros de cualquier actividad humana son los que más dificultades tienen, pues a ellos les corresponde la dura tarea de abrir caminos donde sólo hay jungla. No fueron una excepción los primeros deportistas discapacitados andaluces. Ellos debieron combatir la escasez de medios (instalaciones, subvenciones y prótesis) y la subestimación social y/o de los deportistas convencionales para tratar de llevar una vida deportiva más o menos reglada de entrenamientos y enfocada a rendir en las escasas competiciones que había en aquellos tiempos remotos (en 1966 se celebró el primer Campeonato Nacional de Minusválidos). En todo caso, una trayectoria de dedicación más cercana a la filantropía ocasional y autodidacta que a la *profesionalización* (en algunos casos con mayúsculas) que hoy día pueden mantener algunos de los deportistas andaluces de alto nivel en modalidades paralímpicas.

Entre esos pioneros cabe destacar al sevillano Antonio Delgado Palomo, quien en los V Juegos Paralímpicos, Toronto 1976, en el debut de los andaluces en este evento, logró las dos primeras medallas de oro para el deporte adaptado andaluz, en atletismo, al vencer en las pruebas de 100 metros lisos y salto de longitud, clase F.

En aquellos Juegos compitieron otros siete andaluces: Luis Albelda, en atletismo; Ángel Alamillo, José Antonio Montenegro y Manuel Moreno, en baloncesto en silla de ruedas; Adolfo Fernández y Manuel Jara, en natación; y José Manuel Plaza, hecho inédito en unos mismos Juegos, tanto en atletismo como en natación.

Habría que esperar ocho años, a los Juegos de Nueva York 1984, para ver a la primera mujer andaluza en unos *Paralympic Games*. Fue entonces cuando compitió la nadadora sevillana Mari Fi Monterrubio, quien quedó a un paso de la medalla de bronce en los 100 metros espalda.

En 1980, en los Juegos de Arnhem 1980, en Holanda, acudieron con el equipo paralímpico español siete andaluces, todos enrolados en la selección nacional de baloncesto en silla de ruedas, el deporte icono del Movimiento Paralímpico.

El baloncesto en silla en Andalucía

La más profesionalizada de las modalidades paralímpicas fue a su vez la primera en consolidarse en España, siendo practicada desde los años 60 a raíz de la constitución de equipos propios a cargo de los centros sanitarios donde se trataba a los afectados por accidentes o enfermedades que derivaban en el uso de la silla de ruedas.

Así, en estos comienzos, junto a los equipos barceloneses del Instituto Guttmann y la Residencia Francisco Franco, al madrileño de La Paz o al Peraleda, del Centro de Parapléjicos de Toledo, se encontraban dos instituciones señeras en la historia del deporte adaptado en Andalucía: el Club Deportivo Virgen del Rocío de Sevilla, adscrito a la Unidad de Traumatología de la Residencia Universitaria homónima, y el de la Asociación de Minusválidos de Málaga, el Ademi.

Estos dos equipos dejarían para los anales de la excelencia deportiva títulos y muchos años de formación para grandes jugadores que luego destacarían en la selección nacional o en ligas extranjeras de alto nivel, caso de los malagueños Antonio Henares y Joaquín Fernández, que compitieron en Italia.

Baste destacar que el Virgen del Rocío sumó 4 Ligas, 4 Copas del Rey (incluida la primera edición, en 1978) y el subcampeonato de la Copa de Europa, en la fase final celebrada en 1976 en Bélgica. Por su parte, el cuadro malagueño sí se proclamó campeón de Europa de clubes, en 1979, en Italia, entorchado que engrandece un palmarés nacional ya abultado merced a sus 11 Ligas (de 1979 a 1990) y 10 Copas del Rey, marca sólo superada por el Fundosa ONCE madrileño, que en 2012 obtuvo su undécimo título en esta competición.

Tomando el relevo del Virgen del Rocío, nació en 1986 -ya dentro del período de estudio de la presente obra- el Club Deportivo ONCE-Andalucía (entonces ONCE-Sevilla) por iniciativa de un grupo de vendedores de cupones amantes de este deporte, entre ellos el doble campeón paralímpico Antonio Delgado, quien se convertiría en el primer entrenador de este club referencia en Andalucía. En 25 años de historia (desapareció en 2011), ganó 9 Ligas, 7 Copas del Rey y la copa continental André Vergauwen.

Esa excelente cantera de jugadores andaluces focalizada en Sevilla y Málaga armó la espina dorsal de la selección española durante años y fue protagonista de uno de los grandes momentos competitivos del deporte adaptado nacional y, por ende, andaluz. Sucedió en 1985.

Durante años la selección de baloncesto en silla de ruedas fue el máximo exponente del deporte adaptado español en el ámbito internacional. El bautismo internacional de este equipo se produjo en los XX Juegos Internacionales de Stoke Mandeville (*International Stoke Mandeville Games*), la competición anual multidisciplinar precursora de los Juegos Paralímpicos, nacida en 1948 durante los Juegos Olímpicos de Londres y con rango multinacional desde 1952. Fue la primera expedición española enviada a un evento internacional por el balbuceante ente federativo específico para los deportistas minusválidos físicos hecho realidad apenas dos años antes, en 1969, bajo el paraguas de la Delegación Nacional de Deportes.

Aquellos fueron los primeros pasos de un camino que en la edición de 1985 de estos Juegos anuales reservados a deportistas en silla de ruedas y amputados -hoy denominados *IWAS World Games*- se tornó dorado, puesto que el deporte español logró la medalla de oro en el torneo de baloncesto, luego de superar a Japón en semifinales (70-61) y al país anfitrión, Gran Bretaña, en la final (60-55).

En aquel equipo dirigido por Pepe Barbero, con Miguel Ángel Barbero de segundo entrenador, actuaron siete andaluces: los malagueños Joaquín Fernández, José Luis Benítez, Salvador Zurita y Antonio Henares, del Ademi, y Juan Rojo, del Amivel Vélez-Málaga; y los sevillanos Luis Albelda y Manuel Cáceres, del Virgen del Rocío. Junto a ellos, los madrileños Alonso, Ruiz, Torres y Becerril, y el catalán Gómez.

Fueron unos Juegos con una relativa buena cobertura en prensa escrita en España, y en los que el deporte adaptado nacional tomó cierto peso y adquirió una estima social hasta entonces negada. Para los andaluces, amén de la medalla de oro en el deporte de la cesta, supuso además el debut internacional de la mejor palista de todos los tiempos, la onubense Cinta Campina, y el descubrimiento de un joven de 15 años, el algecireño Luis Leardy -actual jefe de prensa del Comité Paralímpico Español-, que sumó cinco medallas de oro en la piscina.

Competitivamente, por tanto, los años ochenta, donde radica el comienzo de este libro, significaron el despegue de atletas españoles y andaluces en cuanto a resultados sobresalientes en enfrentamientos con otras naciones. Pero, ¿cómo se hallaba la estructura federativa?

Las federaciones

Nuestra Carta Magna, en su artículo 49, pone las bases para el desarrollo y consolidación de políticas destinadas a garantizar "... la prevención, tratamiento y rehabilitación..." de los disminuidos físicos.

Fruto de este reconocimiento como un derecho fundamental, y de la importancia que se reconoce a la igualdad entre todos los ciudadanos, surgen en esta materia leyes, tanto a nivel nacional como en el ámbito autonómico, destacando, a nivel estatal, la Ley del Deporte (Ley 10/1990, de 15 de octubre), y a nivel autonómico, en lo que concierne a la comunidad andaluza, la Ley del Deporte de Andalucía (Ley 6/1998, 14/12 1998).

La Ley estatal del Deporte establece tres grandes ejes de actuación:
1. Se otorgan competencias a la Administración del Estado para el *fomento* de la práctica del deporte entre discapacitados con el objetivo de contribuir a su plena integración social.
2. La creación de *federaciones polideportivas* para aquellas modalidades deportivas en las que participan personas con discapacidad.

3. Las *instalaciones polideportivas* deberán estar preparadas tanto externa como internamente para el normal desarrollo de la práctica de actividades por parte de personas con discapacidad.

La Ley del Deporte andaluza da un paso más que la Ley estatal del Deporte, al señalar que "... el fomento del deporte prestará atención especial, entre otros, a los discapacitados...", asumiendo la competencia en materia de deporte la consejería, a fin de "... establecer los mecanismos que permitan desarrollar las actividades para hacer realidad su integración (de los discapacitados) e inserción social...".

En el Listado de Medidas, Proyectos y Acciones del Plan Estratégico General del Deporte en Andalucía 2009-2016, PEGEDA, realizado por la Consejería de Turismo, Comercio y Deporte de la Junta de Andalucía, se recogen entre otras las siguientes medidas directas que hacen mención expresa al deporte adaptado en nuestra comunidad autónoma:

En el punto 335.- Igualar las ayudas y becas del deporte paralímpico a las del deporte "normalizado". También se contempla en el punto 410.- Programa específico de formación sobre Deporte Adaptado, en cuya *Descripción general* se indica que:

Una de las mejoras imprescindibles detectada por el grupo que ha trabajado en el presente Plan estratégico en relación al deporte adaptado tiene que ver con la necesidad de impulsar un programa específico de formación para las personas que trabajan, directa e indirectamente, con el deporte de las personas con discapacidad. Hasta la fecha las acciones formativas específicas sobre el tema son acciones aisladas y, además, no muy numerosas. El presente proyecto establece la necesidad de instaurar un programa específico y ambicioso, que debe dirigirse a:

• *Técnicos de actividad física y deporte generalistas*

• *Profesores de Educación Física*

• *Técnicos especialista en disciplinas deportivas (técnicos deportivos)*

• *Personal de instalaciones deportivas*

• *Dirigentes deportivos de clubes y federaciones (trabajo sobre la inclusión)*

El Programa puede incluir asimismo la formación de nuevos perfiles profesionales ya implantados en otros lugares: Auxiliar de apoyo al vestuario y Auxiliar de apoyo a la actividad.

Inicialmente, en 1984 se constituyeron tres federaciones polideportivas, a saber:

- La Federación Andaluza de Deportes para Minusválidos Físicos (actualmente Federación Andaluza de Deportes de Discapacitados Físicos).
- La Federación Andaluza para Minusválidos Psíquicos (actualmente Federación Andaluza de Deportes para Discapacitados Intelectuales).
- La Federación Andaluza de Deportes para Sordos.

Federación Andaluza de Deportes de Discapacitados Físicos

Trabajando por la integración y normalización del deporte adaptado, en enero de 1984 la gestora de la FADMF publicó un Boletín en cuya segunda página se dice: "Comenzamos a caminar". El artículo comienza haciendo la presentación del Boletín, el que transcribió literalmente: *"La Federación Andaluza nació por la inquietud de Alfonso Otero, de la federación cordobesa, y por exigencia del Delegado de Cultura y Deportes de la Junta de Andalucía, que dio de plazo 30 días para organizarnos como Federación Andaluza"*. Se convocó una reunión urgente en Córdoba el día 27 de junio de 1984, a la que asistieron tres federaciones: Almería, Sevilla y Córdoba. Entre otros acuerdos se tomó el de constituir la primera gestora; los miembros que tomaron la responsabilidad fueron: Alfonso Otero Jiménez, de Córdoba; José Gómez Amate, de Almería; Juan Alcocer Campano, de Sevilla, Gabriel Muñoz Capel, de Almería; Rafael López Espejo, de Córdoba y Miguel Gómez, de Sevilla.

¿Cuál era el camino a seguir? Uno de los primeros objetivos que se marcaron fue buscar y encontrar el espacio al que el deporte adaptado debía llegar, y así, los primeros pasos se dieron de la mano y protección de las áreas de Asuntos Sociales, tanto en la comunidad como en ayuntamientos y diputaciones. Esto no era lo idóneo para las personas que venían de practicar deporte en los años 60, pero se hizo una pequeña apuesta de estar en todos los foros, cursos, actividades, etc. que organizaban las diferentes instituciones. A esta presencia se unían numerosas entrevistas con las máximas autoridades y responsables del deporte en la comunidad.

Desde 1984 la Junta celebraba anualmente la Gala del Deporte Andaluz; este fue el primer objetivo para reivindicar que el deporte adaptado también debía tener un espacio en la mencionada gala. La insistencia por parte de la Federación fue abrumadoramente respaldada por el trabajo y los logros deportivos de los deportistas de dicha federación a nivel autonómico nacional e internacional.

La Junta de Andalucía no tardó en aceptar que en la gala se premiara a los deportistas con discapacidad. Este logro sirvió para que deportistas como Manuel Robles, Antonio García, Francisca Bazalo y José Manuel Ruiz, entre otros, consiguieran algo muy importante: poner en valor el trabajo realizado y dar a conocer en este marco autonómico el deporte paralímpico.

Desde 1992 venían apostando seriamente por formar a monitores en deportes adaptados para que en un futuro no muy lejano pudiesen coordinar y dirigir programas de deporte adaptado; esta iniciativa surgió como fruto de la repercusión de los Juegos Paralímpicos de Barcelona 92. Se tuvo la oportunidad, a nivel general, de conocer el deporte adaptado, su complejidad, singularidad y necesidades específicas. En este tiempo el IAD apostó fuertemente por la organización de numerosos cursos y jornadas a nivel autonómico en las diferentes modalidades deportivas paralímpicas y con programas de deporte salud y rehabilitación. Conjuntamente con la FADDF se iniciaron los primeros trabajos de investigación de la Ley del Deporte en Andalucía, con la organización y desarrollo del seminario "La Dimensión del Deporte Adaptado en Andalucía".

Desde la FADDF se han activado cursos y jornadas formativas en numerosos ayuntamientos y diputaciones provinciales. Se han organizado cursos para árbitros de baloncesto en todas las provincias andaluzas sobre el reglamento de baloncesto en silla de ruedas a través de los convenios firmados con la Federación Andaluza de Baloncesto, consiguiendo unificar las tarifas arbitrales para los clubes, dada la competición continuada de numerosos clubes andaluces y que en cada delegación había tarifas diferentes. Cabe destacar el haber conseguido que la Ley andaluza mejorase en varios artículos respecto a la nacional, además de conseguir que en el Consejo Andaluz del Deporte, en la representación federativa (5 federaciones), al menos una deba ser paralímpica.

Con la universidad de Córdoba se organizaron dos cursos de extensión universitaria para monitores de deportes adaptados, con un total de 204 horas. Estos cursos motivaron la edición de dos libros con la Diputación de Córdoba, *Educación Física y Deportes Adaptados* y *Deporte y Discapacidad*, siendo distribuidos en instituciones y entidades educativas a nivel nacional y a países de Centroamérica.

Según los archivos de la FADDF, el total de participantes en las actividades de formación ha superado los 5600 en Andalucía; hoy son muchos los que se dedican como monitores a estos programas, cómo no, ofreciéndoles la solución en el ámbito laboral.

Ayudas, becas

Primer logro: la Consejería, después de numerosas reuniones con el director general, D. Jesús García (1994), consigue que las federaciones deportivas andaluzas destinen el 4% de las subvenciones recibidas al deporte adaptado. Políticamente el deporte autonómico había sido ayudado por becas a clubes y deportistas, y así se creó la Fundación Andalucía Olímpica, en su origen para becar a deportistas olímpicos. Cuando la Fundación se presentó en Córdoba un año después, fue la FADDF la que planteó públicamente al Sr. Núñez (consejero), la pregunta de por qué los paralímpicos no estaban integrados en la FAO. El Sr. Núñez se comprometió con el gerente (Javier de la Puerta) para que en unos días presentaran un proyecto. En poco tiempo se consiguió, fruto de esa propuesta, que la FAO becara también a los deportistas paralímpicos, creándose el Plan Paralímpicos Andaluces. Esta activa reivindicación también sirvió para conseguir que tanto el Programa Estrella como el Plan Salto (este para deportes no olímpicos) becara a clubes y deportistas, logros importantes de normalización que se propusieron al inicio de esta andadura.

Plan ADOP

En septiembre de 2003, el grupo de deportes a nivel nacional del PSOE organizó unas Jornadas de Deporte y Sociedad en el Congreso de los Diputados; la asistencia fue masiva de todas las comunidades, sobre todo deportistas olímpicos, técnicos y responsables municipales, federaciones, etc. Del deporte paralímpico solo asiste la FADDF, que proponía la necesidad de un Plan ADOP, así como superar las barreras para la promoción del colectivo en deporte escolar o la necesidad de que se facilitara el material deportivo básico (como silla de ruedas o prótesis) para competir. Esta propuesta despertó el interés de los organizadores, y solicitaron al final de la jornada un documento con las necesidades propuestas. Entre otras personas se encontraban allí Trinidad Jiménez, Carmen Chacón, Jesús Caldera y Alfredo Pérez Rubalcaba. El destino quiso que estas personas formaran parte del Gobierno elegido en 2004 y al poco tiempo se aprobó el Plan ADOP.

Convenios

La FADDF lleva años firmando convenios con federaciones como las de baloncesto, tenis, tenis de mesa, tiro con arco, etc. y colaboraciones con otras para la organización de los campeonatos andaluces recogidos en el plan federado, y también los organizados a nivel nacional en nuestra comunidad. En este sentido fue la primera federación paralímpica que estatutariamente contempló el estamento de jueces árbitros, realizando cursos para formar a los mismos en baloncesto, natación, halterofilia, etc. Hace algunos años firmaron un convenio de colaboración con el Centro de Parapléjicos de Toledo.

Deporte utilitario

Desde 1993 trabajan para que el deporte llegue todos los que lo demandan, sin que la finalidad sea la competición. La ausencia generalizada de ofertas en los programas municipales del llamado "deporte para todos" y la falta de apuesta de las instituciones con competencia para el fomento del deporte, motivó en esta federación la constante reivindicación para activar el deporte salud y rehabilitador, así como la promoción en la base para garantizar la práctica continuada de la actividad deportiva en este colectivo; ejemplo de ello es el Programa de Natación Utilitaria para Discapacitados. Esta apuesta fue el argumento esencial para reivindicar al consejero Sr. Hurtado (1999) la construcción de instalaciones deportivas y la adaptación de las existentes, tal y como se consiguió que se recogiera específicamente en la Ley de 1998, del Deporte, la accesibilidad a las mismas. En el año 2000 promovió e impulsó la construcción de la primera instalación para discapacitados. El proyecto fue asumido por la Junta de Andalucía y la Diputación de Córdoba, que cedió los terrenos, financiando al 50% la construcción, que será inaugurada en breve.

La máxima de esta federación es "trabajo y sinceridad", para facilitar al colectivo la práctica deportiva. Una acción a destacar es que cuando la Federación Española impone el reconocimiento médico imprescindible para la renovación de las licencias, aun teniendo esta Federación Española un comité médico, son los deportistas los que tienen que pagarlo; esto quedó anulado en Andalucía por la gestión de esta

FADDF a través del Centro Andaluz de Medicina Deportiva, que lo realiza gratuitamente, y además con unos excelentes y completos reconocimientos.

Programa de concienciación y prevención, que se viene realizando desde 1993 en centros escolares, IES, universidades, ayuntamientos... Cada temporada son más de 7500 los participantes, contemplándose en los planes del curso en los centros. Esta actividad ha sido básica para poder firmar algunos convenios con universidades públicas y privadas para que los alumnos de Educación Física, educación especial y TAFAD hagan las prácticas tuteladas en los programas, consiguiendo los créditos correspondientes.

La FADDF ha organizado numerosas galas para reconocer a los deportistas, técnicos y clubes, destacando las de Sevilla, Granada y Córdoba; en todas ha habido una asistencia masiva de deportistas, familiares y representantes públicos, hecho que ha servido para impulsar y dar a conocer el trabajo en logros deportivos y el alto nivel organizativo. Cabe destacar la primera gala en 1995, en Córdoba, presidida por el entonces secretario de Estado para el Deporte, Sr. Cortés Elvira, a quien se le impuso la insignia de oro y brillantes de la Federación. La asistencia del secretario de Estado motivó un importante apoyo institucional, pues en la misma se reconoció a los deportistas andaluces; al entonces director general, Jesús García, así como a distintos responsables públicos de diputaciones, ayuntamientos, IAD, e instituciones privadas, con una importante repercusión a nivel autonómico y nacional.

Este acto finalizó con la recepción que les ofreció en la Moncloa el presidente del Gobierno, D. Felipe González Márquez. Una representación de esta federación, acompañada por el consejero y el director general, tuvo el honor de exponerle al presidente las necesidades más urgentes en aquel momento para la práctica deportiva. En esa recepción la FADDF le impuso al presidente del Gobierno su más que merecida insignia de oro y brillantes, por su aportación personal y política al progreso de las personas con discapacidad.

La FADDF también ha sido reconocida y premiada en múltiples ocasiones por instituciones públicas, clubes y asociaciones por el esfuerzo realizado, destacando, en 1998, el premio de los periodistas deportivos "a la mejor iniciativa por el programa de concienciación y prevención hacia la práctica deportiva continuada".

Esta federación está situada en la primera división, con el reconocimiento y respeto de todas las instituciones públicas y privadas.

Federación Andaluza de Deportes para Discapacitados Intelectuales

Allá por la primavera de 1975 es cuando hay constancia de que se celebró en Andalucía la primera competición reglada de deportistas con discapacidad intelectual; fue un campeonato de fútbol sala en Málaga, siendo ocho los equipos andaluces participantes. Años más tarde, en 1978, se celebró el Campeonato de España de fútbol sala organizado por ANDE y ganado por el equipo del sevillano Colegio San Pelayo.

Fue en la década de los 80 cuando, alrededor del Colegio San Pelayo, se organiza Andeporte Sevilla (constituido en 1981), con la participación de los siguientes equipos: San Pelayo; Instituto de Psicopediatría; Anidi (Dos Hermanas); Apudes (Utrera); Colegio Macarena (Sevilla); San Teodomiro (Carmona). En el resto de Andalucía destacan Afanas Copad (Jerez), Afanas (Cádiz) y Sagrada Familia (Huelva).

En 1985 se celebró el *European Special Sport* en Madrid, organizado por ANDE con la participación de unas 5000 personas de España y de Europa. La representación andaluza corrió esta vez a cargo del equipo del Colegio San Pelayo, que participó con equipos de baloncesto, de gimnasia rítmica y de atletismo. En 1986 ANDE celebró en Madrid otro macroevento llamado "Por la Integración", en el que participaron equipos compuestos por personas con discapacidad y sin ella. En esa ocasión nuevamente el Colegio San Pelayo participó en baloncesto, gimnasia rítmica, fútbol sala y atletismo.

Ya en 1988 tiene lugar el primer gran Campeonato de España de Gimnasia Rítmica, organizado por el Colegio San Pelayo de Sevilla, en el que las gimnastas andaluzas ganaron en todas las categorías; de hecho, la escuadra andaluza de gimnastas consiguió la mayor parte de los podios en campeonatos de España entre 1984 y 1990.

En 1992 Madrid organizó paralelamente a los Juegos Olímpicos de Barcelona 92 la Paralimpiada de Discapacitados Intelectuales, evento en el que la Selección Española de fútbol sala estaba formada íntegramente por jugadores andaluces del Colegio San Pelayo, contando con José Luis Palomo como seleccionador nacional y con Antonio Carlos Gómez como delegado.

Es en 1984, en las provincias de Cádiz y Sevilla, a través de los centros ocupacionales y de educación especial -en la provincia de Cádiz, "Afanas Cádiz", "Afanas Copad Jerez", "El Carmen" de Barbate, "Punta Europa" de Algeciras; "San Pelayo", "Instituto de Psicopediatría", "San Isidoro", en Sevilla capital y "Anidi" de Dos Hermanas- donde el deporte adaptado para personas con discapacidad intelectual comienza su andadura en Andalucía, con la celebración de encuentros deportivos provinciales en pruebas de atletismo y de fútbol.

A raíz de esos encuentros la Fundación ANDE es la entidad desde la que se impulsan y promueven encuentros a nivel nacional, en los cuales los equipos andaluces empiezan a participar.

Es a partir de los años 90 cuando empiezan a incorporarse más centros de las distintas provincias andaluzas, como: Almería, el CD Los Carriles de Málaga, Granada, Jaén. Con la incorporación de nuevos clubes de las distintas provincias andaluzas, el 20 de abril de 1995 se fundó la Federación Andaluza de Deportes para Minusválidos Psíquicos (FADEMPS), aprobándose en 2006 el cambio de denominación, pasando a ser Federación Andaluza de Deportes para Discapacitados Intelectuales (FANDDI). En su fundación se implicaron personas que buscaban no solo ayudar en la mejora y evolución a nivel deportivo, sino también en cuanto a las capacidades, la condición física, la salud y la integración social y personal de las personas con discapacidad intelectual.

Esta federación participa a nivel nacional en las disciplinas de atletismo, natación, fútbol sala, baloncesto, petanca, equitación, golf, esquí nórdico y alpino. A nivel territorial se han venido organizando campeonatos de atletismo, natación, baloncesto y fútbol 7, en los cuales se detecta a los deportistas que forman las distintas selecciones andaluzas en los campeonatos de España por autonomías.

FADEMPS y la Federación Andaluza de Fútbol crean en 1994 el Campeonato de Andalucía de Fútbol 7, que en el año 2012 celebrará su décimo octava edición. Entre los deportistas más laureados a lo largo de la historia se encuentran deportistas de talla internacional como María Teresa Muñoz Jiménez, "Maite", que es la primera atleta andaluza con discapacidad intelectual que ha participado en unos Juegos Paralímpicos, debutando en los Juegos Paralímpicos de Sídney 2000. Esta sevillana especialista en pruebas de velocidad consiguió un 4º y 6º puestos en las pruebas de 200 y 800 metros respectivamente, con sendos diplomas paralímpicos que engrosan su extenso currículum sumando varios podios en campeonatos del mundo. Igualmente, su homólogo masculino José Antonio González Beltrán, nacido en Linares (Jaén) y apodado "Aouita" por su gran afición a la prueba de 1500 metros, participó en los Juegos Paralímpicos de Sídney 2000 y fue Diploma Paralímpico al conseguir una 8ª posición en la prueba "reina" del medio fondo. Considerado uno de los mejores deportistas andaluces con discapacidad intelectual, por su larga e intensa trayectoria deportiva, José Antonio González Beltrán continúa en la actualidad cosechando éxitos deportivos y cuenta en su haber con un extraordinario palmarés nacional e internacional. Su fuerza de voluntad e ilusión se hacen patentes en alguien que, como él, ha conseguido superar dificultades en su afán por alcanzar objetivos en el deporte y en la vida.

Gracias a los profesionales de los centros educativos, que trabajan y se esfuerzan por introducir el deporte de competición, ha sido posible que esta federación siga estando presente en los podios en los distintos campeonatos de España por autonomías, con deportistas de la categoría de Santiago Santaella y Carlos Hugo García Morales, y haya logrado tener deportistas reconocidos de alto rendimiento y alto nivel de Andalucía. Cabe destacar la figura de nuestro nadador internacional Carlos Tejada Rovira, campeón de Europa de 2500 metros libres y subcampeón de Europa de 400 respectivamente en 2010, consiguiendo un subcampeonato de Europa en 400 metros libres y una medalla de bronce en 200 metros estilos en 2011; cuenta además en su brillante palmarés con 21 preseas de oro en campeonatos de España, entre otros.

Deportistas de la talla de Enrique Mellado, que pronto representará por primera vez en un Campeonato Internacional de Síndrome de Down, junto a las nadadoras Marina Méndez, María Leandro; José Joaquín Rojas; los atletas Francisco J. Macías, Juan José Medina, Cristina Cantillo, Isabel Mª Sánchez, Jesús Martínez, Carmen Sánchez; Isabel Mª Rubio, Juana Sánchez, Francisco Romero, figuras que han dado momentos inolvidables y cómo no, los deportistas de esquí José Manuel Checa y Julián Maldonado, quienes también han representando a esta federación tanto a nivel nacional como internacional. Y sin olvidar las gestas de Marina Rodríguez, campeona de España en atletismo, natación y esquí...

Pieza clave y fundamental para el desarrollo de esta federación es la figura de D. Antonio Carlos Gómez de Oliveros, fundador y presidente de FADEMPS hasta finales de 2003, que pasó a formar parte de la directiva de la Federación Española de Deportes para Personas con Discapacidad Intelectual en calidad de presidente, cargo que continúa desempeñando en la actualidad. Asimismo, cabe destacar la importante labor de D.ª Lucía Zamora Martínez, exgerente de AFANAS (Cádiz) y de D.ª Adelaida Márquez Sánchez, presidenta del Club ANIDI de Dos Hermanas (Sevilla).

En 1984, D. Juan Rendón Cazorla entró a formar parte de la Asociación AFANAS COPAD de Jerez, colaborando como voluntario. Once años después toma la decisión de dejar su trabajo, dedicándose plenamente a su tarea como preparador físico y responsable de actividades de ocio en AFANAS. En 2003 recogió el testigo de la presidencia de la entonces Federación Andaluza de Deportes para Minusválidos Psíquicos (FADEMPS), en la actualidad Federación Andaluza de Deportes para Discapacitados Intelectuales (FANDDI), entidad al frente de la cual continúa, desarrollando su labor como presidente. La calidad humana de Juan Rendón, su capacidad de trabajo y su espíritu de compromiso a lo largo de todos estos años le hacen ser merecedor de la confianza y el respeto de todos los miembros de esta federación. Imprescindible destacar la notable labor que vienen desarrollando las personas que han formado y forman parte de la junta directiva y del equipo de trabajo, profesores, preparadores y personal voluntario, pues sin su ayuda y compromiso no sería posible hacer realidad todo el trabajo que venimos realizando desde FANDDI. Por ello no podemos dejar de mencionar a D. Fernando Massa Santander; D.ª Sonia Rendón Garrido; D. Juan Antonio García Lara; D. Alberto Gómez Lara; D. Andrés Padilla Martos; D.ª Mª Carmen Cornejo; D. Gabriel Hernández Rueda; D. Juan A. García Lara; D. José Carlos Tejada; D. Francisco Gutiérrez Luján y D. José Griñón Reina.

FANDDI es el resultado del trabajo, el compromiso y la motivación de todos sus miembros: deportistas, técnicos, educadores, familias y personal voluntario, cuya implicación personal durante tantos años hace que, como ellos dicen, se sientan *una familia.*

Federación Andaluza de Deportes de Personas con Parálisis Cerebral

Manuel Enrique Izco Castro fue el presidente en funciones durante los años previos a la constitución de la Federación Andaluza de Deportes para Personas con Parálisis Cerebral, y en su participación en el Seminario Mediterráneo sobre Deporte Adaptado, que tuvo lugar en Málaga en 2005, su intervención versó sobre "Experiencia de desarrollo de actividades deportivas para personas con parálisis cerebral". Manuel indicaba en esta exposición que, cuando empieza a plantearse realizar actividades deportivas de una forma reglada y federada, con personas afectadas por la parálisis cerebral, se intenta conformar una base sólida de cara al futuro desarrollo de las distintas modalidades deportivas.

A pesar de ser un colectivo discriminado durante años en el espacio deportivo, siempre habían concebido el deporte como una actividad abierta a todos; no cometer errores suponía un reto respecto a la formación de técnicos, árbitros, jueces y la de los propios deportistas, la adaptación y la estructuración de su deporte en función de las características y capacidades personales.

Comprendieron que era fundamental implicar no solo a los deportistas, sino también a su entorno familiar y social. Para ello realizaron diversas actividades culturales, como por ejemplo la representación de una obra teatral titulada "Por fin el deporte lo podemos hacer todos". Gracias a ese tipo de acciones consiguieron estimular la motivación del entorno y la toma de conciencia sobre los derechos y necesidades de las personas con parálisis cerebral respecto a su necesidad de hacer deporte, con una repercusión muy positiva respecto a la implicación de las familias y las instituciones, que cambió la mirada hacia los deportistas con parálisis cerebral.

Tras analizar y conocer sus necesidades, sus capacidades y sus intereses, se optó por diferenciar el deporte dirigido a este colectivo en dos áreas, en función de sus objetivos. Por un lado, el deporte de recreación, y por otro, el deporte de competición.

En el deporte de recreación se integraron personas con parálisis cerebral según sus características y, sobre todo, su nivel cognitivo. Las actividades deportivas tienen como objetivo el recreo y el ocio, muy ligado a la psicomotricidad, a la estimulación y al esparcimiento; se intenta que los deportistas se lo pasen bien, que cambien la rutina y que se diviertan. Para la realización de esta forma de deporte no es necesario dividir a los deportistas según su condición motórica, su sexo o su edad, porque la competición no existe como tal, sino que el divertimiento y la participación son lo más importante.

Gracias a la implicación y al trabajo de todos los profesionales y técnicos en los clubes, consiguieron un rápido conocimiento de los deportes y el aprendizaje de las actividades deportivas, hecho que sirvió como base para que los deportistas de los niveles competitivos consiguieran en poco tiempo grandes resultados y éxitos.

En la estructuración fue fundamental, como lo sigue siendo en estos momentos, la aportación del trabajo de los voluntarios; hay que destacar que el 99% del trabajo se ha realizado y se realiza de forma voluntaria. Es por lo tanto uno de los dos pilares fundamentales en el desarrollo del deporte de las personas con parálisis cerebral. El otro son las asociaciones, clubes y entidades sin ánimo de lucro, que aportando a veces sus infraestructuras, otras sus instalaciones y sus recursos, han hecho que el deporte en este colectivo sea posible.

Es importante destacar otros aspectos que se dan en el deporte para personas con parálisis cerebral. Gracias al trabajo continuo, estos deportistas obtienen la máxima funcionalidad física y mental, aumentando sus posibilidades de relacionarse, de divertirse y disfrutar mediante el deporte, al tener la oportunidad de cambiar de actividades y romper con la rutina y de vivir la participación con sus iguales, con personas con otras discapacidades, con personas sin discapacidad, así como la participación en competiciones donde ellos son los protagonistas.

Para muchos deportistas con parálisis cerebral, "es la razón de su vida", pues han encontrado en el deporte la actividad que más les gusta y que les proporciona emociones que llenan sus vidas de sentido.

La Federación Andaluza de Deportes de Personas con Parálisis Cerebral fue constituida el 27 de diciembre de 2006 tras asociarse el Club Deportivo ADUPACE, de Jerez de la Frontera, en Cádiz, el Club Deportivo Los Desacuerdos, el Club Deportivo Minusválidos Sevilla NO&DO y el Club Natación Adaptada Sevilla, estos tres últimos de la ciudad de Sevilla, y constituyéndose la federación bajo el nombre de Federación Andaluza de Deportes de Paralíticos Cerebrales para fomentar y practicar actividades físicas y deportivas. Asimismo, acuerdan que la federación será sin ánimo de lucro y que su objeto principal será el fomento, la práctica y promoción de la actividad físico-deportiva y del deporte. En este acto se nombra la primera junta directiva, con los siguientes socios fundadores: Julián Rebollo Martínez; José Vergel Garrido; José Mª Montero Blázquez; Manuel González Núñez; Juan Manuel Jiménez García; Alicia García Sánchez y Trinidad Rebollo Díaz del Campo.

En esa fecha se creó el Acta Fundacional de la misma, y posteriormente se realizaron las gestiones necesarias para inscribirla en el Registro Andaluz de Entidades Deportivas, en el año 2007, y en el año 2008 se convocaron las elecciones de la Federación Andaluza de Deportes de Paralíticos Cerebrales, quedando constituida la junta directiva como sigue: Julián Rebollo Martínez; Francisco Cobo Sabariego; José Mª Montero Blázquez; Manuel González Núñez; Alicia García Sánchez; Raquel Romo Lineros; Juan Manuel Jiménez García; José Manuel Rodríguez Vázquez; Manuela Vázquez Almagro; María Mora Aguilar; José Antonio Gallego González; Manuel Ángel Martín Pérez; Amalio Castillo Rodríguez y José Rodríguez Vázquez.

La FADPC ha trabajado desde su constitución en el campo del deporte para personas con parálisis cerebral, promoviendo y desarrollando el deporte entre este colectivo y ofreciéndole oportunidades para incorporarse a la sociedad de una forma activa. El propósito de la FADPC ha sido y es el de mejorar la calidad de vida de las personas con parálisis cerebral y la de sus familias a través del deporte.

En el año 2010 se decide proponer por la junta directiva a la Asamblea General el cambio de denominación de la federación en cuanto a su terminología para adecuarse a los tiempos, quedando finalmente como sigue: Federación Andaluza de Deportes de Personas con Parálisis Cerebral.

Desde su constitución la FADPC ha organizado campeonatos de España de las modalidades de eslalon y boccia, ligas provinciales, campeonatos de Andalucía, y actualmente lleva a cabo un programa de natación adaptada que cuenta con una amplia participación. Ha realizado jornadas de actividades deportivas, cursos de voluntariado, cursos de árbitros de boccia, jornadas de captación y fomento del deporte federado para las personas con parálisis cerebral de las distintas modalidades deportivas que la integran, que son: atletismo, ciclismo, natación, tenis de mesa, boccia y eslalon.

Para una persona con parálisis cerebral, tener la posibilidad de desarrollar sus habilidades y capacidades físicas a través del deporte tiene una importancia exponencial respecto a la mejora de su condición física, intelectual y emocional. El deporte adquiere para estos deportistas un sentido que va mucho más allá de la mera integración, pues adquiere la dimensión, el significado y el derecho a la reivindicación de estar presentes en la vida.

Federación Andaluza de Deportes para Sordos

Aunque se tiene conocimiento de su constitución y actividades deportivas desde el año 1984, según los datos de la federación fue el 28 de febrero de 1993 cuando fue inscrita en el Registro Andaluz de Entidades Deportivas de la Junta de Andalucía con el número 99 056 la Federación Andaluza de Deportes para Sordos, FADS.

Esta federación viene desarrollando sus actividades principalmente en el territorio andaluz y también en algunos otros lugares de España en algunas modalidades deportivas, participando principalmente en deportes como senderismo, pádel, fútbol sala, petanca, dardos, ciclismo, atletismo, fútbol 7, tenis de mesa, pesca, voley playa, ajedrez...

Gracias al trabajo de difusión y su repercusión en los medios, son ya 14 los clubes deportivos de toda Andalucía afiliados a esta federación, cuya labor está dirigida especialmente a personas sordas, hipoacúsicas y con discapacidad auditiva de nuestra comunidad autónoma.

La FADS está adherida a la FEDS (Federación Española de Deportes de Sordos), federación en la que actualmente se integran más de 120 clubes deportivos de sordos; está a su vez adherida a la EDSO *(European Deaf Sport Organization)*, que a su vez pertenece al CISS *(International Committee of Sports for the Deaf)*.

Special Olympics en Andalucía

Special Olympics es una organización sin ánimo de lucro dedicada a la promoción y práctica del deporte entre personas con discapacidad intelectual, reconocida por el Comité Olímpico Internacional. Fue creada en 1968 por Eunice Kennedy Shiver y tiene acreditados programas deportivos en más de 150 países de todo el mundo.

En España nace en 1990, bajo la presidencia de honor de SAR la infanta D.ª Elena de Borbón, implantándose en las 17 comunidades autónomas, desarrollando 22 modalidades deportivas, recientemente integrada en la Asamblea del Comité Paralímpico Español.

Special Olympics Andalucía se constituyó en el año 1992 bajo la presidencia de D.ª Paulina Pérez Ríos (recientemente fallecida). A lo largo de estos años han sido varias las personas que han ostentado el cargo, D. Antonio Mateos Palacios, D. Manuel Nieto González, D. Manuel Morón Rodríguez y D.ª María Sanz Mejías, quien dirige en la actualidad la entidad, recibiendo en 1999 una Mención Especial en la Fiesta del Deporte de Sevilla por su trayectoria en defensa del deporte para discapacitados.

A lo largo de estos años se han venido desarrollando múltiples programas y actividades en nuestra comunidad autónoma, que van desde actividades locales y provinciales, como son:

- Marcha de la Integración
- Juegos Deportivos para Discapacitados Psíquicos Sevilla
- Torneo de Baloncesto de Navidad
- Escuelas Deportivas (baloncesto, natación, tenis, atletismo, fútbol)
- Concurso de Cuentos y Dibujos
- Jornadas de Convivencia

hasta campeonatos de carácter autonómico o nacional, como:

- Campeonato Andalucía Deportes Discapacitados 2001
- Campeonato Andalucía Deportes Discapacitados 2004

- Campeonato Nacional Baloncesto Cádiz 1999
- Campeonato Nacional Natación Sevilla 2000
- Campeonato Nacional Fútbol Sala Sevilla 2001
- Campeonato Nacional Baloncesto Sevilla 2003

y por último, campeonatos de carácter internacional, como pueden ser:
- Campeonato Europa Natación Sevilla 1997
- Campeonato Europa Atletismo Sevilla 1998
- Juegos Special Olympics Sevilla 2004, donde más de 1500 deportistas y entrenadores se dieron cita, en el mayor evento organizado en nuestra comunidad y que Special Olympics España organiza cada 4 años.

Special Olympics cree firmemente que las personas con discapacidad intelectual pueden aprender, disfrutar y beneficiarse de su participación activa en deportes individuales y colectivos, y así nos lo han demostrado deportistas como José J. Rojas (campeón de España de 50 m y 100 m braza, becado por la Fundación Andalucía Olímpica), Daniel González (plata en tenis en los Mundiales Special Olympics de Shangai 2011), Diego Palma (oro en los Mundiales de Fútbol de Lisboa 2009), Cristina Guillén (bronce en los Mundiales de Baloncesto Atenas 2011); u otros deportistas como David Rodríguez y Noelia Mª Cagigal en natación, David Luna y Elías Piedras en tenis, Antonio Olmedo y Francisco Berraquero en fútbol y Javier y Julio Domínguez en baloncesto, que, sin alcanzar grandes éxitos deportivos, han demostrado día a día que con su esfuerzo y tenacidad se pueden lograr grandes retos, haciendo cierto nuestro lema: "Quiero ganar, pero si no lo consigo, dejadme ser valiente en el intento".

No podemos olvidar a nuestros técnicos y entrenadores, como D.ª Mª Ángeles Cebolla, D.ª Amalia Gervasini, D. Julio Prenda, D. Ismael Mateos, D.ª Rosa Rossiñol o D.ª Raquel Gervasini, entre otros, que de forma anónima y por encima de su gran profesionalidad, han derrochado paciencia y cariño hacia nuestros deportistas.

Todos estos logros no se hubieran podido alcanzar sin el apoyo de las instituciones públicas de nuestra comunidad, tales como la Junta de Andalucía, la Diputación de Sevilla y el Ayuntamiento de Sevilla; así como de las empresas que siempre nos han sido fieles, como son Cajasol, Telefónica, Fundación ONCE, Iberia, Coca Cola, Gestimedic, Mapfre, etc.

Deporte adaptado municipal

El deporte, la actividad física y la recreación están al alcance de todos los ciudadanos, ya sea practicados en instalaciones deportivas o en gimnasios, medio urbano, etc, dirigidos o asistidos.

El abanico de ofertas en diferentes disciplinas y horarios y el contar con técnicos especializados en un sinfín de actividades que crecen cada día, hacen que un gran porcentaje de población pueda elegir qué, cuándo, con quién y dónde desea realizar la actividad.

Por el contrario, a las personas con discapacidad el deporte como mecanismo educacional, recreativo o social les ha sido "vetado" desde una edad temprana (etapa escolar) por considerar no necesaria la práctica de la actividad física en personas que, por sus características físicas o psíquicas, se pensaba que no obtendrían beneficios o resultados a corto o largo plazo, y por el desconocimiento metodológico, técnico y didáctico.

Por ello, la práctica deportiva normalizada de las personas con discapacidad no depende del interés particular de cada uno, sino de las prestaciones que ofrezcan las instituciones y centros deportivos, que en la actualidad son bastante precarias en accesibilidad, ofertas deportivas, técnicos especializados y en la elección de turnos u horarios.

Las áreas deportivas de los diferentes ayuntamientos de las provincias que componen la comunidad autónoma de Andalucía deberían tener más compromiso directo en la gestión y organización de escuelas exclusivas e inclusivas de deporte para personas con discapacidad como derecho constitucional.

Los Ayuntamientos de Jaén, Almería, Cádiz, Huelva, Sevilla y Córdoba, a través de sus áreas o patronatos municipales, no contemplan el deporte adaptado como un servicio propio integrado dentro del marco anual de escuelas y actividades deportivas; sin embargo, estos Ayuntamientos sí colaboran en materia de cesión y/o material deportivo, que ponen al alcance de entidades sociales o clubes especializados en alguna modalidad de deporte adaptado, y además tienen reservado un porcentaje de plazas (2%) destinado a la integración de personas con discapacidad con una elevada autonomía en sus programas de natación y otras actividades inclusivas, así como en la organización de los juegos deportivos municipales exclusivos para las personas con discapacidad, siendo esto último gestionado por el Ayuntamiento de Sevilla, que al igual que Málaga en su Área Municipal de Accesibilidad Universal tienen un programa de escuelas de deporte adaptado a través de concurso público a entidades mediante pliego de contratación externa, siendo la entidad adjudicada la organizadora y gestora de las actividades, sin competencia municipal directa.

Algunas de estas provincias, como son Sevilla y el Ayuntamiento de San Fernando (Cádiz), iniciaron programas de escuelas deportivas adaptadas incluidas en su programa anual deportivo, que finalmente fueron clausuradas.

En la actualidad los Patronatos Municipales de Granada y Antequera son los únicos Ayuntamientos que desde hace años gestionan e integran dentro del marco anual de actividades físico-deportivas las escuelas municipales de deporte adaptado, incluidas en ordenanzas y estatutos, destinando técnicos especializados, instalaciones accesibles, material básico y específico a las necesidades de los alumnos/usuarios que sean atendidos en los sectores de físicos, psíquicos y sensoriales.

En la comarca de Antequera desde años atrás se vienen realizando actividades puntuales con carácter deportivo dirigidas a las personas con discapacidad, siempre con el principal carácter integrador donde se da participación a la población en general.

La demanda de estas ofertas, unida a la existencia de un número muy elevado de personas con discapacidad, hacen que el Patronato Deportivo Municipal del Ayuntamiento de Antequera se plantee la incorporación de escuelas deportivas adaptadas dentro del plan general de deporte municipal, que se inicia en octubre de 2008, siendo pioneros en la provincia y con una alta aceptación y participación que se sigue manteniendo en su quinta temporada.

Barcelona 1992

El 17 de octubre de 1986, dentro de la 91 sesión del Comité Olímpico Internacional, en Lausana (Suiza), Barcelona fue elegida como ciudad organizadora de los Juegos de la XXV Olimpiada y, en consecuencia, por el acuerdo de colaboración entre el COI y el Comité Paralímpico Internacional activo desde 1988, también de los IX Juegos Paralímpicos de Verano. Arrancaban de este modo, 5 años y 9 meses de trabajo en los que el país había de demostrar su poder de organización en el más grande evento de la Humanidad, y el deporte español su peso específico internacional.

Seguramente, las dudas se cernían más en este segundo aspecto que en el primero. Y no eran banales. En los Juegos Olímpicos de Seúl 88, la delegación española había logrado solo 4 medallas, cifra que, idéntica o parecida, de haberse duplicado en los Juegos de casa hubiera supuesto un fracaso a todos los niveles, pues en el éxito general de las citas olímpicas cuenta en gran medida el éxito de los deportistas locales (crea ambiente, lleva público a los estadios, incentiva a la prensa, etc.).

A tal fin, el Consejo Superior de Deportes, el Comité Olímpico Español y Radiotelevisión Española crearon el Plan ADO destinado a conceder becas a los deportistas españoles para su preparación olímpica, contando con los fondos de las principales empresas privadas del país. Las 22 medallas (13 de ellas de oro) para el equipo español y el sexto puesto en el medallero en aquel mágico año de 1992 fueron el mejor refrendo de la validez de un programa que, sobre aquella base y adicionando otras buenas actuaciones en los Juegos sucesivos, se ha perpetuado desde entonces.

¿Y los paralímpicos? España acabó quinta en el medallero, con 107 podios, 34 de ellos de tinte dorado, solo por detrás de Estados Unidos, Alemania, Reino Unido y Francia, naciones en los que el deporte adaptado estaba ya muy desarrollado e implantado. Numerosas pruebas paralímpicas, fundamentalmente atletismo y natación, fueron retransmitidas en directo, lo que permitió a la sociedad española, abstraída por la dulce fragancia del triunfo olímpico, acercarse por inercia por primera vez en la mayoría de los casos al deporte adaptado, apreciarlo en su medida y valorar al deportista adaptado como deportista de elite.

Para medir el éxito, cabe reseñar que el equipo paralímpico español obtuvo en Barcelona más del doble de metales que cuatro años antes, en Seúl, cuando se lograron 42 (puesto 13º por naciones). Un salto cualitativo y cuantitativo al que contribuyeron -en diferentes disciplinas- hasta 11 andaluces, cuando en 1988 solo 2 nativos de Andalucía habían podido subir al podio: los nadadores José Pedrajas, con 4 medallas, y Luis Leardy, con 3.

Tabla I. Medallistas andaluces en los Juegos Paralímpicos de Barcelona 1992

NOMBRE	ORO	PLATA	BRONCE	TOTAL	DEPORTE
Juan Antonio Prieto Cárdenas	2	1		3	Atletismo
Francisca Bazalo Gallego	1		1	2	Esgrima
Mª Belén Pérez Sánchez	1			1	Ciclismo
Ignacio Rodríguez Molina	1			1	Ciclismo
José Luis Hermosín Sierra		1		1	Tiro con arco
José Pedrajas Pedrajas			2	2	Natación
Mª Teresa Espinosa Pozo			1	1	Atletismo
Juan Carlos Molina Merlos			1	1	Ciclismo
Miguel Ángel Pérez Tello			1	1	Ciclismo
Mª Cristina Pérez Naranjo			1	1	Esgrima
Manuel Robles Águila			1	1	Tenis de mesa

La clave de este éxito rotundo residió en que, de forma análoga al Plan ADO olímpico, el deporte adaptado nacional contó para la ocasión con un programa específico de ayudas destinado a culminar la preparación de los aspirantes a estar en Barcelona 92. La autoría de dicho programa se debe íntegramente a la Organización Nacional de Ciegos Españoles (ONCE), cuyo impulso ya había posibilitado la mejora de las condiciones de entrenamiento de los deportistas españoles puntualmente en Seúl 1988.

Para Barcelona 1992 la entidad destinó más recursos, y durante 18 meses -los previos a los Juegos Paralímpicos- unos 300 deportistas perfilaron su puesta a punto con unos medios antes inéditos para atletas con discapacidad.

Este plan de preparación tuvo sus réplicas en los Juegos sucesivos, los de Atlanta 1996 y Sídney 2000, ya con el Comité Paralímpico Español -constituido en 1995- como canalizador. No obstante, estos planes adolecieron de falta de continuidad, por cuanto se activaban en los años inmediatamente anteriores a la cita paralímpica, restando en consecuencia campañas deportivas "sin cubrir".

Se trataba de planes planteados *ex profeso* para cada cita paralímpica y que actuaban exclusivamente como un incentivo -un último empuje- para los deportistas clasificados para cada evento, desprovistos por tanto del carácter de un programa de captación de talentos para el alto nivel, características ambas que, por el contrario, el ADO sí aunaba.

Bajo este paraguas, en los X Juegos Paralímpicos de Atlanta 1996, en los que España sumó 106 medallas y se mantuvo como la quinta nación más laureada, el deporte andaluz logró la participación más elevada de su historia, con 34 deportistas (27 hombres y 7 mujeres), así como el mejor balance competitivo, merced al récord absoluto de 17 medallas logradas (más 24 diplomas).

Tabla II. Medallistas andaluces en los Juegos Paralímpicos de Atlanta 1996

NOMBRE	ORO	PLATA	BRONCE	TOTAL	DEPORTE
Juan Antonio Prieto Cárdenas	3	1		4	Atletismo
Miguel Ángel Pérez Tello	3			3	Ciclismo
Fernando Gómez Doblas		3		3	Atletismo
Mª Belén Pérez Sánchez		1	1	2	Ciclismo
Francisco José Lara Ruiz		1	1	2	Ciclismo
Mª Vanesa Ortega Godoy		1		1	Atletismo
José Luis Tovar Pavón		1		1	Atletismo
Francisca Bazalo Gallego			1	1	Esgrima
Mª Cristina Pérez Naranjo			1	1	Esgrima
Juan Manuel Lebrero Morillo			1	1	Atletismo
David Jiménez Álvarez			1	1	Fútbol 7

Convocado por el Comité Paralímpico Español, el Plan de Preparación de los Deportistas que Asistirán a los Juegos Paralímpicos de Sídney 2000 -un nuevo programa *ad hoc*, una iniciativa novedosa-, vino a enriquecer esta estructura intermitente de becas y ayudas al alto nivel. Una comunidad autónoma planteó en 1999 un programa revolucionario: un plan permanente de becas para el apoyo, detección y tutela del deporte adaptado de rendimiento en su ámbito geográfico de actuación. Esta comunidad fue Andalucía, el programa se denominó Plan Paralímpicos Andaluces y su promotora fue la Fundación Andalucía Olímpica.

El Plan Paralímpicos Andaluces

La iniciativa de la Fundación Andalucía Olímpica, amén de su carácter pionero, constituyó sin duda una revolución en el ámbito del deporte adaptado que colocó a la comunidad en la vanguardia en este aspecto y a sus deportistas en el punto de mira, como paradigma al que aspirar para el resto de compañeros de otras regiones.

Nunca antes en el marco autonómico se había planteado un proyecto que englobara a todos los deportes y a todas las discapacidades. Nunca antes se habían otorgado becas nominales a deportistas discapacitados. Y nunca se ha vuelto a hacer, pues ninguna comunidad ha logrado levantar un plan específico de deporte adaptado. Como mucho, ha abierto sus respectivos planes olímpicos a un número reducido de deportistas con discapacidad.

Alejandro Rojas Marcos, presidente de la Fundación Andalucía Olímpica, recoge de manos de Alfredo Goyeneche, presidente del Comité Olímpico Español, la Placa al Mérito Deportivo concedida a la Fundación Andalucía Olímpica. Madrid, 2000.

En 1999, con el mandato expreso en la presidencia de la Fundación Andalucía Olímpica de Alejandro Rojas Marcos, el entonces director gerente de la misma, Javier de la Puerta, junto a la técnico de la Fundación Paula Rossell Martí, pusieron en marcha el Plan Paralímpicos Andaluces, que, según rezan sus bases, nació "para sumarse a los esfuerzos que vienen realizando el Comité Paralímpico Español y las federaciones que regulan la práctica del deporte para discapacitados y agrupan a sus deportistas, con el objetivo de lograr, mediante la actividad deportiva, la integración social, laboral y educativa de las personas con discapacidades".

Los objetivos específicos del Plan Paralímpicos Andaluces quedaron esbozados por la Fundación Andalucía Olímpica de la siguiente forma:

- Elevación del nivel de todos los deportistas andaluces discapacitados beneficiarios del Plan y obtención de buenos resultados en las diferentes competiciones internacionales.
- Incorporación de los deportistas andaluces discapacitados a los equipos paralímpicos nacionales e integración en el "Plan de Preparación de los Deportistas que Asistirán a los Juegos Paralímpicos de Sídney 2000", que gestiona el Comité Paralímpico Español.
- Desarrollo de aquellas modalidades de deportes para discapacitados que, por su nivel deportivo en Andalucía, se estime que pueden alcanzar en el futuro próximo el alto nivel.

Para lograr tales objetivos, se definieron unos Criterios de selección, en coordinación con el Comité Paralímpico Español y con el consenso de las cuatro federaciones de deportes para discapacitados: Federación Andaluza de Deportes para Minusválidos Físicos, Federación Española de Deportes para Paralíticos Cerebrales, Federación Andaluza de Deportes para Minusválidos Psíquicos y Federación Española de Deportes para Ciegos.

Unos criterios objetivos y comunes para todas ellas y que, en sus requisitos técnicos de resultados y méritos deportivos en la competición, se situaron en el escalón inmediatamente inferior al Plan de Preparación del CPE. Helos aquí:

Becas A

1. Deportistas que en 1998 hubieran conseguido un puesto a partir de los 4 primeros clasificados en el Campeonato del Mundo absoluto.
2. Deportistas que en 1998 hubieran conseguido un puesto a partir de los 4 primeros clasificados en el Campeonato de Europa absoluto.

Becas B

1. Deportistas que en 1998 hubiesen logrado una clasificación entre la 1ª y la 3ª posición en el Campeonato de España absoluto.

2. Deportistas que en 1998 hubiesen logrado una clasificación entre la 1ª y la 3ª posición en el Campeonato del Mundo o de Europa júnior o en una competición internacional júnior del máximo rango reconocida por la federación internacional respectiva.

Becas técnicos

1. Recibieron becas los entrenadores de los deportes individuales cuyos deportistas obtuvieron becas y ayudas del Plan.

Un total de 56 deportistas cumplieron tales criterios y compusieron la selección de becados del primer Plan Paralímpicos Andaluces. De ellos, 11 ingresaron en la categoría A, dotada con 200 000 pesetas anuales por deportista, y 45 en la categoría B (150 000 pesetas). Asimismo, se premió el trabajo de 18 entrenadores, proponiéndoles a becas de 100 000 pesetas anuales.

En suma, el Plan Paralímpicos Andaluces 1999 estuvo dotado económicamente con un presupuesto de 10 750 000 pesetas, procedente -y he aquí otra novedad- de patrocinios privados exclusivos, captados por la Fundación únicamente para este Plan, como fueron los de la Cámara de Contratistas de Andalucía, la Fundación ONCE, la Confederación de Empresarios de Andalucía y RENFE.

Formaron la primera selección de deportistas y técnicos practicantes de modalidades deportivas adaptadas 74 nombres beneficiarios de una beca nominal en el ámbito autonómico en toda la historia del deporte español y abrieron el camino, por resultados, para que el Plan Paralímpicos Andaluces tuviese una continuidad en el seno de la Fundación Andalucía Olímpica. No obstante, la clave de que en años sucesivos y sin interrupción el programa apoyase cada temporada a los mejores deportistas con discapacidad de Andalucía fue el aseguramiento de las fuentes de financiación gracias a los convenios que la entidad suscribió con todas las Diputaciones Provinciales y Ayuntamientos capitalinos de Andalucía, y otros treinta municipios, por los que parte de las subvenciones que concedían a la Fundación poseía el objetivo final de nutrir en exclusiva el fondo de becas y ayudas del Plan Paralímpicos Andaluces.

Como tal el programa permaneció de forma distinguida hasta 2008 inclusive, siendo a partir de 2009 incluidas las federaciones adaptadas en el Plan Andalucía Olímpica que la Fundación posee desde 1998. Esta medida se aplicó como forma de seguir la corriente de los tiempos actuales en el entorno inclusivo del deporte paralímpico, por la que se pretende integrar a los deportistas practicantes de modalidades adaptadas en las federaciones de su deporte, no en federaciones por discapacidad.

Siendo aún largo el camino en el ámbito internacional -solo unas pocas federaciones han dado el paso-, desde 2009, por tanto, en lo que respecta al alto nivel, en Andalucía deportistas de especialidades olímpicas y deportistas de especialidades paralímpicas comparten un mismo plan de becas y, lo que es más significativo, perciben cuantías idénticas en cada categoría de beca en función de sus méritos deportivos.

Si en 1999 el Plan Paralímpicos estableció 3 niveles de ayudas (A, B y Técnico), ampliados a cuatro (A, B, C, D y Técnico) en el ciclo de Pekín 2008, en el Plan Andalucía Olímpica 2011 las categorías asimiladas para "olímpicos" y "paralímpicos" eran las de PAO Plus, PAO, Future y Técnico, con los siguientes criterios de selección:

Becas PAO Plus

1. Deportistas que habiendo sido incluidos en el listado del Plan ADO 2010, y no estando en dicho listado en 2011, no hubieran conseguido méritos deportivos durante el año 2010 que los hicieran acreedores a becas PAO en sus listados del año 2011 y contasen con la decisión favorable de la Comisión Técnica Deportiva de la Fundación Andalucía Olímpica.
2. Deportistas que estuviesen incluidos en el listado del Plan ADOP 2011 del Comité Paralímpico Español.
3. Deportistas que hubieran conseguido la clasificación paralímpica.

Becas PAO

1. Deportistas que hubiesen conseguido una clasificación entre el 9º y el 16º puesto en el Campeonato del Mundo Absoluto en 2010.
2. Deportistas que hubiesen conseguido una clasificación entre el 7º y el 12º puesto en el Campeonato de Europa Absoluto en 2010.

Becas Future

Pudieron acceder a estas becas aquellos deportistas propuestos por las federaciones deportivas andaluzas, de conformidad con los criterios siguientes:

1. Deportistas con mérito de campeones de España de la categoría absoluta en 2010. En caso de no tener dos deportistas con este resultado acreditado, las Federaciones pudieron proponer a aquellos deportistas que hubiesen acreditado participación en el

Campeonato del Mundo o de Europa en las categorías absoluta y/o inmediatamente inferior a la absoluta.

2. Aquellos deportistas que habiendo estado incluidos en el listado del Plan ADOP 2010, no hubiesen revalidado su condición de becario por el citado plan en 2011.

En resumen, en los 13 años (1999 a 2011) que la Fundación Andalucía Olímpica lleva apoyando el deporte adaptado, un total de 368 deportistas y técnicos andaluces se han beneficiado de sus ayudas, sumando 1266 becas nominales con un gasto total de 1,3 millones de euros. Destaca el ciclo paralímpico de Atenas 2004, en el que el número de becados alcanzó sus cotas más elevadas: 119 en 2001, 147 en 2002, 157 en 2003 y 160 (récord) en 2004.

Por nombres, en cuanto a permanencia en el Plan sobresalen los de los palistas Amalio Castillo y Tomás Piñas, y el del tirador Carlos Soler, que acumulan cada uno 12 becas (de 13 posibles).

Tabla III. Becados del Plan Paralímpicos Andaluces con mayor número de becas

BECAS	DEPORTISTA	DEPORTE
12	Amalio Castillo Rodríguez	Tenis de mesa
12	Tomás Piñas Bermúdez	Tenis de mesa
12	Carlos Soler Márquez	Esgrima
11	Antonio García Martínez	Ciclismo
11	José Manuel Rodríguez Vázquez	Boccia
11	María Rosa Ruiz González	Atletismo
10	María del Carmen Cortejosa Valverde	Atletismo
10	Jesús López Fariñas	Ciclismo
10	Fernando Massa Santander (técnico)	Atletismo
10	Virginia Polo Rubio	Atletismo
10	Juan Miguel Zarzuela Iglesias	Tiro con arco
9	José María España Núñez (técnico)	Atletismo
9	Yolanda Galán Fernández	Atletismo
9	Fernando Gómez Doblas	Atletismo
9	José Antonio González Beltrán	Atletismo
9	Carmen Herrera Gómez	Judo
9	María Teresa Muñoz Jiménez	Atletismo
9	Miguel Rodríguez Martínez	Tenis de mesa
9	Antonio Vega Durán	Atletismo

Los Juegos del siglo XXI

Habíamos dejado el repaso a la actuación española y andaluza en los Juegos Paralímpicos en 1996. Aquel año, en Atlanta, el equipo español había permanecido como el 5º país en el medallero, con 106 metales, y el deporte andaluz habría alcanzado la participación más numerosa de su historia, con 34 deportistas, y la mejor prestación global, al sumar 17 medallas y 24 diplomas.

Con este precedente y dos planes de apoyo al deporte adaptado en el escenario nacional, el Plan de Preparación de los Deportistas que Asistirán a los Juegos Paralímpicos de Sídney 2000 y el Plan Paralímpicos Andaluces, los Juegos de las antípodas resultaron otro éxito para la delegación española y, paralelamente, para la andaluza.

España se elevó al 4º puesto en el medallero -posición hasta la fecha no superada- con, otra vez, 106 metales (38 de ellos de oro), en tanto que la representación andaluza, la 2ª más nutrida de la historia (31 deportistas), realizó también la 2ª mejor actuación, con 14 medallas y 33 diplomas, tras la de Atlanta 96.

Sobresalieron la actuaciones del pujante Sebastián Rodríguez, gaditano afincado en Vigo que firmó 5 triunfos en la piscina, el joven Álvaro Valera, que ganó la medalla de oro en la clase 8 de tenis de mesa 11 días después de haber cumplido los 18 años, o el relevo 4x400 subcampeón de la categoría T46, casi íntegramente andaluz, con Dueñas, Martínez y Fernández Barranquero.

Tabla IV. Medallistas andaluces en los Juegos Paralímpicos de Sídney 2000

NOMBRE	ORO	PLATA	BRONCE	TOTAL	DEPORTE
Sebastián Rodríguez Veloso	5			5	Natación
Álvaro Valera Muñoz-Vargas	1			1	Tenis de mesa
José Manuel Fernández Barranquero		1	1	2	Atletismo
José Manuel Ruiz Reyes		1	1	2	Tenis de mesa
Marcos Francisco Dueñas Jimeno		1		1	Atletismo
Juan Martínez Martín		1		1	Atletismo
David García del Valle		1		1	Judo
Rafael Moreno López		1		1	Judo
Juan Antonio Prieto Cárdenas			1	1	Atletismo
Manuel Robles Águila			1	1	Tenis de mesa

Cuatro años más tarde, en Atenas 2004, el deporte adaptado mundial ofreció un nuevo decorado en el que nuevas naciones adquirieron un protagonismo antaño más focalizado. Algo estaba cambiando. El Paralimpismo estaba creciendo de una forma inusitada y ofrecía un nuevo campo de expresión para los países en términos de jerarquía mundial, sentimiento patriótico o reivindicación política, de ahí que desde los poderes públicos se alentara un fenómeno del que antes incluso habían renegado, caso de Rusia o China.

Los advenedizos habían tomado su sitio en detrimento de otras naciones, caso de España, que en la capital de Grecia se quedó lejos de sus anteriores prestaciones con 71 medallas (7ª en el medallero).

Ello provocó la reacción de la Administración y en 2005 se creó, a imagen y semejanza del ADO, el Plan de Apoyo al Deporte Objetivo Paralímpico, el ADOP, con la finalidad de -aglutinando patrocinios privados y subvenciones públicas-, poseer un programa permanente nacional para las disciplinas paralímpicas, con un sistema de becas nominales para los deportistas. Recordemos que hasta entonces solo el Plan Paralímpicos Andaluces había poseído en España ese carácter de permanencia y ese procedimiento de ayudas directas.

No obstante, el cambio geodeportivo paralímpico ha sido un fenómeno sin freno y el ADOP no ha logrado devolver al deporte español a los lugares de la "época de oro" (de Barcelona 92 a Sídney 2000) en las citas paralímpicas posteriores. Así, en Pekín 2008 España sumó 58 medallas y ocupó el 10º lugar en el medallero, en tanto que en Londres 2012 cayó al 17º puesto, con 42 preseas… el mismo botín que en Seúl 1988.

¿Y los andaluces? Sus balances competitivos, en sintonía con la tendencia nacional, se han visto adelgazados en Atenas 2004, Pekín 2008 y Londres 2012, aunque de una forma mucho menos acusada. Las participaciones apenas han descendido: 26 en 2004, 29 en 2008 y 25 en 2012. Y los resultados han conservado un matiz notable en términos comparativos a los Juegos que compusieron los tres ciclos más relevantes del deporte adaptado español.

Recepción a los Paralímpicos Andaluces ofrecida en San Telmo por el presidente de la Junta, Manuel Chaves, junto al consejero de Turismo, Comercio y Deporte Paulino Plata y el presidente de la Fundación Andalucía Olímpica, Pablo de los Santos Parejo. Sevilla, 2004.

Así, en 2004 los deportistas andaluces alcanzaron 10 medallas y 16 diplomas, si bien en 2008 aumentaron sus prestaciones a 11 medallas y 23 diplomas. Por último, en Londres 2012, el palmarés andaluz se situó en 9 medallas y 12 diplomas.

¿Es atribuible este mantenimiento del nivel de los andaluces a las ayudas del Plan Paralímpicos Andaluces? Es una interpretación, qué duda cabe, entre algunas otras. Admisible o no, lo que no genera dudas es que los paralímpicos andaluces son los deportistas con la mayor tradición de ayuda pública/privada en España gracias al plan de la Fundación Andalucía Olímpica.

Tabla V. Medallistas andaluces en los Juegos Paralímpicos de Atenas 2004

Nombre	Oro	Plata	Bronce	Total	Deporte
Sebastián Rodríguez Veloso	3		1	4	Natación
Antonio García Martínez	1			1	Ciclismo
Carmen Herrera Gómez	1			1	Judo
María del Mar Olmedo Justicia	1			1	Judo
José Manuel Rodríguez Vázquez		1		1	Boccia
David García del Valle		1		1	Judo
Alfredo Cuadrado Freire			1	1	Fútbol 5
José López Ramírez			1	1	Fútbol 5
Antonio Jesús Martín Gaitán			1	1	Fútbol 5
Marcelo Rosado Carrasco			1	1	Fútbol 5

Tabla VI. Medallistas andaluces en los Juegos Paralímpicos de Pekín 2008

Nombre	Oro	Plata	Bronce	Total	Deporte
Carmen Herrera Gómez	1			1	Judo
Sebastián Rodríguez Veloso		2	2	4	Natación
José Manuel Rodríguez Vázquez		1		1	Boccia
José Manuel Ruiz Reyes		1		1	Tenis de mesa
Manuel Ángel Martín Pérez			2	2	Boccia
Tomás Piñas Bermúdez			1	1	Tenis de mesa
Álvaro Valera Muñoz-Vargas			1	1	Tenis de mesa

Tabla VII. Medallistas andaluces en los Juegos Paralímpicos de Londres 2012

Nombre	Oro	Plata	Bronce	Total	Deporte
Carmen Herrera Gómez	1			1	Judo
Alfonso Cabello Llamas	1			1	Ciclismo
Sebastián Rodríguez Veloso		2	1	3	Natación
Álvaro Valera Muñoz-Vargas		2		2	Tenis de mesa
Alfredo Cuadrado Freire			1	1	Fútbol 5
José López Ramírez			1	1	Fútbol 5
Antonio Jesús Martín Gaitán			1	1	Fútbol 5
Marcelo Rosado Carrasco			1	1	Fútbol 5
Álvaro González Alcaraz			1	1	Fútbol 5
José Manuel Ruiz Reyes			1	1	Tenis de mesa

Por último, en este repaso de los Juegos Paralímpicos en los últimos 30 años de deporte adaptado en Andalucía, cabe reseñar que en las citas invernales los andaluces han sumado 13 participaciones en los Juegos de Invierno de Innsbruck 1988, Albertville 1992, Lillehammer 1994 y Nagano 1998, con un resultado global de 6 medallas y 4 diplomas.

La Conferencia Internacional sobre Deporte Adaptado

En 2001 la Fundación Andalucía Olímpica había consolidado el Plan Paralímpicos Andaluces en su funcionamiento y gestión, pero no en su financiación. A pesar del aldabonazo de los resultados obtenidos en los Juegos Paralímpicos de Sídney 2000, la situación del Plan estaba en riesgo, aunque en ese momento se daba la circunstancia, ya indicada en capítulos anteriores, de que era el único programa de becas con carácter de continuidad existente en España, si bien no iba a ser esa la única "exclusividad" que la entidad andaluza ofrecería al deporte adaptado nacional.

Ese año vino a la memoria de Javier de la Puerta, entonces director gerente de la Fundación, una idea concebida y propuesta por la coordinadora del Plan Paralímpicos Andaluces, la campeona paralímpica Paqui Bazalo, a su llegada a la Fundación Andalucía Olímpica.

Bazalo tenía referencias sobre el Congreso Paralímpico de Barcelona 92 y era muy consciente de la relevancia que podía tener la organización de un encuentro científico de carácter internacional en el que se reuniesen los mejores expertos para debatir sobre la actividad física y el deporte adaptado, con la intención, no solo de poner en valor el deporte paralímpico en Andalucía, sino también como elemento de protección y blindaje del Plan Paralímpicos Andaluces, cuya supervivencia aún no estaba garantizada.

Para ella suponía una gran responsabilidad organizar un equipo humano capaz de sacar adelante un proyecto de esa envergadura, un equipo al que no se podía incentivar económicamente, pues apenas se disponía de recursos, y que además daba la impresión de ser un proyecto que no suscitaría demasiado interés, un equipo al que solo se invitaba a formar parte de un sueño, sin más recompensa que el riesgo de atreverse a hacer algo que nunca se había hecho y el reto de ser capaces de poner en valor en ese momento al gran desconocido para la mayoría: el deporte adaptado.

La necesidad imperiosa de encontrar personas expertas y una clara aspiración a la excelencia llevaron a Paqui a realizar la confidencia y pedir consejo a José Miguel Silva, por aquel entonces director gerente del Palacio de los Deportes José Mª Martín Carpena, quien le indicó que la persona adecuada para este asunto era José Antonio Aquesolo Ortiz, artífice del Congreso Olímpico celebrado en Benalmádena en el año 92, quien efectivamente acabó siendo la persona clave para formar el equipo de dirección de la CIDA.

José Antonio Aquesolo Ortiz atendió con mucho afecto y cariño la propuesta de Paqui Bazalo y desde el primer momento intuyó con claridad la dimensión que podría tener, pareciéndole una idea realmente interesante y sintiendo mucho no poder abordarlo él personalmente, pues ya se encontraba felizmente jubilado, por lo que le propuso a las dos personas que para él eran las más idóneas y que, además, ya habían sido responsables de la gestión del Congreso Científico Olímpico del 92. Se trataba de Pedro Aragón Cansino y José Antonio Aquesolo Vegas. Una vez contactados mantuvieron una primer reunión en Sevilla con el gerente de la Fundación, Javier de la Puerta, y con Pablo de los Santos Parejo, en aquel momento presidente de la Fundación Andalucía Olímpica, así como una segunda reunión también con Paqui Bazalo.

En un principio Paqui pensó que sería difícil que dos personas que venían del mundo del deporte convencional y de una realidad muy diferente pudiesen llegar a comprender la trascendencia humana, social y deportiva de este otro mundo del deporte; era normal intuir una actitud escéptica en cuanto a las pretensiones y la dimensión de las que ella estaba tan segura.

Aun así, y sobre todo gracias al encargo y compromiso adquirido con José Antonio Aquesolo Ortiz, Pedro Aragón Cansino y José Antonio Aquesolo Vegas empezaron a trabajar junto a Paqui Bazalo Gallego y Susana Gálvez Montero y el Dr. José Oriol Martínez, presidente del Comité Médico del Comité Paralímpico Internacional, quien no dudó ni por un momento en aceptar la invitación y asumir la responsabilidad del Comité Científico, respaldando la Conferencia desde sus primeros pasos.

Tras la fase inicial de organización y preparación y las posteriores de presentación a distintos organismos públicos y privados y la aceptación definitiva por parte del patronato de la Fundación Andalucía Olímpica, el proyecto tomó carta de naturaleza y se denominó Conferencia Internacional sobre Deporte Adaptado (CIDA).

En poco tiempo se configuró un equipo formado por personas que se unieron a la aventura de un proyecto innovador, estableciendo relaciones de conexión plena con un propósito común y un fuerte sentimiento de pertenencia a un grupo, un equipo con capacidad para tomar decisiones, asumir riesgos e innovar. La confianza en el equipo, el entusiasmo y el saber que estaban aportando valor a un proyecto con identidad propia les hizo ser un equipo persuadido por la razón, pero movido por la emoción. El equipo de trabajo de la CIDA se ha manteniendo con las mismas personas que lo iniciaron y las que se han ido sumando a esta realidad, que es hoy ya referente en el mundo.

En el marco del Palacio de Ferias y Congresos de Málaga se celebraron conferencias magistrales, mesas redondas, debates, comunicaciones libres y pósteres. Con más de 1200 inscritos y 19 expertos de todo el mundo, además de la actividad en sí misma y de su éxito, que deslumbró incluso a los organizadores, la Conferencia sirvió como mesa de pruebas, siendo considerada por los participantes y ponentes como la mejor actividad científica y técnica en el campo del deporte adaptado que se había realizado en el mundo.

De los estudios posteriores y evaluaciones de lo ocurrido se pudieron establecer modelos de gestión y de organización por procesos que garantizaran la calidad en posteriores convocatorias para ir mejorando en cada nueva edición.

Con CIDA se apuesta por primera vez en el mundo del deporte adaptado por "profesionalizar" este campo, por ser, también en esto, igual a sus iguales del "otro" deporte y por aprovechar las inmensas sinergias que produce Andalucía en este sector desde hace años, así como la positiva imagen de marca creada con CIDA, y se pretende:

1. Divulgar el deporte adaptado y sus beneficios para el discapacitado.
2. Sensibilizar a la sociedad para la mejora de la integración e inclusión de las personas con discapacidad.
3. Intensificar la cooperación entre las diferentes instituciones, agentes sociales y del mundo de la discapacidad.
4. Consolidar la celebración de este tipo de actuaciones, continuando con la labor de CIDA 2003 y convertir en permanente y estable la sede de CIDA en Málaga, Andalucía.

La primera CIDA tuvo lugar del 26 al 29 de noviembre de 2003 en la ciudad de Málaga, en el marco del Palacio de Ferias y Congresos, con la dirección de Pedro Aragón Cansino y José Antonio Aquesolo Vegas. Fueron muchas las personas que participaron en la organización y el trabajo de CIDA, que contó con un Comité Ejecutivo digno del mejor evento; algunos de los profesionales más distinguidos del mundo de la gestión deportiva andaluza se unieron en un viaje que les llevó a todos a descubrir nuevos espacios y realidades dentro del mundo del deporte y que quizás también les dio la oportunidad de ser protagonistas del cambio y la evolución del deporte practicado por personas con discapacidad.

El Comité Ejecutivo de la CIDA 2003 estuvo formado por: Pedro Aragón Cansino, Director ejecutivo; José Antonio Aquesolo Vegas, Secretario ejecutivo; Francisca Bazalo Gallego y Susana Gálvez Montero, Secretaría técnica; Juan de la Cruz Vázquez Pérez, Secretaría de organización; Irene Rodríguez García, Asistente de la Secretaría de organización; Carlos Rodríguez, Gabinete de prensa y RRPP; Carlos Moncada, Asistente del Gabinete de prensa; Jesús Sánchez, Protocolo; Carmen García López, Traducción y Libro de Actas; Juan José López Rosa, Coordinación del Auditorio; Juan Luis Moreno Fernández-Durán, Logística; Pedro Montiel Gámez, Programa de voluntarios; Susana Vázquez Calleja, Programa cultural y deportivo; José Antonio Cordobés Montes, Página web, y más de 30 voluntarios alumnos de la Universidad de Málaga, formados para el evento.

Fueron miembros del Comité Científico: José Oriol Martínez Ferrer, Presidente; Ignacio Escanero Martín; José Antonio García de Mingo; Alberto Jofre Bernardos; Francisca Bazalo Gallego; Paulino Padial Puche y Delfín Galiano Orea.

Contó con el apoyo de SM la reina doña Sofía, quien aceptó la invitación a ocupar la Presidencia de Honor, y entre otras autoridades y personalidades, el presidente del Comité Paralímpico Internacional, Sir Philip Craven, quien, a la conclusión de la Conferencia, calificó el encuentro como "el más importante evento científico sobre deporte adaptado de toda la historia".

Las conclusiones a las que se llegó tras las tres jornadas de trabajo fueron reunidas por los miembros del Comité Científico en el denominado *Decálogo del Deporte Adaptado,* que reproducimos:

1. El deporte adaptado no tiene que llevar adjetivos: es deporte. El deportista paralímpico tiene el derecho a que se le reconozca la igualdad de trato deportivo, institucional y social.
2. La actividad física y el deporte adaptados son una vía fundamental para la integración y el respeto a la diversidad.
3. El Movimiento Paralímpico Internacional debe establecer una constante colaboración con el Comité Olímpico Internacional.

4. Los estamentos públicos y privados tienen la obligación de apoyar el deporte sin distinciones ni adjetivos.
5. Los medios de comunicación tienen que asumir un papel de liderazgo en la difusión de los valores humanos y deportivos que representa el deporte adaptado.
6. La actividad física adaptada debe ser incluida en los programas de readaptación funcional para todas las personas con discapacidad y en todas las edades.
7. Los profesionales de la actividad física y el deporte adaptado encontrarán en la vivencia de la discapacidad un elemento fundamental en su formación.
8. Las nuevas tecnologías y la investigación deben favorecer la mejora de los resultados deportivos y la propia vida diaria de las personas con discapacidad.
9. La mujer discapacitada, a través de la actividad física y el deporte adaptado, ejemplariza la igualdad de género y el respeto por la diversidad.
10. La Conferencia Internacional sobre Deporte Adaptado ha sembrado el futuro del deporte adaptado en el siglo XXI.

I Seminario Mediterráneo sobre Deporte Adaptado

En 2005, en el ambiente de la Fundación Andalucía Olímpica aún se respiraba la euforia de CIDA 2003, y teniendo en cuenta que se celebraban los Juegos del Mediterráneo en Almería, se planteó la posibilidad de reforzar el trabajo realizado en 2003 y se decidió organizar el I Seminario Mediterráneo sobre Deporte Adaptado.

Fue José Mª Martín Delgado, Presidente de la Fundación Andalucía Olímpica, quien inauguró el seminario, que tuvo lugar los días 24 y 25 de noviembre de 2005 en el Aula Magna de la Facultad de Derecho de la Universidad de Málaga, bajo la dirección del equipo de la CIDA, con 30 expertos y 417 participantes inscritos que estudiaron y debatieron en el I Seminario Mediterráneo sobre Deporte Adaptado, con el formato de mesas redondas y ponencias magistrales, divididas en 4 paneles, sobre: sus políticas deportivas; formación; ámbitos de intervención y los protagonistas del deporte adaptado, llegando a las siguientes conclusiones, recogidas en la página web www.paralimpicsport.org

El éxito de la CIDA 2003 condujo al planteamiento de su continuidad de modo cuatrienal, siempre el año previo a la celebración de los Juegos Paralímpicos.

Por tanto, en 2007, del 15 al 17 de marzo, y de nuevo en Málaga, en la Fundación Andalucía Olímpica, con la presidencia de José María Martín Delgado, tuvo lugar la segunda edición del encuentro, con el tema "El deporte adaptado en el inicio del siglo XXI: desarrollo interdisciplinario de sus ámbitos de actuación".

Su AR la infanta doña Elena aceptó la Presidencia de Honor; en esta ocasión resultó mucho más fácil conseguir los recursos, pues desde todos los ámbitos institucionales se comprendió la necesidad de la celebración de este foro internacional de intercambio sobre actividad física adaptada y de nuevo se produjo el milagro... más de 1000 participantes, los mejores expertos del mundo y la consolidación de CIDA como referente mundial a nivel de investigación.

Comité Ejecutivo de la "II Conferencia Internacional sobre Deporte Adaptado", la CIDA 2007. Málaga, 2007

En esta segunda edición de la CIDA, el Comité Ejecutivo estuvo formado por: Pablo de los Santos Parejo, Coordinador general; Francisca Bazalo Gallego, Coordinadora de la Fundación Andalucía Olímpica; Pedro Aragón Cansino, Director ejecutivo; Pedro Montiel Gamez, Director adjunto; José Antonio Aquesolo Vegas, Secretario ejecutivo; Antonio Castillo García, Área económica; Susana Gálvez Montero, Betsaida Martín Soriano, María José Plaza Cartagena, Antonia Arroyo Florido, Secretaría técnica; José Manuel Rodríguez Huertas, Comunicación e imagen; Juan

Carlos Rodríguez Aragonés y Carlos Moncada Linares, Gabinete de prensa; José Manuel Rodríguez Huertas y Antonio Heredia Díaz, Protocolo; Carmen García López, Traducción y Libro de Actas; Antonio Merino Mandly y Juan José López Rosa, Coordinación del Auditorio; Salvador Navas y Juan José López Rosa, Logística; Juan Manuel de Burgos Carmona y José Eloy Cano Escarcena, Coordinadores del Programa de voluntarios; Susana Vázquez Calleja, Actividades paralelas; José Antonio Cordobés Montes y Pedro Aragón Rubio, Página web, y Concepción Ruíz y Ramón Alvero Cruz, Área médica.

Formaron parte del Comité Científico: José Oriol Martínez, presidente; Juan Miguel Arráez Martínez, Francisca Bazalo Gallego, Delfín Galiano Orea, Mirem Zuriñe Ibarra Ibaibarriaga, Paulino Padial Puche y Mariano Ruiz Ruiz.

La Conferencia estuvo dividida en cinco grandes áreas temáticas:
1. Estructuras y organización del deporte adaptado.
2. Formación e investigación en actividad física y deporte adaptado.
3. Ámbitos de intervención y nuevos entornos de las prácticas deportivas de personas con discapacidad.
4. Aspectos saludables de la actividad física y el deporte adaptado.
5. La respuesta social al deportista con discapacidad.

Por primera vez se convocó el premio CIDA Award 2007, para galardonar al autor de la comunicación más destacada. El premio fue fallado por el Comité Científico y estaba dotado con un certificado acreditativo del mismo, 1000 euros y un grabado conmemorativo que realizó la artista Clotilde Ventoso.

Por su parte, al término de la CIDA el Comité Científico de la Conferencia subrayó la alta calidad de todas las conferencias y ponencias presentadas, así como de las comunicaciones libres, de los pósteres y también de las experiencias vistas en el Open Forum, llegando a las conclusiones recogidas en el Libro de Actas de CIDA 2007 y en la página web: www.paralimpicsport.org

El Jurado decidió por unanimidad declarar ganadores del I premio CIDA Award 2007 a los investigadores Javier Pérez Tejero, Rosario Aragón, Sonia Castellanos y Javier Sampedro, por el trabajo titulado "Tiempo de participación y de pausa en el baloncesto en silla de ruedas de alta competición: conclusiones para el entrenamiento", y conceder un accésit para Miguel Ángel Torralba, José María Padulles y María Luisa de Fuentes, por el trabajo titulado "Valoración de la técnica deportiva de atletas paralímpicos con discapacidad física, cerebral o visual, para el desarrollo y promoción de investigaciones relacionadas con la actividad deportiva de personas discapacitadas".

Finalmente, la tercera edición de la Conferencia Internacional sobre Deporte Adaptado tuvo lugar el 15 de diciembre de 2011, en Málaga, en un formato concentrado en un día de trabajo y con el que, pese a la adversa situación económica del momento, la Fundación Andalucía Olímpica continuaba en el camino iniciado ocho años antes.

Luego de cinco sesiones, compuestas por cuatro conferencias y una mesa redonda, el Comité Científico plasmó los avances y nuevas líneas de pensamiento expuestas en la CIDA 2011 en veinte conclusiones que quedan recogidas en el Libro de Actas y en la página web www.paralimpicsport.org

En esta tercera edición el premio CIDA Award fue otorgado a los investigadores Javier Soto, Javier Pérez y Javier Rojo, por su comunicación "Estudio del tiempo de reacción ante estímulos visuales en deportistas con y sin discapacidad auditiva: aplicaciones deportivas".

CIDA ha conseguido abrir un espacio técnico, científico y social en relación con el mundo del deporte practicado por personas con discapacidad en el que expertos, técnicos, deportistas, médicos, federaciones, medios de comunicación, etc. de todo el mundo pueden compartir conocimientos, experiencias y últimos avances en investigación sobre la actividad física adaptada.

José Mª Martín Delgado, presidente de la Fundación Andalucía Olímpica, recoge el Premio Olimpia concedido al Plan Paralímpicos Andaluces. Madrid, 2007.

La Fundación Andalucía Olímpica contó para la organización de las Conferencias con el apoyo del Comité Paralímpico Español; el Comité Paralímpico Internacional; la Consejería de Turismo, Comercio y Deporte de la Junta de Andalucía, a través del Instituto Andaluz del Deporte; el Excmo. Ayuntamiento de Málaga; la Excma. Diputación Provincial de Málaga y el Consejo Superior de Deportes.

La Fundación Andalucía Olímpica fue reconocida en 2007 en los Premios Nacionales del Deporte con el Premio Olimpia al Plan Paralímpicos Andaluces, reconocimiento otorgado a la persona o entidad que por su propia actuación deportiva o por el fomento de la actividad de otros haya destacado especialmente en la difusión y mejora de la actividad deportiva entre los disminuidos físicos, psíquicos o sensoriales. Asimismo, el 17 de enero de 2010 la Fundación Andalucía Olímpica fue la única entidad deportiva española en la final de los Premios Nacionales Ability Awards de Telefónica, clasificándose entre las 48 entidades finalistas, elegidas de entre las 458 candidaturas presentadas en toda España. La Fundación, presidida por José María Martín Delgado, recibió por su acceso a la final el sello "Compañía Ability".

Los personajes del deporte adaptado andaluz

Cuando al abrigo de una pregunta inesperada pensamos en los protagonistas más sobresalientes del mundo del deporte, la mente se dirige de un modo connatural a reflejar las imágenes de aquellos que en los estadios, campos y pabellones han logrado poseer por unos instantes la gloria deportiva y ser iconos, símbolos de un país, sociedad, región o ciudad.

El deportista juega, en suma y en justicia, el rol fundamental de todo el entramado deportivo, pero tras él hay otros papeles que podrían parecer secundarios desde un punto de vista de la proyección pública y que, sin embargo, asumen el peso, quizás en la oscuridad del anonimato, de hacer posible que el actor principal tenga decorados, extras, maquillaje y tramoya para su lucimiento.

En este apartado que ahora afrontamos, hemos querido dejar testimonio de las personas que en estos últimos 30 años han construido, en sus diferentes vertientes, desde los tacos de salida o desde los despachos, el deporte adaptado en Andalucía. Todos juntos, sin diferenciaciones.

Francisca "Paqui" Bazalo Gallego. Malagueña. Primera campeona paralímpica de la historia del deporte andaluz, al ganar la primera medalla de oro de esgrima (espada) el 6 de septiembre de 1992 en los Juegos Paralímpicos de Barcelona 92. En la historia de la esgrima española, ningún español, ni olímpico ni paralímpico, había conseguido una medalla de oro en esgrima, a pesar de ser el único deporte olímpico de origen español. Posee otras 2 medallas de bronce por equipos, logradas en esos Juegos y en los de Atlanta 96. Compitió también en Sídney 2000, a cuyo término, con 3 participaciones paralímpicas en su haber, se retiró de la alta competición para entrar en la Fundación Andalucía Olímpica como responsable del Plan Paralímpicos Andaluces, labor que desempeña hasta la actualidad, siendo coordinadora del Área de Paralímpicos del Plan Andalucía Olímpica.

José Bombillar Torres. Granadino. Deportista andaluz con más participaciones en su haber en los Juegos Paralímpicos de Invierno. Compitió en esquí alpino en 1988, 1992, 1994 y 1998, año en el que logró la séptima plaza -diploma- en súper gigante.

Diego de Paz Pazo. Sevillano. Considerado uno de los más grandes jugadores de baloncesto en silla de ruedas de la historia del deporte español. Casi 200 veces internacional, ha sido subcampeón de Europa en 1995 y 3 veces paralímpico, en 1992, 1996 y 2012, en todas ellas con la consecución de diplomas. Como jugador de club, ha ganado 15 Ligas y 13 Copas del Rey con el ONCE Andalucía y Fundosa ONCE.

Antonio Delgado Palomo. Sevillano. Primer campeón paralímpico nacido en Andalucía. Fue uno de los 8 andaluces que en Toronto 1976 inauguró el capítulo de participaciones paralímpicas para el deporte andaluz, con la significación además de ganar las medallas de oro en 100 metros lisos y salto de longitud, en la clase F41 de amputados. Posteriormente, su labor en el fomento del deporte adaptado fue importante al fundar el CD ONCE Andalucía de baloncesto en silla de ruedas, del que fue primer entrenador.

Joaquín Fernández Recio. Malagueño. Gran impulsor del deporte adaptado en Málaga, creador de la Asociación de Minusválidos de Málaga (ADEMI), con cuyo equipo de baloncesto en silla de ruedas ganó 8 Ligas, 7 Copas del Rey y la Copa de Europa de clubes en 1979, título que volvería a ganar como jugador profesional en el Roma italiano. Participó en 4 Juegos Paralímpicos: 1980, 1984, 1988 y 1992.

David García del Valle. Almeriense. Doble subcampeón paralímpico del peso semiligero de judo en sus dos primeros Juegos,

Sídney 2000 y Atenas 2004; este triple campeón de Europa ha sido referencia del judo andaluz y español para deficientes visuales durante más de 10 años. Tras estar en Pekín 2008, en Londres 2012 sumó sus cuartos Juegos.

Antonio García Martínez. Sevillano. Medalla de oro en la combinada de los Juegos Paralímpicos de Atenas 2004, clase LC3, es uno de los 3 campeones paralímpicos de ciclismo del deporte andaluz de siempre. Fue seleccionado para otros 2 Juegos, Atlanta 1996 y Pekín 2008. Totaliza 6 diplomas.

Fernando Gómez Doblas. Malagueño. El paralítico cerebral más laureado del deporte andaluz en Juegos Paralímpicos, merced a sus 3 medallas de plata y 5 diplomas en sus 2 participaciones, en 1996 y 2000. Además, de 1994 a 1999 obtuvo otras 9 medallas en Campeonatos del Mundo y de Europa.

Antonio Henares Sierra. Malagueño. Grande del deporte adaptado andaluz por sus 5 participaciones en Juegos Paralímpicos (1980, 1984, 1988, 1992 y 1996), récord que comparte con Miguel Ángel Pérez Tello, Manuel Robles y José Manuel Ruiz, y por ser considerado el mejor jugador de baloncesto en silla de ruedas que ha dado España, lo que le llevó a la liga italiana durante 3 campañas. Ha sido internacional en 227 ocasiones, y como jugador de club ha ganado 20 Ligas y 16 Copas con ADEMI, Fundosa ONCE y Roma, además del título continental de 2010.

María del Carmen Herrera Gómez. Malagueña. Leyenda viva del deporte andaluz, ha estado en los Juegos Paralímpicos de Atenas 2004, Pekín 2008 y Londres 2012, contando sus presencias por medallas de oro en el peso medio de judo. Por tanto, 3 títulos paralímpicos consecutivos, hazaña que ningún deportista de Andalucía ha sido capaz de realizar.

Antonio Jesús Martín Gaitán. Malagueño. "El Niño", designado en 2005 por la FIFA el Mejor Futbolista con Discapacidad del Mundo, es pese a su juventud el motor del desarrollo del fútbol-5 para invidentes y deficientes visuales en España y el líder de la selección nacional, con la que desde 1999 ha ganado 4 Campeonatos de Europa, llegado a la final de los Mundiales de 2002 y 2010, y obtenido las medallas de bronce en los Juegos Paralímpicos de 2004 y 2012.

Juan Carlos Molina Merlos. Granadino. Él y Miguel Ángel Pérez Tello son los únicos andaluces en haber participado en Juegos de Verano y de Invierno, totalizando 4 presencias. En la cita estival, como ciclista, estuvo en Barcelona 92 y Atlanta 96. Como esquiador alpino, participó en

1994 y 1998, ganando en ambos casos el descenso (clase B-2) y siendo el primer andaluz en revalidar un título paralímpico.

María Serafina Monterrubio Ayo. Sevillana. Conocida como "Mari Fi", se convirtió en 1984 en la primera andaluza paralímpica al participar en los Juegos de Nueva York, en natación, donde obtuvo 2 diplomas.

Rafael Moreno López. Malagueño. Con una larga trayectoria en el alto nivel, este deficiente visual de más de 100 kilos es con David García del Valle el yudoca andaluz con más Juegos Paralímpicos en su haber (4), al haber estado en Atlanta 1996, Sídney 2000, Atenas 2004 y Pekín 2008. En 2000 llegó a la final y se hizo con la medalla de plata.

José Pedrajas Pedrajas. Cordobés. Primer gran nadador paralímpico del deporte andaluz y español, merced a sus 3 medallas de oro, con plusmarcas mundiales, en los Juegos de Seúl 1988, donde fue una de las figuras. Repitió participación en Barcelona 1992 y Atlanta 1996, donde incrementó su palmarés con 3 medallas de bronce y otros tantos diplomas. Posee además 4 medallas en Mundiales y 10 en Europeos.

María Belén Pérez Sánchez. Granadina. Campeona paralímpica de ciclismo en Barcelona 92, logro que solo ella posee en el deporte andaluz. Volvió a los Juegos en 1996 con un nuevo compañero de tándem y se hizo con la medalla de plata en fondo y la de bronce en persecución.

Décimo aniversario de la Fundación Andalucía Olímpica. Se reconoció a los andaluces con mayor número de participaciones en Juegos Olímpicos y Paralímpicos. De izquierda a derecha: Luis Astolfi, Miguel Ángel Pérez Tello, María Peláez, Antonio Henares, María José Rienda, Manuel Robles y Fernando Climent. Sevilla, 2007.

Miguel Ángel Pérez Tello. Granadino. Ilustre del deporte andaluz, es el tercer paralímpico por número de laureles, con 7 medallas, tras Sebastián Rodríguez y Juan Antonio Prieto, y uno de los 3 andaluces que posee la cifra récord de 5 Juegos Paralímpicos, con Henares, Robles y Ruiz, con la singularidad de que Pérez Tello lo hizo en eventos de verano y de invierno. Su mejor prestación la llevó a cabo en Atlanta 1996, cuando conquistó 3 medallas de oro en ciclismo en pista.

Juan Antonio Prieto Cárdenas. Jiennense. Es el atleta paralímpico andaluz más laureado de todos los tiempos y el segundo en el global de los deportes, gracias a sus 8 medallas, 5 de ellas de oro, en sus 3 participaciones: Barcelona 1992, Atlanta 1996 y Sídney 2000. Especialista en pruebas de velocidad, en 1996 ganó los oros en 100 metros y ambos relevos, y la plata en 200 metros.

Manuel Robles Águila. Granadino. Doble medalla de bronce paralímpica en la prueba individual, Robles es una institución nacional en el tenis de mesa en silla. Como andaluz, posee la significación de haber estado en 5 Juegos Paralímpicos (1988, 1992, 19996, 2000 y 2004), hecho que solo han alcanzado sus paisanos Pérez Tello y Ruiz, y el malagueño Henares. Guarda en su palmarés 2 medallas universales y 8 continentales, destacando el título de campeón de Europa de 2001.

José Manuel Rodríguez Vázquez. Gaditano. Es el deportista andaluz de alto nivel con mayor afectación por su enfermedad de parálisis cerebral, pese a lo cual ha estado en 3 Juegos Paralímpicos -Atenas 2004, Pekín 2008 y Londres 2012-, habiendo logrado en los 2 primeros sendas medallas de plata por equipos en boccia. En él, más que en ninguno, se cumple la máxima de que el deporte le ha ayudado a superarse e integrarse.

Sebastián Rodríguez Veloso. Gaditano. "Chano" es el hombre récord del deporte adaptado español y andaluz, pues posee la mayor cosecha de laureles paralímpicos de todos los tiempos, con 16 medallas, 8 de ellas de oro, a las que une sus también brillantes logros en Mundiales (13 medallas) y Europeos (12). Dominador de la clase S5 en natación estilo libre desde sus primeros Juegos, en Sídney 2000, ha participado también en Atenas 2004, Pekín 2008 y Londres 2012.

José Manuel Ruiz Reyes. Granadino. Figura del tenis de mesa adaptado nacional e internacional, en la clase 9-10 (de pie), es el último andaluz en haber alcanzado la cifra récord de 5 Juegos Paralímpicos, luego de haber encadenado consecutivamente presencias en Atlanta 1996, Sídney 2000, Atenas 2004, Pekín 2008 y Londres 2012, donde acumula 4 medallas y 5 diplomas. También da prueba de su nivel el que haya ganado 7 medallas en los Mundiales (2 de ellas de oro) y 13 en los Europeos (5 oros).

Carlos Javier Soler Márquez. Malagueño. Es el esgrimista en silla de ruedas con mejor palmarés de Andalucía. Ha estado en 4 Juegos Paralímpicos -1996, 2004, 2008 y 2012-, en los que ha logrado 3 diplomas en espada y sable individual. Además, tiene 3 medallas en campeonatos de Europa, destacando el subcampeonato individual de 2005, en espada.

Álvaro Valera Muñoz-Vargas. Sevillano. Suya es la única medalla de oro que el deporte español ha obtenido en tenis de mesa en cita olímpica o paralímpica, momento que se produjo el 27 de octubre de 2000, en Sídney, solo 11 días después de haber cumplido los 18 años. Desde entonces, su palmarés ha acumulado 8 títulos de campeón de Europa, 2 de campeón del mundo y otras 3 participaciones paralímpicas, en Atenas 2004, Pekín 2008 y Londres 2012 -para un total de 4-, donde se alzó con el bronce individual en 2008 y con la plata individual y por equipos en 2012.

Toda esta información se recogía por primera vez en un libro sobre la historia de todos los deportistas olímpicos y paralímpicos andaluces, *Olímpicos y paralímpicos,* obra escrita y publicada en 2012 por el técnico y gestor deportivo Pepe Díaz y el periodista José Manuel Rodríguez Huertas, y que recoge las biografías de los 282 deportistas andaluces que han participado en unos Juegos Olímpicos o Paralímpicos a lo largo de la historia. Para Patricio Cárceles, director territorial de la ONCE en Andalucía, este libro es *"un magnífico trabajo que sitúa al mismo nivel a los olímpicos y los paralímpicos"*; *"Esta obra ha puesto rostro a historias de superación y éxito y supone un paso importante en la consecución de la integración total de deportistas discapacitados".* Así, el libro revela que 98 andaluces han estado presentes en 9 de las 13 ediciones de los Juegos Paralímpicos de Verano y en 4 de las 10 ediciones de los Juegos de Invierno, habiendo acumulado entre todos 195 participaciones, 77 medallas (29 de oro) y 127 diplomas.

DAFO

30 AÑOS DE DEPORTE ADAPTADO	
DEBILIDADES	**FORTALEZAS**
1. Alta dependencia de ayuda externa. Precaria estructura económica y organizativa de clubes y federaciones.	1. Peso importante de las federaciones nacionales y autonómicas.
2. Escasez de espacios accesibles.	2. Importante desarrollo y avance en investigación y formación.
3. Gran dependencia del núcleo familiar.	3. Inicio de programas en ayuntamientos, diputaciones y gobiernos regionales.
4. Limitaciones de movilidad y transporte, así como carencia de recursos materiales y humanos.	4. La transmisión de valores y espíritu de superación a través del ejemplo de vida de los deportistas con discapacidad.
5. Dificultad de inclusión en deporte escolar y de formación en el profesorado.	5. Rentabilidad empresarial, con ejemplos de éxito como ADOP o PPA.
6. Falta de comunicación y sinergias entre el tejido asociativo y las federaciones, instituciones y organismos gestores del deporte.	6. Marca personal y presencia mediática de los deportistas paralímpicos.
7. Vulnerabilidad del deportista paralímpico de alto nivel.	
8. Falta de apoyo de los medios de comunicación.	

AMENAZAS	OPORTUNIDADES
1. El abandono obligado de programas, por falta de medios económicos.	1. Los importantes resultados obtenidos por los deportistas paralímpicos andaluces son una muestra del alto nivel que ha alcanzado nuestra comunidad.
2. Retroceso en la evolución del deporte adaptado por falta de apoyo en general.	2. La "actitud paralímpica" como modelo de transmisión de valores.
3. Los problemas de normalización e inclusión del deporte adaptado en las federaciones de deporte.	3. Nuevas oportunidades para el emprendimiento y la innovación.
4. Falta de información y sensibilización en la población en general.	4. Elemento educativo y de cambio en la cultura deportiva y la cultura de la inclusión.
5. Desconocimiento por parte de los familiares de los beneficios de la práctica deportiva.	5. Ámbito donde aún está todo por descubrir, investigar, desarrollar e incentivar, sobre todo en una sociedad con una edad cada vez más avanzada en la que irremediablemente el número de personas con alguna discapacidad se incrementará paulatinamente.
6. Ideología negativa de algunos responsables de la gestión de programas e instalaciones deportivas y educativas.	

REFERENCIAS BIBLIOGRÁFICAS

DÍAZ GARCÍA, P. y RODRÍGUEZ HUERTAS, J.M. *Olímpicos y paralímpicos andaluces.* Sevilla: Fundación Andalucía Olímpica, 2012.

JUNTA DE ANDALUCÍA. CONSEJERÍA DE TURISMO Y DEPORTE. *Plan General del Deporte de Andalucía.* Vols. I y II. Sevilla, 2003.

JUNTA DE ANDALUCÍA. CONSEJERÍA DE TURISMO Y DEPORTE. *Legislación Deportiva en Andalucía.* Sevilla, 2003.

LEY 6/1998, DE 14 DE DICIEMBRE, DEL DEPORTE DE ANDALUCÍA. Boletín Oficial de la Junta de Andalucía, nº 148 de 29 de diciembre de 1998; corrección de errores en BOJA núm. 33, de 18 de marzo de 1999.

CONSEJO SUPERIOR DE DEPORTES. *Plan Integral de Promoción del Deporte y la Actividad Física A+D.* Consejo Superior de Deportes. Madrid, 2009.

FUNDACIÓN ANDALUCÍA OLÍMPICA. *Libro de Actas de la Primera Conferencia Internacional sobre Deporte Adaptado.* Málaga, 2003.

FUNDACIÓN ANDALUCÍA OLÍMPICA. *Libro de Actas de la Segunda Conferencia Internacional sobre Deporte Adaptado.* Málaga, 2007.

RODRÍGUEZ HUERTAS, J. M. y RAYA LARA, H. *A10. Almanaque del Deporte en Andalucía.* Sevilla: Fundación Andalucía Olímpica, 2010.

FUNDACIÓN ANDALUCÍA OLÍMPICA. *Memoria de la Tercera Conferencia Internacional sobre Deporte Adaptado.* Málaga, 2011.

CANO REMESAL, C. "La dimensión del Deporte Adaptado en Andalucía". *Deporte y Discapacidad.* Córdoba, 2003 p. 271-324. Federación Andaluza de Deportes para Minusválidos Físicos.

URBANO MARTOS, J.F.; LÓPEZ CASTILLO, V.M. y JIMÉNEZ ABIA, M. *Fundamentos del fútbol sala para ciegos.* Wanceulen Editorial Deportiva, SL. Sevilla, 2008.

LÓPEZ FRANCO, A. *Actividades físico-deportivas con colectivos especiales. Propuesta práctica.* Wanceulen Editorial Deportiva, SL. Sevilla, 2004.

LÓPEZ FRANCO, A. *Turismo activo para tod@s. Propuesta práctica desde el ámbito de la discapacidad.* Wanceulen Editorial Deportiva, SL. Sevilla, 2008.

FEDERACIÓN ANDALUZA DE DEPORTES PARA MINUSVÁLIDOS FÍSICOS. *Deporte y Discapacidad.* Diputación de Córdoba, 2003.

FEDERACIÓN ANDALUZA DE DEPORTES PARA MINUSVÁLIDOS FÍSICOS. *Educación física y deportes adaptados.* Diputación de Córdoba, 1999.

CONSEJERÍA PARA LA IGUALDAD Y EL BIENESTAR SOCIAL, DIRECCIÓN GENERAL DE PERSONAS CON DISCAPACIDAD; CONSEJERÍA DE INNOVACIÓN, CIENCIA Y EMPRESA. *Guía de recursos en la atención del alumnado con discapacidad de las universidades públicas andaluzas.*

DIPUTACIÓN DE MÁLAGA, UNIDAD DE RECURSOS EUROPEOS. *Educación en valores a través del deporte. Manual de buenas prácticas.* Proyecto "Education through Sport". Málaga, 2004.

CONSEJO SUPERIOR DE DEPORTES; REAL PATRONATO SOBRE DISCAPACIDAD; MINISTERIO DE SANIDAD, POLÍTICA SOCIAL E IGUALDAD; COMITÉ PARALÍMPICO ESPAÑOL. *Deportistas sin adjetivos.* Madrid, 2012.

RECURSOS WEB

http://www.juntadeandalucia.es/turismocomercioydeporte

http://www.eldesmarque.es/polideportivo/36006-la-fundacion-andalucia-olimpica-finalista-de-los-ability-awards

www.fundacionandaluciaolimpica.org

www.paralimpicsport.org

CAPÍTULO 9

30 AÑOS DE INSTALACIONES DEPORTIVAS

Pablo Torres Bosco

*"Es hoy: todo el ayer se fue cayendo
entre dedos de luz y ojos de sueño,
mañana llegará con pasos verdes:
nadie detiene el río de la aurora".*

Pablo Neruda

Mi incorporación al mundo del deporte, o más exactamente a la gestión del área de Deporte, es comparativamente reciente, sobre todo si repasamos el elenco de profesionales que comparten este recorrido por tres décadas de transformación de Andalucía. Coincide en el tiempo con el hito de mayor trascendencia, según mi criterio, para el deporte en Andalucía, que fue la decisión política del Gobierno andaluz de crear en 1996 una consejería específica de Deporte, desde entonces y hasta hace unos meses vinculada al área de Turismo.

He sido testigo de primera mano, y protagonista de alguna forma, como responsable técnico de la Junta de Andalucía en materia de infraestructura deportiva durante más de una década, del período de mayor inversión acumulada en el sistema deportivo de un territorio español, y del fin de este ciclo forzado por las circunstancias económicas.

He procurado a lo largo de estas líneas describir lo sucedido y realizado durante estos años e intentaré responder, o más bien plantear, cuáles serán los próximos retos que entre todos los agentes del deporte deberemos afrontar en un futuro inmediato.

El repaso de estos treinta años que pretendo realizar se va a centrar en el aspecto más tangible del deporte: la instalación deportiva. Es decir, voy a tratar de un tema cuyos elementos constitutivos se pueden tocar y percibir de forma precisa y que además tienen un marcado carácter de permanencia en el tiempo. Este es uno de los aspectos más satisfactorios del trabajo en este campo, los resultados son palmarios y tienen una utilidad social directa.

Las instalaciones deportivas son consideradas infraestructuras o equipamientos territoriales o urbanos, y como tales poseen dos características fundamentales que condicionan su implantación y desarrollo: consumen espacio y cuestan dinero.

En primer lugar, el deporte para su práctica necesita un lugar físico al que se denomina espacio deportivo; se necesita suelo para su implantación, y dependiendo de la modalidad deportiva, a veces precisa mucho espacio. A esta necesidad espacial hay que sumarle la superficie requerida por los espacios complementarios, tales como vestuarios, gradas, etc., que permiten su normal funcionamiento y que componen en su conjunto lo que en terminología técnico-deportiva se denomina instalación deportiva.

Por otro lado, la construcción, reforma y ampliación de las instalaciones deportivas conlleva una inversión económica mayor o menor en función de su tipología, pero además, y siempre, aunque bastantes veces no se tenga en cuenta en su planificación, serán necesarios recursos para su uso y mantenimiento, a veces mucho dinero.

Estos dos aspectos y su gestión por los poderes públicos son los elementos relevantes que en definitiva han subordinado, hacen depender y en un futuro seguirán condicionando el desarrollo y la modernización de las instalaciones deportivas en un territorio o población.

Con estas consideraciones previas quería resaltar la trascendencia de la iniciativa política en este asunto, pues siempre será necesaria en la gestión y ordenación del suelo, al ser una competencia administrativa, y también de forma mayoritaria en la financiación económica de los programas de infraestructura deportiva, al menos en nuestro modelo de sociedad. Esta dependencia del impulso político y sus peculiares mecanismos de decisión explican la situación del parque deportivo en cada momento histórico, su distribución territorial y su evolución en el tiempo.

El desarrollo e implantación de los equipamientos deportivos en Andalucía, al menos hasta los primeros presupuestos importantes de la

Junta de Andalucía, significativos a partir de 1998 como luego veremos, nunca fue homogéneo y sistemático, es decir, mínimamente planificado. Los limitados recursos económicos destinados por el Gobierno autónomo, y en general por las Administraciones públicas, al deporte en los presupuestos de los primeros años, solo permitían la realización esporádica y dispersa de actuaciones, normalmente vinculadas a la organización de eventos o competiciones deportivas o al apoyo casi testimonial de los planes provinciales. Esta precariedad y falta de planificación favorecía la ausencia de rigor en la toma de decisiones, quedando ésta sometida en más de una ocasión al oportunismo, la improvisación o la discrecionalidad fruto de los avatares políticos del momento.

También es importante recordar que en el año cero de este trabajo, 1982, Andalucía estrenaba su Estatuto de Autonomía, aprobado y ratificado en referéndum popular a finales del año anterior, coincidiendo con la asunción plena de las competencias en materia de deporte. Por ello de alguna forma también esta reflexión servirá para valorar un período en el que la toma de decisiones en materia de deporte se ha realizado para y desde Andalucía.

Pero empecemos por el principio. ¿Cuál era la situación del "sistema deportivo" andaluz en 1982?

En 1982 se celebró el mundial de fútbol en España, los dos grandes estadios de Sevilla, en Heliópolis y Nervión, junto al de Málaga, fueron reformados y ampliados para la celebración de este evento y por unos días se mostró una imagen de organización deportiva bastante ajena a la realidad existente en ese momento. En este año ni siquiera se encontraban censadas a nivel regional o nacional las instalaciones deportivas de Andalucía. La primera toma de datos general data de 1985 y serviría de base para la realización del primer Censo Nacional de Instalaciones Deportivas de 1987 (I CNID 1987). Cuando hagamos referencia o análisis de datos globales siempre nos referiremos a las correspondientes y sucesivas campañas del Censo Nacional (1987, 1997, 2005).

No existen trabajos que de forma específica describan la situación del parque deportivo en esa época, y las escasas referencias y opiniones encontradas, todas ellas más o menos coincidentes, exponen de forma genérica el estado de las cosas en esta materia como insuficiente y precario. Como muestra reproduzco parte del artículo de Francisco José

Ortega para el especial *30 años de Autonomía Andaluza* realizado por el grupo Joly y que ilustra con bastante claridad ese momento:

> *"Cuando Andalucía se convirtió en comunidad autónoma y se creó por primera vez una Dirección General de Deportes dentro de la Consejería de Cultura que entonces dirigía Javier Torres Vela, allá por 1984, las infraestructuras deportivas en Andalucía eran precarias. Los niños, mayoritariamente, tenían que jugar al fútbol en algún descampado cercano a su domicilio, hacer canchas de tenis improvisadas en el asfalto de las calles, aprovechando que entonces el tráfico era mucho menor, etcétera. Hallar una barriada que tuviera cercana una cancha de baloncesto o una pista polideportiva ya iba creciendo en dificultades, todo lo más en algún colegio que pudiera estar dotado para ello. Y qué decir sobre una pista de atletismo para practicar el deporte rey. En Sevilla, por ejemplo, todo, o casi todo, se circunscribía al polideportivo de Chapina; y en Málaga, había que ir obligatoriamente a Carranque".*

La verdad es que la descripción anterior coincide fielmente con lo que yo mismo pude constatar. Por aquel entonces estudiaba arquitectura en la ETSA de Sevilla, que sorprendentemente contaba con el único polideportivo cubierto de la Universidad. Para los estudiantes universitarios de entonces realmente era complicado encontrar un campo de fútbol o al menos un lugar suficientemente amplio y plano para practicar este tipo de deportes de equipo, supongo que otro tanto pasaría para el resto de la gente. Que recuerde, solíamos jugar cuando podíamos en San Telmo, sede del Seminario Diocesano, y en el Tiro de Línea en un descampado adyacente al desaparecido paso a nivel ferroviario de Felipe II; eso, si llegábamos antes que otro grupo o nos dejaban integrarnos al juego. Por supuesto ambos espacios eran terrizos, carecían de drenaje y su nivelación era deficiente, pero era lo que había, y nos íbamos satisfechos si lográbamos jugar ese día.

A principios de los ochenta nadie tenía duda de que la infraestructura deportiva pública era totalmente deficitaria en todos sus niveles, estaba poco diversificada y no contaba con suficientes instalaciones ni espacios deportivos de calidad; es decir, no existía lo que hoy denominamos un verdadero sistema de equipamientos deportivos. En ese momento histórico, Andalucía no contaba con un conjunto de infraestructuras deportivas suficiente y equilibrado capaz de dar a cada persona la posibilidad de practicar deporte en un entorno sano y seguro, y de mejorar su nivel de rendimiento o de alcanzar niveles de excelencia. Realmente se tardarían unos cuantos años en alcanzar un nivel satisfactorio.

La oferta deportiva más variada y completa en aquellos años, al menos en las grandes ciudades, se encontraba en manos privadas, clubes y colegios, o de colectivos restringidos, instalaciones deportivas militares o semejantes, por lo que la mayor parte de la población veía muy limitado el acceso a la práctica deportiva en espacios específicamente diseñados para ella.

Obviamente esta situación no era sostenible, la sociedad había despertado de un largo letargo y exigía a sus representantes políticos, especialmente del ámbito local, un cambio radical que en lo deportivo se tenía que reflejar en la dotación de instalaciones deportivas básicas en las poblaciones, en los barrios de las ciudades y en los centros docentes públicos.

Desde todos los niveles de la Administración se empieza a abordar esta carencia de infraestructuras deportivas, pero fueron sin duda los Ayuntamientos los que lideraron en esa época la construcción de las instalaciones deportivas. No podía ser de otro modo, la proximidad al problema y la capacidad de obtener el suelo necesario mediante los instrumentos de planeamiento los convierten en la pieza fundamental en el desarrollo de las políticas de equipamientos. Las diputaciones, mediante sus Planes Provinciales de Instalaciones Deportivas, prestarán apoyo técnico y financiero, y a este último se sumaría la Junta de Andalucía con sus escasos recursos.

Aunque tímidamente, la Dirección General de Juventud y Deportes de la Junta de Andalucía inicia en 1983 las primeras tentativas de realizar una planificación global de las necesidades en instalaciones deportivas a nivel regional. Con esta iniciativa se pretendía racionalizar las inversiones futuras y evitar "la creación indiscriminada de instalaciones de alto costo y bajo rendimiento, a menudo desproporcionadas a las necesidades básicas de la población y a los recursos económicos existentes", como recogía el propio Plan Guía de Instalaciones Deportivas de Andalucía, documento del año 1986 en que culminó este efímero primer ensayo planificador, prontamente olvidado y sin trascendencia práctica. Esta declaración de intenciones era un reconocimiento tácito de la forma anárquica en que se decidieron y dimensionaron las actuaciones llevadas a cabo en esos años.

El deporte tiene una fuerte demanda y apoyo popular, y además, la celebración de grandes eventos deportivos, como se demostró con el mundial de fútbol, supone prestigio para los organizadores, reconocimiento ciudadano y una inyección de autoestima para el conjunto de la sociedad nada despreciable. A la postre estas últimas serán las verdaderas motivaciones que han justificado la construcción de las grandes infraestructuras deportivas realizadas en los años siguientes. También es verdad que esto solo es válido para las grandes concentraciones urbanas, al ser las únicas con capacidad técnica y económica para movilizar los ingentes recursos humanos y económicos necesarios.

En 1983, mediante el RD 4096/1982, se produce la transferencia efectiva a la Junta de Andalucía de la mayor parte de competencias en materia de deporte con su correspondiente dotación económica, servicios, personal e inmuebles pertenecientes al Estado. En lo referente a las instalaciones deportivas estatales, este proceso culminaría en 1986 con la transferencia a la Junta de Andalucía de las instalaciones deportivas de Chapina en Sevilla, desaparecidas y trasladadas a la Isla de la Cartuja con motivo de la importante transformación hidráulica y urbana realizada para la Expo 92, y del Estadio de la Juventud de Granada.

Dentro de las grandes infraestructuras deportivas promovidas en estos años destaca el circuito de velocidad de Jerez inaugurado en 1985, que en 1986 acogería por primera vez una prueba del calendario oficial de Fórmula 1. También es destacable el gran proceso de transformación de la estación de esquí de Sierra Nevada desde que la Junta de Andalucía se hiciera con el control total de la empresa CETURSA, gestora de la estación; las continuas inversiones, ampliaciones y mejoras realizadas en los años posteriores la han convertido en referencia a nivel mundial de los deportes de nieve.

En 1986 se crea formalmente la Universidad Internacional Deportiva de Andalucía, UNISPORT, que con los años (1994) terminaría convirtiéndose en el actual Instituto Andaluz del Deporte, UNISPORT; posteriormente el IAD viene desarrollando específicamente los programas de formación deportiva e investigación, estudio, documentación y difusión de las Ciencias de la Actividad Física y del Deporte; además de las enseñanzas náutico-deportivas. Esta institución ha tenido un papel relevante en materia de instalaciones y arquitectura deportiva. Desde su creación ha organizado de forma regular encuentros y jornadas técnicas dirigidas a los profesionales del sector, complementadas con publicaciones especializadas que han servido para dar a conocer, en cada momento, las últimas realizaciones, directrices, políticas y tendencias tanto nacionales como internacionales, contribuyendo de esta forma a mejorar el conocimiento, la planificación, el diseño y la construcción de las instalaciones deportivas de Andalucía.

La designación por el Comité Olímpico Internacional en ese mismo año 1986 de Barcelona para la organización de los Juegos Olímpicos de 1992, supuso sin duda un revulsivo a nivel nacional, convirtiendo en prioritario resolver la precaria situación general de la infraestructura para la práctica de la actividad física. El deporte se incorpora de forma clara a la agenda política de las instituciones públicas.

Como hemos dicho, estaba todo por hacer. De forma generalizada pero aún con escasos recursos, se ponen en marcha, por parte de ayuntamientos grandes y pequeños, diputaciones, universidades y Junta de Andalucía, programas de dotación de equipamientos deportivos básicos tanto para la población general como para la escolar y universitaria.

Es en estos años cuando también se empiezan a planificar y proyectar las grandes infraestructuras deportivas para la competición de alto nivel y la diversificación deportiva que a la postre se convertirían en referentes del deporte en Andalucía. De nuevo la iniciativa y el impulso político, más o menos personalizado, marcarán los tiempos de ejecución de las diferentes actuaciones.

Así, en 1986 el Consejo Superior de Deportes anuncia la próxima construcción del Centro de Alto Rendimiento de Sierra Nevada, que hasta 1992 no vería concluida su primera fase. Se proyectan también el complejo deportivo San Pablo en Sevilla, incluido el Palacio de Deportes del mismo nombre, que durante muchos años fue la instalación deportiva cubierta más grande de Andalucía. También en este año se comenzaría la remodelación total de la Ciudad Deportiva de Carranque en Málaga y del Estadio Municipal de Chapín en Jerez de la Frontera, que en los primeros años del siglo XXI sufriría una enorme transformación con motivo de la celebración de los Juegos Ecuestres de 2002.

El primer Censo Nacional de Instalaciones Deportivas data de 1987 (CNID I) y es la primera foto fija de la dotación deportiva de Andalucía de que disponemos. Decir que en el censo se incluyen todas las instalaciones y espacios deportivos con independencia de su titularidad pública o privada, exceptuándose solo los vinculados a una única unidad familiar. La toma de datos y los trabajos de campo se habían realizado dos años antes, es decir, en 1985.

Además de disponer de un banco de datos, con la elaboración del Censo se pretendía proporcionar a las Administraciones públicas la información básica necesaria para la toma racional de decisiones en la materia. El Censo debía proporcionar un primer diagnóstico de la situación y convertirse en la herramienta fundamental de planificación de los equipamientos deportivos de un territorio.

Creo que estos ambiciosos objetivos no se cumplieron. De entrada, la cantidad y complejidad de la propia toma de datos, con tantos agentes censales, en un territorio tan extenso y diverso como el español, con disparidad en la interpretación de los criterios, necesariamente debía contener un elevado número de fallos e incorrecciones, y lo que es peor, graves discrepancias en la propia forma de tomar los datos.

La explotación posterior de los datos fue deficiente; son escasos, por no decir inexistentes al menos a nivel regional, los análisis y estudios realizados tomando como base la cantidad de información contenida en el Censo. Tampoco existían a nivel internacional, nacional o regional referentes con los que comparar la información proporcionada por los números del Censo. Los escasos datos y ratios referidas a población existentes carecían de valor real al no ser homogéneos.

Todas estas circunstancias le restaron eficacia como instrumento de ordenación y planificación. Afortunadamente se realizaron con posterioridad dos campañas más (1997 y 2005) y, en Andalucía, una revisión posterior a la última realizada para la elaboración del Plan Director de Instalaciones Deportivas vigente desde 2007. Disponemos, por tanto, de una serie suficiente para un análisis histórico pormenorizado, que está por hacer, sobre la evolución del parque deportivo andaluz y su situación respecto a otras regiones europeas. Lanzado queda el guante. En estos momentos de necesaria reflexión, creo que es más que nunca necesario este tipo de trabajos que puedan servir para orientar las políticas de futuro.

Vamos a los datos. En 1985 fueron censadas en Andalucía un total de 6584 instalaciones deportivas y 13 173 espacios deportivos; de ellas, el 53% pertenecían al sector público. Aquí conviene recordar que entendemos por espacio deportivo el marco físico donde se realiza la actividad deportiva. La instalación deportiva es el conjunto de espacios deportivos y complementarios situados en un recinto común y que tienen un funcionamiento dependiente y homogéneo, es decir, la instalación deportiva sería la unidad funcional. Aunque el objeto censal, como su propio nombre indica, es la instalación deportiva, el espacio deportivo es la unidad básica del censo que permite analizar y valorar el tipo de oferta deportiva y su diversidad. El Censo Nacional toma al municipio como unidad básica territorial.

¿Son muchas, son pocas? En realidad estos grandes números no son nada significativos. De entrada, del total de espacios deportivos censados, 3237 (el 24,5%) son considerados por el propio Censo como "no convencionales" (patios de colegio, explanada, descampados, etc.), por carecer de cualificación geométrica y funcional, y aunque se usaran para hacer deporte, este tipo de lugares no pueden ser tomados en consideración a efectos deportivos. Del resto, 9936 espacios deportivos, 5281 eran de titularidad pública, y de estos últimos más de la mitad, 2995 espacios, eran gestionados por centros docentes. Así, descartados los espacios de propiedad privada y los de accesibilidad restringida, y sin entrar en muchas profundidades, solo 2286 podían ser usados por todos, es decir, un espacio deportivo por cada 2818 habitantes, lo cual a priori no parece mucho.

Piscinas cubiertas de Barbate (Cádiz). EDDEA arquitectos.

Pero lo realmente significativo de la precariedad de la situación, tomando como referencia el censo de población de 1986, es que en aquel momento solo existían, entre públicos y privados, áreas docentes, recintos militares, etc, en toda Andalucía, un total de 142 pabellones cubiertos (uno por cada 47 815 habitantes), 20 piscinas cubiertas (¡una por cada

339 489 habitantes!), gran parte de ellas en manos privadas, y 35 pistas de atletismo de 400 metros. Recordar además que en aquel momento, de los 763 municipios existentes, 117 tenían ya más de 10 000 habitantes. Los números hablan por sí solos y refrendan lo dicho: quedaba mucho por hacer para conseguir una oferta deportiva relativamente satisfactoria.

Hasta ahora hemos centrado la reflexión en la infraestructura deportiva pública. Pero uno de los datos que sorprende a primera vista al analizar el Censo Nacional de Instalaciones Deportivas, es que prácticamente la mitad de las instalaciones y espacios deportivos censados en Andalucía en 1985 eran de titularidad privada.

En primer lugar, para matizar o relativizar estos números, hay que decir que están censados, y además son mayoritarios en este grupo, todos los espacios deportivos existentes en las instalaciones turísticas, urbanizaciones y zonas residenciales privadas, a los que solo tienen acceso los residentes y los propietarios de las viviendas, respectivamente. Es decir, a efectos del Censo, los hoteles, *campings*, urbanizaciones o núcleos residenciales, desde el momento en que posean un espacio deportivo de cualquier tipo tienen la consideración de instalación deportiva. Pienso que el análisis de esta oferta deportiva es de escaso interés y solo puede tener alguna relevancia, quizás, para la planificación a nivel local de algunas modalidades deportivas básicas.

El segundo grupo en importancia numérica lo constituyen los centros docentes de carácter privado. Aquí conviene destacar que, en general, estos centros educativos disponían de una mayor y más cualificada oferta deportiva que los públicos, probablemente por su valor promocional, ya que era utilizada como reclamo y elemento de prestigio para la institución correspondiente. Esta situación de desequilibrio entre la enseñanza pública y la privada, afortunadamente, se ha ido corrigiendo con los años.

Respecto al resto de instalaciones deportivas de carácter privado y uso público, es decir, abiertas teóricamente al público en general, la oferta se centraba, fundamentalmente, en dos tipologías que, simplificando, denominaremos clubes y gimnasios.

La mayor parte de la oferta deportiva de titularidad privada y uso público se encontraba en 1985 en manos de los clubes privados. Estos clubes tenían, y siguen teniendo, un marcado carácter elitista, a pesar de que muchos de ellos se encuentran en suelos públicos concesionados. En ellos lo deportivo es un complemento más, a veces muy significativo, de las actividades del club, cuya finalidad última era dotar a los sectores más favorecidos de la sociedad de un ámbito privilegiado, confortable, amplio y sano de relación y convivencia social. Este tipo de sociedades proliferó sobre todo en la época predemocrática y es un fenómeno propio de las grandes aglomeraciones urbanas. Actualmente, los clubes de nueva generación suelen estar vinculados a actividades deportivas aún propias de minorías selectas, tales como el golf, la náutica o el tenis.

En el segundo gran grupo, y bajo la denominación genérica de gimnasio, hemos incluido a los pequeños centros deportivos que disponen de una o dos salas de actividades, comúnmente ubicados en bajos comerciales y que ofrecen una limitada oferta de actividades deportivas. Este tipo de instalaciones deportivas son herederas, en algunos casos, de los antiguos y populares gimnasios, donde fundamentalmente se practicaban deportes de contacto y culturismo. Estos centros deportivos son, sin duda, los que más han tenido que adaptarse a las modas y los gustos de cada momento. Primero fueron añadiendo el aprendizaje de artes marciales y técnicas de defensa personal dentro de estos recintos. Con el tiempo, y forzados por las nuevas tendencias, estas instalaciones han ido evolucionando como concepto, hasta llegar a los gimnasios de máquinas, aparatos y ejercicios guiados de la actualidad, con multitud de variantes para adaptarse a las últimas tendencias.

Estos pequeños negocios han sido durante muchos años la alternativa deportiva de muchos ciudadanos andaluces. Actualmente el papel de la iniciativa privada en la oferta deportiva andaluza ha cambiado bastante. Durante los últimos años se han construido en casi todas las ciudades importantes de Andalucía grandes centros deportivos urbanos de uso público y de promoción totalmente privada, que han supuesto inversiones millonarias. Hasta ahora, al menos, son negocios saneados, han cosechado un gran éxito comercial, miles de personas son usuarias de sus instalaciones y tienen gran proyección, prueba de ello es que son constantes los anuncios de construcción de nuevos centros deportivos de este tipo. Ofrecer y comercializar servicios deportivos se ha convertido en pocos años en un sector económico de gran pujanza y futuro.

Realmente, que el dinero privado apostara tan fuertemente por lo deportivo en Andalucía es un fenómeno sorprendente y muy interesante. Paradójicamente, ha coincidido en el tiempo con el momento de mayor inversión pública en materia deportiva, y no obstante se han complementado y convivido en armonía. Ello ha sido posible porque la mayor parte de estos centros se han hecho realidad, y situado en lugares estratégicos de la ciudad, al utilizar normalmente para su implantación solares de titularidad pública, en un momento en que el suelo urbano tenía un valor desmesurado. Allí donde la iniciativa privada podía intervenir porque se daban las condiciones de entorno social y urbano para rentabilizar la inversión, el Ayuntamiento ponía a su disposición el patrimonio público en régimen de concesión; a cambio se producía un ahorro importante para las arcas municipales. De esta manera la Administración no se veía obligada a invertir en nuevas instalaciones deportivas en esas zonas, pues gran parte de la demanda deportiva del entorno estaba ya cubierta con aquellas instalaciones.

Todo empieza en Sevilla. En 1996 se inauguró el primer gran centro deportivo urbano realizado totalmente con capital privado. El consistorio sevillano había decidido el año anterior ofrecer, mediante concurso público y en concesión por cincuenta años, una parcela en pleno corazón del barrio de Triana donde existían unas antiguas naves de Hispano Aviación catalogadas como patrimonio industrial, para construir un complejo deportivo de uso público con una variada oferta deportiva.

El modelo fue todo un éxito desde el primer momento, y no solo deportivo. Se logró regenerar y dignificar una zona urbana y poner en valor un edificio emblemático en desuso, además se conseguía para el barrio un equipamiento deportivo de primer nivel y gran calidad, costeado y mantenido por los propios usuarios. Como propuesta deportiva, a la que se debe gran parte de su éxito, el centro cuenta con piscinas cubiertas, zona de aguas con hidromasaje y chorros, spa con sauna, jacuzzi y baños de vapor, gimnasio con zona de máquinas, aparatos de musculación, pesas y estiramientos, varias salas multiuso y un amplio programa de clases y actividades dirigidas.

Este será el modelo deportivo y de negocio a seguir, la clave de su éxito es dar respuesta a la creciente preocupación de la sociedad por la imagen corporal, el cuidado personal y el bienestar. Dos años después entraba en funcionamiento otro centro Galisport de mayor envergadura en el barrio sevillano de El Porvenir. En los años sucesivos empezarán a proliferar este tipo de instalaciones deportivas en el resto de capitales y ciudades importantes de Andalucía, en sintonía con la creciente demanda experimentada en el resto de España.

Recapitulando un poco, durante los últimos años de la década de los 80 y de la de los 90 las Administraciones públicas demuestran una mayor sensibilidad por las necesidades deportivas de la población. Por un lado, los nuevos centros escolares contarán con unos espacios deportivos suficientes y adecuados a su dimensión. Las universidades harán lo propio e iniciarán programas de infraestructuras deportivas, no disponiendo hasta ese momento de instalaciones propias prácticamente ninguna universidad. La Administración deportiva de la Junta de Andalucía centrará sus esfuerzos en renovar y poner al día las instalaciones deportivas transferidas por el Estado, sin olvidar el continuado apoyo a las iniciativas municipales canalizadas por los Planes Provinciales. Los municipios mayores desarrollarán planes para dotar a los barrios de la infraestructura deportiva básica y empezarán a promover la construcción de grandes equipamientos para la competición y el espectáculo deportivo.

A finales de la década de los 80 ya se había iniciado, por ejemplo, la gran transformación de la mayor instalación deportiva propiedad de la Junta de Andalucía, la Ciudad Deportiva de Carranque, en Málaga, y se había puesto en funcionamiento el Palacio de Deportes de San Pablo, en Sevilla. En 1991 se abría el Palacio de Deportes de Granada, inicialmente proyectado formando parte de una gran ciudad deportiva que desgraciadamente no se llevó a cabo y en su lugar se construyó el nuevo estadio de fútbol. También en la capital andaluza, con motivo de la Expo 92, se construyeron las instalaciones de la Cartuja y el Centro de Remo y Piragüismo en la dársena del Guadalquivir. De 1992 es la primera fase del Centro de Alto Rendimiento en altura de Sierra Nevada, cuya estación de esquí iniciaba su gran transformación para los mundiales de esquí alpino que celebraría unos años más tarde.

Y de esta suerte llegamos al año 1996, que supondrá un punto de inflexión para el deporte andaluz en general y para la inversión en infraestructura deportiva en particular. Como consecuencia del resultado de las elecciones autonómicas de ese año se forma el primer gobierno de coalición en la historia de la comunidad, hasta ese momento dirigida en solitario por el Partido Socialista. Entre los acuerdos para garantizar el funcionamiento institucional se crea la Consejería de Turismo y Deporte, que durante los ocho años siguientes será regida por el Partido Andalucista.

Volveremos sobre este asunto más adelante. Antes analizaremos con los fríos datos censales lo acontecido entre 1985 y 1997 en materia de infraestructura deportiva, que corroborarán lo dicho hasta el momento. Esta foto fija nos servirá para analizar objetivamente el período siguiente, que coincide con el de máxima inversión en deporte.

Como ya se ha dicho, el segundo censo nacional es de 1997 (II CNID), fecha en que culminan los trabajos de campo iniciados el año anterior. Como información adicional, a efectos de proporcionar datos homogéneos, decir que desde la anterior campaña la población de Andalucía había aumentado más de medio millón de personas (7,73%).

En este segundo censo se registran un total de 9669 instalaciones deportivas, de ellas un 60% de titularidad pública, y 21 749 espacios deportivos. Si comparamos estos datos con los del anterior, resulta que en los 12 años que separan ambos censos, el número de instalaciones deportivas en Andalucía había aumentado en 3085 unidades, nada menos que un 46,86%, y el de espacios deportivos teóricamente lo había hecho en un 65%. Lo realmente destacable es que el número de las instalaciones deportivas de titularidad pública había crecido en más de 2700 unidades, un incremento del 87,5%, mientras que el incremento de las privadas no llegaba a las 400 unidades.

Respecto a las instalaciones de mayor cualificación, decir que en 1997 se contabilizaron un total de 255 pabellones cubiertos (uno por cada 26 684 habitantes), había 46 piscinas cubiertas (una por cada 159 011 andaluces) y 55 pistas de atletismo de 400 metros de cuerda. El incremento en este tipo de instalaciones es significativo, pero el cómputo global da una idea de la baja calidad del parque deportivo en aquel momento, pues como se puede deducir de los números anteriores si los comparamos con los totales, la mayor parte de las instalaciones censadas estaban constituidas por espacios del tipo pista polideportiva al aire libre, en su mayoría con pavimento de hormigón, pequeñas salas cubiertas tipo gimnasio, sin suelo deportivo, piscinas al aire libre, campos de tierra o albero, etc. En este censo aparecen por primera vez las pistas de pádel, 275 en toda Andalucía, que en los siguientes años tendrán un crecimiento impresionante. De los 676 campos de fútbol, solo existían 4 campos de hierba artificial y 118 de hierba natural

Es decir, en estos 12 años se había producido un gran avance, pero este se había centrado en los espacios deportivos de menor coste. Aun así se habían construido 113 nuevos pabellones polideportivos, 26 piscinas cubiertas y 20 pistas de atletismo de 400 metros de cuerda. Nos quedaremos en la memoria con estas últimas cifras como referencia para comprobar la magnitud de lo realizado en los siguientes años.

Desde que la comunidad autónoma de Andalucía asumiera las competencias en materia deportiva, el área de deporte se encontraba más o menos relegada dentro de las competencias de la Consejería de Cultura. Como ya dijimos, en 1996 se crea la Consejería de Turismo y Deporte merced a un pacto de gobierno necesario para garantizar la gobernabilidad de Andalucía. Este hecho, consecuencia inicialmente de una singular coyuntura política, resultó ser el impulso transformador que necesitaba el deporte en nuestra comunidad.

A partir del siguiente año, este novedoso protagonismo del deporte en Andalucía tendrá fiel reflejo en su presupuesto. En 1997 el presupuesto de inversión en el área de deporte se multiplicó por tres respecto al anterior, alcanzando la cifra récord hasta ese momento de 35,5 millones de euros, muy superior al de 1992, que debido a los programas deportivos asociados a la celebración de la Expo y durante ese único año había sido dotado con casi 22 millones de euros. En los siguientes años se mantuvo el crecimiento presupuestario hasta alcanzar su cénit en 2008 con 115 millones de euros de inversión en infraestructura deportiva por parte de la Junta de Andalucía.

Piscinas cubiertas Almadrabillas en Almería. Pablo Torres. Arquitecto.

En lo referente a instalaciones deportivas, la importante inversión pública ha permitido, en estos tres lustros, que Andalucía se dote de una infraestructura deportiva muy importante cualitativa y cuantitativamente. Se ha eliminado en gran medida el déficit preexistente en todos los niveles, siendo como es lógico en la red básica donde se ha producido la mayor parte de la inversión, y actualmente podemos afirmar que el sistema andaluz de equipamientos deportivos es uno de los más completos, mejor estructurados y más modernos de España.

Los datos económicos de estos años y sus resultados tangibles son apabullantes. Desde 1997, más de mil millones de euros (167 mil millones de las antiguas pesetas) de inversión directa de la Junta de Andalucía en materia de infraestructura deportiva. Sin duda ha significado el mayor esfuerzo inversor de una Administración pública española; hasta ese momento ninguna había dedicado tantos recursos en tan poco tiempo para equipamientos deportivos (exceptuando la singularidad de los JJOO).

Siendo lo anterior importante, lo realmente significativo de esta espectacular apuesta fue la capacidad de arrastre sobre la inversión del resto de instituciones, la sinergia producida a todos los niveles. Prácticamente todas las iniciativas, sensatas o no, obtuvieron financiación. La mayor parte, por no decir todos, de los proyectos públicos de construcción de instalaciones deportivas desarrollados en Andalucía en estos años han sido cofinanciados por el Gobierno andaluz. Este esfuerzo inversor ha supuesto la movilización del doble de recursos públicos, al sumarse a las de la Junta de Andalucía las inversiones realizadas por Ayuntamientos, Diputaciones, Universidades, Estado, etc.

Ante esta perspectiva, en 1998 se empieza a trabajar seriamente en la elaboración del Plan Director de Instalaciones Deportivas de Andalucía (PDIDA). Además de ser una prescripción de la recién aprobada Ley del Deporte andaluza, era una necesidad logística urgente disponer de unas directrices claras capaces de canalizar eficientemente los recursos económicos del sector público que en cuantía creciente se preveía iban a destinarse a infraestructura deportiva.

Al año siguiente ya se habían elaborado documentos técnicos lo suficientemente desarrollados como para servir de guía en las decisiones estratégicas. Se analizó de forma detallada la situación de partida, se valoró el sistema deportivo andaluz del momento y se identificaron las necesidades reales fijándose en consecuencia los objetivos y prioridades.

El Plan desde su inicio se marcó unos objetivos y plazos muy ambiciosos, considerados voluntaristas por muchos en aquel momento. El equipo redactor, con un enfoque eminentemente técnico, basado en las técnicas de la planificación estratégica territorial de equipamientos, había elaborado en 1999 la primera propuesta del PDIDA.

Una vez analizada la situación existente, se concluía en este documento que el parque deportivo andaluz presentaba un conjunto de desajustes que debían corregirse con la aplicación de las políticas propuestas en el Plan. En primer lugar, con los datos proporcionados por el CNID 97, aparentemente el número total de espacios deportivos existentes en Andalucía parecía suficiente pero poco cualificado, le faltaba diversidad y calidad deportiva. Por otro lado, se concluyó que la oferta deportiva presentaba un grado de envejecimiento significativo, que se manifestaba en el estado de dicha oferta, en sus características tipológicas y en su bajo nivel de adaptación a los nuevos hábitos y tendencias en el campo del deporte. En cuanto a la gestión de los espacios deportivos, se encontraba mayoritariamente en manos de agentes no especializados (centros escolares y gestión pública directa), lo que dificultaba la rentabilidad, en términos de uso, de los equipamientos deportivos y su continua evolución y modernización. Por último se consideraba, a modo de resumen, que el sistema deportivo andaluz estaba poco estructurado, es decir, presentaba una inadecuada relación y proporción entre los equipamientos destinados al deporte de base, los especializados y las grandes instalaciones para la competición y el espectáculo deportivo.

Las características territoriales de Andalucía, su extensión y la distribución de la población a lo largo de su geografía dotaron al trabajo de una gran complejidad. Tampoco los datos oficiales del último Censo Nacional de Instalaciones Deportivas que debían utilizarse para la caracterización y diagnóstico de la situación inicial facilitaron las cosas. Los chequeos realizados con motivo de la redacción del PDIDA habían detectado deficiencias del trabajo de campo, tanto en la toma de datos como en su homogeneidad. De todas maneras, y con independencia de las cifras que arrojaba el Censo, había tanto por hacer, el desequilibrio dotacional entre zonas y el déficit de infraestructura deportiva de cierta calidad en gran parte del territorio era tan patente, que estos desajustes no afectarían a la validez de las propuestas.

Los grandes objetivos que debían inspirar el PDIDA estaban marcados por la Carta Europea del Deporte aprobada en la Conferencia de Rodas de mayo de 1992. En ella los Gobiernos se comprometían a adoptar las medidas necesarias para "dar a cada persona la posibilidad de practicar el deporte" en un entorno seguro, garantizando a los jóvenes la posibilidad de desarrollar aptitudes deportivas básicas, y a cada uno la posibilidad de mejorar su nivel de rendimiento y de realizar su potencial de desarrollo personal, o de alcanzar niveles de excelencia. Así mismo establece que la planificación global de las instalaciones deportivas "será competencia de los poderes públicos, que tomarán en consideración las exigencias nacionales, regionales y locales, así como las instalaciones públicas, privadas y comerciales ya existentes".

Los criterios generales y principios de planificación del PDIDA partían de la consideración del deporte integrado al modo de vida de las personas en su territorio concreto. Entre otros principios rectores, el interés general, la accesibilidad física, entendida como proximidad, la asequibilidad económica, la vinculación a la cultura, identidad y hábitos de la población, a su forma de vida y a los tipos de asentamiento (rurales o urbanos). También la promoción del aprendizaje deportivo y la potenciación del equilibrio y el bienestar físico de la población, así como el respeto a la multiplicidad y la pluralidad. En definitiva, espacios para todos, no segregados únicamente para el deporte, sino que integren la práctica deportiva con el intercambio social y cultural.

Para conseguir los fines establecidos en la Carta Europea del Deporte y en el Plan Director era preciso dotarse de un sistema deportivo completo, potente y estructurado capaz de satisfacer las necesidades de la población andaluza. Por un lado debía garantizar una dotación suficiente de instalaciones y espacios deportivos de calidad para la práctica de las actividades físicas básicas, que debía estar distribuida homogénea, equilibrada y racionalmente en todo el territorio (*Red básica*). Por otro lado debían existir otro tipo de espacios deportivos que permitieran practicar deportes con menor demanda y la celebración de competiciones deportivas de cierto rango (*Red complementaria*); y, finalmente, equipamientos de alto nivel para el rendimiento o la tecnificación deportiva y para la alta competición o los grandes eventos deportivos (*Red especial*).

Estos son los tres niveles que estructuran piramidalmente un sistema deportivo; en la base, el deporte para todos, tendríamos lo que en planificación de equipamientos se denomina la *Red básica,* que como hemos apuntado incluye las instalaciones deportivas de interés general o básicas en la que están incluidas las escolares. En el siguiente nivel, la *Red complementaria,* y en la cúspide, la *Red especial*.

Los equipamientos de la red básica deben dar servicio al deporte escolar (con carácter obligatorio), a la práctica deportiva generalizada (población en general) y a la competición de carácter local. Deben tener proximidad territorial en condiciones de acceso no restrictivas. Y por último, deben ser útiles a la práctica de los deportes considerados como básicos para la formación deportiva general y de los deportes más arraigados en Andalucía.

Los equipamientos deportivos de la red complementaria darán servicio al deporte de competición y al espectáculo deportivo de carácter supralocal. También tienen que asumir y potenciar la diversidad de las prácticas deportivas y, en especial, la tradición deportiva de un ámbito territorial determinado. Por último, dar servicio a determinados colectivos con equipamientos y necesidades específicas (universitarios, militares, religiosos, presos, etc.).

La red especial constituye la excelencia del sistema deportivo, aquí se integran los grandes equipamientos deportivos asociados al medio natural, estaciones de esquí, puertos deportivos, centros de deportes acuáticos en lagos, embalses o ríos, zonas de espeleología o escalada, rutas o circuitos de montaña, cotos de caza y pesca, etc. También los centros deportivos para el deporte de alto nivel, tales como los centros de alto rendimiento y los centros de tecnificación deportiva. Y los grandes equipamientos para el deporte de élite y el espectáculo deportivo, tales como los palacios de deporte, estadios de gran aforo, autódromos, hipódromos, campos de golf, canales artificiales de remo y piragüismo, velódromos, etc.

La propuesta del PDIDA programaba la ejecución de las líneas de acción, con identificación de los agentes que debían intervenir, proponiendo medidas e instrumentos que facilitasen la obtención de suelos y la financiación de las inversiones. Finalmente se definieron planes y programas concretos y cuantificados para cada una de las tres redes que componen el sistema andaluz de equipamientos deportivos.

En paralelo, a estos documentos de trabajo se les dio la máxima difusión, se presentaron y discutieron con las diferentes instituciones públicas y el resto de agentes del sector deportivo al objeto de alcanzar el mayor consenso posible en cuanto al contenido y las directrices del Plan, fundamental para focalizar de forma inmediata la acción inversora conjunta, como así fue.

La aprobación del Plan Director se demoraría casi nueve años desde la primera propuesta. Pero todo este trabajo, además de constituir una sólida base para la versión definitiva, sirvió para orientar la política regional en materia deportiva en esos años y aplicar de forma más eficiente los recursos públicos.

Con independencia de la tramitación formal del documento del PDIDA, la Consejería de Turismo y Deporte puso en marcha un ambicioso plan de dotación de equipamientos a nivel regional. Se crearon para ello los cauces e instrumentos legales de colaboración con el resto de Administraciones y, para hacer frente al ingente trabajo a realizar, se potenció la estructura administrativa, especialmente la técnica, de la Secretaría General para el Deporte, que desde su creación lideraría con ideas y medios la política deportiva de Andalucía.

Como primera medida se inyectó financiación a todas las instalaciones deportivas que se encontraban iniciadas, y terminaron en un breve plazo, rompiendo la lenta dinámica de fases de construcción instaurada por los planes provinciales (volveremos a ello más adelante).

En cuanto a las nuevas actuaciones para completar las necesidades de la red básica, se alcanzaron acuerdos con los Ayuntamientos respectivos, priorizándose la construcción de los equipamientos de mayor calidad deportiva, en concreto pabellones polideportivos y piscinas cubiertas y, en menor medida, instalaciones de atletismo.

También tuvieron cabida las universidades públicas y se firmaron convenios con todas ellas para agilizar el desarrollo de sus programas de construcción de instalaciones deportivas. Así mismo, se colaboró en la financiación de las grandes instalaciones deportivas para la competición y el espectáculo, y se promovió la creación de centros especializados para la mejora del rendimiento deportivo.

Realmente se trabajó en todo el territorio y en todos los frentes. Fueron construidas grandes y pequeñas infraestructuras deportivas. Se movilizó un volumen muy importante de recursos económicos en muy poco tiempo. Se hizo mucho. Al volver la vista atrás todavía me sorprendo de lo que un puñado de personas con mucha ilusión y trabajo logramos hacer. Ha sido un orgullo, compartido creo por el resto de compañeros, haber participado en este proyecto tan interesante de transformación y desarrollo de una región.

Realmente podemos verificar objetivamente los resultados de esta apuesta política analizando los datos que arrojó el III Censo Nacional de Instalaciones Deportivas. El trabajo de campo y la toma de datos se realiza en el año 2005, es decir, tan solo ocho años después de la anterior campaña. La población de Andalucía en ese año era de 7 849 799 habitantes, por lo que había crecido en ese período en 530 000 personas.

En este tercer Censo se registran un total de 12 831 instalaciones deportivas, de las que 7715 eran de titularidad pública. Ya aquí nos encontramos con el primer dato significativo, el número de instalaciones públicas es sensiblemente superior al de las privadas, cuando en los anteriores censos la proporción estaba más equilibrada. En 2005 se registran 26 391 espacios deportivos, de los cuales 15 282 se encontraban en instalaciones públicas. Si comparamos estos datos con el Censo de 1997, resulta que, en los 8 años que separan ambos, el número de instalaciones deportivas en Andalucía había crecido en 3162 unidades, y el de espacios deportivos teóricamente lo había hecho en 4642.

Lo realmente destacable es el crecimiento experimentado en las instalaciones deportivas de mayor cualificación; decir que en 1997 se contabilizaron un total de 591 pabellones cubiertos (uno por cada 13 282 habitantes), había 302 piscinas cubiertas (una por cada 25 993 andaluces), de las cuales 143 disponían de vaso de 25 metros o superior, 94 pistas de atletismo de 400 metros de cuerda, 168 campos grandes de hierba artificial y 776 pistas de pádel.

Es decir, en tan solo 8 años se había más que duplicado el número de pabellones polideportivos, 336 nuevos, recordar que en 1997 se censaron 255. El caso de las piscinas cubiertas es llamativo, pues en el período se construyen nada menos que 256 nuevas instalaciones de este tipo, es decir, 7 veces más que en 1997, y de estas, 140 públicas. También se generaliza la hierba artificial como suelo deportivo para los campos grandes, de fútbol mayoritariamente, pero también para rugby y hockey; actualmente más del 90% de las actuaciones en campos grandes tienen por objetivo la colocación de césped artificial. Los números, creo, son suficientemente elocuentes.

En el año 2005, ya con los nuevos datos del Censo, se revisa y actualiza, incorporando algunas novedades, el documento base del PDIDA 97 para adaptarse a la nueva realidad. Se pone en marcha el procedimiento de aprobación de la versión definitiva del Plan Director de Instalaciones Deportivas de Andalucía, que culminaría en mayo de 2007.

El Plan Director de Instalaciones Deportivas de Andalucía aprobado, al igual que las versiones anteriores, es un plan marcadamente inversor, desarrollado en unas circunstancias de optimismo económico, y con unas previsiones de mantenimiento de los niveles de inversión durante todo el período de vigencia.

La mayor parte de los recursos públicos han sido destinados a la construcción, remodelación o cualificación de espacios e instalaciones deportivas de la Red básica. Desde 1998 hasta hoy en Andalucía se han construido cientos de pabellones polideportivos cubiertos, los campos de fútbol también se cuentan por centenas y desde 2005 prácticamente la mayoría de ellos dotados de hierba artificial. Asimismo, se han construido decenas de piscinas cubiertas, alcanzándose en el interior de Andalucía los objetivos del PDIDA con ratios superiores a una piscina por cada 25 000 habitantes, posibilitando que, en la actualidad, prácticamente cualquier andaluz pueda acceder de forma cómoda a la práctica de deportes acuáticos en cualquier momento del año. Igualmente, prácticamente todas las poblaciones de más de 15 000 habitantes y las cabeceras de comarca cuentan con instalaciones de atletismo.

Piscinas cubiertas de Barbate (Cádiz). EDDEA arquitectos.

Para poder llevar a cabo semejante nivel de inversión y tal cantidad de actuaciones se pusieron en marcha también instrumentos de gestión pública novedosos. Ya se ha comentado que hasta 1997 la Junta de Andalucía en materia de instalaciones deportivas, con su escasa capacidad económica, básicamente subvencionaba las actuaciones acordadas con las diferentes diputaciones provinciales y que se reflejaban en sus Planes Provinciales de Instalaciones Deportivas anuales. Debido a la forma atomizada de reparto de los recursos y a los sistemas de gestión administrativa, la construcción de las infraestructuras de mayor envergadura, instalaciones deportivas cubiertas tipo pabellón o piscinas, se demoraba en el tiempo. Por la propia dinámica de los PPID la contratación de las obras se debía fasear por la cuantía de la anualidad, provocando discontinuidades en la ejecución y desajustes constructivos por la intervención en las obras, en bastantes casos, de varios contratistas. Se necesitó más de un lustro para finalizar muchas de estas actuaciones.

En 1997, con nuevos y más jugosos presupuestos, la Administración deportiva autonómica establecerá otras reglas. Como primera medida se priorizó, como ya se ha dicho, la terminación de las actuaciones ya iniciadas de una tacada, lo que vino en llamarse "el plan fin". Pero sin duda las dos novedades más importantes introducidas en las convocatorias que anualmente a partir de entonces realizará la Consejería de Turismo y

Deporte consistieron, por un lado, en que las actuaciones se financiarían de una vez y por la totalidad de su coste, y, por otro, en que la Junta de Andalucía gestionaría de principio a fin, en la mayor parte de los casos, la ejecución de las actuaciones.

Este fue un paso radical y arriesgado, que suponía un cambio total en la dinámica existente hasta ese momento. En primer lugar, exigía una nueva estructura administrativa capaz de llevar a cabo semejante esfuerzo de gestión. Se creó la Dirección General de Tecnología e Infraestructuras Deportivas, con un perfil eminentemente técnico, y se ampliaron notablemente las plantillas de sus servicios, asumiendo el existente de Instalaciones Deportivas toda la parte técnica del trabajo, incluida la planificación, y el nuevo Servicio, la gestión administrativa. En 1998 fue cuando me incorporé al área de deporte, asumiendo la responsabilidad de la parte técnica de la Consejería de Turismo y Deporte.

Recuerdo aquellos años como una gran e ilusionante locura. Todo era novedoso y estaba por hacer, pero además se quería implantar de forma inmediata, a pesar de la complejidad administrativa que suponía. Posiblemente el que durante los primeros años todos los niveles de decisión de la Consejería de Turismo y Deporte tuvieran un perfil técnico facilitó, con su visión pragmática, la puesta en marcha de todos los programas.

El sistema era aparentemente sencillo. Las actuaciones se financiaban con un mínimo de aportación de la Junta de Andalucía del 50%; este porcentaje se podía aumentar hasta el 80% en municipios pequeños y por tanto de menor capacidad económica. Los Ayuntamientos tenían que abonar su parte en varias anualidades, en función de su disponibilidad, y aportar los terrenos correspondientes. La Junta, en los casos en que ejecutaba la obra, además asumía la totalidad de los costes de elaboración del proyecto y dirección de las obras. Para iniciar la obra, normalmente el Convenio exigía el abono de la primera anualidad, y a partir de ahí en ningún caso se vinculaba el pago de la obra al contratista al ingreso de las restantes anualidades. De esta forma se garantizaba la ejecución de la obra en un tiempo razonable y la inmediata utilización de la instalación deportiva por los ciudadanos, fin último perseguido, con independencia de los incumplimientos económicos, desgraciadamente frecuentes y de alguna forma consentidos, de las otras Administraciones.

Para dar una idea de lo que se estaba poniendo en marcha, solo el primer año se había decidido realizar más de 150 actuaciones. ¿Pero esto, qué significaba? En primer lugar, seleccionar las solicitudes de subvención presentadas y suscribir los correspondientes convenios de colaboración con las diferentes instituciones, corporaciones locales, principalmente, y Universidades. Después se tenía que verificar la disponibilidad e idoneidad de las parcelas, definir los programas funcionales de las instalaciones deportivas a realizar, contratar los proyectos, los levantamientos topográficos, los informes geotécnicos, supervisar los proyectos y finalmente contratar las obras, ejecutarlas y entregarlas.

Cada año hasta 2005 se pusieron en marcha, por este sistema de gestión, una media de 60 nuevos proyectos. Creo que los resultados, aunque heterogéneos debido a la participación de muchos profesionales diferentes, en términos generales han sido satisfactorios. Lo mejor fue que se concluyeron la totalidad de las obras comprometidas y viables en un tiempo y con una calidad aceptables. Lo peor de esta fórmula, y que a la postre ha puesto en crisis el sistema, es que toda la responsabilidad de lo que se hace recae, de hecho, en una sola de las partes, en este caso la Junta de Andalucía. Todos los errores de diseño, deficiencias constructivas, etc., desgraciadamente frecuentes, han sido fuente de innumerables reproches por parte de la institución receptora de la instalación, a veces indignantes cuando se utilizaban políticamente como arma arrojadiza, y siempre utilizados como torticera justificación de sus incumplimientos de pago.

A partir del año 2005 la tendencia varía, se pretende que los Ayuntamientos asuman un mayor protagonismo en la gestión de las actuaciones y la Junta se limite, en la mayor parte de las nuevas actuaciones, solo a enviar el dinero y controlar su justificación. De todas formas hasta hoy han convivido ambos sistemas de gestión, fundamentalmente debido a la existencia de compromisos anteriores donde se había acordado que fuera la Junta de Andalucía la que gestionara, y, de los decididos con posterioridad, en algunos casos puntuales cuando los Ayuntamientos manifestaban su interés por que así fuera.

En este mismo año se realiza un planteamiento novedoso para agilizar la gestión de los trabajos técnicos previos a la licitación de las obras, reduciendo su plazo de ejecución y su coste, y para aquilatar el precio final de las actuaciones. Se trataba de disponer de una serie de proyectos base para los programas funcionales de las instalaciones deportivas de la red básica más demandadas, pabellones y campos de fútbol de hierba artificial, definidos a nivel de proyecto de ejecución. Para cada caso concreto sería necesario un mínimo trabajo técnico adicional de adaptación al solar concreto, consistente en la definición de los movimientos de tierra, cimentaciones, acometidas y accesos.

Se convocaron a tal fin diversos concursos para seleccionar los equipos técnicos que desarrollarían estos proyectos base. En el caso de los pabellones tipo, debido a su complejidad técnica y a la necesidad de afinar y depurar la propuesta con carácter previo a su definición pormenorizada, el concurso fue de anteproyectos. Se seleccionaron unas propuestas que planteaban unos edificios con muy pocos elementos constructivos pero de buena calidad, con gran aporte de luz indirecta natural al espacio deportivo, a través de los lucernarios de cubierta, ventilación natural cruzada y con la flexibilidad suficiente como para admitir múltiples variantes necesarias en cuanto a programa y para adaptarse a las características de los solares disponibles. El resultado es un pabellón muy elegante, funcional y proporcionado en sus volúmenes que se ha adaptado muy bien a los diversos emplazamientos y entornos urbanos. Se han realizado 30 pabellones siguiendo este modelo.

En paralelo, fundamentalmente en las aglomeraciones urbanas, la iniciativa privada ha ido cobrando cada vez mayor protagonismo en la promoción y, sobre todo, en la gestión de las instalaciones deportivas, hasta alcanzar un peso determinante en este campo, pues prestan sus servicios a cientos de miles de andaluces.

Como ya se apuntó, en estos últimos años el sector de los gimnasios y centros deportivos se ha convertido en un negocio atractivo, constatándose que este mercado vive una fase expansiva y de competitividad creciente, con el desembarco de grandes grupos inversores nacionales e internacionales. Este no es un fenómeno local, pues en España, y en general en todos los países desarrollados y emergentes, los empresarios siguen invirtiendo activamente en el sector de los servicios "deportivos". Este nuevo y exitoso modelo de negocio, en constante innovación y adaptación, se basa en la fusión e integración de deporte, salud, bienestar y belleza. A este arquetipo, identificado bajo el término *wellness*, que hace referencia a este concepto más global de lo deportivo, se están sumando los gimnasios y centros deportivos tradicionales, tanto públicos como privados, obligados por imperativo de la demanda a seguir la tendencia marcada por estos novedosos planteamientos.

Gran parte del éxito y el auge de este tipo de centros deportivos se debe a la colaboración más o menos intensa entre lo público y lo privado. La mayor parte de estas instalaciones deportivas se han construido en suelo público, y mediante concesiones administrativas se han puesto en manos privadas. Existen múltiples variantes en las fórmulas empleadas, desde aquellas en que se asume un mayor riesgo, pues la construcción del centro deportivo la realiza en su totalidad el concesionario, hasta otras en las que la instalación deportiva ha sido construida con dinero público y es la gestión la que se privatiza. Entre ambas situaciones, todo tipo de alternativas intermedias en función de la viabilidad y grado de compromiso entre las partes. Por ello resulta paradójico, aunque comprensible, que portavoces del sector privado lleguen a considerar competencia desleal el esfuerzo de los gestores deportivos públicos de acomodar los servicios que prestan a las nuevas tendencias.

Como muestra, un botón: estando terminando la redacción de este opúsculo se ha producido la apertura de un gran centro deportivo en Almería sobre las antiguas instalaciones deportivas públicas conocidas como Las Almadrabillas, situadas frente al mar junto al cable inglés. Lo conozco bien, pues soy autor del proyecto de las piscinas cubiertas existentes en el complejo, sede de las competiciones de natación y waterpolo durante los Juegos Mediterráneos de 2005 y que, afortunadamente, han sido respetadas en la completa reforma y ampliación recientemente terminada. Estas instalaciones son propiedad de la Junta de Andalucía y fueron cedidas al Ayuntamiento, este último finalmente las ha concesionado mediante concurso público al grupo de empresas que ha construido el nuevo centro, con una considerable inversión. La amplia oferta deportiva se complementa con zona médica, aulas de formación, cafetería y restaurante, e incluso con un área comercial con tiendas de ropa y nutrición, por lo cual, aunque un poco exageradamente, se la ha llegado a tildar de "centro comercial deportivo".

La situación económica española a partir de 2008 cambia radicalmente, los últimos presupuestos confirman la fuerte desaceleración de la inversión en materia de deporte motivada por la crisis. De hecho, en 2009 se realiza la última convocatoria pública de la Junta de Andalucía para cofinanciar la construcción y el equipamiento de instalaciones deportivas de la red básica, por lo que las actuaciones actualmente en ejecución, mas de 400, se acordaron en esa fecha o con anterioridad.

La construcción de instalaciones deportivas públicas en los últimos años se ha visto ralentizada por falta de financiación y liquidez de las Administraciones públicas y, también, debido al debilitamiento de las empresas del sector de la construcción que en múltiples ocasiones han abandonado las obras en marcha. Así mismo, la puesta en uso de las nuevas instalaciones y la continuidad del servicio de algunas de ellas, sobre todo de las más complejas y costosas de mantener, está siendo más que dificultosa debido a la drástica reducción del gasto público a todos los niveles.

Aun así y con gran esfuerzo se han podido terminar muchas actuaciones en estos años, algunas de ellas muy interesantes arquitectónicamente. También se puede observar en los proyectos más recientes una mayor preocupación por la sostenibilidad de los edificios. El aprovechamiento máximo de la luz natural, compatible con la actividad deportiva, la adecuada orientación para optimizar el funcionamiento energético de los edificios en función de las condiciones climáticas del lugar, la incorporación de forma generalizada y sistemática de energías renovables como fuente primaria, la utilización de materiales y las soluciones constructivas adecuadas son hoy premisas y condicionantes de los proyectos.

La crisis no ha hecho sino agravarse desde que empezó, y de alguna forma nos ha pillado desprevenidos a todos. Está claro que nos encontramos en un final de ciclo, al menos en lo que se refiere a la ampliación y mejora de nuestro sistema deportivo público. El escenario a corto y medio plazo es de austeridad y reducción del gasto público y privado, con tendencia a inversión cero en nuevas instalaciones deportivas, sobre todo de la red básica.

Sin embargo, Andalucía sigue siendo un mercado atractivo para el sector de los servicios deportivos, a pesar de la que está cayendo. Aunque parezca paradójico, esta traumática situación económica y social está siendo un acicate para la práctica deportiva, pues está resultando una forma asequible de encontrarse mejor física y mentalmente; si uno no tiene trabajo dispone de demasiado tiempo libre, por eso haciendo deporte mira por la propia salud y se distrae del problema; además, en el fondo todos somos conscientes de que un buen y saludable aspecto físico puede ser determinante a la hora de encontrar trabajo. Por tanto, es previsible que, incluso en estas circunstancias, la práctica deportiva siga aumentando; en contraposición, y como hemos aventurado, la inversión pública durante los próximos años va a ser muy limitada, este espacio puede y debe ocuparlo la iniciativa privada.

Es el momento de reorientar la estrategia y redefinir las políticas en materia de infraestructura deportiva, hasta ahora basadas en el crecimiento sostenido de la inversión pública; es la hora de una planificación deportiva innovadora enfocada a la sostenibilidad social, económica y ambiental de nuestras instalaciones deportivas.

Aumentar los usos de la amplia red de instalaciones deportivas existente, de los espacios y áreas de actividad; reducir los costes de funcionamiento, mantenimiento y explotación de las instalaciones, mediante la profesionalización y racionalización de la gestión deportiva; minimizar el consumo energético y apostar de forma decidida y universal por las energías renovables; favorecer y fomentar la iniciativa privada; aumentar la colaboración con clubes y asociaciones en la gestión de las instalaciones públicas; etc. Estos son objetivos razonables y deseables, no requieren de grandes inversiones públicas, y colaboran en alcanzar el objetivo principal: aumentar la práctica deportiva en Andalucía y en consecuencia mejorar nuestra calidad de vida.

Para ello entiendo necesario revisar y reorientar completamente el Plan Director. El escenario económico ha variado radicalmente, también ha cambiado sustancialmente el estado de la infraestructura deportiva andaluza, se habrán cubierto la mayor parte de los déficits y necesidades básicas si concluimos las más de 400 actuaciones actualmente en ejecución. Posiblemente el papel de motor inversor ejercido durante estos tres lustros por la Junta de Andalucía no sea actualmente necesario y deba asumir ahora, desde la revisión de su planificación y sus políticas, el liderazgo en la elaboración de nuevas estrategias tendentes a optimizar los recursos existentes y a lograr una mayor eficiencia en la gestión de los equipamientos deportivos.

Respecto a los programas y tipologías clásicas de instalaciones deportivas que recogía el Plan Director, en su mayor parte cumplieron su función, pero están superados por la realidad de la demanda. Los nuevos modelos de instalación deportiva, a los que tendrá que ir adaptándose la infraestructura existente, deben aportar mayor diversidad de oferta deportiva y en lo posible incorporar otras ofertas extradeportivas y servicios normalmente asociados al bienestar y la salud. Será necesario incorporar y favorecer las nuevas tendencias deportivas vinculadas al medio natural, incluso al medio urbano, como espacio para hacer deporte.

Tanto en las nuevas instalaciones deportivas como en las existentes debemos apostar por la calidad y el confort: aprovechamiento máximo de la luz y ventilación natural; mejora de las condiciones acústicas de los espacios deportivos; uso de materiales durables y de fácil mantenimiento; equipamientos y superficies deportivas seguras; etc.

Los centros deportivos están abocados a convertirse en el punto de encuentro y lugar de relación y convivencia de cada vez más personas con la preocupación común por su salud y bienestar. Esta tendencia social y cultural es muy positiva para el conjunto de nuestra sociedad, y los poderes públicos la deben favorecer y facilitar.

Necesitamos nuevas ideas, innovadores modelos de gestión para la importante, y a veces costosa de mantener, infraestructura deportiva pública con la que nos hemos dotado en estos últimos años. Tenemos que reinventarnos, redefinir el papel de cada uno de los agentes deportivos. Pienso que la sociedad civil y sus organizaciones deben asumir un mayor protagonismo en este asunto, la Administración debe facilitar este traspaso de actividades y pasar a un segundo plano como supervisora y garante de los derechos ciudadanos.

En estos treinta años y entre todos se ha realizado un enorme esfuerzo para que Andalucía alcance las altas cotas de equipamiento deportivo que actualmente posee. Es necesario para nuestra sociedad rentabilizar al máximo esta enorme infraestructura; para ello es ineludible optimizar el uso y realizar una gestión eficiente de las instalaciones deportivas. Únicamente de esta manera se podrá garantizar su uso, permanencia, mantenimiento y constante cualificación.

Con ello, en definitiva, estaremos colaborando de forma eficaz en el objetivo final de toda política deportiva pública, consistente en que cada vez más personas incorporen a su forma y hábitos de vida la actividad deportiva. De esta manera estaremos construyendo una sociedad mejor, más sana y saludable, donde los valores éticos del deporte lleguen a formar parte de la cultura común.

Las circunstancias mandan, el momento económico y social no es bueno, pero sin duda es peor la continua mirada hacia atrás, la atonía, la resistencia al cambio, la resignación que se percibe a todos los niveles. ¡Basta ya! A veces nos olvidamos de que el avance y el desarrollo solo son posibles si hacemos las cosas de forma diferente. El futuro está en nuestras manos y está por escribir. Debemos afrontar este desafío como una oportunidad. Con esfuerzo, creatividad e inventiva seguiremos fortaleciendo el deporte en Andalucía, contamos con las personas y los medios para ello.

ANEXO: INSTALACIONES DEPORTIVAS

La selección de la siguiente relación de instalaciones deportivas, que de alguna forma he considerado las más representativas de las construidas en estos treinta años, obedece a criterios exclusivamente personales. Unas veces la calidad arquitectónica de la obra ha sido el motivo para escogerla; las más, su relevancia deportiva.

CLUB DE GOLF VALDERRAMA EN SAN ROQUE (1974, 1984)

El campo de golf en Valderrama está situado en la urbanización Sotogrande, en el término municipal de San Roque, Cádiz. Aunque desde 1974 existe el campo de golf, su relevancia e incorporación a la élite de este deporte se remonta a 1984 con la gran reforma y ampliación realizada a partir de ese año. Considerado desde 1991 como el mejor campo de golf de España, ha sido elegido en varias ocasiones como el mejor campo de golf de Europa. Su actual trazado tiene un recorrido de 6356 m de longitud. Fue diseñado por el especialista americano Robert Trent Jones. Es un campo de calles anchas pero no exentas de dificultad, y su recorrido está cuidado al detalle.

Desde 1988 en sus instalaciones se celebra el Volvo Masters, última cita del circuito europeo de golf. En 1997 fue sede de la única Ryder Cup celebrada en España, que fue ganada por el equipo europeo liderado por Severiano Ballesteros.

ESTACIÓN DE ESQUÍ SIERRA NEVADA (1964, 1985)

En 1964 se constituye Centros Turísticos SA (CETURSA), que más tarde adoptará su denominación actual: Cetursa Sierra Nevada SA, como empresa pública para la gestión de la Estación de Esquí de Sierra Nevada. Paralelamente, bajo el paraguas de la derogada Ley de Centros y Zonas de Interés Turístico Nacional, se aprobó la urbanización Sol y Nieve en Pradollano para promover el desarrollo turístico de la Sierra.

En 1985 entran en el accionariado de CETURSA los actuales responsables, encabezados por la Junta de Andalucía, que posee el 95,9% del accionariado. A partir de ese año se produce un relanzamiento de la estación de esquí, con grandes inversiones económicas que en pocos años la convertirán en una de las más importantes de Europa.

El hito de mayor relevancia para Sierra Nevada y que supuso el reconocimiento oficial a nivel mundial de la calidad de la estación de esquí fue sin duda su designación en 1990 como sede de los Campeonatos del Mundo de Esquí Alpino de 1995. La preparación de la estación para este gran evento deportivo supuso una importante inyección económica y la ejecución de grandes infraestructuras que permitieron ampliar de forma considerable su capacidad. Finalmente la celebración del mundial se aplazó al año siguiente debido a la escasez de nieve.

La estación de esquí de Sierra Nevada cuenta con 116 pistas de esquí balizadas y habilitadas, de diferentes características y dificultad, con una longitud total superior a los 103 kilómetros y una superficie esquiable de casi 4 millones de metros cuadrados. Para acceder a las pistas la estación cuenta con 32 remontes con una capacidad de 47 141 personas a la hora. Existe un área especialmente habilitada para la práctica del snowboard que cuenta con el *half pipe* permanente más grande de España, pistas de snowboard-cross, saltos y módulos *slopestyle* para todos los niveles.

La estación posee un moderno sistema de producción de nieve con una capacidad de 1,4 millones de metros cuadrados, el mayor que existe en España y uno de los mayores de Europa, con un total de 390 cañones para la producción de nieve, de los cuales 186 son de última generación y totalmente automatizados.

CIRCUITO DE JEREZ (1985)

Inaugurado a finales de 1985, con las obras sin concluir, el circuito de Jerez fue una iniciativa casi personal del entonces singular alcalde de Jerez de la Frontera, Pedro Pacheco, justificada en base a la tradición por la competición de velocidad preexistente en la ciudad que desde la década de los sesenta, en circuito urbano, organizaba el Trofeo de la Merced, carrera internacional de motociclismo. El objetivo era construir un circuito permanente de alta velocidad moderno, dotado de todos los servicios y adelantos técnicos que permitieran albergar pruebas del máximo nivel y, en particular, capaz de atraer pruebas puntuables para el campeonato mundial de Fórmula 1.

En abril de 1986 organizó su primer Gran Premio de España de Fórmula 1; como detalle anecdótico, la carrera fue ganada por Ayrton Senna con una mínima diferencia, 14 milésimas, sobre Nigel Mansell, convirtiéndose en uno de los finales más competidos de la historia de la categoría. Se celebrarían en este circuito otras seis pruebas más de F1, la última en 1997 con la denominación ya de Gran Premio de Europa. Actualmente es utilizado como circuito de entrenamiento por los monoplazas de F1.

Sí han tenido más continuidad las pruebas puntuables para los grandes premios de motociclismo que desde 1987 hasta la actualidad y de forma ininterrumpida se han celebrado en el circuito, convirtiéndolo en una referencia a nivel mundial y en uno de los eventos deportivos más espectaculares que se celebran anualmente en Andalucía.

Desde su construcción se han realizado varias remodelaciones, siendo las más importantes las realizadas en 1994, donde por seguridad se incluyó una nueva chicane para los coches, y en 2002 con la construcción de los nuevos boxes y pit lane y del "Ovni", plataforma mirador sobre la recta de meta del circuito que se ha convertido en el referente visual de esta instalación deportiva.

CIUDAD DEPORTIVA DE CARRANQUE (1957, 1988)

La Ciudad Deportiva de Carranque se ubica en un enclave urbano de Málaga, en el barrio del mismo nombre, y ocupa una gran parcela de 58 360 m² de superficie. Su construcción inicial data de 1957 y desde entonces es referente deportivo en la capital malagueña. La gran transformación de este complejo deportivo se produce a partir de 1986, una vez transferida su titularidad a la Junta de Andalucía. En este último año, y tras un concurso de ideas ganado por los arquitectos Isabel Cámara y Rafael Martín, que también desarrollarían los proyectos de las diferentes instalaciones, comenzarían las obras realizadas en diversas fases, dada la envergadura de la inversión. En 1988 ya se había construido el nuevo pabellón cubierto, el segundo en importancia de Málaga en ese momento, tras el de Ciudad Jardín, y se habían iniciado las obras del edificio del Instituto Andaluz del Deporte. En 1998 entraban en funcionamiento las piscinas cubiertas y se había remodelado completamente la zona de las pistas de atletismo.

La ciudad deportiva de Carranque cuenta con los siguientes espacios deportivos: 2 pabellones cubiertos, piscinas cubiertas (vaso de 25 m y vaso de enseñanza), piscinas al aire libre (vaso de 50 m y vaso de chapoteo), pista de atletismo de 400 metros de cuerda y 8 calles, circuito de acondicionamiento exterior, campo de césped artificial especial para hockey, frontón, 6 pistas de pádel y gimnasio.

PALACIO DE DEPORTES DE GRANADA (1991)

El Palacio de Deportes de Granada, obra de los arquitectos Luis Clotet e Ignacio Paricio, formaba parte de un ambicioso proyecto consistente en la construcción de una gran ciudad deportiva en un área urbana de nuevo crecimiento, proyecto que nunca se llegó a construir al utilizarse la parcela no ocupada por el Palacio para ubicar el nuevo Estadio de los Cármenes.

El aforo de 7500 espectadores del Palacio se resuelve mediante graderíos situados como planos inclinados en los cuatro lados de la pista, no existiendo gradas en las esquinas al disponer en estas los cuatro grandes pilares que sustentan la estructura de cubierta. Un techo horizontal cubre la pista y sirve de difusor de la luz natural proveniente del gran lucernario central, además de servir como registro de las instalaciones y atado de la estructura.

Su rigurosa trama geométrica y la sobria imagen exterior, enfatizada por la enorme cubierta de zinc, dotan de monumentalidad urbana al edificio, a pesar de quedar aislado en un forzado diálogo con el estadio de fútbol colindante.

INSTALACIONES DEPORTIVAS DE LA CARTUJA (1992)

Las instalaciones deportivas de la Isla de La Cartuja, de Sevilla, se construyeron como alternativa a las desaparecidas instalaciones de Chapina. Este "traslado" vino obligado por la gran operación hidráulica realizada en Sevilla con motivo de la Exposición Universal de 1992.

Inicialmente el programa deportivo era muy sencillo, pues se componía de unas pistas de atletismo con campo interior de hierba natural y un campo anexo también de hierba natural. Estas instalaciones se utilizaron fundamentalmente para el deporte federado de atletismo y rugby.

A partir de 2005 se reorientó radicalmente esta instalación deportiva para ofrecerla al gran público. Se construyó una escuela pública de golf con un campo de 9 hoyos, tee de prácticas y zona de entrenamiento de aproximación. Al campo grande de entrenamiento se le dotó de hierba artificial y se construyeron 6 pistas de pádel. En 2011 se puso en funcionamiento el nuevo edificio de servicios, que cuenta con un gran gimnasio, proyectado por los arquitectos María Cayuela y Francisco Marqués. Esta novedosa propuesta de centro deportivo ha tenido una gran acogida popular y está permitiendo acercar a la población general a un deporte hasta ahora elitista como el golf.

CENTRO DE ALTO RENDIMIENTO DE SIERRA NEVADA (1992)

El Centro de Alto Rendimiento de Sierra Nevada se encuentra en la zona alta de Pradollano, urbanización de la estación de esquí del municipio de Monachil, Granada. Construido a 2320 metros de altura sobre el nivel del mar, sus instalaciones y espacios deportivos de gran calidad lo convierten en un lugar especialmente idóneo para realizar entrenamientos en altura de múltiples especialidades deportivas.

La construcción del CAR de Sierra Nevada, dada su gran complejidad y ambicioso programa, se ha realizado en varias fases. La primera de ellas data de 1992; la segunda fase, que completaba la totalidad de la oferta deportiva, se concluyó en 1995, y en 2004 se inauguró la residencia de deportistas.

El conjunto de edificaciones, con una superficie construida de 7560 m^2, brillante obra de los arquitectos Estanislao Pérez Pita y Jerónimo Junquera, está diseñado en un lenguaje plenamente contemporáneo y se adapta hábilmente a la fuerte pendiente del terreno para minimizar su impacto, logrando una gran integración en el entorno, a pesar de la dificultad del programa, que exigía enormes volúmenes y superficies.

De forma detallada, la oferta deportiva y complementaria es la siguiente: módulo de atletismo cubierto, con recta de 130 m y 6 calles y zona de saltos con 9 m de altura; piscina cubierta de 50x16 m y 6 calles; 2 salas polideportivas de 32x23x7,8 m de altura; pista de atletismo exterior de 400 metros de cuerda y 8 calles; campo central de la pista de atletismo exterior de hierba sintética de uso polivalente; módulos de vestuarios con saunas e hidromasaje; módulo de medicina deportiva con sala de pruebas de esfuerzo, fisioterapia, electroterapia, laboratorio de biomecánica, etc.; circuitos exteriores para atletismo y ciclismo a distintas alturas; salón de actos con un aforo total de 150 personas; salas de descanso, servicios de administración, recepción y mantenimiento; y residencia para los deportistas con 89 habitaciones.

Piscinas cubiertas Almadrabillas en Almería. Pablo Torres. Arquitecto.

CEAR DE REMO Y PIRAGÜISMO DE SEVILLA (1993)

El Centro Especializado de Alto Rendimiento de Remo y Piragüismo, proyectado por el arquitecto Salvador Camoyán, se encuentra ubicado a orillas del río Guadalquivir, a los pies del puente del Alamillo. Estas instalaciones están especialmente diseñadas para proporcionar a los deportistas de alto nivel de ambas especialidades excepcionales condiciones de entrenamiento, que permitan la mejora de su rendimiento deportivo. Además, las características de la lámina de agua en dársena, 13,5 km de los cuales 7 son de uso prioritario deportivo, en un entorno urbano muy cualificado convierten este lugar en ideal para la competición a todos los niveles.

Además de la mencionada lámina de agua, que posee una infraestructura fija para el balizamiento de las calles para regatas de remo y piragüismo, el centro está dotado de dos pistas polideportivas, una de ellas cubierta, dos gimnasios, sala de remoergómetros, pista de pádel, además de los correspondientes vestuarios. La instalación dispone de 7 pantalanes, 12 hangares para embarcaciones de remo y piragüismo, taller de reparaciones, etc. Especialmente para la competición cuenta con un edificio propio donde se encuentra la torre de llegadas y dependencias anexas. Una enorme pradera de 23 100 m² facilita la visión del campo de regatas y el trasiego de embarcaciones.

En este mismo recinto se encuentran los servicios centrales del Centro Andaluz de Medicina del Deporte. Además, cuenta con una Residencia para Deportistas con más de 200 plazas.

COMPLEJO DEPORTIVO UNIVERSITARIO EN MÁLAGA (1995)

El complejo deportivo de la Universidad de Málaga se encuentra situado dentro del Campus de Teatinos, al oeste de la ciudad. Este espacio universitario es relativamente reciente, pues la primera Facultad se instaló en 1985, y está pensado con una nueva filosofía que incluye entre sus prestaciones la oferta deportiva. El centro deportivo proyectado por los arquitectos Luis Bono y Carlos Hernández Pezzi ocupa dos grandes parcelas en pleno corazón del campus, y es un significativo ejemplo de instalación deportiva universitaria de última generación. Este complejo deportivo mantiene una imagen cuidada y moderna, con continuas ampliaciones, mejoras e inversiones destinadas a su mantenimiento y conservación.

Actualmente cuenta con un gran espacio polideportivo cubierto compuesto por: piscina cubierta de 25 m y 8 calles, pabellón polideportivo (divisible en 3 espacios transversales), 7 salas cubiertas para actividades dirigidas y fitness, y 4 pistas de squash. La oferta deportiva se completa con los siguientes espacios exteriores: pista de atletismo con campo de rugby de césped natural, campo de fútbol 11 de hierba artificial, campo de fútbol-7 de hierba natural, 3 pistas polideportivas (una de ellas cubierta y divisible en 2 de baloncesto), 4 pistas de pádel, campo de voley playa y circuito de carrera libre con estaciones.

PALACIO DE DEPORTES (1997) Y ESTADIO DE ATLETISMO (2004) DE HUELVA

El Palacio de Deportes y el estadio de atletismo se ubican en una gran manzana de usos deportivos colindante con el campus universitario en la zona este de la ciudad de Huelva. Además de estas dos grandes instalaciones, este ámbito cuenta con un campo grande de hierba artificial, tres pistas polideportivas, cinco de tenis y cuatro de pádel, y se encuentra prácticamente terminado un edificio de uso polideportivo con piscina cubierta.

El Palacio de Deportes de Huelva, del arquitecto José Álvarez Checa, presenta su fachada principal y acceso a la Avenida de las Fuerzas Armadas. La sala principal de planta cuadrada posee sendos graderíos fijos en los lados largos de la pista de juego en dos niveles; un graderío telescópico perimetral permite acercar el público en las competiciones de baloncesto y completar su aforo hasta 5150 espectadores. Cuenta con otra pista polideportiva cubierta en un volumen anexo. Se trata de un edificio sobrio, funcional y de geometría sencilla que ha huido de la ostentación que suele ser habitual en este tipo de edificios.

El Estadio Iberoamericano de Atletismo se encuentra situado al norte del Palacio. Se trata de una instalación muy práctica y funcional, diseñada por el arquitecto Jorge Zapata. Posee una pista de atletismo de 8 calles con una única grada que está cubierta paralela a la recta principal y una capacidad de 3087 espectadores sentados. Bajo su estructura se sitúa una pista de calentamiento de seis calles, con foso para longitud y triple. Los lanzadores también tienen área de calentamiento en una zona anexa al estadio.

GALISPORT EL PORVENIR (1998)

En su momento, con 8000 m² construidos, fue el mayor centro deportivo de promoción privada de Sevilla. Esta actuación se desarrolló sobre unos terrenos propiedad municipal en la antigua Fábrica del Gas en el barrio de El Porvenir.

Como elemento singular, en la parcela existía un edificio de grandes dimensiones y de potentes muros de fábrica de ladrillo de aspecto sobrio, proyectado por el arquitecto Aníbal González en 1912 para la Sociedad Catalana de Gas, que estaba catalogado y por tanto había que reutilizar y conservar.

El arquitecto autor del proyecto, Juan Ignacio Herrero, utilizó las naves de este edificio como un "gran contenedor" de usos deportivos, respetando el caparazón exterior y proyectando una estructura nueva que en ningún caso interfiere formalmente la potente fábrica de ladrillo existente.

Hábilmente se insertó en el edificio fabril un ambicioso y complejo programa funcional, compuesto por: piscina climatizada de 25,00x12,50 m, piscina climatizada infantil de 18,00x6,00 m, piscina hidromasaje y tonificación muscular, varias salas para actividades dirigidas, pistas de squash, sala de máquinas de calentamiento y cardiovascular, sala de musculación y estiramientos. El programa se completa en el interior con el servicio médico, que cuenta con área de recuperación funcional, aulas y vestuarios dotados de sauna, jacuzzi y baño de vapor. En el exterior el programa deportivo se completa con ocho pistas de pádel.

ESTADIO DE LA CARTUJA (1999)

El Estadio de La Cartuja de Sevilla, inaugurado en mayo de 1999, es un estadio multiusos, ubicado en la zona norte de la Isla de la Cartuja, que colinda con el que fuera recinto de la Exposición Universal de Sevilla 1992 y con el Parque del Alamillo. Con una capacidad de 57 690 espectadores, es uno de los recintos deportivos de mayor aforo de España.

Esta instalación deportiva se diseñó siguiendo todos los criterios del Comité Olímpico Internacional con vistas a que pudiera acoger las pruebas de atletismo durante la celebración de unos Juegos Olímpicos, cosa que aún no ha sucedido. Debido a esta circunstancia y al hecho de que Sevilla presentara varias candidaturas para ser sede de este evento, es conocido como "Estadio Olímpico de Sevilla".

Debido a su alto coste y cuestionable necesidad se intentó que fuera sede compartida de los dos grandes clubes de fútbol de la ciudad, el Real Betis y el Sevilla FC; a tal efecto estaba previsto ampliar su aforo en más de 15 000 espectadores, eliminando las pistas de atletismo y deprimiendo el campo de fútbol; además, se conseguía una mayor proximidad de los aficionados al terreno de juego. Esta solución, además, hubiera permitido liberar para la ciudad los estratégicos terrenos donde se asientan actualmente los estadios de estos dos clubes. A pesar del compromiso en este sentido de ambas sociedades con los promotores públicos del estadio, la oposición de los aficionados de ambos equipos, desacuerdos en la contraprestación económica por los suelos, y, sobre todo, la peculiar personalidad de los representantes de las tres partes impidieron el acuerdo.

El Estadio de la Cartuja fue diseñado por los prestigiosos arquitectos sevillanos Antonio Cruz y Antonio Ortiz. El edificio del estadio tiene forma octogonal, los espacios vinculados al uso deportivo se completan con cuatro edificios con vistas al propio estadio y al exterior, ubicados en las cuatro esquinas del mismo y con 3500 m² cada uno, formalizándose este conjunto de actividades en un único volumen. El edificio situado en la esquina sudeste alberga un hotel, y los otros tres, usos administrativos. Desde el punto de vista de la arquitectura deportiva, el diseño de este estadio supuso una gran novedad, entre otras cuestiones al renunciar a hacer patente, como suele ser habitual, el alarde estructural de estos grandes edificios.

Impecable funcionalmente, destaca la solución formal de su volumen y fachadas, con lo que se ha conseguido un edificio que crea ciudad, su silueta tendida aprovecha la existencia de otros usos para presentar exteriormente un perímetro anguloso y quebrado muy distinto al habitual de los grandes estadios deportivos. Así mismo, deprimiendo el nivel de la pista deportiva respecto al perfil natural del terreno, los arquitectos consiguieron por un lado que los accesos al estadio se realizaran por una cota intermedia, reduciendo los desniveles a salvar por los espectadores y disminuyendo a su vez los problemas de evacuación, y, por otro, disminuir el impacto visual del edificio facilitando su integración en el paisaje horizontal a orillas del Guadalquivir, donde se enclava.

CIUDAD DEPORTIVA DE ISLA CRISTINA (2000)

La ciudad deportiva de Isla Cristina ocupa una gran manzana de 32 000 m² entre las calles España, Semanario La Higuerita y Lepanto y la avenida Parque. El complejo deportivo fue construido en varias fases y cuenta con una amplia oferta deportiva. En este recinto se encuentra el Estadio municipal, con pista de atletismo de 8 calles y campo de césped natural, el pabellón de deportes, la piscina cubierta de 25x16 y 8 calles, una pista polideportiva de 44x28 m, pistas de pádel, pistas de tenis y gimnasios.

El pabellón polideportivo, concebido como un gran contenedor multiusos, cuenta con un espacio principal de 44x28 m, divisible mediante cortinas en tres áreas independientes, una sala multiusos de 360 m², sala de musculación y sala de reuniones, además de los espacios auxiliares y de servicio.

La piscina dispone de una cubierta inclinada retráctil que permite la apertura del espacio del vaso en época estival. Esta apertura se completa con la del muro cortina que comunica con el solarium, convirtiendo la piscina en prácticamente exterior y posibilitando el uso de la instalación durante todo el año.

Ambos edificios fueron proyectados por el arquitecto Joaquín Aramburu.

PISCINAS EN EL CAMPUS DE RABANALES, CÓRDOBA (2002)

La instalación de piscinas en el Campus Universitario de Rabanales de Córdoba, proyectada por el arquitecto Gerardo Olivares, se compone de una piscina cubierta de 25 m y 6 calles con graderío y una piscina exterior de competición de 50x20 m, así como de un edificio común de vestuarios, aseos, oficinas, etc.

Del proyecto destaca la piscina cubierta, que ya existía y fue rehabilitada. El edificio de piscinas formaba parte de la antigua Universidad Laboral, cuyas instalaciones y edificios rehabilitados ocupa actualmente el Campus Universitario de Rabanales. Su construcción data de finales de la década de los 50 y es un edificio de aproximadamente 750 m² con estructura de hormigón visto y cubierta de bóvedas del mismo material combinadas con lucernarios. Desgraciadamente no pudo recuperarse el *mironiano* mural cerámico que cubría uno de los laterales. Esta piscina fue la primera, y durante muchos años única, climatizada en Córdoba, por lo que con esta actuación, además de ampliar la oferta deportiva, se ha recuperado una pieza interesante de arquitectura moderna y se ha logrado preservar un hito en la memoria deportiva de la ciudad.

GRANDES INSTALACIONES DEPORTIVAS DE MÁLAGA (2000, 2005 y 2008)

Al sur de la ciudad de Málaga, junto al río Guadalhorce y la autovía del Mediterráneo, se encuentran situadas las tres mayores instalaciones deportivas de la ciudad de Málaga: el Palacio de Deportes, el Estadio de Atletismo y el Centro Acuático de Málaga. El conjunto se encuentra muy bien comunicado con el centro urbano de Málaga y con la Costa del Sol occidental, y el aeropuerto de Málaga-Costa del Sol se encuentra a menos de 5 kilómetros.

El Palacio de Deportes José María Martín Carpena, con capacidad para 11 000 espectadores y 22 000 m² construidos, es en este momento el mayor pabellón polideportivo de Andalucía. En él se celebran los principales eventos deportivos, culturales y cívicos que tienen lugar en la ciudad.

El Estadio Ciudad de Málaga está diseñado y concebido principalmente para albergar competiciones de atletismo de alto nivel. Cuenta actualmente con un graderío cubierto para 7616 espectadores y un anillo perimetral aterrazado que permite ampliar su capacidad en 3200 personas. Actualmente el campo de fútbol interior a las pistas es utilizado para entrenamiento del club de primera división de la ciudad.

El Centro Acuático de Málaga es una moderna instalación deportiva que permite la celebración de competiciones de alto nivel de natación y waterpolo, diseñada por JBF Ingenieros y Arquitectos y Millet Biosca y Associats. El centro deportivo cuenta con dos piscinas cubiertas, una olímpica de 50x25 m y otra de 34,5x25 m de profundidad y longitud regulable, y área de jacuzzis y zonas termales de relajación. En el exterior dispone de otra piscina olímpica de 50x25 m, y en el futuro se prevé completar el programa con una de saltos. El complejo deportivo ofrece un área de fitness (con salas de musculación, spinning, aeróbic, pilates, taichi, yoga), un centro médico y estético, y una zona comercial con restaurantes.

ESTADIO DE LA VICTORIA EN JAÉN (2001)

El Estadio de la Victoria se encuentra situado a las afueras de Jaén, en la carretera de Granada, en una zona de olivar. El edificio fue proyectado por los arquitectos Pura García Márquez, Ignacio Rubiño y Luis Rubiño. Dispone de 12 569 asientos fijos, en un único cuerpo de gradas cubiertas en su lado oeste, y puede ampliar su aforo en 5000 asientos mediante la disposición de gradas desmontables en la terraza deambulatorio.

Este estadio ha sido puesto como ejemplo, a nivel internacional, por su simbiosis e integración en el entorno. El mínimo impacto de la edificación se consigue gracias a la inmersión del edificio en la topografía de la parcela, la cota de coronación de gradas en tres de sus límites coincide con la rasante del terreno y el edificio solo se muestra al exterior en su fachada oeste, coincidiendo con la zona de acceso.

PALACIO DE DEPORTES DE CHAPÍN, JEREZ DE LA FRONTERA (2002)

El Palacio de Deportes Chapín se encuentra situado al norte de una enorme parcela de usos deportivos donde también se encuentra el estadio, enclavada en una zona de nuevo crecimiento de Jerez de la Frontera. Tiene un programa formado por una pista principal para 5900 espectadores, un polideportivo complementario divisible en 3 transversales para calentamiento y uso diario, 3 pistas de squash, gimnasio, 2 pistas de usos múltiples y servicios complementarios. La superficie total construida es de 15 000 m².

En el edificio, proyectado por el arquitecto Ramón González de la Peña, destaca la arena, es decir, la sala principal, donde el graderío con forma de óvalo, diseñado en base a los fundamentos y proporciones del anfiteatro clásico, se inserta en un espacio cúbico cubierto de grandes proporciones. La potente cubierta de la arena avanza hacia el exterior 25 m en voladizo, configurando el acceso principal al edificio. El resultado es un edificio deportivo singular de gran calidad arquitectónica.

ESTADIO MUNICIPAL DE CHAPÍN EN JEREZ DE LA FRONTERA (2002)

El Estadio de Chapín se construyó en 1988. Se encuentra situado en una gran parcela de usos deportivos donde también se integra el Palacio de Deportes. Para los Juegos Ecuestres Mundiales de 2002 se realizó una importante remodelación, respetándose únicamente la estructura del graderío existente, a cargo de los arquitectos Antonio Cruz y Antonio Ortiz.

Actualmente la instalación tiene capacidad para 20 523 espectadores. Además de campo de fútbol, dispone en su interior de pista de atletismo. Está considerado por los técnicos especializados como uno de los mejores y más modernos de España y de Europa.

El graderío perimetral adopta la forma de las pistas de atletismo y su continuidad se rompe en las esquinas noroeste, donde se ubica un hotel, y en la sureste, con un centro polideportivo. La nueva fachada, y sobre todo la gran cubierta, dan continuidad al edificio y sirven para ubicar la iluminación, lo que ha permitido eliminar las típicas torres de iluminación.

PISCINAS CUBIERTAS EN LEPE (2004)

Las piscinas cubiertas, proyectadas por los arquitectos Ignacio Laguillo y Harald Schönegger, se encuentran situadas dentro de una gran parcela de usos deportivos en la periferia noroeste de Lepe. El programa de la piscina se corresponde con el módulo básico PCU 1, que cuenta con un vaso de piscina de 25x12,5 m, 6 calles, y un vaso de aprendizaje de 12,5x6 m, con sus correspondientes espacios auxiliares y técnicos.

Situado en un entorno urbano sin cualificación, residencial de baja densidad y educativo, el edificio es mostrado al exterior como un gran volumen compacto y hermético con escasos huecos en fachada. Interiormente la luz natural es protagonista, el espacio de doble altura de la sala de piscinas se ilumina cenitalmente a través de una secuencia de lucernarios que se alternan con las grandes vigas de hormigón de la cubierta; el resto de espacios y dependencias se ventilan e iluminan mediante patios protegidos de las vistas exteriores. Luz e intimidad son los conseguidos argumentos de proyecto de esta original y radical propuesta arquitectónica.

SATO SPORT SANTA JUSTA (2004)

El centro deportivo Sato Sport Santa Justa, situado junto a la estación sevillana del mismo nombre en la calle José Laguillo, con sus casi 20 000 m² construidos, es el mayor de Andalucía promovido por la iniciativa privada. El diseño corrió a cargo de los arquitectos Marta Gómez y Javier Soto.

El centro deportivo ofrece una amplia y completa gama de servicios deportivos y auxiliares. Cuenta con 2 piscinas cubiertas, de 25 y 16 m, zona de spa, sala para ejercicios cardiovasculares de 1000 m², área de fitness de 800 m², pistas de pádel y squash, centro médico, etc. Este complejo programa se distribuye en un edificio de 9 plantas, 6 de ellas sobre rasante, funcional y permeable visualmente que aprovecha al máximo la luz natural

LOS PABELLONES TIPO (2005)

La Consejería de Turismo, Comercio y Deporte convocó en 2005 un concurso público de ideas para dos tipos de pabellón polideportivo basados en una sala polideportiva principal con pista de 40x20 metros (hasta balonmano, hockey o fútbol sala) y tres pistas transversales de 26x13 metros, para diferentes actividades deportivas. Los programas base de ambos pabellones eran los siguientes:

TIPO I	TIPO II
Vestíbulo y oficina	Vestíbulo y oficina
	Grada fija, 175 asientos
Previsión grada extensible, 130 as.	Previsión grada extensible, 130 as.
	Aseos de público
Aseos de pista /árbitros	Aseos de pista
	2 vestuarios de árbitros
	Enfermería
4 vestuarios y aseos	6 vestuarios y aseos
Sala polideportiva	Sala polideportiva
Almacén de material deportivo	Almacén de material deportivo
	Sala de gimnasia, divisible
	Almacén de material deportivo
Locales de instalaciones y de servicio	Locales de instalaciones y de servicio

Ambos concursos fueron ganados por el equipo formado por los arquitectos Alberto Donaire Rodríguez y Antonio Donaire López, que proponían pabellones funcionalmente adecuados, de volúmenes elegantes, muy sencillos constructivamente y con gran facilidad de adaptación a los diferentes posibles emplazamientos.

El pabellón se resuelve en dos volúmenes muy claros, uno para la sala polideportiva y sus gradas, y otro para los vestuarios y demás dependencias; dos piezas que además podían asociarse de diferente manera en función de la geometría de la parcela concreta disponible en cada caso. Las diferentes variantes de cada tipo podían dar lugar a un pabellón con una planta rectangular alargada o prácticamente cuadrada y el acceso general variar su posición para una mejor adaptación funcional al entorno. Otro elemento singular destacable era la iluminación cenital de los pabellones a través de los lucernarios de cubierta, que cabe colocar de modo que la luz natural entre siempre por el norte, la más adecuada para la actividad a desarrollar en los pabellones, cualquiera que sea la orientación del edificio.

Cada municipio que acuerda la construcción de uno de estos pabellones, así como el técnico que recibe el encargo de adaptar el proyecto tipo a un emplazamiento dado, disponen de un amplio abanico de variantes. El proyecto de adaptación que luego será licitado, una vez elegido el modelo más adecuado al solar y a las necesidades de la localidad, incorpora la documentación correspondiente al movimiento de tierras necesario, la cimentación en función de las características geológicas del terreno, la pavimentación del acceso y acerado exterior, y las instalaciones exteriores desde sus acometidas a pie de parcela.

Se han construido desde 2007 un total de 30 pabellones con estos modelos, de los cuales 17 son del Tipo I, en los municipios siguientes: Almargen (Málaga), Aguadulce (Sevilla), Arriate (Málaga), Bornos (Cádiz), Calañas (Huelva), Cañete la Real (Málaga), Conil de la Frontera (Cádiz), Cortegana (Huelva), Cuevas de San Marcos (Málaga), Isla Mayor (Sevilla), Jaén I, Santa Isabel (Jaén), Jerez, Nueva Jarilla (Cádiz), Puebla de los Infantes (Sevilla), Torre Alháquime (Cádiz), Ugíjar (Granada), Villanueva del Rosario (Málaga), Zalamea la Real (Huelva); y 13 del tipo II, en: Benacazón (Sevilla), Cazalla de la Sierra (Sevilla), Jaén II, (Jaén), Linares (Jaén), Lopera (Jaén), Mijas (Málaga), Olivares (Sevilla), Otura (Granada), Padul (Granada), Peligros (Granada), Peñaflor (Sevilla), Quesada (Jaén), Tarifa (Cádiz).

O2 CENTRO WELLNESS HUELVA (2005)

El centro deportivo O2 Huelva se sitúa en el borde suroeste del cabezo de la capital onubense. Con 4630 m², fue la primera gran instalación deportiva de promoción privada de la capital onubense. El diseño es de los arquitectos Luis Alonso y Sergio Balaguer, con una arquitectura cuidada tanto exterior como interiormente. Este centro deportivo proyecta una imagen atractiva, singular y moderna.

Dos piscinas climatizadas, baños de vapor, piscina de hidromasaje, saunas, jacuzzi, salas de actividades dirigidas, gran sala de fitness y zona de estética, vestuarios, etc., conforman la oferta de este equipamiento deportivo de última generación.

INSTALACIONES DEPORTIVAS ALMERÍA 2005

Con motivo de la celebración de los XV Juegos del Mediterráneo en el año 2005, se dotó a la ciudad de Almería de una infraestructura deportiva de primer orden. Entre las múltiples actuaciones realizadas destacan la construcción del Estadio, el Palacio de Deportes, las piscinas Almadrabillas y el pabellón en el CTD de Diputación.

El Estadio Mediterráneo, construido según proyecto de Lluis Millet, arquitecto, y Joaquín Blanco, ingeniero de Caminos, albergó las competiciones de atletismo y las ceremonias de inauguración y clausura de los Juegos. Actualmente en él se juegan los partidos de fútbol del principal equipo de la ciudad. Está situado al este de la ciudad, en el paraje conocido como Vega de Acá, junto a la autopista del aeropuerto y el río Andarax. Cuenta con 15 000 plazas y cabe destacar la fácil accesibilidad al graderío y la imagen ligera de la edificación gracias a la galería perimetral continua bajo la cubierta que remata el estadio.

El Palacio de Deportes, ubicado junto al estadio, es un enorme edificio contenedor con un aforo de 5000 plazas fijas con posibilidad de ampliación en 2500 más, proyectado por el arquitecto José Seguí. El espacio libre interior multifuncional es de dimensiones suficientes, 98x47 m, para que puedan celebrarse competiciones de atletismo indoor. En el momento de su construcción era la instalación deportiva de mayor superficie cubierta de Andalucía.

Las piscinas de competición al aire libre y cubiertas, proyectadas por el que suscribe, se encuentran ubicadas en el Complejo Deportivo Almadrabillas, en la avenida Cabo de Gata. Fue la sede de la natación y el waterpolo durante los Juegos del Mediterráneo. Dispone de una piscina de competición exterior de 50x25 m, única en Almería de estas dimensiones y profundidad, y dos vasos cubiertos uno de 25x16,8 m y otro de aprendizaje, además de varias salas deportivas multiuso. Su ubicación en el recinto y su planta quebrada se deben a la intención del proyectista de mantener el máximo de espacios deportivos existentes. Actualmente el complejo deportivo ha sido ampliado y remodelado por los actuales gestores privados y solo permanece de la antigua instalación el edificio de piscinas.

El Pabellón Moisés Ruiz, diseñado por el arquitecto José Ángel Ferrer, se encuentra ubicado en la carretera de Ronda, a la altura de la carretera de Níjar. En él se desarrollaron las pruebas de gimnasia rítmica y voleibol durante los Juegos. Tiene una capacidad para 800 espectadores, ampliable hasta 1300. Como detalle singular, el edificio se ilumina mediante una serie de patios lucernarios que delimitan a su vez las oficinas colocadas sobre la pista deportiva.

Piscinas cubiertas Almadrabillas en Almería. Pablo Torres. Arquitecto.

PABELLÓN POLIDEPORTIVO EN MARTIL, MARRUECOS (2007)

El Pabellón Polideportivo de Martil, en la provincia de Tetuán, en Marruecos, es fruto de un proyecto de cooperación internacional promovido por la Consejería de Turismo, Comercio y Deporte y la Organización no Gubernamental Desarrollo y Solidaridad.

El edificio, construido según proyecto de los arquitectos Ramón González de la Peña, Aboubakrine Lioua Eddine, Estanislao Cavanillas y

Markus Busch, consiste en una gran sala deportiva construida con muros de hormigón armado, cubierta con cerchas metálicas y panel sándwich de chapa de aluminio prelacada y ventilada de forma natural. El uso en su interior de materiales autóctonos, del color y de la luz, con un lenguaje contemporáneo y trabajando con los medios y las posibilidades de la industria local de la construcción, ha conseguido un equipamiento singular para un territorio pobremente equipado que se debate entre la tradición y la modernidad.

PISCINAS CUBIERTAS EN PUENTE GENIL (2008)

Las piscinas cubiertas se ubican en una zona periférica de nuevo crecimiento, al sureste del núcleo urbano de Puente Genil. El edificio fue proyectado por el estudio sevillano "república_dm", liderado por los arquitectos Rafael Herrera y Carlos Parra. Con una superficie construida de 2084 m^2, el programa funcional se corresponde con el módulo básico de piscinas PCU 1.

Con un diseño atractivo y lenguaje contemporáneo, es ejemplo de sostenibilidad. Tomando como premisa la optimización de su funcionamiento y la búsqueda del balance energético tendente al equilibrio, el edificio se orienta y abre al exterior para conseguir luz y ventilación natural; su climatización y el calentamiento de agua se resuelven con paneles solares térmicos y calderas de biomasa. Las fachadas móviles permiten abrir las piscinas al exterior para su uso estival, garantizando así el funcionamiento continuado durante todo el año.

PABELLÓN POLIDEPORTIVO UNIVERSITARIO EN LINARES (2010)

El Pabellón Polideportivo se sitúa en el límite sureste de la ciudad de Linares, formando parte del futuro Campus Científico Tecnológico de la Universidad de Jaén. Este edificio de 13 124 m^2 construidos, proyectado por los arquitectos Eduardo Duro, Juan Vicente García y Pablo Núñez, gracias a su diseño singular, se integra de manera armónica con su entorno.

El volumen principal del edificio es una pieza representativa, con acabados en hormigón y policarbonato, que contiene una pista polideportiva de 30x45 m. Sobre este gran espacio se apoya el gimnasio, que vuela sobre el cuerpo principal convirtiéndose en un elemento singular que orienta sus vistas hacia el campus. En este mismo nivel se ubica una gran cubierta verde transitable, que sirve como lugar de esparcimiento y como prolongación exterior de las instalaciones.

ESTADIO DEL BETIS (1929, 2010)

El Estadio de Heliópolis data de 1929 y se construyó con motivo de la Exposición Iberoamericana; en ese mismo año se convierte en propiedad del Betis. El estadio ha sufrido varias remodelaciones a lo largo de los años. En 1982, coincidiendo con el Mundial de Fútbol, el estadio quedó con una capacidad de 47 500 espectadores, 26 500 de ellos de pie en los goles Norte y Sur. Dado que la normativa de la UEFA obliga a tener todas las localidades sentadas para celebrar competiciones europeas, esta última circunstancia sirvió de justificación para plantear la necesidad de un nuevo estadio. Las desavenencias entre la directiva del club y los regidores municipales, que impidieron el traslado al Estadio de La Cartuja, y el afán de notoriedad del Presidente del Betis hicieron el resto: se construiría un nuevo estadio sobre el anterior, con capacidad para 64 000 espectadores.

Del nuevo estadio, proyectado por el arquitecto Antonio González Cordón, solo ha podido construirse la mitad, en concreto los tres anillos completos del gol Norte y el Fondo, que se empezaron a utilizar en 2010. Hábilmente se ha conseguido una buena solución funcional, muy condicionada por la escasa dimensión de la parcela disponible y el aforo pretendido, y en la parte construida se aprecia una amplitud y comodidad que facilitan su uso y las circulaciones. La pendiente de las gradas y la proximidad al terreno de juego favorecen la relación entre los aficionados y los jugadores.

Estaba previsto cubrir toda la grada mediante una compleja e innovadora estructura atirantada, que solo se podrá construir en caso de que se cierre el anillo de gradas en su totalidad. Una piel continua de prefabricados de hormigón triangulares, recordando el escudo del club, se asienta sobre un zócalo permeable de acceso, y la estructura del anillo alto se muestra al exterior. El conjunto construido hasta ahora ofrece una imagen atractiva y proporcionada a escala urbana.

PISCINA AL AIRE LIBRE EN SAN JOSÉ DEL VALLE (2010)

La piscina de San José del Valle es una pequeña instalación proyectada por el arquitecto Ramón González de la Peña, que responde a un programa deportivo básico compuesto por dos vasos, uno deportivo de 25x12,5 m y otro de enseñanza de 12,5x6 m.

En el momento de su construcción, la calle de acceso era un borde del núcleo antiguo del pueblo y la parcela limitaba con el colegio y el discurrir de la Garganta del valle. Para resolver las complicadas condiciones topográficas de la parcela, el arquitecto planteó un edificio lineal de hormigón visto ajustado al límite del solar en su contacto con la calle de La Merced. La cubierta a nivel de calle, además de acceso se convierte en una terraza mirador y solárium. El nivel inferior de este edificio incluye los usos de vestuarios, almacenes, bar, etc.; en este mismo plano y en el exterior se ubican las piscinas con sus playas. Una pradera arbolada de reposo resuelve el desnivel de una planta y los contactos con el entorno.

Se trata de un interesante y digno ejemplo de arquitectura contemporánea al servicio de la sociedad y del deporte.

Piscina al aire libre en San José del Valle (Cádiz). Ramón González de la Peña. Arquitecto.

ESTADIO MUNICIPAL CIUDAD DE LUCENA (2011)

El nuevo Estadio Municipal Ciudad de Lucena es un estadio específico de fútbol de tamaño intermedio. Tiene una capacidad para

4000 espectadores y el terreno de juego es de hierba artificial de última generación homologado por la UEFA para la celebración de partidos de alta competición.

El proyecto del nuevo estadio es obra del estudio RFA, dirigido por los arquitectos Mark Fenwick y Javier Iribarren, especialistas reconocidos en este tipo de instalaciones deportivas. De lo ejecutado hasta el momento destaca la estructura de la cubierta que de forma envolvente abraza el edificio de gradas principal, conformando a su vez la fachada principal del estadio.

PABELLÓN POLIDEPORTIVO EN GARRUCHA (2011)

El edificio se sitúa en la periferia de Garrucha, en un entorno desértico, y ha sido construido según proyecto del estudio ELAP "Los del desierto", liderado por los arquitectos Eva Luque y Alejandro Pascual.

Un gran zócalo de hormigón sustenta la gran estructura que cubre el espacio deportivo central y el graderío. La envolvente de esta gran caja se realiza mediante una doble piel de material traslúcido coloreado en una de sus caras y ventilada naturalmente para un mejor comportamiento térmico. El interior queda iluminado de forma uniforme por paredes y techo, lo que permite la práctica deportiva con luz natural la mayor parte del tiempo. En los eventos nocturnos la luz artificial se proyecta hacia el exterior convirtiendo el pabellón en una gran caja luminosa.

DAFO

30 AÑOS DE INSTALACIONES DEPORTIVAS	
DEBILIDADES	**AMENAZAS**
1. Gestión de la infraestructura deportiva pública poco profesionalizada. 2. Tipologías de instalaciones deportivas públicas inadecuadas a tendencias actuales (en especial piscinas cubiertas). 3. Escasa implantación de soluciones constructivas sostenibles (luz y ventilación natural) y de energías renovables.	1. Crisis económica: reducción drástica del presupuesto público en infraestructura deportiva. 2. Falta de planificación y gestión poco profesional de las nuevas instalaciones deportivas públicas. 3. Cierre de las instalaciones deportivas por su alto coste de mantenimiento o deficiente gestión.
FORTALEZAS	**OPORTUNIDADES**
1. Suficiente cantidad y calidad de la dotación de instalaciones deportivas a nivel andaluz. 2. Juventud del parque deportivo, sobre todo de las instalaciones de mayor cualificación (pabellones polideportivos, piscinas cubiertas y pistas de atletismo). 3. Importante presencia de la iniciativa privada en la promoción y gestión de instalaciones deportivas.	1. Previsible incremento sostenido de la actividad deportiva y por tanto de los usuarios de las instalaciones deportivas, incluso en el contexto económico actual. 2. Mayor concienciación de la sociedad por la salud y el bienestar, y reconocimiento del deporte como medio clave para alcanzarlas. 3. I+D+i, Investigación, Desarrollo e innovación aplicada a las instalaciones deportivas.

Fuente: elaboración propia.

BIBLIOGRAFÍA

ANDRÉS, F.; DE LA CUADRA, L.; GÓMEZ, J.; HERNÁNDEZ, J.; MILLET, L.; ORTEGO, G.: PUIG, N.; SEGURA, F. y URQUIJO, I. *Textos sobre políticas de equipamientos deportivo-recreativos en Comunidades Autónomas*. Madrid: Consejería de Cultura y Deportes, 1985.

GÓMEZ, J.; MARTÍNEZ DEL CASTILLO, J. y ORTEGO, G. *Plan Guía de instalaciones deportivas de Andalucía*. Málaga: Consejería de Cultura, 1986.

ALBERT, J.C.; AMIANO, F.; BOIX, R.; BAENA, A.; MARTÍNEZ, J.; MILLET, L.; PRIETO, J.; PUIG, N.; RUBIO, F. y VÁZQUEZ, A. *Instalaciones Deportivas de la Comunidad Autónoma de Andalucía*. Madrid: Ministerio de Cultura, 1987.

MARTÍNEZ, J.; PUIG, N.; BOIX, R.; MILLET, L y PÁEZ, J.A. *Las instalaciones deportivas en España*. Madrid: Ministerio de Educación y Ciencia, 1991.

MERINO MANDLY, A. *La construcción de instalaciones deportivas por las corporaciones locales en Andalucía*. Málaga: Diputación Provincial de Málaga, 1993.

CASARES PORCEL, M.A. *Crónica de la arquitectura deportiva española: 1983-1995*. Madrid: Consejo Superior de Deportes, 1996.

PAVÍA, E. y GONZÁLEZ, J.M. *II Censo nacional de instalaciones deportivas 1997. Las instalaciones deportivas en la CA de Andalucía*. Madrid: Ministerio de Educación y Cultura, 1998.

MILLET, L., y BLANCO, J. *Plan Director de Instalaciones Deportivas de Andalucía 1999*. Sevilla: Consejería de Turismo y Deporte, 1999.

CORREAL NARANJO, J. *Andalucía Censo Nacional de Instalaciones Deportivas 2005. Instalaciones deportivas de la Comunidad Autónoma de Andalucía*. Madrid: Consejo Superior de Deportes, 2006.

TRUJILLO ESPINOSA, D. *Crónica del plan escolar*. Madrid: Consejo Superior de Deportes, 2007.

DIRECCIÓN GENERAL DE TECNOLOGÍA E INFRAESTRUCTURAS DEPORTIVAS. *Plan Director de Instalaciones Deportivas de Andalucía*. Sevilla: Consejería de Turismo, Comercio y Deporte, 2007.

CAPÍTULO 10

30 AÑOS DE PERIODISMO DEPORTIVO

Javier Bermejo Chamizo

El 23 de mayo de 1982 se celebraban las primeras elecciones al Parlamento Andaluz. El mes anterior (19 de abril) había finalizado oficialmente la exclusividad que tenían *La Hoja del Lunes* y los diarios deportivos de poder distribuir los lunes, si bien *Diario 16* hacía un año que incumplía la Ley de Prensa y se convertía en el primer periódico que salía todos los días de la semana. Por cierto, esta ruptura del monopolio informativo -a la que se fueron incorporando paulatinamente el resto de los diarios- llevó a la desaparición, en menos de un lustro, de *La Hoja del Lunes* en toda España, seis de esos periódicos editados en Andalucía.

Era un domingo sin fútbol de Primera División. La Liga ya había concluido porque las selecciones debían preparar con tiempo el Mundial 82 y el diario *ABC* de Sevilla, la principal cabecera andaluza en ese momento -con más de 60 000 ejemplares de tirada media diaria-, en una edición especial del 24 de mayo dedicaba la portada y 16 páginas a las elecciones andaluzas y otras 5 a la sección de deportes. Todas trataban sobre fútbol, menos la última, que otorgaba una quinta parte a cada uno de estos temas: información de 3ª División, Gran Premio de Mónaco de Fórmula 1, triunfo de Ángel Nieto en el Mundial de Motociclismo, Saronni gana una etapa del Giro de Italia y los *Flashes*, que hablaban de un partido amistoso de la selección de Brasil y otro de El Salvador, dos del FC Barcelona -uno ya jugado y otro más que podía disputar- y dos sevillanos que acudían al Curso Nacional de Entrenadores de Fútbol.

Como se puede comprobar, ni una sola línea sobre noticias o actividades de los deportistas o clubes polideportivos sevillanos o andaluces. Este era el escenario habitual en este diario, salvo los dos o tres días a la semana en que Lorenzo Muñoz abría una ventana (como hacía en Radio Sevilla) a la información de los considerados deportes minoritarios, que sin duda lo eran por el trato que les daba la prensa.

Pasó casi desapercibida, por ejemplo, la desaparición en el verano del 82 del equipo de la Academia Preuniversitaria de Sevilla cuando tenía que cumplimentar su inscripción para participar en la Recopa de Europa de voleibol. La "Preu" había sido subcampeona de Liga y de Copa esa temporada, y el año anterior había conquistado el primer título para el deporte femenino andaluz: la Liga de voleibol.

La sección de deportes del *ABC* de Sevilla publicaba el día 25 cuatro páginas para fútbol y en dos terceras partes de la página 93 Lorenzo Muñoz escribía sobre piragüismo, ajedrez, automovilismo y tiro olímpico; el día 26 las cuatro páginas deportivas estaban dedicadas íntegramente al fútbol y el jueves 27 se repetía el escenario del martes, cuatro páginas para fútbol y en algo más de la mitad de la página 51 Lorenzo escribía sobre tiro olímpico.

En la primavera de 1982, los aficionados seguían la actualidad deportiva diaria de sus equipos preferentemente en los diarios de su localidad, algunos de los cuales se encontraban en un momento turbulento porque el Gobierno había creado el organismo autónomo Medios de Comunicación Social del Estado (MCSE), que recogió primero la titularidad estatal de la llamada Prensa del Movimiento para desprenderse posteriormente de los periódicos mediante su venta o, como sucedería en muchos casos, desaparición.

Por contra, nacieron numerosas cabeceras en Andalucía en los ochenta. En esa década en Andalucía surgieron 17 nuevos diarios, si bien 9 de ellos cerraron antes de acabar 1991 y solo 3 (*Diario de Jerez, Huelva Información y Europa Sur*) continúan abiertos.

Tabla I. Modificaciones en los diarios andaluces desde la década de los 80

PROVINCIA	(1)	(2)	(3)	(4)	(5)
Almería	1	1	0	2	2
Cádiz	3	3	1	5	6
Córdoba	1	2	2	1	2
Granada	2	4	5	1	2
Huelva	1	2	2	1	2
Jaén	1	0	0	1	1
Málaga	2	4	3	3	3
Sevilla	4	1	2	3	3
Total	15	17	15	17	21

1. Diarios en circulación en enero de 1981
2. Diarios fundados en la década de los 80
3. Diarios cerrados en la década de los 80
4. Diarios en circulación en enero de 1991
5. Diarios en circulación en abril de 2012

Diarios (no ediciones) no gratuitos editados en Andalucía

Las agencias de noticias

El fútbol acaparaba más del 90% del espacio deportivo en los medios de comunicación andaluces y la mayor parte de la información polideportiva provenía de los teletipos de las agencias Mencheta o Europa Press -donde sobresalieron José Antonio Blázquez y Javier Corredor, respectivamente-, y Efe para dar los resultados de las diferentes competiciones.

La agencia Efe ha sido la más relevante en estos 30 años en la difusión de las grandes competiciones deportivas celebradas en Andalucía o en las que hayan destacado nuestros deportistas. Por las distintas delegaciones andaluzas han trabajado, entre otros, en Almería: Joaquín Tapia, José Pardo, Juan José Aguilera y Jordi Folqué; Cádiz: José María Valle y Rafael Hernández; Campo de Gibraltar: Fernando Gallego, Carlos Pérez y José Correa; Jerez: Miguel Rubio; San Fernando: Francisco Gutiérrez Macías y Jordi Agabo; Córdoba: Paco Bravo, José Luis Rodríguez Aparicio, Pepe Cañadillas, Alfredo Asensi y David Jurado; Pozoblanco: Ángel Rodríguez; Granada: Francisco Vega, Antonio Rodríguez Espina, Luis Ruiz y Javier Aguilera; Huelva: Vicente Parra y Juan Eloy Durán; Jaén: Ángel del Arco y Gilberto Moreno; Málaga: Francisco Javier Bueno y Justo Rodríguez; Sevilla: Salvador Recio, Manuel Molina, Juanjo Baena, Bartolomé Cabello, Manuel María Pérez (que ahora está en *Canal Sur*), José Antonio Pascual, José Manuel Rodríguez (que ahora trabaja en la Fundación Andalucía Olímpica), Fátima Santos, Enrique Millán (posteriormente fue jefe de comunicación del IMD de Sevilla), Antonio Gutiérrez de Rueda, Francisco Esteban (actualmente en el IMD de Sevilla) o Francisco Javier Carrillo.

La presencia de redactores y reporteros gráficos de la agencia Efe en grandes acontecimientos deportivos ha sido constante. Entre los primeros podemos destacar a Juanjo Baena y José Antonio Pascual. Baena ha acudido a todos los grandes eventos internacionales celebrados en Andalucía en los últimos 25 años y ha estado en 4 Juegos Paralímpicos, 2 de verano y 2 de invierno.

Pascual ha cubierto 5 Juegos Olímpicos; en fútbol, 6 Mundiales, 2 Eurocopas y 1 Mundial sub 21, además de 100 partidos con la selección española y 2 finales de Liga de Campeones; en atletismo, 7 Mundiales, 1 Europeo y 1 Mundial en pista cubierta; 1 Mundial de esquí y 1 Europeo de balonmano.

Entre los reporteros gráficos sobresale Eduardo Abad, acreditado, entre otros eventos deportivos, en 3 Juegos Olímpicos; en atletismo, en 2 Mundiales al aire libre y 1 en pista cubierta; 1 Mundial de esquí; en baloncesto, 1 Mundial y 1 Eurobasket; en tenis, 2 finales de Copa Davis; en fútbol, 1 final de la Copa de Europa, y en golf, 1 Copa del Mundo, una Ryder Cup y 15 ediciones del Gran Premio Volvo.

También han acudido a la cita olímpica Julio Muñoz, Emilio Morenatti o Jorge Zapata, este último sustituto de Rafael Díaz Pineda en Málaga, otro de los destacados de la Agencia. Chema Moya y José Manuel Vidal también han compatibilizado la cobertura de todo tipo de noticias generales con los grandes eventos deportivos, como la Vuelta Ciclista a España. También hay que resaltar el trabajo de Francisco Serrano o Juan Ferreras.

En la zona occidental de Andalucía se añadía el cuadernillo que de forma diaria distribuía *Andalucía Deportiva*. En los primeros años de funcionamiento de esta agencia de noticias -nacida en Sevilla en 1978- escribían, entre otros, José Luis Sáez (actual presidente de la Federación Española de Baloncesto), Manolo Capelo (que ahora es subdirector de *ABC de Sevilla*), Juan Méndez (subdelegado en Andalucía de *El País*), Francisco "Paquiño" Correal (quien también ha trabajado en *Nueva Andalucía, El Correo de Andalucía, Diario 16, El País* y ahora en *Diario de Sevilla*) o Alejandro Delmás, el periodista andaluz que ha cubierto más eventos deportivos.

Delmás ha escrito sobre fútbol, pero también sobre otros deportes como baloncesto, atletismo o tenis, en los diarios *ABC, El Correo de Andalucía, Diario 16, Claro, El Mundo* y el deportivo *AS*, y en la revista *Basket 16*. El coriano ha trabajado en 5 Juegos Olímpicos de verano y 1 de invierno; en fútbol, 2 Campeonatos del Mundo y 2 Eurocopas; en baloncesto, 4 Campeonatos del Mundo, 7 Campeonatos de Europa de Selecciones (Eurobasket), 13 finales de la NBA, 11 All Stars de la NBA, 1 final de la Liga Universitaria de Estados Unidos y 3 finales de la Euroliga; en tenis, 21 torneos de Grand Slam y 5 finales de la Copa Davis; en ciclismo, 2 Tours de Francia; en natación, 2 Mundiales y 2 Europeos, además de 10 Campeonatos del Mundo de atletismo.

En la actualidad, *Andalucía Deportiva* se edita en formato digital y de su equipo inicial solo permanece su creador y director, Miguel Gallardo, que ha sido directivo responsable de comunicación de la Federación Española de Baloncesto. Gallardo fue premio Andalucía de los

Deportes, que concede la Junta de Andalucía a la mejor labor periodística, en 2006.

Tabla II. Premio Andalucía de los Deportes. Mejor labor periodística

AÑO	PREMIADO	ÁMBITO
1998	Empresa Pública de la Radio y TV de Andalucía	Andalucía
1999	*MARCA*. Edición Andalucía	Andalucía
2000	Antonio Jorge Hidalgo Mora (FPDA)	Andalucía
2001	Canal 2 Andalucía	Andalucía
2002	Miguel Ángel Cortés Aranda *(Canal Sur TV)*	Andalucía
2003	Ángel Acién Cara (Canal Sur TV)	Andalucía
2004	Javier Bermejo Chamizo (Canal Sur TV)	Andalucía
2005	Félix Lázaro Rivadulla *(Ideal)*	Granada, Almería, Jaén
2006	Miguel Gallardo Rodríguez *(Andalucía Deportiva)*	Sevilla
2007	Francisco García Montes, "Juan Tribuna"	Sevilla
2008	José Antonio Sánchez Araujo (Cadena SER)	Sevilla

Prensa deportiva diaria

En estos últimos 30 años han sido numerosas las publicaciones deportivas editadas en nuestra comunidad autónoma, la mayoría de ellas con amplia periodicidad (mensual, quincenal o, las menos, semanal) y especializadas, cómo no, en fútbol, aunque el motor y el baloncesto, además del golf en este siglo, han tenido también diversas cabeceras. A estas hay que añadir las de los clubes privados.

Han sido varios los proyectos de editar un periódico deportivo diario en Andalucía, como el *Club Málaga* o la cabecera onubense de *Estadio Deportivo*, pero duraron poco más de una temporada. Los periódicos deportivos catalanes *(Mundo Deportivo, Dicen, Sport, Don Balón...)* históricamente han recurrido a crear una red de corresponsales, mientras que los madrileños -*AS y MARCA*- hace tres lustros que cambiaron ese sistema por una delegación (en Málaga y/o en Sevilla) y publican desde entonces un cuadernillo diario con su particular edición.

La delegación del diario *AS* en Andalucía se instaló en Sevilla en 1997, con Alejandro Ramírez como primer responsable, al que sucedió Juan Manuel Trueba. En julio de 2000 la sede de la delegación pasó a Málaga con Fernando Magallón como responsable, y Sevilla pasó a ser subsede. En 2002 retornó a Sevilla con José Manuel García al frente, que en octubre de ese año sacó el cuadernillo *El Básico*, dedicado al deporte base andaluz. García había estado los 16 años anteriores en la redacción de *MARCA*, en Madrid, desde donde cubrió, entre otros eventos, 3 Mundiales de fútbol, 1 de baloncesto, 1 Vuelta a España y 1 Tour de Francia. A García le sucedieron como delegados Carlos Cariño y Juan Jiménez.

Entre los distintos colaboradores o corresponsales de *AS* en Málaga y Sevilla desde 1982 y los posteriormente adscritos a la delegación del diario podemos destacar, entre otros, a Manolo Merchant, Jorge Ramos, Eduardo Barrero, Antonio Gallardo, Justo Rodríguez, Mario Montero, José Manuel Olías, Carlos Pastor, Víctor Molina, Enrique Aparicio, Félix Godoy, Justo Andrés -seudónimo de Salvador Recio-, Miguel Gallardo, Javier Bermejo, Javier Blázquez, Manolo Lorente, Víctor Fernández, Javier Santos, Gabriel Galán, Rocío Guevara, Tito González o Susana Hernández.

El diario *MARCA* no ha tenido una delegación central en Andalucía, sino que abrió una en Sevilla en 1996, con David Durán al frente, y un año más tarde la de Málaga, con Carlos Cariño.

El auge en las ventas del periódico en la Costa del Sol, motivado también por el ascenso del Málaga Club de Fútbol, ayudó a que *MARCA* se decidiera a editar en 1999 -como cabecera propia- el *Club Málaga*. Antonio Sanz fue su director, con Mariano Santiago (posteriormente jefe de Prensa del Málaga CF) como redactor Jefe. En su redacción destacaron, entre otros, Fran Rando (como coordinador), Juan Calderón, Kiko Álvarez de Toledo, José Antonio Hierrezuelo y Javier López. La aventura de *Club Málaga* sobrevivió una temporada y *MARCA* en Málaga volvió a quedar como una delegación que dirige Jesús Ballesteros.

Entre los distintos colaboradores o corresponsales de *MARCA* en Sevilla y Málaga desde 1982 y los posteriormente adscritos a la delegación del diario podemos destacar, entre otros, a Mariano Martín Benito, José Manuel García, Florencio Ordóñez, Manolo Aguilar, Manolo Valverde y Javier Franco (ambos ahora en Canal Sur), Alejandro Rodríguez, Federico Quintero, Daniel Pinilla, Mercedes Torrecillas, Fabio Muriel, Mónica Bravo, Justo Rodríguez o Adriano Espinal.

A estos hay que añadir a los que trabajan en Radio MARCA, como Agustín Varela, Alonso Rivero o Antonio Viola (en Sevilla) y Antonio Jesús Merchán, César Suárez o Kiko García (en Málaga).

Estadio Deportivo

El 28 de agosto de 1996 sale a la calle de forma definitiva como diario *Estadio Deportivo,* después de una temporada de edición semanal. A partir de esa fecha los directores que han desarrollado su labor (durante al menos un año) han sido Manuel Vicente Navas (1996), José David Martín Laínez (1998) y Bosco Martín Algarra (2003). Joaquín Adorna León (que inició su andadura profesional en Antena 3 Radio y Televisión) es el director editorial desde 2008, mientras que Francisco J. García Moreno ejerce como director gerente. Además de Martín Laínez y Adorna, el puesto de redactor jefe lo han ocupado José Manuel Díez y Antonio José Medina, que continúa.

Entre las señas de identidad de este diario -además del tratamiento pormenorizado de la actualidad de los dos equipos sevillanos de fútbol- está el espacio que le dedica al fútbol modesto y los especiales de todos los eventos deportivos que se han producido en estos 16 años en su zona de influencia, que, además de Sevilla, son Cádiz y Huelva (desde el 1 de julio de 2010 tienen una edición particular) y Córdoba.

En el transcurso de la temporada, *Estadio Deportivo* publica una media de 32 páginas semanales sobre fútbol modesto y otras 14 sobre fútbol base. En cuanto a los eventos que han tenido una cobertura especial (mínimo 2 páginas diarias en el desarrollo de la competición) durante este siglo se pueden nombrar la Andalucia Tennis Experience, el triatlón Desafío Doñana, Ishares Cup Extreme 40 Sailing de Almería de vela, el Andalucía Valderrama Masters de Golf, Campeonato Iberoamericano de Atletismo de San Fernando, el Mundial de bádminton en Sevilla o la Peace Cup de fútbol celebrada en diversas localidades andaluzas.

La plantilla fundacional del periódico estaba formada por 25 personas (el máximo han sido 58) y en 2012 trabajan 42. Entre los periodistas que están o han estado en estos tres lustros en *Estadio Deportivo* destacan Javier Delgado (que es el jefe de prensa del equipo español de Copa Davis), Rosa Llacer, Carlos J. Martín (que ahora está en el servicio de prensa del rectorado de la Universidad de Sevilla), Tomás Furest, Manuel García Agüero (que es el jefe de prensa, entre otros, de Blanca Manchón y los clubes Náutico y Dos Hermanas de waterpolo), Santi Roldán, José Antonio Rosa (que trabaja ahora en Canal Sur), Baldomero Torres, José Luis Rojas (que ahora trabaja en prensa de la Consejería de Cultura y Deporte), Lucas Haurie, Javier Blázquez (actualmente en Deporte Andaluz junto con José Ignacio Soria), Miguel Ángel Chazarri, Carlos Vizcaíno, Pedro García, Álvaro Palomo, Óscar Murillo, Carlos Pérez, Sebastián Canelo...

El "boom" de la radio

Muy similar era lo que se estilaba en el resto de la prensa y la radio andaluzas. En 1982 la radio experimentó su primera revolución con el reparto en la concesión de emisoras de frecuencia modulada, lo que provocó que surgieran Antena 3 Radio o Radio 80 y que cadenas ya existentes abrieran nuevas emisoras. Precisamente en mayo de ese año nacieron Radio Huelva y Radio Málaga -de la Cadena SER- y la Rueda Rato añadió en esa década a las emisoras de Almería y Antequera, conocida como Radio Torcal, las de Granada, Radio Genil, Sevilla, Radio Triana, o Córdoba, Radio Mezquita.

La red de emisoras estatales (Radio Juventud, REM, CES, Radio Peninsular) se había agrupado en 1979 formando Radio Cadena Española, que pasó posteriormente a pertenecer al ente RTVE. RCE tenía centros en las 8 capitales andaluzas, así como en Algeciras, Cabra y Marbella, y en los inicios de los 80 era la tercera cadena más escuchada en Andalucía, por detrás de la SER y RNE. Las cadenas andaluzas más poderosas contaban con al menos dos emisoras en las capitales de provincia y casi todas retransmitían en directo los partidos de sus primeros equipos de fútbol.

La programación deportiva de carácter regional ha sido escasa y el único medio que la mantuvo toda la década de los 80 fue el Centro Territorial de Televisión Española en Andalucía. El fútbol era el argumento casi diario que utilizaba José Manuel Martínez Campos en el popular "Telesur", si bien tanto en el programa semanal deportivo como en el magacín "Calle Abierta", Javier Bermejo incluía informaciones y reportajes de los equipos y deportistas andaluces. En la actualidad, David Martínez es el responsable de los deportes en TVE en Andalucía.

Las emisoras de radio han dedicado su espacio a la cobertura de noticias locales o a participar en la cadena nacional. El primer programa deportivo diario andaluz lo puso en marcha Joaquín Durán en 1983, cuando era director de Radio Málaga de la Cadena SER. Este espacio -denominado "En Punta/Andalucía" y con algo menos de media hora de duración- sobrevivió poco más de un año y finalizó poco antes de que Durán fuera nombrado director de "Carrusel Deportivo" y jefe de Deportes de la Cadena SER. El sevillano regresó a Andalucía en 1988 para hacerse cargo de los deportes de la RTVA.

Un poco más -tres años- se mantuvo el segundo intento de un programa deportivo diario regional. Fue en la Rueda Rato y lo dirigió

Bartolomé Cabello desde Radio Triana hasta 1990. Para entonces ya había nacido Canal Sur Radio.

Llega la televisión

En abril de 1984 la Junta de Andalucía, en su reunión del Consejo de Gobierno, acordaba suspender la creación de su ente autonómico de comunicación -al estilo de los que funcionaban en Cataluña o el País Vasco- e impulsar que el Centro Territorial de Televisión Española se convirtiera en un centro de producción de programas similar a los de Cataluña o Canarias. Para ello proyectó la construcción de un edificio en San Juan de Aznalfarache (cuya maqueta estuvo expuesta en la sede de TVE en la Palmera) y decidió que, hasta que se pudiera realizar el traslado, se duplicase el tiempo de emisión de "Telesur", aunque este incremento no afectó en principio a la programación deportiva regional.

En 1986 iniciaron su emisión las primeras televisiones municipales andaluzas, las más veteranas Onda Jerez y Tele San Juan, que aumentaron considerablemente el tiempo dedicado al deporte, aunque nuevamente el fútbol acaparó el mayor espacio.

El incremento de las televisiones locales es notable hasta alcanzar en 2006 la cifra de 300 en Andalucía, el doble que en Cataluña. Algunas de estas emisoras pertenecían a alguna cadena nacional (Localia, Vocento, Popular, CRN, etc.), aunque la mayoría eran de propiedad municipal. Eso sí, la programación deportiva era semejante y en ella se fue reduciendo el espacio para noticias o retransmisiones polideportivas en beneficio de las tertulias futbolísticas, que es lo que predomina en la actualidad. El apagón analógico (3 de abril de 2010), provocado por la puesta en marcha de la TDT, hizo que el número de televisiones locales andaluzas se redujera a menos de la mitad.

El 3 de diciembre de 1987 el Parlamento de Andalucía aprobaba la Ley de creación de la RTVA y el edificio proyectado en principio para TVE cambiaba de propietario. Canal Sur Televisión nació con una vocación claramente polideportiva; el martes 28 de febrero de 1989 emitió la reunión de atletismo Ciudad de Sevilla celebrada en la pista cubierta del Pabellón de San Pablo, el miércoles un partido de la Recopa de Europa de fútbol y al día siguiente uno de la Copa de Europa de baloncesto, mientras que el sábado retransmitió un partido de la Liga de fútbol de Primera División.

El domingo 5 de marzo la programación deportiva ocupaba un tercio de la parrilla de la nueva cadena: por la tarde un programa polideportivo de dos horas y media, que incluía la emisión de un partido de la Liga ACB, y por la noche más de tres horas de resúmenes de fútbol. Ambos espacios llevaban el nombre de "La Jugada" y eran editados por Javier Bermejo. Esther Martín era la imagen del baloncesto y Joaquín Durán, entonces jefe de Deportes, era el conductor del programa de fútbol en la tele y en Canal Sur Radio, donde llevaba el nombre de "El Sur en juego".

El paso de Durán a la televisión situó a Guillermo Sánchez al frente de los deportes en la radio autonómica, que había iniciado sus emisiones en otoño de 1988 con la retransmisión de un partido de baloncesto entre España e Italia. A Sánchez le sucedieron en el cargo Enrique García, el propio Durán, Javier Pardo, José María Gutiérrez y Santiago Roldán. Pardo fue el editor del programa de baloncesto de Canal Sur Radio y ha sido muchos años la voz del deporte de la canasta en la RTVA; ha regresado al cargo en 2009.

"El Sur en juego" cambió su denominación por "La Jugada", que ha tenido como editores a Juan Manuel Pedreño, Antonio Rengel o Fernando Pérez. En él han trabajado, entre otros (además de los mencionados en el repaso a las diferentes provincias), María Luisa Chamorro, Pilar Bretón, Esteban Cuesta, Norberto Javier o Pedro Lázaro.

En 1998 nació Radio Andalucía Información (RAI), lo que provocó un considerable incremento de la información deportiva en la radio autonómica y que se unieran nombres como los de Juan Miguel Vega, David Gallardo, David Hidalgo, Mari Carmen Gil o Nuria Gaciño.

El 10 de septiembre de 2010 inició su emisión "El Pelotazo", con José Guerrero "El Yuyu" y José Moreno "Josele" a los mandos, con una hora de duración y un tratamiento humorístico del deporte. La temporada siguiente "El Yuyu" compartió con Ángel Acién la dirección del programa, que dobló su duración y diferenció más claramente la parte informativa de la humorística. A Acién le sucedieron Antonio Bustos, David Gallardo, Juan Miguel Vega o Juan Bustos, que actualmente lo conduce junto al Canijo de Carmona. "El Pelotazo" se consolidó varias temporadas como un referente de la radio deportiva andaluza.

En ese tiempo en Canal Sur Televisión se habían producido cambios trascendentales. La llegada en otoño de 1989 de Manuel Melero y Francisco Romacho a la Dirección General de la RTVA y a la Jefatura de Informativos, respectivamente, provocó una revolución en los deportes de la televisión andaluza, que habían aumentado su programación con una tertulia los lunes, un programa dedicado a la NBA, retransmisiones de fútbol internacional (además de las ya conocidas de los torneos continentales de fútbol y baloncesto), un espacio polideportivo de media hora los domingos al mediodía y un informativo deportivo diario. A los redactores que hemos mencionado en el repaso a las diferentes provincias hay que añadir, entre otros, a Juan Ignacio García, Lola Borrego, Adolfo Ibáñez, Manuel González o José Antonio Ruiz.

Durán dimitió al no estar de acuerdo con la nueva línea de la dirección y le sustituyó Paco Gamero en enero de 1990. Los deportes menguaron su presencia drásticamente y su programación quedó reducida en menos de 3 años al partido de fútbol de Primera de los sábados y a los 20 minutos en que había quedado "La Jugada".

Joaquín Durán reemplazó a Gamero en junio de 1996, justo cuando acababa de iniciarse la denominada "guerra del fútbol". El periodista José Marcía García, para intentar romper lo que él denominaba "el monopolio del grupo PRISA", se alió con Antonio Asensio, dueño de Antena 3 Televisión. Este adquirió los derechos televisivos de algunos clubes de fútbol, a pesar de que en ese momento eran propiedad de la Liga de Fútbol Profesional, que repartía sus ingresos entre los diferentes equipos; curiosamente es lo que piden ahora los mismos clubes que en 1996 rompieron el contrato en vigor.

La mayoría de los clubes andaluces vendió sus derechos a Asensio, mientras que García inició una campaña contra la RTVA, que quería hacer valer los derechos de emisión en exclusiva de la FORTA en abierto. Varios clubes, principalmente el Sevilla (Asensio se hizo con el paquete accionarial mayoritario) y el Betis, vetaron a Canal Sur. Los medios no vinculados a PRISA se alinearon con García y apoyaron la campaña de descrédito contra el ente público andaluz.

El 24 de diciembre de 1996 PRISA y Asensio firmaron la paz, lo que permitió emitir dos partidos en abierto por jornada -Antena 3 los lunes y la FORTA los sábados- y que Canal+ mantuviera los partidos codificados. Pero hubo dos personas que no estuvieron conformes con el acuerdo: García y Manuel Ruiz de Lopera. El periodista, porque se sintió traicionado por Asensio en su lucha contra PRISA, y el presidente del Betis, porque era el encargado de abonar mediante pagarés (con sus correspondientes beneficios) los anticipos a los clubes que habían cedido sus derechos a Asensio.

La situación alcanzó un grado tan insostenible con ataques personales desde distintos medios -alentados por García y Lopera- a los trabajadores de Canal Sur (incluidas amenazas telefónicas, pintadas, etc.), que incluso fue abordada en el Parlamento Andaluz.

Las relaciones entre gran parte de los profesionales de la información deportiva -sobre todo en Sevilla- quedaron rotas hasta el punto de que varios años después alguno de los más beligerantes instigadores y portavoces de la campaña pidieron perdón públicamente por su comportamiento ante los compañeros.

Lopera solo accedió a levantar el veto a la RTVA -a pesar de que esta seguía teniendo y pagando por los derechos- con varias condiciones, una de ellas innegociable: el cese de Joaquín Durán, que se produjo en la primavera de 1998.

Miguel Ángel Cortés reemplazó a Durán dos meses antes del nacimiento -el 5 de junio de 1998- de Canal 2 Andalucía. El fútbol amplió su espacio con la emisión de un programa (los domingos) casi siempre con el nombre de "Gol a gol" y con Ángel Acién a los mandos, acompañado por Antonio Bustos, Ángel Gámiz o Santiago Roldán.

Sin duda la parte más beneficiada por el nacimiento del segundo canal fue la información polideportiva, que vio cómo se incrementaba su presencia en el principal medio de comunicación andaluz, con la puesta en marcha de "Tododeporte". Este programa se emitió de forma diaria hasta 2004 y por él pasaron presentadores como Victoria Romero, el galardonado actor Antonio de la Torre, Fernando Barbero, Curro Ávalos, Rafa Vega, Luis Arenas o Antonio Bustos.

El nacimiento de Canal 2 Andalucía (posteriormente denominado Canal Sur 2) permitió que se multiplicaran las transmisiones de casi todos los deportes: baloncesto, balonmano, voleibol, fútbol sala, motor, hípica, rugby, atletismo, tenis de mesa, bádminton, pádel, hockey, tenis, golf... "Tododeporte", que ya ha cumplido más de 2000 ediciones, se ha mantenido ininterrumpidamente todos los sábados y domingos con Javier Bermejo como editor desde 1999.

Bermejo ha cubierto, entre otros múltiples eventos, 2 Mundiales y 3 finales de la Copa de Europa de fútbol, un Mundobasket en baloncesto y en ciclismo 1 Vuelta a España, 3 Giros de Italia y 27 Vueltas a Andalucía. Miguel Ángel Cortés volvió como jefe de Deportes a Canal Sur TV en 2011 tras un período de 7 años en que fue sustituido por Paco Gamero.

El fútbol, el deporte rey

Una información recurrente en toda la prensa andaluza en esa primavera del 82 versaba sobre el Mundial de Fútbol que se iba a disputar en España en junio. Andalucía acogió 7 partidos, los 6 del grupo en el que formaban Brasil, la Unión Soviética, Escocia y Nueva Zelanda, repartidos entre Málaga y Sevilla, y una semifinal.

Equipo de Brasil que fue la gran atracción del Mundial 82.

A la calidad de los encuentros se unió el espectáculo vivido en las gradas y fuera del campo. Aún se recuerdan en Sevilla las doce horas de convivencia entre los aficionados de Escocia y Brasil. Además, la semifinal que enfrentó en el Sánchez Pizjuán a Francia y Alemania fue el choque más dramático del torneo con la agresión del portero alemán Schumacher a Battiston y la clasificación germana en los lanzamientos de penaltis después de ir perdiendo por 1-3 en una agónica prórroga.

El Mundial del 82 permitió la presencia en Andalucía de varios jefes de deportes de los principales medios de comunicación españoles y de los más acreditados periodistas deportivos tanto nacionales como extranjeros; asimismo, dio la posibilidad a los periodistas andaluces de entrevistar a leyendas del balompié como Pelé, Eusebio, Platini, Rocheteau, Rummenigge, Breitner, Stielike, Dalglish, Souness, Zico, Sócrates, Leandro o al presidente de la FIFA, Joao Havelange, que no ponían ningún reparo para atender a la prensa en donde fueran requeridos: en las gradas de La Rosaleda, el Benito Villamarín o el Sánchez Pizjuán, al término del entrenamiento, en el aeropuerto, a la salida del estadio o, si era necesario, se bajaban del autobús en el que esperaban al resto de la expedición.

Hasta entonces el contacto con las grandes estrellas futbolísticas (y periodísticas) se limitaba a los torneos de verano que eran abundantes y de gran relevancia internacional en nuestra tierra, especialmente el Carranza en Cádiz, el Colombino en Huelva, el Costa del Sol en Málaga, Ciudad de La Línea y el Ciudad de Sevilla. Sin duda el Mundial de Fútbol de 1982 marcó profesionalmente a un gran grupo de periodistas andaluces, no solo malagueños o sevillanos, y les sirvió para aprender a moverse en la sala de prensa de un gran evento.

Otro momento en el que Andalucía fue el centro del periodismo deportivo continental fue el 7 de mayo de 1986, cuando en el Sánchez Pizjuán se celebró la final de la Copa de Europa en la que el Barcelona perdió en los lanzamientos de penaltis contra el Steaua de Bucarest. Desde el fin de semana previo los periodistas deportivos sevillanos que trabajaban para medios nacionales y los especializados en fútbol centraron su esfuerzo en un acontecimiento inédito. Ha sido la única vez que España ha acogido la final de la Copa de Europa en que el escenario no ha sido el Santiago Bernabéu o el Camp Nou. La capital andaluza repetiría en 2003 como sede de la final de la Copa de la UEFA, que enfrentó en el Estadio de La Cartuja al Oporto (entrenado por Mourinho) y al Celtic de Glasgow.

Y si inesperada fue la derrota del FC Barcelona ante el Steaua, los calificativos quedan cortos para explicar lo sucedido el 21 de diciembre de 1983 en el Benito Villamarín. Miguel Muñoz había recuperado a Sevilla como sede de los partidos trascendentales que debía disputar la selección española de fútbol, lo que convertía a Andalucía en centro de la atención mediática nacional. Pero esa noche la afición andaluza fue más que nunca el jugador número 12; y ese fue precisamente el número de goles que encajó Bonello. Las crónicas y los reportajes que glosaron ese 12-1 a Malta se siguen repitiendo cada vez que se recuerda dicha efemérides. Tal vez ese haya sido el acontecimiento deportivo más destacado -por imprevisto-

que ha ocurrido en tierras andaluzas, y fue la culminación de la unión entre la selección y Andalucía.

Equipo de España que venció 12-1 a Malta en el Benito Villamarín.

También el fútbol andaluz ha sido protagonista fuera de nuestra tierra. Sobre todo en este siglo XXI la participación de los clubes andaluces en competiciones europeas ha sido constante, incluida la Liga de Campeones. Uno de los mayores desplazamientos de periodistas andaluces al extranjero fue la final de la Copa de la UEFA de 2006 celebrada en Eindhoven, donde acudieron más de 60 periodistas. El Sevilla FC conquistaba en esa localidad holandesa el primero de sus tres títulos europeos.

El baloncesto, el segundo deporte

El éxito de la selección española de baloncesto en los Juegos Olímpicos de Los Ángeles y de los clubes españoles en Europa hizo que el deporte de la canasta recabara un mayor protagonismo en los medios de comunicación.

Algunas emisoras de radio (SER, Antena 3, Radio Nacional, Canal Sur, etc.) emitieron varias temporadas los sábados un programa específico del deporte de la canasta. Andalucía no fue ajena a esa corriente y ya desde finales de los 80, al menos en las ciudades con equipo en la Liga ACB, todos los medios contrataron a un especialista en baloncesto.

El pionero fue el diario *SUR* de Málaga, con Paco Rengel, que desde 1981 escribía casi exclusivamente sobre baloncesto, hasta que pasó a ser jefe de la sección de Deportes en 1992 y redactor jefe en 1997. Rengel fue el jefe de Prensa de la sede malagueña del Mundobasket 86 y cubrió durante 10 años (1993-2003) para el grupo Correo (hoy Vocento) las fases finales de las grandes competiciones específicas de baloncesto, entre otras 12 Copas del Rey, 7 Final Four, 6 Eurobasket y 1 Mundobasket. En 2001 creó la web basketconfidencial.com, que acumula casi 5000 artículos colgados sobre baloncesto.

Prueba del interés que había adquirido este deporte es que la primera retransmisión en directo en exclusiva para toda Andalucía -que narraron el 17 de mayo de 1986 Miguel Gallardo y Javier Bermejo- fue el partido de baloncesto disputado en el Pabellón Ciudad Jardín de Málaga, en el que el club granadino Oximesa logró el ascenso a la ACB.

La pasión por el baloncesto no se ha extinguido, como se ha podido comprobar en las 10 finales disputadas por los equipos andaluces en España y en competiciones europeas. En este aspecto destaca la Final Four de la Euroliga celebrada en Atenas en 2007. La presencia de Unicaja congregó en la capital griega a 70 periodistas desplazados desde Andalucía.

El olvido de la información polideportiva

El resto de deportes de equipo no ha tenido el mismo tratamiento que el fútbol o el baloncesto, y su repercusión ha quedado circunscrita a su localización. Es el caso del voleibol o el balonmano, con más de 15 representantes cada uno (entre masculinos y femeninos) en la máxima categoría nacional.

Andalucía, además, organizó el II Campeonato de Europa de Balonmano Masculino que se celebró entre el 24 de mayo y el 2 de junio de 1996, día en que Rusia derrotó por 23 a 22 a España en la final celebrada en el Palacio de Deportes San Pablo de Sevilla. Ahí empezó la serie de 9 medallas en competiciones internacionales (7 masculinas y 2 femeninas) para nuestro país.

Peor aún lo han tenido otros deportes. Al Soderinsa La Rinconada de poco le ha servido ser el único club andaluz en conquistar el

Campeonato de Europa de Clubes de un deporte olímpico. El mejor equipo en la historia del bádminton español es, además, el club sevillano con más títulos nacionales (11 ligas) y de él solo se hace alguna reseña.

Lo mismo ha sucedido con el tenis de mesa masculino y los 75 títulos conseguidos por equipos y palistas andaluces en los últimos 27 años entre Liga, Copa del Rey y Campeonato de España individual. También el Ciencias de rugby sevillano conquistó 1 título de Liga y 2 de Copa en los noventa sin demasiado eco más allá de los medios de la capital andaluza.

El oasis de la sección de motor

Una de las pocas secciones que ha tenido gran aceptación en toda la prensa andaluza ha sido el motor, aunque en muchas ocasiones las informaciones publicadas estuvieran más relacionadas con los aspectos comerciales de las diferentes empresas del sector automovilístico (presentaciones, pruebas, salón del automóvil, etc.) que con los puramente deportivos.

La construcción del circuito permanente de velocidad en Jerez en 1985 contribuyó a aumentar el número de aficionados, y por supuesto de periodistas, en toda Andalucía, entre los que podemos destacar a José Manuel Román (Almería), Fernando García o Jesús Benítez (Cádiz), Juan de Dios Jimena (Córdoba), José Luis Camacho (Huelva), Fernando Lacarra (Jaén), Carlos Sedano, Gabriel García, José Manuel Zapico o Eduardo Romero (Málaga), Juan Ignacio García, José Luis Piedra, Baldomero Torres o Lorenzo Muñoz (Sevilla).

Jerez ha acogido en 7 ocasiones la Fórmula 1 (5 veces como Gran Premio de España y otras 2 como Gran Premio de Europa), además desde 1987 Jerez es la sede del Gran Premio de España del Mundial de Motociclismo.

Mundial de Atletismo de 1999

El atletismo, tal vez porque tenga menos venta comercial que el motor -y sea por lo tanto menos rentable para las empresas periodísticas-, ha tenido mucho más difícil lograr su parcela, hasta el punto de que el Cross de Itálica ha pasado en muchas épocas casi desapercibido. Y eso que ya a finales de los 80 era la prueba más importante del calendario internacional, solo superada por el Cross de las Naciones (que hacía las veces de Campeonato del Mundo).

Hasta Santiponce acudían cada año campeones olímpicos y mundiales como Ngugy o Mamede, quien no tenía reparos en atender a la prensa incluso en la misma línea de salida de la prueba. Los dos mejores fondistas de la historia, Haile Grebreselassie, con cuatro medallas de oro en mundiales y dos olímpicas, y Kenenisa Bekele, cinco veces campeón del mundo y tres olímpico, antepusieron alguna temporada su participación en el Cross de Itálica al Campeonato del Mundo.

Mayor seguimiento lograron en esa época el Memorial Núñez Blanca de Granada y el Gran Premio de Sevilla, que tuvo su espaldarazo definitivo con la reunión celebrada en el estadio de Chapina el 28 de mayo de 1987. Todos los especialistas de la prensa nacional e internacional estaban presentes en esa calurosa jornada y los que no habían viajado a Sevilla estaban frente al televisor pendientes de la retransmisión que se vio en varias docenas de países. Y es que en la reunión participaban Javier Sotomayor, Sammy Koskei, Mike Conley o José Luis González; también estaba el recordman mundial de los 100 metros -Calvin Smith-, pero, sobre todo, se iba a ver el único duelo previo al Mundial de Roma en el que se enfrentarían el cuádruple campeón olímpico, Carl Lewis, y su gran rival, Ben Johnson. El canadiense ganó antes de la prueba (cobró 1000 dólares más como fijo) y en la pista. Por cierto que la pista tuvo que ser modificada para que pudiera disputarse la prueba de los 110 metros vallas, en la que se impuso el británico John Rigdeon.

La reunión de Sevilla se consolidó en el circuito internacional y sirvió para encender la mecha del Mundial de Atletismo de 1999. La Diputación de Sevilla se esforzó para que los periodistas conocieran todos los detalles que rodean un torneo de esta entidad y organizó unas jornadas en las que participaron los mejores atletas, entrenadores, organizadores o periodistas relacionados con el atletismo. La respuesta fue acorde con ese esfuerzo y casi todos los medios sevillanos -y muchos andaluces- dieron una gran cobertura del Mundial.

El Correo de Andalucía demostró con ocasión de este evento que ha sido uno de los periódicos de información general que mejor ha tratado a los deportes considerados minoritarios. Durante un mes dio información diaria de atletismo (una media de 2 páginas) y fue aumentado su extensión hasta que la semana anterior a la inauguración inició la impresión de un cuadernillo de 12 páginas.

Ya en la competición, el cuadernillo -al que estaban asignados 7 redactores, además de varios colaboradores- tuvo una extensión de entre 16 y 30 páginas. A eso hay que unir que en la sección de Deportes (entre

10 y 15 páginas diarias) siempre había algún artículo relacionado con el Mundial. Además *El Correo de Andalucía* le dedicó al Mundial en los 10 días del torneo más de la mitad de la portada y la contraportada entera, con un artículo diario de Martín Fiz.

Los fotógrafos, siempre cerca de la noticia. Aquí vemos, entre otros (de izquierda a derecha), a Juan José Úbeda, Juan Manuel Serrano y Julio Muñoz en el Mundial de Atletismo de 1999.

Sevilla ya había acogido el Mundial de Atletismo en Pista Cubierta de 1991, pero el de 1999 al aire libre era la prueba de fuego para mostrar que la capital andaluza podía organizar unos Juegos Olímpicos. Para ello se construyó el Estadio de la Cartuja, conocido por el nombre de Estadio Olímpico, aunque finalmente, como es sabido, la ciudad hispalense no ha sido olímpica.

Los deportes olímpicos, los grandes marginados

El protagonismo de las otras disciplinas deportivas ha venido condicionado por el medio (los deportes náuticos en las zonas costeras, Málaga, Cádiz, Huelva, Almería o en Sevilla, con el río Guadalquivir) o por la celebración de algún gran evento internacional. Es el caso de los otros dos deportes olímpicos por excelencia, la natación y la gimnasia, que han sido bastante peor tratados por los medios de comunicación.

La natación, a pesar de que ha aportado varios campeones europeos y medallistas en diferentes competiciones internacionales, solo escapó de ese tradicional olvido con la celebración del XXIII Campeonato de Europa de Natación, Sincronizada, Saltos y Waterpolo celebrado en Sevilla en agosto de 1997, el último que englobó las cuatro disciplinas. La prensa sevillana y andaluza -en una época sin fútbol oficial- le dedicó especial atención al evento y un incipiente *Estadio Deportivo* distribuyó un suplemento especial previo de 16 páginas y un cuadernillo de 8 páginas diario, con 5 redactores alternándose las 2 semanas de la competición.

Peor lo tiene la gimnasia -sobre todo la artística-, aún más ignorada por la prensa incluso durante la celebración de los Juegos Olímpicos. Uno de los pocos momentos de aparición en los medios fue el Mundial de Gimnasia Rítmica de 1998; *Estadio Deportivo* editó un suplemento de 16 páginas y 2 o 3 páginas diarias. El torneo también tuvo repercusión en la prensa generalista sevillana y andaluza.

Eventos destacados como el Campeonato del Mundo de clases olímpicas de vela en la Bahía de Cádiz 2003 o los Campeonatos Iberoaméricanos de Atletismo de Huelva en 2004 y de San Fernando en 2010 tampoco consiguieron un seguimiento mediático más allá de los medios locales.

La Vuelta a Andalucía, reflejo de la prensa andaluza

La Vuelta Ciclista a Andalucía supone el mayor espectáculo deportivo anual de nuestra comunidad y ha podido presumir de presentar un cartel excepcional, en muchas ocasiones el mejor de toda la temporada en las carreras españolas, superior incluso al de la Vuelta a España.

Era tradición que los campeones del mundo en ruta estrenaran oficialmente su jersey arco iris en Andalucía, como hicieron Altig, Kuyper, Monseré, Maertens, Kneteman, Saronni, Lemmond, Argentín, Dhaenens, Leblanc, Museeuw, Freire o Boonen. También ha vivido momentos históricos, como la etapa con final en Gibraltar, el debut en el profesionalismo de muchos grandes ciclistas españoles -entre ellos Miguel Indurain- o el retorno a la competición en 1998 de un renacido Lance Armstrong, superado el cáncer y camino de adjudicarse siete veces el Tour de Francia.

Un estudio de la cobertura mediática de esta prueba nos ayudará a entender la evolución de los medios de comunicación en estos últimos 30 años.

En 1982, la Ruta Ciclista del Sol, así se denominaba, terminaba en Murcia o Alicante.

En 1987, vuelve a llamarse Vuelta Ciclista a Andalucía y no abandona nuestra comunidad.

En 1989, se produce el "boom" de las radios.

Desde 1994 hasta 2004, TVE emitió en directo los finales de etapa.

En 2011 no hay directos en ningún medio nacional y los periodistas siguen la carrera por Internet.

Tabla III. Vuelta Ciclista a Andalucía. Periodistas acreditados para medios

AÑO	ANDALUCES	NACIONALES	EXTRANJEROS	TOTAL
1982	5	16	5	26
1987	32	28	20	70
1989	56	23	5	84
1994	48	40	3	91
2011	12	11	2	25

Este es el panorama general de los medios de comunicación andaluces desde 1982; ahora pormenorizaremos en las diferentes provincias y medios, aunque lógicamente no están todos los periodistas y medios deportivos andaluces, pero sí los que más se han distinguido en estos 30 años. Ruego excusen cualquier olvido.

1. ALMERÍA

La Voz de Almería es el medio de referencia en la provincia más oriental de Andalucía. Adscrito a la Prensa del Movimiento, nació con el nombre de *Yugo* en 1940, y en mayo de 1984 fue adquirido por la empresa Novotécnica. En 1982 los deportes estaban en manos de Manuel Román González, que firmaba "EME-ERRE", y su hijo José Manuel, que firmaba "Jomaro"; a ellos se añadieron Nacho Para y José Manuel Cuéllar, quien ahora es el jefe de Deportes en el diario *ABC* de Madrid. En 1985 Lola Nieto se convirtió en la responsable del área de Deportes.

El fútbol casi acaparaba el espacio informativo deportivo en Almería, a pesar de que se había iniciado la decadencia de la AD Almería que concluyó con su desaparición ese verano. El fútbol sala, con el

Deportes Blanes del brasileño Mauro (campeón de Liga ante el Interviú-Hora XXV) y el Ruiz Collado o el automovilismo también tenían su espacio.

Algo parecido sucedía con el boxeo, de enorme tradición en Almería, sobre todo en la voz (en la Cadena SER) de Diego Miguel García Morel, que también escribía en *La Crónica,* periódico nacido el 28 de julio de 1982.

En *La Crónica* se inició en el periodismo deportivo Juan José Moreno Millán; de ahí pasó a *La Voz de Almería*, donde fue el jefe de la sección de Deportes hasta que se hizo cargo de la dirección de Promoción y Medios de Comunicación de los Juegos Mediterráneos Almería 2005, y en la actualidad es el responsable de comunicación de la UD Almería.

Diego García colaboraba en otros medios como *Diario 16*, *IDEAL* o la agencia Mencheta y creó *La Crónica Deportiva,* que se publicaba los lunes, acompañado por Joaquín Amérigo, que actualmente trabaja en Canal Sur junto con Salvador Rodríguez Moya "Salva Moya". En *La Crónica* Abelardo Alzueta fue el sustituto de García al frente de la sección de deportes.

Por la edición almeriense del *IDEAL* han pasado Joaquín Tapia (también estuvo en Radio Almería), José Pardo y José Gabriel Gutiérrez (ambos coincidían en Radio Popular, donde también estaba Juan Domínguez), José González, Juan Manuel Sorroche, Luis Zapico, José María Granados, Mónica España Navarro, que en la actualidad es la jefa de prensa en la Delegación del Gobierno en Andalucía, o Víctor J. Hernández Bru, creador de la agencia Pressport y que trabajó en Onda Cero, además de ser el coordinador del periódico de los JJ MM en los dos años previos a la celebración de Almería 2005. Juan José Aguilera es el actual jefe de la sección de Deportes.

En 1982 Paco Cruz era el jefe de deportes de Radio Almería (Rueda Rato), al que sucedió Diego Miguel García, y ese año nació Antena 3 con Miguel del Pino como responsable de deportes, al que se unió Javier Ronda, que actualmente trabaja en Canal Sur Radio en Sevilla.

José Ángel Pérez (también colaborador en La Voz) y José Miguel Fernández pasaron desde Radio Juventud a Radiocadena Española y después a Radio Nacional. En la radio pública debutaron Jesús del Pozo, Alberto y Javier Gómez Granados, Ángel Acién (en la actualidad editor y presentador en Canal Sur Televisión) y Tony Fernández, que llegó a ser responsable de deportes en la emisora. Tony Fernández es ahora el jefe de Deportes de la SER, La Voz de Almería y también lo fue de la extinta Localia TV. En 2007 recibió el Premio "Juan Tribuna".

Tabla IV. Premio "Juan Tribuna" que concede la Federación Andaluza de Fútbol

PREMIADO	MEDIO	PREMIADO	MEDIO
	Diario Jaén		*El Día de Córdoba*
Tony Fernández	*La Voz de Almería*	José Rivas	*SUR de Málaga*
Santiago Bellido	*Huelva Información*	Benito Castellanos	*ABC de Sevilla*
Redacción de Deportes	Canal Sur TV	José Antonio Sánchez Araújo	Radio Sevilla
Luis Carlos Peris	*Diario de Sevilla*	Javier Bermejo	Canal Sur TV
	Estadio Deportivo	Eduardo Oliver	Radio Jaén

El 28 de abril de 1999 Almería era elegida en Túnez sede oficial de los XV Juegos Mediterráneos a celebrar en 2005, lo que iba a suponer un antes y un después para la provincia en todos los aspectos, incluido el periodismo deportivo que estaba ante la gran noticia de la historia de Almería. Buena prueba de ello es que la provincia fue albergando importantes acontecimientos deportivos a modo de preparación para los Juegos, como campeonatos de España de diferentes modalidades y torneos internacionales de diferentes disciplinas deportivas, así como el Encuentro de Periodistas del Mediterráneo previo a los Juegos.

En esos diez días Almería fue el centro de atención del periodismo deportivo andaluz, que se volcó para dar una gran cobertura del acontecimiento. Destacaron, además de los medios locales, las realizadas por el diario *IDEAL* (coordinada por Félix Lázaro Rivadulla) en sus ediciones de Granada, Almería y Jaén y para el diario *SUR* de Málaga, trabajo por el que recibió el premio Andalucía de los Deportes. *IDEAL* fue el diario oficial de Almería 2005, mientras que Canal Sur fue la radio oficial del torneo. Radio Andalucía Información dedicó toda su programación a informar sobre los Juegos Mediterráneos.

Canal Sur Televisión emitió en esos 10 días más de 60 horas (entre retransmisiones, programas deportivos e informativos) sobre los Juegos Mediterráneos. Según el entonces director general de la RTVA, Rafael Camacho, la empresa pública marcó un hito de personas, material técnico y dinero por encima de cualquier otro acontecimiento desarrollado en Andalucía. 135 trabajadores de la empresa pública participaron en la cobertura del evento.

Los Juegos Mediterráneos han supuesto el evento deportivo que ha congregado a más periodistas andaluces. Esta es una parte del equipo, compuesto por 135 personas, que la RTVA envió a Almería.

Los Juegos Mediterráneos marcaron el cenit de la información polideportiva en Almería y la ausencia de fútbol profesional desde 1982 hasta 1996 fue fundamental para que se viviera la época con mayor repercusión de los deportes minoritarios en los medios de comunicación. El balonmano, el baloncesto, la vela o la pelota, en la década de los ochenta, dejaron la preeminencia al voleibol con Cajalmería que, convertido en Unicaja, se transformó en el mejor equipo español de los noventa y llegó a disputar la final de la Liga de Campeones. Al éxito del voley en pista se unió el "boom" del voley-playa que permitió a Almería albergar numerosas pruebas, entre otras un Campeonato del Mundo y otro de Europa.

El balonmano vivió su gran momento en el arranque del siglo XXI, con un equipo masculino en la liga ASOBAL y dos femeninos en la liga ABF en la misma temporada. Pero el retorno, 25 años después, del fútbol de Primera División con la Unión Deportiva Almería hizo que concluyera el sueño polideportivo en la información almeriense.

No se nos pueden olvidar otros destacados periodistas deportivos de *La Voz de Almería*, como Eduardo del Pino (que firmaba como Eduardo D. Vicente y fue jefe de la sección de Deportes), su hermano, Miguel del

Pino, Fuencisla Cañadas, Ambrosio Sánchez y sus hijos, Alejandro y Ambrosio 'Tito' Sánchez, y Alejandro Morales.

En *Diario de Almería*, surgido en 2007, sobresalen el actual redactor jefe Francisco Gregorio Navarro, procedente de *La Voz de Almería*, Pablo Laynez, Raúl Piñeiro (residente en Londres y que sigue colaborando) y Rafael Espino, y en Onda Cero Juan Antonio Manzano y Chema Fernández (también en *La Voz de Almería*).

La irrupción de las televisiones locales trajo consigo el nacimiento de Canal SI, con Pepe Nieto y Juanjo García, este actualmente está en Interalmería, la televisión municipal. En cuanto al periodismo gráfico hay que resaltar a José Juan "Pepe" Mullor, Manuel Manzano, Juan Salmerón, José Manuel Vidal, Fran Leonardo o Carlos Barba.

2. CÁDIZ

En materia periodística hay que tratar la provincia de Cádiz diferenciando las tres zonas de influencia: la capital y la bahía, el marco de Jerez y el Campo de Gibraltar. Tan es así que cada zona tiene su propia Asociación de la Prensa, el único caso en toda España. En cuanto a la información deportiva, el único factor común es el monopolio del fútbol casi todo el año, aunque eso sí, cada una tiene su particularidad, que ahora analizaremos.

2.1. Cádiz y la Bahía

En mayo de 1982 el *Diario de Cádiz* (fundado en 1867) era el medio de mayor influencia. Paco Perea "Fraper" era el jefe de Deportes hasta que en 1999 pasó a encargarse del cuadernillo de motor que tuvo mucha repercusión en el arranque del siglo XXI hasta la llegada de la crisis.

De 1982 también cabe destacar a Carlos Medina, que marchó a *El Periódico del Guadalete* de Jerez para pasar a dirigir después *Cádiz Información*, además de crear *Línea 6 Comunicación* y editar desde 2001 la revista gratuita *¡Ese Cádiz... Oé!*

En los deportes de *Cádiz Información* comenzó Pedro Espinosa, que pasó por *La Voz de Cádiz* y acabó en el *Diario de Cádiz*. En 1982 también trabajaba en el *Diario de Cádiz*, pero en la sección de cierre, Ignacio de la Varga, que era el corresponsal del diario *AS*.

El medio que rivalizaba por las exclusivas futbolísticas era Radio Cádiz de la Cadena SER, con Juan Manuel Pedreño, que se marchó a Canal Sur Radio en 1989 donde dirigió durante más de una década "La Jugada".

A Pedreño le sucedió en Radio Cádiz Theo Vargas, que sigue al frente de los deportes, acompañado por Quique Lafuente, experto en balonmano.

También en 1989 entró en la SER Fernando Pérez, que en 1991 se fue a Canal Sur Radio y Televisión y desde 2009 es el editor de "La Gran Jugada". En Canal Sur en Cádiz también trabajaron Jesús Amarillo, Vicente Lozano, Jaime Velasco o Javier Franco, y actualmente lo hace Javier Lacave.

La otra gran emisora que había en Cádiz en 1982 era Radio Nacional, con Rodrigo G. Mateos y Juan Limón. Este trabajó también en Antena 3 (ahí también estuvo Manolo Galvín), en la COPE, en Onda Cero, en Canal Cádiz TV y en CRN TV, mientras que José María Valle llevaba el deporte en la *Hoja del Lunes*, además de ser el corresponsal de la agencia Efe y *Mundo Deportivo*.

El fútbol sala encontró un hueco en los ochenta en los medios gaditanos gracias a que el Panaderías Virgili arrebató el título de liga al Interviú–Hora XXV en la temporada 1982-83, pero su entrada en la competición que organizaba la Confederación Nacional de Fútbol Sala (paralela a la de la LNFS), donde ganó dos torneos nacionales, cercenó su presencia mediática.

Con el fútbol en descanso -con excepción del Trofeo Carranza- los veranos han sido propicios para informar sobre las carreras de caballos de Sanlúcar de Barrameda o las competiciones de vela en la bahía, que han dado especialistas como Modesto Sánchez.

Significativa fue la cobertura del Campeonato de la ISAF, conocido como Campeonato del Mundo de Clases Olímpicas, de 2003. El *Diario de Cádiz*, por ejemplo, dedicó un cuadernillo diario de unas ocho páginas en las dos semanas de la competición, con la supervisión técnica de Nicolas Terry y con tres redactores (Carlos Díaz, Diego Martínez y Willy Doña) que realizaron un curso intensivo de un mes sobre vela.

Cádiz tal vez sea la capital en que menos repercusión ha tenido el baloncesto, al no haber tenido nunca un club competitivo. Solo ha captado la atención mediática en casos concretos como el Campeonato de Europa absoluto Femenino, celebrado en 1987, o con la selección española masculina.

La selección española, en los seis años más gloriosos de nuestro baloncesto, iniciaba su rumbo hacia el éxito en San Fernando, Cádiz, y por allí pasaban los especialistas andaluces y nacionales en el deporte de la canasta. El éxito en el Mundial de Japón de 2006 provocó un hecho insólito en un deporte que no fuera el fútbol; todos los periódicos andaluces presentaron como tema principal en la portada la conquista del primer título de la selección española de baloncesto.

Un oasis en la información sobre baloncesto se produjo entre los años 1984 y 1992 con la celebración del Torneo Internacional de la Asociación de Clubes Españoles de Baloncesto, conocido como "Memorial Héctor Quiroga". En Puerto Real se congregaron en esos nueve años los mejores equipos y selecciones europeos. Se dio el caso de que en una misma edición participaron el campeón de la Copa de Europa, de la Recopa y de la ACB.

Para hacerse una idea de la trascendencia del fútbol en la mayoría de los medios gaditanos sirva señalar que la televisión municipal -Onda Cádiz- tiene un programa diario dedicado al Cádiz CF y otro semanal sobre polideportivo. Los deportes los lleva Antonio Díaz que anteriormente escribía en el *Diario de Cádiz*.

Por el diario decano de la prensa andaluza también han pasado, entre otros, Fernando Díaz, Enrique Hernández, Francisco José Jiménez "Jimmy", Melchor Mateo (que fue jefe de Deportes entre 1999 y 2002), José Mª Vilches, Jesús Jaques o Willy Doña (que es el jefe de Deportes desde 2002), mientras que de la información polideportiva se encargan Carlos Díaz, Raúl Jiménez y Juan Manuel Reina (experto en motor).

La Voz de Cádiz nació el 26 de septiembre de 2004, con Ignacio Moreno (procedente del *Diario de Cádiz*) como jefe de Deportes y que ahora es el director. José María Aguilera comparte redacción de deportes con Alfonso Carbonell, Daniel Anelo, Ana Mendoza y Antonio Valimaña.

Álvaro Geneiro lleva los deportes en el *Viva Cádiz* y en el semanal *Información Bahía,* surgido de la unificación de los periódicos del grupo Publicaciones del Sur: *Información Cádiz, El Puerto y San Fernando.* Gaby Cumbreras y, actualmente, José Cabeza, se han encargado de los deportes en la edición de San Fernando y Manolo Sosa, Rubén Guerrero, David Sánchez y Fran Pereira en la de El Puerto, que ahora lleva Luis Miguel Morales.

En cuanto a radios hay que resaltar, entre otros, a Rubén López en la Cadena COPE (anteriormente a Manolo Ladrón de Guevara y Javier Bautista), a José Grima, que lleva los deportes en Onda Cero, Diario *AS* y UNA T, Manolo Camacho, que fue jefe de Deportes en Punto Radio (donde también estuvo Nacho Limón) y ahora trabaja en Onda Cádiz TV, y Goyo Iglesias que está al frente de los deportes de Radio La Isla en San Fernando.

En el periodismo gráfico de Cádiz sobresalen en estos 30 años, entre otros, Juan Martínez Neto "Juman", Joaquín "Kiki" Hernández, José Espinosa, Manolo Bernet, Julio González, Joaquín Pino, Ángel García de Movellán, Pepe Braza, Fito Carreto o Paco Martín.

2.2. Jerez

La Voz del Sur era el único medio escrito que existía en Jerez en mayo de 1982, con Antonio Arias como responsable de la sección de Deportes en la que también se encontraba Ángel Revaliente. *La Voz del Sur* pertenecía a la Prensa del Movimiento y al no encontrar comprador desapareció el 31 de marzo de 1984.

Jerez se quedaba sin medio impreso, pero ocho días después el grupo Joly -propietario del *Diario de Cádiz*- sacaba el *Diario de Jerez*. Antonio Arias pasó al nuevo periódico y con él en la sección de Deportes están, o han estado otros, como Santiago Manuel Santiago (que ha sido 20 años jefe de Deportes y ahora es el subdirector del periódico), Fernando Satrústegui, Jesús Benítez o Willi Doña, que llegó en 1988 y se marchó en 2003 para ser el jefe de Deportes del *Diario de Cádiz*, además de Dani Lamparero (que es el jefe de Deportes desde 2008) o Manoli Romero (que ha sido la encargada de cubrir la información del Xerez CD).

En Radio Jerez de la Cadena SER en 1982 estaba Jerónimo Roldán (también corresponsal de *ABC, Mundo Deportivo* y de las agencias Mencheta y Logos). Roldán fichó en 2001 por Onda Jerez Radio y Televisión, que había nacido en 1986 y en la que también han trabajado Santiago Cordero, José Antonio Ortegón y José Manuel Jesús, además de Álvaro Moreno de la Santa, que fue director hasta que pasó a la sección de deportes de Canal Sur.

Junto con Roldán en Radio Jerez trabajan o han trabajado Antonio Merino (experto en fútbol provincial), Pedro Alemán, que es el jefe de Deportes desde 1997, Manuel Deportista, que fue el primero y pionero (hasta hay un trofeo de fútbol base con su nombre), Pepe Rechi, Antonio Moure (también estuvo en la COPE) y Manolo Reguera.

En Radio Popular (posteriormente Cadena COPE) desde 1982 la sección de Deportes la han llevado José María Fernández, Manolo Ladrón de Guevara, Manolo Morales, Manolo Durán y José Antonio Benítez, con Ángel Maza en la redacción.

En Antena 3 José Manuel Ruiz Infantes era el jefe de Deportes y también estaban Miguel Rubio (antes en Radio Popular), José María

Herrera y Enrique Rodríguez, mientras que en 1984 en Radio Arenal -de la Rueda Rato- los deportes estaban a cargo de Miguel Perea y Álvaro de la Calle, a los que se unieron Jesús Sánchez e Ignacio Estradé y, ya como Onda Cero, Isidro Díaz, Andrés Ocaña y José Manuel García.

La construcción en 1985 del Circuito de Velocidad transformó por completo el periodismo deportivo de Jerez, ciudad que desde entonces ha pasado a ser un símbolo para el deporte del motor, ya fomentado desde los sesenta con la celebración del Trofeo de la Merced.

El 13 de abril de 1986 fue el gran estreno internacional, con la disputa del Gran Premio de España de Fórmula 1 que concluyó con el triunfo del brasileño Ayrton Senna; y desde entonces se han disputado otras seis carreras, la última en 1997, que cerró el campeonato mundial y que se adjudicó el canadiense Jacques Villeneuve.

El Mundial de Motociclismo esperó un año -26 de abril de 1987-, pero desde entonces Jerez no ha faltado a la cita y se ha convertido en uno de los lugares míticos para los motoristas y aficionados de toda Europa. En su circuito se reúnen más de 100 000 espectadores y acuden periodistas de los medios nacionales e internacionales más reputados, además de que la incidencia turística duplica la asistencia.

También el Estadio de Chapín es uno de los recintos más significativos para el deporte jerezano desde su inauguración en 1988, y mejorado tras su remodelación en 2002 con ocasión de los Juegos Ecuestres Mundiales de 2002. La Federación Andaluza de Hípica, meses antes, organizó unas jornadas de iniciación y conocimientos del mundo del caballo, en sus diversas disciplinas, a la que asistieron una quincena de periodistas.

En ese 1988 nacía *El Periódico del Guadalete,* con Ignacio Cid como redactor jefe y con Manolo Ladrón de Guevara como jefe de Deportes hasta que marchó a Canal Sur Televisión, donde ha sido la voz del fútbol en Andalucía. Ladrón de Guevara ha estado presente en unos Juegos Olímpicos y en fútbol en 3 Mundiales, 2 Eurocopas y 1 Copa América; además ha retransmitido 3 finales de la Liga de Campeones y de la Supercopa de Europa y 2 de la Recopa y la Copa de la UEFA. A Ladrón de Guevara le sucedieron en *El Periódico del Guadalete* Alfonso Hernández, Arturo Carrascal y Manu Garro, luego director del periódico, que desapareció en 1994.

En 1994 surgía *Jerez Información,* con Ángel Revaliente (también corresponsal de *ABC*) a cargo de los deportes. *Jerez Información* es propiedad de Publicaciones del Sur, que también sacó edición en Cádiz,

San Fernando, Puerto de Santa María (estos tres forman ahora el semanal *Información Bahía*) y en Campo de Gibraltar (*El Faro Información*) y que edita medio centenar de publicaciones repartidas por toda Andalucía, la mayoría de ellas gratuitas, como los *Viva*.

En 1989 nacía Canal Sur con Carlos Gonzalo y Pilar Hernández, en los deportes, a los que se unió en 1998, procedente de Radio Jerez, David Gallardo y posteriormente Javier Benítez.

En 2004 apareció en los kioscos *La Voz de Jerez*, que acaba de cerrar en marzo de 2012 y, como en otros casos, solo mantiene la edición digital. Salva Galván fue el jefe deportes con Borja Fernández como redactor, además de Edu Arboledas. En los 90 salió la edición de *ABC* Jerez, con Eugenio Camacho, Paco Molero y Luis Lara en la redacción de deportes.

Entre los profesionales dedicados al fotoperiodismo deportivo sobresalen, entre otros, los hermanos Emilio y Miguel Ángel Morenatti que se iniciaron en el *El Periódico del Guadalete*, además de Rafael Iglesias, Javier Vidal, Jaro, Manuel Pascual, Miguel Ángel González y Juan Carlos Toro (*Diario de Jerez*), José Alberto Chichón (*La Voz del Sur*), Cristóbal Ortega (*freelance* y *La Voz de Jerez*), Esteban Pérez, Jorge Arroyo o Enrique Corrales (*Información Jerez*).

2.3. Campo de Gibraltar

El diario *Área* (1956) es el decano de la prensa campogibraltareña, y su edición de los lunes se denominaba *Área Deportiva* por su atención al deporte. Rafael Boza Sánchez y Antonio Vázquez se encargaban de los deportes en la década de los ochenta. El primero era además una de las voces más notables de Radio Cadena y Radio Nacional, mientras que el hijo del mítico Reinaldo Vázquez lo era en Radio Popular (actualmente Cadena COPE)

Otros periodistas destacados del diario *Área* son Javier Bautista, Francisco Prieto (colaborador también en *Diario Cádiz, Sur y Europa Sur*), Pepe Maldonado o Antonio Rodríguez.

En 1982 la Cadena SER tenía dos emisoras (Algeciras y La Línea) en el Campo de Gibraltar, y compartían micrófono Pepe Ojeda y Rafael Piñero, a los que se unieron Theo Vargas (Radio Algeciras) y Rafael Almansa (Radio La Línea). Vargas marchó a Radio Cádiz y Almansa a Sevilla y los sustituyeron Enrique Tadeo (ahora en Canal Sur), Jesús Montilla (quién también trabajó en Onda Cero) y Rafael Boza Álvarez (también en la Cope, en *Área* y *El Faro Información*). Este periódico, *El*

Faro Información (en el que han trabajado Alejandro Sánchez y Eduardo Puche), pertenecía al grupo *Publicaciones del Sur* y ahora se ha convertido en el gratuito *Viva Campo de Gibraltar.*

Pero la competencia real en la parcela deportiva para el diario *Área* ha sido *Europa Sur.* Fundado en 1989 es el periódico que más atendía la información deportiva, cubriendo todas las competiciones de la comarca, incluyendo a los deportes minoritarios. *Europa Sur* dedicaba una página diaria al Balonmano Algeciras, cuando militaba en Asobal, y al baloncesto, cuando competían en la LEB Ciudad de Algeciras, CB Los Barrios o CB Linense. Rubén Almagro ha sido el permanente jefe de Deportes y con él han colaborado Quino López, Javier Navas, Guillermo Ortega, David Cervera, David Lendínez, Rubén Rosón, Francisco Mena o Rafael Máiquez.

La edición del *Diario Sur* en el Campo de Gibraltar (con cabecera propia desde 2003) centra su información deportiva en el deporte comarcal. Francisco Manuel Heredia es el redactor jefe y también ha trabajado en *Área, Europa Sur,* en la Cope, Onda Cero o Radio La Línea.

En el Campo de Gibraltar el fútbol, con el centenario enfrentamiento entre Algeciras y La Balona, ha ocupado muchas horas de radio y páginas en la prensa escrita, pero eso no ha impedido que en las dos últimas décadas otros deportes alcanzaran un espacio digno, como el balonmano y el baloncesto, a los que se unen en verano la vela (con títulos mundiales y medallas olímpicas) y el polo en Sotogrande (que ha acogido los mejores torneos del mundo).

Pero la seña de identidad polideportiva de la comarca, y así se refleja en sus medios, es el golf. El Campo de Gibraltar ha sido la sede de la mayoría de los grandes torneos pertenecientes al Circuito Europeo de golf celebrados en Andalucía (y en España) en estos últimos 25 años; 21 ediciones del Volvo Masters o dos American Express World Golf Championships (en 1999, que se saldó con la victoria de Tiger Woods, y en 2000).

De esa multitud de eventos el que más impacto causó fue la Ryder Cup que acogió el campo de Valderrama en 1997. Allí se dieron cita más de 1100 periodistas, 450 españoles y el resto principalmente estadounidenses o británicos. La sala de prensa tenía montados 450 puestos de trabajo y además había otra sala con 150 puestos para fotógrafos.

Esto ha permitido la proliferación de numerosos especialistas en golf, los más destacados Juan Jesús Quirós (Canal Sur) y Alberto Espinosa (dobleboggey.com, El Faro y Onda Cero).

Resaltar también la labor de fotoperiodistas dedicados al deporte como Francisco Guerrero, Erasmo Fenoy, Tony Mejías, J.M. Quiñones (*Europa Sur*), Andrés Carrasco (Efe, *Diario Sur, Europa Su*r), Marcos Moreno (*Área y Sur*) o Francisco Lozano (*Área y Sur*).

3. CÓRDOBA

Desde su nacimiento en 1941, adscrito a la Prensa del Movimiento, el *Diario Córdoba* ha sido el medio de comunicación de referencia en la ciudad de la Mezquita, si bien en los inicios de la década de los ochenta vivió su época más convulsa con la aparición el 15 de mayo de 1981 de *La Voz de Córdoba,* con Ricardo Rodríguez Aparicio como jefe de Deportes. Justo tres años más tarde los propietarios de *La Voz* adquirieron el *Diario Córdoba*.

A los legendarios Rafael Muñoz "Leafar", Justo Urrutia y Enrique Ortiz se unieron Pepe Cañadillas e Ignacio Cid, que se incorporó desde *La Voz*. Cid -creador del semanario *LÍDER*- asumió la jefatura de Deportes en el *Diario Córdoba* hasta su marcha en 1988 a *El diario del Guadalete* y posteriormente a *Canal Sur.*

A Cid le sucedieron en el cargo Florencio Rodríguez, Rafael Aranda (que también dirigió Onda Mezquita TV), José Luis Blasco (que asumía las funciones de redactor jefe) y Rafael Romero. Por la redacción de *Diario Córdoba* han pasado Paco Merino, Ignacio Luque, Rafael Peralbo (también en Onda Mezquita TV), Francisco Sicilia y Antonio Postigo, dedicados a la actualidad futbolística, que es la que copaba la sección hasta que se fueron incorporando José Luis Piñol, Serafín Ordoño (fútbol sala), Juan de Dios Medina (motor), Luis Beltrán (atletismo) y Antonio Raya.

Diario Córdoba volvió a tener competencia entre 1987 y 1989 con la aparición de *Nuevo Diario de Córdoba,* con Paco Bravo como jefe de Deportes y donde Javier Bonache (antes en Antena 3) ejercía además de redactor jefe. En sus dos años de existencia dio mucha importancia a las categorías inferiores de los diferentes deportes.

Diario Córdoba se mantuvo una década como único diario cordobés. Hasta finales de los noventa solo existían ediciones de periódicos nacionales como el *ABC* –con Antonio Postigo, Eusebio Borrajo, Antonio David Jiménez y Javier Gómez- o andaluces, como el *Diario de Andalucía* (1998-2000) con José Antonio de la Torre (que también trabajó en *La Gaceta de Córdoba*), como responsable de Deportes, aunque a los pocos meses le relevó Rafael Rojas, que contó con Leandro Iglesias y David Jurado.

La mayoría de los redactores de deportes que trabajaron en el *Diario de Andalucía* pasaron a *El Día de Córdoba,* como José Carlos León, Antonio David Jiménez (Punto Radio) o Rafael Aguilar (especialista en atletismo). Desde su salida, en el año 2000, *El Día de Córdoba* contó con Paco Merino como jefe de Deportes, acompañado por Raúl Díaz y Rafael Carlos Mendoza, a los que hay que añadir, entre otros, a Diego Arellano (encargado del fútbol base) y "Cisco" López.

En 1982 Radio Córdoba, de la Cadena SER, era la emisora más escuchada, con Paco Vargas, Rafael López-Cansinos y Pepe Anta, a los que unieron, entre otros, Pepe Cañadillas, Antonio Postigo, Jesús Márquez, José Francisco Rodríguez, David García, José Antonio Alba, "Lalo" Rodríguez y Luis Fernando Garrido, quien entre 1986 y 1996 tuvo un programa dedicado íntegramente al baloncesto.

Y es que este deporte ha sido el que ha tenido mayor seguimiento mediático, tras el fútbol, a pesar de no haber tenido nunca un equipo en la máxima categoría. Eso sí, en Córdoba tiene su sede la Federación Andaluza, y en 1994 se disputaron dos partidos de cuartos de final de la Copa del Rey, cuya fase final se celebró en Sevilla.

También ha ganado relevancia el fútbol sala, con el Club Deportivo Córdoba Cajasur, doble campeón de la liga femenina, y que ha tenido en Córdoba la sede del I Campeonato de Europa, además de la Supercopa y la Copa del Rey. Otros deportes, como el balonmano o el voleibol, también han tenido presencia en las ligas principales, si bien han tenido menor repercusión, lo mismo que le sucede al tenis de mesa, a pesar de que el Cajasur de Priego sea el actual campeón de liga y copa y haya aportado a los dos olímpicos españoles en Londres.

El evento con el que más se han volcado los medios cordobeses ha sido la semifinal de la Copa Davis de tenis, disputada entre España y Francia en septiembre de 2011, que concitó la presencia de los más importantes medios andaluces y nacionales. El *Diario Córdoba,* por ejemplo, distribuyó un suplemento previo de 44 páginas y un cuadernillo de otras 24 cada uno de los 3 días de la competición.

Tres meses más tarde, en diciembre de 2011, se celebró en el Estadio de La Cartuja de Sevilla la final de la Davis, que ha sido uno de los eventos deportivos celebrados en Andalucía de mayor impacto mundial. 190 medios de comunicación acreditaron a 473 personas, de las que 89 eran españolas, 62 argentinas y 39 de prensa internacional. *Estadio*

Deportivo sacó un suplemento previo de 24 páginas, 8 páginas en los diarios del sábado y del lunes y 6 el domingo (el día del partido de dobles).

España logró en Andalucía su quinta Ensaladera.

Aspecto de la Plaza de Toros de Córdoba en la semifinal de la Copa Davis de 2011.

El tenis ha sido de los deportes con más tirón mediático en este siglo. Con motivo de la final de 2004 celebrada en el mismo escenario, la primera que se disputaba fuera de Barcelona, *Estadio Deportivo* hizo un seguimiento durante el mes anterior (al menos una página diaria) y publicó un suplemento especial de 8 páginas y un cuadernillo diario de 8 páginas los 3 días del torneo.

En mayo de 1982 Francisco Hidalgo era el director y el encargado de los deportes de Radio Popular de Córdoba, por donde también han pasado Fran Domínguez, José Antonio de la Torre, Alfredo Asensi y David Jurado. En Radio Nacional trabajaba Pepe Toscano y en *Radio Cadena* Manuel Sánchez Romero, quien, como presidente de la Asociación de la Prensa Deportiva de Córdoba, puso en marcha el *Anuario Deportivo* que ha cumplido 14 ediciones, ahora con Ricardo Rodríguez en la presidencia.

Mario Fraile ha sido la voz del deporte en Radio Mezquita (primero en la cadena Rato y luego en Onda Cero), donde se inició Rafael Cremades. Rafel Rojas (posteriormente en *El Día* y después director deportivo del Córdoba CF era el responsable de deportes en Antena 3 Radio acompañado por Rafael Muñoz, hijo de "Leafar"). También trabajó allí Rafael Lora, que continuó su carrera en Canal Sur.

Canal Sur Radio se convirtió a principios de los noventa en un referente del deporte cordobés con la presencia, entre otros, de Ignacio Cid, Javier Bonache, Alberto Reviriego, Antonio Postigo o Jesús Márquez, ahora editor de Hora Sur Deportiva.

Junto con Onda Mezquita (ahora denominada Una Mezquita), con Leandro Iglesias (corresponsal de La Sexta y MARCA TV), hay que nombrar a la televisión municipal, que en la parcela deportiva llevaba Ricardo Rodríguez, acompañado por Rafael Romero, Antonio Raya y "Lalo" Rodríguez; en Procono TV a Amparo Muñoz y Antonio García Llácer (colaborador en *Córdoba, El Día,* Radio Córdoba CF y es.radio) o a Ildefonso Fernández, ahora en Canal Sur y antes en Localia. Paco Pajuelo, que también fue unos meses el director de *El Diario de Andalucía,* ha sido un habitual en las televisiones locales Procono, Canal Córdoba y CRN, además de en Radio Mezquita.

En cuanto a los reporteros gráficos, hay que destacar a Ladislao Rodríguez "Ladis" padre e hijo, y a Ricardo Rodríguez, junto con sus hijos Rafael y Juan Carlos; este comenzó en *Nuevo Diario de Córdoba* y, tras pasar por *El País y La Razón,* es el responsable gráfico de *El Correo de Andalucía.* También sobresalen Francisco González, Antonio Jesús González, Francisco Sánchez Moreno, Juan Manuel Vacas, Rafael Madero, Juan Obrero "Larrea" y Valerio Merino.

4. GRANADA

IDEAL (fundado en 1932) ha sido en estos 30 años el diario de referencia en Granada y al que solo durante una década le faltó competencia. Diario *IDEAL* prestaba atención a otros deportes, aunque el fútbol ha ocupado la mayor parte de su espacio, con José Luis Piñero como jefe de Deportes y en la redacción Antonio Prieto, Nicasio García, Víctor Romero, Pepe Yepes, Antonio Barragán, Pepe González, José Martín, Paco Vega, que se encargaba de la información polideportiva, Paco Galindo, del ciclismo, y Baena Anias, del fútbol modesto.

El día 24 de mayo de 1982 la mitad del periódico (16 páginas) estaba dedicada a las elecciones andaluzas y 8 quedaban para la sección de Deportes, siete de ellas para fútbol. Al día siguiente, en las 3 páginas deportivas de las 28 que llevaba *IDEAL,* junto con la información del Mundial 82 se mezclaban las del Giro de Italia, la Olimpiada Blanca, hockey sobre patines, atletismo, montañismo y fútbol regional, que prácticamente eran las mismas que el día 26 (con 4 de las 28 páginas para deportes) en las que se repetían el Mundial de fútbol y el Giro y se añadía la actualidad del Granada CF e información del fútbol modesto.

Granada ha sido siempre una ciudad donde ha proliferado la prensa escrita, incluso se editó un semanal llamado *Lunes deportivo* que se mantuvo en los kioscos en la segunda mitad de los ochenta dirigido por Antonio Prieto, al que acompañaba su hijo Juan -uno de los periodistas granadinos que ha tratado mayor número de deportes- y diversos colaboradores, como Víctor Romero.

En 1982 aún existía *Patria,* que, al igual que otras cabeceras pertenecientes a la antigua Prensa del Movimiento, desaparecería en 1984 por falta de compradores. En sus páginas deportivas escribía Antonio Jorge Hidalgo Mora, que ha sido el presidente más longevo (1997/2005) de la Federación de Periodistas Deportivos de Andalucía.

La FPDA se constituyó en Granada el 28 de febrero de 1994 con el nombre inicial de Federación Andaluza de la Prensa Deportiva, y agrupa a más de 600 periodistas de las 8 provincias andaluzas. Francisco Javier García Montes (el popular "Juan Tribuna") ocupó la presidencia hasta 1997, cargo que también han ostentado Miguel Ángel Cortés Aranda (2005-2008) y Javier Bermejo Chamizo desde 2008. "Nono" Hidalgo fue jefe de Deportes en 1982, de *Radio 80* y corresponsal del diario *AS,* que ahora llevan Antonio Rodríguez y Enrique Árbol.

En *Patria* también trabajaban Antonio Barragán, Diego Alonso, José Luis Moreno Codina, Javier Tortosa y Gerardo Girón. Estos tres últimos marcharon a la Cadena SER, donde Carlos Tomás Romero era el jefe de Deportes en Radio Granada.

Moreno, Tortosa y Girón se embarcaron en la aventura del *Diario de Granada,* que se inició en mayo de 1982 y concluyó en 1986. En su redacción también estaba Pepe Yepes, además de Ernesto Martínez y Víctor Romero, que prestaban mucha atención a la información polideportiva.

Foto de familia de la gala de los Premios Periodistas Deportivos de Andalucía celebrada en La Rinconada (Sevilla) en febrero de 2012.

Diario de Granada, como la mayoría de los diarios, no se distribuía los lunes y los martes la mayor parte del espacio estaba destinado a la liga de fútbol en sus diferentes categorías. Eso sí, siempre había un hueco para los otros deportes que el resto de la semana ocupaban más de un tercio de la sección: 3 páginas de las 24 que contenía diariamente el periódico.

Moreno Codina era el responsable de deportes del *Diario de Granada* y el director del periódico que le sucedió entre 1986 y 1987: *El Día de Granada.* Allí el jefe de Deportes fue Víctor Romero y en la redacción estaban Jorge de la Chica, Aurelio Cappa, Ángel de la Chica, Eduardo Barrero, Gerardo Girón, Antonio Barragán y Juan Prieto. Todos ellos -menos Barrero, que estuvo en la SER- trabajaban en Radio Popular (Cadena COPE) y los dos últimos previamente lo habían hecho en *El Defensor de Granada.*

El jefe de Deportes en *El Defensor de Granada* (1983 y 1984) era Antonio Prieto y en la redacción estaban Diego Alonso, Manolo Valverde y

Nicolás de la Plata (los dos últimos en 1982 estaban en Radio 80 junto con Juanjo Tudela).

En 1988 nacía *Granada 2000,* editado por el Grupo Sur de Málaga y que puso mucho énfasis en la información deportiva, debido a que el redactor jefe era Ramón Ramos y el jefe de Deportes Juan Prieto. Por su redacción pasaron, entre otros, Antonio Góngora, Juan Andrés González, Aurelio Cappa, Ángel de la Chica, Ángel Padilla, Pepe Maldonado.

El grupo vasco Comecosa, que había adquirido *IDEAL y SUR,* optó por cerrar en 1990 *Granada 2000*, para no mantener dos cabeceras en Granada.

Además de las emisoras mencionadas hay que destacar que en Radio Cadena trabajaban Antonio Prieto y Paco Vega y en Radio Nacional Luis Arboleda, y posteriormente Miguel Ángel Tirado y Julio García de la Paz, que es el actual director de la emisora. Julio llegó procedente de Radio Genil, de la Rueda Rato -creada en 1982-, donde coincidió con Diego Alonso y Jorge de la Chica.

Antena 3 nació en 1985 con Pepe Yepes, Ernesto Martínez, Gerardo Girón y Ángel Padilla y fue el primer medio en dedicar un programa semanal al deporte universitario, que era sobre el que reposaba la mayor parte del deporte de competición en Granada, exceptuando el fútbol. Los equipos del Club Deportivo Universidad de Granada de voleibol -tanto masculino como femenino-, de balonmano femenino o rugby masculino alcanzaron la máxima categoría en sus respectivas competiciones.

Ese monopolio balompédico se rompió con la aparición del tenis de mesa y el baloncesto. El ascenso del Oximesa de Albolote a la ACB en 1986 cambió los hábitos de la prensa deportiva granadina y dio relevancia a Radio Albolote, donde trabajaban Javier Palma, Javier Aguilera y Alejandro Morales. Hacía diez años que el Granada había abandonado la primera división de fútbol y tres más tarde la División de Plata. Tras el descenso de Oximesa-Puleva le sucedió en la ACB el CB Granada como Covirán, y el baloncesto se convirtió en el segundo deporte con mayor seguimiento mediático.

El interés por el deporte de la canasta se incrementó con la celebración de la final de la Copa del Rey en 1992 y se consolidó con el Eurobasket en 2007. El Palacio de Deportes de Granada acogió el grupo A, en el que se encontraban Rusia, Grecia, Serbia e Israel, mientras que en Sevilla jugaban España, Croacia, Letonia y Portugal. El grupo granadino se demostró como el más fuerte del Eurobasket con Rusia, campeona del torneo, y Grecia, cuarta.

El tenis de mesa también supo conquistar su hueco, pero a fuerza de lograr multitud de títulos individuales y colectivos a partir de 1985: 23 ligas y 16 Copas del Rey para La General (o CajaGRANADA), además de la Liga conseguida por Ávila Rojas. La General acaparaba los mejores jugadores nacionales, la mayoría surgidos de la cantera granadina, que eran además la base de la selección española. La General llegó en tres ocasiones a la semifinal de la Liga de Campeones, lo que le dio a Granada y al tenis de mesa una inesperada promoción. El tenis de mesa es el cuarto deporte con más horas de televisión en la historia de Canal Sur.

Otros deportes que han tenido su espacio en la prensa granadina han sido el atletismo, en los ochenta y noventa (con varios olímpicos), o el ciclismo desde los noventa (con varios ganadores de etapa en el Tour de Francia o de la general de la Vuelta Ciclista a Andalucía) y, por supuesto, Sierra Nevada en la temporada invernal. A la estación más meridional de Europa han acudido los mejores esquiadores gracias a la organización del Mundial de 1996 (tras su suspensión el año anterior) y varias pruebas internacionales, entre las que destaca la final de la Copa del Mundo en 1999.

Pero esos éxitos internacionales de los deportistas y equipos granadinos no oscurecieron el papel preponderante que el Granada Club de Fútbol -incluso en su estancia en Tercera División- ha tenido en la prensa. El 15 de noviembre de 1988 fue el día del siglo pasado en el que más medios deportivos acudieron a la Ciudad de la Alhambra, además para presenciar un amistoso.

Con la camiseta del Granada se juntaron los tres hermanos Maradona: Raúl, que había fichado por el club de Los Cármenes y que era conocido como Lalo, Hugo, que militaba en el Rayo Vallecano, y Diego Armando, el mejor jugador del mundo, que aprovechó el permiso del Nápoles -por el paréntesis en la liga italiana- para enfrentarse al Malmöe sueco. El capitán de la selección argentina no puso reparos en ceder el número diez a su hermano Lalo y en posar con la bandera española. Las televisiones de medio mundo siguen repitiendo 24 años después las imágenes en las que se ve cómo Diego Armando cede un tanto a su hermano y transforma un lanzamiento de falta.

El fenómeno Maradona sobrepasó todo lo conocido, como se comprobó cuando fichó por el Sevilla en 1992. A ningún deportista, con solo 300 días de estancia en Andalucía, le han concedido tanto tiempo los medios de comunicación, hasta el punto de que se crearon especialistas en seguir y contar las andanzas del astro argentino.

IDEAL no tuvo competencia en la década de los noventa con la desaparición en menos de seis años de *Patria, Diario de Granada, El Defensor de Granada, el Día de Granada* y *Granada 2000*. Fernando Velasco era el redactor jefe de Deportes de *IDEAL* y en su redacción están o han pasado, entre otros, Jesús Mª López, Antonio Espina, Paco Perea, Javier Díez Forcada, Justo Ruiz (actual jefe de Deportes), Javier Fuentenebro, Ernesto Martínez, Sergio Yepes, Juan José Fernández, Juanjo Martín, Manolo Fernández, Camilo Álvarez, Manolo Pedreira, Daniel Olivares, Julio Piñero, Carlos Landa, Antonio Sánchez, Víctor Romero o Rafael Lamelas, que es el director de contenidos de *Ideal.es*, el formato digital del periódico y cuya sección deportiva se llama *Canal Rojiblanco*.

IDEAL tuvo nuevos y duros competidores en el terreno deportivo con el cambio de siglo. En 2000 nacía *La Opinión de Granada*, con Carlos Landa como jefe de Deportes, hasta su cierre en noviembre de 2009. *La Opinión de Granada* se volcó con todo el deporte provincial y en su redacción estaban, entre otros, Javier Aguilera, Jesús María Simón, Emilio Fuentes, Félix Vallina, David Corral o José Miguel Olivencia.

En 2003 el Grupo Joly abrió *Granada Hoy*, que en principio parecía la continuación de *Granada 2000*, ya que lo dirigió inicialmente Ramón Ramos y contó con Juan Prieto como jefe de Deportes y con atención a los deportes minoritarios y al fútbol de categorías inferiores. En su redacción han trabajado Juanjo Fernández, Pablo Quílez, Julio Piñero o Alejandro Morales

También se produjeron numerosos cambios en la radio. Antena 3 desapareció, Radio Genil pasó a pertenecer a Onda Cero, con Luis Alonso y Pedro Lara, y Radio Popular a la COPE, con mucha atención al deporte minoritario y con Antonio García Molina como jefe de Deportes. Junto a él han trabajado, entre otros, Fran Roldán, Diego Alonso, Ernesto Martínez o Manolo Santaella que se encargaba de la información de Sierra Nevada.

En Radio Granada, Antonio Rodríguez (que también fue colaborador en *El Defensor de Granada* y en *La Opinión*) se mantiene desde entonces como jefe de Deportes acompañado por Enrique Árbol. Por su redacción (y en la de Alhambra TV) han pasado Pepe Cruz, Luis Alonso, Paco Anguita, Pedro Feixas, Juanjo Ibáñez o Fernando Díaz de la Guardia, que desde 2002 es presentador y editor en Canal Sur.

Por la emisora granadina de la RTVA han pasado José Luis Mendoza, Juanjo Fernández y Carlos Landa, y continúan Gerardo Girón y Aurelio Cappa.

Las televisiones de carácter local han sido Canal 21, con Manolo Valverde, Ernesto Martínez, Antonio Barragán y Mari Carmen Sánchez, o Telenieve, con Emilio Morales, Ernesto Martínez, Juan José Fernández, Manuel Marín, Pablo Quílez, Antonio Barragán y Fernando Argüelles. Solo continúa TG7 -la emisora municipal- con Pedro Lara a cargo de los deportes, acompañado por Fran Latorre.

Y en periodismo gráfico podemos destacar, entre otros, a Ramón L. Pérez, José María González Molero, Alfredo Aguilar, Juan Ortiz, Julio Pedregosa, Pepe Villoslada, Juan Ferreras, Marcelino Moreno, Miguel Rodríguez, Juan Antonio Palma, Charo Valenzuela, Lucía Rivas, Miguel Ángel Molina, Paco Ayala o Pepe Marín.

5. HUELVA

La presencia del club decano del fútbol español -el Recreativo- ha condicionado la información deportiva en Huelva de tal forma que el resto de los deportes ha quedado eclipsado. En los ochenta solo pudieron escapar a este olvido el tiro con arco, el billar, el boxeo y el voleibol.

En 1982 Santiago Cotán era el jefe de Deportes en Radio Popular -al que sucedieron Manoli Chico, que continúa, y Rafael Mora- y acabó en Atlántico TV. Cotán era corresponsal de *MARCA* y colaborador en el diario *Odiel*, donde informaba sobre el "Decano". En *Odiel* que, desapareció a principios de 1984, escribían sobre deportes Manuel Gómez Marín (que posteriormente fue el corresponsal de *ABC*) y Vicente Parra (que colaboraba en Antena 3 y la SER). Juan Bautista Mojarro y Juan José Maestre, al igual que el valverdeño Paco Rodríguez Garfia, coincidieron como colaboradores en *Odiel*, entre otros medios.

En 1983 nació *Huelva Información*, con Victoriano Ruigómez como jefe de Deportes, acompañado en la redacción, entre otros, por Conchi Garrido (que se marchó a *El Periódico del Guadalete* de Jerez) y José Romax.

Huelva Información no tuvo casi competencia en la prensa escrita hasta final del siglo XX, porque casi todos los intentos tuvieron poco éxito. *La Noticia* nació en 1984 y cerró al año siguiente, lo que provocó que su jefe de Deportes, Paco Gamero, pasara a ocupar el mismo puesto hasta 2012 en *Huelva Información*, y que Eugenio Cosgaya se centrara en la corresponsalía de TVE.

En los deportes de *Huelva Información* también están o han estado, entre otros, Santiago Bellido, Javier Álvarez de Miranda, Manolo Saraiva,

Fran Roales, Ismael Gaona, Javier Ronchel, Carmen Ruiz o Antonio Carrasco.

En ese mayo de 1982 se inauguró Radio Huelva, de la cadena SER, con Manolo Guerra, al que sucedieron Manolo Salazar y, actualmente, Raúl Villalba. La otra gran emisora era Radio Nacional, donde los deportes los llevaba Ignacio Ruiz (tras la marcha de Plácido Llordén a Canarias), y posteriormente Miguel Ángel Rodríguez, Javier García y Rafael Domínguez. Entre los colaboradores de RNE podemos destacar, entre otros, a Félix Camacho que también ha trabajado para Punto Radio, entre otros medios.

Pepe Romax era el responsable de los deportes en Radio Andalucía (montada por *El Correo de Andalucía*), que pasó a denominarse Radio Rocío (en la Cadena Rato, con Francisco Ruiz) y que actualmente pertenece a Onda Cero, con Nacho Ruiz a cargo de los deportes.

Romax empezó como fotógrafo y otros especialistas gráficos en deportes en Huelva en estos 30 años son, o han sido, Pedro Rodríguez "Rodri" -actual alcalde de Huelva-, Manolo Muguruza, Guadalupe Cejudo, Alberto Ruiz, Josué Correas, Patricio Romero, José Miguel Espinola, Iván Quintero, Miguel Ángel Vázquez, Julián Pérez, Julián Blanco, Ana Pájaro o Pepe Ortega.

La andadura de *La Voz de Huelva* duró cuatro años (1995-1999), con Paco Ruiz a cargo de los deportes, y con él estaban Conchi Garrido, Rafa Mora, Juanan Romero (ahora en *Diario de Sevilla*) o José Carlos Galván (actualmente corresponsal de *MARCA*).

En *La Prensa,* que solo resistió un año (2000-2001), Paco Ruiz era redactor jefe, con Fali Durán, Rafa Mora, David Cuéllar o David Mingo en la redacción. Paco Ruiz, que empezó en *Huelva Información,* dirigió *Huelva Estadio Deportivo*, también de exigua existencia, y trabajó en la COPE y en Onda Cero.

Odiel Información fue fundado en 1999 y en 2011 cambió su nombre por *El Periódico de Huelva*. Aquí han escrito sobre deportes José Carlos Galván, José Antonio Cárdenos (actualmente corresponsal del *AS y Estadio Deportivo*), Paco Núñez, David Cuéllar o Fali Durán, y continúan Antonio Bendala, Fran Barbosa, Alejandro Díaz y Damián Ortiz. Su padre, Manuel "Boby" Ortiz, ha sido colaborador en casi todos los medios onubenses gracias al conocimiento que le dio su presencia, incluso como presidente, en varias federaciones deportivas como baloncesto, ajedrez, vela o motonáutica.

El baloncesto, desde el ascenso del Ciudad de Huelva a la ACB en 1998, ha encontrado un hueco en la prensa onubense. Otros deportes que han tenido un buen tratamiento mediático han sido el motor (con el Raid Quinto Centenario o los dos Campeonatos del Mundo de Enduro) y en los veranos la vela, con las diferentes regatas colombinas o la transoceánica Palos (Huelva) – La Gomera (Tenerife), y el tenis, con la Copa del Rey, que organiza el primigenio Club Recreativo de Huelva.

El último gran acontecimiento deportivo celebrado en la provincia onubense ha sido uno de los de mayor repercusión mediática internacional, con más de un centenar de periodistas acreditados. En marzo de 2011 Punta Umbría acogió el Campeonato del Mundo de Cross, retransmitido por 65 cadenas de televisión y con cerca de 20 000 espectadores que se acercaron a presenciar alguna de las pruebas. También hay que destacar los Juegos Iberoamericanos en 2004.

Tal vez sea Huelva la provincia andaluza donde más haya destacado el deporte femenino en este siglo, con el Sporting de Huelva y el Estudiantes en fútbol, el Club Baloncesto Conquero o el bádminton, que aunque sea un deporte mixto, en el IES La Orden sobresale la figura de Carolina Marín, la deportista que ha copado más espacio en los medios onubenses.

Entre las ediciones locales de diarios nacionales destacó la de *El Mundo-Huelva Noticias,* con Fali Durán y ahora con Luis Siles a cargo de los deportes.

Desde finales de los ochenta se han consolidado varias emisoras de radio como Radio Odiel, por donde han pasado Manolo Camacho (que escribía en *La Opinión de Huelva),* Paco Morán y Miguel Barroso. Este procedía de Hispanidad Radio y acabó en CNH Radio y Televisión, donde también colaboró Plácido Llordén, y donde también han trabajado Fali Durán, Augusto Chávez, Jesús Pulido. CNH ahora se llama UNA Huelva, donde siguen Fran Barbosa, Alejandro Díaz, Antonio Bendala, Damián Ortiz y Miguel Barroso.

También como radio y televisión nació en 1989 Canal Sur, donde concluyó su carrera Ignacio Ruiz (después de pasar por la SER), que estaba acompañado por Manuel Jesús Montes y Juan Jesús Quirós. Antonio Camaño es el que lleva ahora los deportes en la RTVA en Huelva.

Entre el resto de aventuras televisivas destacan Atlántico TV, con Concha Gómez y Manolo Camacho; Teleonuba, con Gaspar González, Nardy Lafuente (actual jefe de Prensa del Recreativo), Juanma Garrido, Ismael Gaona y Javier Álvarez de Miranda; Huelva TV, con Kiko Ruiz y

Rafael Mojarro; o Popular TV, ahora conocida por Antena Huelva, con Paco Morán y José Luis Camacho Malo.

6. JAÉN

El *Diario Jaén* ha sido el medio de comunicación de referencia en la provincia desde su nacimiento en 1941. En mayo de 1982 José Villar Casanova, "Pepe Vica", era el jefe de Deportes y con él estaba Pepe Gutiérrez, que le dedicaba un buen trato a otros deportes, especialmente al ADA Jaén que militara en la División de Honor de balonmano.

Antonio Oliver era el jefe de Deportes en Radio Jaén, de la Cadena SER, hasta que se fue para ocupar el mismo puesto en Málaga y Sevilla y regresar como director de Onda Cero. En esta emisora José Cortés cubre la parcela deportiva en sustitución de Julio Armenteros. En Radio Linares destacaban Félix Martínez -una eminencia nacional en el análisis de los arbitrajes en el fútbol-, responsable de deportes y corresponsal del diario *IDEAL*, y Emilio Gijón, que lo era del *Diario Jaén*.

En ese mayo del 82 Fernando Arévalo aún era redactor del *IDEAL* y de Radio Nacional, emisora en la que después sería nombrado director, donde le acompañaba Antonio Martínez, mientras que en Radio Popular estaba Fernando García, al que se unió Manolo Contreras, que se ha encargado de la parcela deportiva más de dos décadas, además de escribir en *Viva Jaén*.

Pepe Gutiérrez dejó el *Diario Jaén* y, antes de encargarse de la dirección regional del Grupo PRISA en Extremadura y después en Andalucía, dirigió Radio Guadalquivir, donde la parcela deportiva la llevaba Pepe Cruz. A este le sustituyó Pedro Jesús Fernández y posteriormente Paco Benítez y Chema Artiga. Con la desaparición de Radio Guadalquivir, Artiga fue jefe de Deportes en Antena 3, en Canal 23 (la primera televisión local privada de Jaén) y en Punto Radio y colaborador del *Diario Jaén*. Por la sección de Deportes de *Diario Jaén* han pasado, Juan Espejo -actual director-, Antonio Cepedello, Víctor Romero, Juan Antonio Siles, y continúan José Eugenio Lara, que es el actual jefe de Deportes, Gilberto Moreno, Rafael Abolafia y José Ramón Casado.

El final de los ochenta fue una época movida tanto en los medios de comunicación como en el deporte jienense. Entonces el Torneo Internacional de Ajedrez Ciudad de Linares, creado por Luis Rentero en 1978, ya era el más importante del mundo y concitaba la atención de los medios nacionales y los especializados internacionales. Desde 1979 se celebró bienalmente hasta 1987, cuando acogió el match final de candidatos entre Anatoly Karpov y Andréi Sokolov. Karpov venció y se enfrentó por el título mundial en Sevilla a Kasparov, quien con nueve victorias domina el palmarés del torneo conocido como el "Wimbledon del ajedrez".

El Mundial de Ajedrez se inauguró en el teatro Lope de Vega de Sevilla el 10 de octubre de 1987 y además de medirse en el tablero los dos mejores jugadores del mundo se enfrentaban dos concepciones de este deporte, la oficialista -representada por Karpov- y la disidente, con un Kasparov que había creado la Asociación de Grandes Maestros, enfrentada a la federación internacional, la FIDE. El 19 de diciembre concluía el Mundial con una derrota inexplicable de Karpov en la última partida que dejaba en empate el torneo y el título en las manos de Kasparov. Como consecuencia de estos dos torneos -Mundial de Sevilla y Torneo Internacional de Ajedrez Ciudad de Linares- España se convirtió en el referente internacional de este deporte; nuestro país organizaba más y mejores torneos que ningún otro y aquí fijó su residencia la mayoría de la élite mundial en la década de los noventa.

En esa década se sumaba en Linares el Club Baloncesto Santana, que alcanzaría la División de Honor femenina y el Jaén Fútbol Sala, que participaba en la LNFS (Liga Nacional de Fútbol Sala). Este club, con el nombre de Oliva Secavi, había conquistado a principios de los noventa la liga de fútbol sala en tres ocasiones y en dos la Copa de Europa que organizaba la FIFUSA. Otro deporte con repercusión mediática en los últimos años ha sido el atletismo, con la popular carrera de San Antón y con el club Zeus, ahora Unicaja Jaén.

Francisco Javier Oliver dejó los deportes en Radio Jaén en 1989 para asumirlos en la delegación en Jaén de la RTVA, acompañado por Alfonso Miranda, Lorenzo Canales y, actualmente, por Francisco Javier Bravo.

Oliver se mantuvo como responsable de la sección de Deportes del diario *IDEAL* hasta mediados de los noventa, cuando lo reemplazó Miguel Ángel Contreras. En este periódico colaboran José Ángel Gutiérrez y Eduardo Oliver, que sustituyó a su hermano Javier al frente de los deportes de la Cadena SER.

Por la redacción de deportes de la radio-televisión municipal, Onda Jaén, han pasado Daniel Illana, Javier Nieto, Pepe Polo, Pedro Tomás López (corresponsal de *MARCA*) y actualmente José Luis López.

En cuanto al periodismo gráfico, hay que mencionar a la familia Montes (Higinio y sus hijos Pedro Antonio y Eduardo) en televisión; en el

Diario Jaén a Julián Rojas, Charo Fernández Valenzuela, Rafael Casas, Agustín Muñoz, José Poyatos o Justi Muñoz; Pepe Ortega, y su hijo Sito, y Enrique Alonso (en Linares) y actualmente Francis J. Cano en el *IDEAL*; y en el *Viva Jaén*, a Juan de Dios Ortiz.

7. MÁLAGA

Málaga es por tradición la ciudad andaluza que ha tenido mayor variedad y cantidad de clubes en la élite del deporte español, lo que se ha visto reflejado en el tratamiento de sus medios de comunicación, si bien solo el baloncesto -en las dos últimas décadas- ha sido capaz de robarle portadas al fútbol. El diario *SUR* es un buen termómetro en el que podemos observar la evolución del periodismo deportivo de la Costa del Sol.

El *SUR* nació como diario *Arriba* en 1937, aunque pronto cambió por su nombre actual, y se convirtió en el periódico de mayor rentabilidad de los pertenecientes a la Prensa del Movimiento en Andalucía. En 1984 los propios trabajadores se hicieron con la propiedad del diario, que posteriormente pasó al Grupo Correo y en la actualidad a Vocento.

En 1982 Manolo Castillo (que también fue una reconocida firma en el deportivo *MARCA)* era el responsable de la sección de Deportes. Con Castillo estaban Paco Cañete, Juan Cortés, Pedro Luis Gómez (que es el actual responsable de publicaciones del diario), Francisco Cortés "Pacurrón", Santiago Souvirón (que colaboraba en RNE), Pepe Rivas (encargado del fútbol modesto) o Juan Antonio Morgado (que es el jefe de Deportes desde 2007).

Prueba de la importancia que tenían los deportes denominados minoritarios en Málaga es que ya en esa época *SUR* contaba con dos especialistas en temas no futbolísticos como Gabriel García, que escribía sobre balonmano y motor, y Paco Rengel, que lo hacía exclusivamente sobre baloncesto, hasta que se hizo cargo de la sección de Deportes en 1992.

Si echamos un vistazo al periódico en ese 1982 podemos observar que los martes (todavía *SUR* no se vendía los lunes) la sección de Deportes ocupaba 8 de las 56 páginas del diario, todas dedicadas al fútbol, menos la última, en la que solían firmar Rengel y García. Sin embargo, muchos de los días entre semana la presencia de los deportes modestos ocupaba casi un tercio del espacio de la sección, que quedaba reducida a 2 o 3 páginas.

La Hoja del Lunes, por ejemplo, dedicaba 13 de sus 36 páginas a deportes, de ellas una o dos al polideportivo.

El otro periódico que se imprimía en Málaga -acababa de desaparecer el vespertino *La Tarde*- era el *Sol de España,* que aunque nacido en Marbella, se editó en la capital de la Costa del Sol desde 1967 hasta su cierre en agosto de 1982. José Amador López (conocido como "Pepe Gol") era el jefe de Deportes y con él escribían Manolo Merchant o Manolo Jiménez, mientras que Rafael Rodríguez (que posteriormente fue jefe de Informativos de Canal Sur TV y ahora es presidente de la Asociación de la Prensa de Sevilla) lo hacía sobre baloncesto.

La verdadera competencia que tuvo *Diario SUR* en la hegemonía por las informaciones deportivas (más bien sobre fútbol) provenía de las radios. Paco Fadón desde Radio Popular era uno de los referentes y con él trabajaban Antonio Guadamuro, Manolo Merchant, Manuel Sanjuán y Manolo Jiménez.

"Pepe Gol" era el corresponsal de Carrusel Deportivo, hasta que en mayo de 1982 nació Radio Málaga de la Cadena SER. "Pepe Gol" pasó junto con Domingo Mérida desde Radio Juventud a Radio Cadena, donde coincidieron con Antonio Sánchez Jiménez Pajarero, mientras que en Radio Nacional estaban Miguel Martín Alonso, Antonio Carmona y Jesús Hurtado.

Joaquín Durán fue el primer director de Radio Málaga y fichó a Paco Cañete como jefe de Deportes, aunque a los pocos meses fue sustituido por Guillermo Sánchez. Este se marchó en 1986 con Durán a Madrid como coordinador de Deportes de la Cadena SER. Javier Pardo pasó de redactor a jefe de Deportes y se incorporaron nuevas voces como Paco Rodríguez o Antonio Rengel. Todos, menos Cañete, están ahora en Canal Sur.

Lo cierto es que los responsables de la sección de Deportes en Radio Málaga en sus primeros 20 años duraron poco en el cargo que también han ocupado José Carlos Barbado, Antonio Oliver, Eduardo Barrero y Justo Rodríguez, el único que se mantiene. Por su redacción han pasado, entre otros, Álvaro Rodríguez, Jorge Ramos, Enrique Aparicio o Borja Salvo.

En 1982 también nacieron Radio 80, con Felipe Pardo y Federico Cuberta en los deportes, y Antena 3. Paco Cañete era el jefe de Deportes en Antena 3 con Paco Rengel, Pedro Montiel, Manolo Fadón y José Manuel Velasco en la redacción. Estos dos últimos se marcharon con Cañete en 2000, cuando cerró Antena 3, a la Cadena COPE. En esta emisora también han estado a cargo de los deportes Manoli Chico, Silvia Verde, Jorge Padilla, Emilio Guerrero y Javier Bautista, que son los dos que continúan.

Terminó la resaca del Mundial 82, en el que Manolo Castillo ejerció como jefe de prensa de la sede malagueña, y el *SUR* volvió a tener competidores. En 1983 nació *Diario Málaga-Costa del Sol* con Manolo Jiménez como director y con redactores como Manolo Merchant, Federico Cuberta o Álvaro Rodríguez, además de José Carlos Barbado, Julián Cabellos, Manolo Fadón y Ana Mª Romero, que ejercieron como jefes de la sección. Pepe Cayuela (que firmaba JOCA) escribía sobre fútbol provincial.

Ya en la fase terminal del diario trabajaron José Carlos Borella -jefe de Deportes-, Dani Marín, Juan Calderón y Kiko Álvarez de Toledo. Y es que el *Diario Málaga-Costa del Sol* cerró en octubre de 2006 tras la detención de su dueño -Emilio Rodríguez Bugallo- en la segunda fase de la "Operación Malaya" contra la corrupción municipal en Marbella.

Los ochenta fueron propicios para el nacimiento de nuevas cabeceras, también en Marbella. En 1984 surgió *La Tribuna de Marbella*, que cerró en 1986, y le sucedió *El Sol del Mediterráneo* (1988-1991). Juan Carlos Marcos fue el encargado de la sección de Deportes en ambas redacciones y en el *El Sol del Mediterráneo* le acompañaron Pedro Martín, Mariano Santiago (que fue jefe de Prensa del Málaga CF), José Antonio Hierrezuelo y Justo Rodríguez que fue el último jefe de Deportes.

En el mismo período (1988-1990) estuvo en los kioskos *La Gaceta de Málaga*, en la que Francisco Fadón ejercía como director y en la redacción de deportes estaban Manolo Merchant (como jefe de sección), Álvaro Rodríguez, Antonio Jesús Merchán o Manolo Fadón.

En la delegación malagueña de *Diario 16* destacaron en la parcela deportiva Mª Dolores Tortosa, que era la jefa de la sección, Fran Rando o Jon Rivas. También *El Correo de Andalucía* tuvo una edición en Málaga durante un par de años, cuyos redactores de Deportes eran Jesús Ballesteros y Soraya Ruiz.

Diario SUR reaccionó renovando la redacción de deportes, a la que se incorporó en 1987 Manuel Alejandro Castillo. Este ha regresado en 2012 como director después de haber puesto en marcha *La Voz de Cádiz* en 2004 y haber sido el responsable de la redacción del grupo Vocento en Madrid, de la que depende la agencia Colpisa. Tras él llegaron, entre otros, Sergio Cortés, Antonio Ortín (que fue jefe de Deportes entre 2005 y 2007), Mariano Santiago, José Miguel Aguilar, Antonio Góngora, Pedro Luis Alonso, Javier López, Manolo Fadón, Juan Calderón, Ale Sandino, Dani Marín o Enrique Miranda.

También hubo movimientos en las radios. Los redactores de Radio Cadena pasaron a Radio Nacional y también lo hicieron, entre otros,

Miguel Ángel Cortés, Juan Ignacio López Santiago, Sergio Cortés, Antonio Rodríguez, Jesús Hurtado, Pepe Rojo, Raúl Santidrián o Luis Falla.

Radio 80 pasó en 1987 a pertenecer a la Rueda Rato y en 1990 a Onda Cero, donde han sido jefes de Deportes Jorge Ramos, Justo Rodríguez, Manolo Fadón o José Manuel Velasco y donde también han trabajado, entre otros, Sergio Cortés, Enrique Sierra, Jorge Ramos Leiva o Javier Lara.

En 1988 abrió Canal Sur Radio en Málaga, emisora en la que han sido responsables de Deportes José Carlos Barbado y Damián Bernal y con ellos han trabajado, entre otros, Antonio Rengel, Alfonso Miranda, Paco Rodríguez o David Hidalgo, además de Juan Carlos Tirado, Cristina Mena y Eduardo Ramos que continúan junto con Bernal en la radio y también en Canal Sur Televisión. Los primeros redactores deportivos de esta cadena en Málaga fueron, entre otros, Miguel Ángel Cortés, Salomón Castiel, Manolo Bellido o Enrique Romero.

Ya hemos comentado que Málaga es una provincia de tradición polideportiva con numerosos campeones mundiales y europeos -incluso olímpicos- en los deportes náuticos, en golf y en varios deportes de equipo.

La celebración en España del Mundobasket 86 supuso el primer punto de inflexión. En la sede malagueña se alojó el equipo de Estados Unidos, que con David Robinson a la cabeza se proclamaría campeón mundial. En el mismo grupo compitieron las selecciones de Italia, Alemania, Puerto Rico, China y Costa de Marfil. Nunca se habían visto en España tantas medidas de seguridad en un acontecimiento deportivo, y es que el 15 de abril de 1986 la aviación estadounidense bombardeó Trípoli, la capital de Libia, dentro de la Operación "El Dorado Canyon".

El segundo y definitivo acontecimiento que convirtió al baloncesto en un deporte capaz de rivalizar con el fútbol no fue como consecuencia de los títulos de Copa Korac, Copa del Rey y Liga ACB conquistados por Unicaja en este siglo XXI, sino por una historia que acabó en derrota.

Unicaja llegó en 1995 a la final de la ACB y cada victoria se festejó como si se hubiera tratado de un título, con recibimientos como héroes a los jugadores en el aeropuerto. Todos los medios malagueños le dieron más importancia a esa eliminatoria que a las elecciones municipales que se celebraban la semana siguiente, tanto por el espacio asignado como por el tratamiento. Y eso que el cartel electoral presentaba a Celia Villalobos (PP), Eduardo Martín Toval (PSOE) y Antonio Romero (IU).

El despliegue de medios en esa final resultó también inusual y el *Diario SUR* indicaba en su portada: "Málaga vive con Unicaja la mayor euforia deportiva de su historia". Y es que la mayoría de los 5000 aficionados que acudieron ese 18 de mayo a Ciudad Jardín -y muchos que lo vieron por la tele- aún recuerdan ese partido como el mejor que han vivido.

Portada del Diario Sur, 17-5-1995.

A pesar de que el trofeo se escapó de las manos, esa euforia provocó que el *Diario SUR* consiguiera vender (a 1000 pesetas cada uno) 10 000 DVD con la historia en la que el modesto Unicaja se quedó a un triple -el de Ansley- de arrebatar el título al todopoderoso Barcelona.

Desde entonces nada fue igual. Todos los medios guardan un espacio diario en sus páginas, informaciones o tertulias al baloncesto y han sido numerosos los especiales publicados con las otras cinco finales disputadas posteriormente por Unicaja.

También contribuyó a ello el nacimiento de otros medios de comunicación, entre ellos *La Opinión de Málaga* en 1999. Antonio Cepedello y Juanjo Cabello fueron los primeros responsables de la sección de Deportes. Por su redacción han pasado Fabel Aguilera, Isabel López, Víctor Molina o Covadonga López y en la que continúan Miguel Gámez, Fali Guerra, José Criado, Fran Extremera, Javier Lerena y Manu Puga, con Emilio Fernández como jefe de Deportes. Ese mismo año *MARCA* probó con un diario deportivo -*Club Málaga*- que duró una temporada en los kioscos.

En 2004 el grupo Joly sacó *Málaga Hoy* con Eduardo Huelin como jefe de la sección acompañado por Nacho Rodrigo, Juan Jiménez, Enrique Salvatierra y Carlos Pastor, además de José Manuel Olías y José Luis Malo, que permanecen en la sección como responsables de la misma y con colaboraciones de Ismael Touat y Quique Salvatierra.

Diario SUR, por su parte, puso en marcha en 2002 su propio canal de televisión, Canal Málaga, dirigido por Manuel Alejandro Castillo, con Juan Calderón, Dani Marín, Sergio Cortés y Paco Rengel en la redacción.

Otras televisiones que han destacado por el tratamiento del deporte -además de Canal Sur- han sido Procono, con Felipe Pardo, Iñigo Vallejo o Jorge Ramos, entre otros, Localia, con Salvador Reina, Málaga Televisión, con César Suárez como responsable de Deportes o Sebastián Freire, de Onda Azul.

No debemos olvidar a Punto Radio con Antonio Campos, Ale Sandino, Antonio Ortega y Dani Marín, a Álvaro del Río, en Radio Intereconomía, a Enrique Salvatierra, en es.radio, Antonio Naranjo de Radio Marbella o Julio Rodríguez en Onda Cero Marbella.

En cuanto a los fotógrafos que han destacado en la parcela deportiva, es imposible nombrar a todos, pero en esta relación no pueden faltar Mariano Pozo (*AS*), Rafael Díaz Pineda (Efe), Jesús Domínguez (*Diario 16 y El Mundo*), Antonio Chaves, Antonio Melero (*Diario 16*), Salvador Salas –y sus hijos Antonio y Salvador-, Carlos Moret, Fernando

González Aranda (*SUR*), Paco Rodríguez, Pablo Blanes *(Diario Málaga Costa del Sol)*, Carlos Criado, Gregorio Torres, José Luis Arciniega, Daniel Pérez (*La Opinión*), Lorenzo Carnero (*Málaga Hoy)*, Eugenio Griñán, Javier Rodríguez Arquimbau o Pablo Souvirón (Agencias).

8. SEVILLA

En mayo de 1982 en Sevilla se imprimían *La Hoja del Lunes, ABC, Suroeste, Nueva Andalucía y El Correo de Andalucía*. *ABC* de Sevilla tiene edición propia desde 1929 y en la Transición era más rentable que la matriz surgida en 1903. José Antonio Blázquez y Manuel Ramírez Fernández de Córdoba (que llegó a ser director del periódico) se alternaron en la jefatura de la sección de Deportes en la década de los ochenta. Les sucedieron Paco Pérez Gandul y Gerardo Torres.

Por la redacción de Deportes de *ABC* están o han pasado, entre otros, José María "Lebron" Aguilar (que ahora firma sus colaboraciones como "Daguerre"), Lorenzo Muñoz, Fernando Gelán (que también escribió en *La Hoja del Lunes, Nueva Andalucía y El Correo de Andalucía)*, Ricardo Ríos, Alejandro Delmás, Javier de Pablos, Juanma Ávila (actualmente en la revista del Sevilla FC), Juan Luis Pavón, Luis Granados, José María Igeño, Manolo Conradi, Mateo González, Ramón Román, Roberto Arrocha, Sergio Ávila, Manuel Méndez, Eduardo Barba, Manolo Barrero, Juan Morilla y sobre fútbol modesto han escrito Manolo Carmona y Benito Castellanos.

Ya vimos en la introducción el tratamiento que *ABC* concedía al deporte en mayo del 82; veamos lo que sucedía en el resto de la prensa sevillana:

El matutino *Suroeste*, que relevó en junio de 1976 al vespertino *Sevilla*, tenía la intención de convertirse en un diario de ámbito regional, con las primeras instalaciones de *offset* a color de Andalucía. Debido a su escasa venta y a su anterior pertenencia a la Prensa del Movimiento solo se mantuvo hasta febrero de 1983, sin posibilidad siquiera de entrar en una subasta que mantuviera la cabecera.

Suroeste -como era tradicional- no se distribuyó el lunes 24 de mayo de 1982 y los días siguientes, en su línea habitual, reservó 5 de sus 24 páginas para deportes, la última una sección denominada Polideportivo, y el resto, a excepción de unas reseñas sobre el Giro de Italia y el Voleibol Alcalá, versaban sobre fútbol.

Mariano Martín-Benito era el responsable de deportes, pero *de facto* también lo era del periódico, lo mismo que le sucedía en *La Hoja del Lunes,* donde se repartía el espacio deportivo con Ignacio García Ferreira, Santiago Sánchez Traver o Juan Palma. Mariano ha fallecido a los 80 años ejerciendo aún como corresponsal de *MARCA* y junto a él en *Suroeste* escribían en la parcela deportiva José Félix Machuca, José Luis Montoya (posteriormente en *ABC),* José Ángel Bonachera, Antonio Gómez, Benito Castellanos y Luis Carlos Peris.

Peris simultaneaba su aparición diaria en *Suroeste* con la jefatura de Deportes en *Diario 16 Andalucía* -donde firmaba Carlos Zoffman- que distribuía desde Madrid una edición regional que se empezó a imprimir en sus talleres de Sevilla el 4 de octubre de 1982. Esa dependencia de Madrid provocó que el contenido de la información deportiva difiriera en mayo del 82 notoriamente de la que se consolidó con la edición exclusivamente andaluza.

No extraña que el día 24 de mayo, de las 5 páginas de deportes, 3 estuvieran dedicadas al triunfo de Ángel Nieto en el Jarama, con un gran fotorreportaje, realizadas en Madrid, y 2 para el fútbol. Al día siguiente, 4 de las 48 páginas estaban ocupadas por temas deportivos: el Mundial-82, el ascenso a segunda división del Xerez Deportivo, el Giro de Italia y la última página trataba sobre el FC Barcelona, el Real Madrid, montañismo y tenis. El día 26 los temas fueron el Giro de Italia, una información sobre el Betis y otras 2 páginas para el fútbol.

Junto a Peris escribían, entre otros, en *Diario 16* José María Gutiérrez (desde 1989 en *Canal Sur*), Jesús Martínez, Javier Rubio, Alejandro Delmás, Manolo Carmona, Manolo Rodríguez o Juan Luis de las Peñas.

Nueva Andalucía era un diario vespertino propiedad de *El Correo de Andalucía,* nacido en 1976 y cerrado en 1984. El 24 de mayo de 1982 ambos periódicos editaron conjuntamente dos ediciones con motivo de las elecciones; 17 páginas estaban dedicadas a los comicios y 7 de las 15 restantes se reservaron para deportes, de las cuales todo era fútbol, menos media página en las que se informaba sobre Ángel Nieto y el voleibol (Fleming de Sevilla y Veracruz de Huelva).

Al día siguiente la sección de deportes ocupaba 7 de las 24 páginas de *Nueva Andalucía*; 5 de ellas estaban dedicadas al Mundial-82, otra era información sobre el Sevilla y el Betis y en la última iban noticias polideportivas facilitadas por *Andalucía Deportiva*. Esta agencia también cerró la quinta -y última- página deportiva del día 26 de mayo denominada Deporte Amateur, mientras que las 4 restantes trataban sobre fútbol. Esta asociación entre el diario y la agencia permitió que como mínimo hubiera una página diaria de información dedicada a los deportes minoritarios. Esta práctica con los años se hizo habitual en toda la prensa sevillana.

El Correo de Andalucía (fundado en 1896), por su parte, los días 25 y 26 de mayo reservó 6 de sus 32 páginas para temas deportivos, todas menos la última estaban ocupadas por el fútbol.

El jefe de Deportes de *Nueva Andalucía* en 1982 era Paco Pérez Gandul y el de *El Correo de Andalucía* Tomás Furest que llegó a ser redactor jefe y trabaja actualmente para Canal Sur. En la redacción de *Nueva Andalucía* estuvieron Victoriano "Chacho" Ruigómez, Milagros Muñoz o Isamay Briones (que se inició en *Andalucía Deportiva* y que fue directora de Giralda Televisión).

Muchos periodistas escribieron para ambos diarios, como Manolo Carmona y Juan Martín, que lo hacían sobre fútbol modesto, o Pepe Elías que reemplazó a Furest y continúa como jefe de Deportes en *El Correo de Andalucía*. También lo hizo José Manuel García, que marchó en 1986 a *MARCA* donde se encargaba de reportajes especiales y que cubrió, entre otros eventos, tres mundiales de fútbol, uno de baloncesto, un Tour y una Vuelta a España, y regresó a Sevilla en 2002 como delegado de *AS*; posteriormente trabajó en Canal Sur.

En *El Correo de Andalucía* han trabajado, entre otros, Emilio González, Salvador Domínguez, Javier Blázquez, Jacinto Vidarte (se fue a *MARCA*), Javier Mérida, Jesús Alba, Nacho Delgado (ahora responsable de Comunicación del CB Cajasol), Paco Cepeda, Fali Pineda o Álvaro Ramírez, y continúan Luis Alberto Lastra, Kiko Canterla, Horacio Raya y Javier Delgado.

La emisora más escuchada en 1982 era Radio Sevilla, fundada en 1927, con Antonio L. Somoza como jefe de Deportes, al que sucedieron Manolo Rodríguez, Rafael Almansa *y* Antonio Oliver. Por la emisora decana de Andalucía (y segunda de España) pasaron, entre otros, desde 1982 Lorenzo Muñoz, José Antonio Sánchez Araujo (colaborador en *ABC*), Guillermo Sánchez, Manolo Gordo y Manolo Lorente (los tres están ahora en *Canal Sur)*, Juan Carlos Yáñez, Juan Carlos Vélez, Víctor Fernández, José Manuel Oliva o Miguel Ángel Moreno (que también trabajó en los medios del Sevilla FC). Santiago Ortega es el jefe de Deportes y con él están Florencio Ordoñez, Manolo Aguilar y Fran Ronquillo.

La otra emisora comercial que había en Sevilla antes de las primeras elecciones andaluzas era Radio Vida, fundada en 1955 *(*después Radio Popular de Sevilla), por donde han pasado, entre otros, Antonio José

Vázquez, José María Fernández, José Manuel Galdámez, Antonio L. Somoza (que recuperó en la temporada 1988-89 el popular dialoguillo "El tío Pepe y su sobrino" creado por Juan Tribuna en los cincuenta en Radio Sevilla), Juan Bustos, Ismael Medina (ahora responsable de comunicación del IMD de Sevilla), Rafael Sierra, Manoli Chico, Jorge Liaño, Felipe Galbarro o Fran Ronquillo. Rafael Almansa lleva la sección de Deportes acompañado por Andrés Ocaña (procedente de Radio MARCA), Víctor Fernández y José Manuel Oliva.

Radio Cadena en Sevilla fue pionera en 1984 en la radio fórmula deportiva con noticias deportivas y música, que llevaban Benito Vázquez Regueira, Antonio Gómez y Bartolomé Cabello. También Pepe Nieto y José Antonio Cañestro estuvieron en RCE antes de su integración en RTVE. En Radio Nacional hay que resaltar, entre otros, a Salvador Recio, Manolo Lara, José Ángel Bonachera, Ignacio García Ferreira, Luis Falla, Miguel Evangelista, Javier Monterrubio (ahora en Canal Sur), Enrique Olivares o Silvia Verde (también en Antena 3 TV).

A estas emisoras tradicionales se unieron en 1982 Radio 80 y Antena 3. Ricardo Ríos era el director de Radio 80 y cuando esta fue adquirida por Antena 3 fue su jefe de Informativos, aunque siempre estuvo vinculado al deporte; de hecho, Ríos fue el jefe de prensa de la sede sevillana del Mundial 82.

Luis Falla, Pepe Yepes y Salvador Domínguez (de ahí pasó al departamento de prensa del Caja San Fernando de baloncesto) llevaron los deportes en Antena 3, hasta que en 1984 llegó Ramón Cobo acompañado por Manolo Valverde y Fernando Venegas. Alfredo Martínez y Enrique Millán sucedieron a Cobo como jefes de Deportes y por allí pasaron, entre otros, Javier Blázquez, Ismael Medina o Agustín Varela y otros que ahora están en Canal Sur, como Antonio Bustos (antes en Radio Meridional), Juan Bustos y Manolo Martín Cabeza.

El jefe de Deportes en Radio 80 en 1982 era Manolo Capelo, y con él estaban Milagros Muñoz, Pepe Andreu y Bartolomé Cabello. Este pasó a Radio Triana, donde era el jefe de Deportes, con un programa que tuvo gran acogida popular, "La afición opina". Junto a él trabajaron, entre otros, Andrés Gotor, Eduardo Gil, Manolo Gordo, Nacho Vento, Javier Lineros o Victoria Romero (todos ellos posteriormente en Canal Sur), Juan Carlos Vélez, Diego Jiménez, Enrique Millán, José Luis Piedra, Miguel Ángel Moreno o Mercedes Torrecillas.

Ya como Onda Cero han pasado por esta emisora, entre otros, Rafael Almansa, Juan Bustos, Ismael Medina, Rafael Sierra, Silvia Verde y Nacho González, y prosiguen Carlos Hidalgo y José Manuel Jiménez.

En la década de los ochenta nacen otras emisoras que no perduraron, pero que sí le dedicaron especial atención al deporte como Radio 16 -que luego se convertiría en Radio Minuto- con Manolo Lorente y Jaime Velasco, Antena Médica, con Charo Padilla o Radio Meridional, con Inmaculada Ruiz o Ángel Gámiz; los cinco trabajan en Canal Sur.

Ya indicamos en la introducción que el Mundial del 82 dejó una grata secuela. Tampoco fue necesario el impulso de este torneo para que el fútbol monopolizara el espacio en la prensa sevillana, que repartía más del 90% de su espacio entre Sevilla y Betis. Pero lo cierto es que la década de los noventa fue pródiga en acontecimientos que variaron la dinámica.

La final de la Copa de la UEFA ganada por el Sevilla en 2006 en Eindhoven (Holanda) supuso el mayor desplazamiento de periodistas andaluces (casi 70) para presenciar un partido fuera de España.

Sevilla había vivido casi de espaldas al resto de deportes. El Mundial de Ajedrez que enfrentó en el Lope de Vega en 1987 a Kasparov y Karpov fue su primera gran ventana internacional -aparte del atletismo- en el monopolio futbolístico.

El proyecto de convertir a la ciudad andaluza en sede de los Juegos Olímpicos de 2004 hizo que entre 1995 y 2002 Sevilla fuese la ciudad española que acogiese más eventos internacionales de disciplinas olímpicas. La ciudad hispalense organizó seis Campeonatos del Mundo -esgrima (1995), gimnasia rítmica (1998), atletismo (1999), bádminton (2001), remo y piragüismo (2002)-, y tres Campeonatos de Europa -balonmano (1996), natación y halterofilia (1997)-.

Varias federaciones internacionales -voleibol, boxeo, etc.- celebraron en Sevilla su congreso anual, incluido el Congreso de la Asociación de Comités Nacionales Olímpicos (ACNO) en 1998.

Este enorme caudal de información obligó a un reciclaje del periodismo deportivo sevillano y a la incorporación de muchos jóvenes con afición polideportiva, principalmente por el baloncesto, con un Caja San Fernando que lograba clasificarse en la década de los noventa para tres finales (dos de Liga y una de Copa).

Ese final de siglo XX fue ajetreado para la prensa sevillana. La desaparición de la edición andaluza de *Diario 16* llevó a Luis Carlos Peris a embarcarse en un nuevo proyecto -*Diario de Andalucía*- que solo permaneció dos años (1998-2000). También participaron en este Rafa Pulido, Luis Alberto Lastra o Fabio Muriel.

Peris y Juan Luis de las Peñas (este como subdirector) se subieron posteriormente al proyecto del Grupo Joly: *Diario de Sevilla*. Francisco José Ortega, que también escribió en *El Correo de Andalucía o El Mundo*, es el redactor jefe de Deportes desde su fundación, el 28 de febrero de 1999. Por su redacción deportiva también están o han pasado, entre otros, Javier Mérida, Jesús Ollero, Manolo Conradi, Juan de la Huerga, Juancho Solís, Eduardo Florido, Jesús Alba, Fernando Matres (después en *La Razón* y *Giralda TV)* o Mateo González.

El diario *El País* abrió su delegación en Andalucía en 1983 con Alfredo Relaño (actual director del diario *AS)* como primer responsable. Otros que han escrito sobre deportes han sido, por ejemplo, Carlos Funcia (posteriormente en Canal Sur Radio), Juan Méndez, Santi Roldán o Fali Pineda. En *El Mundo* podemos destacar, entre otros, a Alejandro Delmás, Juan Luis de las Peñas, Antonio Félix o Santiago Salas.

A pesar de su escasa duración -cuatro meses- la aparición del *Diario Claro* en abril de 1991 provocó un gran movimiento en la prensa sevillana. Su redacción deportiva estaba compuesta por Alejandro Delmás, Javier Blázquez (después en Canal Sur Radio), Florencio Ordoñez, Manolo Aguilar y Jesús Martínez.

También a finales de los ochenta nacieron otras emisoras de escasa permanencia. Destacamos algunas como Radio Voz, con Manolo Rodríguez como director y Manolo Martín Cabeza o Fran Ronquillo en la redacción; Radio España con Enrique Olivares o Nacho González; Cadena Ibérica, con Juan Bustos, Diego Jiménez o Joaquín López (en la televisión del Sevilla FC); y Radio Utrera, con Rafael Sierra.

Años más tarde nació Punto Radio, con Ismael Medina o Miguel Ángel Chazarri, que también compartían trabajo en Sevilla Televisión (STV).

Este canal nació en marzo de 2000. Al año siguiente lo hicieron Localia TV, Popular TV y, poco después, Vocento TV, donde se encargaban de la parcela deportiva principalmente los mismos redactores que lo hacían para los otras empresas de cada grupo de comunicación.

En 1994 surgió Giralda TV, por donde han pasado, entre otros, Andrés Ocaña, Javier Cabrera, Rafael Almansa, Miguel Ángel Moreno y actualmente Nacho González (jefe de Deportes), Jorge Liaño o Fran Roales.

En este repaso no podemos olvidar a otros periodistas, como Dani Quintero (especialista en atletismo), y a los reporteros gráficos. Comprenderán que es imposible nombrar a todos los que han destacado en estas tres décadas. Por eso, aplicando (como en los otros casos) el criterio de especificidad en la parcela deportiva y la extensión de la actividad, hemos seleccionado 20 nombres sin contar los que hayan sido mencionados en otras partes de este capítulo: Juan Manuel Rodelas, Bartolomé Parra (*Estadio Deportivo*), Ramón Navarro, Roberto Pardo, Kiko Hurtado (*MARCA*), Juan José Úbeda (freelance), Marcelo del Pozo (Reuters), Juan Manuel Serrano, Tomás Díaz Japón, Millan Herce (*ABC*), Manuel Ruesga (*ABC y Diario de Sevilla*), Antonio Pizarro, Manuel Gómez (*Diario de Sevilla*), Alejandro Ruesga (*El País*), Paco Cazalla (*El País y El Correo de Andalucía*), Javier Díaz, Miguel Ángel León (*El Correo de Andalucía*), Jesús Spínola (Sevilla FC), Cristina Quicler (AFP) o Raúl Díaz (fotografiando.com).

Confío en que sepan perdonar el olvido de algún nombre en alguna de las provincias o medios en esta extensa relación sobre el periodismo deportivo en el período al que corresponde este trabajo (1982-2012).

El periodismo del siglo XXI

En este siglo ha cambiado la forma tradicional de hacer periodismo. Casi se ha extinguido la figura del reportero que se ganaba la vida buscando noticias en la calle, en los despachos o en lo entrenamientos y que solo pisaba la redacción para cerrar su trabajo. Ahora, salvo contadas excepciones, es escasa la presencia de un equipo completo (periodista y gráfico) en la mayoría de los actos deportivos.

La extensión del uso de las nuevas tecnologías ha obligado a que todos -empresas, periodistas, clubes, organizadores, federaciones, deportistas o aficionados- hayamos tenido que amoldarnos para poder digerir el tremendo volumen de información que hay disponible en internet o en las redes sociales y las que directamente ofrecen desde diferentes vías de forma gratuita y casi a la carta.

La primera página web andaluza deportiva que consiguió consolidarse -en 1998- fue *futbolisto.com,* con Bartolomé Cabello, Eduardo Gil, Paco Navarro, Manolo Ruiz y José Antonio Jiménez, si bien feneció en 2001.

En la actualidad el portal digital decano en Andalucía es *Cordobadeporte.com,* fundado por Ignacio Cid el 14 de julio de 2000, y a su fallecimiento tomaron el relevo David Jurado y Eusebio Borrajo. Cordobadeporte.com recibe una media de 600 000 visitas al trimestre, con más de 40 000 usuarios únicos mensuales. En su redacción hay que destacar, entre otros, a Rafael Fernández y Rafael Ávalos.

Tan solo unos meses después, en febrero de 2001, se puso en marcha *muchopodeporte.com*. Paco Cepeda, Lucas Haurie, Miguel Ángel Chazarri y José Antonio Jiménez conducen desde Sevilla esta página que recibe una media de 45 000 visitas únicas y 250 000 páginas consultadas. Y en 2005 Juan María de los Ríos, David Gallardo y Jesús Sánchez crearon *Xerezmania.com*.

Estas tres webs continúan entre las más visitadas de Andalucía y decidieron unir fuerzas para poner en marcha el 28 de febrero de 2010 *andaluciadeportes.com,* que pretende ser una plataforma digital que cubra toda la comunidad autónoma andaluza. Además de tener redacción fija en Córdoba, Sevilla y Jerez, *andaluciadeportes.com* cuenta con colaboraciones en el resto del territorio andaluz al asociarse en algunos casos con medios deportivos digitales ya existentes, como en Almería, con *deportesalmeria.com* -creada por Jordi Folqué-, o con periódicos digitales como *malaga21.es* (con José Carlos Barbado e Iñigo Vallejo) o *huelva24.com* (con David Mingo, Rafa Domínguez y Antonio Bendala).

La web cordobesa *minuto90* también mantiene el afán polideportivo y viene a complementar a la revista dedicada al balompié que se edita bajo ese nombre desde la década de los 90. Creada por José García Román en noviembre de 2001, en ella colaboran, entre otros, Rafael Peralbo, Serafín Ordoño, Luis Beltrán o Antonio Raya.

El 25 de agosto 2006 nació *Eldesmarque.com* con Álvaro Ramírez (redactor jefe), Federico Quintero, Nacho González, Andrés Ocaña, Jorge Liaño y Javier Padilla, a los que se une Ilde Cortés, que ejerce como *community manager*. Además de en Sevilla, *Eldesmarque.com* tiene otros cuatro portales y es el medio deportivo on-line con más visitas en Andalucía y el sexto deportivo a nivel nacional, según los datos Nielsen.

Eldesmarque.com tiene más de 46 trabajadores, de los cuales 28 son redactores, entre los que destacan los delegados de Málaga (Daniel Marín), Cádiz (Francisco Javier Jiménez), Huelva (José Carlos Galván) y Vizcaya (Asís Martín).

Los periódicos tradicionales utilizan cada vez más a menudo el periodismo digital para no perder clientela, a costa del aumento en la carga de trabajo de sus redactores, pero sin lograr tampoco excesivos beneficios. A la rentabilidad publicitaria obtenida deben reducir la bajada en la venta de la edición en papel del diario y también de los ingresos aportados por los anunciantes tradicionales. Según los datos de la Asociación de Editores de Diarios Españoles (AEDE), la facturación por publicidad de los portales digitales deportivos acapara el 30%, mientras que la de las webs de los diarios no llega al 12%; por contra, estos ha sufrido una caída de un 15% en la venta del periódico impreso en los últimos cuatro años. La pérdida relativa de peso publicitario de los diarios de papel podría ser mayor si no continuasen acaparando el 75% de las campañas institucionales, a pesar de la reducción en el número de lectores.

Algunos periódicos tienen ediciones on-line específicas para los equipos de fútbol, como el diario *ABC* de Sevilla que distingue la dirigida a los béticos -*alfinaldelapalmera*- o sevillistas -*orgullodenervion*-. Hace unos meses se integraron en la redacción del diario los periodistas que elaboraban los contenidos específicos para la web, Jesús Sevilla y Jaime Parejo, por lo que ahora se trabaja bajo la premisa de la "redacción única". De hecho las páginas específicas de los clubes, sobre todo de fútbol, son las más visitadas.

Los clubes deportivos andaluces con mayor poder económico han creado su plataforma multimedia (radio, televisión, Internet y, en algunos casos, prensa) que atiende a sus propios aficionados y sirve también como herramienta de información para los periodistas.

El primer club andaluz en poner en marcha esta plataforma fue el Sevilla FC. Jesús Gómez es desde mayo de 2002 el responsable de comunicación, protocolo y prensa. Anteriormente Gómez había sido redactor en *El Periódico del Guadalete de Jerez, Huelva Información y El Correo de Andalucía de Sevilla.* Gómez fue director del Canal Superdeporte, donde coincidió con Marta Morillo (también en *El Correo de Andalucía*), Manolo Martín Cabeza, Agustín Varela, Lucas Haurie, Manolo Valverde y Rafa Pulido. La plataforma Supercable, mediante una UTE entre Antena 3 y la productora ZZJ, fue la primera en abrir un canal temático de un club de fútbol en Andalucía. Canal Sevilla FC se inauguró en 1999 y emitió durante casi dos años.

También tienen su plataforma multimedia el Málaga y el Betis. Víctor Varela es el director del Gabinete de Presidencia y subdirector general para la Comunicación y Organización del Málaga Club de Fútbol y que antes estuvo en *MARCA* -en el diario y en la radio-, y en la televisión PTV Málaga. Julio Jiménez, que trabajó en *ABC, Diario de Sevilla* y el gratuito *Qué!*, como director de su edición sevillana, es el responsable de Comunicación e Imagen del Real Betis Balompié.

Las federaciones deportivas más potentes (y las principales Administraciones públicas) también tienen sus propios gabinetes o responsables de prensa. Desde ahí se envían las convocatorias y las posteriores notas de prensa, acompañadas de las fotografías. Cada vez es más frecuente acudir a una presentación en la que hay tantos comparecientes como periodistas y se suele dar el caso de que todos los medios utilizan la misma foto y la misma información.

Por su parte, muchos clubes y organizadores de grandes eventos envían o cuelgan en Internet y redes sociales como Facebook o Twitter, las crónicas y reportajes completos para su utilización gratuita; también lo hacen con los resúmenes de la jornada algunas ligas como fútbol sala, baloncesto, etc.

A modo de conclusión

Este ha sido el discurrir de la prensa y también de la información deportiva en Andalucía en estas tres últimas décadas, que es lo que nos ocupa. Desde 1982 hasta finales del siglo XX el periodismo, especialmente el deportivo, vivió su "edad de oro".

Paralelamente al crecimiento del deporte aumentaron las cabeceras y muchísimas emisoras de radio y televisión, tanto públicas como privadas. Por un lado se alcanzó tan alto grado de competencia que obligó a un tremendo esfuerzo profesional por mantener la audiencia; por contra, en muchas ocasiones se dio más importancia a tener la primicia que a contar bien la noticia, a veces sin contrastarla debidamente.

La representación andaluza es la más numerosa en los congresos de la Asociación Española de la Prensa Deportiva. Aquí vemos a parte del grupo de periodistas andaluces que acudió al congreso de la AEPD en Bilbao en 2011.

El incremento exponencial de puestos de trabajo necesarios por cubrir también permitió la entrada de periodistas con menos preparación o formación académica, lo que a la larga perjudicó a la propia profesión periodística.

El intrusismo ha llegado a límites extremos en 2012, cuando el mayor grupo privado de comunicación andaluz (el Grupo Joly) ha firmado -según indica la Asociación de la Prensa de Sevilla (APS)- convenios con la Universidad para contratar como becarios, para cubrir las vacaciones y bajas de periodistas, a estudiantes de Historia o Filología en lugar de los de Comunicación o Periodismo, además sin remuneración y con trabajo de redactor y horarios de más de 10 horas.

Las empresas exigen cada vez mayor esfuerzo (la obligación de tener que atender todos los medios del grupo: prensa, radio, Internet y televisión) por menos sueldo, con menos compensaciones, sin garantías de permanencia en el puesto de trabajo y con la única mira de la rentabilidad económica.

Antes de que en España se hablara de la crisis, los grandes grupos periodísticos, debido al recorte de la contratación publicitaria en 2007 (en cuatro años se redujo a la mitad), ya habían iniciado sus expedientes de regulación de empleo; pero los despidos generalizados se retrasaron precisamente por la falta de liquidez que impedía a las empresas hacer frente a las indemnizaciones. Los cambios producidos en la normativa laboral han disparado las drásticas reducciones de salario (en algunos casos superiores al 25%) y los despidos.

En España, según la Federación de Asociaciones de la Prensa de España (FAPE), se han perdido 8000 puestos de trabajo en el sector desde noviembre de 2008; cifra que muchos auguran que puede duplicarse en 2016. En ese tiempo han dejado de editarse en España 67 publicaciones, principalmente revistas.

Con la excusa de la crisis general se han cerrado numerosos diarios andaluces en el último lustro (*Opinión de Granada, La Voz de Jerez, Diario Costa del Sol,* etc.) y la plantilla de periodistas a jornada completa y dentro de convenio en la prensa diaria andaluza se ha reducido a la mitad, según un estudio de la APS. El recorte en las radios ha sido tan drástico que prácticamente ha desaparecido la programación provincial y local de las grandes cadenas.

La entrada en funcionamiento de la TDT (abril de 2010) supuso la pérdida de 300 empleos en las televisiones municipales andaluzas; y aún pende, como espada de Damocles, la regulación de la plantilla en la RTVA. El periodismo ha sido el sector más castigado por la crisis y ha perdido porcentualmente más puestos de trabajo en los seis últimos años que la construcción.

Y eso sin hablar de la cada vez más escasa pluralidad informativa. Antes en los medios de comunicación había una gran necesidad de saber, de estar, de ser el primero en informar y de hacerlo lo mejor posible. En los últimos años se ha pasado a cubrir las noticias de la forma más económica y sin que el periodista, el fotógrafo o el cámara de televisión acuda al acto, sino que se espera a que lo publique algún medio por Internet o lo sirva alguna agencia.

Otras veces se aguarda a que el gabinete de prensa de las administraciones o empresas, organizaciones o clubes mande su nota de texto con enlaces de radio, fotos y televisión, con lo que se consigue que todos los medios manejen la misma información y que esta difícilmente pueda generar alguna controversia sobre la calidad del evento en cuestión; eso cuando no se publica literalmente lo que envía el gabinete de prensa de la propia organización.

Lo indicaba el Plan General del Deporte de Andalucía aprobado en 2004 por la Consejería de Turismo y Deporte de la Junta de Andalucía:

> *"En la búsqueda del mercado, los valores culturales y democráticos están perdiendo terreno. El proceso de comercialización y globalización refuerza la concentración de poder en pocos medios y en exclusivas organizaciones deportivas, tiende a suprimir cualquier intento de debate público sobre lo que es central o vital en el deporte y supone una creciente presión sobre los profesionales del periodismo para servir más a los intereses comerciales que a los intereses de la información".*

El periodismo deportivo peca, a veces, de excesiva exaltación de los deportistas y los convierte en ídolos, de tal manera que los niños solo quieren imitarlos, pero sin ser capaces de valorar todo el esfuerzo soportado para conseguirlo. La situación se agrava cuando a la idealización del deportista le sigue una campaña de descrédito (véase "Paquillo" Fernández) cuando ha cometido un error impropio de una persona a la que la sociedad había situado por encima del bien y del mal.

Es necesario que los periodistas seamos capaces de hacer autocrítica; que expliquemos que no vale solo con lograr un buen resultado y que resaltemos los valores intrínsecos del deporte (esfuerzo, solidaridad, compañerismo, deportividad, etc.). También a eso se refería en 2004 el Plan General del Deporte de Andalucía:

> *"La exaltación de absurdos localismos y de su confrontación, la sacralización del resultado, para el que "todo vale", o la más o menos encubierta incitación a comportamientos violentos son algunos de los contravalores que circulan con excesiva habitualidad con mensajes subyacentes de la información deportiva".*

Otro de los problemas de la información deportiva en España es que se valora más un equipo o un deportista masculino que gana un torneo amistoso, que un grupo de mujeres que conquista un título de liga, un campeonato de Europa o una medalla olímpica.

Señalamos dos ejemplos recientes de la provincia de Córdoba que pasaron desapercibidos para casi toda la prensa andaluza y nacional: la tiradora baenense Fátima Gálvez en 2011 fue campeona de Europa de tiro olímpico y la primera deportista andaluza -independientemente del sexo- en lograr la clasificación para los Juegos de Londres; o el Club Deportivo Córdoba Cajasur de fútbol sala que ha sido el único club femenino andaluz en obtener dos ligas nacionales consecutivas (en 2009 y en 2010), amén de una Supercopa de España o una Copa Ibérica.

Y un dato demoledor: todos los equipos andaluces que han conquistado un título de liga femenino (Preuniversitaria de Sevilla en voleibol, Club Atlético Málaga en fútbol y el Club Deportivo Córdoba en fútbol sala) en menos de dos años desaparecieron o tuvieron que desistir de mantener la categoría por motivos económicos.

Y eso sin hablar de los deportistas paralímpicos, los eternos olvidados salvo a su regreso de los Juegos cuando, entonces sí, salen en la foto del periódico o en la televisión acompañados del político que ha querido recibirlos.

Pero hay un dato objetivo que refleja la importancia del periodismo deportivo, aunque sus redacciones hayan sido tradicionalmente, y aún lo sean, las más vapuleadas. La información deportiva y, sobre todo el fútbol, condicionan el tamaño y la tirada de la prensa, no solo la deportiva.

El lunes ha sido históricamente el día que los periódicos de información general aumentan su volumen en papel, su venta y su publicidad. Este incremento es mayor cuando los resultados de los equipos de fútbol de la ciudad son favorables. La información deportiva tiene un carácter positivo y muchos aficionados renuncian incluso a comprar el periódico si su equipo ha perdido. Las malas noticias en la sección de deportes apenas venden, salvo que el protagonista sea un famoso. Este fenómeno se multiplica cuando se habla de audiencias en radio o televisión.

El deporte andaluz vive desde 1996 el momento de mayor esplendor de su historia y el periodismo deportivo ha contribuido a su conocimiento y al fomento de su práctica, pero las empresas periodísticas han quedado a la zaga.

Por contra hay una mayor libertad de expresión individual, lo que ha llevado a un exceso de información disponible para el aficionado en las redes sociales e Internet; pero para que la realidad no quede distorsionada y pueda producir efectos perniciosos, hay que permitir que todo ese caudal pueda ser contrastado y canalizado por profesionales.

CAPÍTULO 11

30 AÑOS DE DEPORTE VISTOS POR (ALGUNOS DE) SUS PROTAGONISTAS

Jose Aquesolo

Sobre el principio de las cosas

Un escritor de otros tiempos comenzó su texto con una frase enigmática -la mejor forma, dicen los editores avispados, de captar la atención y vender libros-. Dijo: "En un principio fue el *logos*". Claro que eso fue hace demasiado tiempo y el escrito del que hablamos había sido redactado en griego. De modo que para cuando yo escuché la frasecita de marras, siendo también entonces muy pequeño, la misma ya había sido traducida al latín, con lo que el *logos* devino en *verbum*, y de él buscó su camino al español, con lo que, diccionario *Vox* (que aún conservo) en mano, la traducción que yo obtenía era: "En un principio fue la palabra". No hace falta decir que el significado de la frase seguía siendo tan oscuro como cuando la leía con eso del *verbum* o incluso, ya en sexto de bachiller y estudioso a la fuerza de griego (clásico), cuando la pronunciaba con aquello del *logos*. ¿Cómo una palabra podía ser previa a la persona, único animal por mí conocido con capacidad para emitirlas, que la podía pronunciar?

Con el paso del tiempo, y la acumulación de lecturas, pude saber que sobre el *logos* había bastante que discutir. Porque si bien, casi de forma literal, era correcto traducir *palabra* por *logos*, aquella se entendía en el sentido de habla o discurso, y de ahí se podía llegar al razonamiento, que era como decir a la *razón*. E incluso, y eso me gustaba más, al *sentido*, a la *inteligencia* o, más en general, al *pensamiento*. Bien es cierto que para una mente racionalista tanto da que sea la palabra o el pensamiento los que estén en el principio. Sin un ser humano que piense o hable, ¿cómo existiría tal pensamiento? ¿O será que el pensamiento es el que por sí mismo tiene capacidad para llegar a crear la realidad que se ha pensado a sí misma; que el pensamiento puede llegar, incluso, a contarnos esa realidad... "con palabras"?

Como este libro habla del deporte, una de las muchas actividades en que el ser humano puede entretener su tiempo; pero ni siquiera de todo el deporte, sino del deporte en una infinitesimal partícula de tiempo -como son treinta años- y en un muy diminuto territorio -aunque muy aceptable y acogedor si uno quiere vivir en él- de entre los muchos que emergen del mar en nuestro mundo -como es Andalucía-; el debate sobre el *logos* y el principio de las cosas tampoco debiera ocuparnos mucho más. Además, si cambiáramos de "registro" y usáramos otro "marco de referencias conceptuales" y en lugar de hablar de latinajos y clasicismos nos remitiéramos a la voz popular para decir, sin más: "¿Qué fue antes, el huevo o la gallina?"; es evidente que, aunque obtendríamos los mismos resultados en cuanto a la resolución del enigma (nulos, me temo, al menos en mi caso), se acabaría con toda la mística de este preámbulo que sólo ha pretendido llamar la atención sobre algunos hechos, tan pequeños como el corto paso de un astronauta en la luna, y tan grandes como para transformar y mejorar la forma y la calidad de vida de muchas personas, naturalmente, parte de la llamada humanidad.

Así, podríamos decir que, para poder practicar deporte, alguien tiene que haber pensado primero que "es bueno que el hombre haga deporte". Y que piense, razone, cómo podría hacerlo, en qué lugares, con qué reglas, con qué aparatos e instrumentos... Incluso, que medite algún tiempo sobre algo más profundo: ¿para qué sirve hacer deporte?, ¿qué efectos produce la práctica de deporte? Después llegará la práctica. Que no será igual -¡en absoluto!- si la respuesta a las preguntas insinuadas responden que "es bueno hacer deporte" para que el populacho se entretenga una tarde de domingo (por ahí llegaríamos a contemplar una lucha de gladiadores, una justa medieval, un partido de...); o si la contestación afirma que el deporte es bueno porque hace que la vida de las personas sea más sana, alegre, saludable, incluso feliz.

Este capítulo trata -eso ha intentado al menos- de esas personas que a lo largo del tiempo han pensado en los por qués de la práctica del deporte, más que de los propios deportistas. Porque sin los primeros no hubiera habido los segundos; y de haberlos habido, tal vez ahora andarían aún espada, tridente y red en mano sobre las arenas de un circo, más que evitando tomar pastillas para algún dolor y sustituyéndolas por un paseo o una breve carrera, o un recorrido en bici, o, o, o... Con lo cual, uno descubre que el escritor de Patmos, al menos en aquello del *logos*, pudo tener toda la razón.

Muchos años después de los escritos de aquel Juan, hacia mediados del siglo XVI, otra persona, ésta de nombre Cristóbal, natural de la ciudad onubense de Lepe y médico por más señas, viajero entre el viejo y el nuevo mundo, lo mismo que entre Sevilla y Jaén, inquieto buscador de nuevos remedios y observador agudo de su entorno, dio en pensar -cuando tal pensamiento podía no ser tan bien recibido como lo ha sido después- que el hacer ejercicio físico era provechoso para las personas. Pero no cualquier ejercicio físico, sino uno con unas características específicas. A saber: que se hiciera por la libre voluntad de la persona, que se tomara con mucho placer y alegría, y que siempre hubiera continuación y no fuera interrumpido bruscamente. Y por si quedaban dudas, nuestro médico andaluz daba indicaciones y ejemplos de lo que debía ser tal actividad: que el ejercicio debía hacerse siempre con aliento corto, correr, saltar, jugar birlos; o montar algún caballo o ir a cazar, si se hablaba de caballeros; bailar y danzar o pasear, si de damas se trataba.

Insistía el lepero, Méndez de apellido, en una única idea, simple, evidente hoy, casi blasfema entonces: que el ejercicio que proponía era diferente del trabajo, en el que también hay movimiento, sobre todo porque era voluntario y buscaba el entretenimiento y la diversión, encontrando, por añadidura y como gran beneficio, la salud y el bienestar de cuerpo y espíritu. Y matizaba además, como si estuviera a nuestro lado en cualquier curso sobre la organización del deporte para todos, o del deporte para siempre: "Si mucho y muy rápido ejercicio: malo; si poco y lento: no sirve para nada; si intermedio, entonces es bueno, evita las enfermedades y evita el uso de purgas o sangrías". Como hoy.

Deporte y salud. Deporte para la mujer. Deporte para todos, Deporte y ocio... Cristóbal Méndez, un andaluz, ¡en 1553!, prácticamente había escrito ya -a falta de algunos mínimos detalles organizativos- la que sería Declaración programática del deporte andaluz (que vería la luz en 1979 y de la que sabremos más adelante). Y confirmado -a priori- los argumentos fundamentales que vamos a ir leyendo, en boca de los múltiples autores de este capítulo, que a quien lo firma le ha tocado transcribir.

Del por qué de este capítulo

En esta obra, la que ha llegado hasta aquí, monográfica y muy especializada en cada uno de sus capítulos, Juan (de la Cruz, no el del *logos*) echaba de menos un toque más generalista; una visión global de "lo que ha pasado" en el deporte andaluz en estos treinta años. Y, como suele decirse, como a veces los árboles no dejan ver el bosque -que yo interpreté como que una excesiva especialización a veces hace que demos más importancia a nuestro campo de trabajo que al de los demás- se le ocurrió que un profano en la cosa deportiva tratara de ofrecer esa visión global. Dado que el *profano*, o sea, quien esto escribe -que como ya he dicho, firma estas líneas usurpando la autoría de las palabras dichas por otros, pues como se verá un poco más adelante, ha conseguido que el capítulo se lo hagan entre varios verdaderos expertos, protagonistas de una u otra manera, de la historia que aquí le habrá traído, estimado lector, o lectora- tampoco tenía muy claro qué opinar y cómo valorar la etapa objeto de estudio, mirando hacia atrás, y sin intención de compararse, pensó que si un tal Cervantes había salido del paso en una de sus novelas copiando y enlazando unas frases con otras de lo que ya había escrito previamente un tal Cide Hamete Benengeli, por qué no podía hacerlo él.

Y dicho y hecho, el capítulo se hizo a sí mismo a base de buscar qué podrían decir del *antes*, el *durante* y el *futuro* del deporte en Andalucía una serie de personas que han vivido ese deporte muy cercana y continuadamente, en algunos casos a todo lo largo de su vida. De ahí la riqueza cromática y las múltiples y variadas -incluso, posiblemente, contradictorias- aproximaciones a un mismo hecho que se podrán leer a continuación. De ello el que una misma persona que pudo empezar, hace treinta años o algo más, haciendo deporte en su edad escolar, luego, sin dejar de practicarlo, en algunos casos, pasara a estudiarlo, a especializarse, a gestionarlo, a dirigirlo, a planificarlo... hasta hoy.

Así que se elaboró un pequeño cuestionario que se envió a unas ochenta personas, de las que lo contestaron aproximadamente la mitad. No se trataba de una muestra científica -algunas personas opinan que en el campo de lo social tal adjetivo es casi imposible de perseguir- sino de una muestra variada. Se trataba de conocer la opinión de los protagonistas de la transformación experimentada por el deporte andaluz en estos años, cuyo inicio se pudiera fijar en los primeros días de 1976, o en los últimos de 1975, y que ha seguido hasta hoy. Esto es: un tiempo en el que, poco a poco, los andaluces han podido decir qué querían y, en muchos casos, llevarlo a la práctica. Como la práctica, hacer deporte, era el objetivo, las preguntas se han dirigido no a quienes lo realizan con mayor o menor asiduidad, con mayor o menor intensidad, consiguiendo o no reconocimientos, galardones e incluso algún oro en, un suponer, unos Juegos Olímpicos o unos campeonatos del mundo; que eso lo hemos podido hacer todos los andaluces en este período. La mirada, y las preguntas, se dirigieron pues a aquellos otros que han debido trabajar, y trabajar bien, para que los demás ganáramos sin problemas esa medalla, símbolo de esfuerzo, de la planificación, de la coordinación de actuaciones, del conocimiento aplicado, del trabajo en equipo, de la voluntad común por conseguir un objetivo. Ambicioso objetivo, pero posible, a la vista de los resultados.

No se insistió mucho en reclamar las contestaciones a los cuestionarios remitidos. No se trataba de contar con una frase imprescindible por su contenido o por su autor. Se buscaba más el ir recreando la imagen global de lo ocurrido en esta Andalucía deportiva por la acumulación de opiniones. Así, junto a las palabras de los impulsores del deporte en su conjunto -los políticos que desde la Administración central, autonómica o local decidieron qué había que hacer-, se encuentran otras de aquellos que desde la Administración pública o desde la iniciativa privada estructuraron las ideas y les dieron forma legal y luego real; y también las de quienes se encargaron de entrenar y preparar técnicamente a los deportistas, y las de algunas personas que han construido los lugares donde practicar el deporte; y a su lado los profesores que han formado a los estudiantes, luego profesionales y gestores o investigadores del deporte. También aparecen algunas personas que se han dedicado a sembrar en los niños, desde su más corta edad, ese deseo de jugar, luego de competir, siempre de divertirse. Como dice Juan de la Cruz Vázquez, el deporte es "para siempre", de modo que quien hace deporte siempre, siempre debe contar con un amplio conjunto de personas que le facilite hacer ese algo que, siendo solo una actividad, es a la vez tan diversa que en ocasiones se vuelve inabarcable.

No nos hemos limitado a esas encuestas para tratar de construir el mosaico. También hemos buscado, en los medios de comunicación y en otros documentos, opiniones e ideas de personas que saben de qué va el asunto y tienen la capacidad de llegar a la ciudadanía e, incluso, transformar la opinión pública. Sea cual sea la procedencia de las palabras, quien esto ha recopilado piensa que son más el fruto de un pensamiento personal de cada uno, antes que opiniones institucionales o que puedan relacionarse o atribuirse a una opinión formada desde una corporación o entidad. En este mundo tan complejo, eso sí, cada persona se ha aproximado al deporte desde su inquietud de cada día, y nos ha aportado su visión de cómo esa parcela específica se relaciona con todas las demás. Por eso, junto a opiniones globales se han buscado y reproducido otras que hablan de un deporte específico, o de un área de conocimiento concreta, y por eso, junto a personas del mundo federativo hay otros técnicos y entrenadores, o personas procedentes de la medicina, de la arquitectura, del derecho, de la psicología, de la gestión pública y de la privada, del mundo de la educación o del de la investigación aplicada.

Aunque la esperanza de que se nos crea sea vana (en algún caso), no podemos dejar de afirmar que en la búsqueda de esos protagonistas y declarantes no ha habido el deseo de excluir a nadie ni el esfuerzo de incluir, a como diera lugar, a alguno. No hay bandería ni intención sectaria en las preguntas ni prejuicio en las respuestas, que al recopilador de las mismas le dan -además- un poco lo mismo. Además creo poder decir que, después de tantos años de escuchar hablar sobre el tema, se sorprendería el lector si quien esto escribe le contara (aunque no lo hará) las coincidencias absolutas en alguna materia -deportiva- encontradas entre inesperados -y supuestamente distantes- personajes; o las diferentes posiciones, acaso inencontrables, que han protagonizado algunas personas, muy próximas por otro lado o ideología. Recordando el viejo refrán, al fin la cuña más eficaz es la que está hecha de la misma madera.

El ámbito común de todo lo recogido ha sido Andalucía. Que no es una isla, como ha demostrado esta tierra tan honorablemente a todo lo largo de su historia. Aquí se entra y se sale por la mera voluntad de quien lo hace y sin que apenas se le pidan cuentas de ello. Andalucía recibe amablemente a quien se acerca a sus tierras y le mantiene aquí mientras es su deseo estar con ella. A quien ha venido de lejos para quedarse aquí, ya para siempre, Andalucía le puede acabar por parecer más un proyecto de vida en común que la tierra que lo soporta por debajo y la luz que lo ilumina desde arriba, con ser ambas verdaderamente especiales e inolvidables. Por eso, hay personas en estas páginas que hablan sobre el asunto y que sin nacer andaluzas han devenido en ello a base de vivir, trabajar y servir a esta tierra. Y otras que, de manera más esporádica, han mantenido una estrecha y fructífera relación con ella para participar en algún acontecimiento deportivo acogido por los andaluces, o para dejar sus experiencias y conocimientos a disposición de quien aquí haya querido emplearlos. Igual que hay otras personas que, naciendo aquí, han trabajado en y por el deporte -meritoria y exitosamente-, fuera de este territorio.

Para acabar esta explicación, que no justificación, que nada hay que justificar en una obra literaria -recuerdo: escrita por otros- quepa hacer unas breves consideraciones, alguna de ellas teñida de un cierto lamento: no tanto la práctica, cuanto la gestión y organización del deporte, siguen siendo un territorio eminentemente masculino. Es ésa una batalla que las protagonistas deben librar y para la que, por suerte, ya cuentan con muchos aliados, aunque no deje de suponer un esfuerzo añadido. Preguntar se ha preguntado y buscar se ha buscado, pero han sido pocas las palabras recibidas de las mujeres del deporte. Porcentualmente, muchas menos de las deseadas.

Tampoco espere el lector que haya llegado hasta aquí encontrar amplios currículos de los autores de este capítulo. De haberlos incluido, las páginas no hubieran sido suficientes para acoger ni siquiera el de uno de ellos. Cuando se les mencione, en algún caso se dirá su profesión, o su cargo, o la característica que les ha hecho venir hasta aquí. Poco más. Algunos nombres sonarán más, perdón por el error: sonarán muchísimo; otros algo menos o tal vez, a los no iniciados, nada en absoluto. Creo no mentir si digo que son todos los que están, pero desde ahora afirmo que faltan muchísimos de los que son y han sido en este asunto. Esperemos que, al menos, se vean reflejados en alguna de las opiniones que se van a ir sucediendo en adelante. Como estamos en tiempo de tecnologías y de I-D-i (que algunos escriben, arrimando el ascua a nuestra sardina: I+Dxt+i, o más claro aún I+Deporte+i) permítanme soñar con que el éxito del libro en el que este capítulo se refugia haga que los editores afronten posteriores reediciones electrónicas del mismo, en las cuales ya no será obstáculo ninguno el que como un anexo de la obra se incluyan los textos completos de donde se han entresacado las frases que aquí van ahora a empezar a seguirse, y no mutilados y necesaria pero lamentablemente recortados, como a continuación se van a tener que leer.

Las ideas

Tras el inicio de este escrito, con el rico debate sobre el *logos* y las acertadas especulaciones de Cristóbal Méndez, no quedará más que empezar por el principio de este período. O sea: esos pensamientos que algunas personas debieron tener para plasmarlas a continuación con mayor o menor dificultad, con mucho o poco acierto. Si el fruto de la razón produce en ocasiones y para nuestra desgracia monstruos, en las mejores ocasiones da a luz ideas. Buenas ideas. Que son las que luego, puestas en un papel, negro sobre blanco, con su plan de desarrollo y con su calendario de ejecución al lado, crean, y transforman; en definitiva: mejoran, la realidad de las personas y las sociedades.

Así que, aunque también ya hemos visto que esto del deporte no es cosa nueva, ni mucho menos reciente, en Andalucía, en lo que se refiere al período que se nos ha encomendado atravesar también hay unas ideas primigenias sobre las que se construyó el edificio en el que hoy vivimos confortablemente. Incluso, habría que retroceder en el tiempo a unos años antes de ese 1982 que se indica como frontera invisible para el libro -y que como toda frontera tampoco está tan mal que se atraviese de vez en cuando, incluso sin permiso ni pasaporte- para llegar al mes de septiembre de 1979, fecha en la que se publicó la *Declaración Programática del Deporte Andaluz*. Primer documento escrito elaborado por la Junta de Andalucía (del que se conserva al menos un ejemplar original, en el Archivo del IAD), la citada declaración consta de portada, contraportada y 17 páginas de texto (en las que se contienen diversas anotaciones manuscritas en los márgenes), y no deja de ser un humilde documento en formato folio, mecanografiado a doble cara, plegado y grapado por la mitad.

Sin embargo, en su pequeñez -y por eso me detengo más en él- la *Declaración*, escrita en pleno proceso preautonómico y contemporánea de los borradores del Estatuto de Autonomía que se escribían en Andalucía en aquellos días, reconoce ya que "el derecho de toda persona a la educación física y al deporte es una de las bases del desarrollo integral de la persona" y establece que "la Junta de Andalucía reconoce el derecho de los ciudadanos a la educación física y al deporte como medio de promoción", entendido éste como estímulo, orientación y garantía de la práctica y la difusión de esta actividad. El texto recoge así conceptos que en aquel momento eran muy novedosos en nuestra tierra, como el "deporte para todos" o el "deporte popular". Además, destaca la importancia de lo público (autonómico y municipal), de la necesaria coordinación entre las autoridades educativas y las deportivas para la práctica del ejercicio físico en el ámbito escolar, del fomento y promoción del deporte, y recalca el papel destacado de las federaciones y clubes en la organización del deporte en su ámbito y sobre todo en el de la competición.

Con estas ideas previas no es extraño que al nacer la Autonomía y al aprobarse su Estatuto, éste, llegado como un regalo de fin de año de 1981, estableciera en su artículo 13 que Andalucía tenía competencias "exclusivas" sobre el deporte y el ocio. Aunque esto ya no son ideas, sino normas, y de ello hablaremos más adelante.

Con las ideas ocurre que en ocasiones acaban transformando la realidad cuando pasan del pensamiento a los hechos. En el período estudiado, que ya hemos dicho unas cuantas veces se inicia en 1982, se puede utilizar un referente que ha acompañado al deporte andaluz casi desde aquella misma fecha, pues dio los primeros pasos en 1983. Una idea que se hizo realidad en Andalucía, como tantas otras relacionadas con el deporte en todas sus facetas. Me refiero al IAD, que entonces empezó llamándose Unisport.

Porque, como reconoce un testigo excepcional de la trayectoria de este centro, y del deporte en Andalucía y en todo el resto del mundo, **Juan Antonio Samaranch**, presidente del Comité Olímpico Internacional en aquellos años, en la carta de felicitación que envió al consejero de

Turismo, Comercio y Deporte Luciano Alonso con motivo del vigésimo quinto aniversario de la creación del centro:

"Juntos[229] soñamos con hacer un centro de excelencia como Unisport, al servicio del perfeccionamiento de deportistas, técnicos y profesionales que intervienen en la actividad deportiva. Y lo hicimos mucho antes [de 1984]... Mi reconocimiento porque habéis buscado la excelencia en la formación de formadores, en la capacitación de técnicos, entrenadores y docentes de la actividad física, sin perder de vista que el juego, el deporte adaptado a cada discapacidad o el ocio activo eran áreas a las que no se podía dar la espalda".

El presidente de honor del COI reconocía en su carta al consejero del Gobierno andaluz responsable del deporte que el paso de aquella idea a la realidad se había dado solo y por primera vez en Andalucía, coincidiendo con "los primeros pasos de la Junta de Andalucía y del autogobierno de los andaluces", y se alegraba de sentirse "uno más de aquel equipo... que soñó con esta realidad".

Con las ideas ocurre como con los puzzles, que unas piezas complementan a otras hasta dar la imagen final, definitiva y completa. Sin que quien esto transcribe haga desde aquí en adelante comentarios entre líneas, salvo al principio o al final de algunas intervenciones y sólo para enlazarlas con la siguiente (o la anterior), sigue ahora el caleidoscopio en que -no podía ser de otra forma- ha devenido este capítulo.

Un joven entonces (y ahora), deportista de tantos deportes, y dedicado a la formación y especialización de técnicos deportivos desde el IAD, abre el fuego. **Salvador Navas**:

"Hace 30 años, yo tenía 12... el primer recuerdo que me viene a la memoria es aquella paloma blanca saliendo de un balón de fútbol, sostenido por un niño que podría haber sido yo por su edad... el Mundial de Fútbol de Naranjito, comenzaba... los JJOO de Los Ángeles 84 y entre los deportistas, un andaluz que años más tarde se convertiría en mi compañero de trabajo... y en un buen amigo, el campeón judoca, Paco Rodríguez. El recuerdo y la sensación que tengo de Andalucía hace 30 años atrás es que éramos "de 2ª división"... pero que poquito a poco, con gran esfuerzo y dedicación, se ha ido colocando en las primeras posiciones... Son muchos los andaluces y andaluzas que desde hace más de 30 años han llevado nuestro deporte a lo más alto del cajón...".

---

[229] Se refiere a José Antonio Aquesolo Ortiz, que convirtió Unisport de una idea en un hecho.

Las primeras ideas procedían de los primeros protagonistas. Uno de los primeros consejeros de Cultura, de quien dependía el deporte en la Junta, **Javier Torres Vela**:

"... todo ello fue posible porque en Andalucía se habían ido formando en las distintas provincias jóvenes, y otros no tan jóvenes, emprendedores deportivos que canalizaron sus conocimientos, su empuje y sus capacidades a esta tarea. Tuve la suerte de que muchos de ellos colaboraron conmigo y contribuyeron a crear una política deportiva avanzada en Andalucía".

Incluso con una trascendencia política, más allá de lo deportivo, el que fuera director general de Deportes. **Manuel Garzón**:

"El deporte andaluz, en mi opinión, representaba uno de los aspectos más importantes para conseguir la vertebración de Andalucía como Comunidad... Una época apasionante".

Como una representación más del sistema de derechos y libertades que los andaluces se estaban dando a sí mismos. Consejero de Cultura y luego presidente de la Fundación Andalucía Olímpica hasta el presente. **José María Martín Delgado**:

"Hace 30 años, en Andalucía, como por otra parte en el resto de España, el deporte y en concreto, la práctica deportiva, no era considerado como un derecho ciudadano, formando parte del conjunto del Estado del Bienestar. Esta circunstancia determinaba la ausencia de una política unitaria o, al menos, coordinada entre las distintas Administraciones e instituciones con competencias en materia deportiva, lo que conllevaba enormes desigualdades entre los distintos territorios, agentes deportivos, e incluso modalidades deportivas en Andalucía... En este contexto, la carencia de infraestructuras era uno de los principales problemas, que se resolvía de manera particular y dispersa, ante la falta de una planificación racional que dotara a los distintos municipios de los equipamientos necesarios para facilitar la práctica deportiva de sus vecinos, en sus distintos niveles y modalidades".

Y ya concretando aportaciones, desde puntos de vista más específicos y especializados, una persona cuyo nombre es como decir *balonmano español*, un seguidor y colaborador necesario en Andalucía. **Juan de Dios Román**:

"En alguna ocasión, en los muchos años de caminar en las difíciles sendas del deporte, me definí, no sin cierta osadía, como un profesor que entrena... Intentaba remarcar mi doble condición de estudioso de los contenidos del balonmano y la obligación de intercambiar conocimientos

con mis alumnos, al tiempo que trasladar al campo del entrenamiento la práctica de los fundamentos teóricos que acumulábamos. Eran años en los que se caminaba para adquirir como fuera, en cualquier parte y escuela, información que consolidase una vía pedagógica por construir. El camino... exigía continuidad, análisis, fundamentación e intercambios para crear la propia escuela del balonmano en España. Coincidieron los años en los que ejercía el cargo de Director Técnico de la RFEBM con el nacimiento de Unisport, y ahí se inició una relación personal inolvidable con el deporte en Andalucía a través de la citada institución".

Otra visión desde el exterior. Del voleibol al bádminton, historiador del deporte, visitante asiduo de esta tierra, veía el cambio en la especialización de los profesionales. **Manuel Hernández Vázquez**:

"Mis primeros recuerdos surgen en la década de los 70 por mi relación profesional con el voleibol. Recién creada la Federación Española, en aquellos momentos, el objetivo principal era su difusión y la formación de técnicos y dirigentes que hicieran posible la consolidación de una buena estructura asociativa. Los cursos promovidos en distintas ciudades andaluzas, en los que participé de forma activa, hicieron posible la formación de una generación de técnicos que fueron la semilla del voleibol andaluz y que, como profesionales, dejaron una huella imborrable en los orígenes del deporte andaluz".

Necesidad de técnicos y docentes y de no ser distintos a cualquier otro sector profesional de la sociedad. Profesor de la Universidad de Huelva. **Manuel Díaz Trillo**:

"Una época de mucha ilusión por parte de los nuevos profesores de Educación Física salidos de la academia y del INEF que estábamos empeñados en lograr que la educación física y el deporte alcanzaran el lugar que les correspondía dentro de las ciencias y la sociedad... figurábamos para la Administración como "varios y sin clasificar".

Detalla el panorama, en la misma línea que el anterior, y señala por primera vez, que no será la última, a las Administraciones locales en el progreso del deporte andaluz. Docente, profesor y primer director de Unisport. **Pedro Rodado**:

"La Educación Física y el deporte escolar todavía no estaban implantados en todo el sistema educativo. Es a partir de 1990 cuando se produce la integración de la Educación Física como materia educativa curricular... Unos años antes, el CSD pone en marcha los Planes Experimentales del Deporte, que a mi modo de ver marcan un punto de partida en la implicación de los ayuntamientos en la promoción del deporte local,

creándose los primeros patronatos y fundaciones deportivas... Sería injusto no reconocer el papel impagable que van a jugar los ayuntamientos y diputaciones en el "boom" de la promoción y desarrollo del fenómeno deporte".

Desde esas Administraciones, un maestro de Educación Física y diputado de Juventud y Deportes de la Diputación Provincial de Granada entre 1987 y 1999 da pistas de cómo se dieron aquellos primeros pasos y se fija en un ente local de importancia para Andalucía: las mancomunidades de municipios. **Julio Perea**:

"Hace treinta años se inició una pasión por el deporte popular donde las carreras y pruebas en los espacios urbanos servían como válvula de escape al déficit de instalaciones que había en nuestra comunidad autónoma. Los ayuntamientos democráticos iniciaban su camino en la dotación de elementales instalaciones deportivas... Mi experiencia de estos años como profesor de Educación Física en un colegio de EGB en el Valle de Lecrín de Granada hizo que trasladara nuestros conocimientos del funcionamiento de las mancomunidades deportivas como fórmula de gestión del deporte en el medio rural".

Desde otra diputación provincial, llegan el análisis político y las primeras alusiones a la investigación aplicada al deporte, de quien fuera además director general de Deportes en la Junta, en sus mismos orígenes. **Antonio Merino**:

"Ilusión, creatividad y compromiso. Eran tiempos en los que la imaginación ante la falta de recursos suplía gran parte de la escasa dotación presupuestaria y las demandas. El compromiso personal y profesional de muchos hizo posible una transición en materia de Educación Física y deporte, sin olvidar el origen (la Educación Física y el deporte provenían de la parte más organizada del Movimiento Nacional, especialmente en el tardofranquismo), y el cambio producido desde el punto de vista político y desde la nueva estructura del Estado con las autonomías... La materia y la metodología propias desarrolladas por el avance del conocimiento y estudio del deporte y la actividad física consolidaron, y se aceptó poco a poco que había una materia con objeto científico".

El papel fundamental de lo público, y de lo privado, en el desarrollo y aplicación de las primeras ideas sobre el deporte en Andalucía. Entrenador de baloncesto, empresario, y gerente de la empresa municipal "Málaga, Deporte y Eventos". **Javier Imbroda**:

"El crecimiento basado en la decidida apuesta pública por dignificar una actividad básica en una sociedad moderna y desarrollada, y en el patrocinio privado que descubre el deporte como un vehículo fantástico de promoción de su marca".

La relación entre los resultados y el trabajo científico previo dan paso a las aportaciones de las Universidades andaluzas, que han crecido con el paso de los años hasta ser imprescindibles al deporte. Una profesional de la comunicación que empezando en el IAD acabaría por ser profesora de la UMA. **Gema Lobillo**:

"En Andalucía se ha producido un avance impresionante en el estudio del deporte. Acompañados de éxitos deportivos, los resultados científicos han servido para dar consistencia y profesionalidad a los estudios del deporte. Los éxitos deportivos son fruto de los avances en estudios científicos que han mejorado, en las distintas disciplinas, la capacidad de superación en cada uno de los deportes. Sin la ayuda de los investigadores deportivos, los éxitos no se hubieran podido conseguir".

La experiencia de un gestor deportivo que fuera director general del CSD y en la actualidad ha colaborado con Andalucía en la organización y el éxito de diversos eventos deportivos. Desde su Aragón natal, **Fernando Paris Roche**:

"El segundo recuerdo tiene que ver con lo que, durante muchos años, fue una "isla de riqueza" en el pobre panorama español de la formación e información deportiva: unos señores se inventaron una cosa que llamaron Unisport... que hacía cursos de formación continua que eran una novedad, que traían a tipos que escribían libros y que eran referencias en el mundo de la Educación Física, el deporte o la planificación deportiva -Piéron, Parlebas, Rossi Mori... pasaban por allí-. ¿Qué era una de las cosas más entretenidas del verano?: bajar a Málaga a los cursos de Unisport; entre el calor de las instalaciones de Ciudad Jardín y las decenas de cervezas que tomabas esos días, ibas aprendiendo de qué va esto del deporte -y, en mi caso, de la gestión deportiva-.".

Y, como colofón de las ideas, la visión de conjunto que ha guiado las políticas de la Administración pública andaluza en la materia, en palabras con las que se presentó al Parlamento de Andalucía. El presidente de la Junta. **Manuel Chaves**:

"El deporte y... forman parte también del núcleo del bienestar de las sociedades modernas; en concreto, la práctica deportiva es una actividad cada vez más vinculada a la salud y al bienestar general, por lo que su universalización constituye una necesidad evidente en nuestra

Comunidad. Nuestro objetivo es que los andaluces tengan acceso a una instalación pública deportiva a menos de 30 minutos de su domicilio, para lo que, en los próximos seis años, construiremos, conjuntamente con las corporaciones locales, alrededor de 400 instalaciones deportivas".

De los primeros pasos

Es verdad que el paso del tiempo tiende a hacer que las cosas se vean con una cierta melancolía teñida de añoranza, y también de la alegría de aquello que pasó "en nuestra juventud". Lo mismo que les pasará a los jóvenes de ahora, si llegan, dentro de treinta años. Un gran reto que se afrontó y se superó -esperemos- a pesar de todas las dificultades. Loquillo -y sus trogloditas- lo resumía con certera precisión en un solo título: "Cuando fuimos los mejores".

Solo que en este caso es cierto que quedó el rastro tangible de que lo que se hizo estuvo bien. Y sirvió a muchas personas que en Andalucía tenían el derecho al deporte. Aunque muchas de ellas no lo supieran.

Y el deporte lo trajeron, en muchos casos, los propios deportistas, como a continuación se verá:

Delegado de Cultura y profesor de Historia de la UMA, en la siempre inquieta Málaga tuvo que atender al deporte, como una de las competencias de aquella Consejería. **Fernando Arcas**:

"La situación del deporte en España era paralela a la de la sociedad española: atrasada, a una enorme distancia de nuestro ámbito europeo. Pese a todo, las individualidades no faltaron y eso les confiere un carácter heroico, un valor extraordinario".

Profesor de varios másteres europeos, expresidente de los gestores deportivos del País Vasco y director de Programas del Servicio de Deporte de la Diputación de Guipúzcoa. Un vasco, estrechamente vinculado a Andalucía durante largos años, con la reconocida capacidad de los norteños para resumir, resume. **Julián Gómez**:

"Un deporte para unos pocos, basado en los centros escolares religiosos y en algunos clubes de la aristocracia, centrado, fundamentalmente, en la actividad de competición".

Profesor, psicólogo, aplicando sus conocimientos en esta materia al deporte, llevando el asunto a niveles de excelencia y haciendo, también en esto, referente internacional a Andalucía. **José Carlos Jaenes**:

> "Empecé a hacer atletismo de competición en 1972, enamorado de este deporte mientras veía en blanco y negro los JJOO de Munich. Por aquel entonces no había muchas personas que se acercaran a correr, lanzar o saltar. Recuerdo la pista de la Universidad Laboral, el estadio de la Macarena y su pista de ceniza negra en la que nunca competí y, más tarde, el Estadio de Chapina, primero de tierra roja y después de maravilloso tartán, donde pasé mi juventud. El tartán era algo que nunca hubiéramos podido imaginar... Pocas competiciones, dorsales de tela hechos a mano, no muchos corredores en las pocas carreras de carretera de entonces y que en los 80 fueron aumentando: "La vuelta a Sevilla", la "Viviccitá", y poco más... Recuerdo la camaradería, la complicidad, la felicidad de unos interminables viajes en tren nocturno a Madrid, siempre Madrid. El frío helador o el calor insoportable de aquellos trenes, zapatillas de baja suela -ahora entendemos por qué teníamos tantas tendinitis-."

Más recuerdos. Aunque por la edad debieran ser algo más recientes, no varía apenas el tono. Un empresario del deporte. **Enrique de Hoyos**:

> "Mis recuerdos son muy escasos, de lo único que me acuerdo es de un gimnasio de kárate con un tatami de terrazo, que con los pies descalzos helaba en invierno; de Naranjito en las botellas de Fanta y de lo impresionado que me quedé cuando mi padre me llevó por primera vez al Complejo Deportivo de Carranque: para mí, era un recinto en perfecta armonía con la naturaleza, pistas de patinaje entre árboles, un circuito de entrenamiento, piscinas, un campo de fútbol rodeado de una pista de atletismo y, lo que más nos gustaba, un frontón gigante, sobre todo para un niño de 5 años".

Fuera de Andalucía no cambiaba demasiado el panorama. Formador de gestores desde el deporte municipal de Benalmádena. **Juan Carlos Maestro**:

> "... mi pueblo tenía unos 6000 habitantes y las posibilidades para hacer deporte eran escasas o casi nulas. Recuerdo que existía un campo de fútbol de tierra mezclada con trocitos de piel de los jugadores que la iban perdiendo día tras día por la aspereza del terreno, donde solamente jugaban los jugadores federados del club. No quiero ni mencionar lo que entonces llamábamos vestuarios... una caseta donde la limpieza y la higiene brillaban por su ausencia y donde solo existía un calentador de 50 litros que daba para 2 duchas... Creo que la campaña de "Deporte para todos" marcó un antes y un después en la práctica deportiva de este país... contribuyó al cambio de una nueva mentalidad y forma de ver el deporte. Todo ello se vio favorecido por la Constitución Española y el papel tan

determinante que jugaron los ayuntamientos, diputaciones provinciales y comunidades autónomas. A partir de ese momento fue una eclosión sin precedentes".

Javier Imbroda se fija en cómo veían el deporte aquellos que no lo practicaban, y cómo debían de ser las miradas que los jóvenes deportistas sentían en sus espaldas al pasar:

"Uno lo recuerda como una actividad de atrevidos. Recuerdo la vergüenza que se pasaba si te atrevías a correr por la calle, no digamos ya una mujer. El deporte vivía prácticamente en la clandestinidad".

Gestora del deporte desde la iniciativa pública, y también privada, recuerda aquellos principios. Los suyos casi coincidentes con los del período estudiado. **Susana Vázquez**:

"Mis recuerdos en el deporte andaluz, treinta años atrás, son los de una niña de dos o tres años acompañando a su padre en "uno de sus trabajos": entrenador de voleibol... Viví el deporte de alto rendimiento de pabellón en pabellón y recuerdo sobre todo la figura de mi padre en el banquillo, manteniendo la calma en todo momento y haciendo trabajar duro y sin dejar que sus jugadores se rindieran en ningún momento... El deporte marcó mi vida. Desde que tengo uso de razón, he vivido sintiendo el deporte, escuchando conversaciones alrededor de éste y de la gestión deportiva... Siento que he sido una privilegiada, ya que conozco a muchas de las personas que han trabajado por el deporte en Andalucía y que han sembrado con mucha pasión y casi "de forma gratuita" las raíces de lo que es ahora el deporte en nuestra comunidad autónoma. Gracias a ellos, a su esfuerzo y a su dedicación apasionada, se ha fomentado el deporte".[230]

Desde un principio, la sensación que llega es la de que se tenían claros los objetivos, y que se hizo lo que había que hacer. Aunque no fuera fácil. Desde la presidencia del Colegio de Licenciados en Educación Física de Andalucía, **Ignacio Manzano**:

"Me gustaría reseñar las repercusiones sociales y económicas que hemos logrado en el deporte andaluz. En el recuerdo, podemos citar las diferencias que existían entre las distintas regiones, comunidades o autonomías. Un reflejo se observaba en los Campeonatos de España, en los que se hacían más notorias las diferencias culturales, sociales y/o

---

[230] Incumpliendo su promesa de no inmiscuirse en los decires de estos testimonios, quien organiza estas páginas debe decir que, una generación antes que Susana, vivió una infancia paralela a la de ella. Y que de entonces le llega esa debilidad -emocionada, comprensiva y amable- que le hace adentrarse, a veces, por estos temas del deporte, entendiendo sin duda a estos "locos" a los que, como una droga imposible de evitar, la actividad física transforma y orienta la vida. Para siempre, según se ve.

económicas... La metamorfosis en el cambio de cultura y de mentalidad. El simple hecho de ir en chándal por la calle era motivo de miradas de desaprobación. La actividad física estaba "enclaustrada" en los clubes y gimnasios existentes".

Javier Torres Vela concreta la sensación de faltas y ausencias, pero sobre todo las ganas por transformarlo todo:

"Sin estructuras regionales, sin instalaciones, sin estrategia para el deporte de élite y con escasas posibilidades de mejorar por la formación. Solo había una cosa que funcionaba razonablemente bien, desde mi punto de vista, que eran los juegos escolares... La tarea a la que nos enfrentamos fue inmensa, y la ambición que teníamos por cambiar la realidad, también. No sé si diseñamos una estrategia o directamente nos pusimos a trabajar en lo que consideramos que había que hacer".

Vicecomsejero durante largos años de la Consejería de Cultura (con el deporte dentro), su gestión callada y eficiente y su "visión de la jugada" permitieron la continuidad de tantos proyectos imprescindibles, durante todo el tiempo que requirieron, muchas veces más de cuatro años, para convertirse en realidades. **Luis García Garrido**:

"El deporte había sido tutelado sobre todo con el objetivo del adoctrinamiento por el anterior régimen... El que pocos años antes del ejercicio de la competencia [de Andalucía en materia de deporte], en 1979, se hubiesen celebrado las elecciones democráticas en nuestras corporaciones locales, hacía que ellas, con colectivos y con la ilusión de Andalucía en su propio proyecto [deportivo] fuese una materia que permitía a esas entidades la fácil complicidad de la naciente realidad social... El ejercicio de la competencia no fue fácil, la transferencia de medios personales y de instalaciones fue compleja, incluso desde la preautonomía. Pero las aportaciones de personal comprometido y con más y nuevas incorporaciones hicieron posible, junto con la apuesta política, superar esas difíciles tareas... Carecíamos de instalaciones deportivas suficientes y las existentes no siempre contaban con una ubicación que favoreciera el uso de las mismas... y además carecíamos de una vertebración deportiva suficiente. En esos momentos las federaciones no respondían territorialmente a nuestra realidad, la práctica deportiva no era habitual, los centros escolares no formaban parte en la mayoría de los casos de un proyecto deportivo de barrio, por inexistente... Pero un gran número de ciudadanos hacían del deporte su realidad, su compromiso".

Recién llegado de su tierra vasca, delegado de Deportes de Málaga en la transición del Gobierno central al autonómico, aportaba su experiencia de haber vivido, al parecer, en dos lugares incomparables. **José Antonio Aquesolo Ortiz**:

"Yo venía de otro mundo, en aquellos momentos. Era 1977. Lo que apenas a 1000 km, en cualquier pueblo de Vizcaya, no solo en Bilbao, o de Álava o Guipúzcoa, o de Navarra, era algo casi habitual, en Andalucía se nos hacía impensable. Casi imposible... Pero empezamos poco a poco y la respuesta del pueblo andaluz fue impresionante. Y pudimos, hasta superar a regiones mucho más adelantadas en muchas cosas, de modo que pronto, la gente, en vez de ir al norte a ver cómo se hacían las cosas, empezó a bajar al sur para lo mismo. De la noche a la mañana, los andaluces asumimos que había que hacer lo que se debía, y podía hacer y, en muchas cosas, se pudo llevar a término. En otras, la cosa ya no fue tan fácil. Pero ahí estamos. Como todos: en ello. Y se conseguirá si no se pierde de vista que lo que queremos hacer es para todo el pueblo andaluz, y no para unos pocos".

Reciente secretario general para el Deporte, pero relacionado con la actividad física desde sus inicios en el ayuntamiento de Chiclana, **Manuel Jiménez Barrios**:

"... el sistema deportivo de esa época estaba caracterizado por el voluntariado y el amateurismo de las escasas personas que se dedicaban a la gestión, y además por una práctica deportiva ciudadana escasa y desvertebrada. Sumaba a ello un déficit de servicios y equipamientos deportivos escandaloso... Fui uno de los concejales de Deporte de los primeros años de los Ayuntamientos democráticos, y a pesar de lo dicho anteriormente, que es innegable, es destacable la ilusión y la esperanza que imperaban. Se era consciente de la tarea que quedaba y las dificultades para llevarla a cabo, pero eran años de esperanza y se empezaba a tener conciencia del valor del deporte en una nueva sociedad que despertaba y necesitaba modernizarse".

Con estilo -inevitable e imprescindible- de jurista, profundiza en los detalles de estos inicios, y en los hitos que hubo que alcanzar y dejar asentados. **Ignacio Jiménez Soto**:

"El avance que supuso para nuestra comunidad autónoma, en todos los aspectos, el Estatuto de Autonomía... por tanto, la voluntad inequívoca de avanzar en nuestro proyecto social por la autonomía plena. Y es que si hay alguna comunidad que sepa de discriminación, en todos los aspectos, provocada por el estigma de la centralización política del régimen franquista, ésta es sin lugar a dudas Andalucía... No es, por lo tanto, pura casualidad que a primeros de los ochenta en Andalucía las instalaciones cubiertas, principalmente pabellones y piscinas, apenas existieran, pues la

> *propia Ley 7/1961 de Educación Física, en su propio capítulo noveno, dedicado a la planificación y financiación de las instalaciones deportivas, establecía que a la hora de atender por parte de la Delegación Nacional de Educación Física y Deportes a la dotación de instalaciones deportivas, se tendría en cuenta la densidad de población y "la demografía deportiva"; es decir, se favorecía claramente a las ciudades más desarrolladas, que eran las que tenían más nivel deportivo... Salvo excepciones primorosas, el deporte en Andalucía lo representaban principalmente los clubes de fútbol de las principales ciudades... en esta época, extensible a unos años anteriores, el deporte andaluz tiene como motor el denominado "deporte escolar" y el "deporte federado"; el primero, nucleado en torno a los colegios, tanto públicos como privados, donde los profesores de Educación Física y un buen número de entrenadores entusiastas y muchos autodidactas van a conseguir vertebrar el deporte andaluz... el segundo núcleo, los Campeonatos Federados".*

Director general de Deportes en el CSD, presidente de la natación andaluza, apunta también a las personas que impulsaron el cambio. **Rafael Blanco**:

> *"Era un deporte con un componente alto de voluntarismo e ilusión, con muchas personas que provenían de movimientos asociativos de base y que aportaban trabajo y entusiasmo. Había un gran déficit de instalaciones deportivas y la financiación del deporte andaluz era deficiente a todos los niveles. En definitiva, más corazón que medios, con un importante capital humano".*

Personas que también abrían, con dificultad, esfuerzo y decisión, las puertas de la Universidad a una nueva ciencia que pedía paso con urgencia. Desde la Universidad de Granada, la primera en abrir el camino entre las andaluzas, **Miguel Ángel Delgado Noguera**:

> *"... existía un deporte fundamentalmente centrado en el rendimiento deportivo... Estaba en crisis el deporte escolar, prácticamente desaparecido... Un incipiente deporte para todos... Apenas se practicaba deporte desde la perspectiva de la salud... No existía apenas investigación en el deporte... La formación inicial del profesorado de EF y del Deporte estaba empezando a mejorar sus planes de estudio y la calidad de la enseñanza. Cada día se iba mejorando la formación de los técnicos deportivos".*

Y desde otra Universidad, la de Málaga, antes habiendo pasado por muchas piscinas, entre ellas la del Club Mediterráneo. **Carlos Serra**:

> *"Lo recuerdo en primer lugar como deportista, con una gran escasez de instalaciones y medios, que se compensaba con mucho voluntarismo por parte de técnicos y dirigentes... En el caso de la natación... no se disponía de instalaciones acuáticas para la práctica en invierno, pues la primera piscina de ámbito privado se inauguraba en 1982 y las públicas no llegarían hasta finales de los 90".*

Del agua a la pista de atletismo, aunque sin perder de vista otros deportes. Jurista, directivo de grandes instalaciones y profesor universitario. **José Miguel Silva**:

> *"... en atletismo había que ir a la entonces periferia para practicar dicho deporte [se refiere a Málaga], en una única instalación. En natación cubierta escasas, inaccesibles a la masa. Y solo en el interior, pues en la costa "ya teníamos el mar". Los institutos públicos y colegios privados eran los grandes titulares de instalaciones, muy infrautilizadas fuera de horario en los primeros. En la calle, corríamos hacia el parque de turno para respirar aire puro y poder usar los columpios infantiles de gimnasio. El deporte era voluntario y por gusto, y no te pagaban nada... Hacíamos rifas, o bien "arruinábamos" al padre de turno. La náutica, buceo, hípica, esquí, golf, tenis o tiro eran deportes de ricos o minoritarios".*

Si las cosas estaban complicadas para los deportistas sin requerimientos específicos, para la discapacidad la cosa se hacía aún más problemática, casi insuperable. A pesar de ello, las medallas olímpicas comenzaron a llegar. Con un suplemento de ilusión y, sobre todo, de esfuerzo y trabajo bien hecho. Sigue en el deporte -en la FAO- desde aquellos oros de Barcelona 92. **Paqui Bazalo**:

> *"El deporte para personas con discapacidad en ese tiempo era el gran desconocido, no solo para la sociedad en general y para el mundo del deporte convencional, sino también para las propias personas con discapacidad... Era muy difícil ser comprendido, pues había que superar no solo tu propia discapacidad, sino la falta de medios técnicos y humanos y las grandes dificultades económicas. Todo esto sumado a las barreras, no solo arquitectónicas, sino -lo que es peor- mentales, de una parte de la sociedad que no nos consideraba auténticos deportistas y nos estigmatizaba con etiquetas excluyentes que hacían de nuestra actividad toda una cruzada reivindicativa sobre nuestro derecho a poder hacer deporte, dándole un sentido mucho más amplio que el de la mera realización personal. El deporte para nosotros significaba la reivindicación de la libertad personal y el derecho a la igualdad de trato y al reconocimiento social e institucional".*

El director de Deporte del Ayuntamiento de Dos Hermanas (Sevilla) apunta a esa diferencia de clases que conllevaba, en muchos casos, la práctica deportiva. **Javier Conesa:**

"... el deporte lo practicaban o los pudientes cuando se aburrían o aquellos a los que les gustaba tanto que se exponían a ser calificados de iluminados o locos... una inexistencia total de instalaciones: ni pabellones, ni piscinas cubiertas, ni pistas de atletismo, tan solo un campo de fútbol y alguna pista polideportiva".

Delegado de Agesport en Córdoba y expresidente de la Federación Andaluza de Bádminton. **Manuel Ortiz:**

"... en ningún momento teníamos más meta que la del siguiente fin de semana, después de una semana de entrenamiento dura... Era muy frecuente no tener exclusividad de práctica de un deporte concreto... Habría que destacar que la práctica no era muy numerosa, normalmente el que practicaba deporte reunía unas condiciones físicas y técnicas que le cualificaban para la práctica deportiva de cualquier modalidad deportiva. Estaba claro que primaba el deporte de competición sobre el de participación, concepto este que aún no estaba muy acuñado entre la población joven, y lógicamente menos aún entre el resto de la población (adultos, mayores, mujer, etc.)".

Desde el esfuerzo de la iniciativa privada, contrastada con el paso de los años por el éxito de gestión en Deporinter -organizador de las vueltas ciclistas a Andalucía, y de muchos otros eventos-. **Joaquín Cuevas:**

"Hace treinta años existían muchas inquietudes para intentar avanzar en la sociedad andaluza a través del deporte, el cual carecía de infraestructuras y materiales, y se iniciaba la formación de los técnicos".

Jurista, profesor de la Facultad de Ciencias del Deporte de la UGR y gestor deportivo del Ayuntamiento de Granada, da un paso más y apunta, no a cómo se encontraba aquello, sino a lo que se empezó a hacer para cambiarlo, con una excesiva prisa en ocasiones, según su opinión. **Javier Luna Quesada:**

"... la apuesta fue 'total', tanto para promocionar la práctica deportiva entre sus vecinos y vecinas como para apoyar y ayudar con todos los medios a su alcance al equipo o equipos más representativos de la ciudad, a los clubes deportivos modestos con relación a sus equipos en competición y a las federaciones deportivas para la celebración de competiciones de ámbito autonómico, estatal o internacional. Se improvisó un modelo de promoción y gestión del hecho deportivo a nivel local, basado en el 'incrementalismo' presupuestario, carente de un

modelo pensado y planificado previamente en el que muchos ayuntamientos actuaban 'por imitación' de la forma en que se habían organizado otros municipios, sin ejercer un control a posteriori sobre el modelo de gestión elegido para verificar la eficacia y eficiencia del mismo".

Fernando Paris también aporta su visión de aquellos inicios, asombrándose de algunos de esos rasgos, posiblemente incomprensibles para cualquier otro ciudadano del mundo, que nos hacen a los españoles un tanto "particulares":

"Yo no soy andaluz, así que mi recuerdo y mi visión externa del deporte en la comunidad hace treinta años tiene que ver con dos hechos puntuales y sorprendentes -para mí, en aquel momento-. El primero de ellos tiene que ver con el intento andaluz de solicitar la candidatura de Granada a los Juegos Olímpicos de Invierno de 1992: mi primer contacto con el deporte andaluz tiene que ver con ese hecho: dos candidaturas españolas -Jaca en Aragón, a la cual yo representaba, y Granada en Andalucía, optábamos a unos JJOO de Invierno-. ¡Dos comunidades del sur de Europa compitiendo internamente!".

Líder del fútbol andaluz desde hace años, creador de estructuras y sistemas de gestión que han probado su eficacia con el paso de los años. **Eduardo Herrera**:

"Hace treinta años, España se preparaba para acoger la cita deportiva más importante en toda su historia hasta ese momento: el Mundial de Fútbol de 1982, donde Andalucía tuvo un papel muy relevante. El fútbol carecía de casi de todo en esos años. Las instalaciones eran paupérrimas, el césped solo existía en los campos de Primera y Segunda división, los entrenadores no poseían formación como tal, las agresiones en los campos de fútbol aficionado eran una constante, etc. Y lo que era casi peor, aún existían reductos del franquismo en el deporte... Afortunadamente, se pudo acabar con todo eso y el deporte del fútbol también se democratizó en sus estructuras y planteamientos, aunque una década después que en el resto de España".

De las reglas del juego (nunca mejor dicho)

Cualquier deporte que se precie, y que no se precie, tiene su reglamento. A partir de él se puede hablar de juego limpio o de ilegalidades. Aún más, en el deporte, incluso cumpliendo las reglas se puede no ser del todo un "deportista". Esto es: no solo hay que cumplir las normas, sino que no hay que aprovecharse de ellas.

Eso es en la cancha. Pero como venimos viendo, para que un grupo de personas puedan saltar a un campo cualquiera a jugar, hace falta que muchas otras hayan pensado, trabajado, construido, incluso financiado, y organizado el deporte. Y todo ello requiere un marco legal. Que no era, como ya ha quedado claro, el que existía en aquel ya lejano 1982. Aunque ya se llevase unos cuantos años pensando en ello.

Fernando Arcas resalta la idea que inspiró el "espíritu de la ley":

"El principal valor es haberse convertido en un derecho democrático más del Estado benefactor, un servicio público para todos los andaluces gracias al esfuerzo inversor de la Administración autónoma. En estos años, y no solo en el deporte, Andalucía ha cambiado completamente... se ha convertido en un territorio para la modernidad deportiva".

Gallego. Director general del CSD. Profesor universitario. Visitante asiduo y constante de nuestra tierra, enumera los primeros pasos, ya realidades, que se dieron. **Eduardo Blanco Pereira**:

"La aprobación del primer Estatuto de Autonomía que se materializa por medio de la aprobación de la Ley Orgánica 6/1981... donde se asumió la competencia exclusiva en materia deportiva en el ámbito de Andalucía... El desembarco de jóvenes licenciados en Educación Física formados en Madrid, tanto en la Junta de Andalucía como en las entidades locales... La creación del INEF por el Gobierno de España en el marco de la Universidad de Granada en 1982... La creación en 1984 de Unisport, organismo dependiente de la Junta que constituyó la vanguardia de la formación y la documentación deportiva en España".

Jefe del Servicio de Cultura Física en la inicial Dirección General de Deportes de la Junta, profesor de la UPO, historiador incansable del deporte. **Juan Carlos Fernández Truan**:

"Resultaba imprescindible que todos los sectores vinculados con el deporte estuvieran en manos de las instituciones locales y autonómicas, de manera que se pudiera garantizar su participación de forma mayoritaria, mediante la financiación casi exclusiva de estas actividades por parte de estas instituciones, frente al control tradicional del deporte por parte de las entidades privadas, como era el caso de las federaciones deportivas, que hasta ese momento habían sido las únicas controladoras del deporte en nuestro país, con una estructura muy centralizada. Recuerdo que esa era la lucha central y constante para poder abrir la participación deportiva a toda la ciudadanía".

José María Martín Delgado, jurista también, aporta su visión:

"... la evolución del deporte en Andalucía en los últimos treinta años ha sido exponencial. La asunción de competencias por la comunidad autónoma y la distinta consideración del deporte y la práctica deportiva como un derecho de la ciudadanía han determinado el desarrollo de políticas eficaces de planificación y ejecución, tanto de infraestructuras como de programación de actividades, en los distintos niveles competenciales, entre el Estado, la comunidad autónoma, las provincias y los municipios. En la actualidad cualquier andaluz tiene fácil acceso a una instalación deportiva cercana a su lugar de residencia, y encuentra facilidades para practicar deporte".

Y **Manuel Jiménez Barrios** la complementa y detalla:

"El principal aspecto a destacar es el paso del voluntarismo a la profesionalización en el sistema deportivo andaluz, y junto a ello destaca también la labor de los ayuntamientos andaluces en la normalización de la práctica deportiva y su inclusión en la planificación política diaria que sitúa a la comunidad en la senda adecuada y acorta la distancia que aún le separaba de otros territorios... Es destacable también la producción legislativa que da garantías legales al sistema y nos sitúa como una de las CCAA más avanzadas en la normativa deportiva, y de las que hay que destacar lógicamente la Ley del Deporte de Andalucía... Otro aspecto a destacar es el avance y democratización de las federaciones, que son imprescindibles para entender lo ocurrido y que, junto a los clubes y asociaciones deportivas han ido pergeñando una red amplia, y aunque todavía quede mucho por hacer, es justo reconocer su trabajo y la complejidad de lo realizado... La estructura política administrativa de la que se dota la Junta de Andalucía expresa nítidamente el lugar que ocupa el deporte en el Gobierno de Andalucía, y es también un hecho destacable de la importancia que se le otorga: junto al consejero... se dota de una Secretaria General... [y] Dirección General de Actividades y otra de Innovación e Infraestructuras Deportivas no menos importantes, que redondeaban el sistema desde el punto de vista formativo, sanitario y de gestión... el IAD, el CAMD y la Empresa Pública Deporte Andaluz... Esta estructura de la Junta de Andalucía y las iniciativas políticas puestas en marcha durante estos treinta años hay que ponerlas en relación a la estrategia consensuada con ayuntamientos, diputaciones, federaciones, clubes y el resto de instancias deportivas, dando lugar a una planificación que, sin esconder sus dificultades, ha resultado clave en el avance del deporte andaluz".

Pedro Rodado recalca algunos de los hitos:

"En esta década me parecen relevantes para el devenir de la Educación Física y el deporte andaluz la creación del INEF de Granada para la formación de personal cualificado en las Ciencias de la Actividad Física y del Deporte, en julio de 1982, y la realización de los primeros cursos de Especialistas en Educación Física en EGB".

Director general de Actividades y Promoción Deportiva y director antes del Instituto Andaluz del Deporte. Profesor en la Universidad de Sevilla. **José Sanchís**:

"Preocupación de las Aministraciones local y autonómica por el fomento de la práctica. Esto se vislumbra en la Junta de Andalucía por la aparición de una Consejería de Deporte, compartida primero con el Turismo".

Médico de la selección española de baloncesto, primer director del Centro Andaluz de Medicina del Deporte. Asesor de la Federación Española de Tenis. **Delfín Galiano** destaca y concreta lo que le parece más significativo:

"Su capacidad normativa y los planes de desarrollo local".

Secretario de la Asociación Andaluza de Derecho Deportivo, jurista del deporte y miembro del Comité Andaluz de Disciplina Deportiva. **Santiago Prados Prados**:

"Una vez que Andalucía asumió las competencias exclusivas en materia de deporte, y a pesar de que nuestra comunidad autónoma ha sido una de las últimas en dotarse de un marco legislativo acorde con las exigencias del pleno ejercicio en la materia, destacaría en esta evolución del deporte... la elaboración de la Ley 6/1998 del Deporte y, sobre todo, el amplio desarrollo reglamentario de la misma, el excelente ordenamiento jurídico deportivo con el que Andalucía no solo ha desarrollado íntegramente su capacidad, recursos y medios, que le han permitido superar el importante déficit y lastre que arrastrábamos en la aplicación de las políticas deportivas dirigidas a potenciar la práctica deportiva en sus distintos ámbitos, sino que se ha colocado en la vanguardia del sistema jurídico-deportivo, dentro del conjunto del Estado español... en tan sólo una década... [ha] sabido dotarse de un excelente y vanguardista ordenamiento jurídico que le ha permitido en pocos años invertir la tendencia negativa de la práctica deportiva en nuestra comunidad autónoma".

Ignacio Jiménez Soto añade matices, y fechas, a la visión jurídica de su colega:

"... el papel de la Administración autonómica, que siempre se ha creído la competencia exclusiva en materia de deporte que asumió la comunidad autónoma en el Estatuto de Autonomía del 1981, y que nuevamente mantiene en el Estatuto de 2007, y así desde las sucesivas Consejerías competentes en la materia, ha venido liderando una moderna Administración deportiva: Instituto Andaluz del Deporte, Centro Andaluz de Medicina del Deporte, Comité Andaluz de Disciplina Deportiva, Consejo Andaluz del Deporte; igualmente, se ha generado una legislación deportiva que permite articular a los diferentes operadores deportivos, en la conjunción de la colaboración de lo público y lo privado, gracias al ejercicio de las funciones públicas delegadas, destacando normativas importantes y de gran calidad técnica, como el Decreto 7/2000, de 24 de enero de Entidades Deportivas Andaluzas; la Orden de 31 de julio de 2007, por la que se regulan los procesos electorales de las Federaciones Deportivas Andaluzas; el Decreto 236/1999, de 13 de diciembre del régimen sancionador y disciplinario deportivo, etc.; y junto a este acervo legal, toda la planificación y promoción deportiva, llevada con numerosos programas desde las diferentes Direcciones Generales y Secretaría General, que han contribuido decisivamente a que el deporte andaluz alcance las cotas propias de un Estado del Bienestar Social del que el deporte se siente parte".

Julián Gómez aporta su visión de lo que ha diferenciado a Andalucía de otras comunidades:

"... la aparición de Unisport..., la unión de Turismo y Deporte en una misma Consejería..., la democratización de la práctica deportiva a través de los programas de promoción de la Junta, la construcción masiva de instalaciones deportivas para todos y la consolidación de los Servicios Deportivos Municipales como sostenedores del sistema del Deporte para Todos".

Rafael Blanco resume todo en pocas palabras:

"En primer lugar, una mayor consideración social y también política de la importancia del deporte en una sociedad moderna".

Y **Luis García Garrido** lo confirma:

"El importante desarrollo normativo, desde el que regula la creación de las federaciones deportivas andaluzas, hasta el de las instalaciones deportivas, pasando por la regulación de la formación, ha contribuido a que dispongamos de las más avanzadas y pioneras normas de nuestro entorno".

El medio (a veces) es el mensaje[231]

Dice la voz popular que para jugar al fútbol, por decir algún deporte, basta con unos trapos y una cuerda que los mantenga en una forma más o menos esférica, unas piedras para delimitar el ancho de las porterías y el asfalto de una calle cualquiera. Si lo dice la voz, será cierto, pero hay que convenir que no es lo óptimo. Que Filípides corriera de Maratón a Atenas (con fatales consecuencias para su salud, por lo que cuentan) no es motivo para que se declare una guerra cada vez que unas personas quieran correr una maratón, y no hace falta crear un laberinto, y meter dentro un minotauro, para disfrutar del deporte de la orientación.

Por eso, los medios para poder practicar el deporte son muy importantes. Las instalaciones deportivas -con sus condiciones de seguridad y su infraestructura aneja-; pero también los materiales necesarios para la práctica de cada modalidad o disciplina. Por ello, en ocasiones, a pesar de la voz popular, la ausencia de tales materiales disuadía a muchas personas de hacer deporte. Y la presencia de unas instalaciones adecuadas facilitaba el acercarse a esa consecución que persiguen todos los dirigentes deportivos, que es la práctica deportiva universal y continuada, casi, casi, desde la cuna hasta... un lejano final.

A la vista de lo leído y de lo por leer, la de las instalaciones deportivas es una de las asignaturas aprobadas -y con nota alta- en nuestra comunidad. Aunque, como en todo lo demás, haya matices.

Arquitecto del deporte, con una obra cuidada y precisa. Director general de Deportes hace años en la Comunidad de Madrid y profesor de Instalaciones Deportivas del INEF-UPM (de Madrid). Con trabajos a la vista en nuestras tierras. **Fernando Andrés Pérez**:

> *"Apenas si había instalaciones de ninguna clase, salvo estadios de fútbol y algún pabellón de tamaño intermedio. Apenas había presupuesto de inversiones. Tampoco se aplicaba una planificación de equipamientos de ninguna clase, ni se hablaba de la necesidad de gestionarlos adecuadamente... Solo recuerdo haber estudiado el Plan de Instalaciones Elementales de la Diputación de Sevilla, que era sumamente interesante para poblaciones con bajo nivel de vida y que se basaba en el uso intensivo del albero como pavimento de tierra estabilizada obtenido de modo natural... También la Diputación de Cádiz empleaba la financiación procedente de las quinielas en la construcción de instalaciones municipales... ¡Poco más!... Nada para el deporte de alto rendimiento, para*

---

[231] Con permiso de Marshal McLuhan, descontextualizando -con perdón- la frase original.

la tecnificación, para la formación de técnicos y cuadros... Las instalaciones para el espectáculo futbolístico eran bastante antiguas... No existía nada que pudiera relacionarse con la investigación y escaseaban los técnicos... Se intentó un primer plan de equipamientos en 1982 siguiendo el método de las dotaciones y que realizó mi equipo. Unos 20 años después se ha realizado otro que tendía a la concentración de instalaciones en complejos mayores a fin de facilitar la gestión, pero que en bastantes aspectos ha sido demasiado inflexible (tipologías de vasos de piscinas, por ejemplo) y que no entraba apenas en exigir estudios de viabilidad de la gestión".

Ya jubilado, siguió el deporte en Almería y en toda Andalucía, desde su trabajo de empleado público, dedicado a los Juegos Mediterráneos de 2005. Hace memoria. **Juan Ortega Beltrán**:

"El proceso de las transferencias de las competencias del Estado, en materia de Deporte, a la comunidad autónoma, se llevó a cabo por el personal de las extintas Delegaciones Provinciales del Consejo Superior de Deportes, en estrecha colaboración con las Delegaciones Provinciales de la Consejería de Cultura de la Junta de Andalucía... Merece especial atención la cantidad y calidad de las instalaciones transferidas en materia de infraestructuras deportivas... que, situadas, en puntos estratégicos de las diferentes provincias, servirían de base para la configuración del parque deportivo andaluz".

Manuel Garzón, en cualquier caso, apunta a que la tarea estaba por hacer. Su objetivo:

"La mejora de las infraestructuras deportivas en toda la comunidad autónoma".

Jurista profundo del deporte, director de Unisport, decano luego de la Facultad de Derecho de la Universidad de Málaga. **José Luis Carretero**:

"Por su trascendencia, la enorme inversión de la Administración en la construcción de instalaciones y equipamientos deportivos dignos, en el sostenimiento de las federaciones deportivas y en el desarrollo de la práctica deportiva."

Profesor de la UAL. Experto en la actividad física para adultos y mayores, también se fija en las instalaciones, útiles porque sirven al fin que repite y ya mencionamos antes: cuanto mayor sea la práctica, mejor. **Antonio Casimiro**:

"La universalización de la práctica (todo el mundo puede hacer AF independientemente de edad, sexo, raza...). Excepcional parque de instalaciones deportivas (campos de fútbol de césped artificial, piscinas

cubiertas y polideportivos en cualquier municipio). Disminución del deporte escolar y gran auge del ocio tecnológico pasivo en los niños (sedentarismo, obesidad...). Alta tecnología en el ámbito del fitness y wellness, con un extraordinario auge de grandes centros deportivos de gestión privada (frente al antiguo pequeño gimnasio de pesas). Auge de la práctica femenina. Boom de las actividades en el medio natural. Gran posibilidad de formación in situ o a través de Internet".*

Ignacio Manzano va por el mismo camino:

"Considero que el más significativo, para mí, ha sido el cambio de mentalidad en nuestra comunidad: el deporte ya no es exclusivo para unos pocos, cualquiera puede hacer actividad con un mínimo de presupuesto... Al cambio de mentalidad contribuyó grandemente la organización de maratones populares en las distintas ciudades y en numerosos pueblos de nuestra comunidad. Se ha llevado la actividad física a las calles y a los espacios abiertos de la ciudad".

Y **José Sanchís** pasa del deporte en la calle al uso optimizado de las instalaciones tanto tiempo esperadas, muchas de ellas ya concluidas:

"Andalucía comienza a ser referente para la organización de grandes manifestaciones deportivas nacionales e internacionales".

Fernando Paris remacha la misma idea. Andalucía se hace visible en sus instalaciones:

"Y si hay un elemento diferenciador claro -además de los propiamente geográficos, demográficos, económicos o culturales- es la apuesta que, durante estos años, Andalucía ha realizado en torno a la organización de grandes eventos deportivos internacionales. Andalucía ha sido, en este campo, campeona del mundo; ha organizado decenas de competiciones internacionales mono- o plurideportivas, en numerosas especialidades. Ha proyectado su nombre a través de los eventos deportivos".

José Carlos Jaenes enumera estas pero también "otras" instalaciones, también necesarias para el progreso del deporte, aunque no sirvan -directamente- para la competición:

"Destacaría el infinito avance en la construcción de instalaciones, un vuelo por Andalucía nos muestra centros de alto rendimiento, pistas, estadios, pabellones, piscinas por doquier. Siempre pensamos que necesitamos más, que es insuficiente, pero los que vivimos los 70 podemos apreciar el inmenso progreso, como el de las Ciencias del Deporte, con INEF en Granada, en la Pablo de Olavide, en la Hispalense o los grados en Cádiz, Almería y demás... Avances en las ciencias que nos hacen disponer del

Centro Andaluz de Medicina del Deporte (CAMD), con magníficos servicios en cada una de las provincias andaluzas".

Julio Perea también menciona esos medios "inmateriales" que impulsaron el deporte andaluz hasta donde ahora se encuentra:

"La organización por Unisport-IAD de las Jornadas Andaluzas de Deporte Municipal fue decisiva en el conocimiento de nuestra realidad y en la apuesta de las Corporaciones Locales en el posterior crecimiento y desarrollo espectacular del deporte municipal de los últimos años de los ochenta y la década de los noventa... Tal vez la fiebre que supusieron la Expo y los Juegos Olímpicos de Barcelona adelantó en varias décadas lo que supuso el milagro del deporte andaluz, que en algo más de una década nos hemos puesto en la vanguardia de los equipamientos y en el número de clubes y ciudadanos que son practicantes deportivos habituales... jugando un papel primordial que el deporte tuviera denominación propia en las Consejerías de la Junta de Andalucía. Pocas autonomías han hecho una apuesta tan importante en considerar al deporte como un instrumento en el desarrollo de nuestra industria más importante, como es el turismo sostenible".

Susana Vázquez matiza lo ya dicho:

"... actualmente el deporte práctica... ha sabido crear la necesidad y concienciar de los beneficios del mismo, pasando a ser un negocio rentable... los servicios deportivos forman parte del mercado, hay un gran negocio y grandes compañías que invierten en él, y todo ello porque es una necesidad que se ha ido creando mediante el fomento de la práctica deportiva, realizado hasta hace pocos años fundamentalmente por las diferentes Administraciones públicas. Pero lo más importante de todo esto es que las personas se están concienciado y son conocedoras de los beneficios del deporte para la salud... [En cuanto a] las instalaciones deportivas, considero que en algunos casos se han sobredimensionado, deberíamos haber sido mejores planificadores de instalaciones deportivas. Se han construido verdaderas "pirámides" para una competición o un evento puntual, que son difíciles de rentabilizar, mantener y gestionar".

Ignacio Jiménez Soto aporta datos. Aunque tales hechos puedan explicarse por el "hambre atrasada" que, también en esto, tenía la sociedad española:

"Tan solo en el período de 1982 a 1992 se invirtieron en España más de cien mil millones de pesetas en infraestructuras deportivas, lo que supuso crear, en diez años, todo lo que no se había construido en España en cien años. Buena parte de estas instalaciones y equipamientos llegaron a Andalucía: pabellones cubiertos, piscinas cubiertas, pistas de atletismo,

etc., que van a contribuir decisivamente al desarrollo del deporte andaluz... La inclusión del deporte en el artículo 43 de la CE junto a la educación sanitaria va a propiciar la aparición de nuevas formas de entender el deporte, un deporte en el ámbito de la cultura física y colindante con la calidad de vida; así emergen el deporte participación, deporte recreación, deporte para todos, deporte salud, etc.; ya muy distinto al anterior deporte exclusivamente de competición, y donde va a tener un especial protagonismo el denominado "deporte municipal", a través de los ayuntamientos, y en la provincia las respectivas áreas de deporte de las diputaciones provinciales. Por lo tanto, el incuestionable avance del deporte en Andalucía no se puede entender sin la decisiva aportación de ayuntamientos y diputaciones, entre otras cosas porque son las instituciones que tienen más cercano al ciudadano".

Profesor de Equipamientos e Instalaciones Deportivas en la Facultad de Ciencias del Deporte de la Universidad de Granada, rodea a las infraestructuras de todo aquello que las justifica. **Aurelio Sánchez de Vinuesa**:

"... para conseguir la universalización de la práctica deportiva en nuestra sociedad, incremento espectacular de la tasa de práctica deportiva en nuestra Comunidad, fundamentalmente por la implantación y consolidación del deporte para todos en la sociedad andaluza como medio de bienestar para la sociedad; incremento exponencial de la práctica deportiva relacionada con la salud; creación de un parque andaluz de instalaciones deportivas de una considerable calidad gracias al PDIDA; profesionalización de la gestión deportiva con la incorporación a la misma de los licenciados en Ciencias del Deporte, y el inicio de la colaboración público-privada en la construcción de instalaciones y servicios deportivos".

Uno de los grandes expertos en planificación del entrenamiento deportivo, decano de la Facultad de Ciencias del Deporte de la sevillana Universidad Pablo de Olavide. **Juan José González Badillo**:

"Mejora y aumento claro de las instalaciones. Organización de grandes eventos deportivos, aunque quizás sin un aprovechamiento adecuado para la promoción del deporte. Mayores ayudas económicas para el desarrollo de la práctica deportiva para la población en general y, especialmente, para el rendimiento deportivo. La creación de la Fundación Andalucía Olímpica. El desarrollo del Programa de Talentos Deportivos durante los primeros 10 años, que permitió pasar de unas 100 medallas a más de 500 en el conjunto de las competiciones nacionales en las categorías inferiores. El desarrollo de cursos de formación a cargo del

IAD. Estructuración más profesional de las federaciones autonómicas. Creación de Centros de Entrenamiento especializados para algunos deportes...".

José Miguel Silva también apoya las ideas ya expresadas, y las matiza con nuevas aproximaciones:

"Sobre todo, el desarrollo de instalaciones públicas y fundamentalmente las ciudadanas al aire libre, y las privadas a medida del ciudadano. Las piscinas sobre todo. En sentido negativo destaco la errónea cultura de la subvención y tantísimo gasto en grandes eventos... y el desmesurado exceso de gradas e instalaciones de competición vacías e insostenibles".

Javier Conesa da pistas sobre por dónde ve el desarrollo de las instalaciones deportivas por venir:

"Las nuevas instalaciones han de ser construidas de manera conjunta entre las Administraciones y las empresas privadas del sector; debemos poner freno a los intrusos que llegan al deporte a interesarse por él solo por un interés monetario".

Uno de los mejores jugadores de baloncesto andaluces. Director general de Planificación y Promoción Deportiva primero, y secretario general para el Deporte de la Junta de Andalucía hasta el presente, recorre el período y apunta vías de especialización futuras. **Ignacio Rodríguez Marín**:

"Apenas había instalaciones que merecieran tal nombre, más allá de algunos campos de fútbol y algunos pabellones en las capitales, para llegar en los años 90 a cerca de 9000 instalaciones que en la actualidad se han convertido en más de 14 000... Desde Málaga y desde Andalucía, y reconociendo los magníficos resultados que año tras año vienen cosechando los deportistas paralímpicos, se considera conveniente por parte de la Junta de Andalucía la creación de este centro, que sería el primero en España de estas características, pensando en las personas con discapacidad, con lo que se conseguirá la plena integración, en condiciones de igualdad y sin discriminación alguna".

Los protagonistas

Se viene hablando de ellos desde el principio de este capítulo, posiblemente desde la primera página del libro. Las personas que -antes de este período, durante este período y mucho después de que el mismo se acabe y se vea superado por el paso del tiempo, del ya cercano 1 de enero de 2013 en adelante, y mucho más allá- han hecho posible lo que hoy es -y será- el deporte andaluz.

A todas ellas. Por todas ellas.

Concejal de Deportes del Ayuntamiento de Antequera, luego alcalde de esa ciudad y consejero de Agricultura y Pesca, de Turismo, Comercio y Deporte, y de Cultura de la Junta de Andalucía. **Paulino Plata**:

> *"El tema que más me ha interesado del deporte andaluz ha sido crear hábitos saludables para toda la vida, porque cuidar el cuerpo es fundamental para tener una mejor calidad de vida. Nuestro cuerpo es un patrimonio único que debemos saber cuidar y atender sin obsesiones. De ello depende también nuestro estado de ánimo y nuestra actitud".*

Manuel Jiménez Barrios señala a las personas que han trabajado por el deporte en Andalucía:

> *"Es reseñable que el grupo humano andaluz que se compromete con el futuro del deporte de nuestra tierra puso las bases del sistema tal como hoy lo conocemos, y muchos de ellos afortunadamente continúan aportando sus conocimientos y experiencias al presente y el futuro. Andalucía les debe bastante y el salto cualitativo y cuantitativo experimentado se ve en estos momentos de crisis con mayor dimensión, teniendo en cuenta el corto espacio de tiempo en términos históricos y el déficit del que se partía".*

Eduardo Blanco destaca el déficit inicial existente, y luego lo matiza:

> *"La escasa cualificación de dirigentes y técnicos... A pesar de lo dicho, en la Andalucía de hace treinta años se podían identificar algunos profesores...*

que ejercieron su magisterio con rigor y entusiasmo, como José Antonio Aquesolo Ortiz, que arropó a los jóvenes profesionales".

Juan Carlos Fernández Truan lo detalla:

"Fue el periodo en que comenzaron a crearse los primeros Patronatos Deportivos Municipales, los primeros servicios de deportes de las Diputaciones y de las Universidades, los Juegos Deportivos Municipales y los Juegos Deportivos de Andalucía. Todo era nuevo y había que comenzar a diseñarlo, pero cualquier cosa que se ofertase siempre contaba con la gran ilusión de sus organizadores y la gran participación de los ciudadanos como respuesta... Con la organización del deporte en las nuevas estructuras municipales y autonómicas, el deporte se convirtió en algo tremendamente popular al que por primera vez tenían acceso todas las clases sociales y no solamente unas élites privilegiadas. Este hecho obligó a todos los que teníamos responsabilidades organizativas en esta materia, a intentar dar respuesta a una inmensa cantidad y variedad de niveles y motivaciones relacionados con el deporte. No ya solo con la aparición del "Deporte para todos", que nunca llegó a desarrollarse en su totalidad, sino incluso en sectores como el del deporte escolar y federado. De un reducido grupo de centros docentes, en su mayoría privados, que participaban en competiciones deportivas en edades escolares, se tuvo que pasar a establecer niveles de interés y ejecución en edades escolares, con unos Juegos Municipales con gran participación muy abierta a todos los intereses y unos Juegos Deportivos de Andalucía que pretendían acoger a la élite deportiva en esas edades, para que sirviera de eslabón con el mundo federado".

Miguel Ángel Delgado Noguera, en la misma línea, opina:

"Ha mejorado la formación del profesorado de EF y la de los técnicos deportivos. La integración de los estudios en la Universidad se hizo, por primera vez en España, en la Universidad de Granada. Primeros cursos de doctorado e integración en la Universidad... Se mejoraron los estudios tanto en la formación inicial como en la formación permanente o actualización con el INEF de Granada y con la Universidad de verano de Andalucía (Unisport, después IAD)... Se consiguieron las primeras plazas de funcionarios en la Enseñanza Secundaria del profesorado de EF... El avance en la investigación ha sido un elemento esencial, apoyado por el centro de documentación deportiva del INEF y de la Facultad de Ciencias del Deporte, así como del IAD".

Luis García Garrido precisa los efectos de estas actuaciones:

"... se ha producido un relevo en el modelo de gestión deportiva, llegándola a entender además como una actividad económica y de progreso. Del

mismo modo, el deporte se ha integrado en el terreno de la medicina, la salud, la investigación, la formación y el ocio. Gracias a la motivación de los profesionales y las iniciativas promovidas y/o apoyadas por la Administración, se ha conseguido que la ciudadanía asuma el deporte como una herramienta de ocio y mejora de la salud, independientemente de la edad y de la renta".

Igual que **José María Martín Delgado**:

"En este aspecto, la concienciación ciudadana sobre los beneficios de la actividad física, la mayor consideración del deporte en el sistema educativo en su conjunto, la coordinación entre las Administraciones públicas y el aumento de la calidad de vida, entre otras razones, han determinado un incremento extraordinario del nivel deportivo de Andalucía. Por otra parte, los éxitos de nuestros deportistas de alta competición".

Pepe Sanchís destaca algunos de los ámbitos en los que más se notó la transformación:

"Las federaciones deportivas eran el referente de la práctica deportiva en los inicios de esa década, si bien comenzaba a calar un nuevo concepto de deporte para todos. Hasta ese momento el deporte en edades escolares pertenecía a clubes privados o a centros escolares privados. Paulatinamente comienza a crecer la práctica deportiva en los centros públicos, que va a incrementarse notablemente en la siguiente década... Tendencia a la generalización de la práctica con la incorporación de todos los segmentos de edad".

Javier Luna se detiene en la actuación de las Administraciones locales, las más próximas a la ciudadanía:

"El compromiso de los Ayuntamientos para universalizar la práctica deportiva mediante una oferta de prestaciones que atienden a todas las necesidades (niños, jóvenes, adultos, mayores, personas con discapacidad, grupos especiales, etc.) con la salud, la educación y la integración social como perspectivas ha traído como consecuencia que en la actualidad más del 47% de los andaluces y andaluzas practiquen deporte, frente al 25% que lo hacía hace treinta años... La actividad desplegada por los Ayuntamientos en la promoción de la práctica deportiva mediante la creación de servicios deportivos municipales dotados de personal cualificado e instalaciones deportivas, así como el incremento "año tras año" de sus presupuestos hasta la llegada de la crisis económica, los sitúa como los protagonistas indiscutibles en la promoción de la práctica deportiva... Algunas federaciones deportivas exigen a los Ayuntamientos que desean ser ciudad sede de un evento deportivo pagar un canon de una

cuantía astronómica... Ello ha supuesto a muchos Ayuntamientos un altísimo coste para la celebración de un evento deportivo en su ciudad, pues además del canon referido han tenido que hacer frente a los gastos de producción del evento. No conocemos la existencia de estudios que justifiquen las inversiones millonarias... que sirvan para justificar el importe del canon abonado y los gastos de producción del evento deportivo".

Manuel Díaz Trillo establece puentes entre la práctica y la calidad del pensamiento que la impulsa:

"Estos cambios permitieron unir las estructuras del deporte de base con el conocimiento y la formación en Ciencias de la Actividad Física. El IAD ha sido centro pionero y de referencia en investigación y formación en España y el mundo. La creación de la Facultad de Ciencias de la Actividad Física en Granada fue una meta soñada por todos los profesionales y muy luchada, así como una apuesta decidida de las autoridades andaluzas".

Joaquín Cuevas no tiene que alejarse mucho de su diario quehacer para aportar su visión de los protagonistas del deporte en Andalucía:

"... Deporinter fue la única empresa andaluza, en el ámbito deportivo, presente en el JJOO de Barcelona 92, cuidando de la logística, infraestructura y coordinación de los proyectos de Antorcha, Ciclismo y Maratón, hecho significativo de que en Andalucía estábamos preparados para afrontar grandes retos internacionales... Los esfuerzos realizados desde la Administración han sido fundamentales para que la ciudadanía realice deporte y se ponga en movimiento desde los más pequeños, con programas de ciclomotricidad, deporte escolar y universitario, deporte de formación o iniciación, deporte federado, deporte de élite, deporte para mayores, deporte adaptado y deporte ocasional. Todos estos programas (seguro que me olvido alguno) han supuesto una inversión importante, pero al mismo tiempo el retorno ha sido mucho mayor: salud, turismo, comercio, empleo, etc.".

Eduardo Herrera se centra en detallar el caso del fútbol:

"El fútbol andaluz empezó a cambiar a raíz de los años finales de la década de los 80. Los rectores tomamos conciencia de la necesidad de establecer unas pautas para todo el fútbol, que no eran solamente para el fútbol profesional... sino para todos los practicantes de este deporte. Se empezó mejorando las instalaciones en ciudades y pueblos... También se mejoró la Mutualidad del Futbolista para una atención sanitaria más profesionalizada... Creamos el CEDIFA, el centro de estudios, que proyectó su trabajo en la creación de escuelas de fútbol, programas de integración con discapacitados, inmigrantes, países con menos recursos, etc. Se

informatizaron todas las gestiones y el fútbol andaluz pasó de las 30 000 a las actuales 140 000 licencias. Asimismo, se fue incorporando la mujer al deporte del fútbol".

Juan de Dios Román, no podía ser de otra forma, hace lo propio con el balonmano, también con apuntes al caso andaluz, que trascendió sus propias fronteras:

"... la aparición de Unisport la considero vital en el enriquecimiento y en la formación de los técnicos del balonmano español... La escuela de balonmano, ya estructurada, necesitaba una vía de contraste de contenidos que utilizara expertos de otros países y trasladara nuevos conocimientos y conceptos a nuestros técnicos... La aportación de Unisport al balonmano español fue de un valor incalculable, que es obligado valorar en toda su dimensión y en cualquier foro o publicación que repase la importancia del deporte en Andalucía y su aportación al deporte español... Unisport fue sin duda mi mejor vehículo para entender la importancia del deporte en Andalucía; he aquí mi testimonio de agradecimiento personal y el del balonmano español a su contribución permanente".

Manuel Hernández Vázquez se fija en el centro andaluz, pero luego señala otros protagonistas:

"Tengo que destacar una institución que, según mi opinión, ha influido poderosamente en el desarrollo del deporte andaluz: Unisport, actualmente Instituto Andaluz del Deporte. En segundo lugar, es importante señalar el desarrollo y consolidación de una estructura asociativa fuerte que ha hecho posible la difusión del deporte por todo el territorio andaluz. El apoyo institucional al deporte escolar, promoviendo también el asociacionismo deportivo en el mundo de la escuela y estableciendo puntos de encuentro con el deporte federado".

Enrique de Hoyos define ese protagonismo del deporte en la actualidad, adjetivado y enriquecido por los resultados que proporciona su práctica:

"El perfil del practicante que yo veía en Carranque de niño, mayoritariamente hombre joven, se ha hecho mucho más heterogéneo, ya practican personas de todas las edades y de ambos sexos. También se ha hecho evidente que el deporte es salud y que se debe practicar de una manera adecuada, con asesoramiento profesional, aunque aún quede mucho camino por recorrer en una mejor regulación profesional del deporte".

Entre los protagonistas presentes del deporte y lo que ya se vislumbra como las líneas maestras de un nuevo deporte que llega. Licenciado en Ciencias de la Actividad Física y del Deporte, funcionario del Ayuntamiento de Granada, pero sobre todo director general de Deportes de la Junta de Andalucía y, en la actualidad, director general de Deportes de la Empresa Aegis (antes Carat). **Jesús García Fernández**:

"Todas las Administraciones públicas han incorporado el deporte en sus equipos de gobierno, atendiendo sus competencias cada una quizás de forma invasiva entre ellas, con solapamientos y duplicidades fruto de una coordinación escasa o forzada en algunos casos... El deporte ha pasado a formar parte del sector industrial... El recurso humano está cualificado y profesionalizado, es abundante y ello ha hecho nacer algo inexistente anteriormente: la competencia... El deporte es un negocio y como tal se solapan ofertas, servicios prestados desde la iniciativa pública y privada... El deporte, hoy, se ve, se consume y se practica más que nunca".

Gestor deportivo del Ayuntamiento de Leganés, exsubdirector general de Promoción Deportiva y Deporte Paralímpico del CSD. **Antonio Montalvo de Lamo**:

"... profesionales mejor formados... más y mejores centros de formación de técnicos deportivos, el arraigo de una nueva cultura de los dirigentes deportivos que ha hecho que las organizaciones, entidades, clubes y federaciones hayan evolucionado y crecido hasta unos niveles de excelencia media más que aceptable. Consecuencia de todo ello, y otro de los aspectos a resaltar en Andalucía, ha sido el aprovechamiento del medio natural y su entorno geográfico privilegiado para constituirse en una de las comunidades que más y mejores eventos deportivos de carácter nacional e internacional realizan".

Antonio Merino, a estas alturas, hace balance:

"Tres son los avances y tres los errores, desde mi punto de vista. En los avances hay que destacar: la consolidación de la educación física y el deporte como objeto científico, la creación de una legislación específica y estructuras adecuadas, y las dotaciones presupuestarias para la articulación de un sistema propio. En los aspectos negativos, señalo: la anarquía presupuestaria, el clientelismo político en las corporaciones locales y la falta de aplicabilidad de las dotaciones de equipamiento e instalaciones deportivas".

Paqui Bazalo se reafirma en lo dicho y apunta otras ventajas para Andalucía, traídas por el deporte:

> *"Reconocer que la actividad física es un elemento clave para la salud y una herramienta eficaz para la inclusión, socialización y mejora de la calidad de vida de las personas ha supuesto la diferencia de un pasado no muy lejano, sedentario y sin cultura deportiva, a un presente activo consciente de los beneficios de la actividad física y el deporte... Andalucía ha descubierto en estos años el gran potencial en la Industria del deporte y se han realizado grandes esfuerzos para mostrarnos ante el resto del mundo como un destino en el que conjugar la práctica deportiva con un clima excepcional, magníficas instalaciones deportivas, espacios naturales, campos de golf, nieve, actividades náuticas, gastronomía, cultura, fiestas, una gran infraestructura hotelera y de transportes... [todo ello] hace que Andalucía sea un atractivo destino".*

Concejal de Turismo y Deporte del Ayuntamiento de Málaga, en la actualidad presidente de la Diputación Provincial y presidente de la Comisión de Deporte, Juventud y Ocio de la FEMP. **Elías Bendodo**:

> *"Hay dos aspectos que me gustaría destacar, por un lado la consolidación del deporte como práctica saludable al alcance de todos los andaluces, con un crecimiento muy importante en el número de practicantes y espectadores; y por otro, la creación de infraestructuras de primer nivel tanto para los profesionales como para los aficionados".*

Consejero de Turismo, Comercio y Deporte en la anterior legislatura, sigue al frente del deporte andaluz, ahora desde la Consejería de Cultura y Deporte (que ya tuviera competencias en la materia, pero sin la importancia de llevarlo en el nombre). **Luciano Alonso**:

> *"Tengo un profundo respeto por el deporte... que no solo nos ayuda a ser mejores personas, más libres y solidarias, sino que además a través del deporte se incorporan la salud y el bienestar, el esfuerzo y el respeto, y cuya práctica contribuye al desarrollo integral del ser humano. Una sociedad que practica deporte es la muestra de una sociedad moderna, más sana, más dinámica y más igualitaria. Mejorar la salud, fomentar la igualdad, potenciar las relaciones entre los pueblos y ayudar a la integración social son algunos de los muchos valores que desarrolla el deporte".*

Salvador Navas pone el colofón, con ímpetu deportivo, y abre el paso hacia el futuro:

> *"El pundonor, la dedicación, el sacrificio, la constancia, el esfuerzo, la educación, la entrega... de tantos deportistas andaluces que, a pesar de las dificultades de todo tipo -sociales, políticas, geográficas, institucionales, económicas, culturales- han conseguido que el deporte andaluz esté donde*

se merece... Un claro ejemplo lo vemos en el deporte para personas con discapacidad, donde Andalucía tiene una magnífica representación. ¡Imparables! ¡No hay límites!".

Del futuro

El futuro no está escrito, pero es un juego difícil de resistirse el jugar a predecirlo, impedir que nuestro pensamiento se vaya por los cerros de Úbeda y trate de aventurar cómo será el día de mañana; y cómo nos irá en él. Así que ahí van algunas de esas elucubraciones -con la virtud de que todas son propuestas por personas que han pensado en serio en el tema, con el inconveniente de que ni ello puede garantizar el acierto-. Hay de todo, claro: desde quien lo ve todo bastante, o definitivamente, mal, hasta quien cree que hay motivos para la esperanza.

A saber.

Deportista, secretaria del Cluster Andaluz de la Industria del Deporte, coordinadora del curso sobre coaching deportivo de la UMA, no las tiene todas consigo. **Raquel Casero**:

"Lo veo mal... peor por los recortes presupuestarios de los últimos dos años".

Director de Marketing de CETURSA Sierra Nevada. **Ignacio Valenzuela**:

"El deporte andaluz necesita optimizar el uso de las infraestructuras deportivas actuales y trabajar en el mantenimiento e incremento de la práctica deportiva, luchando contra el descuido en el mantenimiento de las instalaciones y contra el abandono de la práctica deportiva. Desde el punto de vista de la competición deportiva hay que hacer un esfuerzo por apoyar a los deportistas andaluces con proyección nacional e internacional".

Y siguen algunos de nuestros opinantes ya leídos antes de aquí. Sin más comentarios que adjetiven sus visiones (y esperanzas) posibles.

Manuel Garzón:

"Por un lado con optimismo, ya que el trabajo de treinta años da sus frutos; por otro con cierta preocupación, por lo que considero un abandono de la apuesta por el deporte municipal... y de formación en valores de compañerismo, solidaridad, cooperación, integración...".

Antonio Montalvo del Amo:

"En estas épocas no favorables habrá que agudizar el ingenio y gestionar con eficacia y eficiencia, porque se priorizarán las acciones y los recursos

se dedicarán y destinarán a cubrir necesidades más perentorias y el deporte en este sentido no será de las áreas prioritarias a favorecer. Yo personalmente preveo una caída de nuestro deporte de competición de medio y alto rendimiento en los próximos años como consecuencia del desplome que van a tener federaciones y clubes, con menos apoyo institucional y sin la definición de una nueva Ley de Patrocinio y Mecenazgo capaz de interesar al tejido industrial en invertir en deporte. Este desarraigo y la desaparición de clubes y entidades deportivas, entiendo que van a desestructurar el actual sistema deportivo tal y como ha estado conformado hasta ahora, por lo que habrá que hacer un esfuerzo en repensar y diseñar qué dirección y orientación deberá tener nuestro deporte futuro".

Javier Torres Vela:

"Con esperanza y preocupación. Esperanza, porque la base estructural para que florezca una práctica deportiva existe... Pero también con preocupación... percibo un abandono paulatino de lo público, de todo lo que se refiere al deporte... La lógica privada (legítima) es el beneficio, y tengo dudas de que esta lógica sea la mejor para orientar un práctica como es la deportiva, que es imprescindible para el ocio y la salud de todos los ciudadanos".

José María Martín Delgado:

"Siguiendo la progresión a que antes me refería, el deporte andaluz tiene un magnífico presente y un extraordinario futuro. Hoy en día podemos afirmar que, de una u otra manera, la generalidad de los andaluces y andaluzas practica algún deporte, de manera que podemos considerarlo como una necesidad consolidada. Nuestro nivel deportivo está a la altura de los grandes. La calidad y cantidad de nuestras infraestructuras es cada vez mayor, con Centros de Alto Rendimiento y de Tecnificación que permiten el desarrollo del deporte de alta competición en Andalucía... Una prueba del excelente futuro de nuestro deporte podemos tenerla en los actuales Juego Olímpicos, Londres 2012, en los que participan 23 andaluces dentro del equipo olímpico español, siendo así que en Pekín 2008 fueron 22. De ellos, 16 participan por primera vez en unos Juegos Olímpicos, lo que quiere decir que se está produciendo un relevo generacional con normalidad en nuestra élite deportiva. Por otra parte, también participan en los Juegos 25 atletas paralímpicos. Todo ello es fruto de unas políticas adecuadas de construcción de equipamientos, de fomento del deporte, de ayuda a deportistas y técnicos y, sobre todo, de la consideración que hoy tiene el deporte entre la ciudadanía andaluza".

Jesús García:

"La universalización de la práctica deportiva, hoy no hay excusas para no hacer deporte, es ya una opción personal... Se corría el riesgo de involucionar sobre lo conquistado para el deporte en la sociedad. Ahora estoy convencido: estamos en una profunda fase de involución dramática que la clase política no está sabiendo parar...

Andalucía en particular está viviendo, de una parte, una corrección lógica derivada de la falta de planificación en la construcción de instalaciones deportivas y... [de] la disminución irracional de los presupuestos públicos destinados al deporte. Afortunadamente, los andaluces tienen conquistada en su ADN la práctica deportiva, la actividad física y el consumo de deporte en las multi-ventanas que hoy ofrecen estos contenidos, y esto es lo que me permite pensar que el futuro es esperanzador, pero solamente porque los andaluces así lo han decidido. Lo que hace unos años se llamaba el sistema deportivo hoy está en estado de ajuste profundo y tendrá de forma inexorable que contar más con la industria del deporte para poner en el mercado una oferta adaptada, bien dimensionada y que priorice las necesidades de la demanda real".

Juan Carlos Fernández Truan:

"Creo que volverá a imponerse el criterio de calidad frente al de cantidad, y con ello se comenzará a perder la posibilidad de diversificar y adaptar al máximo la oferta a los intereses y motivaciones deportivas de los ciudadanos. En cuanto a la práctica más popular del deporte, considero que con el comienzo del siglo se han producido muchos cambios sociales a los que probablemente el deporte andaluz no ha podido dar respuesta. Estoy absolutamente convencido de que no se podrá volver atrás en la consideración y valoración social y mediática del deporte en nuestra comunidad, pero pienso que sufrirá un frenazo en su expansión, que en cierta medida también podrá venirle bien para asentar y asegurar las estructuras deportivas más eficaces en Andalucía".

José Sanchís:

"Los momentos que vivimos en la economía española, y por ende en la andaluza, harán que las ayudas públicas disminuyan de una manera muy significativa, y por tanto, los organizadores se verán imposibilitados para mantener el actual sistema. Igualmente ocurrirá con las aportaciones privadas... Numerosos programas que venían manteniéndose caerán de manera inmediata... Esta reformulación deberá alcanzar también a otros ámbitos deportivos que han estado basados en ayudas públicas. El voluntariado alcanzará cotas semejantes a países que cimentan su sistema deportivo en edad escolar en este tipo de acciones...

Desaparecerán paulatinamente de nuestras ciudades los grandes eventos deportivos... recesión en cuanto al deporte de competición [pero]... el deporte para todos, desde una perspectiva de salud y ocio, seguirá teniendo un nivel de practicantes significativo".

Pedro Rodado:

"Pero hoy día, cuando parecería que estamos en las mejores condiciones para acercarnos a las distintas caras del deporte desde la práctica activa saludable, se está produciendo un fenómeno involutivo en las poblaciones más jóvenes, especialmente en la escolar, donde la práctica de actividad física se reduce a las horas marcadas en el currículo escolar (2 horas semanales)... Así, ante el presente-futuro, las instituciones públicas deben ser conscientes de que la sociedad del siglo XXI -de las tecnologías de la información, de las redes sociales, también de la incertidumbre- será también la época del tiempo libre y de nuevas y todavía desconocidas ocupaciones laborales, la mayoría menos dinámicas y funcionales. Nuevas costumbres y formas de vida cada vez más sedentarias marcarán el futuro próximo... Sería conveniente que de vez en cuando recordáramos colectivamente lo que dice nuestro himno de Andalucía: ¡Andaluces, levantaos...!".

Delfín Galiano:

"No muy favorable. Creo que la crisis económica se está convirtiendo en una excusa para obviar la creatividad. Andalucía ha hecho muchas cosas, pero con dinero. Supimos orientar adecuadamente el presente en cada momento, pero nos hemos acomodado ahora".

Javier Imbroda:

"El crecimiento basado en la decidida apuesta pública por dignificar una actividad básica en una sociedad moderna y desarrollada, y en el patrocinio privado que descubre el deporte como un vehículo fantástico de promoción de su marca".

Manuel Jiménez Barrios:

"... el nivel alcanzado, en todos los órdenes, se ve seriamente amenazado por la falta de recursos económicos y la "moda" de reducción de organismos públicos... el frenazo que se experimenta obliga a hacer ajustes como todo el mundo, pero la crisis no debe ser una excusa para acabar con el Estado de Bienestar donde el deporte ocupa un lugar... es muy difícil hacer previsiones con claridad. El deporte base será la prioridad para seguir alimentando el sistema y continuar creciendo en los hábitos saludables de la población. Las federaciones sufrirán un fuerte impacto, si no lo están haciendo ya, pero aprenderán a gestionar lo mucho

con poco y tendrán que modernizarse. El deporte de élite se replanteará los esquemas actuales, con la bajada tan tremenda de recursos privados y públicos, y tendrá que innovar y adaptarse. En definitiva, el futuro se presenta complicado y complejo de gestionar, pero por contra presenta grande retos que son consustanciales con el deporte. De nuevo, el material humano jugará un gran papel, y sobre todo aquellos que son conscientes del valor del deporte para la sociedad, deben seguir comprometidos con la tarea y no dejar de aportar, ahora más que nunca, su experiencia y conocimiento".

José Antonio Aquesolo Ortiz:

"Situación difícil por la crisis, pero los andaluces ya saben cómo se deben hacer bien las cosas, de modo que, con mayor o menor impulso económico, no habrá marcha atrás. Es el momento del esfuerzo personal, de la iniciativa privada, de la coordinación y asesoría, pero no tanto de la financiación pública. Hemos aprendido a pescar y ahora que es más difícil que nos regalen los peces, seguro que podemos organizarnos por nosotros mismos y salir adelante. En el fondo, en esta tierra olvidada de casi todos, es lo que siempre ha pasado, de modo que o lo hacemos por nosotros mismos o no lo hará nadie".

José Carlos Jaenes:

"Los gestores deportivos deben pensar en nuestro deporte más que en posiciones personales, y poner en los sitios claves a personas capaces de dirigir convenientemente nuestro deporte... El deporte salud está garantizado, ya forma parte de nuestra forma de vida que la actividad física es fuente de bienestar y es un logro fantástico que nos debe enorgullecer, gente de todas las edades y condición social que hace práctica deportiva como parte de su vida. Pero los directivos, los estamentos públicos, los ayuntamientos y la Consejería de Cultura y Deporte, las federaciones, deben volver a tener la ilusión y el sueño de los años 70. Hay que hacer un esfuerzo para mantener lo que tenemos, minimizar las dificultades y aumentar las oportunidades, cuidar las instalaciones, los deportistas, entrenadores y técnicos que ayudan a que Andalucía tenga un deporte grande. Instituciones de larga tradición en formación, como el Instituto Andaluz del Deporte (IAD), antiguo UNISPORT, deben volver a contar con presupuestos suficientes para ofrecer formación de calidad y cantidad adecuadas... Es duro quizás decirlo en estos tiempos, pero si se mantiene la inversión y el cuidado de los deportistas y los que hacen posible sus éxitos, estaremos garantizando nuestro futuro y esto significa personal, planificación e inversión, no *restricciones ni ahorro... Imaginación, ilusión, profesionales e inversión nos garantizarán el futuro".*

Javier Conesa:

"Necesitamos más implicación de las federaciones... Las dotaciones económicas han de ser mantenidas en su justa medida... El deporte no debe ser quien pague los platos rotos de la crisis, son muchos años luchando por un deporte integrador, participativo... y ahora se le deja abandonado desde los ministerios. Lo veo mal si no se retractan en la subida del IVA... desde las instituciones, el deporte de promoción debe ser nuestro fin".

Fernando Andrés Pérez:

"En este sentido debería frenarse tajantemente la construcción de piscinas cubiertas en poblaciones muy pequeñas que luego no pueden mantenerlas por falta de población que las haga viables... Las nuevas construcciones deberían plantear complejos amplios muy automatizados, con gestión centralizada y un programa amplio de actividades, técnicos e instalaciones".

Aurelio Sánchez de Vinuesa:

"Se hace preciso replantear el Plan Director de Instalaciones Deportivas de Andalucía, fundamentalmente en la búsqueda de nuevos tipos de instalaciones deportivas que sean más viables en su gestión, acomodando los mismos a las necesidades y demandas actuales de la población, así como a la situación económica actual, que previsiblemente se arrastre durante años. Pese a las dificultades económicas actuales, creo que la práctica deportiva irá en aumento, fundamentalmente la no relacionada con el deporte de rendimiento; por el contrario, el deporte de rendimiento puede estancarse, e incluso retroceder".

José Luis Carretero:

"Con motivo de la crisis económica, las Administraciones van a dejar de ser el sostén económico del deporte. Habrá que crear otro modelo, basado en la autosuficiencia. En una primera etapa, el fenómeno deportivo se resentirá, por ejemplo en el mantenimiento de las instalaciones deportivas públicas y en el nivel de los servicios prestados, pero espero que de nuevo la iniciativa y la inventiva privadas encuentren fórmulas imaginativas que mantengan el nivel de la práctica deportiva".

Manuel Ortiz:

"Aunque va a pasar por malos momentos debido a la escasez de recursos económicos, lo que ya es imparable es el despegue del deporte andaluz como consecuencia del buen trabajo realizado en los últimos años,

destacando el trabajo de la base, como consecuencia de los recursos económicos que se han destinado para CAR, tecnificación, cualificación y formación de todo el personal que, de una u otra forma, tiene relación con el tejido asociativo deportivo andaluz. En lo relativo al deporte andaluz, como práctica, creo que la sociedad andaluza tiene asumido el rol del deporte como una forma de vida".

Eduardo Blanco:

"La revisión de la ordenación jurídica del deporte andaluz supone una premisa necesaria para continuar el desarrollo armónico del mismo, que debe materializarse en una nueva Ley del Deporte que contemple la nueva realidad y el futuro del sistema deportivo de Andalucía".

Manuel Díaz Trillo:

"... una reflexión por parte de todos los implicados para tratar de desarrollar un nuevo modelo que se adecue a los tiempos actuales, los avances tecnológicos, nuevas demandas de la sociedad y la situación de crisis. Hay que reinventarse y, como al principio, ¡mucha ilusión!".

Rafael Blanco:

"Lo veo en una encrucijada difícil, tras el avance de los últimos años el momento actual es complejo, la crisis ha condicionado la disminución de medios y financiación, pero me parece más importante la ausencia de un camino claro y de diálogo con todos los agentes deportivos que se percibe. Es el momento de redefinir los objetivos y volver a trabajar juntos, instituciones, federaciones, asociaciones y clubes, deportistas, dirigentes... Hacer de la dificultad del momento el revulsivo para impulsar de nuevo el deporte andaluz con claves de realismo y modernidad y con un prisma amplio y generoso".

Luis García Garrido:

"... la actividad deportiva forma parte de la vida cotidiana de los ciudadanos y las ciudadanas, entendida como divertimento, terapia o para contribuir al mantenimiento de la forma física. La propia sociedad exigirá y continuará con el impulso del deporte dentro y fuera de las urbes. Nuestras ciudades seguirán siendo la sede del aumento de ejemplos palpables del vínculo entre la ciudadanía y el deporte, con el desarrollo de carriles bici, la utilización de los caminos de servicios de las infraestructuras, los dominios públicos y entre ellos las vías pecuarias. Este uso de los espacios supone una oportunidad para la creación de empresas y empleo en su entorno, relacionadas con las actividades que se desarrollan en ellas... Los trabajos de investigación en las instituciones específicas serán una oportunidad para que las técnicas, los materiales

deportivos y los futuros profesionales puedan continuar con unas actividades que cada vez más son generadoras de riqueza".

Fernando Paris:

"... en un 'país' de 8 millones de habitantes, con 600 kilómetros de punta a punta (más grande en población y extensión que muchos países europeos), las instituciones y entidades, públicas y privadas, asociativas o comerciales, o trabajan juntas, en la misma dirección y sentido, de manera coordinada, con un liderazgo fuerte, o sus esfuerzos se difuminarán y se puede perder mucho de lo avanzado hasta el momento".

Juan Ortega:

"Hoy, el gran reto de la gestión del deporte en Andalucía deberá tender a la mejora de la calidad en los servicios, posibilitando una mayor presencia y protagonismo del entramado social, donde primen nuevos modelos de gestión a través del asociacionismo deportivo y la acción empresarial, que contribuyan al fomento del empleo mediante la creación de nuevos puestos de trabajo".

Ignacio Rodríguez Marín:

"... que cada vez haya más andaluces que practiquen deporte... Nuestro gran objetivo es... tener un 40% de practicantes... ya que todos sabemos que el deporte es salud y calidad de vida. Por ello, nuestra intención es crear un deporte accesible para todos".

Juan Carlos Maestro:

"El futuro del deporte en Andalucía lo veo de forma muy positiva, pienso que se seguirá incrementando el nivel de práctica deportiva, aunque posiblemente no a los niveles que deseamos los profesionales de este campo... El deporte gozará cada vez de mejor salud porque cada vez se autofinanciará mejor, los ciudadanos contribuiremos más y mejor, es una necesidad que ya estamos dispuestos a pagar y con el tiempo encontrará equilibrios económicos que se ajusten más a la realidad, especialmente en el deporte que organiza la Administración".

Susana Vázquez:

"... la tendencia de las Administraciones públicas debe ir encaminada a seguir concienciando a la población de la necesidad e importancia de la práctica del deporte como hábito de vida, a fomentarlo desde las edades más tempranas, y que el deporte vaya unido a la salud. Por otro lado, dejar que sea la iniciativa privada la que plantee la oferta para el consumo. Para ello es necesario que las Universidades sepan adaptarse y formar en base a las demandas".

Antonio Merino:

"En un futuro a corto y medio plazo, en Andalucía, hay que decir que el deporte no es una materia diferente al resto de los ámbitos sobre los que la crisis tiene una incidencia clara... el deporte se ha instalado en la sociedad como una necesidad y un beneficio de consecuencias económicas, propiamente sociales, de factores educacionales y de salud. Habrá cambios estructurales y económicos que transformarán diametralmente el sistema, y lo que hoy conocemos no se parecerá en nada a lo que a medio plazo vamos a vivir. En este cambio de era y de ciclo, el neoliberalismo va a dictar el modelo del sistema deportivo del futuro. La demanda y la no tutela de los poderes públicos serán la base del futuro, hemos tenido la suerte de poder sentar bases, crear elementos estructurales y ordenar mínimamente el sistema".

José Miguel Silva:

"Depende de lo que entendamos por deporte. En un país moderno, la práctica física se hace por gusto o para estar saludable y bien con uno mismo, y el 'medallero' o el 'paraíso de fama y dinero del estrellato' son cuestiones secundarias. Ver en el estrellato del deporte o en ser campeón del mundo una oportunidad de futuro o de relevancia internacional es tercermundista. Creo que, como todos los que avanzan, seguiremos evolucionando desde el deporte competitivo al de ocio".

Fernando Arcas:

"Se debería aprovechar para sacar el máximo rendimiento a lo que tenemos y hacer un esfuerzo extra desde los sectores profesionales de la gestión, de la investigación y de la enseñanza del deporte para seguir democratizándolo y para continuar buscando la excelencia y la igualdad de oportunidades en su práctica. Habría que corregir, a mi juicio, la 'burbuja' que también hemos tenido aquí: el desequilibrio entre las distintas modalidades, la conversión de algunas en un negocio especulativo y mediático, mientras que hay grandes necesidades sin cubrir, especialmente en los espacios urbanos de nuestra geografía".

Enrique de Hoyos:

"El futuro creo que va a estar marcado por el emprendimiento empresarial en el deporte. Mirando el asunto con la perspectiva de 30 años que tiene este libro, Andalucía y España han pasado, de ser un país rural y de mano de obra, a competir en una economía global basada en el capital, la tecnología y el conocimiento. Las empresas deportivas existentes creo que no serán capaces de cubrir toda la oferta de trabajadores, y la Administración pública, que ha sido otra gran fuente de

empleo, ya no puede crecer más en este capítulo. Por tanto, entre las nuevas generaciones, donde se encuentran los profesionales mejor formados de la historia, debe estar cada vez más presente ese espíritu emprendedor".

Elías Bendodo:

"La importante apuesta que se mantiene desde el ámbito público debe acompañarse por una mayor implicación privada. Las Administraciones debemos seguir llevando el deporte hasta donde no llega la iniciativa privada, al tiempo que animar a las empresas a implicarse en la construcción y gestión de unas infraestructuras que serán cada vez más demandadas por los andaluces".

Manuel Hernández Vázquez:

"Dado que las últimas estadísticas han dado como resultado que el índice de obesidad de los jóvenes andaluces es el más elevado de España, habría que promover campañas de divulgación para aumentar la práctica deportiva y una vida más saludable. Por su trascendencia, deberían participar las distintas consejerías que tienen responsabilidades en este campo, como Educación, Sanidad y Deportes".

Luciano Alonso:

"Lo más importante es que cada vez más andaluces y andaluzas se dejan seducir por el deporte y la mejora de su calidad de vida, su efecto sobre su salud y su bienestar; es la verdadera virtud de todo este esfuerzo en el que estamos implicados... El deporte es, sin duda, un valor en alza en la sociedad por todo lo que significa y porque lo consideramos desde el Gobierno andaluz como un derecho, y no un privilegio y un lujo. La práctica deportiva debe ser, tiene que ser, un derecho universal de los ciudadanos que, además, es la mejor medicina preventiva y un ahorro sanitario considerable con la prescripción de la actividad física".

En fin, parece que, como dice, para concluir, **Joaquín Cuevas:**

"Es imposible entender la vida sin deporte... Si el deporte es salud, en nuestra tierra también el deporte es empleo, es comercio, es atractivo turístico, es cultura, es educación, es I+D+i, es salud y debe o puede convertirse en un pilar dentro de nuestra economía andaluza".

A modo de colofón

Estas breves páginas empezaron -*logos* aparte- con una idea: la de Cristóbal Méndez descubriendo que el deporte es salud, es una buena forma de llenar de contenidos el ocio, es competencia amable y es, en definitiva, calidad de vida -alegría, decía él- para las personas. Siguieron con las personas que crearon las normas que organizaron las ideas, con las personas que pensaron y crearon los lugares en los que practicar deporte, con las personas que con sus conocimientos técnicos y especializados hicieron cada día mejor, más segura, más sana, más eficiente la práctica de la actividad física; y concluyeron con la mirada que todas ellas, en una u otra ocasión han echado hacia el futuro, imaginándolo, desde la garantía de su experiencia y profundo conocimiento del tema, como tal vez acabe siendo.

El lector que ha seguido este discurrir hasta aquí, se va a quedar con las ganas, no creo que las tenga, de saber qué opina que va a pasar este humilde copista. Posiblemente no opine nada, y menos interesante o de utilidad. Cuando mira hacia el futuro se ayuda de la imaginación de otros que, por no ir más allá del cine o la literatura, no parece -*2001*, *Blade Runner*, *Solaris*, *La naranja mecánica*, *1984*- excesivamente optimista. Esa mirada al futuro, cuando se detiene en lo deportivo (ejemplos hay, como alguna obra dibujada por Enki Bilal: *Fuera de juego*), tampoco es demasiado optimista. Al fin, el deporte es la ocupación del tiempo libre -profesionales aparte que solo existen para entretener el tiempo libre de los espectadores y teleespectadores- de una sociedad que si lo vive todo negro no podrá divertirse en colores.

Y con la seguridad de que si una y otra vez se ha hecho, cuando nuestros antecesores dibujaban personas jugando, en las paredes de los refugios neolíticos; cuando en la Bética romana se legislaba sobre el juego poniendo las palabras sobre bronce; cuando los ocupantes andalusíes se recreaban entre halcones y piezas de ajedrez, cuando los renacentistas caminaban hacia la ilustración de la mano de juegos de pelota, en carreras a caballo o a pie, en justas, torneos y festejos; cuando Andalucía acogía, como en tantas ocasiones, la primera y sin saber a qué estaba dando la bienvenida, un curioso juego que se practicaba con un balón y utilizando para moverlo exclusivamente los pies; cuando en apenas treinta años ha sido capaz de alcanzar los lugares de honor en cifras de práctica deportiva entre todas las demás regiones de España; entonces, a pesar de los nubarrones brunos que ahora cubren nuestros cielos, toda ilusión, toda esperanza, todo pensamiento y toda realidad serán posibles.

Cabe la esperanza, por supuesto, pero como la mostrada por los autores de este capítulo: basada en reflexiones, en análisis, en el cálculo de posibilidades... posibles. La esperanza sola no es suficiente. La esperanza de "esperar" a ver si la cosa cambia no basta. En el deporte, en cualquier competición en la que muchos se baten por el éxito, solo ganan los mejores. En lo alto del podio no caben más allá de los componentes de un solo equipo, bien avenido y conjuntado. Esfuerzo. La esperanza solo se debiera permitir cuando se basa en realidades de poder ser, en esfuerzos dedicados a un futuro posible. Si no, la esperanza deviene en solo sueños, las más de las veces en pesadillas. Siempre en quimeras.

De los verdaderos autores de este capítulo

Luciano Alonso
Fernando Andrés Pérez
José Antonio Aquesolo Ortiz
Fernando Arcas
Paqui Bazalo
Elías Bendodo
Eduardo Blanco Pereira
Rafael Blanco
José Luis Carretero
Raquel Casero
Antonio Casimiro

Manuel Chaves
Javier Conesa López
Joaquín Cuevas Huguet
Miguel Ángel Delgado Noguera
Manuel Díaz Trillo
Juan Carlos Fernández Truan
Delfín Galiano
Jesús García Fernández
Luis García Garrido
Manuel Garzón
Julián Gómez
Juan José González Badillo
Manuel Hernández Vázquez
Eduardo Herrera
Enrique de Hoyos
Javier Imbroda
José Carlos Jaenes
Manuel Jiménez Barrios
Ignacio Jiménez Soto
Gema Lobillo
Javier Luna Quesada
Juan Carlos Maestro
José Ignacio Manzano
José María Martín Delgado
Cristóbal Méndez
Antonio Merino
Antonio Montalvo de Lamo
Salvador Navas Rueda
Juan Ortega Beltrán
Manuel Ortiz Flores
Fernando Paris Roche
Julio Perea
Paulino Plata
Santiago Prados Prados

Pedro Rodado
Ignacio Rodríguez Marín
Juan de Dios Román
Juan Antonio Samaranch
Aurelio Sánchez de Vinuesa
José Sanchís
Carlos Serra
José Miguel Silva
Javier Torres Vela
Ignacio Valenzuela
Susana Vázquez Calleja

Y los anónimos autores de la Declaración Programática del Deporte Andaluz

EPÍLOGO

Me gustaría comenzar esta participación agradeciendo la consideración que el coordinador de esta obra ha tenido con la Facultad de Ciencias del Deporte de la Universidad de Granada, invitándonos a colaborar con la misma. Con la especial coincidencia de que, tal y como detalla el propio Juan de la Cruz Vázquez en el primer capítulo, el INEF de Granada también celebra su trigésimo cumpleaños.

En este epílogo trataré de integrar algunos aspectos que han sido tratados a lo largo de diferentes capítulos desde la perspectiva de la responsabilidad que tiene nuestra Facultad en el sistema deportivo andaluz. Un centro que forma profesionales de la gestión deportiva, de la Educación Física, del entrenamiento y de la investigación, principalmente. Y propondré algunas claves que, desde nuestro prisma, deben marcar el futuro del deporte andaluz, con un compromiso implícito de trabajar para que entre nuestra Facultad y nuestro sistema deportivo se fortalezcan la complicidad y el compromiso mutuo con el objetivo de una sociedad más deportista y saludable.

El ejercicio de memoria que nos ha presentado en este libro un ramillete de destacados protagonistas del desarrollo del deporte andaluz nos permite apreciar que, en Andalucía, el sistema deportivo no se desarrolla con un crecimiento paulatino, sino con una explosión de ideas, de proyectos, de experiencias y de actividades para difundir el conocimiento. Esto fue posible debido a que existía, como se puede comprobar, una plantilla de responsables de la gestión del deporte en las provincias que aportaron un alto *know how* y una iniciativa entusiasta.

El cuerpo de profesores y licenciados de Educación Física ha tenido mucho que ver en este colectivo de técnicos cualificados, por la especial convivencia que en nuestro país tuvo la formación de dirigentes para la juventud y la de profesores de Educación Física desde mucho antes del Estado de las Autonomías. Esta singular relación ha permitido, desde el momento en que nuestros estudios obtuvieron el pleno reconocimiento universitario, la presencia en nuestras aulas de muchos de estos expertos, incluidos los excepcionales protagonistas que nos regalan este magnífico relato. De este modo se ha ido reforzando la identidad de nuestro colectivo en la gestión de las áreas de deportes de todas las Administraciones públicas. Sirva esta oportunidad para mi reconocimiento hacia estos pioneros del deporte andaluz que, entre otras muchas cosas, conquistaron "un INEF para Granada", al que me siento orgulloso de representar.

Sin duda, su buena labor favoreció el interés creciente de los responsables políticos en la actividad deportiva y su vinculación con la imagen institucional. Esa *politización* del deporte ha traído muchas consecuencias positivas, aunque también se aprecian tendencias no deseables que reflejan algunos vicios de nuestro sistema político.

Como positivo, a lo largo de la obra, queda patente el esfuerzo de las Administraciones por crear y fortalecer estructuras y programas para el deporte, el gran impulso del parque andaluz de instalaciones deportivas y la organización de una gran cantidad de eventos de diversa magnitud, con las repercusiones económicas y sociales que esto supone. Como negativo, podemos destacar un exceso de celo competencial y la falta de compromiso con el largo plazo, que han relegado al sector asociativo, incluido el federado, a un papel menor y con alta dependencia subsidiaria; también las inversiones descontroladas en infraestructuras, dificultando su rentabilidad social y su sostenibilidad; y la paradoja de una élite deportiva de impacto internacional junto a una población infantil apuntando gravemente al sedentarismo.

Me gustaría detenerme en otra relación de nuestro colectivo con el deporte andaluz: la Educación Física. Y lo haré acentuando la autocrítica sobre las observaciones que desde los capítulos de deporte federado y deporte en edad escolar se apuntan. La Educación Física no tiene una estructura curricular definida, para bien o para mal, pero existe un modelo predominante; modelo abrazado a paradigmas pedagógicos deficientemente contrastados y de espaldas, cuando no enfrentado, al deporte convencional. Un modelo predominante que se ha obstinado en enarbolar banderas que parten de falsas dicotomías, oponiendo lo complementario, o desde una mala interpretación del significado del término innovación.

Cuando se luchaba por la igualdad profesional en la enseñanza éramos vocacionales y formábamos parte del colectivo de *entusiasmados* definido por Pepe Díaz, ilustrados entusiasmados que hicieron crecer los deportes en sus centros, en la conciencia de las familias de sus alumnos y en sus provincias. El reconocimiento profesional es justo, pero hemos crecido en el sistema educativo para ser extraños en el sistema deportivo. De forma paralela, el centro escolar ha perdido su papel esencial como embrión del deporte asociativo.

El colectivo de profesores de Educación Física y sus formadores debemos revisar la pérdida de relevancia en el sistema deportivo desde la autocrítica. La sociedad y sus autoridades empiezan a tener información precisa y a expresar la necesidad de incluir más deporte en la escuela, tal y como se demanda en el capítulo de deporte en edad escolar, y debemos entender que eso no va a ir necesariamente relacionado con la Educación Física. El profesor de Educación Física tiene en sus manos un poder inigualable, pero si no hace una apuesta clara por el deporte escolar y el deporte federado, terminará por ser víctima de esa suerte de *agencia de calificación* llamada informe PISA y que, con sus luces y sombras, le sirve a la Administración de paraguas para tomar decisiones políticas en materia de educación.

Mientras tanto, los entrenadores de base, esos *benditos entusiasmados,* con mucha más ilusión que conocimiento, siguen luchando por nuestro suelo deportivo, a pesar de que se les ha ido ahogando el espacio para el desarrollo de su vocación. Ellos, los enamorados de su deporte, son y serán verdaderos promotores de una importancia capital. Y digo que se ha ahogado su espacio, no solo por el protagonismo creciente de las áreas de deportes de las distintas Administraciones, ni por el papel menor de los centros escolares, sino también por la paradoja de que la superación del centralismo estatal ha supuesto, en Andalucía, una depresión de la identidad local de las federaciones y una desconexión terrible entre la base y la élite deportiva. Hay síntomas de desconfianza hacia las federaciones por parte de la Administración; sin embargo, deberíamos asistirlas en el proceso de su refundación más que abandonarlas a la deriva. Un sistema deportivo estable para el futuro debe basarse en los elementos que fortalezcan el asociacionismo deportivo, tal y como se demanda en los capítulos de instalaciones deportivas, deporte federado y deporte en edad escolar; y las federaciones tienen ese potencial.

Necesitamos impulsar que los centros de enseñanza y las federaciones provinciales, con la tutela de Administraciones locales y autonómicas responsables en materia de deporte, de educación y de salud, impulsen un proyecto orientado al fomento de un asociacionismo deportivo fuerte. En el futuro esa podría ser una solución para un uso corresponsable y sostenible de las instalaciones, sin abandonar la misión de servicio público de alto valor que supone el deporte. No estoy seguro de si esto podría o no ser materia de la renovación del "Espíritu de Aznalcázar" o la base del "pacto andaluz por el deporte educativo", a los que hace referencia Juan de la Cruz Vázquez en sus dos capítulos. Pero debemos tomar en serio las virtudes de esta sinergia.

Porque, sin duda, el futuro exige sinergia entre Administraciones y una administración coordinada de los recursos generados, aspecto recurrente en el discurso de los autores de este compendio. El futuro exige una planificación responsable basada en la investigación, tal y como se sugiere en los capítulos de instalaciones deportivas, deporte adaptado y planificación deportiva o se ejemplifica en el capítulo de deporte universitario. Investigación al servicio de las Administraciones públicas, al servicio de las entidades y las empresas y al servicio de los ciudadanos. Los contribuyentes han pagado la formación y las herramientas para que nuestras Universidades hayan incrementado notablemente su capacidad científica. Es necesario acercar la investigación en materia de deporte y de salud a las necesidades de los ciudadanos y a la toma de decisiones de los gestores y las autoridades públicas.

Desde distintos capítulos se dibuja un mapa de oportunidades basado en una nueva visión del deporte como materia de salud, a lo que se añade su valor en materia de igualdad de oportunidades e integración de los más desfavorecidos. Ello requiere intervenciones urgentes en el ordenamiento de la actividad profesional, en la formación, en la investigación aplicada, en la oferta pública y en la orientación de ciudadanos y contratantes. Y necesitamos que todo ello se afronte desde una perspectiva integral.

La conmemoración de los treinta años del deporte andaluz coincide con un momento crítico que nos exige una profunda reflexión sobre nuestro modo de hacer las cosas. El mensaje con el que me gustaría concluir es que el deporte es un poderoso instrumento para disminuir el gasto social, preservando los derechos y prestaciones conquistados por nuestros ciudadanos y nuestros antepasados. El deporte es el medio para recortar en la demanda del sistema de salud pública y no en el derecho a la asistencia. Afortunadamente, en Andalucía hemos crecido tanto y en tantas dimensiones en estos treinta años que tenemos capacidades extraordinarias para abordar esa meta, incluso en períodos de crisis económica. Solo debemos ceder un poco en la rigidez de nuestras fronteras competenciales, revisar nuestros vicios endogámicos y cooperar todos en esta noble misión. Ojalá, por esta vez, hagamos de la necesidad virtud.

Feliz cumpleaños a todos los que aportaron su esfuerzo a esta realidad consolidada del deporte andaluz. Felicidades a los coautores de esta magnífica revisión histórica, y sobre todo a Juan de la Cruz Vázquez por su visión y su extraordinaria dirección de equipo.

Aurelio Ureña Espa
Decano de la Facultad de Ciencias del Deporte
Universidad de Granada

30 AÑOS

DE DEPORTE EN ANDALUCÍA

1982-2012

LOS AUTORES

CAPÍTULOS I y V

Juan de la Cruz Vázquez Pérez. Álora (Málaga). Licenciado en Ciencias de la Actividad Física y del Deporte, ha sido director de Unisport y del IAD, profesor de la Facultad de Ciencias del Deporte de la UGR, director general de Actividades y Promoción Deportiva de la Junta de Andalucía, y presidente de los Gestores Deportivos de Andalucía (Agesport) y de España (FAGDE). Autor del libro *"Deporte para siempre"* y de varias publicaciones más.

CAPÍTULO II

Jesús Roca Hernández. Almoradí (Alicante). Licenciado en Ciencias de la Actividad Física y del Deporte y diplomado en Fisioterapia. Máster en Dirección y Gestión Deportiva y en Gestión de Empresas. Profesor de la Facultad de Ciencias de la Educación de la US. Conferenciante Internacional. Director del Instituto Andaluz del Deporte (IAD). Actualmente ocupa el puesto de jefe del Departamento de Investigación y Estudios del IAD. Autor de varias publicaciones.

CAPÍTULO III

Juan Correal Naranjo. As Pontes (A Coruña). Licenciado en Ciencias de la Actividad Física y del Deporte. MBA por la Escuela Europea de Negocios. Director del Patronato Deportivo Municipal de Benalmádena desde 1983. Ha intervenido como profesor en diferentes másteres a nivel nacional, y en múltiples congresos y cursos en Latinoamérica. Autor de varias publicaciones.

CAPÍTULO IV

Antonio Merino Mandly. Málaga. Doctor y licenciado en Ciencias de la Actividad Física y del Deporte, ha sido director de la Fundación Pública Deportiva Municipal del Ayuntamiento de Málaga y director general de Juventud y Deportes de la Junta de Andalucía, profesor de la Facultad de Ciencias del Deporte de la UGR. Actualmente es jefe del Servicio de Juventud y Deportes de la Diputación de Málaga. Autor de varios libros y publicaciones.

CAPÍTULO VI

Pedro Montiel Gámez. Ibros (Jaén). Doctor en Pedagogía, licenciado en Ciencias de la Actividad Física y del Deporte, experto en Gestión de la Calidad, profesor de la UMA, ha sido gestor deportivo en el Ayuntamiento de Málaga y la Universidad de Málaga. En la actualidad desempeña el cargo de director general de Deporte Universitario en la Universidad de Málaga. Autor de varias publicaciones.

CAPÍTULO VII

José Díaz García, "Pepe Díaz". Dos Hermanas (Sevilla). Doctor en Filosofía y Ciencias de la Educación, licenciado en Ciencias de la Actividad Física y del Deporte y profesor-instructor de la Federación Internacional de Voleibol. Ha sido entrenador de clubes y seleccionador nacional absoluto de voleibol masculino. Gestor deportivo en el Ayuntamiento de Sevilla y Junta de Andalucía, y profesor de la Facultad de Ciencias de la Educación de la US y de la Facultad del Deporte de la UPO. Autor de varios libros y publicaciones.

CAPÍTULO VIII

Francisca Bazalo Gallego. Málaga. Técnico especialista en Administración de Empresas. Experta superior en Coaching Deportivo. Medalla de oro en esgrima paralímpica en Barcelona 92. Representante de la IWF en Atenas 2006, Pekín 2008 y Londres 2012. Responsable del Plan Paralímpicos Andaluces de la Fundación Andalucía Olímpica desde 2001. Coordinadora de la Conferencia Internacional sobre Deporte Adaptado (CIDA), 2003 y 2007.

Pedro Aragón Cansino. Alhaurín el Grande (Málaga). Licenciado en Ciencias de la Actividad Física y del Deporte. Máster en Dirección y

Gestión Deportiva. Desde 1979 ocupa el cargo de director técnico de Deportes del Ayuntamiento de Antequera. Mánager general del Congreso Científico Olímpico 1992. Director ejecutivo de la Conferencia Internacional de Deporte Adaptado (CIDA), 2003 y 2007. Autor de varios libros y publicaciones.

José Manuel Rodríguez Huertas. Sevilla. Licenciado en Ciencias de la Información (Periodismo) y Máster en Protocolo y Comunicación Empresarial. Ha sido redactor de la Agencia Efe y desde 1998 es responsable de Comunicación y Relaciones Institucionales de la Fundación Andalucía Olímpica. Coautor de los libros *Olímpicos y Paralímpicos Andaluces; A10. Almanaque del Deporte en Andalucía* y *Ciclopedia. Diccionario del Ciclismo Español Moderno.*

CAPÍTULO IX

Pablo Torres Bosco. Castro-Urdiales (Cantabria). Arquitecto por la Universidad de Sevilla. Técnico urbanista (INAP 1989) y Máster en Arquitectura y Patrimonio Histórico. Funcionario del Cuerpo Superior Facultativo de la Junta de Andalucía. Jefe del Servicio de Instalaciones Deportivas de la Junta de Andalucía entre 1998-2005 y 2009-2012.

CAPÍTULO X

Javier Bermejo Chamizo. Llerena (Badajoz). Licenciado en Periodismo. Tras 12 años en TVE, desde 1989 ha sido el responsable de la puesta en marcha de la mayor parte de la programación deportiva de Canal Sur TV. En la actualidad es coordinador de retransmisiones deportivas, editor del programa "Tododeporte" y presidente de la Federación de Periodistas Deportivos de Andalucía. Coautor del libro *El Balón Blanquiverde*: *135 años de fútbol en Andalucía* y de varias publicaciones más.

CAPÍTULO XI

Jose Aquesolo Vegas. Bilbao. Licenciado en Ciencias de la Información y funcionario del Cuerpo Superior Facultativo de Archivos de la Junta de Andalucía, ha sido jefe del Departamento de Documentación y Publicaciones y actualmente lo es del Servicio de Investigación, Formación, Documentación y Titulaciones del IAD. Ha colaborado en la organización del Congreso Científico Olímpico de 1992 y de las CIDA 2003 y 2007. Coautor de varios libros y publicaciones especializadas.

www.ingramcontent.com/pod-product-compliance
Lightning Source LLC
Chambersburg PA
CBHW081341230426
43667CB00017B/2697